NEUMANN

NORDSEEKÜSTE — Teil II

Dr. Karlheinz Neumann

Die Nordseeküste

Teil II - Elbe bis Ijsselmeer

Ein Führer für Sportschiffer

Mit 191 Plänen, davon 153 erneuert,
71 Skizzen und 24 Tabellen

4. vollkommen neu bearbeitete Auflage

Verlag Delius, Klasing & Co Bielefeld

Der Autor wie der Verlag übernehmen für Irrtümer, Fehler oder Weglassungen ausdrücklich keinerlei Gewährleistung oder Haftung.

Die Pläne dienen zur Orientierung und nicht zur Navigation.

Auf jeder Seekarte steht: „Die Fahrwasser sind häufigen Änderungen unterworfen. Die Wassertiefen und die Lage und Zahl der Seezeichen können daher von den Angaben in dieser Karte abweichen". — Was für die Seekarten gilt, gilt für dieses Buch und die Pläne darin noch sehr viel mehr.

Beschreibung und Pläne in dieser Neuauflage entsprechen dem Stand vom Herbst 1979. Das Manuskript wurde im Dezember 1979 abgeschlossen.

Mit Erscheinen dieser neuen Ausgabe wird die vorangegangene Auflage hinfällig.

ISBN 3-7688-0126-8

Einband: Siegfried Berning

Printed in Germany 1980
Druck: Kunst- und Werbedruck, Bad Oeynhausen

Inhaltsverzeichnis*

Die wichtigsten Übersichtspläne

*) Das Inhaltsverzeichnis ist sehr stark gekürzt. Es wird auf das ausführliche Sachregister am Ende des Buches verwiesen.

Vorwort zur zweiten Auflage

Schneller als gedacht, wurde die zweite Auflage nötig. Und, da es ohne gründliche Bereisung nun einmal nicht geht und die Aufarbeitung des Neuen Zeit braucht, war das Buch eine Weile vergriffen.

Inzwischen hat ja so etwas wie ein „Jahrhundertereignis“ an unserer Nordseeküste stattgefunden: diesmal keine zerstörende Sturmflut, sondern Deicherhöhung und zahllose Wasserbauarbeiten. Fast jeder Plan war neu zu zeichnen, fast der ganze Text neu zu schreiben.

Unsere Nordseeküste war ja neben dem Hochgebirge die letzte Region, wo der Mensch in Deutschland noch in unberührter Natur leben konnte. Heute möchte man meinen, daß unsere Vertreibung auch aus diesem Paradiese begonnen hat: Industrie entdeckt die Nordseeküste, rigorose Wasserbauarbeiten rotten Nebenarme und Inseln aus; Steinschüttung statt Naturufer, Sperrwerke vor den Flüssen, unpassierbare Pumpsiele statt der Torsiele — und immer häufiger das Wort „verboten“. Der Mensch der Städte hat zum Großangriff auf die Natur angesetzt. Vielleicht sollten einige von uns der Natur zu Hilfe kommen.

Und wo die Welt der Technik noch nicht hinreicht, treffen wir Wasserfahrer auf immer mehr und größere Naturschutzgebiete, aus denen der Mensch ausgesperrt sein soll. An sich gut gemeint, doch ein Unding, wenn übertrieben: Keine einzige der vielen unbewohnten Inseln der Nordseeküste ist uns Wasserfahrern mehr offen. Das muß wirklich neu durchdacht werden!

Lorenz sieht den Menschen auf dem Wege, zum „Nesthocker“ zu werden. Doch ist dieser Prozeß weder wünschenswert, noch darüber schon das letzte Wort gesprochen. Noch gibt es welche (und mehr als wir denken!), die ohne den Ausgleich durch die Weite der Watten und Bewährung in Seefahrt nicht leben können, die das wirkliche Leben suchen, das Abenteuer, die echte, blutwarme Sache. Sie ist ja da, man muß nur nach ihr greifen. — Den Jungens unserer großen Städte wünschte ich, daß sie ein paar Wochen die Nordseeküste befahren. Nehmt doch, ihr Bootseigner, auch mal „Unbefahrene“ mit auf die Reise! Deren Begeisterung wird euch die Augen für vieles öffnen, was euch schon selbstverständlich wurde.

Sehr vielen Lesern danke ich für ihre Briefe. Manche konnte ich nicht beantworten, doch gefreut habe ich mich über jeden: Kanuten, Motorbootfahrer, Segler — ihre Lust am Erleben der Nordseeküste gab mir Mut bei der Arbeit.

An Bord der Bojer-Jacht „Alte Liebe“
an der Straße von Gibraltar, kurz nach Mitternacht,
während ein winterlicher Levante-Sturm am Maste
rüttelt.

Dezember 1974 — Dr. Karlheinz Neumann

Vorwort zur dritten Auflage

Wieder ist diese neue Auflage gewissermaßen ein ganz neues Buch: Fast jeder Absatz des Textes wurde angepaßt, 80 Prozent aller Pläne wurden neu gezeichnet.

Es ist ja die Küste der wandernden Sände und veränderlichen Rinnen; da bringt die Natur in drei Jahren mehr als genug Wechsel hervor. Doch auch der Mensch wirtschaftet heute an der Nordseeküste herum; reguliert, rationalisiert, industrialisiert, reglementiert. Der Sinn für das organisch Gewachsene ist einer verzweifelt wurzellos gewordenen Generation scheint's abhanden gekommen. Die Eigenart unserer Nordseeküste wird mit raschen Schritten zerstört. „Industriekanal Weser" ist nur ein Beispiel. Gehören die früher so schönen großen deutschen Flüsse und die Küste denn nicht uns allen?

Auch dieses: Zwei oder drei Dutzend unbewohnter Inseln und Sände sind an unserer Küste. Früher wohnten oft Dichter dort. Heute sind sie das romantische Ziel der jungen Menschen, die den Städten entfliehen. Doch keine unserer unbewohnten Inseln und unbewohnten Sände dürfen wir mehr betreten oder dort unser Zelt aufschlagen! „Naturschutz" heißt es meist. Doch haben Naturschutzstellen, die zuließen, daß es am Festland kaum noch Naturufer gibt, noch das moralische Recht, uns vom letzten Rest nicht verplanter Natur polizeilich ausschließen zu lassen? Wieviele enttäuschte Briefe junger Menschen bekomme ich! Bitte, liebe Regierung, gib uns unsere Robinson-Inseln wieder! Laß nicht Staatsverdrossenheit entstehen ohne triftigen Grund.

Eine neue Betonnungsordnung kommt auf uns zu. Fast fürchte ich, daß sie für die Bezeichnung der Wattfahrwasser nicht so gut geeignet ist. Wir müssen abwarten. Was bis zum Lesen der Korrekturen im Dezember 1977 bekannt war, ist mitgeteilt.

Umlernen müssen wir Wattfahrer auch bei einer wichtigen anderen Sache: Bislang war es einfach; kam man von See, wie der Flutstrom, so fuhr man „einlaufend" (rote Tonnen links). Doch neuerdings werden viele Wattfahrwasser von Westen nach Osten betonnt. Das bedeutet: durchs Seegat einlaufend und westwärts fahrend müssen die roten (Backbord-)Tonnen dort Steuerbord bleiben! Ein bißchen verwirrend ist das, so meine ich. Da werden die in den Plänen eingezeichneten Fahrtlinien wohl eine echte Hilfe sein. — Doch am Ende vertraut immer nur auf euch selbst (und auf euer Lot). Fahrt vorsichtig während der Tonnenreform!

Dank für die vielen Leserbriefe! Nicht jeden kann ich beantworten. Doch keiner „fällt unter den Tisch".

Jedem meiner Leser wünsche ich von Herzen „Gute Fahrt".

An Bord der Bojer-Jacht „Alte Liebe"
auf den Flüssen L'Herault (Frankreich)
und Rio de Cullera (Spanien),
die gottlob beide noch Schilfufer haben.

Im Dezember 1977 — Der Autor

Vorwort zur vierten Auflage

Unversehens sind die vier Auflagen und ihre Vorworte auch zu einer Art Zeitgeschichte unserer Nordseeküste geworden. Noch nie ging es hier so hektisch zu. Hätte ich's vorher auch nur im geringsten geahnt, was Technik, Wasserbauarbeiten und Bürokratie unserem wunderbaren Küstenmeer antun können, so hätte ich dies Buch nie begonnen. Die Betonnungsreform ist in dieser neuen Auflage aufgearbeitet worden. Es war mühsam genug. Keine Tonne hat ja ihre alte Nummer behalten. Die richtige Navigation bei Fahrwasserteilungen ist in den deutschen Wattengewässern zu einer Denksport-Aufgabe von Rang geworden. — Im übrigen mußte der ganze Text neu bearbeitet werden. Ist ja der Bau neuer Sporthäfen oder ihre Erweiterung um einen großen Schritt vorwärts gekommen.

Die Tonnenreform liegt hinter uns; nun tritt endlich einmal Ruhe ein, glaubt ihr. — Pustekuchen! Kollegen, wacht auf! Schwarze Wolken ballen sich. Sie sehen drohender aus als alles andere, was bisher auf uns zukam.

Seht, wir bekamen ein neues Naturschutzgesetz. Mein Freund sagte, darin käme das Wort „Mensch" dreimal, das Wort „Planung" in verschiedener Verbindung 32mal vor. Bestimmt hat mein Freund sich verzählt. — So wird die Natur unseres deutschen Küstenmeeres nun also geplant. Ich erzähle euch kein Märchen, es ist in vollem Gange. Daß Natur aufhört, Natur zu sein, wenn man sie „plant", fällt anscheinend niemandem auf. — Was uns angeht, ist, daß auch die Seefahrt verplant wird.

Ihr sagt mir: Skandal genug, daß wir Deutschen unsere unbewohnten Inseln nicht betreten dürfen und große Regionen der bewohnten auch nicht. Doch bis zur Hochwassergrenze ist das Meer befahrbar für jedermann. Es ist „Bundeswasserstraße", die Seeschifffahrtsstraßen-Ordnung gilt da; auf dem Meer kann uns niemand Verbote aufstellen. — Ginge ja auch nicht, sagt ihr. Denn als Führer unserer Schiffe tragen wir Verantwortung für Menschenleben.

Seht, Kollegen, nun kommt's: Eine ganz kleine Änderungsbestimmung zum Bundeswasserstraßengesetz erlaubt, aus Naturschutzgründen die Seeschiffahrtsstraßen-Ordnung im deutschen Küstenmeer aufzuheben. Es hat ja schon begonnen. „Sperrgebiete" nehmen uns große Wattflächen und wichtige Ankerplätze.

Ihr sagt: Aber das ist doch unmöglich! Seit Jahrtausenden ist das deutsche Küstenmeer wichtigste Durchfahrtsstraße der Schiffahrt. An der sturmreichen Nordseeküste braucht die Seefahrt einfach den Schutz der Inselufer, der Grünlandpriele, der Ankerplätze, der Wattenhochs. Es darf doch, sagt ihr, niemand Menschenleben gefährden, indem er jahrtausendealte Regeln der Seemannschaft anzuwenden verbietet!

Seht, da gibt es seit einiger Zeit ein schillernd-allmächtiges Zauberwort: „Naturschutz" heißt es. Mit „Naturschutz" werden die Beschränkungen der Seefahrt im deutschen Küstenmeer begründet. Ich hoffe, ihr seid nun zerknirscht und bleibt gefälligst im Hafen.

Doch was höre ich von euch? W i r sind es doch, ruft ihr, die die Natur lieben und für unser Schiff Opfer über Opfer bringen, eben um in der Natur zu sein. W i r verwünschen doch die Steinschüttungen, welche das Naturufer zerstörten und den Fischreihern ihre Nahrung raubten. W i r verwünschen auch die Saugbagger, die täglich tausend Quadratmeter oder mehr Natur unter Baggergut begraben. W i r wehren uns doch gegen neue Abdeichungen ganzer Meeresbuchten und immer neue Industrie- und Wasserbauarbeiten.

Ihr sagt: In der Tat findet in unserem Land Naturvernichtung größten Ausmaßes statt. Wir leiden darunter. Und wir, ausgerechnet wir, sollen nun auch noch dran schuld sein! Ganz wütend werdet ihr, und ich höre euch gar davon reden, daß es sich um eine Pervertierung des Naturschutzgedankens handelt, um eitel Unsinn und um bloßen Vorwand für weitere Verbote. Und einer von euch erinnert mich sogar an Indien, wo auch der Verkehr stillsteht, wenn die heilige Kuh auf der Straßenkreuzung Mittagsrast hält. — Freunde, ich rufe euch ernsthaft zur Mäßigung auf! Der Seehund und die Heilige Kuh sind zwei ganz verschiedene Dinge. Der Seehund ist ein Raubtier und verzehrt pro Jahr 1500 Kilogramm Fisch, die Heilige Kuh dagegen (ach, seht, jetzt habt ihr mich ganz durcheinander gebracht!).

Ihr bleibt unzufrieden? Ihr ruft: Ein Industrieland sei Deutschland. Die einfachste Logik gebiete, zum Ausgleich jedes Stück Natur, das nicht der Industrie dienen muß, den Menschen zu öffnen. Und den jungen Menschen zumal, die in den großen Städten in Beatschuppen hocken, weil sie nichts anderes haben.

Ihr ruft unseren Staatsmännern zu, daß riesige Flächen wundersamster Natur, rund zwei Milliarden Quadratmeter, in unserem Lande einfach sinnlos dalägen — für Menschen verboten! Welche Aufgabe, ruft ihr, wäre es für den Staatsmann, diese verbotenen Flächen seinem Volk wieder zu öffnen. Mit Recht, sagt ihr, würde er ein großer Staatsmann genannt.

Ihr ruft mir zu: nicht die Zahl der Robben vermindere sich an Deutschlands Küste (und täte sie's wirklich, so würden wir diesen Verlust als Preis der Industrialisierung wohl tragen müssen). Doch was wirklich bei uns auf einem Tiefstpunkt angekommen sei, ist die Geburt von Menschen! — Der Mensch der Großstadt brauche das Korrektiv der Natur; ein Volk gehe sonst unter.

Ja, liebe Kollegen, ich meine schon, daß ihr Recht habt. Doch ihr müßt euch Gehör verschaffen! Seht, ich stehe hier nur als bescheidener Chronist. Den Kampf, daß in Deutschlands Küstenmeer die Seefahrt frei bleibt, den müßt ihr selber führen. — Ich schrieb euch dieses Buch, damit die uralten Regeln der Seemannschaft an diesem so wundersameigenartigen, doch auch schwierigen Küstenstück lebendig bleiben. Und deshalb auch, weil mich als jungen Menschen das Erleben der Natur mit Zelt und Kajak entscheidend geformt hat.

Ich grüße euch herzlich von Bord meiner Bojer-Jacht „Alte Liebe"
Lagos (Portugal), auf dem Watt
Dr. Karlheinz Neumann

Aus Gründen, auf die ich keinen Einfluß hatte, wäre die für 1979 ausgearbeitete Auflage erst im Herbst 1979 herausgebracht worden. So wurden für die Saison 1980 der gesamte Text und fast alle Pläne nochmals überarbeitet. Es war ein erhebliches Stück Arbeit! Vor allem auch, weil Neubau und Erweiterung von Sporthäfen inzwischen kräftig vorangekommen sind. — Eine große Hilfe war mir dabei Herr Markus Heggenberger, dem ich sehr herzlich danke.

Ich danke auch sehr vielen Clubs und Hafenverwaltungen für rasche Antwort auf viele Fragen. Dazu Herrn Peter Sanders vom Oberweser-Segelverein für Hinweise über die Weser. Und Herrn Dipl. Ing. Hedlefs, der mit 77 Jahren nun doch aufgehört hat, seine Jolle im Wattenmeer zu segeln, für dies und das von den Ostfriesischen Inseln.

Der Autor

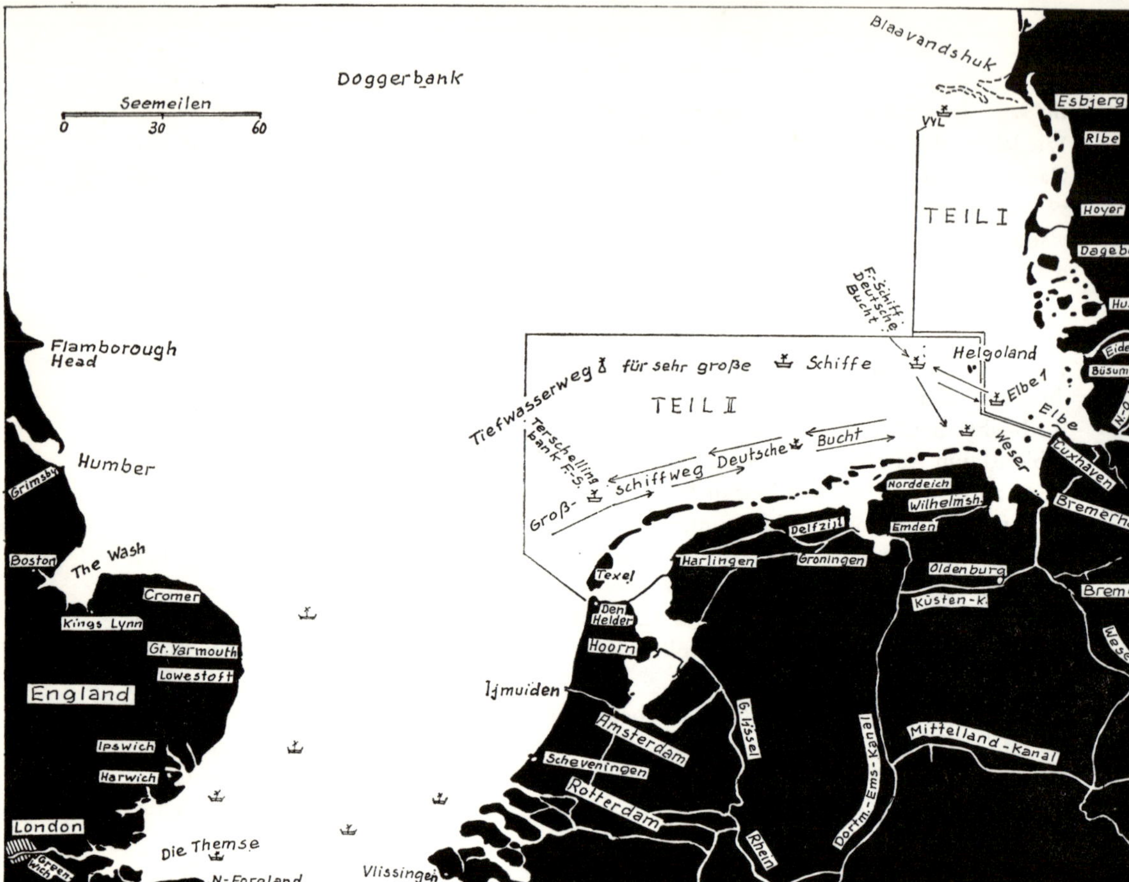
Doggerbank
Seemeilen
0 30 60
Blaavandshuk
Esbjerg
Ribe
VYL
TEIL I
Hoyer
Dagebüll
Husum
F.-Schiff Deutsche Bucht
Helgoland
Eider
Büsum
Elbe 1
Elbe
Tiefwasserweg für sehr große Schiffe
TEIL II
Terschelling bank F.-S.
Groß-schiffweg Deutsche Bucht
Weser
Cuxhaven
Bremerhaven
Norddeich
Wilhelmsh.
Emden
Delfzijl
Groningen
Harlingen
Oldenburg
Küsten-K.
Bremen
Weser
Texel
Den Helder
Hoorn
Ijmuiden
Amsterdam
G. Ijssel
Dortm.-Ems-Kanal
Mittelland-Kanal
Scheveningen
Rotterdam
Rhein
Vlissingen
Flamborough Head
Humber
Grimsby
Boston
The Wash
Cromer
Kings Lynn
Gt. Yarmouth
Lowestoft
England
Ipswich
Harwich
London
Greenwich
Die Themse
N-Foreland

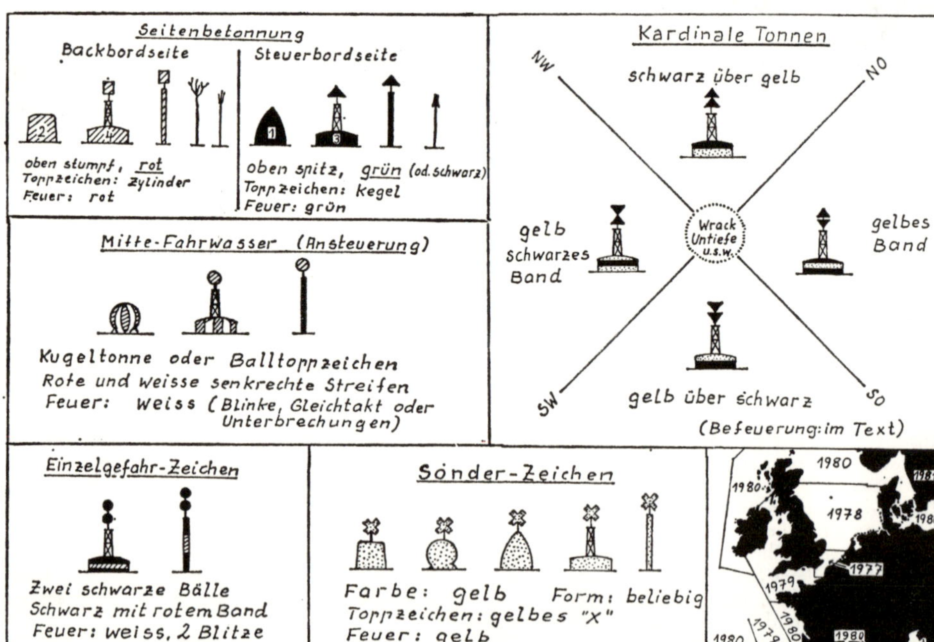
Seitenbetonnung
Backbordseite
Steuerbordseite
oben stumpf, rot
Toppzeichen: Zylinder
Feuer: rot
oben spitz, grün (od. schwarz)
Toppzeichen: Kegel
Feuer: grün
Kardinale Tonnen
NW
NO
SW
SO
schwarz über gelb
gelb schwarzes Band
Wrack Untiefe u.s.w.
gelbes Band
gelb über schwarz
(Befeuerung: im Text)
Mitte-Fahrwasser (Ansteuerung)
Kugeltonne oder Balltoppzeichen
Rote und weisse senkrechte Streifen
Feuer: weiss (Blinke, Gleichtakt oder Unterbrechungen)
Einzelgefahr-Zeichen
Zwei schwarze Bälle
Schwarz mit rotem Band
Feuer: weiss, 2 Blitze
Sonder-Zeichen
Farbe: gelb Form: beliebig
Toppzeichen: gelbes "X"
Feuer: gelb
1980
1980
1981
1978
1980
1977
1979
1980
1979
1980
1980

I. Einführung

Dieses Buch „Die Nordseeküste“ erscheint in zwei Teilen. Doch beide Teile stellen eine Einheit dar.

Das Führen eines Bootes an der Nordseeküste wird nur in Teil 1 behandelt. Dazu gehört sehr viel, wovon sich der Schiffer im Binnenland oder in einem Meer ohne Ebbe und Flut nichts träumen läßt. Dazu gehört auch mehr, als die meisten Lehrbücher „für Küstensegeln“ behandeln. Denn die Meere anderer Länder haben kein Wattenrevier.
Dabei ist das Wattenrevier das Schönste an unserer Küste, denn es läßt sich auch mit Booten befahren, die nicht für die Hochseefahrt geeignet sind. Hunderte von Häfen und Ankerplätzen, Tausende von Kilometern an Wattrouten.

Doch das Wissen um das Führen eines Sportbootes in einem Meer mit Gezeiten muß man besitzen. Und die Kenntnis der speziellen Seemannschaft im Wattenmeer. Ohne sorgfältige Vorbereitung zahlt man meist sehr hohes Lehrgeld (ich anfangs auch).

In diesem Band (Teil II, Elbmündung bis Ijsselmeer) werden diese allgemeinen Grundlagen nicht wiederholt. Nur Dinge von regionaler Bedeutung (Niederlande). Dazu ein knapper Abriß über die neue Betonnung.

A. Die neue Betonnung nach System A

Mit Ende des Jahres 1978 ist im Gebiet dieses Bandes die bisherige Betonnung nach dem Genfer System, das in Deutschland vor etwa 20 Jahren eingeführt wurde, durch eine neue Art der Betonnung ersetzt worden. 1980 ist die Ostsee dran. — Die Vorankündigungen haben über das Ausmaß der Veränderungen wohl ein etwas zu harmloses Bild gegeben. Da nicht mitgeteilt wurde, daß die bisherige Bezeichnung der Tonnen mit Buchstaben und Nummern aufgegeben wird, war nicht vorauszusehen, daß alle unsere Seekarten und alle Fahrwasserbeschreibungen hinfällig würden. — Wir müssen also unser bisheriges Wissen vergessen und ganz neu lernen! Die etwas älteren unter uns Nordseefahrern übrigens zum zweiten Male — was uns nicht gerade entzückt.

Die amtliche Beschreibung des neuen Systems der Betonnung steht im Bundesgesetzblatt 1978, Nr. 23, vom 29. April; Anlage I. — Eine kleine Druckschrift des Deutschen Hydrographischen Institutes (Ergänzung zu Nr. 2000 „Für Brücke und Kartenhaus“; DM 5,—) gibt leider zu vielen für uns sehr wichtigen Fragen keine Auskunft: über die Numerierung, über die speziellen deutschen Tonnen, über die Pricken, über die Fahrwasserteilung schweigt sie sich aus.

Meine Beschreibung der neuen Betonnung bemüht sich um Praxisnähe und leichte Verständlichkeit. Denn wenn jemand glaubte, daß die Dinge für uns Sportschiffer im Küsten- und Wattrevier einfacher wurden, dann hat er sich gründlich ge-

Segelyacht passiert kardinale Tonne mit Osttoppzeichen.

täuscht. — Maßgeblich ist aber der amtliche Text! — Da die Niederländer ihre Wattengewässer in wichtigen Punkten anders betonnt haben, gilt für die Niederlande Seite 19 f.

Die Seitenbetonnung

Diese Tonnen bezeichnen die seitlichen Grenzen eines Schiffahrtsweges. In Richtung des Schiffahrtsweges (früher sagten wir „einlaufend“, doch das ist heute komplizierter) stehen

an der Steuerbordseite (rechts)
grüne Tonnen
oben spitze Tonnen (oder mit spitzem Toppzeichen)
Tonnen mit ungerader Nummer (z. B. „1“, „3“, „19“)
wenn Leuchttonne, dann mit grünem Licht
oder **Pricken mit „Besen abwärts“**

an der Backbordseite (links)
rote Tonnen
oben stumpfe Tonnen (oder mit stumpfem Toppzeichen)
Tonnen mit gerader Nummer (z. B. „2“, „4“, „18“)
wenn Leuchttonne, dann mit rotem Licht
oder **offene Pricken bzw. Stangen mit „Besen aufwärts“**

Die verschiedenen Formen der Seitenzeichen zeigt die Skizze. Die Farbe „rot“ wird in diesem Buch meist durch Schraffur wiedergegeben, die Farbe „grün“ als schwarz. In den Seekarten sind alle Tonnen schwarz gezeichnet. Kauft euch Lupen,

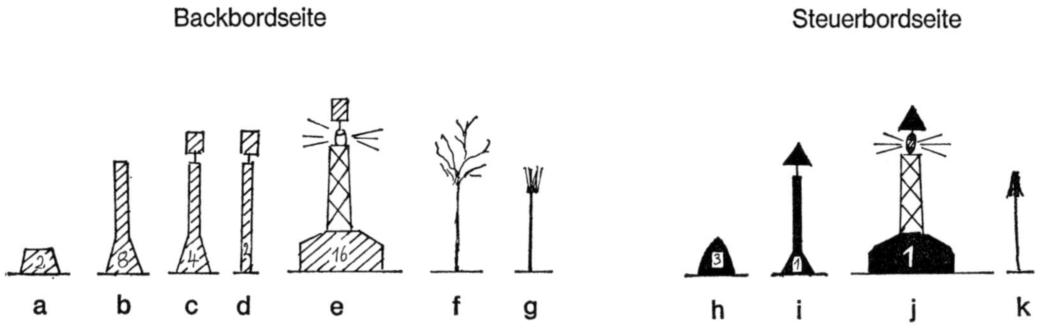

Formen der Seitenzeichen: a) rote Stumpftonne, b) rote Spierentonne, c) Spierentonne mit Toppzeichen, d) Stange (evtl. ohne Farbe) mit Toppzeichen, e) Leuchttonne mit Toppzeichen, f) Pricken (offene Pricke), g) Stange mit Besen aufwärts;
h) grüne Spitztonne, i) grüne Spierentonne mit Toppzeichen, j) grüne Leuchttone mit Toppzeichen, k) Stange mit „Besen abwärts“ (ohne Farbe).

ihr Kollegen, daß ihr die kleine Farbbezeichnung „r“, „gn“, „g“ und „s“ lesen könnt, zumal im Dunkeln.

Das sieht so einfach aus, daß alle ganz zufrieden dreinschauten. In der Tat dient ja diese Betonnung vor allem, der Berufsschiffahrt „Straßen“ zu schaffen. Völker des Festlandes denken gern in Festlandsbegriffen.

Wo liegen die Schwierigkeiten für uns?

1.) Alle Tonnennummern haben sich verändert. Generationen von Seefahrern haben z. B. die Elbe durch's „Zehnerloch“ bei Tonne „10“ verlassen. Nunmehr bei Tonne „26“.

2.) D i e R i c h t u n g d e r B e z e i c h n u n g war bisher immer „einlaufend“, das heißt, die Richtung, in der der Flutstrom lief. War man im Zweifel, so genügte ein Blick auf den Heckwirbel einer Tonne. Heute „soll die Bezeichnungsrichtung im Uhrzeigersinne um die Landmassen laufen“. Das wirft bei den Westfriesischen und Ostfriesischen Inseln die Vernunft oft über den Haufen: Sobald wir dort nämlich, von See kommend, in ein Fahrwasser einbiegen, das nach Westen oder Südwesten führt, müssen wir die grünen Tonnen dann b a c k b o r d lassen! W i r m ü s s e n s e h r d a r a n d e n k e n ! Denn es ist, meine ich, eine vorzügliche Gelegenheit, bei stürmischem Wetter sein Schiff zu verlieren. — Ich habe in den Plänen die Bezeichnungsrichtung oft mit offenem Pfeil angegeben (⇨). Auch die in den Plänen eingezeichneten Kurslinien mögen eine Hilfe sein. — Doch vertraut stets nur auf euch selbst!

3.) **Die Teilung von Fahrwassern:** Wattfahrwasser verzweigen sich oft. In Deutschland fiel die bisherige Fahrwasserteilungstonne, die sehr auffällig war, fort. Die Niederländer haben sie aus gutem Grund beibehalten. Ich wünschte, unsere Behörden würden sie in den Wattengewässern auch bei uns wieder aufleben lassen in der gleichen nützlichen Art, wie in den Niederlanden. — An der deutschen Küste sind jetzt Teilung oder Zusammentreffen zweier Fahrwasser a l l e i n durch die Beschriftung der Tonne zuverlässig erkennbar. Dazu die folgende Skizze und ihre Legende.

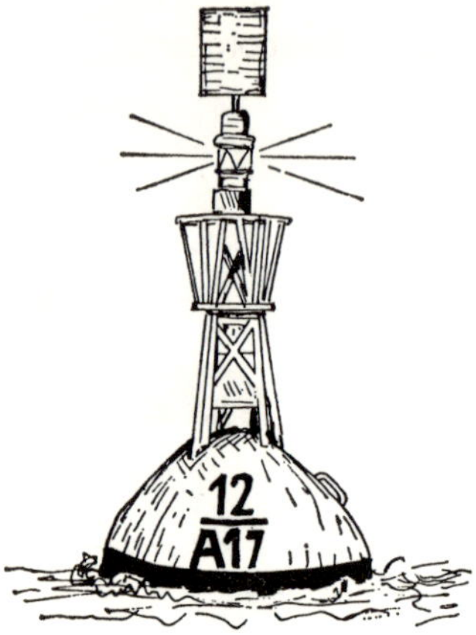

E i n e F a h r w a s s e r t e i l u n g s t o n n e. Über dem waagerechten Strich steht die Nummer, welche die Seitentonne im Hauptfahrwasser hat. Es ist „12"; so ist es also eine rote Tonne. Unter dem Strich steht die Abkürzung des Namens des Nebenfahrwassers „A". Dazu die Nummer der Tonne im Nebenfahrwasser. Das ist „17". — Tonnen mit ungerader Nummer sind grüne Tonnen. So ist diese Tonne bei der Fahrt im Nebenfahrwasser als grüne Tonne zu behandeln! — In diesem Falle müßten wir sie beim Einlaufen in das Nebenfahrwasser dennoch an Backbord lassen! Denn offenkundig laufen wir e n t g e g e n der Bezeichnungsrichtung in das Nebenfahrwasser ein. Wenn nicht, hieße die Tonne „A 1".

Natürlich, es ist alles vollkommen logisch. Und dennoch halte ich es für zu kompliziert. Wenn Strömung läuft und wenn z. B. eine Halse bevorsteht, dann zwei abstrakte Denkoperationen durchzuführen und dabei bestimmt keinen Fehler zu machen . . . wenn dat man blos jut jeht!

B e i m p r a k t i s c h e n F a h r e n kommt es also auf folgendes an:

a) die Fahrwasserteilungstonnen zu f i n d e n. Wir müssen also die Aufschrift auf den Seitentonnen lesen. Kehrt die Tonne unfreundlicherweise die Aufschrift weg, so haben wir Sorgen. Bei Dunkelheit auch. Fahrwasserteilungstonnen tragen zwar immer ein Toppzeichen; doch andere Tonnen oft auch. — Fahrwasserteilungstonnen geben, wenn es Leuchttonnen sind, meist rotes oder grünes Funkelfeuer; doch in Wattfahrwassern sind meist keine.

Haben wir mit St. Brandaans Hilfe unsere Fahrwasserteilungstonne gefunden, so müssen wir

b) s i e a n d e r r i c h t i g e n S e i t e r u n d e n; sonst rennen wir unser Boot auf Schiet. Wer glaubt, daß das leicht ist, muß ein Genie sein. Ich finde es schwer. Ich gebe einen Plan zum Üben:

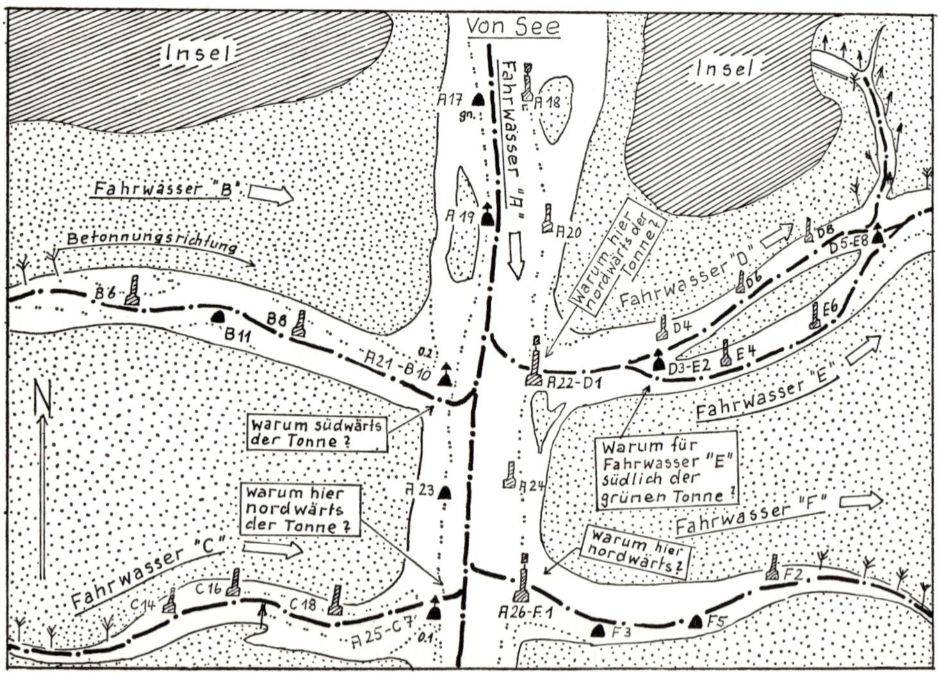

Praktischer Ratschlag: Da es sicher nicht immer gelingt, schnell genug auszuknobeln, an welcher Seite man eine Fahrwasserteilungstonne passieren muß, habe ich mir so geholfen, sie auf gut Glück an irgendeiner Seite zu passieren, doch so dicht wie möglich. — Aber an Stromversetzung denken!

Wir merken uns noch: Bei Großschiffswegen, wie Elbe, Weser, Jade werden die roten und grünen Seitentonnen heute für die Bedürfnisse der tiefgehenden Großschiffe ausgelegt. Das heißt, sie bezeichnen den oft schmalen, tiefgebaggerten Großschiffskanal. An dessen Seiten ist für Schiffe bis 2 oder 3 Meter Tiefgang oft sehr weit genügende Wassertiefe. So bilden sich an vielen Großschiffsstraßen drei Fahrwege heraus: Das Hauptfahrwasser für die Tiefgeladenen, rechts und links durch grüne und rote Seitentonnen bezeichnet. Und an beiden Seiten davon oft sehr breite Fahrzonen für weniger tiefe Schiffe. Diese „Seitenfahrwasser" sind der bevorzugte Fahrweg für uns! Zur Mitte begrenzen ihn die Seitentonnen des Tiefwasserweges, nach außen die sogenannten Buhnenkopftonnen. Über die weiter unten.

Mitte-Fahrwasser-Zeichen (Ansteuerungstonnen)

Sie sagen aus, daß in ihrer Nähe im Wasser keine Gefahr ist. Wir können sie also an allen Seiten passieren. — Im Bereiche dieses Bandes dienen sie sehr oft als Ansteuerungstonnen. Landwärts von ihnen beginnt die Seitenbetonnung, z. B. die Einfahrt in ein Seegat. — Doch können sie auch sehr breite Fahrwasser bezeichnen. — Ich nenne sie hinfort nach ihrer Aufgabe.

Einheitlich haben sie senkrechte, weiße und rote Streifen. Tragen sie ein Toppzeichen, dann einen roten Ball. Sind es Leuchttonnen, so geben sie weißes Feuer, und zwar ein langsames Feuer: Gleichtakt, Blinke oder unterbrochen. So kann man sie nicht mit kardinalen Tonnen (Untiefentonnen) verwechseln, die hysterisch funkeln. Ihre Formen zeigt die Skizze.

Bisher hat man die Ansteuerungstonnen nach Farbe und Form und Toppzeichen so unterschiedlich wie möglich gemacht, um sie auch bei schwierigen Wetterbedingungen

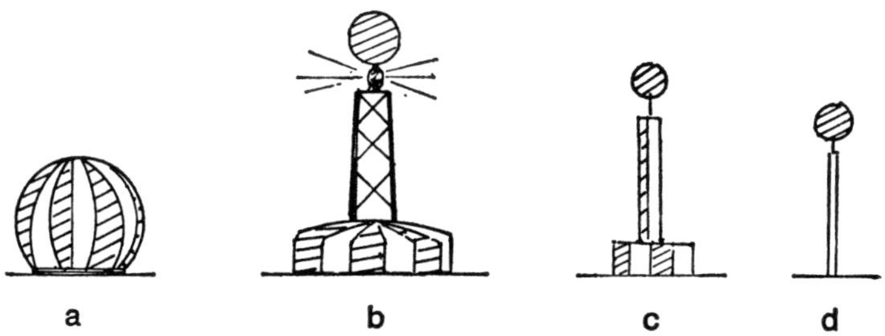

Mitte-Fahrwasser-Tonnen (Ansteuerungstonnen:) a) Kugeltonne (mit oder ohne Balltoppzeichen), b) Leuchttonne (mit oder ohne Balltoppzeichen), c) Spierentonne (immer mit Balltoppzeichen), d) Stange, oft ohne Farbe, doch stets mit Balltoppzeichen.

möglichst leicht identifizieren zu können. Jetzt müssen wir dicht an sie heranfahren und ihre Beschriftung lesen. Wenn sie die schamvoll wegkehrt, müssen wir um sie herum. Bei Strömung ist das für uns Segler spannend und bei Sturm unmöglich. Bei schwerem Wetter sind wir kleinen Fahrzeuge beim Anlaufen der Küste jetzt schlechter dran. — Nachts, wenn auch die rot-weiß gestreiften Katzen grau sind, muß uns die Kennung des Feuers sagen, welche Ansteuerungstonne es ist. — Vergessen wir nie: Ein Irrtum bei der Ansteuerungstonne kann das Leben kosten.

Die kardinalen Tonnen

Die grüne Wracktonne ist tot! Es lebe die kardinale Tonne! Sie ist auffällig in jeder Hinsicht. Doch in ihrer Bedeutung ist sie ein zwielichtig schillerndes Ding. Sie kann Wracktonne sein, Untiefentonne, Fahrwasserteilungstonne, Buhnenkopftonne, Ansteuerungstonne (wie bei Helgoland), oder sogar das Ende einer Verkehrstrennungszone bezeichnen. Captain J. E. Burny vom Trinity House trifft die kardinale Tonne auf den Kopf, wenn er schreibt: Die kardinalen Tonnen besagen, daß das tiefste Wasser an der Seite liegt, nach der das Zeichen genannt ist. Das schließt nicht aus, daß bei einem Nord-Toppzeichen befahrbares Wasser auch östlich und westlich ist. Der Schiffer erfährt, daß er an der Nordseite sicher ist; doch für alles weitere muß er seine Seekarte heranziehen.

So ist sie ein Proteus unter den Tonnen und hat mir in diesem Buch viel Sorgen gemacht. Ich habe mich entschlossen, sie nicht bei ihrem gravitätischen Namen zu nennen, sondern nach ihrer konkreten Aufgabe „Buhnenkopftonne“, „Wracktonne“, „Fahrwasserteilungstonne“ oder was sonst sie gerade tut. Die Pläne zeigen, was man jeweils von ihr zu halten hat.

Das Toppzeichen ist das wichtigste an der kardinalen Tonne. Da hilft uns alles nichts, das müssen wir am Schnürchen haben. Ich gebe die Toppzeichen zusammen mit der Denkhilfe (Eselsbrücke), die ich mir machte:

Bisher wußten wir es gewöhnlich doch nicht ganz sicher (Hand auf's Herz!) und machten um das Ding einfach einen weiten Bogen. Nunmehr *müssen* wir es aber wissen, denn wenn wir um Helgolands Ansteuerungstonne mit ihrem Osttoppzeichen auch einen weiten Bogen machen, landen wir am Ende in Büsum.

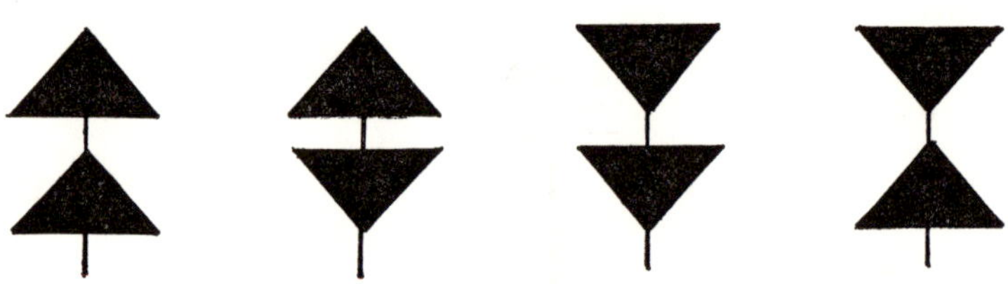

	Nord-Toppzeichen	Ost-Toppzeichen	Süd-Toppzeichen	West-Toppzeichen
Bezeichnung:	Nordtonne	Osttonne	Südtonne	Westtonne
Denkhilfe:	Sie schickt uns zum Nordpol	Sie erinnert an O = Ost	Schickt uns zum Südpol	Sie erinnert an W = West
Mein Kurs:	ich fahre an der Nordseite	ich fahre an der Ostseite	ich fahre an der Südseite	ich fahre an der Westseite

D i e F a r b e n der kardinalen Tonnen sind Schwarz und Gelb in bestimmter Ordnung. Anfangs hab ich mich sehr gequält, die Anordnung der Farben nicht zu verwechseln. Jetzt merke ich es mir so: Schwarz ist bei der Tonne, wo die Spitzen der Toppzeichen hinzeigen (Skizze).

D a s F e u e r ; wenn es Leuchttonnen sind, ist es weiß und „schnell“: Funkelfeuer (etwa 60 Blitze pro Minute, Abkürzung: Fkl.); oder Schnellfunkel (etwa 120 Blitze pro Minute, Abkürzung: SFkl). Die Kennung merkt man sich nach dem Zifferblatt der Uhr:

Osttonnen:	3 mal Funkel, Pause	(= 3 Uhr)
Südtonnen:	6 mal Funkel, Blink, Pause	(= 6 Uhr)
Westtonnen:	9 mal Funkel, Pause	(= 9 Uhr)
Nordtonnen:	Funkel ohne Pause	

D i e F o r m e n der kardinalen Tonnen zeigt die Skizze.

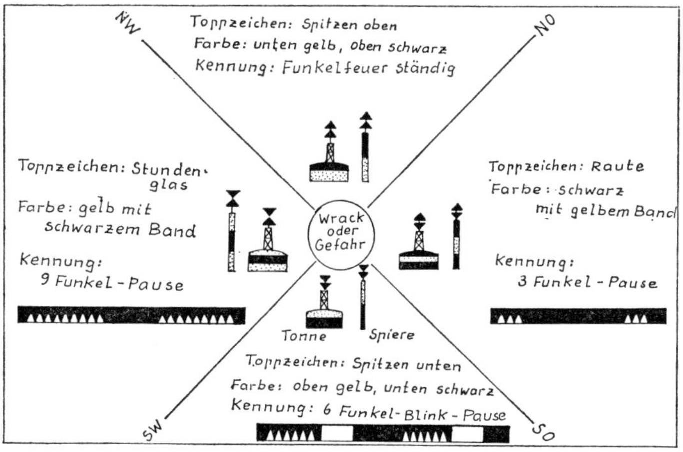

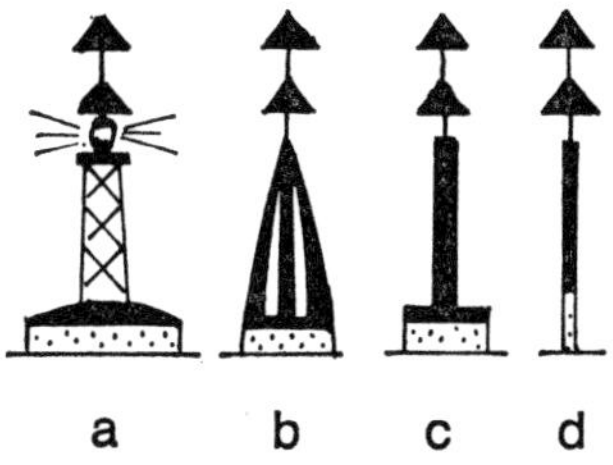

a) Leuchttonne
b) Bakentonne
c) Spierentonne
d) Stange

Einzelgefahr-Zeichen

Die können wir kurz abtun. Sie sind auch selten, da in der Nordsee keine Klippen sind. Sie stehen manchmal auf alten Leuchtturmfundamenten im Watt, auf einzelnen Steinhaufen oder dem Maststumpf eines im Sande vergrabenen Wrackes. — Wir können an allen Seiten daran vorbei . . . nur eben nicht darüber hinweg.

D a s T o p p z e i c h e n ist maßgeblich: zwei schwarze Bälle übereinander. Es kann auf Tonnen stehen oder auf Stangen. Die sind schwarz mit rotem Band. Gibt es ein Feuer, dann z w e i Blitze weiß (Skizze oben).

Sonderzeichen

Die sind gelb und können alles mögliche bedeuten. Ich prophezeie ihnen eine große Zukunft, denn sie erlauben, die tausend Reglementationen des Festlandes nun auch auf die „freie“ See zu übertragen. Wir gehen glücklichen Zeiten entgegen.

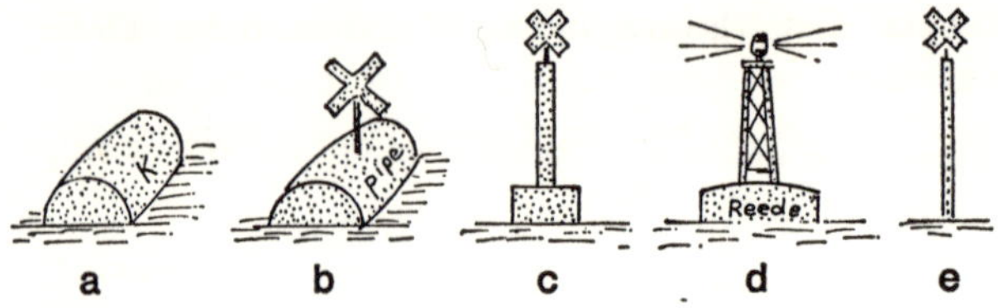

Sonderzeichen:
a) gelbe Faßtonne („K" = Kabeltonne)
b) gelbe Faßtonne mit Toppzeichen
c) gelbe Spierentonne mit Toppzeichen
d) gelbe Leuchttonne, Licht gelb
e) gelbe Stange mit Toppzeichen

Sonderzeichen sollen nicht in erster Linie der Navigation dienen. Dennoch werden wir z. B. in den Niederlanden manchmal Nebenfahrwasser für die Fischer damit bezeichnet finden.

Farbe: gelb. Wenn ein Toppzeichen, dann ein schräg stehendes Kreuz. Feuer: gelb. Form: international wie auf der Skizze Seite 10. In Deutschland sind folgende Formen gesetzlich (Skizze oben). Was man von den Dingern halten soll, muß man aus der Beschriftung entnehmen oder erraten. „K" heißt: Kabeltonne (d. h. nicht ankern). — „Pipe" heißt: irgendeine Leitung; also auch nicht ankern. — „Schüttstelle" oder „Schütt-St." heißt, daß da ein Bagger seinen Kram hinkippt. — „Fischerei" oder „Fisch" (mit einem reizenden Toppzeichen in der Form eines Fisches) heißt, daß da Fischgründe, Muschelkulturen, Schongebiete beginnen oder enden. — „Warnstelle" heißt, daß vor dem Annähern oder Überfahren gewarnt wird. — „Warngebiet" das gleiche. — Steht „Reede" darauf, dann ist da Ankergebiet für Handelsschiffe. Ist „Festmachen" oder „Festm." darauf geschrieben, dann darf man daran belegen. Doch vermute ich, daß dies für uns normale Steuerzahler nicht gilt. — Auf manchen Tonnen sind Aufschriften, deren Bedeutung mir rätselhaft blieb. Das klügste wird sein, ihnen fernzubleiben.

Fast hätte ich's vergessen: Es gibt auch noch einige Gebiete der deutschen Küste, wo keine gelbe Tonne in der Nähe ist.

Spezielle deutsche Seezeichen

Die oben beschriebenen Seezeichen werden als Betonnung nach IALA „A" auch in vielen anderen Ländern Europas eingeführt (oder sind schon eingeführt worden). Darüber hinaus sind in der Bundesrepublik Deutschland im Jahr 1978 weitere Seezeichen gesetzlich geworden. Die gibt es allein in der BRD. Die wichtigsten zeigt die Skizze.

Ein sehr deutsches Seezeichen ist „Sperrgebiet". Da dürfen Menschen nicht sein, außer sie sind berechtigt. Meist ist es eine Faßtonne, gelb und mit einem roten Band, das auf ihr als Kreuz läuft (‚a' in der Skizze). Es kann aber auch eine Leuchttonne sein (gelb mit rotem Band und gelbem Feuer) oder eine Spiere, gelb mit rotem Band und gelbem Kreuz (‚b' in der Skizze). — Wir werden ihr sicher häufig begegnen, und wenn

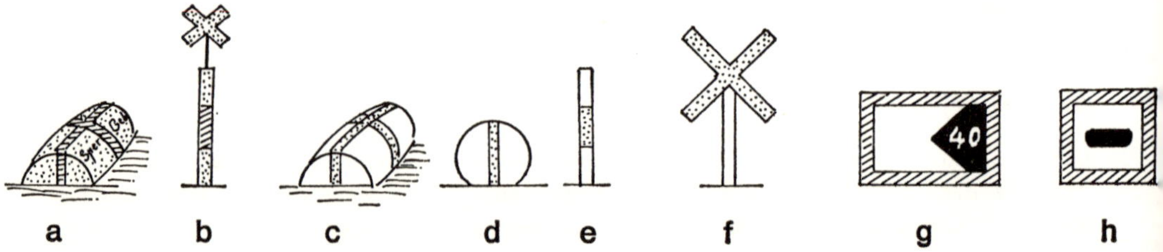

ich die Folgen der neuen „Naturschutz"-Gesetzgebung richtig abschätze, dann hat sie eine große Zukunft an der Nordseeküste.

F a h r v e r b o t für Maschinenfahrzeuge ist eine nationale deutsche Tonne. Es ist eine weiße Stange oder weiße Tonne mit gelbem Band (c, d und e in der Skizze).

G e s c h w i n d i g k e i t s b e g r e n z u n g (nicht mehr als 8 km/h näher als 300 Meter vom Ufer) sind Stangen mit gelbem schrägen Kreuz (‚f' in der Abbildung).

F a h r a b s t a n d v o m U f e r (die weiße Ziffer in Metern) zeigt die Abbildung unter „g". — A n h a l t e n vor beweglichen Brücken, Sperrwerken und ähnlichem, bis Durchfahrterlaubnis erfolgt, verordnet das Zeichen „h" in der Abbildung. — (Doch was mein Freund vermißte, war ein Verbot, anzuhalten. Das fehle noch, sagte er. Erst dann sei es wirklich erreicht, daß es auf der See so sei, wie bei uns auf den Landstraßen).

M e i n F r e u n d hat über die Fülle der neuen Tonnen eine recht kritische Meinung. Doch er sieht sie mehr als ein Symptom:
Deutschland, sagte er, sei von zwei Krankheiten befallen: der Änderitis und der Administritis; der Sucht, alles zu verändern, alles zu planen, alles zu verwalten. Es sei eine schlimme Krankheit, meinte mein Freund, so etwas, wie ein Krebsgeschwür; meist sterbe ein Volk daran.
Doch ihr kennt ja meinen Freund, er ist ein komischer Kauz, ein Narr, gänzlich unfähig, den Segen des Fortschrittes richtig zu erfassen. Hört nicht auf ihn!

Betonnung der niederländischen Gewässer

Hinsichtlich der IALA-Betonnung ist es an der niederländischen Küste im großen Ganzen, wie vorne für die deutsche Küste beschrieben. Doch es gibt ein ganzes Quantum an kleineren Besonderheiten. Außerdem einen entscheidenden Unterschied bei der Bezeichnung der Fahrwasserteilung. — Und vergeßt nicht: I m I j s s e l m e e r steht unverändert die bisherige Betonnung! Grüne Tonnen sind dort Wracktonnen!!

Ansteuerungstonnen tragen als Aufschrift vor der Abkürzung des Namens des Fahrwassers den Buchstaben „V" (Verkenningstonne). So ist also die Tonne „VBW" die Ansteuerungstonne für das Fahrwasser „Bocht van Watum".

Die Seitentonnen sind nach dem vorn beschriebenen System ausgelegt. — Typisch für die Seitenbetonnung in den Wattfahrwassern sind T r e i b s p i e r e n . Das sind Holzspieren auf einem verankerten Schwimmkörper. Nach Farbe, Toppzeichen und Nummer gleichen sie den üblichen Tonnen. Die Abkürzung des Fahrwassernamens und die Nummer sind auf den dreieckigen (grünen) oder rechteckigen (roten) Toppzeichen aufgemalt. — P r i c k e n stehen auf Watten so wie bei uns: offene Pricken an der Backbordseite, gebundene Pricken an der Steuerbordseite. Bei gebundenen Pricken sind die Zweige nach unten gebogen und dort zusammengebunden. — W a n t y ist der niederländische Name für Wattenhoch.

Fahrwasserteilung wird in den Niederlanden radikal anders bezeichnet als bei uns. Und zwar in vollkommener Übereinstimmung mit dem neuen „IALA-System A".

Wo zwei Fahrwasser zusammentreffen (oder sich teilen), steht in den Niederlanden i m m e r e i n e k a r d i n a l e T o n n e (gelb und schwarz). Auf ihr sind die Abkürzungen der beiden Fahrwasser aufgemalt, die sich da teilen (z. B. „VL-WM"; das heißt, hier teilen sich Vliestrom und West-Meep). Das Toppzeichen sagt, an welcher Seite man die Fahrwasserteilungstonne passieren soll.

Damit ist die Bezeichnung der kritischen Punkte bei der Navigation in Wattengewässern nach meiner Meinung fast ideal gelöst: Die Tonne ist auffällig, man kann schwerlich den Abzweig verpassen. Und das Toppzeichen sagt, von welcher Seite man in das neue Fahrwasser einfahren muß; denn gerade die Einfahrt ist ja meist schmal und flach, und Strömung setzt quer. — Als Beispiele die Pläne auf Seite 164, 168.

Sondertonnen sind wohl seltener als bei uns. Die Aufschrift „K" meint Kabel; „Gas", Gasleitung; „RT" wohl Stromkabel. Manchmal sah ich gelbe Tonnen ohne Bezeichnung in Nebenausfahrten von Seegaten liegen. Als Ortsfremder muß man mit denen sicher sehr vorsichtig umgehen. — Mosselpercelen sind im Watt Muschelzuchtgebiete. Die sind mit verschiedensten Tonnen bezeichnet. Sie haben für uns wohl keinerlei Bedeutung, denn sie taugen zum Trockenfallen meist sowieso nicht.

Über die Natur unserer Nordseeküste, Pläne zu ihrer Verplanung, Sperrgebiete und Lebensgefahr

Kuriose Überschrift! Wie reimt sich das? — Es reimt sich eigentlich gar nicht! Doch wie die Dinge liegen, reimt es sich wie folgt:
Der Herrgott (oder die Natur; wie immer ihr's nennt) haben uns mit unserer Nordseeküste ein wundersam schönes Seerevier geschenkt. Es ist zwar **eine der nautisch schwierigsten Seeregionen der Welt** (vergesset das nie!). Doch weil die Natur hier ungewöhnlich günstige Voraussetzungen schuf, wird es mit reviergerechtem Schiff dennoch seit Jahrtausenden befahren. Es ist das Durchgangsgebiet für die Seefahrt zwischen dem Baltikum und den westlichen Meeren.

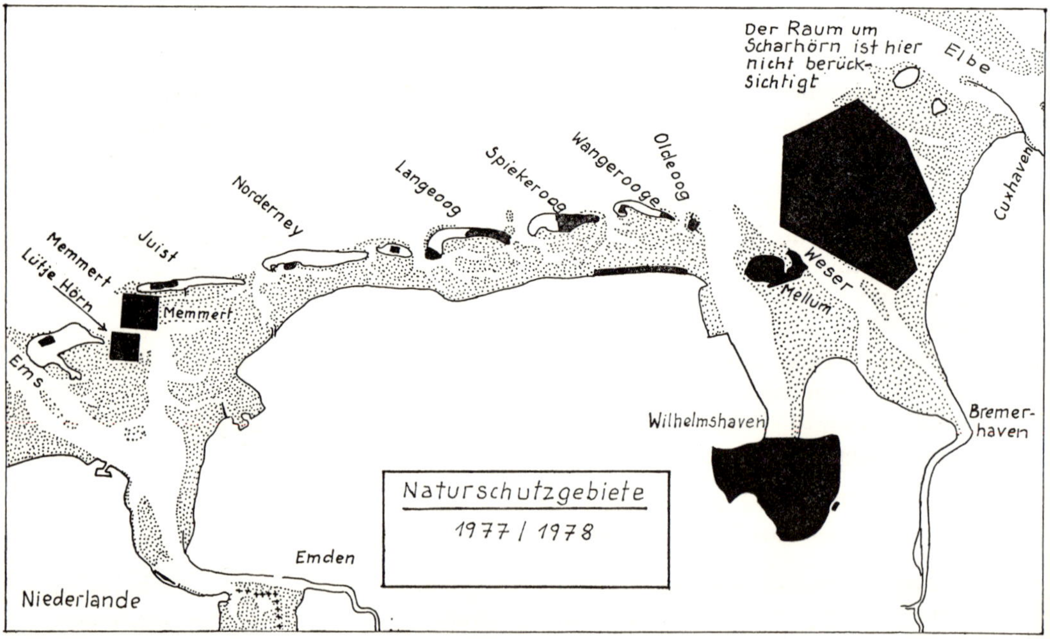

Doch nur deshalb weist das deutsche Küstenmeer eine Jahrtausende alte ununterbrochene Tradition der Seefahrt auf, weil die Natur hier ungewöhnlich viele Hilfen zur Verfügung stellt: die Kette der Inseln und Sände als Wellenbrecher. — Die Priele als Ankerplätze. — Die Ufer, um das Schiff in ihrem Schutz auf's Hohe zu holen. — Die Vorlandpriele als Naturhäfen. — Die Wattenhochs, um dort strömungsfrei ankern, fahren und trockenfallen zu können. Ohne diese Hilfen der Natur könnte Seefahrt im deutschen Küstenmeer kaum stattfinden!

Der Herrgott (oder die Natur) gaben es uns zur Seefahrt; Behörden sind dabei, es uns fortzunehmen:

Erst wurden nur einzelne Inseln für uns Menschen verboten, dann praktisch alle Außensände, neuerdings auch große Meeresflächen und Uferstrecken. Der Plan links zeigt den Stand 1977/78. Er war beklagenswert genug!

Doch dies war erst Vorspiel! Ein umfassender Ansatz zur „Verplanung" des deutschen Küstenmeeres (und der Seefahrt darin gleich mit) hat etwa 1978 begonnen. Entscheidungen waren bis zur Drucklegung nicht zu erfahren. Die vorläufigen Absichten zeigt der Plan unten. **Der Umfang ist erschreckend. Die Auswirkungen auf die Seefahrt im deutschen Küstenmeer können vernichtend sein.**

Grundlage für die geplanten Verbote ist ein neues Bundesnaturschutzgesetz (Dez. 1976). Es legt den Ländern die Durchführung auf. Doch es verordnet meines Wissens keine Verbote der See! Die vorläufigen Absichten im niedersächsischen Bereich der deutschen Küste zeigt der Plan unten. Praktisch ist kein Stück unseres Küstenmeeres ausgenommen, außer den schmalen Großschiffsschläuchen von Ems, Jade und Weser. Alarmierend für uns ist, daß Verbote auch auf der Wasserfläche des Meeres geplant sind — von der Dreimeilenzone auf offener See bis zum Festland.

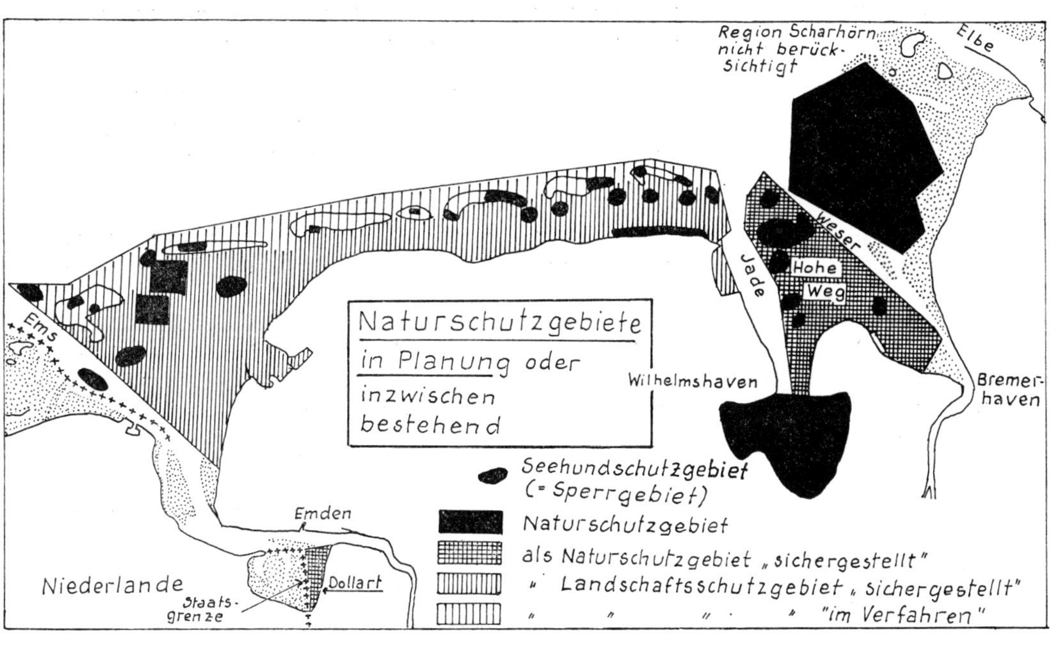

Bundeswasserstraße: Das Meer, so sagt ihr mir zu Recht, ist aber doch bis zur Grenze des mittleren Hochwasserstandes laut Gesetz Bundeswasserstraße. Ihr Befahren, sagt ihr, ist doch für jedermann frei. Die Seeschiffahrtsstraßen-Ordnung, sagt ihr, regelt auf ihr, was zu regeln ist. Nach ihr richten wir uns.

Seht, Kollegen, es gibt da einen kleinen Änderungsbeschluß zum Bundeswasserstraßengesetz: „Das Befahren der Bundeswasserstraßen in Naturschutzgebieten und Nationalparken . . . kann durch Rechtsverordnung . . . geregelt, eingeschränkt oder untersagt werden, s o f e r n (Sperrung von mir) dies zur Erreichung des Schutzzweckes erforderlich ist." — Mit diesem Absatz werden wir uns sehr aufmerksam auseinandersetzen müssen.

Gesichtspunkte für uns Seefahrer: Ich bin kein Jurist. Doch ich führe ein Schiff und bin für die Menschen darauf verantwortlich. Ich sehe es so:

1. Unsere Wasserfahrzeuge sind Schiffe im Sinne des Gesetzes: Sie unterliegen der Seeschiffahrtsstraßen-Ordnung, und der Schiffsführer ist verantwortlich, sie nach erprobten Regeln guter Seemannschaft zu führen. Zu den erprobten Regeln guter Seemannschaft gehört, alle Hilfen der Natur zur Sicherheit der Fahrt auszunutzen. Dies ist um so wichtiger, als es sich um ein Meer mit vielen ganz besonderen Eigenarten handelt (siehe Band I). Und, weil es sich um eine der schwierigsten Meeresgebiete Europas handelt (10 % Starkwind oder Sturm auch im Sommer, häufige schlechte Sichtigkeit oder Nebel nur als Beispiel).

2. Der Schiffsführer braucht alle Hilfen, welche die Natur hier bietet, beispielsweise:

   a) Die Kette der Inseln und Sände. An ihrem Leeufer oder in ihren Vorlandprielen muß er Schutz suchen können. Am Insel- oder Festlandufer muß er sein Fahrzeug bis an die Hochwasserlinie auf's Ufer holen können (die Grenze der Seeschiffahrtsstraßen-Ordnung ist ja nicht ohne Grund so und nicht anders festgelegt).

   b) Die Priele hinter Inseln oder an den Seiten breiter Fahrwasser. Der Schiffsführer braucht sie unverzichtbar als Ankerplätze oder zum Trockenfallen. Z. B., wenn ihm die Tide wegläuft, das Tageslicht endet, wenn Weiterfahrt oder Ausfahrt durch ein Seegat gefährlich oder unmöglich sind usw. usw.

   c) Die Wattenhochs. Auf ihnen läuft keine Strömung von Belang. So braucht sie der Schiffsführer z. B., um die gefährliche Situation „Strom gegen Wind" zu vermeiden, zum Ankern, zum Trockenfallen.

So hat sich nicht ohne Grund in dem Küstenmeer zwischen Dänemark und den Niederlanden eine ganz eigene Art der Schiffsführung entwickelt (Band I). Denn die Sicherheit der Schiffsführung an der Nordsee (der „Mordsee") beruht auf der Ausnutzung der Besonderheiten der Natur.

3. **Jede Maßnahme, die dazu führen kann, daß der Schiffsführer sich gehindert fühlt, die Gegebenheiten der Natur ganz für die Sicherheit seiner Fahrt nutzbar zu machen, bedeutet nach meiner persönlichen Meinung eine Erhöhung der Gefahr für Schiff und Menschen.**

Anders gesagt: Eine Behörde, welche die freie Benutzbarkeit des deutschen Küstenmeeres für deutsche oder ausländische Wasserfahrzeuge durch teilweise oder gänzliche Aufhebung der Seeschiffahrtsstraßen-Ordnung behindert, ohne daß ein absolut zwingender Grund dafür vorliegt, übernimmt nach meiner persönlichen Meinung hohe Verantwortung für Sachwerte und Menschenleben.

Denn früher oder später geschieht es nach meiner Meinung bestimmt, daß ein Fahrzeug in Seenot kommt, weil z. B. der Schiffer auf einen geschützten Ankerplatz verzichtete, weil der z. B. „Robbenschutz-Sperrgebiet" war, und durch direkte oder indirekte Folgen bei der Weiterfahrt Schiff oder Menschenleben verliert.

Persönliche Gedanken: Ich bin kein Jurist. Doch auf salzigem Wasser fahre ich nun seit 25 Jahren. Auch verstehe ich als Universitätslehrer ein bißchen von Biologie.

Die Seefahrt auf dem Küstenmeere der deutschen Nordsee lieben wir. Sie ist nicht bloßes „Freizeithobby". Ihre erzieherische Wirkung auf den Charakter junger Menschen hebt sie weit darüber hinaus (siehe Segelschulschiffe). — Wir akzeptieren das mit Seefahrt stets und das mit Seefahrt in diesem Revier im besonderen verbundene Risiko. Wir akzeptieren auch die Verantwortung für die von unserem richtigen seemännischen Urteil abhängenden Menschenleben (für die wir ja vor Gericht Rechenschaft über unsere seemännischen Maßnahmen abgeben müssen). — Doch ich für meine Person akzeptiere nicht, daß das naturgegebene Risiko ohne zwingenden Grund erhöht wird.

Ich persönlich meine, daß zur Aufhebung oder Einschränkung der Seeschiffahrtsstraßen-Ordnung für deutsche und ausländische Wasserfahrzeuge aus Naturschutzgründen zwei Voraussetzungen klar erfüllt sein müssen: 1. daß keine Erhöhung der Gefährdung von Menschenleben erfolgt (Abwägung der Rechtsgüter) und 2. daß dies zur Erreichung des Schutzzweckes tatsächlich nachweisbar erforderlich ist.
Ich vermute stark, daß diese Voraussetzungen bei sehr vielen Sperrgebieten nicht gegeben sind. Ich vermute, daß schon jetzt Seenotfälle auf Sperrgebiete zurückzuführen sind.

Wehret den Anfängen! Etwa eintausend mal im Jahr müssen Männer der Seenotboote uns Hilfe leisten. Müssen wir Menschen es hinnehmen, uns zusätzliche Gefahren auferlegen zu lassen ohne wirklich zwingenden Grund? Sprecht mit euren Rechtsanwälten darüber.

Sporthäfen

Neubau und Erweiterung von Sporthäfen sind nun in größerem Umfang in Gang gekommen. Doch da die Zahl der Sportboote stieg, ist Hafenplatz relativ eher knapper geworden. Mein Rat bleibt unverändert: Kauft euch ein gut trockenfallendes, flachgehendes Schiff von genügender Größe, daß ihr von Kunsthäfen unabhängig seid.
Je nach den Umständen kann man sich in einem der neuen Häfen einen Platz für 10 oder 20 Jahre mieten. Oder für eine Saison (sehr frühzeitig anfragen!). Oder ihr fahrt als Tagesgast von Hafen zu Hafen. Oder ihr ankert an geschützter Stelle im Watt. — Wo ich Hafengeld angab, da meist getrennt: a) für ein Boot bis etwa 8 Meter Länge, b) für eines von etwa 12 Meter Länge. — Mehr darüber im Text.

Die Gezeiten

Alles über Gezeiten und Gezeitenströmungen steht in Teil I. Nur den Plan über die Gezeitenströmungen wiederhole ich hier. — In den Küstengewässern sind diese Angaben nicht genau genug. Einzelheiten folgen deshalb im Text.

Der Tidenhub ist im Jadebusen am größten (4,1 Meter zur Springzeit in Dangastersiel). Von dort aus wird er nach Westen zu immer geringer. Nur 1,8 Meter ist er bei Den Helder am Ende unseres Fahrtbereiches. Doch trotz des geringeren Tidenhubes ist die Strömungsgeschwindigkeit dort kaum kleiner.

Hochwasser ist um so früher, je weiter man nach Westen kommt. Von Cuxhaven bis Den Helder macht der Unterschied etwa 6 Stunden aus. — Die Verspätung der Springzeit geht von drei Tagen in der Deutschen Bucht auf 2½ bis 2 in den niederländischen Gebieten zurück.

Wassertiefe auf dem Watt: siehe Teil I.

Seekarten

Die deutschen Seekarten im Bereich dieses Bandes zeigt der Plan. Bezugsstellen, Berichtigungsstellen und kleine Tricks nennt Teil I. — Seekarten für die Küsten- und Wattfahrt haben nur dann Sinn, wenn sie vom größten Maßstab sind!

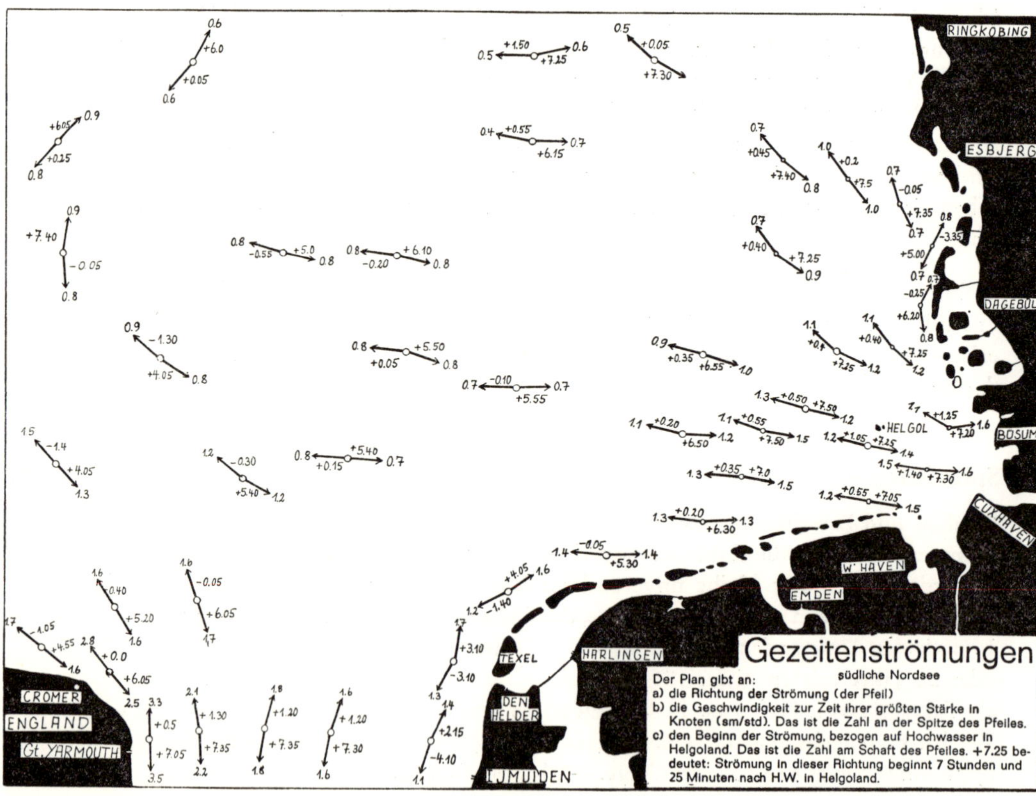

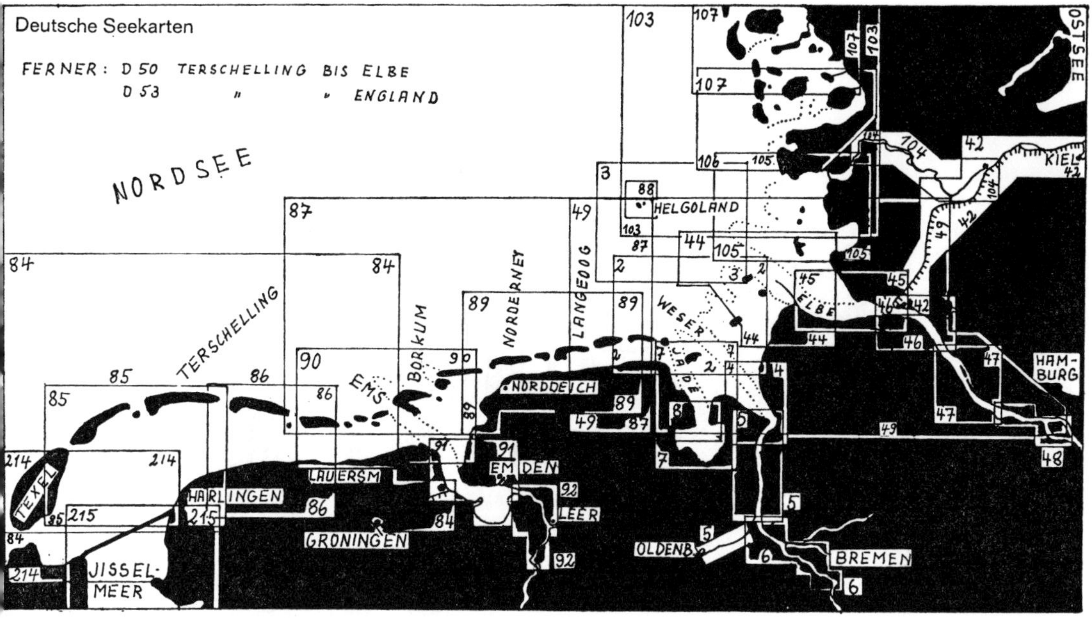

In jedem Seehandbuch steht, daß Seekarten von neuestem Datum sein sollen oder auf neuestem Stand berichtigt (was meist auf Neukauf hinausläuft). Auch ich kann es nicht verantworten, anderes zu sagen. — Doch zwischen Theorie und Praxis liegt da oft eine sehr große Kluft. Sind doch allein für das in diesem Teil beschriebene Gebiet für rund 400 DM Seekarten zu kaufen.

Veränderungen in der Lage der Fahrwassertonnen der Seegaten werden in den deutschen Seekarten nicht mehr berichtigt. Sehr schwerwiegend, meine ich. Denn wenn man irgendwo Schiff und Leben verlieren kann, dann bei den Einfahrten in die Seegaten bei schlechter Sichtigkeit. Mein Ratschlag: in den Häfen die Aushängekästen „Nachrichten für Seefahrer" lesen und versuchen, nach Gradnetzangaben Verlegungen selbst einzutragen; was freilich leichter gesagt ist als getan.

Niederländische Seekarten: Seite 29.

B. Besonderheiten der niederländischen Gewässer

Westlich von Borkum brechen die Hauptfahrwaser der Ems durch die Kette der Inseln. Die deutschen Ostfriesischen Inseln enden dort. Die Kette der niederländischen Westfriesischen Inseln schließt sich westwärts an. Wie bei uns liegt dort zwischen Festland und Inselkette ein großes Wattenrevier — und das Seerevier vor den Inseln.
Die ganz andere Atmosphäre in den Niederlanden, anheimelnd, etwas urwüchsig, klar, tatkräftig bei allem Phlegma, vernünftig in jederlei Hinsicht, mit viel Sinn für Seefahrt und auch für die irdischen Genüsse des Lebens (ein solides Stück Fleisch, einen guten Kaffee, einen alten Genever). Die Niederlande, die, so nahe bei Deutschland, eben doch auf spürbarste Weise ein fremdes Land sind. Die Niederlande

Voll dichter, unverwechselbarer Atmosphäre sind die Häfen im niederländischen Revier: Krabbenkutter, Fischer in Holzschuhen, uralte steinerne Leuchttürme und nahrhafte stille Restaurants. — Terschelling Hafen.

also mit ihren Inseln, Häfen und auch den Kanälen sollte man — wenn nur irgend möglich — in die Fahrt an der Nordseeküste mit einbeziehen.

Auch die Freiheit vom wuchernden Krebsgeschwür bürokratischer Einengungen, die im letzten Jahrzehnt dem, der die See liebt, in Deutschland das Leben erschweren, verdient alle Betonung. Einen „Führerschein" braucht man nicht. Nur wenn man eine schnelle Motoryacht fährt, die mehr als 16 km pro Stunde rennen kann, muß man sie registrieren lassen. Das Verfahren ist aufs äußerste vereinfacht (siehe unten).

Entscheidend ist wohl: Das Land ist der See zugewandt. Es weiß das, was Deutschland in seiner Geschichte niemals begriffen hat: Nur die See gewährt auf Dauer Wohlstand. Kurz: All die stillen Erschwerungen, die uns in Deutschland Seefahrt verleiden, kennt man in den Niederlanden nicht. So werdet ihr dort auch Yachten aus aller Herren Länder treffen, die um Deutschland leider einen Bogen fahren.

Mein Ratschlag: Laßt doch mal das überfüllte **Dänemark.** Fahrt mal einen Urlaub lang zum Ijsselmeer!

Die niederländischen Wattengewässer sind nicht schwieriger als die deutschen. Auf Seekarten erscheinen die niederländischen Watten als höher und die Fahrwasser als flacher. Sie sind es aber in Wahrheit nicht! Nur das Kartennull ist anders festgesetzt!! — Da die Fahrwasser sehr gut bezeichnet sind, ist das Fahren dort eher leichter als bei uns.

Eine durchlaufende Wattfahrtroute — Fortsetzung der Wattfahrt von der Elbe — gibt es wie bei uns. Zuweilen ebenfalls auf mehreren Routen. Mit Yachten bis 1,5 Meter Tiefgang (in der Waddenzee mehr) ist sie gut befahrbar. Die längste Distanz ohne geschützten Liegeplatz ist 23 Seemeilen. Meist ist sie weit kürzer. — Wie bei uns, kann man auch hier Routen „außen herum" über See fahren oder Wattfahrt mit Routen „außen herum" kombinieren. Kanäle im Binnenland ermöglichen pünktliche Rückkehr zum Urlaubsende auch bei Schlechtwetter.

Sielhäfen allerdings kennt die niederländische Küste nicht (Ausnahme: Noordpolderzijl dicht bei der Ems). Ursache: Das Festland liegt niedriger. Man kann das Regenwasser nicht bei Ebbzeit durch Sieltore zur See ablaufen lassen. Statt dessen wird es zum Landesinnern hin stufenweise hochgepumpt: aus kleinen Kanälen in größere und aus denen in die großen Entwässerungskanäle, die ihr Wasser bei Delfzijl, der Lauwerszee, Harlingen und dem Ijsselmeer abgeben. Diese sind auch die großen Schiffahrtskanäle (kleine Schiffahrtskanäle gibt es allüberall). — Das Hochpumpen des Wassers machten früher und gelegentlich auch noch heute die Windmühlen. Sie „mahlen" Wasser.

Das Kartennull: Ist's im deutschen Gebiet mittleres Springniedrigwasser, so im niederländischen Gebiet das durchschnittliche niedrigste Springniedrigwasser. Die Folge ist:

> Ein Fahrwasser gleicher Wassertiefe wird im niederländischen Gebiet als etwa 30 Zentimeter flacher angegeben und ein Wattrücken als 30 Zentimeter höher als sie auf Seekarten der deutschen Küste angegeben würden!

Beim Fahren findet man normalerweise (doch was ist normal??) 30 bis 50 Zentimeter mehr Wassertiefe, als man nach der Seekarte erwartet. — Übrigens steht die Festlegung des niederländischen Kartennulls in Einklang mit dem internationalen Brauch. Unser Kartennull fällt aus dem Rahmen.

Temperatur: Daß es in den westlichen Regionen, die dieses Buch nun behandelt, durchschnittlich schon 1° C wärmer ist, notieren wir gern.

Die Richtung der Winde erfährt im Emsgebiet und den niederländischen Gewässern merkliche Veränderungen. Zwar überwiegen unverändert westliche Winde bei weitem. Doch die Bedeutung des Nordwest tritt zurück. Südwest ist dort der häufigste Wind (Tabelle).

	SW	W	NW	N	NO	O	Flaute
April	17	13	12	13	16	12	3
Mai	17	13	9	13	15	11	5
Juni	18	14	12	15	15	8	4
Juli	20	14	16	14	11	8	5
August	22	21	16	10	8	5	3
September	14	14	14	16	12	9	2
Oktober	24	17	15	10	7	8	1

Die durchschnittliche Windstärke wird nach Westen zu etwas größer. Auch die Häufigkeit von Starkwind, Sturm und schwerem Sturm. Die folgende Tabelle gibt nach deutschen Seehandbüchern die prozentuale Häufigkeit von Starkwind (Beaufort 6 und darüber) und von Sturm (Beaufort 8 bis 12).

Prozentuale Häufigkeit von Starkwind (Bft. 6 und darüber) und Sturm (Bft. 8 bis 12).

	Feuerschiff „Elbe 1“		Feuerschiff „Borkumriff“		niederländische Küste	
	Bft. 6 und mehr	davon 8—12	Bft. 6 und mehr	davon 8—12	Bft. 6 und mehr	davon 8—12
April	13 %	2	10	2	17	3
Mai	k. Angabe	1	5	1	8	1
Juni	k. Angabe	unter 1	7	unter 1	11	1
Juli	11 %	1	9	1	10	2
August	k. Angabe	2	8	2	16	3
September	k. Angabe		16	4	17	3
Oktober	18 %	6	22	7	23	8

Schwerer Sturm (Beaufort 10 bis 12) ist im westlichen Gebiet unseres Seereviers häufiger als in der Deutschen Bucht. Er macht hier im April und auch im August (!) und September 1/2 % und im Oktober 2 % der Windbeobachtungen aus. Ursache: die Nähe des Englischen Kanales, der eine im Sommer selten, doch immerhin dann und wann benutzte Zugbahn von Tiefs ist. — Doppelt wichtig, dort Seewetterbericht zu hören. — Windreich ist es besonders vor der „vorspringenden Ecke“ im Bereich vor Terschelling.

Nordoststurm (meist ein Tief südlich vom Schiffsort) ist im April und Mai im niederländischen Bereich und Seerevier vor der Ems häufiger als in der Deutschen Bucht.

Schlechte Sichtigkeit (Sichtweite mehr als 1000 Meter, doch weniger als 2 Seemeilen) ist in den westlichen Revieren häufiger als bei den Nordfriesischen Inseln:

	Cuxhaven	Feuerschiff „Elbe 1“	Borkum
April	28 %	16 %	23 %
Mai	21 %	10 %	14 %
Juni	14 %	7 %	7 %
Juli	15 %	7 %	11 %
August	22 %	4 %	10 %
September	31 %	7 %	18 %
Oktober	31 %	8 %	20 %

Die Wellenhöhe ist im Seegebiet vor den Ostfriesischen und Westfriesischen Inseln etwas größer als in Teil I für ein Gebiet vor der Jade angegeben ist. Vor allem ist die Höhe von Sturmwellen größer: in den Sommermonaten 3 % Wellenhöhen über 5 Meter, und 10 % von September bis November. — Die Richtung des vorherrschenden Seeganges ist wie die Windrichtung vor den Ostfriesischen Inseln vorwiegend aus West und Nordwest, vor den Westfriesischen aus Südwest. — Auch bei starkem oder stürmischem Südwest und West bleibt der Seegang handig, solange die Strömung ostwärts läuft (also bei steigendem Wasser). Er wird aber sogleich steil und neigt zum Brechen, wenn die Strömung westwärts bzw. südwestwärts läuft, also bei fallendem Wasser.

Tidenkalender: Der kleine „Tidenkalender für die Deutsche Bucht" endet bei Borkum. Fährt man in die niederländischen Gewässer, so kann man sich dort in fast jeder Buchhandlung eine „Getij-Tafel" kaufen. Man kann sich auch vom Deutschen Hydrographischen Institut das große Buch „Gezeitentafeln" beschaffen (Bestell-Nr. 2115). — Will beides nicht klappen, so fährt man wie folgt: Die Angaben in diesem Buch sind größtenteils auf Hochwasser bei Terschelling bezogen. Hochwasser in Terschelling ist etwa 1½ Stunden früher als in Borkum.

Seekarten: Man kann nach deutschen Seekarten fahren (siehe Seite 25). Auch die deutschen Seekarten sind in niederländischen Gewässern auf das höher festgesetzte niederländische Kartennull bezogen. Leider sind die Angaben über die Wattfahrwasser in den deutschen Karten so spärlich, daß man an manchen Stellen ernsthaft im Ungewissen bleibt. — Die amtlichen Niederländischen Seekarten haben folgende Nummern:

niederl. Seekarte Nr.	Region
1460	Borkum bis Schiermonnikoogs Ostseite
1458	Schiermonnikoogs Ostseite bis Terschellings Ostspitze
1456	Region zwischen Amelands Westteil, Harlingen, Vlieland
1454	Region zwischen Harlingen, Den Oever, Den Helder, Texel (ohne Texels Seegat)
1452	Seegat von Texel
1351	Ijsselmeer

Die Seekarten des Wattenreviers bis Texel habe ich in jedem etwas größeren Hafen in den Yachtausrüstungsgeschäften bekommen. — Vorzüglich, freilich auch nicht ganz billig, sind die „Kaart voor zeil-en motorjachten". In drei Heften für zusammen rund 70,— DM wird das in diesem Buch beschriebene Gebiet von ihnen gedeckt.

Die Formalitäten der Einreise sind für eine Fahrtenyacht null oder ganz minimal. Erst wenn es um die Frage geht, ob das Schiff ständig in den Niederlanden stationiert ist oder länger als 6 Monate verweilt, wird es komplizierter. Das übliche Bootspapier, also meist Standerschein des Clubs, braucht man natürlich. — Daß es, wie bei allen Behörden, mal aus heiterem Himmel Anfälle von Buchstabenorthodoxie geben kann, sollte niemanden grämen. — Übrigens: Wir Deutschen begannen, in der Welt wieder „eine schlechte Presse" zu bekommen. Nehmt dem die Spitze; seid liebenswürdig, liebenswürdig, liebenswürdig.

Schnelle Motorboote, auch ausländische, müssen in den Niederlanden registriert sein. „Schnelle Motorboote" sind Sportfahrzeuge, die schneller als 16 km/h laufen können. Auch Segelyachten mit Maschine, die 9 Knoten oder mehr laufen können, gehören dazu. — Für die Fahrt in niederländischen Gewässern brauchen sie einen „Registratiebewijs", einen Registrierungsschein. In diesem wird ihnen ein Registrierungszeichen zugeteilt. Dies muß auf beiden Seiten des Bootes mit 15 cm hohen, gut sichtbaren Buchstaben bzw. Ziffern angebracht sein. — Den Registratiebewijs erhält man kostenlos: a) im Lande in den Postämtern von 400 wassersportlich wichtigen Orten. Man füllt das Formblatt aus und kann den Registratiebewijs gleich mitnehmen; — b) durch vorherigen Antrag an „Rijksdienst voor het Wegverkeer", Skagerak 9, Veendam. Die Bearbeitung dauert einige Zeit. — Diese Anordnung wird neuerdings strikter gehandhabt.

Gastflagge, unter der rechten Saling gefahren, braucht man in den niederländischen Gewässern unbedingt. Konnte man sie vorher nicht kaufen, so läßt sie sich (rot, weiß, blau — waagerechte Streifen) mit Bordmitteln meist auch rasch selber nähen.

Sommerzeit haben die Niederländer vom 2. April bis zum 1. Oktober. Niederländische Sommerzeit ist Mitteleuropäische (= deutsche) Zeit plus eine Stunde. Oder Greenwich-Zeit plus zwei Stunden. Bei Gezeitentafeln und dergleichen muß man daran sehr denken. — Ich habe in diesem Buch die Angaben in Ortszeit = Sommerzeit gemacht.

Bestimmungen und Verordnungen spezieller Art, vor allem auch für das Befahren der verkehrsreichen Binnengewässer und des Rheines, gibt es natürlich auch in den Niederlanden. Sie sind vorzüglich und umfassend zusammengefaßt (freilich in niederländischer Sprache) im „Almanak voor watertoerisme — deel 1". Er wird jährlich neu herausgebracht von Afdeling Watertoerisme van de ANWB, Postbus 2200, Den Haag, Niederlande.

Hochwasserzeit: Das sind die Stunden des Fahrens; in den Wattrinnen oder auch querbeet über das von Wasser bedeckte Watt. Wer dann noch eine jener romantischen und geräumigen Oldtimer-Yachten besitzt, wie die Niederländer sie lieben, der wird am Wattenrevier eitel Freude haben.

Niedrigwasserzeit — Trockenfallen: Das ist das schönste an der Wattfahrt und typisch für die Wattenreviere der Nordseeküste (und für die meisten kleineren Häfen anderer Meere). — Die Kielyacht liegt schräg. Unter Deck ist es ungemütlich. Auf Deck ist es, als ob das Schiff starke Lage schiebt. Doch in einigen Stunden steigt das Wasser wieder, das Schiff schwimmt auf, und die Fahrt geht weiter. In der Zwischenzeit gehört dem Schiffer seine „Insel". Er hat den Anker ausgebracht und ist mit seiner Crew unterwegs auf dem Watt. — Die Yacht mit flachem Boden steht nach dem Trockenfallen aufrecht. Das ist noch schöner als zu ankern. Die Kinder baden in dem warmen Wasser eines aufgestauten Rinnsales, und der Schiffer bringt die Schramme von gestern an seinem Boot neu unter Farbe.

C. Seewetterbericht, Funkfeuer, Rettungsdienst

Seewetterbericht

Jeder Ratschlag und jede Überlegung in diesem Buch basieren darauf, daß der Schiffer den Seewetterbericht hört und für seine Fahrtenplanung verwertet.

Natürlich kann der Seewetterbericht das Wetter beim Schiffsort nicht mit letzter Präzision vorhersagen. Erfahrungsregel:

> Bei der Vorhersage der Windstärke richte ich mich darauf ein, daß es 2 Windstärken mehr, aber auch 2 weniger sein können.
>
> Ist ein Wechsel von Windrichtung oder -stärke vorhergesagt, dann ist der Zeitpunkt des Wechsels vom Schiffsort und der Geschwindigkeit einer Front abhängig und somit unsicher.

Ich habe mir zur festen Regel gemacht, den Seewetterbericht aufzuschreiben. Die Vorhersagegebiete sind in der folgenden Skizze angegeben. Wichtig ist vor allem Gebiet 1 (Deutsche Bucht) und 2 (südwestliche Nordsee). Doch auch die Wetterlage in den übrigen Gebieten beeinflußt unsere Region erheblich. Oft haben wir 12 bis 24 Stunden später in der Deutschen Bucht etwa das gleiche Wetter, das jetzt über den westlichen Gebieten der Nordsee ist.

Deutsche Sender, Sendezeiten und Frequenzen (Uhrzeit = gesetzliche deutsche Zeit)

Norddeich-Radio: Seewetterbericht
(Starkwind- und Sturmwarnungen, Stationsmeldungen, Wetterlage, Vorhersage für 12 Stunden und weitere Aussichten für 24 Stunden)
um 09 10 und 21 10 Uhr — auf 2614 kHz

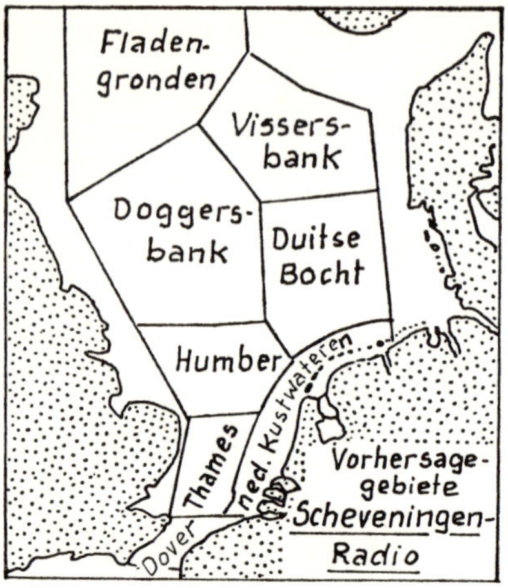

Scheveningen-Radio

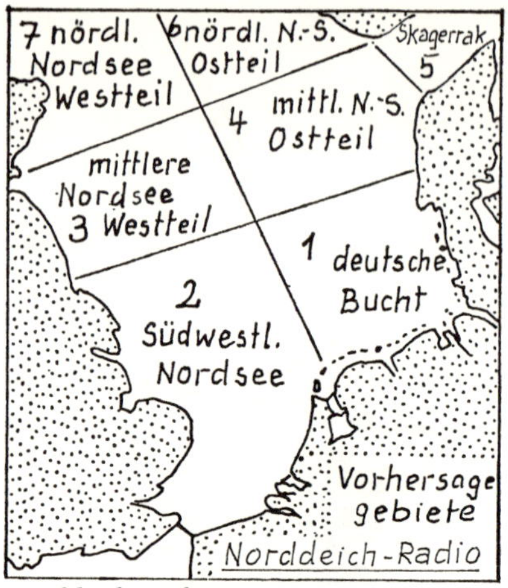

Norddeich-Radio

Deutschlandfunk:	Seewetterbericht auf 1269 kHz (Kilohertz = kc) um 06 40 und 12 40 Uhr. Nachts 1 Uhr und 5 Min. auf 1538 kHz nachts um 01 05 Uhr.
Radio Bremen:	Seewetterbericht nachts um 23 05 Uhr auf 936 kHz Windvorhersage Deutsche Bucht auf 936 kHz und 88,3; 89,3; 92,1; 93,8 MHz
Norddeutscher/ Westdeutscher Rundfunk:	Windvorhersage für die Deutsche Bucht um 07 00; 08 00 und 19 00 Uhr (nach Nachrichten) auf 702, 828, 972, 1593 kHz und 89,9; 90,05; 90,3; 90,5; 91,1; 91,3; 93,1; 96,05 und 97,9 MHz (Megahertz). Norddeutscher Rundfunk, 2. Programm, Segelsportbericht um 07 30; 1 30; 21 30 (vom 19. 5. bis 5. 10.) auf 87,6; 90,9; 91,65; 91,9; 93,2; 96,3; 98,3; 99,8 MHz

Telefonischer Wetterbericht im Fernsprechansagedienst gegen Ortsgebühr.

Baltrum	0 11 64	Helgoland	0 11 64
Borkum	0 11 64	Leer	11 64
Bremerhaven	11 64	Norddeich	0 11 64
Brunsbüttel	0 11 64	Norderney	0 11 64
Cuxhaven	0 11 64	Wedel	0 11 64
Emden	0 11 64	Wilhelmshaven	0 11 64
Juist	0 11 64		

Wasserstandsvorhersage für die Deutsche Bucht: Norddeutscher und Westdeutscher Rundfunk um 9 Uhr und um 22 Uhr nach den Nachrichten. — Deutschlandfunk 12 40 und 01 05 nach den Nachrichten. — Radio Bremen 09 00 (sonntags 08 00) und 23 00 nach den Nachrichten.

Niederländische Sender und Sendezeiten

(Uhrzeit = niederländische Sommerzeit = Greenwichzeit plus zwei Stunden)

Scheveningen-Radio:	(Niederländischer Seewetterbericht) In englischer Sprache um 05.40, 11.40, 17.40, 23.40 Uhr — auf 1862, 1939, 2824 kHz. In niederländischer Sprache für Schelde bis Ems um 05.45, 11.45, 17.45, 23.45 Uhr — auf 1862, 1939 und 2824 kHz.

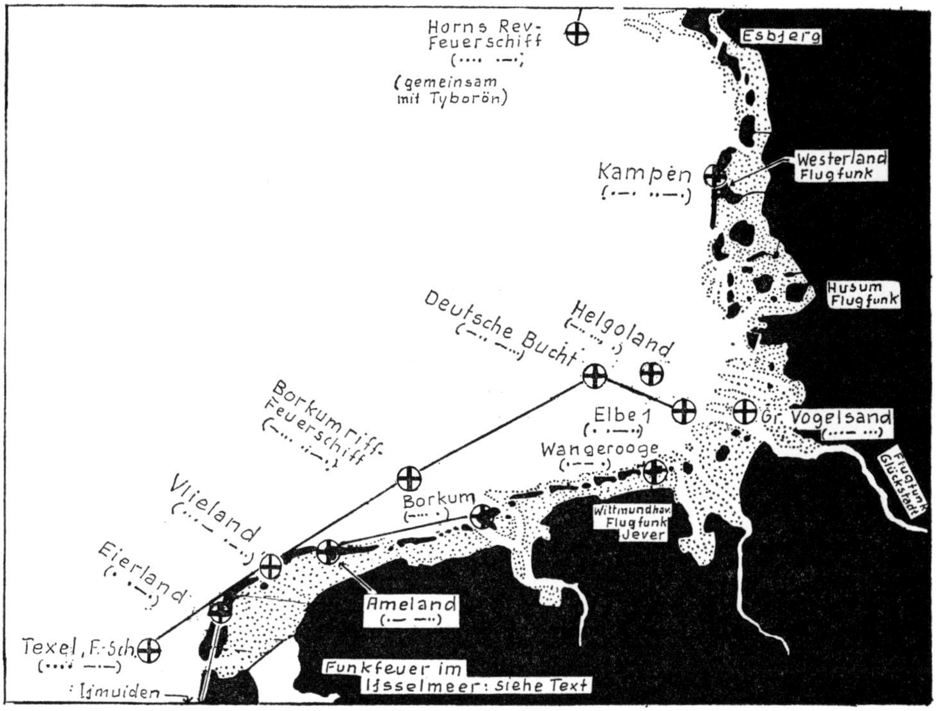

Funkfeuer

Bei Fahrten auf See sind Funkfeuer bei schlechter Sichtigkeit oder Nebel eine der wichtigsten Navigationshilfen. Im Wattenrevier dagegen habe ich mit Funkfeuern noch nie etwas anfangen können. Mehr Einzelheiten in Teil I. — Leider sind die Positionen der Funkfeuer in den letzten Jahren unausgesetzt verändert worden.

Funkfeuer geben in einem Zyklus von 6 Minuten einmal eine Minute lang ihr Signal. Manche auch zweimal innerhalb von 6 Minuten. Helgoland sendet ohne Unterbrechung. Das Signal ist: Zuerst mehrfach wiederholt die Morsekennung des Funkfeuers. Ich habe sie im Plan angegeben. „Elbe 1" zum Beispiel kurz - kurz-lang-kurz-kurz. Während dieses Erkennungsignales muß man mit seinem Gerät das Funkfeuer auffassen (und darf es nicht mit anderen verwechseln). Nach dem Erkennungssignal folgt etwa 30 Sekunden lang ein langer Ton. Jetzt peilt man. Das heißt, man dreht die Antenne seines Empfängers solange, bis der Ton leise wird, verschwindet, und beim Weiterdrehen wiederkommt. In Richtung des Minimums steht der Sender. — Das ist alles. Für unser Revier genügt der kleinste Empfänger. — Man macht entweder „Zielfahrt" auf einen Sender zu oder peilt zwei Sender an und bestimmt daraus den Schiffsort wie bei terrestrischer Navigation.

Die Tabelle enthält alle nötigen Angaben: den Namen des Funkfeuers, die Wellenlänge, auf der es sendet, seine Morsekennung. Ferner die Sendefolge. Bei „Elbe 1" ist es 6. Das heißt, in dem 6-Minuten-Zyklus sendet „Elbe 1" in der sechsten Minute. Manche Funkfeuer sind im Plan durch einen Strich verbunden. Das bedeutet, sie bilden eine Gruppe, senden auf gleicher Wellenlänge und unterscheiden sich nur durch Morsekennung und Sendefolge. — Es ist nicht schwer. Doch wenn man es nie bei Gutwetter geübt hat, dann klappt es im Ernstfall beim ersten Mal sicher nicht. Zum Üben habe ich Glückstadt an der Elbe mit aufgeführt.

Bezeichnung	Frequenz (kHz = Kc)	Kennung	Reichweite (sm)	Sendefolge	Bemerkungen
Ijmuiden	294,2	—·—— ——	20	1, 4	auch bei Klarwetter
Hoek v. Holland	294,2	···· ····	20	2, 5	auch bei Klarwetter
Eierland	294,2	· ·—·	20	3, 6	nur bei Nebel
Vlieland	308	···— ·—··	70	1	auch bei Klarwetter
Borkumriff, F.-Sch.	308	—··· ··—·	50	3	auch bei Klarwetter
Deutsche Bucht, F.-Sch.	308	—·· —···	50	4	auch bei Klarwetter
Texel, F.-Sch.	308	··· —·—	50	5	auch bei Klarwetter
Elbe 1, F.-Sch.	308	··—··	50	6	auch bei Klarwetter
Ameland	298,8	·— —··	20	1, 3, 5	nur bei Nebel
Borkum	298,8	—··· ·	20	2, 4, 6	auch bei Klarwetter
Helgoland	397,2	—·· ··· ·	60	ununterbrochen	auch bei Klarwetter
Wangerooge	291,9	·—— ·	30	1, 3, 5	auch bei Klarwetter
Großer Vogelsand	301,1	···— ···	10	2, 4, 6	auch bei Klarwetter
Flugfunkfeuer					
Wittmundhaven	250	·—— ——	50	ununterbrochen	auch bei Klarwetter
Jever	390	·——— · ···—	50	ununterbrochen	auch bei Klarwetter
Glückstadt	365	——· ·—· —··—	30	ununterbrochen	auch bei Klarwetter

Deutsche Gesellschaft zur Rettung Schiffbrüchiger

Rund 1000 Mal (eintausend!) haben die Rettungsboote im vergangenen Jahr Sportfahrzeugen Hilfe gebracht. Etwa ²/₃ aller Einsatzfahrten betrafen Sportboote. Dieser Anteil ist zwar kleiner geworden als früher, doch noch immer zu hoch. In den meisten Fällen sind Unerfahrenheit und ungenügende gedankliche Vorbereitung einer Fahrt daran schuld. — Doch wenn uns schon so umfassende Hilfe zuteil wird, dann vergeßt wenigstens die „Sammelschiffchen" der Gesellschaft zur Rettung Schiffbrüchiger nicht. Die Rettungsboote wurden mit Tagesleuchtfarbe „farbig" gestrichen und neu verteilt. In dem Bereich Elbmündung bis Niederlande liegen jetzt folgende Schiffe:

Station	Name und Art des Bootes	Telefon
Cuxhaven	„Arwed Emminghaus", Seenotkreuzer	(0 47 21) 3 80 11 und 3 80 12
Auf See, Deutsche Bucht	„Hermann Ritter", Seenotkreuzer	Funktelefon (0 47 21) 0 55 22
Helgoland	„Adolph Bermpohl", Seenotkreuzer	(0 47 21) 3 80 11 und 3 80 12
Helgoland	„Umma", Strandrettungsboot	(0 47 25) 2 18
Bremerhaven	„H. H. Meier", Seenotkreuzer	(0 49 74) 4 20
Fedderwardersiel	„Carl A. Wuppesahl", Strandrettungsboot	(0 47 33) 3 59 und 10 21
Horumersiel	„Gesina", Strandrettungsboot	(0 44 26) 2 14
Wilhelmshaven	„Hans Lüken", Seenotkreuzer	(0 44 26) 2 22 und (0 44 21) 4 32 00
Wangerooge	„Wilhelm Hübotter", Strandrettungsboot	(0 44 69) 6 56 und 4 11
Neuharlingersiel	„Siegried Boysen", Strandrettungsboot	(0 49 74) 2 71
Langeoog	„Langeoog", Seenotrettungsboot	(0 49 72) 2 27 und 5 26
Baltrum	„Tamina", Strandrettungsboot	(0 49 39) 1 10
Norderney	„Otto Schülke", Seenotkreuzer	(0 49 22) 24 20
Borkum	„Georg Breusig", Seenotkreuzer	

Zentraler Notruf von See: Sprechfunk 2182 kHz und 156,8 MHz. Ferner: Norddeich-Radio, Tel. (0 49 31) 8 31 und Elbe-Weser-Radio, Tel. (0 47 21) 2 20 66.

Die Niederlande haben ebenfalls einen vorzüglich organisierten Seenotrettungsdienst. Im hier beschriebenen Gebiet liegen die Boote:

Schiermonnikoog	„Willem Horsman"
Lauwersoog	„Gebroeders Luden"
Ameland	„Dr. W. H. v. Rietschoten"
Terschelling	„Carlot" und „Nicolaas Marius"
Texel	„Ida Mary"
Den Helder	„Suzanna"

Die Kreuzerabteilung des DSV ist in Teil 1 bereits gepriesen worden. Sie hat in vielen Häfen Liegeplätze für Fahrtenschiffer eingerichtet und Vertrauensmänner bestellt. Die stehen den Mitgliedern — und in besonderen Fällen wohl auch einmal Nichtmitgliedern — mit ihrer besonderen Kenntnis des Hafens und Revieres zur Verfügung. Vertrauensmänner sind in folgenden Häfen:

Weser: Bremerhaven, Rodenkirchen, Elsfleth, Grohn, Lesum, Oldenburg, Bremen, Lemwerder.

Jade: Wilhelmshaven, Rüstersiel, Wangersiel.

Ostfriesische Inseln: Wangerooge, Harlesiel, Spiekeroog, Bensersiel, Langeoog, Baltrum, Norderney, Norddeich, Juist, Borkum.

Ems: Weener, Leer, Jengum, Sautelersiel, Ditzum, Emden.

D. Zur Nordsee aus anderen Revieren

Über die große See kommen nur wenige Yachten zur deutschen Nordseeküste. Wer selber viel im Ausland segelt und die große Internationalität der Seefahrt-Vernarrten kennt, erstaunt sehr darüber.

Ich denke, vieles trifft zusammen, was in ausländischen Augen negativ ist: Originalität, um derentwillen man ja mit seinem Schiff vor allem ein anderes Land besucht, ist im modernen, pflegeleichten Beton- und Kunststoff-Deutschland nicht mehr zu finden. — Es ist teuer. Vor allem Dienstleistungen sind für Ausländer ganz unverhältnismäßig teuer. Selbst Amerikaner klagen, daß die Löhne viel höher sind als in ihrem Land. Viele Ausländer finden das deutsche Leben unpersönlich, unharmonisch und gehetzt (und fragen mich, der ich mit meiner „Alten Liebe" im Winter oft im Ausland bin, wer oder was uns denn hetze). — Dann macht sie unsicher, daß innerhalb unserer Dreimeilenzone eine andere als die internationale Seefahrtsordnung gilt, „Führerscheine" gefragt werden, vielleicht gar ein Waffenschein für die Signalpistole verlangt wird oder eine Bescheinigung, ob man seine Positionslichter auch bei der richtigen Firma kaufte. All solche Dinge kennt man ja im Ausland nicht — und stehen sie vielleicht wirklich in einem Land mal in einer Verordnung, so mißt man dort allgemein dem bißchen Freude am

Leben eine viel zu hohe Bedeutung bei, um sie dem anderen durch Anwendung von Verordnungen zu verderben. — Absolut unverständlich bleibt den Ausländern, warum man bei uns große Wattflächen und ganze Inseln nicht betreten darf (von Jugoslawien hörten sie derlei freilich auch). „Inseln und Ufer gehören doch allen“, sagt man im Ausland.

All dies paßt so genau in das unfreundliche Bild vom „häßlichen Deutschen“, daß man auf einen Besuch in Deutschland dankend verzichtet. Seit es Ärger mit der Passage englischer Yachten durch Elbe und Kiel-Kanal zur Ostsee gab, fahren viele lieber durch's Skagerrak. Seit man eine australische Yacht nicht durch den Rhein (via Rhône) ins Mittelmeer ließ, außer, ihr Schiffer lerne Deutsch und mache das Rheinschifferpatent, meiden sie auch den Rhein; zu Freude und Nutzen der gastfreundlicheren Franzosen.

Glücklicherweise ist inzwischen für Ausländer mancher Mißstand von Regierungsseite abgestellt worden. Doch den Schaden zu heilen (von dessen Ausmaß wir uns meist keine Vorstellung machen) wird, wenn es überhaupt möglich ist, Jahre brauchen. Außerdem sind wir ja im Begriff, mit unseren „Naturschutz“-Regelungen neue Restriktionen zu schaffen.

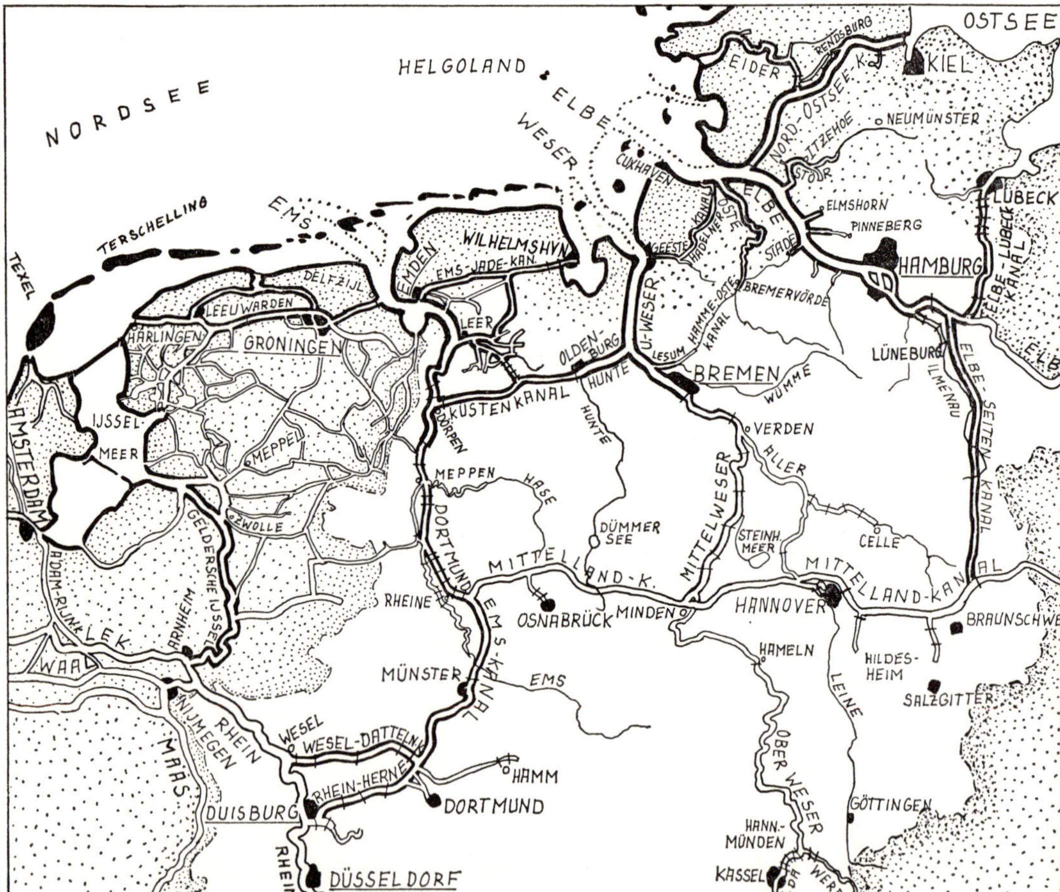

Ich meine mit allem Ernste, daß unsere Behörden ihre Einstellung zur Sportseefahrt neu überdenken müssen. **Ein Volk braucht einen Raum der Freiheit als Korrektiv für das überreglementierte Stadtleben. Am dringendsten brauchen ihn unsere jungen Menschen!**

Aus der Ostsee kamen eine Zeitlang doch eine ganze Anzahl von Yachten und liefen durch die Eider in das Revier der Halligen. Doch sehr oft sind die Yachten der Ostsee für die Nordsee ganz ungeeignet: zu tief, zu schmal und die neueren gar noch mit kurzem Kiel und mit Balance-Ruder. Doch wenn euer Schiff geeignet ist für ein Gezeitenmeer, dann kommt! Das Halligrevier wird euch Einsamkeit bieten (doch wenig Häfen). Die Niederlande müßten für eure Boote eigentlich ideal sein! — Doch in eigenem Interesse muß ein Schiffer aus der Ostsee, die keine Gezeiten, kaum Strömungen und keine Watten und Wattfahrt kennt, sich auf die Nordseeküste gut vorbereiten.

Aus dem Binnenland zur Nordsee

Ein Netz von Wasserwegen führt aus dem Inneren Deutschlands zur Nordseeküste. Der neue Elbe-Seitenkanal hat die Möglichkeiten zusätzlich erweitert.
Die genauer besprochenen Wasserwege sind im Plan mit stärkeren Linien gezeichnet. — Die meisten Binnenwege sind in diesem Band besprochen. Der alphabetische Index am Schluß des Buches läßt sie leicht finden. Nur für den Nord-Ostsee-Kanal, Gieselau-Kanal, Elbe-Lübeck-Kanal und Elbe-Seitenkanal muß man Teil I zu Rate ziehen.

Fahrtenplanung: Hier nur Stichworte. Sie richten sich an den Binnenländer, der auf eigenem Kiel zur Nordsee kommt. Doch auch der Eigner eines Trailerbootes mag davon profitieren. Ein paar Gedanken dazu auch im Kapitel „Fahrtenschiffahrt" in Teil I.

Zeitdauer: Für eine Stippvisite mag der 4-Wochen-Urlaub reichen. Zwei Monate sind viel schöner, drei die ideale Zeitspanne. Für die Planung die alte Fahrtenschiffer-Regel: 25 „förderliche Seemeilen" (also ohne Kreuzschläge) sind für eine Segelyacht der äußerste noch vernünftige Tagesdurchschnitt. Das erscheint als wenig, doch gehen in den Tagesdurchschnitt ja Hafentage, Starkwindtage und Aufenthalt durch kleine Havarien ein. Sehr sportlich muß man fahren, um den Tagesdurchschnitt von 25 förderlichen Meilen zu erreichen. 15 sind gemütlich, 10 ideal, um viel zu sehen.

Die Küstenstrecke würde ich von Westen nach Osten fahren. Da westliche Winde vorherrschen, hat man sehr viel mehr Freude daran — auch mit Motoryacht. — Den Rückweg ins Binnenland würde ich möglichst nicht gegen die Strömung des Rheines fahren (außer mit sehr motorstarkem, schnellem Schiff). Daraus ergeben sich zwei Möglichkeiten der Routenführung.

Erster Weg: Durch die Rheinarme und Ijsselmeer bis Kornwerderzand an der niederländischen Waddenzee. Hauptfahrgebiete: Waddenzee und Westfriesische Inseln. Rückkehr: durch die Ems mit Tidenströmung bis Seeschleuse Herbrum. Dann Dortmund-Ems-Kanal.

Wenn mehr Zeit ist: Waddenzee, Westfriesische Inseln, Ostfriesische Inseln. Mit Tidenstrom weseraufwärts bis Oldenburg. Von dort traurigen Herzens Heimfahrt durch Küstenkanal und Dortmund-Ems-Kanal.

Zweiter Weg: Zufahrt durch den Dortmund-Ems-Kanal. Häfen der Emsmündung (auch an der niederländischen Seite). Dann langsame Fahrt durch das Gebiet der Ostfriesischen Inseln. — Rückkehr über Weser — Oldenburg — Küstenkanal — Dortmund-Ems-Kanal.

Erweiterungen:

a) Einbeziehung der Elbe. Rückkehr über Elbe-Seiten-Kanal — Mittellandkanal.
b) Einbeziehung der Nordfriesischen Inseln, durch die Eider und Nord-Ostsee-Kanal zur Ostsee. Rückkehr über Elbe-Lübeck-Kanal — Elbe-Seitenkanal — Mittellandkanal.

Verkehrsvorschriften

Es gibt nicht nur ungezählte, sondern unzählbare. Es werden immer mehr.

Seestraßenordnung: Genauer gesagt „Internationale Regeln zur Verhütung von Zusammenstößen auf See — Seestraßenordnung". Sie gilt vorwiegend außerhalb der Dreimeilen-Zone. — Sie steht im Bundesgesetzblatt 1965 II S. 724 in der Fassung der Anlage zu § 1 der Verordnung zur Seestraßenordnung vom 13. Juni 1977 (Bundesgesetzblatt I S. 816). — (So lautet die amtliche Formulierung. Verstehen tue ich sie auch nicht.)

Seeschiffahrtsstraßen-Ordnung: Sie beginnt außen bei der Dreimeilengrenze. Sie endet an der Küstenlinie bei mittlerem Hochwasser. Bei Flüssen reicht sie ungefähr so weit, wie Tide läuft. Bei der Ems bis Halte bei Papenburg, der Leda bis zum Vorhafen von Leer, bei der Weser bis zur Eisenbahnbrücke in Bremen, bei Lesum und Wümme bis zur Franzosenbrücke in Borgfeld, bei der Hunte bis Hafen Oldenburg, bei der Elbe bis zur hamburgischen Hafengrenze. — Die letzte mir bekannte Neufassung stammt vom 9. August 1977 und steht im Bundesgesetzblatt I, S. 1497. Die für uns wichtigsten Änderungen bringt dieses Buch in „Teil I, Elbe bis Sylt".

Hafenordnungen gibt es in nahezu jedem Hafen.

Binnenwasserstraßen: Es gibt in Deutschland keine einheitliche Verkehrsordnung, sondern sehr viele. Dankenswerterweise hat das Bundesministerium für Verkehr (Abt. Seeverkehr/Abt. Binnenschiffahrt und Wasserstraßen) ein Heft mit 24 Seiten herausgegeben. Da steht nicht etwa der Inhalt der Verordnungen drin. Aber es steht drin, welche Verordnungen es überhaupt gibt (ausgenommen die örtlichen Verordnungen) und bei welcher Behörde man sie erhalten kann. — Die Kreuzerabteilung will diese Verordnungen zu einem Buch zusammenfassen.

Ich zitiere: „Vor dem Fahrtantritt muß er (der Wassersportler) daher noch nähere Auskünfte bei den zuständigen Strom- und Schiffahrtpolizeibehörden einholen, zumal die Verkehrsvorschriften ständig der Verkehrsentwicklung angepaßt werden müssen und sich daher ändern können." (Bundesministerium für Verkehr, siehe oben).

Ich zitiere: „Navigare necesse est" (frei übersetzt: Ohne Seefahrt zu treiben, kann ein Volk nicht leben) — Rathaus zu Bremen.

II. Häfen, Inseln und das Wattenrevier zwischen Elbe und Jade

Ein sehr großes Gebiet von Watten, Sänden und Riffen liegt weit vorgeschoben zwischen den drei großen Mündungen von Elbe, Weser und Jade. Will man sie seewärts runden, so muß man 20 Meilen Distanz von der Deichlinie gewinnen. Die Seefahrt vor diesen drei großen Mündungen mit ihren starken Strömungen wird uns im nächsten Hauptkapitel beschäftigen. Auch Helgoland, das so günstig für uns Seefahrer liegt.
Doch erst wollen wir alle Häfen in diesem Bereich kennenlernen. Und auch die Fahrwasser, die uns erlauben, im Schutze des Wattenrevieres von der Elbe aus die Weser, die Jade und später die ostfriesischen Inseln zu gewinnen.

A. Häfen zwischen Elbe und Jade

Cuxhaven

Dieser für uns Sportsegler so wichtige Hafen ist in Teil I „Elbe bis Sylt“ beschrieben. In Teil I sind auch die übrigen Häfen der Niederelbe, das Hauptfahrwasser der Außenelbe und alle Häfen östlich und nördlich der Außenelbe zu finden. — Doch da Cuxhaven der Absprungplatz auch für die Fahrten nach Westen ist und sein neuer Yachthafen fertig wurde, wiederhole ich hier wenigstens den Hafenplan. Die

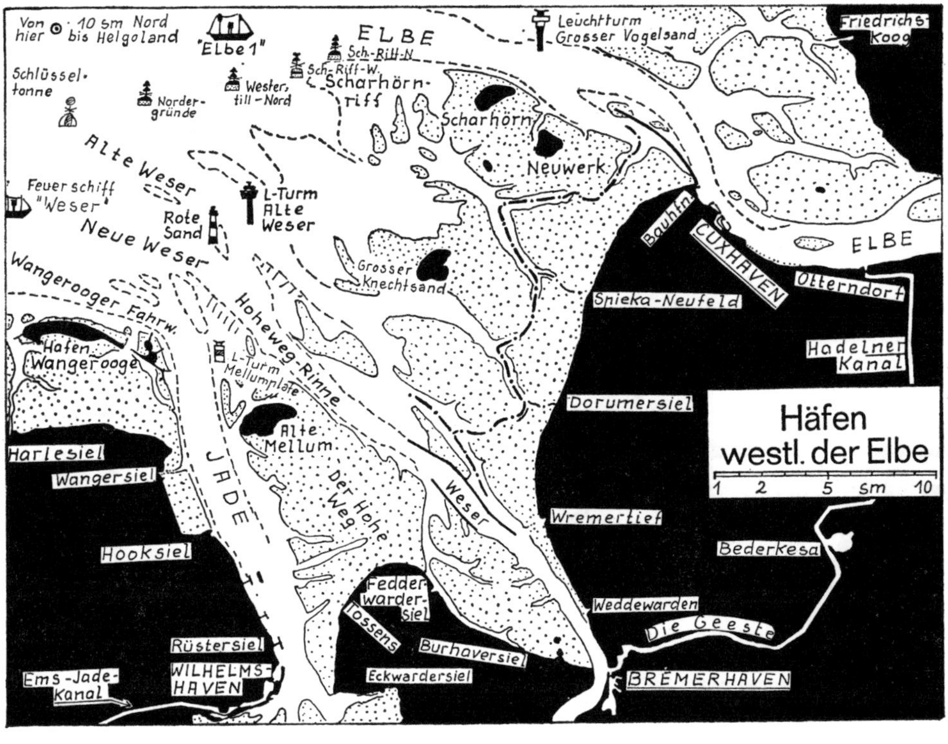

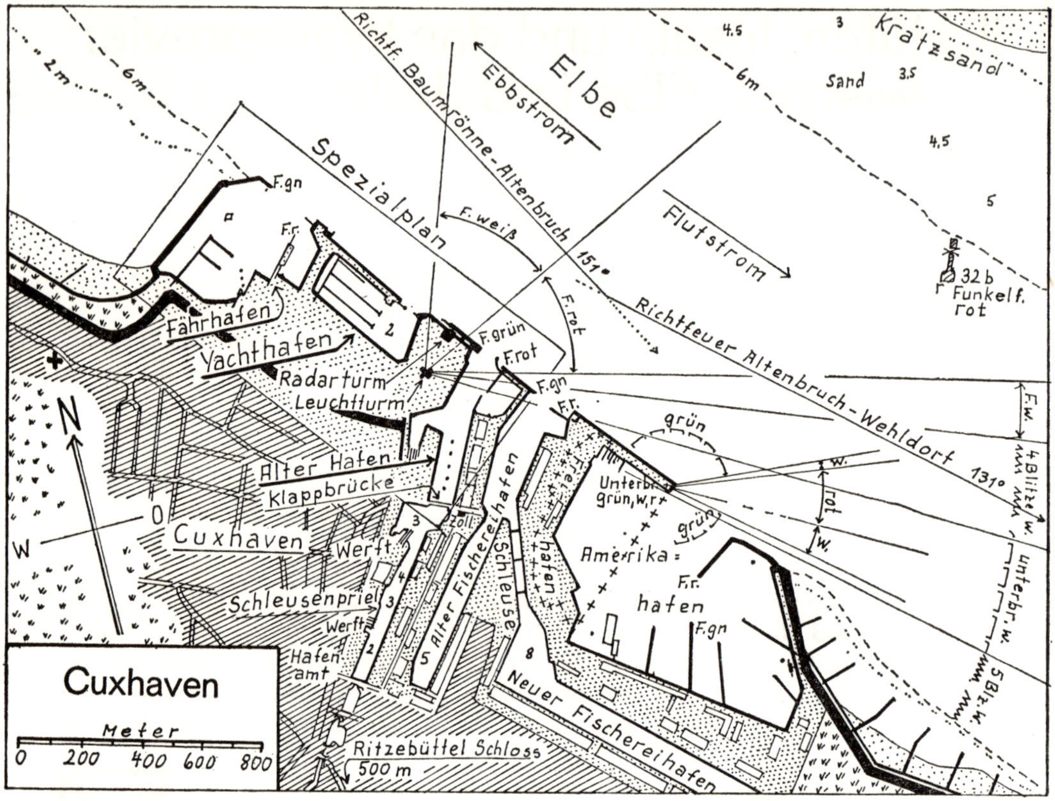

Hafenfeuer sind Fest Grün und Rot. Der Yachthafen ist im Winterhalbjahr geschlossen. Schiffslänge maximal 20 Meter.

Bauhafen Cuxhaven liegt nur 1 Seemeile seewärts von der Einfahrt zum Yachthafen Cuxhaven. Das markante und traditionelle Seezeichen der 20 Meter hohen Kugelbake steht an seiner Nordseite. — Der Bauhafen ist tief und geräumig. Seine Benutzung ist an sich für Sportboote nicht gestattet. Doch kann es Fälle geben, wo man einen Nothafen braucht. Auch hilft er einem, bei Niedrigwasser durch Augenschein festzustellen, wo man den langen Leitdamm bei steigendem Wasser kreuzen kann.

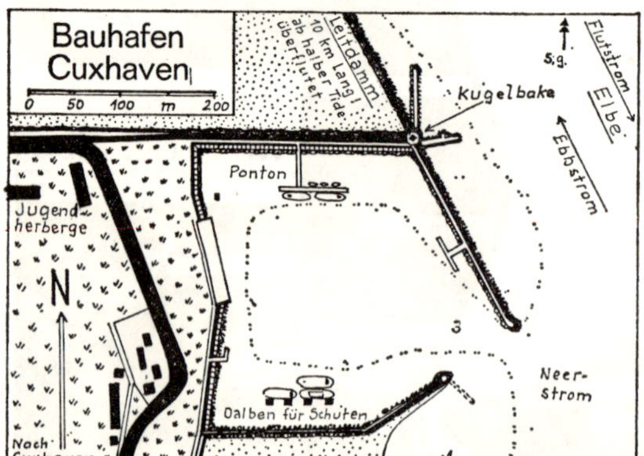

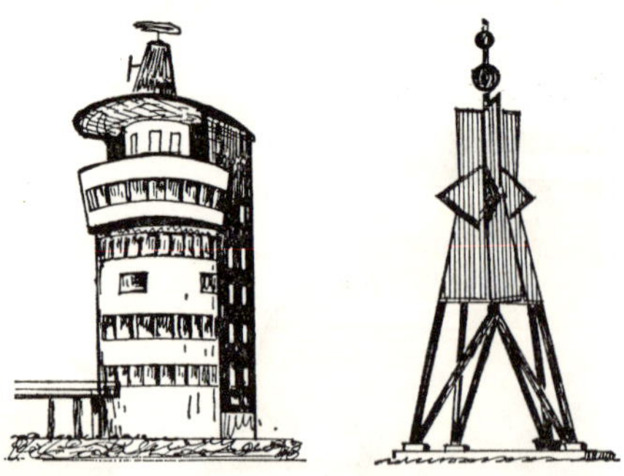

Der Radarturm und die Kugelbake, zwei Wahrzeichen Cuxhavens.

Insel Neuwerk: Die Nige-Ooge-Brücken und der Bauernhafen werden auf Seite 48—50 beschrieben. Das Anlaufen auf Seite 53 f.

Spieka-Neufeld: Kleiner Sielhafen mit einer Flotte von 8 oder 10 großen Krabbenfischerbooten und 120 Meter Kaje. Er liegt, am Deich gemessen, 7 Seemeilen südwest der Kugelbake von Cuxhaven. Flachgehende Boote fahren nahe H.W.-Zeit oft quer über das Watt; tiefergehende Yachten erreichen ihn aus der Wattfahrt Weser-Elbe durch Spiekaer Tief (s. u.). Anlaufen kann man mit 1,2 Meter Tiefgang nahe H.W.-Zeit gut. Der größte Kutter der Granatfischerflotte hat 1,4 Meter Tiefgang. Der muß bei Ostwind manchmal „Schlickrutschen" machen, um 1 Stunde nach H.W. an seinen Liegeplatz zu kommen. Zufahrt: Plan Seite 39 und 43.
Der Hafen liegt einfach und urwüchsig im grünen Deichvorland. Ein Campingplatz ist am Watt. Der Spiekaer Segelclub hat sich etwa 30 Liegeplätze geschaffen. Mit ein paar Pfählen und Planken konnte man sich aber auch leicht selbst einen Platz machen. Durchreisende Fahrtenyachten liegen an einem nicht auslaufenden Fischerboot oder, wenn Platz, beim Club. — Natürlich fällt bei Niedrigwasser alles trocken. Man lebt mit der Tide. Und wer auch nur ein bißchen Sinn dafür hat, wird sich zwischen den Fischern, den „Gustavs" und den Salzwasser-Vernarrten aus dem Binnenland, die mit abenteuerlichen Untersätzen ihre „kleine Seefahrt" zum großen Erlebnis machen, herzlich wohlfühlen können. Hier zählen nicht PS und Chrom, sondern was einer von seinem Handwerk, der Seefahrt, versteht und daß er sie liebt.

Cappelersiel, $1^1/_2$ Meilen südlich von Spieka-Neufeld, hat heute einen für flachgehende Boote brauchbaren Sommerhafen. Doch ich war noch nicht da; so kann ich nicht mehr darüber sagen. — Zufahrt nahe Hochwasserzeit quer über das Watt oder durch das Cappeler Tief, das amtlicherseits unbezeichnet ist, doch ein paar Pricken hat.

Dorumersiel ist ein bedeutender Fischerhafen im Watt zwischen Elbe und Weser. Er liegt, am Deich gemessen, 12 Meilen südlich Cuxhavens Kugelbake und 15 Meilen von Bremerhaven. Der Sielhafen ist vergrößert worden. Er hat zwei Kajen, eine 130, die andere 110 Meter lang. Etwa 20 große Granatfischerkutter sind hier zuhause. Sie liegen überwiegend an der Nordkaje. Die sollte eine Yacht freihalten. Für einheimische und durchreisende kleine Sportboote ist vor den Kajen reichlicher Liegeplatz an trockenfallenden Stegen. Von Zeit zu Zeit wird im Hafen gebaggert. Doch stellt sich danach bald wieder seine „Normaltiefe" ein von etwa $2^1/_2$ Meter bei H.W. an den Seiten und tieferer Rinne in der Mitte. — Mit einer größeren F a h r t e n y a c h t würde ich entweder an der Südkaje direkt oder an einem nicht auslaufenden Fischer längsseits festmachen.

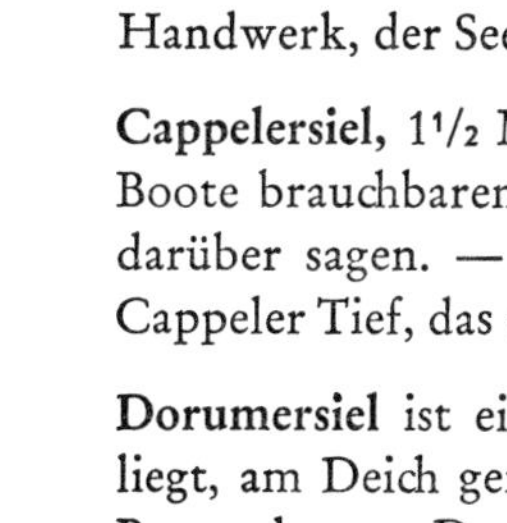

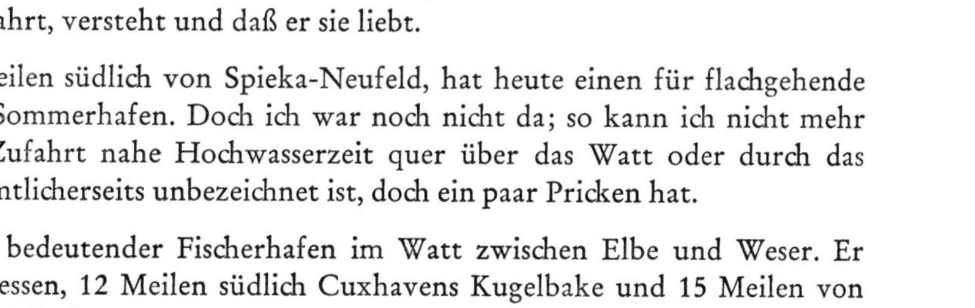

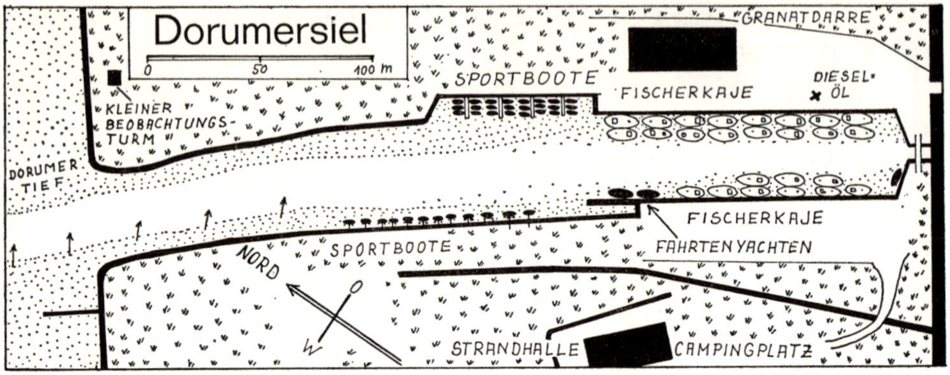

Kielboote sinken in den weichen Mud gut ein. Doch wie stets kann beim ersten Trockenfallen Leine von Mast zum Land nicht schaden. Mit Yacht bis 15 Meter Länge und 1,5 Meter Tiefgang würde ich zur Hochwasserzeit noch einlaufen. — Freundlich im Grünen liegt der kleine Hafen. Dieselöl von Fischertankstelle, Wasser und Lebensmittel im Dorf hinter dem Deich. Zeltplatz. Von dem Beobachtungsturm an der Nordseite sieht man bei klarem Wetter das ganze riesige Wattengebiet mit Neuwerk im Norden, Eversand-Türmen im Westen und der flachen Insel Großer Knechtsand dazwischen. Zufahrt aus der Wattfahrt Weser-Elbe durch das Dorumer Tief (Plan Seite 56, 60). Stangen Besen abwärts (Stuvkopfpricken) einlaufend an Steuerbord. Die große Strandhalle ist weit sichtbar. Nahe beim Grünland wird die Zufahrtsrinne schmaler, etwas gekrümmt, und führt durch hochliegendes Watt. Fällt das Wasser bereits, muß sich der Schiffer hier vorsichtig hereintasten (mit schwerer Yacht mit Peilstöcken lotend), denn als Fremder läuft man sonst leicht auf die Ränder auf. 5 bis 8 Meter Abstand von den Pricken fand ich dicht unter Land am richtigsten. — Kommt man wirklich fest und nicht wieder frei, ist es ja auch nicht schlimm. Man muß das Boot dann richtig zur hohen Seite der Rinne krängen und Ankerlicht setzen. — Auf der Wattfahrt zwischen Elbe und Weser ist Dorumersiel eine wichtige Zwischenstation.

Wremertief ist ein kleiner Sielhafen am Ostufer der Außenweser mit zweimal 100 Meter Kaje (Plan Seite 91). 7 Seemeilen trennen es von Bremerhaven. Es liegt still im Grünen, hat 6 große Granatfischerkutter an der Nordkaje des Hafenschlauches und eine nur wenig belegte 120 Meter lange Südkaje. Allerdings hat sich dort der Schlick recht hoch angesetzt. Mit Yacht von mehr als 1 Meter Tiefgang würde ich lieber dicht vor dem Siel liegen oder an einem nicht auslaufenden Fischer. Auf der Nordkaje ist Trinkwasser und Dieselöl. Sonst gibt es keine Hafeneinrichtungen. Einkaufen kann man hinter dem Deich im Dorf. An der Weser ist ein Campingplatz. Einlaufen würde ich nahe H.W.-Zeit mit Tiefgang bis 1,4 Meter. Doch je flacher das Boot, desto leichter die Zufahrt.

Anlaufen: Aus dem Südeingang des Wurster Armes führt die Zufahrtsrinne eine Seemeile lang über das Watt am Ostufer der Weser (Plan Seite 91). Pricken bezeichnen die Rinne. Ausgangspunkt aus der Weser ist Tonne „48-Wursterarm 15"; Ausgangspunkt aus dem Wurster Arm ist Tonne „W 16". Das pilzförmige, grüne Strandcafé zeigt die Lage des Hafens vor dem Deich. — Einlaufen kann man mit ganz flachgehendem Boot frühestens zwei Stunden nach N.W., mit Yacht von Tiefgang etwa zwei Stunden vor H.W. Da Strömung anfangs quer über die Rinne setzt, ist es für einen

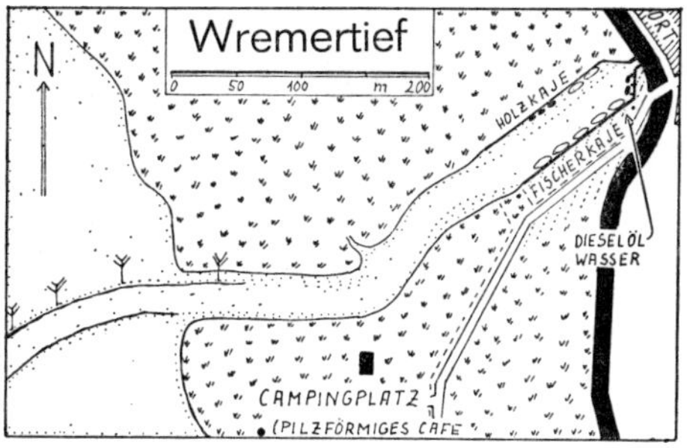

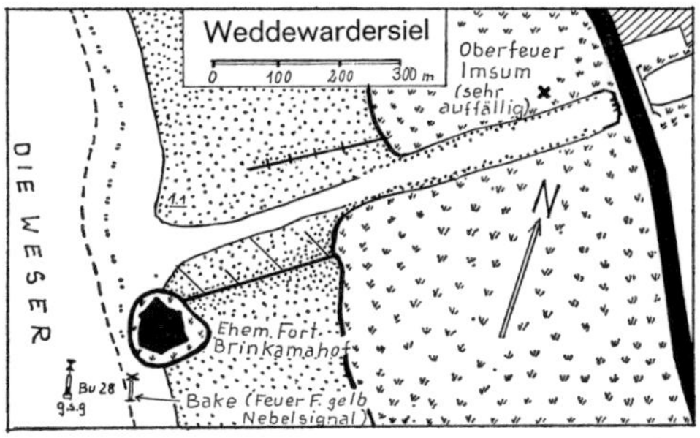

Ortsfremden mit tiefgehender Yacht etwa zur H.W.-Zeit am einfachsten. Die Zufahrtsrinne ist dicht vor dem Grünland etwas gewunden, doch gut und dicht mit Pricken bezeichnet.
Sogar eine Schlacht hat es bei Wremertief gegeben. 1517 unterlagen die Friesen gegen die Truppen des Bremer Erzbischofes und verloren außer 300 Mann — man denke — auch die friesische Fahnenjungfrau Tjede Peckens aus Paddingbüttel. — Beinahe hätt' ich's vergessen: In Teil I ist eine Skizze von Wremertief.

Weddewardersiel (Plan oben und S. 91) ist kein Hafen (jedenfalls bislang nicht), doch ein geräumiges und recht tiefes Sieltief vor neu erbautem Schöpfwerk. Der auffällige Feuerträger des neuen Imsum-Oberfeuers steht dort. Insel Brinkamahof, frühere Festung, heut durch Damm mit dem Land verbunden, liegt an der Südseite. Freilich ist das ganze schon etwas zu dicht an der Stadt Bremerhaven, um noch wirklich schön zu sein. Doch einen Nothafen gibt es allemal ab.

Bremerhaven

Für eine die Weser von See einkommende Yacht ist Bremerhaven der am häufigsten angelaufene Hafen. Ebenso ist es für die meisten Seefahrtsyachten der Absprungplatz für Fahrten auf See. — Bremerhaven wird auf Seite 106 f ausführlich beschrieben.

Langlütjen I und II sind kleine grüne Inseln in der Wesermündung (Plan Seite 91). Früher waren dort Festungen, deren Kanonen die Weser schützten. Flachgehende Boote aus der Weser können bei Hochwasserzeit zwischen Langlütjen I und II passieren. — Bei Tettens liegen Boote auf dem Watt vor Mooring.

Die Ankerplätze im Suezpriel und den anderen Prielen der Weser sind einer der nettesten Fahrtenziele der Bremerhavener und anderer in der Weser liegender Yachten. Die Lage dieser Priele ist ungewöhnlich günstig. Plan Seite 91 zeigt sie genauer. Einzelheiten ändern sich oft.

Waddensersiel (Plan Seite 44, 91) war früher ein kleiner Fischerhafen. Doch seit das Siel zugemacht wurde, fällt das etwa 50 mal 70 Meter große Becken schon ab halber Tide trocken. Nur zwei oder drei kleinere Fischerboote und eine Anzahl von Sportbooten liegen dort. Eine bisher mit Pricken bezeichnete Rinne führt aus dem Ausläufer des Fedderwarder Prieles in das Becken. Doch es taugt nur für Boote geringeren Tiefganges: bis 1/2 Meter nahe Hochwasserzeit gut, bis 1 Meter zur Not. Einlaufen am besten von Nordwest. — Der stille Platz ist nicht ohne Reiz. Eine kleine Gaststätte, ein paar Bauernhäuser, ein Buddelschiffmuseum.

S p o r t b o o t e liegen im Sommer auch vor Mooring östlich einer Steinmole etwa 300 Meter östlich von Waddensersiel. Die Mole ist etwa 1 Meter über H.W. hoch und schützt vor Nordwestwind.

Burhave Strandbad ist ein N a t u r h a f e n im Fedderwarder Priel (Plan unten). Über 50 mittelgroße Sportboote und ungezählte kleine bis zur Jolle liegen hier in der Ferienzeit. Die Gunst der Lage ist ungewöhnlich: Vor Südwest schützt der Deich, vor Ost die hohe Burhaver Plate, vor starkem Nordwest die vielen Buhnen, in deren Schutz die Boote liegen. Hinter vielen Buhnenköpfen bleibt auch bei N.W. tiefes Wasser stehen. Seefahrtsyachten ankern im Priel und booten mit Dingi aus. — B u r h a v e hat sich zum Seebad entwickelt; Campingplatz, Hotels, der unvermeidliche Parkplatz. Die weiße Strandhalle auf dem Deich mit ihren 8 Fenstern ist auffällige Landmarke. —

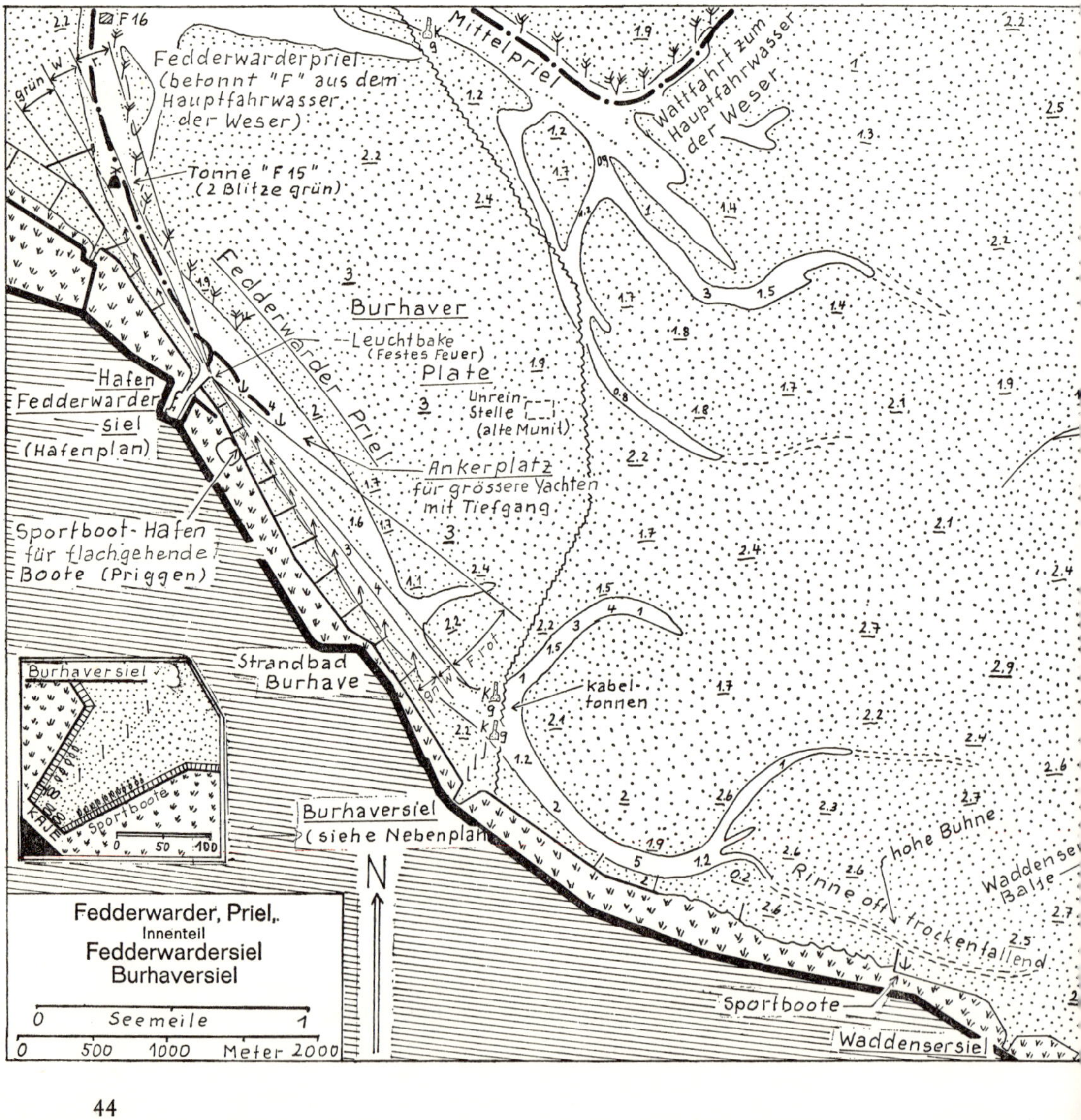

Mir persönlich wäre hier schon etwas zuviel Betrieb. Doch wer als B i n n e n l ä n d e r es einmal ganz vorsichtig mit kleinem Boot an der Nordsee versuchen will — warum nicht hier. — Die sehr hohe B u r h a v e r P l a t e sollte man auch mit flachgehendem Boot respektieren.

Burhaversiel, ½ Meile südost vom Strandbad, ist ein ganz kleiner Hafen. Er beherbergt 6 ausgewachsene Granatfischerboote und an 30 kleine oder mittelgroße Sportboote, die als Dauerlieger hier sind. Der Hafen (Skizze Seite 44) hat etwa 30 Meter Spundwandkaje, die den Fischern gehört, und je 100 Meter geböschtes Ufer, an dem sich an kleinen, oft selbstgebauten Stegen die Sportboote eingenistet haben. Der Hafen fällt trocken. Doch eine an der Westseite mit Stangen bezeichnete Rinne führt aus dem hier auch bei N.W. tiefen Fedderwarder Priel in das Becken. Zwei gelbe Kabeltonnen liegen bei der Einfahrt im Fedderwarder Priel. Nach Osten wird das offene Hafenbecken durch hohes Watt geschützt. Man sagte mir, daß man mit 0,8 Meter Tiefgang oft schon bei halber Tide einlaufen oder auslaufen könne.

Sportboothafen Butjadinger Yacht Club liegt 300 Meter südsüdost vom Fischerhafen und ist etwa 120 mal 220 Meter groß. Bei Niedrigwasser fällt er trocken, bei Hochwasser ist die Wassertiefe etwa zwei Meter. Es ist weicher Schlick, auch ein Kielboot steht meist von alleine gut aufrecht. Als maximale Länge für einlaufende Boote hat der Club 11 Meter vorgeschrieben. Tiefgang besser nicht über 1,2 Meter. Die Sohle der Einfahrt ist betoniert und fällt bei N.W. trocken (Einlaufen frühestens ab halber Tide). Drei Schwimmstege mit ca. 130 Plätzen. In der Einfahrt stehen Pricken an Steuerbord, es gibt eine private Richtlinie (zwei orangefarbene Dreiecke, nachts im Sommer beleuchtet). Toiletten und Waschhäuschen; weitere Versorgung im nahen Fedderwardersiel. Ein wirklich schöner kleiner Hafen. — Für größere Yachten liegen Mooringbojen vor dem Hafen aus (Plan unten).

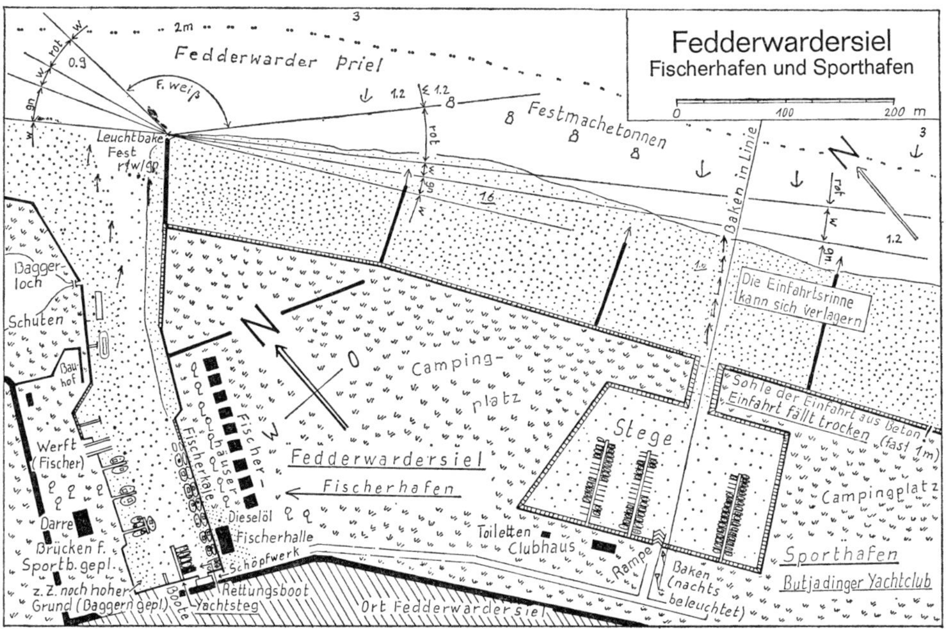

Fedderwardersiel Fischerhafen (Plan S. 44, 45, 89)

Ein bedeutender Granatfischerhafen, 6 Seemeilen südlich vom Hauptfahrwasser der Weser am Fedderwarder Priel. Der Hafen ist zwar nicht auf eine große Zahl von Yachten eingestellt, ist aber für eine Wattfahrt-Yacht kein übler Platz. Für Yachten mit großem Tiefgang ist ein guter Ankerplatz mit tiefem Wasser im Fedderwarderpriel direkt beim Hafen. Der Hafen wurde umgebaut.

Das Hafenbecken ist etwa 80 mal 200 Meter groß mit 200 Meter langer Zufahrt. Es fällt bei N.W. trocken mit Ausnahme einer Rinne und Liegeplätzen dicht beim Sieltor. Ist der Hafen gebaggert und deshalb gerade mal tiefer, dann um so besser. Süd- und Westseite haben Kaje, die Nordseite mehrere Stege. — Liegeplätze: Am günstigsten liegt eine tiefgehende Yacht an dem vergrößerten Yachtanleger westlich vom Sieltor. Da sind bei N.W. 1 bis 1$^1/_2$ Meter Wasser auf weichem Mud. — Oft ist dort alles besetzt. — Oft habe ich an der Brücke der Fischer an der Außenseite des nördlichen Steges längsseits an einem nicht auslaufenden Fischerboot festgemacht. Da stehen zwar bei Niedrigwasser nur $^3/_4$ bis $^1/_2$ Meter Wasser, doch bei dem weichen Schlick habe ich überhaupt nicht gemerkt, daß der Kiel in den Mud einsank. — Flachgehende Boote verholen sich für längeres Verweilen bei einem der Stege aufs Hohe. — Nicht festmachen sollte man an der langen südöstlichen Kaje, auch wenn dort Platz ist. Wenn die Fischer einkommen, wird es sehr voll, und morgens laufen sie oft schon vor Dämmerung aus. Typisch und urig ist freilich gerade diese Hafenseite: Da stehen unter den Bäumen die kleinen Fischerhäuser, Fischer knütten an den Netzen, und ein urtümlicher Kaufladen ist da. — Trinkwasser und Dieselöl bei der Fischertankstelle. Fischerbootswerft mit Schlipp, Strandrettungsboot. — Ein Campingplatz ist südlich der Einfahrt. Da liegen Kleinboote am Ufer. Tidenhub 3,4 Meter.

Ankerplatz Fedderwardersiel ist in dem 300 Meter breiten Fedderwarder Priel südlich der Hafeneinfahrt. 3 bis 4 Meter Wasser bei N.W. Lotend würde ich mir einen Platz am Westufer südöstlich der Leuchtbake suchen. Je dichter am Westufer, desto ruhiger bei Nordwestwind, dem einzigen Wind, der den Platz nahe Hochwasserzeit unfreundlich machen kann. — Fast immer sind zum Wochenende große Yachten aus der Weser hier. — Einige Mooringbojen liegen im Sommer aus.

Zufahrt nach Fedderwardersiel: Von See ist Fedderwardersiel der erste Hafen der Weser. Ich verlasse das Hauptfahrwasser der Weser bei der grünen Fahrwasserteilungstonne mit Kegel „31-Fedderwarden 2" (grünes Funkelfeuer mit Unterbrechung). Von dort laufe ich südlich vom Langlütjen-Leitdamm mit seinen Baken in den Fedderwarder Priel ein (Plan S. 89, 44). Der ist bis zum Hafen sechs Seemeilen lang, meist breit, tief und gut betonnt (Tonnen „F"). Im äußeren Teil setzt bei mehr als halber Tide Strömung quer. Die Tidenströmung im Fedderwarder Priel läuft zwei bis drei Knoten. — Für Nachtfahrt liegen Leuchttonnen aus. Südlich der roten Leuchttonne „F 14" (zwei Blitze rot) biegt die Rinne etwas nach Westen aus und wird schmal. Vorsichtig fahren! Eine Leuchtbake steht bei der Hafeneinfahrt. Ihr weißer Sektor hält nicht von allen Hindernissen frei (Plan Seite 44, Seekarte). — Die Zufahrt in den Hafen selbst fällt bei N.W. nahezu trocken. Ein bis zwei Stunden nach N.W. kann man herein. Solange wartet man ankernd. — Zufahrt von Bremerhaven: Plan S. 89 und 91.

Hooksiel an der Jade (Seite 139).

Wangersiel an der Jade (Seite 136).

Harlesiel und **Wangerooges** Inselhafen gehören schon zum Bereich der Ostfriesischen Inseln. Da folgt dann ein Hafen neben dem andern.
An Häfen ist somit westlich der Elbmündung kein Mangel. Die meisten dieser Häfen sind Fischerhäfen. Doch fischt man nicht Fisch, sondern „Granat". Da das die meisten nicht kennen, muß ich darüber berichten:

Granatdarre und Granatkutter prägen ja diese Wattenhäfen der Nordsee. Ist es im Spätsommer früh abenddunkel geworden, dann sieht man die „Vorhölle" in Betrieb. So nenne ich die Darre, denn just so stelle ich es mir für später vor. Da glühen Feuerschlünde in die Nacht. Finstere, flackernd beleuchtete Gestalten werken und werfen Schatten. Dampf wallt auf, Qualmschwaden ziehen — gespenstisches Bild. Und bei Nordwestwind geht strenger Geruch über den Hafen, stark, schwer und fremdartig. Was spielt sich ab?
Beim Fischen werden die breit gespannten Netze an Holzrollen über den Sandboden des Wattes gezogen. Was sich da tummelt, bekommt einen höllischen Schreck, springt hoch — und genau ins Netz. Wird das dann entleert, was ist es? Vor allem G r a n a t, auch Garnelen genannt, sozusagen Mini-Hummern. Schmecken wie solche; eine Delikatesse, zumal, wenn ganz frisch. Klar, daß man sich, wenn die Fischer einkommen, Granat holt. — Auf See werden durch Schüttelsiebe die großen zum Essen bestimmten Garnelen abgetrennt und schon unterwegs gekocht. Das übrige heißt „d e r G a m m e l"; das sind vor allem die kleinen Garnelen und der „B e i f a n g". Der ist ein kleines Nordseeaquarium gratis, voll Interesse. — An Land kommen Gammel und Beifang, wie es lebt und zappelt, in die „D a r r e". Da wird er zuerst mit Dampf gargekocht, dann mit heißer Luft getrocknet. Deshalb die Feuer der „Vorhölle" und der strenge Geruch. Mit Getreide, Mais und Kalk wird es Hühnerfutter. — Aus dem Beifang kann die Bordfrau ohne Mühe eine Fischmahlzeit heraussuchen. Sie kann auch nach S c h o l l e n fragen. Die sind zwar klein. Da aber ein halber Eimer nur eine Mark kostete (heute mehr), ißt man nur die „Filetstücke" und ist daran schnell satter als man denkt.

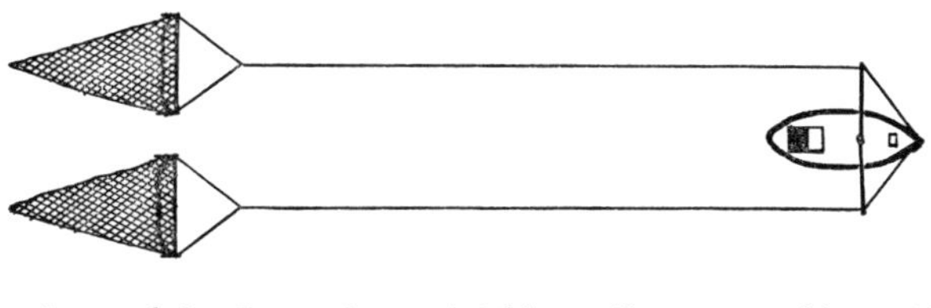

Ostfriesischer Granatkutter beim Fang. An zwei Schleppseilen von 50 bis 75 Meter Länge werden zwei Baumkurren über den Meeresgrund gezogen. — Fischerboote sind auf Seite 26 und 241 abgebildet.

Soviel über die Häfen westlich der Elbmündung. Nun zu den Inseln!

B. Die Inseln zwischen Elbe und Jade

Es gibt deren vier. Und neuerdings, falls nicht schon wieder fortgespült, noch eine fünfte. — Aufhalten dürfen wir uns leider nur auf Neuwerk und jener Neubildung, dem Unteren Wittsand.

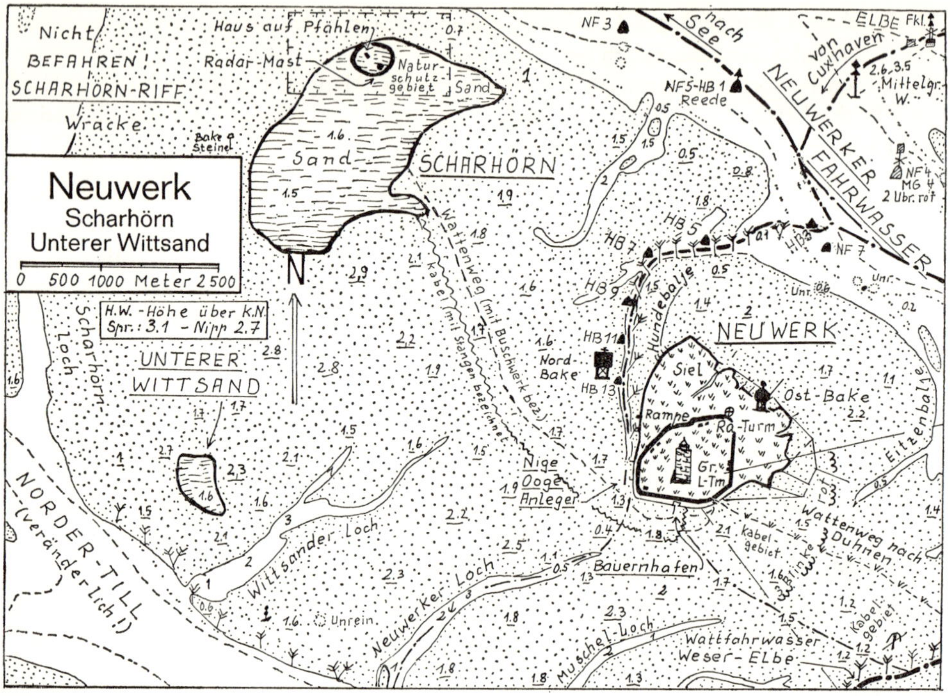

Insel Neuwerk

Neuwerk ist eine nette, bescheidene, ganz in sich versponnene kleine Insel 9 Kilometer vor dem festen Land und dicht an der Elbe. Etwa 100 Bewohner hat das Eiland. Es gibt nur Grünland, keine Dünen. Etwa 1000 Meter ist der Durchmesser des sturmflutsicher eingedeichten Landes, etwa 2 Kilometer der des Grünlandes. Das ist größtenteils durch Steinschüttung gesichert und hat einen niedrigen Sommerdeich. Innerhalb des Hauptdeiches wird von 8 oder 10 Bauernhöfen Ackerbau betrieben; vor dem Deich ist Weideland. Es gibt zwei romantisch aus riesigen Balken gezimmerte 20 Meter hohe Baken, die Nordbake rechteckig, die Ostbake rund. Auch einen Radarturm. Doch das alles überragende Bauwerk und Wahrzeichen Neuwerks ist der hohe, massige Steinturm, „dat Nige Wark".

Die kleine Insel hat ganz eigenen und sehr liebenswerten Charakter. Ich denke, es liegt am Fehlen des Touristentrubels und vor allem der Autos. In der Ferienzeit mögen hundert stille Feriengäste bei den Bauern oder in der Gaststätte wohnen. Eine Anzahl von Tagesgästen kommt mit dem Fährboot oder bei Ebbzeit mit den Pferdewagen. Nur in dem inneren Deichring beim Leuchtturm hört man Menschenstimmen, sonst ist die kleine Insel ganz still; man hat sie sozusagen für sich allein. Oft gehe ich zwei Stunden vor Niedrigwasser der Abfahrt der Pferdewagen zum Festland zuzuschauen. Oder drei Stunden später ihrer Rückkehr mit Sack und Pack, mit Post, Lebensmitteln und Feriengästen. Gern besuche ich den kleinen armen Friedhof der heimatlosen Seeleute, die im Lauf der Jahrhunderte auf der Insel angetrieben wurden. Das jüngste Grab war das eines 19jährigen Studenten. Ob er um die Welt segeln wollte? — Schön ist es auch,

Die Pferdewagen bei Niedrigwasser auf dem Weg über das Watt nach Neuwerk.

einen windstillen Abend in dem schweren Gebälk einer der großen Baken zu verträumen. Lautlos ziehen die großen Schiffe auf dem Elbstrom nach Hamburg. Und fällt die Dämmerung, so erwacht an der Küste und auf dem Meer eine Welt von Lichtern: die Feuer der Leuchttonnen, die Lichter der Feuerschiffe und Leuchttürme und der auf der Elbe ziehenden Schiffe — und jedes spricht seine eigene Sprache.

Alles auf Neuwerk wird von dem vierkantigen, fast 40 Meter hohen Steinturm überragt. Die Hamburger Kaufleute ließen ihn vor 650 Jahren erbauen, um die Elbmündung für Hamburg zu sichern. Das „neue Werk" hieß er, „Niewark", und danach die Insel. Nach dem Vorbild der starken Burgfriede oder Donjons der mittelalterlichen Ritterburgen ist er erbaut. Das war keine leichte Arbeit auf diesem damals nur im Sommer zugänglichen und von winterlichen Sturmfluten überspülten Sande. Nur ein Gefangener der Stadt Hamburg lebte noch da, um in den Sommermonaten auf der aus Balken gezimmerten „Blüse" ein offenes Feuer zur Orientierung für die Fischer zu unterhalten. Wie spukhaft es beim 7 Jahre dauernden Bau zuging, hat Luserke, der Schriftsteller des Wattenmeeres, beschrieben.*) — Der Baumeister hat gründliche Arbeit geleistet. Fast 3 Meter sind die Mauern im Unterteil stark. 1,5 Meter sind es oben. Acht Stockwerke hat er. Man kann hinaufsteigen und man sollte es auch tun, am besten bei

*) Luserke: „Am Rand der bewohnbaren Welt", Köhlers Verlagsanstalt, Herford.

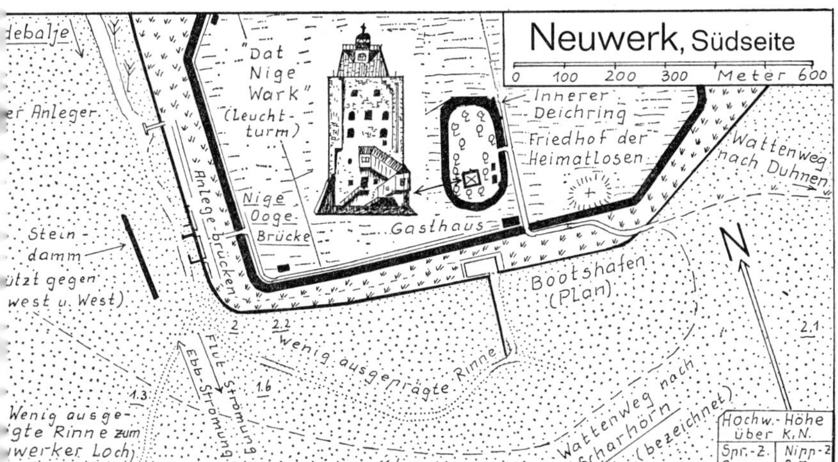

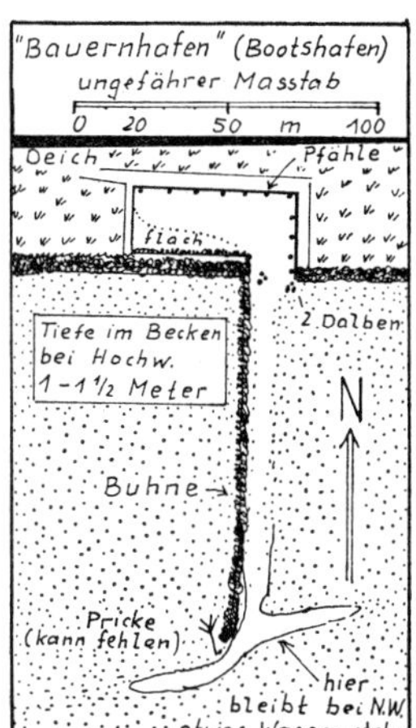

Niedrigwasser. — Ein Fähnlein Hamburger Söldner hielt den Turm besetzt. Eine Zeitlang hat Störtebecker ihn benutzt. Zu Napoleons Zeiten waren französische Soldaten darauf und wachten über die Einhaltung der Handelssperre mit England. Als die Franzosen abzogen, haben sie den Turm zu sprengen versucht. Aber die schweren Mauern barsten nicht. Seit 1814 ist er Leuchtturm. Ein gemütliches kleines Restaurant ist im Turm, und der Grog ist gut.

Insel Neuwerk ist eine Insel für Individualisten, und das ist gut so. Nur nahe Hochwasserzeit kann man die Insel anlaufen; bis 1,5 Meter Tiefgang dürfte das Boot haben, mit dem ich noch nach Neuwerk fahren würde. Bei Niedrigwasser fällt man trocken. — Das Nötigste an Lebensmitteln ist auf der Insel zu haben; was fehlt, kann man sich von einem der Pferdewagenführer aus Duhnen mitbringen lassen. Trinkwasser holt man sich in Kanistern.

Nige-Ooge-Brücken heißen Anleger an der Südwestspitze der Insel (Plan). Eine Steinschüttung liegt westwärts vor den Brücken als Seegangsschutz. Eine neue Brücke liegt etwas nordwärts außerhalb des Schutzes der Steinschüttung. — Die südlichen Brücken sind aus starker Holzkonstruktion. Sie sind etwa 25 Meter weit vorgebaut. Der Kopf der einen ist abgewinkelt und etwa 15 Meter lang, der der anderen 6 bis 8 Meter breit. Die Brücken dienen dem Fährschiff oder den Fahrzeugen des Wasserbauamtes. Am Kopf kann man meist nicht längere Zeit liegen. Doch an den Seiten der Brücken ist wohl meist Platz für längeres Verweilen. Sowieso findet zur Niedrigwasserzeit und nachts kein Verkehr statt. Doch bei steigendem Wasser kommen etwa ab 2 Stunden nach Niedrigwasser Fahrzeuge durch die Hundebalje an.

Die Brücken fallen praktisch trocken. ½ Meter Wasser mag am Kopf der Brücken zurückbleiben. Es ist harter Sandgrund. Mit Kielboot Leine vom Mast zum Land legen! — Ich habe mit meinem Kielschwerter an der Längsseite der Brücke gelegen. Der Grund ist nur schwach geneigt, doch es läuft etwas Strömung, bei steigendem Wasser nach Süden, bei fallendem nach Nord. Gute Leinen, evtl. Anker queraus. Am besten ist es, an der Außenseite einer Schute zu liegen; die fängt die Strömung ab. — Nur 15 Meter nördlich der Brücke hinter dem Steindamm war eine Buhne, die ab halber Tide überflutet war. Von ihr muß man freibleiben.

A n k e r n sollte man im Schutze der Steinschüttung können. Man fällt auf Sandwatt trocken. Während der Niedrigwasserstunden geht man zu Fuß zur Insel. — Doch darf man den Fahrzeugen, die an den Brücken anlegen, nicht den Manövrierraum wegnehmen. Ich würde festmachen wie im Mittelmeer: Buganker mit reichlich Kette nach Osten, Heckleinen zur Steinschüttung. Doch bedenken: Die Strömung läuft quer!

Der Bauernhafen (oder Bootshafen) liegt an der Südseite der Insel. Es ist ein nur 20 mal 50 Meter großes Becken (siehe Spezialplan). Das Becken und auch die Zufahrt fallen trocken. Bei mittlerem Hochwasser mögen im Hafen 1 bis 1½ Meter Wasser stehen. Doch ist dies alles ja perfekt ausreichend, um etwa mit einem Jollenkreuzer oder flachgehendem Kielschwerter dort zu liegen. Das Becken ist sehr gut geschützt; und dennoch habe ich mich nicht recht wohlgefühlt: es war mir zu beengt.

Anlaufen des Bauernhafens mit Booten von nicht mehr als 0,8 Meter Tiefgang von Süden her über das Watt (siehe Plan, die Stellen mit hohem Watt sollte man mit Boot von Tiefgang meiden). — Oder aus der Hundebalje. Man muß etwas Abstand von der Südwestecke der Insel halten. — Zufahrt von Cuxhaven: Seite 53 f.

Insel Scharhörn

Scharhörn ist „das Ende der bewohnbaren Welt". Eine flache Sandinsel, bei Sturmfluten bis auf den flachen Deichring oder sogar darüber hinaus überflutet. Das einzige Haus auf Scharhörn steht deshalb auf hohen Pfählen. Ein Radarmast; sonst 3 Kilometer lang und 1½ breit nur Sand, der durchschnittlich 1½ Meter über Hochwasser liegt. Haben die Seevögel Pech, dann schwemmt ihnen eine Frühjahrssturmflut ihr Gelege weg oder — tragisch anzusehen — die noch nicht flügge gewordenen Jungen. Doch so waghalsig das flache Scharhörn da auch liegt, es hat Bestand, schon die alten Elbkarten nennen es.

Scharhörn hat keine Anlegemöglichkeit. Ich wüßte auch nicht, wie man mit Boot von Tiefgang dorthin könnte. Flachgehende Boote mögen bei Hochwasser von Neuwerk her über das Watt fahren und sich an der Südostseite der Insel trockenfallen lassen (doch besser erst 1½ Stunden nach H.W., für den Fall, daß die kommende Tide niedriger aufläuft). Um Scharhörn ist hartes Sandwatt. — Im Nordteil der Insel ist ein Vogelschutzgebiet (Plan Seite 48). Betreten und Befahren sind da vom 1. 4. bis 31. 7. verboten. — Ich bin von Neuwerk aus zu Fuß nach Scharhörn gegangen.

Wattwanderung nach Scharhörn: Hin und zurück sind von Neuwerk an 15 Kilometer Weg. So muß man das Wandern gewohnt sein! Abmarsch an der Süd- oder Südwestseite von Neuwerk 3 Stunden nach Hochwasser. Meist sind eine ganze Menge Menschen auf dem gleichen Weg unterwegs. Oft auch Inselbewohner mit Pferdefuhrwerk, wegen Strandgut. Vielleicht kann man vereinbaren, wenigstens in einer Richtung auf einem Wagen aufzusitzen. — Der Wattenweg ist mit Buschwerk bezeichnet, ein ungefähr in gleicher Richtung laufendes Kabel mit Stangen. Man muß, wie der Plan zeigt, etwas nach Südwesten aus der geraden Linie ausbiegen. Ich nehme meinen kleinen Taschenkompaß mit! — Erlauben die Tiden nicht, eine Hochwasserzeit auf Scharhörn zu bleiben, dann muß man mit der Zeit gut haushalten; denn 2, spätestens 2½ Stunden nach N.W. muß man wieder auf Neuwerk sein.

Der Untere Wittsand

(Plan Seite 48)

Eine „neue" Sandinsel ist im letzten Jahrfünft unter dem Einfluß von Strömung und Seeschlag entstanden. Bisher wuchs sie. Zur Zeit ist sie fast 1 Kilometer lang und etwa 1,5 Meter über Hochwasser hoch. — Eine Robinsoninsel? Bin ich auf Abenteuer gestimmt, habe ich alles gut durchdacht und nehme ich das Stück Risiko, ohne welches Abenteuer kein Abenteuer ist, auf mich, dann möchte ich dort schon ein paar Tage und Nächte das Gruseln erleben. — Doch ich mache mir keine Illusionen: Ich bin ganz auf mich allein gestellt! Ob das Eiland Bestand haben wird, weiß der Meeresgott allein. — Viel lieber würde ich eine andere unbewohnte Insel zum Besuch empfehlen als den so ungeschützt liegenden Unteren Wittsand. Doch auf keinem der vielen anderen und sehr viel sichereren Sände dürfen wir mehr verweilen, ja, viele nicht einmal betreten.

Der Große Knechtsand

(Plan Seite 56, 60)

Das ist eine etwa 2 Kilometer lange und breite Insel zwischen Robinsbalje und Ostertill nicht sehr weit von der Weser. Sie liegt 1½ bis 2 Meter über mittlerer Hochwasserhöhe, hat aber vereinzelt niedrige Dünen (Primärdünen). Es gibt einen ganz niedrigen Turm, eine Baracke auf Pfählen, im Sommer einen Vogelwärter. Ansonsten ist es unbewohnt.

Der Große Knechtsand hat eine gewisse Berühmtheit: Nach dem Krieg war das Betreten Helgolands verboten, denn Helgoland diente als britisches Bombenziel. Ein Student fuhr nach Helgoland, setzte sich den Bombenwürfen aus, brachte aber die Engländer dazu, Helgoland freizugeben. Zum Ausgleich erhielten sie den Großen Knechtsand zum Bombardieren. Da wurde dessen Betreten verboten. — Nun war aber die Menschheit damals noch so geartet, daß sie die Aussperrung nicht hinnahm. Da bekamen wir den Großen Knechtsand wieder für uns.

Nun ist diese einsame und von Menschenhand kaum verfälschte Region uns Nordseeschiffern ans Herz gewachsen. Das reizende Buch „Abel mit der Mundharmonika" spielt hier. Und natürlich wollten alle meine Mitsegler ebenfalls in der Robinsbalje ankern und auch über die Schwarzen Gründe segeln — und das taten wir ja auch oft genug.

Doch was den Engländern nur für einige Jahre gelang — uns den Großen Knechtsand zu verbieten — das vollbrachten ein kleines Jahrzehnt danach die deutschen Behörden. „Das Betreten des Knechtsandes ist verboten, denn Mauserenten bedürfen der Ruhe!" Da läßt sich dann eben nichts machen. Wenn ein Vogel-Gelehrter den Mauserenten Ruhe verordnet, müssen wir Menschen auf unsere Insel wieder verzichten, obwohl der eine oder andere von uns vielleicht Ruhe nötiger hat als die Mauserente.

Doch damit ist die Geschichte noch nicht zu Ende: Seit einiger Zeit ist ein riesiges Wattengebiet um den Großen Knechtsand für uns Menschen zum Betreten verboten worden. 325 Quadratkilometer! — Ein bißchen herb für uns Nordseesegler: Die früher zauberhaft schöne Niederelbe ist durch Sperrwerke und Industrie verhunzt. Und aus einem riesigen Wattenrevier vor der Elbtür und fast allen Inseln werden wir ausgetrieben. Denke ich daran, wieviele durch die Ölpest flugunfähige Seevögel meine Bordcrew und ich gerade in diesen uns jetzt „zum Naturschutz" verbotenen Gebieten in stundenlanger Arbeit gesäubert, gefüttert und nach Trocknen und neuem Fetten des Federzeugs zu neuem Leben entlassen haben, dann kommen mir über diese Welle von Naturverboten höchst bittere Gedanken.

Die wichtigsten Verbote für uns sind: Wir dürfen die Watten westlich der Wattfahrt Weser-Elbe nicht betreten, wir dürfen nicht baden, lagern, zelten. Wir dürfen nichts tun, was die Vogel- und Tierwelt verändert. Wir dürfen die alten Leuchttürme nicht betreten.

C. Neuwerker Fahrwasser und Routen um Neuwerk

Das Neuwerker Fahrwasser war früher ein Arm des Elbstromes. Durch den Leitdamm, der von der Kugelbake bis zum Mittelgrund reicht, wird er jetzt vom Hauptfahrwasser getrennt.

Das Neuwerker Fahrwasser ist tief und breit. Es kann bei starkem Wind für ein kleineres Sportboot sehr grob sein, wenn auch der Seegang hier nicht die zerstörende Gewalt hat, die er auf dem Hauptfahrwasser annehmen kann. — Neuwerker Fahrwasser ist an beiden Seiten betonnt. Die Tonnen haben die Bezeichnung „NF". Weiter ostwärts geben die Baken des Leitdammes die Grenze zum Elbstrom an. — Am Eingang in das Neuwerker Fahrwasser sind auf dem Westausläufer des Mittelgrundes drei Baken gesetzt worden (Plan Seite 53).

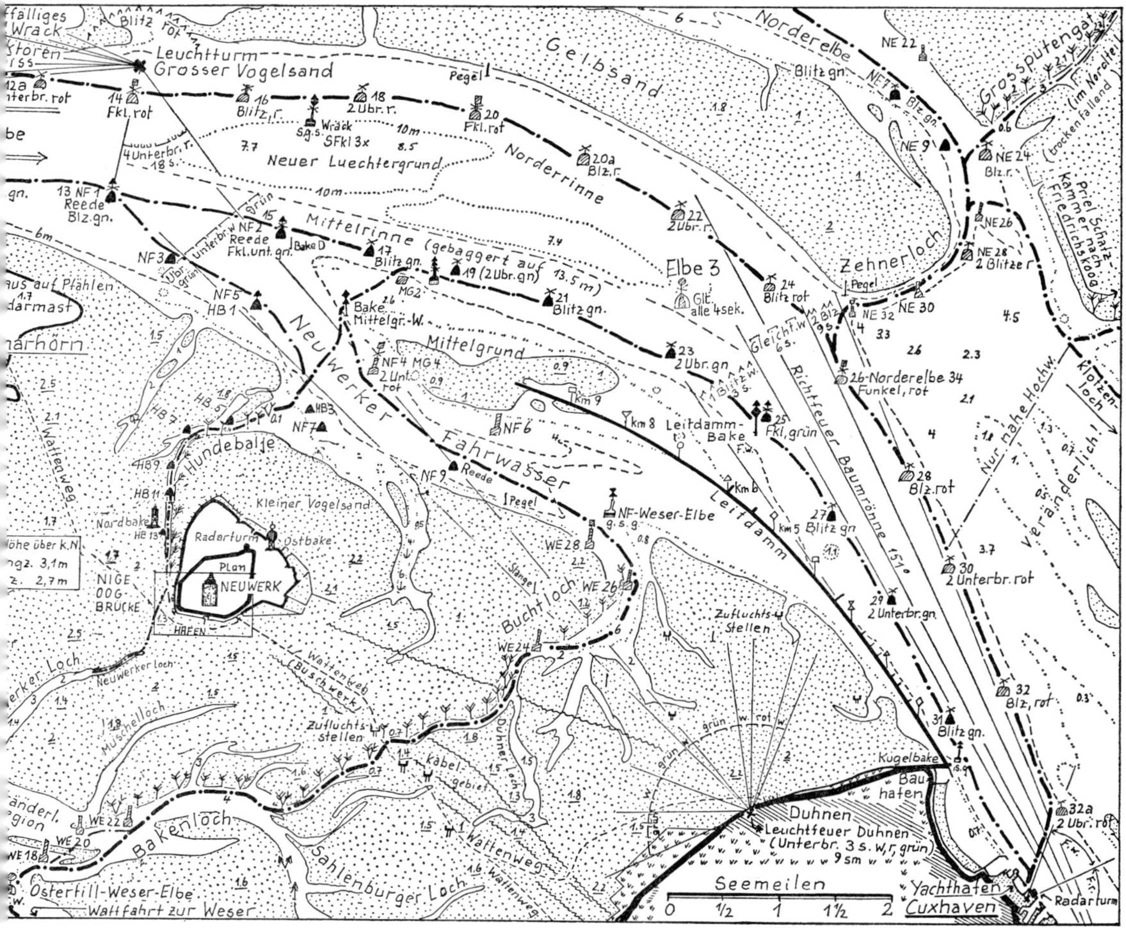

Einlaufen: Von See kommend zweige ich bei der Elbtonne „13-NF1" nach Südosten in das Neuwerker Fahrwasser ab. Da folge ich der Reihe der Steuerbord-Tonnen „NF 3", „NF 5" usw. — Von Cuxhaven kommend muß ich den Leitdamm und Mittelgrund meist seewärts runden (siehe dazu Teil I). Das ergibt sechs Seemeilen im Hauptfahrwasser der Elbe mindestens bis zur Elbtonne „19".

Von Tonne „19" (grüne Bakentonne mit 2 Unterbr.) südwestwärts zur Bake „Mittelgrund-W". Ist Bake Mittelgrund-W passiert, bin ich im tiefen Neuwerker Fahrwasser. Dieser Weg über Mittelgrund ist bei N.W. zur Zeit etwa zwei Meter tief. Nahe N.W.-Zeit und zumal bei Seegang würde ich weiter westwärts ausholen.

Zwei Fahrwasser gibt das Neuwerker Fahrwasser ab: die Hundebalje zur Insel Neuwerk und das Wattfahrwasser Weser-Elbe zur Weser. Dazwischen sind Sände und einige blind endende Priele, die zum Ankern oder Trockenfallen sehr schön sein können. Nahe Cuxhaven und Duhnen ist auf den Sänden Badebetrieb. Allerhand Zufluchtsbaken haben sorgende Staatshände dort aufgestellt.

Hundebalje ist die betonnte Zufahrt nach Neuwerk (siehe auch Plan Seite 48). Sie beginnt mit der grünen Fahrwasserteilungstonne „NF 5-HB 1". Sie ist mit Steuerbordtonnen „HB" und später mit Pricken an der Backbordseite bezeichnet. Hundebalje führt dicht an der Nordbake von Neuwerk vorbei. Etwa von der Mitte Neuwerks ab fällt sie bei N.W. trocken. — Mit mehr als etwa 1,5 Meter Tiefgang sollte man sie wohl nicht befahren. — Einlaufend Wasser ist von H.W. Cuxhaven —4 h 45 m bis —1 h 0 m. Auslaufenden Strom findet man etwa von H.W. Cuxhaven —0 h 30 m bis +5 h 0 m. Bei Nippzeit etwa 1 Knoten, bei Springzeit etwa 1,5 Knoten als größte Geschwindigkeit.

Anlaufen von Neuwerk

12 Seemeilen sind von Cuxhaven bis zur Nige-Ooge-Brücke. Auch von Häfen weit elbaufwärts ist Neuwerk gut zu erreichen, da die Reise gut mit der Strömung in Einklang steht. Hat man es so eingerichtet, daß man eine Stunde nach Niedrigwasser (also mit Ende der auslaufenden Strömung) an der Westseite des Mittelgrundes steht, dann ist es genau recht. Dann trägt einen die steigende Tide durch die Hundebalje bis zur Insel. Tiefgehende Boote werden oft in der Hundebalje ankernd noch etwas warten müssen. — Auch wenn man von See kommt und einem der Tidenstrom in der Elbe bereits entgegensetzt oder es in Kürze tun wird, ist das Anlaufen von Neuwerk günstig. Freilich darf das Wasser noch nicht zu weit gefallen sein.

Um von Neuwerk nach Cuxhaven zu segeln, lege ich in Neuwerk bei steigendem Wasser ab, sobald das Boot aufgeschwommen ist. Meistens reicht es aus, 2 Stunden vor Hochwasser in Fahrt zu sein. In der Hundebalje muß man gegen die (nicht sehr starke) einlaufende Strömung fahren. In Cuxhaven kommt man mit dem Rest der einlaufenden Elbströmung an.

Eitzenbalje läuft ostwärts von Neuwerk in das Watt und ist unbezeichnet. Sie ist nett zum Trockenfallen und Ankern bei gutem Wetter.

Das Buchtloch ist ein wichtiger Nebenarm des Neuwerker Fahrwassers. Denn durch das Buchtloch läuft die mit Tonnen und Pricken bezeichnete Wattfahrt von der Elbe zur Weser. — Buchtloch hat eine Art von „Ansteuerungstonne" „NF-Weser-Elbe" mit Stundenglas-Toppzeichen (Plan). Dicht südlich von ihr beginnen die Reihen der Pricken und Tonnen der Wattfahrt zur Weser. Buchtloch hat auch bei Niedrigwasser meist, doch nicht überall, mehr als zwei Meter Wassertiefe (und stellenweise 7 bis 10 Meter!). Es gibt einen guten **Ankerplatz** ab. Ich habe meist in der Gegend der jetzigen Tonne „WE 24" gelegen. Vor allem ist man für diesen Ankerplatz dankbar, wenn man durch die Wattfahrt von der Weser gekommen ist und nun bei auslaufendem Wasser und vielleicht auch noch Dämmerung keine Lust mehr hat, die 13 Seemeilen gegen Strömung die Elbe hoch bis Cuxhaven zu laufen.

Fischer- und Lotsenboot aus dem Neuwerker Revier nach einer Zeichnung von J. M. David, 1804.

D. Das Wattenrevier und die Wattfahrwasser zwischen Elbe und Weser

Ein sehr großes Wattengebiet liegt zwischen der Elbe und den Ostfriesischen Inseln. Zwischen den seewärtigen Sänden und dem Festland ist es bis zu 10 Seemeilen breit, von der Elbe bis zu Ostfrieslands Inseln 25 Seemeilen lang.

In der Außenzone dieses Wattenrevieres liegen die Brandung und die von der Strömung getriebenen Sände in nicht endendem Kampf. Es ist die Region des Treibsandes und der wandernden Riffe — hochgradig ungesund! Die seewärtige Hälfte dieser Wattenzone soll man nicht befahren. Zugang von See geben nur Elbe, Weser und Jade.

In Küstennähe, wo der Seegang auf den vorgelagerten Sänden und Watten längst ausgebrandet ist, ist dieses Wattengebiet friedlich zu befahren. Ganz unbemerkt hat sich hier lebhafte Sportbootfahrt entwickelt, zumal mit kleineren Booten.

Fünf Inseln und Sände liegen hier: Neuwerk, Scharhörn, der neugebildete Untere Wittsand, Großer Knechtsand und Alte Mellum. Außer Alte Mellum kennen wir sie schon (Seite 47 f).

Häfen gibt es in großer Zahl — und so wenige wissen von ihnen. Stets sehe ich erstaunte Gesichter, wenn ich erzähle, daß da zwischen Elbe und Jade 9 kleine Häfen sind. Freilich, es sind keine Häfen für Onassis-Yachten. Ihr werdet keine Schwimmstege finden, sondern bei halber Tide sanft und unmerklich in weichen Schlick einsinken (und hinterher wieder aufschwimmen), wie es seit Wikingerzeiten geschieht. Wo der gängige Granatfischerkutter von 15 Meter Länge und 1¹/₄ bis 1¹/₂ Meter Tiefgang herein kann, kann ein reviergerechtes Sportboot allemal einlaufen.

Ihr werdet erstaunt sein, welch lebhaftes und naturnahes Seefahrtsleben sich in diesen kleinen Plätzen entwickelt hat. Und vielleicht findet ihr am Ende, daß diese kleinen, individuellen Häfen, wo jeder sich kennt, wo einem die Fischer freundlich zuwinken, wo ein durchreisendes fremdes Boot gern begrüßt und am besten Platz untergebracht wird und wo ganz selbstverständlich die Tide das Hafenleben regelt — daß man dort (und nur noch dort) die Nordseeküste richtig erlebt.

Wild- und Naturschutzgebiet ist ein sehr großer Teil dieses Wattengebietes.

Naiv, wie ich bin, nahm ich an, daß uns Menschen hier ein Stück Natur wirklich unberührt erhalten bleiben soll — ohne Steinschüttungen, ohne Landgewinnung, ohne Gasleitungen und Stromkabel, ohne Industrie. Auf daß der Mensch nicht vergesse, wie unberührte Natur überhaupt aussieht. Und auf daß er verstehe, wie notwendig ihr Schutz allüberall ist. Und schließlich sind es ja nicht wir Nordsee-Segler, die aus Versehen mal eben 40 000 Tonnen Erdöl ins Meer verlieren.

Doch die Obrigkeit faßt es anders auf: Naturschutz heißt, so sagt sie, der Mensch wird ausgesperrt! Ausgenommen sind die Vertreter und Beauftragten der zuständigen Behörden (Großer Knechtsand: Seite 51 f).

Gezeiten: Die normale Hochwasserhöhe über Kartennull ist bei

Cuxhaven	2,7 m bei Nippzeit	3,1 m bei Springzeit
Scharhörn	2,7 m bei Nippzeit	3,2 m bei Springzeit
Dorumer Tief	3,0 m bei Nippzeit	3,2 m bei Springzeit

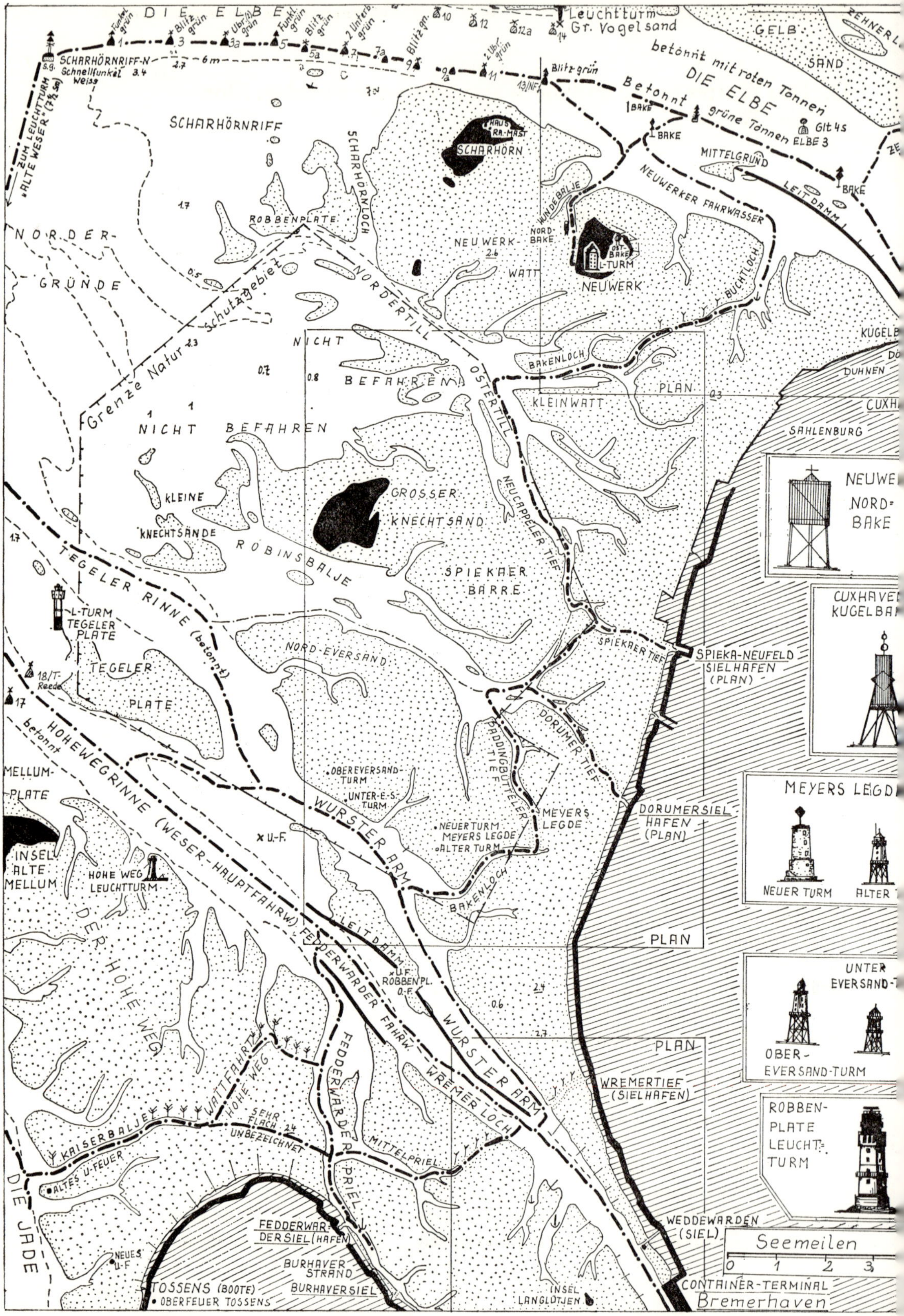
DIE ELBE
Leuchtturm Gr. Vogelsand
GELB SAND
betonnt mit roten Tonnen
DIE ELBE
Betonnt grüne Tonnen
ELBE 3
SCHARHÖRNRIFF-N Schnellfunkel weiss
ZUM LEUCHTTURM "ALTE WESER"
SCHARHÖRNRIFF
SCHARHÖRNLOCH
SCHARHÖRN
BAKE
MITTELGRUND
LEITDAMM
NEUWERKER FAHRWASSER
WUNDEBALJE
NORD-BAKE
OST-BAKE
L-TURM
NEUWERK
NEUWERK-WATT
ROBBENPLATE
NORDER-GRÜNDE
Grenze Natur-Schutzgebiet
NORDERTILL
OSTERTILL
NICHT BEFAHREN
BUCHTLOCH
BAKENLOCH
KLEINWATT
PLAN
KUGELBAKE
DUHNEN
CUXHAVEN
SAHLENBURG
NEUWERK NORD-BAKE
CUXHAVEN KUGELBAKE
GROSSER KNECHTSAND
KLEINE KNECHTSÄNDE
ROBINSBALJE
NEUCAPPELER TIEF
SPIEKAER BARRE
TEGELER RINNE (betonnt)
L-TURM TEGELER PLATE
TEGELER PLATE
NORD-EVERSAND
SPIEKAER TIEF
SPIEKA-NEUFELD SIELHAFEN (PLAN)
DORUMER TIEF
PADDINGBÜTTELER TIEF
MEYERS LEGDE
OBEREVERSAND-TURM
UNTER-E.-S.-TURM
NEUER TURM MEYERS LEGDE
ALTER TURM
WURSTER ARM
DORUMERSIEL HAFEN (PLAN)
NEUER TURM
ALTER TURM
HOHEWEGRINNE (WESER-HAUPTFAHRW.) betonnt
MELLUM-PLATE
INSEL ALTE MELLUM
HOHE WEG LEUCHTTURM
DER HOHE WEG
LEITDAMM
ROBBENPL.
FEDDERWARDER FAHRW.
UNTER EVERSAND-TURM
OBER-EVERSAND-TURM
FEDDERWARDER PRIEL
WATTFAHRT HOHE WEG
WREMER LOCH
WREMERTIEF (SIELHAFEN)
KAISERBALJE
ALTES U-FEUER
SEHR FLACH UNBEZEICHNET
MITTELPRIEL
ROBBEN-PLATE LEUCHT-TURM
DIE JADE
NEUES U-F
FEDDERWARDERSIEL (HAFEN)
BURHAVER STRAND
BURHAVERSIEL
TOSSENS (BOOTE)
OBERFEUER TOSSENS
INSEL LANGLÜTJEN
WEDDEWARDEN (SIEL)
Seemeilen
0 1 2 3
CONTAINER-TERMINAL
Bremerhaven

Hochwasserzeit: Bezugsorte sind Cuxhaven und Bremerhaven. Bei Scharhörn ist Hochwasser etwa 1 Stunde früher als in Cuxhaven, im Dorumer Tief etwa 1 Stunde früher als in Bremerhaven. Zur Weser fahrend hat man um etwa 1/2 Stunde „kürzere Tide".

Landmarken: Sie sind zu entfernt, um für die präzise Navigation zu nützen. An der Elbseite Neuwerks Leuchtturm, Nordbake, Leuchtturm „Großer Vogelsand"; an Land die Kirchtürme von Spieka, Cappel und Paddingbüttel (doch welcher ist welcher?) und die Beobachtungstürme 2 1/2 Seemeilen südlich von Duhnen und bei Dorumersiel. Am Weserufer Meyers Legde Alter und Neuer Turm, Obereversand-Turm und Untereversand-Turm, die neuen Dwarsgat-Richtfeuer sowie Leuchtturm Tegeler Plate (siehe Pläne).

Als Fahrtgebiet kommt durch die Naturschutz-Sperrungen dieses einst so lohnende Wattenrevier fast nur noch für die durchlaufende Wattfahrt von der Elbe zur Weser in Frage. Allenfalls noch für Kleinboote in unmittelbarer Nähe des Ufers.

Aufmerksam muß man natürlich fahren. Aalreusen und Stellnetze, Ölbohrrohre oder Steinhaufen („Sch.-Stellen", „Unreinstellen") trifft man jetzt auf dem Watt häufiger als früher.

E. Die Wattfahrt von der Elbe zur Weser

Das Wattfahrwasser zwischen Elbe und Weser ist eine wichtige Route: Nicht voll seefesten Booten aus der Elbe gibt es in geschütztem Wattenrevier Zufahrt zum Urlaubsgebiet der Ostfriesischen Inseln. Seefesten Yachten ermöglicht es die Fahrt zur Weser (und Ostfrieslands Inseln) auch dann, wenn starker Westwind oder schlechte Sichtigkeit die Ausfahrt durch das Hauptfahrwasser der Elbe und die anschließende Navigation vor Weser und Jade zu heikel machen. Die Wattroute ist auch bei westlichem Starkwind zu fahren. Mit einer Sichtigkeit von 1/2 Meile (zur Not auch 500 Metern) bin ich zufrieden. Der Tiefgang kann bis 1,5 Meter sein, vielleicht sogar etwas mehr. Senkt starker Ostwind den Wasserstand, ist ja auch die Fahrt „außen herum" leicht zu machen.

Tips für die Wattfahrt mit flachgehendem, kleinen Boot

Mit nicht voll seefestem, flachgehendem Boot würde ich das Hauptfahrwasser der Elbe so früh wie nur möglich verlassen. Vielleicht kann ich den Leitdamm nahe Hochwasserzeit kreuzen, statt ihn zu runden. Das spart mir 11 Meilen Weg. Weser und Jade würde ich auf kürzestem Wege queren; und zwar bei Nordwestwind bei einlaufendem Wasser. — Normalerweise würde ich im Wattenrevier bei steigendem Wasser ab halber Tide oder noch davor aus dem Hafen laufen, während das Wasser steigt, noch eine Zeitlang in den Fahrrinnen fahren, doch während der Hochwasserstunden quer über das Watt. 1 bis 2 Stunden nach Hochwasser würde ich im nächsten Hafen sein (es gibt ja genug). Paßt es mit dem Tageslicht, so kann ich auch eine Niedrigwasserzeit trockengefallen im Watt abwarten und beim zweiten Hochwasser des Tages noch ein gutes Stück weiterfahren. — Nachts wäre ich in dieser Region mit nicht seefestem Boot in einem Hafen oder an einem geschützten Platz. Nicht zu spät nach Hochwasser würde ich einlaufen. Geht auch die Welt nicht unter, wenn ich festkomme und eine Tide oder eine Nacht draußen abwarten muß (eingerichtet sein muß man darauf), notwendig ist es ja nicht. — Seewetterbericht zu hören, ist selbstverständlich, Wasserstandsvorhersage nützlich. Und nochmals: Respekt vor den Hauptfahrwassern und großen Baljen! Und dreifachen Respekt bei der Situation: Strömung gegen frischen Wind.

Routenführung: Aus der Elbe kommend, würde ich Neuwerk nur aus Freude an der Insel anlaufen. Sonst wäre wohl Spieka-Neufeld oder Dorumersiel der erste Hafen. Die Weser würde ich landein von den Leitdämmen kreuzen. Dafür wäre mir Wremertief genau der rechte Absprungplatz (Plan Seite 91, 89). Danach ginge es durch die Wattfahrwasser nach Fedderwardersiel. Von hier aus würde ich auf dem Wattrücken Der Hohe Weg laufen. In die Jade (die sehr grob sein kann) gehe ich nur bei schwachem Wind. Sonst fahre ich auf dem Hohen des Wattes zur Insel Alte Mellum. Dort würde ich je nach Tageszeit und Wetter an der Südseite der Insel Mellum dicht an der Insel ankern oder trockenfallen („Naturschutz"-Verbote für diese wichtige Etappe Seite 136). Von Mellum sind, wenn ein ruhiger Tag ist, 3 Seemeilen quer über die Jade zu fahren. Dann stehe ich im Wattengebiet hinter Minsener Oog am Ziel meiner Wünsche: im Revier der Ostfriesischen Inseln.

Mit tiefgehender Yacht von der Elbe nach Wangerooge (Plan S. 56, 65)

Man muß sich an die bezeichneten Fahrwasser halten. Von der Elbe bis zur Weser gibt es nur eine Route ohne Variante. Im Gebiet der Weser gibt es mehrere Fahrwege. So werden diese beiden Abschnitte getrennt besprochen. — Zeitplanung: Ich würde die Fahrt von der Elbe bis Wangerooge auf zwei Tage verteilen. Das muß zwar mit schnellem Boot und sehr günstig liegenden Tiden nicht immer sein. Doch wozu soll man hetzen? Und warum eventuell eine Nacht an ungünstiger Stelle verbringen?

1. Tag: Das ist die Fahrt von der Elbe bis an die Weser. Auswählen muß man sich den Platz für die Nacht. a) Man kommt über das dritte Wattenhoch noch herüber in den Wurster Arm der Weser, dann kann man im Bakenloch ankern (39 sm von Cuxhaven, gut für zügige Weiterfahrt am nächsten Tag), oder nach Fedderwardersiel einlaufen (52 sm von Cuxhaven). — b) Man kommt über das dritte Wattenhoch der Wattfahrt wahrscheinlich nicht mehr herüber. Dann kann man nach Dorumersiel einlaufen (36 sm von Cuxhaven), im Paddingbütteler Tief ankern oder bei ruhigem Wetter durch Robinsbalje und Tegeler Rinne die offene See gewinnen (Plan Seite 65).

2. Tag: Der soll uns vom Ostufer der Weser zum Beispiel nach Wangerooge bringen. Da gibt es viele Varianten, die von der reinen Wattfahrt bis zur Seefahrt „außen herum" reichen. Vom Ankerplatz Bakenloch bis Wangerooges Hafen sind je nach Wahl der Route am 2. Tag noch 22 bis 28 Seemeilen zu fahren (Plan Seite 65).

Doch bei der Einteilung der Fahrt hängt soviel von der Art des Bootes ab, von der Lage der Tide, der Richtung des Windes. Nur eines stimmt immer: In der Elbe fahre ich bis zur Spitze des Leitdammes mit dem letzten auslaufenden Wasser (lege also 1 bis 0 Stunden vor N.W. in Cuxhaven ab) und gelange dann mit einlaufend Wasser durchs Neuwerker Fahrwasser ins Buchtloch, wo die Wattfahrt beginnt. (Man kann auch im Buchtloch für die Nacht ankern und die eigentliche Wattfahrt am nächsten Morgen beginnen).

Die Fahrtroute von der Elbe zur Weser

„Wattfahrwasser Weser-Elbe" heißt dieser Fahrweg amtlich. Und immer wieder wundere ich mich, wie unbekannt doch dieser Weg über das Watt zur Weser ist. Dabei ist er mit Pricken und mit 16 Tonnen bezeichnet und kann von Booten mit 1,5 Meter Tiefgang gefahren werden.

Meine Meinung ist, daß man mit geeignetem Boot den Weg durch die Wattenfahrwasser nahezu bei jedem Wetter machen kann. Das letzte Mal beispielsweise sind wir im Herbst von Finnland zurückgekommen und haben ihn bei 8 Windstärken aus West (Stationsmeldung) gesegelt. Am Abend haben wir uns dann bei den Schwarzen Gründen trockenfallen lassen. Als wir nach hoch und trocken gut ausgeschlafener Nacht aufwachten, pfiffen draußen 9 Windstärken im Rigg. Einer von der Crew hat das da im Sturm ruhig auf dem Watt liegende Boot fotografiert. Und später hat „Die Yacht“ dieses Bild mal auf ihre Titelseite gesetzt. Aber daß das Boot dort in vollem Herbststurm liegt, darauf ist niemand gekommen. Nur wer genau hinschaut, sieht das Tauwerk an den Nagelbrettern waagerecht ausgeweht. — Wir jedenfalls haben unser drittes und letztes Reff eingebunden und sind nach Aufschwimmen des Bootes mit schnaubender Fahrt nach Bremerhaven gelaufen, denn einer meiner Crew mußte zur Bundeswehr zurück. — Kaum nötig zu sagen, daß für ein Auslaufen durch das Hauptfahrwasser der Elbe auch nicht die geringste Chance gewesen wäre.

Ich finde es schade, daß pro Jahr über 2000 Yachten zwischen Elbe und Bremerhaven durch den Festlandskanal fahren, sich das Erlebnis des Wattes entgehen lassen und für das verlorene Erlebnis sogar noch Kanalgeld bezahlen. — Irgendwo las ich, man solle für die Fahrt einen Lotsen nehmen. Ich meine, wer das Elbe-Weser-Wattfahrwasser nicht selber fahren kann, soll auf keinem Wattfahrwasser der Nordsee fahren.

Der Weg über das Watt bis zum Wurster Arm der Weser (Plan S. 56, 60)

Die Wattfahrt führt über drei Wattenhochs. Die Distanz vom ersten bis zum letzten Wattenhoch ist etwa 17 Seemeilen (20 Seemeilen von der Ansteuerungstonne Buchtloch bis zum Wurster Arm der Weser). Die Häfen Spieka-Neufeld, Dorumersiel und Wremertief liegen am Wege. Über die Zeitplanung ist oben gesprochen.

Die Wattfahrt beginnt im Neuwerker Fahrwasser bei der Tonne „NF—Weser-Elbe“ (Plan Seite 53). Von da steuert man südostwärts ins Buchtloch. Das Buchtloch hat Pricken an der Nordwestseite (West-fahrend Steuerbord). Hier stehen auch die ersten Fahrwassertonnen „WE 28“ und „WE 26“. Auf der Fahrt zur Weser bleiben sie, wie alle folgenden roten Tonnen, an der Steuerbordseite. — Buchtloch ist kein übler Ankerplatz. Ich würde mir dort meinen Platz nach der Windrichtung suchen: Wahrscheinlich in der Nähe von Tonne „WE 24“ schon weit im Innern des Wattes (Tiefe zwei bis drei Meter. Doch das Buchtloch hat sehr veränderliche Tiefen!)

Das Buchtloch führt etwa zwei Seemeilen in Bögen nach Süden und Westen. Dann biegt die Prickenreihe in einen Nebenarm ein. Vor dem liegt manchmal eine Barre; langsam fahren. Manchmal muß man hier noch etwas warten. — Danach passiert man, West fahrend, das erste Wattenhoch (viereckige Kabelbaken sowie Zufluchtsstellen für Wattwanderer).

Das Bakenloch (Elbe) schließt sich an das Wattenhoch an. Bakenloch ist im Westteil ein breiter Priel mit starker Strömung (Plan). Pricken an der Nordseite. Häufige Unterbrechungen der Prickenreihe. Vor der sehr veränderlichen Einmündung in den großen Wattenstrom Ostertill stehen die roten Spierentonnen „WE 22“, „WE 20“ und „WE 18“. Mit Segelyacht aufkreuzend, muß man hier sehr aufmerksam navigieren.

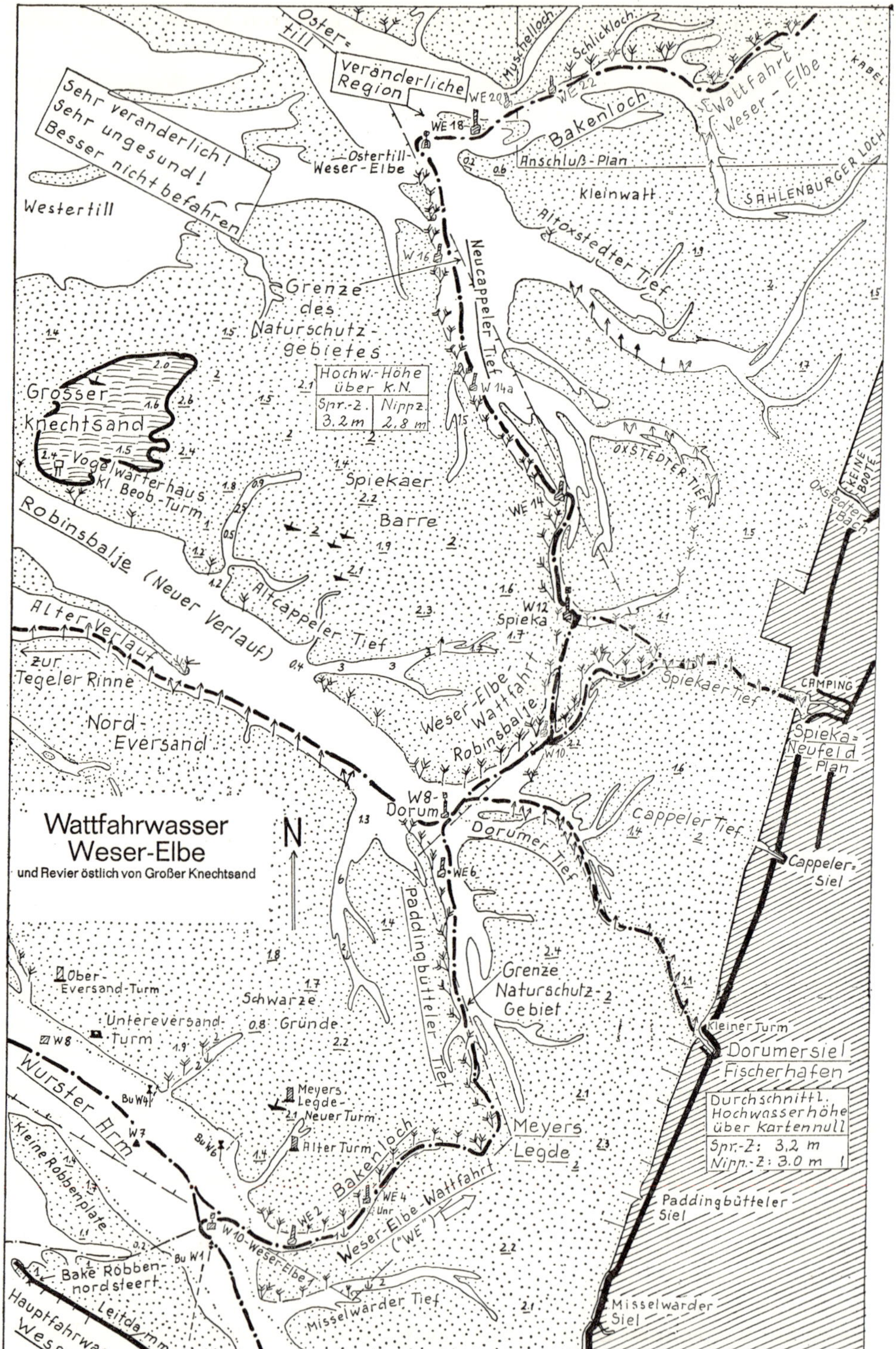
Wattfahrwasser
Weser-Elbe
und Revier östlich von Großer Knechtsand
Sehr veränderlich! Sehr ungesund! Besser nicht befahren
Veränderliche Region
Ostertill
Westertill
Grosser Knechtsand
Vogelwärterhaus
kl. Beob.-Turm
Grenze des Naturschutzgebietes
Hochw.-Höhe über K.N.
Spr.-Z. 3,2 m
Nipp.-Z. 2,8 m
Spiekaer Barre
Robinsbalje (Neuer Verlauf)
Alter Verlauf
zur Tegeler Rinne
Nord-Eversand
Altcappeler Tief
Neucappeler Tief
Bakenloch
Anschluß-Plan
Kleinwatt
Altoxstedter Tief
Sahlenburger Loch
Wattfahrt Weser-Elbe
Oxstedter Tief
Oxstedter Bach
Kleine Boote
Spieka
Spiekaer Tief
Camping
Spieka-Neufeld Plan
Weser-Elbe-Wattfahrt
Robinsbalje
Dorumer Tief
Cappeler Tief
Cappeler Siel
Paddingbütteler Tief
Grenze Naturschutz-Gebiet
Kleiner Turm
Dorumersiel Fischerhafen
Durchschnittl. Hochwasserhöhe über Kartennull
Spr.-Z: 3,2 m
Nipp.-Z: 3,0 m
Ober-Eversand-Turm
Untereversand-Turm
Schwarze Gründe
Meyers Legde
Neuer Turm
Alter Turm
Wurster Arm
Kleine Robbenplate
Bake Robben-nordsteert
Leitdamm
Hauptfahrwasser Weser
Weser-Elbe-Wattfahrt ("WE")
Misselwarder Tief
Misselwarder Siel
Paddingbütteler Siel
N

Hier sollte man nicht festkommen. — Knapp 1/2 Seemeile westsüdwestwärts der roten Tonne „WE 18" liegt in der Ostertill eine senkrecht rot-weiß gestreifte Mitte-Fahrwassertonne mit rotem Ball. Sie hat die Aufschrift „Ostertill — Weser-Elbe". Bei dieser Tonne drehen wir auf Südkurs in die Ostertill hinein.

Die Ostertill ist ein breiter, stark strömender Wattenstrom. Bei nordwestlichem Starkwind und auslaufend Wasser stehen hier überraschend hohe kurze Wellen. Doch das gibt sich, je weiter wir südwärts kommen. Ostertill hat Pricken an der Westseite. Doch die stehen spärlich in Bündeln. Auch Fahrwassertonnen liegen aus (Plan). — Ostertill geht in das Neucappeler Tief über. Pricken und rote Tonnen sind an der Westseite. Wenn (wie es sein sollte) das Wasser noch steigt, machen wir mit stark schiebender Strömung rasche Fahrt. Einzelheiten an Wattkanten und Mittelgründen verändern sich hier oft.

Nach vier Meilen treffen wir auf die Fahrwasserteilungstonne „WE 12-Spieka". Hier stehen zwei Wege zur Wahl: Normalerweise werden wir mit Südkurs über 0,7 Meter hohes Watt direkt zur nächsten Fahrwassertonne „WE 10" laufen. Pricken stehen am Wege. — Wollen wir über etwas niedrigere Watt oder zum Sielhafen Spieka-Neufeld, dann halten wir ostwärts, später südwärts. Wo Stangen mit Besen abwärts beginnen, laufen wir entweder ostwärts nach Spieka-Neufeld. Oder wir gehen auf nahezu westlichen Kurs (die offenen Pricken immer an der Seeseite, also zur Weser fahrend an Steuerbord) und treffen nach diesem Umwege schließlich auch auf die rote Fahrwassertonne „WE 10".

Wir fahren nun im Ostarm der Robinsbalje bis zur Fahrwasserteilungstonne „WE 8-Dorum". Auf dem Weg zu dieser Tonne haben wir in einigem Abstand südostwärts eine Reihe von Stangen mit Besen abwärts gesehen. Diese führt zum Sielhafen Dorumersiel, wo wir je nach Lust und Tide die Fahrt unterbrechen können.

Abzweig Robinsbalje-Tegeler Rinne: Bei Tonne „WE8—Dorum" kann ich auch daran denken, nordwestwärts in die Robinsbalje einzulaufen, um nordwärts um das Watt Nord-Eversand herum in die Tegeler Rinne zu gelangen (und durch diese zur See oder in die tiefe Weser). Es stehen Stangen mit Besen abwärts auf der Nordseite des Eversandes. — Doch dies ist eine nicht gut bezeichnete, stellenweise sehr wenig geschützte Strecke in veränderlichem Gewässer. Ich würde sie nur bei beständigem und ruhigem Wetter, mit geeignetem Boot und Bereitschaft zum Abenteuer laufen. Natürlich bringt sie erheblichen Vorteil, wenn das Wasser abläuft und man sonst vor Meyers Legde warten muß (dazu Plan Seite 56).

Die Fortsetzung unserer Wattfahrt zur Weser ist das Padingbütteler Tief. Seine Prickenreihe beginnt etwa 1/2 Meile südwestlich der Tonne „WE 8-Dorum". Sie führt unter Biegungen südwärts. Nach 3 Seemeilen endet das Padingbütteler Tief auf dem Wattenhoch Meyers Legde. Mit viel Glück wird man 2 Stunden nach H.W. gerade noch herüberkommen (das Wattenhoch fällt jetzt bei N.W. fast ein Meter hoch trocken). Wenn nicht, würde ich trockenfallen oder im Paddingbütteler Tief ankern (siehe „Abel mit der Mundharmonika" — doch die Erlebnisse beim Ankern hat er arg übertrieben).

Von Meyers Legde führt das Bakenloch (Weser) 3 Seemeilen lang in Biegungen westwärts in den Wurster Arm der Weser. Hier zweigt sich die Route auf: wir können nordwärts laufen (zur See, zur Insel Alte Mellum) oder südwärts (nach Bremerhaven oder auf Wattroute nach Fedderwardersiel). Doch darüber auf Seite 65 f.

Der Wurster Arm der Weser (Plan S. 56, 65, 89, 91)

Das ist ein 10 Seemeilen langer Nebenarm des Weser-Hauptfahrwassers: breit, größtenteils tief, betonnt, doch nicht befeuert, für Sportfahrzeuge entschieden ruhiger zu fahren als das Hauptfahrwasser und gesegnet mit zahlreichen Seitenprielen, die zu sommerlichem Herumtrödeln und Ankern taugen. An der Westseite des Wurster Armes liegt, 7 sm lang, der Leitdamm Robbenplate. Den kann man nicht kreuzen, sondern muß ihn nordwärts oder südwärts umfahren. Seine Lage und die Landmarken darauf zeigt besser als eine Beschreibung Plan S. 89 und 91. — Zum Ankern ist Wurster Arm mir zu unruhig, und ich ziehe einen der Seitenpriele vor (Bakenloch oder den zu den Schwarzen Gründen führenden Priel; Plan Seite 60). — Im Nordteil des Wurster Armes falle ich nicht trocken. Die Kleine Robbenplate und ihre Ausläufer kreuze ich mit tiefgehendem Boot nur, wenn der Wasserstand mich vor Grundberührung zuverlässig bewahrt. Die neuen Richtfeuer Dwarsgat, rot-weiße Rohrbaken von 24 bzw. 15 Meter Höhe, geben zusätzliche Orientierungsmöglichkeit.

Einlaufen von Süden: „Ansteuerungstonne" ist sieben Seemeilen von Bremerhaven die rote Fahrwasserteilungstonne „48-Wurster Arm 15" (Plan Seite 91). 1/2 Seemeile nordwärts beginnen die Fahrwassertonnen „W 13" und „W 16". Buhnen sind mit schwarz-gelben Buhnentonnen „W" mit Nummer bezeichnet. — Die Wattfahrt Weser-Elbe zweigt zwei Seemeilen nordwärts von Leuchtturm Robbenplate-Oberfeuer nach Osten ab, und zwar bei der roten Fahrwasserteilungstonne „W 10—Weser-Elbe 1".

Der Nordausgang des Wurster Armes führt von der Abzweigung der Wattfahrt Weser-Elbe im Bogen 6 Seemeilen nordwestwärts und vereinigt sich durch Dwarsgat mit dem Hauptfahrwasser der Weser. Dies erfolgt bei der roten Fahrwasserteilungstonne mit Zylindertoppzeichen „20-W2—T-Reede". — Der Wurster Arm ist mit roten und grünen Tonnen „W" gut betonnt. Außerdem stehen zahlreiche „Buhnenkopftonnen" („Bu W" und Nummer). Maßgeblich ist das Toppzeichen. Fast alle Buhnen in diesem Bereich sind versackt und kein Hindernis mehr. — Ehemalige Leuchttürme stehen als Landmarken auf dem Watt (Plan Seite 60). — Neuerdings wird der Übergang in die Weser im Nordteil flacher: etwa 2 1/2 Meter zwischen Tonne „W 5" und „Bu W 2". — Das lange Nordstück des Wurster Armes fährt man wohl nur dann ganz bis zum Ende, wenn man zur See auslaufen will. Zur Fahrt nach Fedderwardersiel oder über das Watt Der Hohe Weg verläßt man Wurster Arm meist wesentlich früher (dazu Seite 65 f). — Bei Tonne „W 6 — Tegeler Rinne 9" zweigt nach Nordnordwest die Tegeler Rinne ab.

Tegeler Rinne

Das ist ein Nebenarm der Seemündung der Weser. Er führt nördlich an der Tegeler Plate mit ihrem auffälligen Leuchtturm vorbei, ist etwa 1/2 sm breit, tief, doch gebogen und von veränderlichen und heiklen Bänken und Riffen umgrenzt. Die sind dem Seeschlag der Nordsee ausgesetzt. Grundberührung ist hier gefährliche Strandung! Im

Außenteil der Tegeler Rinne läuft Strömung zeitweise quer. Tegeler Rinne ist mit Tonnen „T" in etwa 1½ Meilen Abstand mal rechts, mal links bezeichnet — also recht spärlich. — So schön es ist, durch dieses ganz einsame Gewässer zu fahren, auf deren Bänken man bei Niedrigwasserzeit wohl immer Seehunde trifft — ich laufe in der Tegeler Rinne nur bei handigem Wetter, genügender Sichtigkeit und mit großer Aufmerksamkeit.

F. Watten und Fahrtrouten zwischen Weser, Jade und Ostfriesischen Inseln

Das ist die andere Hälfte des Heimatrevieres der Yachten aus der Weser. Kleiner und etwas weniger reich an Möglichkeiten als die Ostseite der Außenweser. Doch das einsame Watt der Hohe Weg, die noch einsamere Insel Alte Mellum und die vielen Priele zum Ankern sind Fahrtenziele von seltsamem Reiz. Das Titelbild dieses Buches, Leuchtturm Hohe Weg zwischen Sänden und Rinnen, charakterisiert die Region. — Außerdem tummeln sich im Schutze des Butjadinger Deiches sehr viele kleine Boote vor Waddensersiel, Burhaversiel, Fedderwardersiel (und Tossens) auf dem Watt.

Jade und Jadebusen werden später besprochen (Seite 133 f). Das Hauptfahrwasser der Weser mit Landmarken, Leitdämmen und Strömungen auch (Seite 79 f und 87 f).

Das Watt Der Hohe Weg (Plan S. 65, 134, 138)

„Der Hohe Weg" heißt der Wattrücken zwischen Weser und Jade. 8 Seemeilen lang und 6 breit reicht er von der Halbinsel Butjadingen nordwestwärts bis zur Insel Alte Mellum. Sehr groß, sehr einsam. Für eine tiefgehende Yacht bei starkem Ostwind schwierig zu kreuzen, doch ein schönes Gebiet zum Ankern, zum Trockenfallen, zum Bummeln.
Großenteils ist das Watt harter, sauberer Sand. Breite und über lange Strecken tiefe, doch meist unbezeichnete Priele führen von Weser wie Jade tief in das große Gebiet. Am besten macht man die Zufahrt bei blankem Niedrigwasser, wenn die Priele klar zutage liegen. Da gelangt man in eine bezaubernde Welt weißer Watten, in der man ankernd oder trockenfallend Tage um Tage verbringen kann, ohne der ständig wechselnden amphibischen Landschaft müde zu werden: jetzt stiller Binnenfluß, danach endloses, doch gutartiges Wasser. — Unvergeßlich bei Ebbzeit das Bild der die Weser befahrenden Frachter; Rumpf, Aufbauten, Brücke und Masten gleiten langsam über den Sand. Eine Sandwüste mit Seeschiffen! Erst am Suezkanal gibt es das wieder.

Ankern, Trockenfallen, Kleinboote: Ankern kann man auch mit tiefgehender Yacht auf tiefem Wasser fast in jedem Priel, je weiter im Innern des Wattes, desto ruhiger. Am besten sucht man sich den Ankerplatz bei Niedrigwasser. Nahe Hochwasserzeit kann man sich eine tiefe Rinne mit dem Lot suchen. Ich habe gern einen hohen Wattrücken westlich und nördlich von meinem Ankerplatz gehabt. — Trockenfallen wo man mag, nur nicht an Stellen, wo Seegang von Jade oder Weser hinreicht. — Kleinboote: Mit etwas Erfahrung und auf Abenteuer gestimmter Seele, warum nicht? Die Zufahrt mit Boot von geringer Seefestigkeit besser über das Hohe des Wattes und nicht im tiefen Wasser von Jade und Weser. Zur Nacht liege ich gern geschützt an der Südseite von Alte Mellum hoch auf dem Watt.

Was uns nach Inkrafttreten der geplanten „Naturschutz"-Verordnungen von der Herrlichkeit noch offen bleiben wird, ist ganz ungewiß.

Gezeiten: Hochwasserhöhe über Kartennull ist normalerweise in Festlandsnähe bei Nippzeit 3,2 Meter, bei Springzeit 3,6 Meter. Doch bei Alte Mellum nur 2,9 bzw. 3,2 Meter. Hochwasser ist bei Alte Mellum 40 Minuten vor Wilhelmshaven, am Festland etwa 20 Minuten vor Wilhelmshaven.

Hohe Stellen im Watt bilden sich gelegentlich an wechselnden Stellen. Es ist eine notorisch veränderliche Region. — Hohes Watt ist auch 1 bis 1½ Meilen vom Festland. Landmarken gibt es rundum mehr als genug. Die höchsten sind die 275-Meter-Schornsteine der Kraftwerke an der Jade, die nützlichsten die Richtfeuerträger von Weser und Jade (die Pläne zeigen ihre Form und Lage). — Doch die allen älteren Nordseeseglern ans Herz gewachsene Mellumbake wurde „wegrationalisiert".

Das Festlandsufer: Zwischen Hafen Fedderwardersiel und dem Kleinbootplatz Tossens ist damit nichts anzufangen: Buhnen sind 800 Meter weit vorgebaut. Über 1 Kilometer breit ist das Watt 2,5 (bis 3) Meter über Kartennull hoch. Auch mit flachgehendem Boot würde ich 2 Kilometer Abstand halten. — Erst wo der Deich bei Tossens-Ober- und Unterfeuer (43 m und 17 m hoch) zur Jade nach Süden biegt, werden die Buhnen kürzer und das Wasser tiefer.

Überqueren des Wattrückens Der Hohe Weg erfolgt am besten in der jetzt gut bezeichneten Wattfahrtroute, die aus dem Fedderwarder Priel in die Kaiserbalje an der Jade führt. Der höchste Teil dieser Fahrt liegt auf 1,3 Meter hohem Watt, hat also rechnerisch 1,7 Meter Wassertiefe zur Nippzeit und 2 Meter zur Springzeit. So würde ich die Route, wenn nicht Ostwind einem die Tide stiehlt oder die Wasserstandsvorhersage niedrige Tidenstände meldet, eine Stunde vor Hochwasserzeit mit 1,5 Meter Tiefgang bei Nippzeit und 1,6 Meter Tiefgang bei Springzeit fahren. Höre ich keine Wasserstandsvorhersage, so muß ich bei großem Tiefgang die tägliche Ungleichheit der Hochwasserhöhe beachten (Teil 1). — Habe ich wegen der Wassertiefe Bedenken, so stehen die Routen durch Fahrwasser „Mellum" (früher Mellumschlauch) oder die Wesermündung zur Wahl (siehe unten).

Die Wattfahrtroute beginnt zur Zeit im Fedderwarder Priel zwischen Tonne „F 7" und „F 9" (Plan Seite 89). Man gelangt aus dem Fedderwarder Priel sogleich auf eine ein Meter hohe Wattfläche, kann also diese Fahrt mit tiefgehender Yacht frühestens etwa zwei Stunden vor H.W. beginnen. Pricken stehen auf dem Wege zur Jade an der Steuerbordseite. — Der Prickenweg führt in großen Biegungen zuerst in nordwestlicher, dann südwestlicher Richtung. Dabei kreuzt er Ausläufer der Hundebalje und der Kaiserbalje aus der Weser (Plan Seite 65, doch veränderlich). Dann geht es über ein breites Wattenhoch in die tiefe Kaiserbalje an der Jade (Plan Seite 138). Pricken stehen an der Nordseite. — An der Mündung in die Jade ist die Kaiserbalje bei N.W. etwa ein Meter tief. Eine Stangenbake mit zwei schwarzen Bällen steht auf dem Watt südlich der Mündung.

Querbeetfahrend ohne saubere Navigation möchte ich Hohe Weg auch an küstenfernen Strecken ungerne mit mehr als 0,8 Meter Tiefgang kreuzen. Ist es meist auch weit tiefer, so gibt es doch gelegentlich einzelne höhere Stellen. Vergleichsweise tief ist jetzt die Region südlich der Insel Mellum (Plan Seite 136).

Insel Alte Mellum und Ankerplatz Mellumbalje werden bei der Jade auf Seite 135 f beschrieben. Dort auch genauerer Plan.

Fahrtrouten aus der Weser zu Jade und Ostfriesischen Inseln

Für Boote aus der Elbe ist das die Fortsetzung des ersten Teiles der Wattfahrt. Es sind aber auch die Wege für Yachten aus der Weser. — Komme ich aus der Weser (z. B. von Bremerhaven), so fädele ich mich an passender Stelle in die hier von der Elbe beschriebenen Routen ein.

Von der Elbe bis in den Wurster Arm der Weser war die Fahrtroute einheitlich. Vom Wurster Arm der Weser zu den Ostfriesischen Inseln teilt sie sich auf, denn: a) Den Leitdamm Robbenplate, 7 Seemeilen lang, kann man nicht kreuzen, sondern muß ihn runden (das kann an seiner Südseite oder Nordseite geschehen). — b) Der Watträcken Der Hohe Weg zwischen Weser und Jade kann überquert oder auch seewärts umfahren werden. Man trifft seine Wahl nach dem Tiefgang des Bootes und der Wetterlage. Doch jedenfalls ist hier die Fahrt „außen herum“ ganz unvergleichlich viel leichter als vor Elbe und Weser.

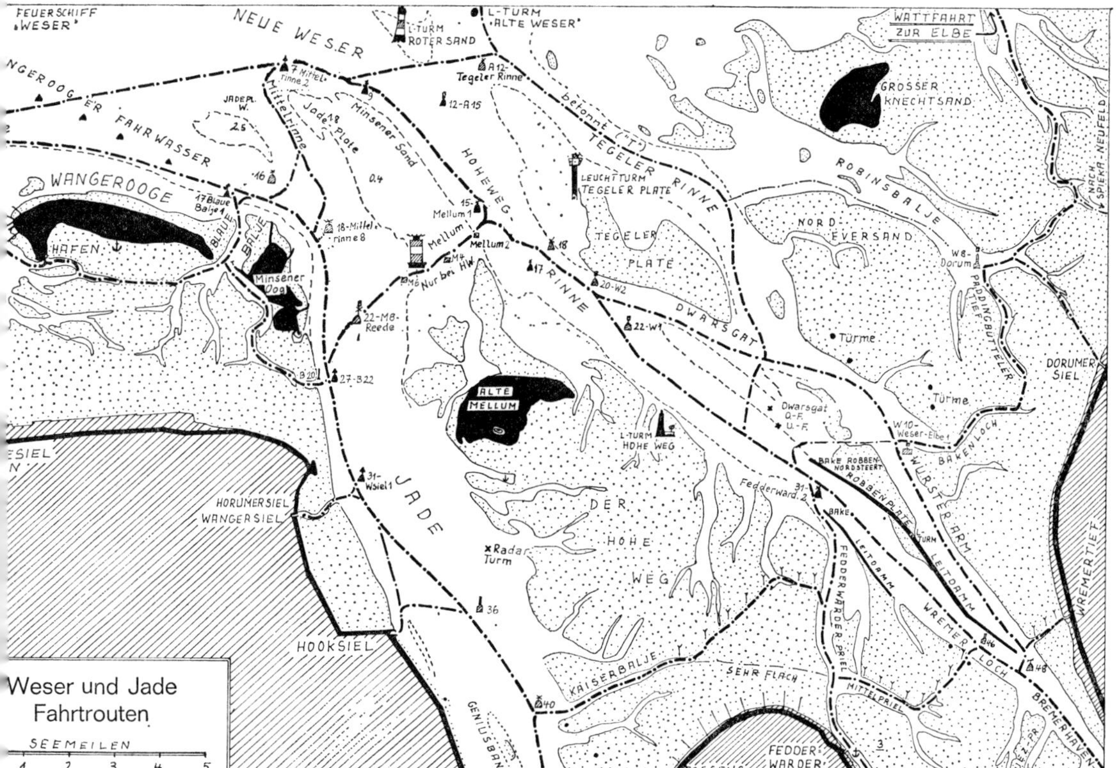

Weser und Jade Fahrtrouten

Je nach Art des Bootes und Wetterlage stehen vier Wege zur Wahl:

a) als Seefahrt
b) als „gemäßigte Seefahrt"
c) als Wattfahrt
d) als besonders geschützte Wattfahrt

Seefahrt aus der Weser nach Wangerooge oder Harlesiel (Plan S. 65, 138, 156, 160)

Die Fahrt führt durch die Weser auf See, an der Seeseite von Wangerooge entlang und durch das Seegat Die Harle zum Inselhafen. Von Dorumersiel und Fedderwardersiel etwa 35 Seemeilen, von Bremerhaven 43. Die Fahrt paßt mit der Tide sehr gut. Man braucht Tageslicht bis zum Ende. Bei starkem Nordwest kann man die Route nicht fahren. — Ablegen in Fedderwardersiel und Bremerhaven bei Hochwasser, in Dorumersiel zwei Stunden vor Hochwasser. — Route von Dorumersiel: Vom Hafen zum Wattfahrwasser Weser-Elbe. Darin bis zum Wurster Arm. Im Wurster Arm nordwärts in das Weser-Hauptfahrwasser. Mit ablaufender Tide weserabwärts. Neue Weser, Wangerooger Fahrwasser, mit steigendem Wasser durchs Seegat Die Harle, Wangerooges Hafen oder Harlesiel.

Von Fedderwardersiel oder Bremerhaven geht die Reise sinngemäß ebenso. Die Teilstrecken muß man an ihrem Platz nachlesen. — Die Fahrt ist sehr schön, taugt aber nur für voll seegehende Fahrzeuge. Man kann, wenn einem Tidenstrom vorzeitig entgegensetzt, durch die Blaue Balje einlaufen, kann vor der Jade in Route b) übergehen oder überhaupt in der Jade bleiben (Wangersiel oder Hooksiel als Häfen).

Gemäßigte Seefahrt aus der Weser nach Wangerooge (Plan S. 65, 138, 156, 160)

Die Fahrt führt wie Route a) weserabwärts, doch nur bis zur Tonne „7—Mittelrinne 2" im Hauptfahrwasser der Weser. Von dort läuft man durch Mittelrinne südwärts in die Jade ein und setzt die Fahrt über Minsener Oog Wattfahrwasser und Wangerooger Wattfahrwasser fort. Die Route führt durch das Gebiet der Wesermündung, das bei Nordwestwind sehr rasch sehr grob wird. Ich würde diese Strecke mit einem nicht voll seefesten Boot nur ausnahmsweise und bei Ostwindlage fahren, wenn niedrige Wasserstände die Routen über das Watt Hohe Weg für das Schiff zu flach machen. Gegenüber a) hat diese Strecke den Vorteil, einen rascher wieder in geschütztes Revier zu führen. Und auch noch den, die Einfahrt durch das Seegat Harle zu vermeiden (das, wie wir sehen werden, an manchen Tagen ein garstiges Gewässer ist).

Zeitplan: Mit auslaufendem Wasser weserabwärts. Bei Tonne „7 — Mittelrinne 2" soll man kurz nach Niedrigwasser stehen. Mit einlaufendem Wasser durch Mittelrinne in die Jade bis Tonne „B 20" südlich von Minsener Oog. Vor Beginn der Wattfahrt wird man vor Anker oft vor Minsener Oog-Wattfahrwasser genügende Wasserhöhe abwarten. Tageslicht braucht man bis zum Schluß. — Von Dorumersiel und Fedderwardersiel bis Wangerooge 31 Seemeilen. — Man kann auch in der Jade bleiben (Wangersiel oder Hooksiel).

Wattfahrt nach Wangerooge (oder zur Jade)

Die vorn beschriebenen beiden Wege führten auf tiefem Wasser, doch über See. Die folgenden in geschützter Wattfahrt. — Aus dem Wattfahrwasser Weser-Elbe kommend, bin ich im Wurster Arm je nach Wasserstand, Tiefgang und Wetter folgende Wege gefahren (Plan S. 56 und 89, 91, 138, doch, da veränderlich, auch Seekarte).

Nördlich von Robbenplate-Leitdamm: Da liegt das Watt Kleine Robbenplate westlich im Weg. Es ist zur Zeit im Südteil zwischen Tonne „Bu W 1" und Tonne „30" der Weser am ungünstigsten Punkt 1,1 Meter hoch, meist aber viel tiefer.
a) Reichte der Wasserstand, Kleine Robbenplate zu kreuzen, dann bin ich von Wattfahrt Weser-Elbe aus zuerst genau auf die Dreibeinbake Robbennordsteert zugefahren (Stromversetzung ausgleichen). 1/2 Seemeile vor der Bake bin ich auf Westkurs gegangen und an der Nordspitze des Leitdammes vorbei zur Fahrwassertonne „30" der Weser gelaufen. Von dort bin ich (um Stromversetzung beschickt) 190° rw gelaufen und habe nach zwei Meilen auf dem Watt Der Hohe Weg die Prickenreihe aufgefaßt, die zur Jade führt.
b) War der Wasserstand knapp, rauhes Wetter oder das Wasser schon wieder im Fallen, dann bin ich in tiefem Wasser zum Fedderwarder Priel gefahren: Im betonnten Wurster Arm drei Meilen nordwestwärts bis in die Nähe von Tonne „W 5". Dann südwärts auf Unterfeuer „Dwarsgat" zu (Wassertiefe bei N.W. 1/2 Meter). Dann im Hauptfahrwasser flußaufwärts bis Tonne „31 — Fedderwarden 2". Eingelaufen in Fedderwarder Priel. Dort zwischen Tonne „F 7" und „F 9" geankert oder trockengefallen und für die Fahrt über das Watt Der Hohe Weg neues Steigen des Wassers abgewartet (oder zum Hafen Fedderwardersiel).

Südlich von Robbenplate-Leitdamm: Das geht im betonnten Wurster Arm südostwärts bis zum Ende des Leitdammes (Plan S. 65, 89, 91). Dann über das Weser-Hauptfahrwasser in die Wattfahrt zum Mittelpriel, durch Mittelpriel zum Fedderwarderpriel und aus dem in die Wattfahrt über Den Hohen Weg. Meist kommt man auf diesem Wege (der länger ist, doch kleinere Boote in geschützten Gewässern hält) mit einer Tide nicht aus. So denkt man an die Häfen am Wege: Wremerloch, Fedderwardersiel, vielleicht auch Burhaversiel.

Von Bremerhaven kommend, wird man die 13 Meilen bis zur Mündung des Fedderwarder Prieles meist mit der zweiten Hälfte ablaufenden Wassers fahren, mit Beginn steigenden Wassers in den Fedderwarder Priel einlaufen, dort ankernd genügenden Wasserstand abwarten und etwa 1 1/2 Stunden vor H.W. die Wattfahrt über Hohe Weg beginnen.

Fortsetzung der Routen in der Jade Seite 138, durch Minsener Oog Wattfahrwasser Seite 157 f.

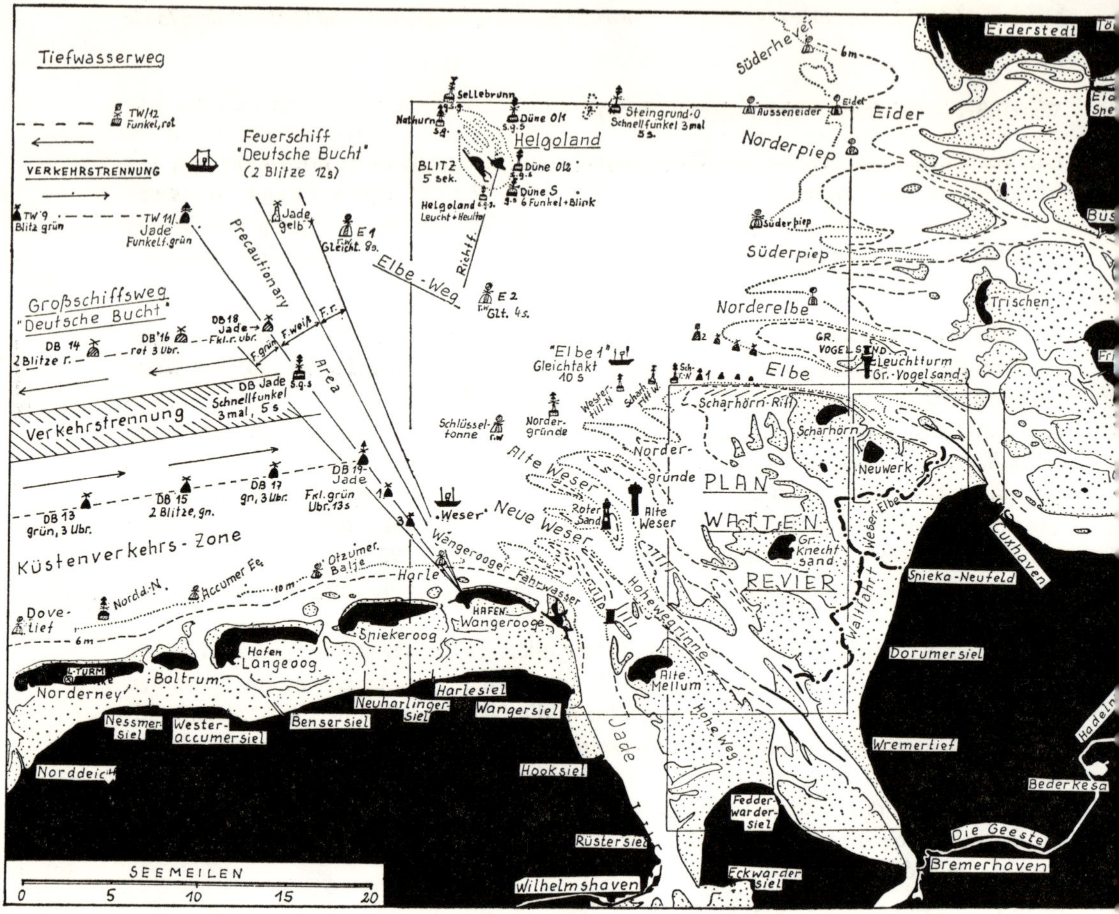

III. Das Seerevier vor Elbe, Weser und Jade mit Helgoland

Wir kennen nun westlich der Elbmündung die Häfen, die Wattfahrt und auch schon einige Küstenrouten. Doch nun geht es aus der Elbmündung hinaus auf die offene See. Das „Hinaus“ ist meist einfach (außer es weht uns Nordwest in die Zähne). Auch wirkliche Hochseefahrt (mehr als 80 Meilen von jeder Küste) ist einfach. Sind doch, ohne daß ein Hahn danach kräht, Tausende mit ihrem Schiff auf großer Fahrt, und man hört nur von denen, die sich dafür eine Plakette geben lassen oder es als Regatta aufziehen.

Das „Hinaus“ ist einfach. Doch wir in diesem Buch üben uns ja erst für die große Fahrt, die uns einmal für Monate oder Jahre in die Welt führen soll. Wir müssen wieder zum Festland zurück. Und das „Zurück“ ist schwierig. Lange müssen wir suchen, ehe wir in der Welt ein Stück ähnlich schwieriger Seefahrt finden, wie hier im „Nassen Dreieck“ der Deutschen Bucht.

Bänke, Riffe und Sände beginnen rund 20 Meilen vom Festland. Strömungen laufen, oft ist schlechte Sicht. Es gibt mehr als 10 % Starkwind und auch im Sommer manchmal einen Sturm. Beide mit schlechter Sichtigkeit beginnend und mit auflandigem Wind und hohem Seegang endend.

Alles hängt hier vom Können und richtigen Urteil des Schiffers ab. Und von der sehr großen Zahl der Navigationshilfen: den Feuerschiffen, den Leuchttürmen weit auf See und der Betonnung. Da ist im letzten Jahrzehnt viel verbessert worden. Als ich vor 24 Jahren mit meinem Kielschwerter „Aegir III" von Wilhelmshaven aus mir die Nordsee zu erobern begann, war Navigation hier noch schwerer.

A. Die Außenelbe

T e i l I dieses Buches („Elbe bis Sylt") hat uns aus der Elbe bis zum Feuerschiff „Elbe 1" geführt. **Das Hauptfahrwasser,** seine Betonnung, Strömungen und Landmarken kennen wir schon. Sind wir an der nördlichen, roten Tonnenreihe (nachts mit rotem Feuer) entlanggefahren, dann sind wir dicht an dem großen neuen Leuchtturm „Großer Vogelsand" vorbeigekommen. Haben wir die grüne, an der Südseite liegende Tonnenreihe gewählt, dann haben wir den Leitdamm und die Leitdammbaken passiert (Plan Seite 53), Insel Scharhörn gesehen (oder auch nicht), aber jedenfalls die 20 Meter hohe Scharhörnbake auf der Grenze des tiefen Wassers.

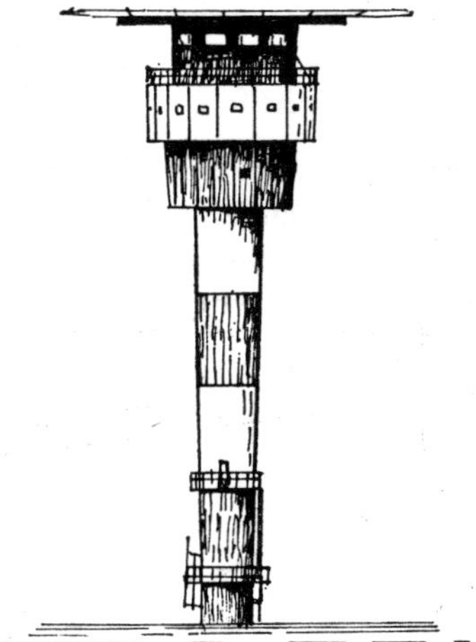

Leuchtturm „Großer Vogelsand"

Die Navigation bis in die Nähe von Feuerschiff „Elbe 1" ist für uns Navigation nach den Tonnen. Und zwar auch nachts, denn jede oder mindest jede zweite ist eine Leuchttonne. Muß ich aufkreuzen, dann gehe ich allen Berufsschiffen sorgsam aus dem Weg. Platz ist genug. — Und die Warnung, nicht bei starkem oder stürmischem Nordwest- oder Westwind bei auslaufender Tide in der Außenelbe zu fahren, weil die steile, brechende See auch für eine starke Seefahrtsyacht zuviel sein kann, haben wir nicht vergessen.

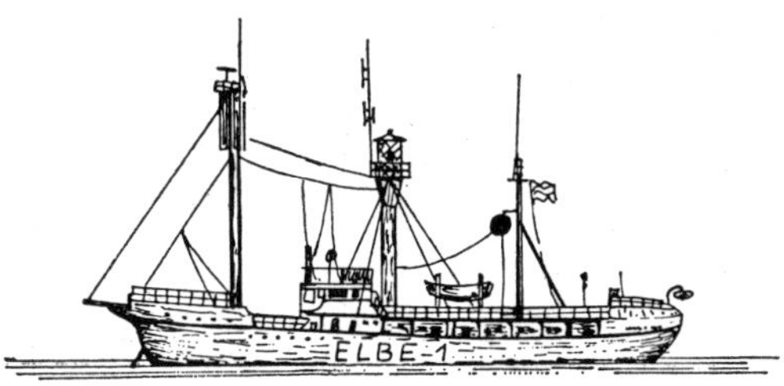

22 Seemeilen seewärts von Cuxhaven enden die beiden Tonnenreihen. Etwas weiter westlich sehen wir das erste der beiden schwarzen Lotsenschiffe. Und 25 Meilen von Cuxhaven passieren wir (wenn wir nicht inzwischen auf anderen Kurs gegangen sind) das Feuerschiff „Elbe 1".

Feuerschiff „Elbe 1". Da liegt es also 24 Meilen von Cuxhavens Sporthafen an seiner 240 Meter langen Kette. Es ist rot, sieht mit seinem 16 Meter hohen roten Laternenträger wie dreimastig aus und trägt bei Tage einen schwarzen Ball im achteren Mast. Es gibt Gleichtaktfeuer von 10 Sekunden Wiederkehr. Vom Deck eines Sportbootes ist das Feuer, wenn die Sichtigkeit es erlaubt, 10 Seemeilen weit zu erkennen. F u n k f e u e r gibt es (Seite 33). Sein Nebelsignal ist „kurz — kurz, lang, kurz, kurz" alle 30 Sekunden. — Verkehrstrennungsgebiet ist bis vier Seemeilen östlich vom Feuerschiff. Sowieso sollte man seine neuen Kurse schon vor Ende der Seitenbetonnung festgelegt haben.

Leuchtturm „Großer Vogelsand" hat die Aufgabe, d i e E i n f a h r t i n d i e E l b e zu ordnen. Seine fünf Leitsektoren wird man bei einigermaßen ordentlicher Sichtigkeit seewärts von „Elbe 1" auffassen können (Sportboot-Sichtweite 15 Seemeilen). Statt langer Beschreibung gebe ich davon einen Plan. Bei schlechter Sichtigkeit werden die Funkfeuer von „Elbe 1", Helgoland und später „Großer Vogelsand" (Reichweite nur 10 Seemeilen) beim Einlaufen in die Elbe sehr helfen.

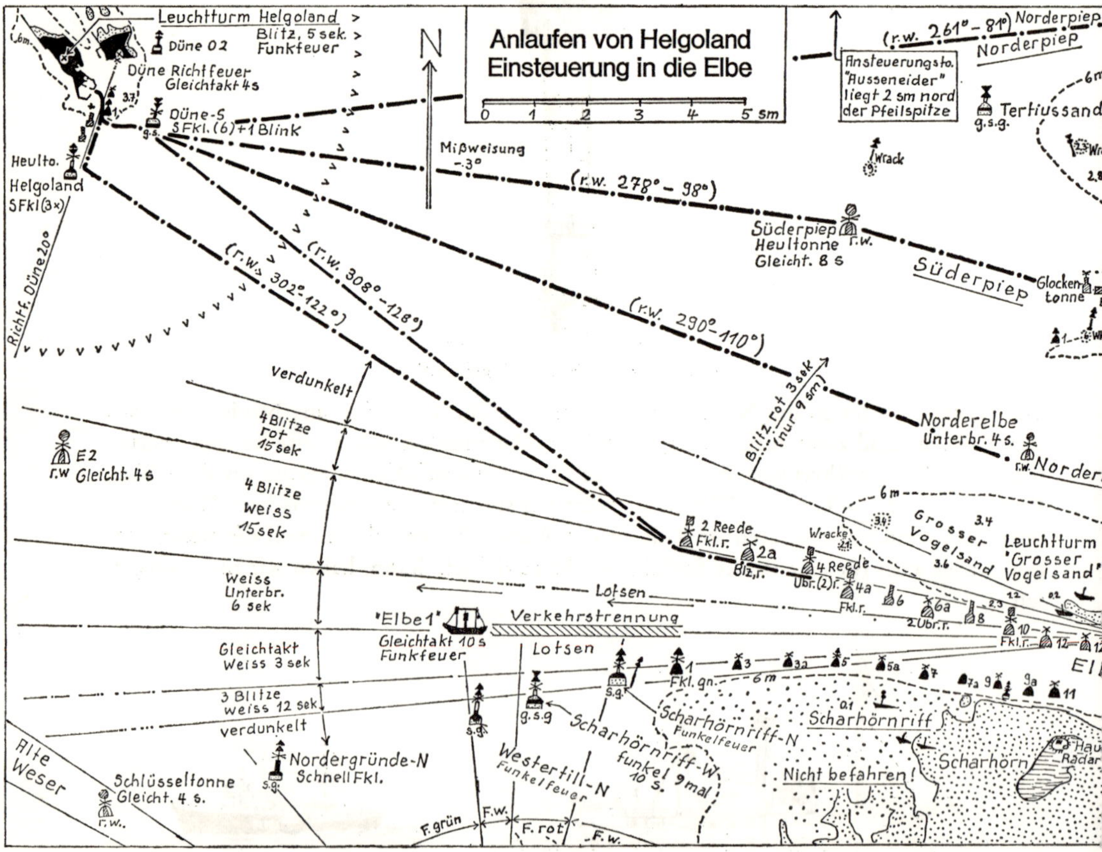

Helgoland liegt 13 Seemeilen nordwestlich von Feuerschiff „Elbe 1". An Tagen mit sehr guter Sichtigkeit (doch nur dann) kann man das 56 Meter hohe Oberland der Insel von dort aus schon sehen.

Anlaufen Helgolands von der Elbe. Ich gehe wohl meist von der letzten roten Tonne „2" der Seitenbetonnung der Elbe aus. Am Tage und bei leidlicher Sichtigkeit setze ich den Kurs auf die gelb-schwarze Untiefentonne „Düne-S" ab (z. Z. rechtweisend 308°, 13 Seemeilen). Bei Nacht oder schlechter Sichtigkeit besser auf Helgolands Ansteuerungstonne (z. Z. rechtweisend 302°, 14 Seemeilen). Ein gesegeltes Boot wird natürlich selten Gelegenheit haben, direkte Kurse zu laufen. — Strömung: Ist man bei auslaufend Wasser mit der kräftigen Strömung der Elbe bis „Elbe 1" gelangt, so wird einem auf dem Weg nach Helgoland nun wohl Strömung entgegensetzen (Strömungen Seite 75). Doch selten stärker als 0,5 bis 1,5 Knoten. — Der Seegang ist bei westlichem Wind sehr viel handiger als auf der Elbe. An Tagen mit klarer Luft ist das Oberland sehr weit zu sehen. Dann muß man wissen, daß man die Entfernung zur Insel stets sehr viel kürzer schätzt als sie in Wahrheit ist.

Fahrtrouten von Helgoland: Seite 80, 98 f.

B. Helgoland

Die Inseln

Es sind ja zwei Inseln, jedenfalls seit etwa 250 Jahren: die Düne und das eigentliche Helgoland. Die Düne ist etwa 1 Kilometer lang und breit, flach gewölbt, Kalkstein innen, Sand außen. Badegäste sind dort. Doch für Sportboote ist der Dünenhafen gesperrt.

Helgoland liegt westlich gegenüber, knapp 3 Kilometer lang, 300 bis 800 Meter breit, eingeteilt in das flache Unterland und das Oberland, die 56 Meter hohe Sandsteinscholle. Besonders an der Westseite sind die Steilwände eindrucksvoll, fast senkrecht, oft überhängend; einzelne Nadeln, wie die „Lange Anna", sind abgegliedert. Rotbraun ist der Fels; von Seevögeln bevölkert, vom Wind umfaucht. Da sehen wir armen Schlickrutscher der Nordsee auf 2 Kilometer Länge, wie Küsten an den meisten Teilen Europas sind. Nicht Helgoland ist das Besondere, unsere flache Nordseeküste ist's. — Alles darf man zur Not in Helgoland auslassen, doch nicht den Spaziergang auf der steilen Felsküste rund um das Oberland. Ist Mondschein, soll man ihn auch bei Dunkelheit machen. Und am nächsten Tage unten an der Südwestseite am Meer.

Wie diese Insel entstand? Auf Salz ist Helgoland gebaut; auf Salz, nicht auf Sand. Ein Aufquellen der 718 Meter unter der Insel beginnenden, über 2300 Meter starken Salzlager hat nach der Eiszeit vor grob 8000 Jahren die Buntsandsteinscholle hochgepreßt und auch die Kreidescholle der Düne. Bis vor 270 Jahren hatte auch die Düne einen hohen weißen Felsen. — Sehr viel größer war das „Heilige Land" früher. Düne und Insel waren bis vor ein paar hundert Jahren verbunden. Das Meer frißt an beiden. Teile des Oberlandes haben nach dem letzten Kriege die Engländer weggesprengt.

Die Ortschaft: Unterland trägt eine Siedlung, Oberland auch. Alles ist nach der Kriegszerstörung neu erbaut: geschmackvoll — doch der Zauber der krummen Gäßchen und enggebauten Häuser ist natürlich dahin. — In den Mittagsstunden werden Tausende von Tagesbesuchern angelandet. Dann flüchte ich gern an einsame Stellen oder aufs

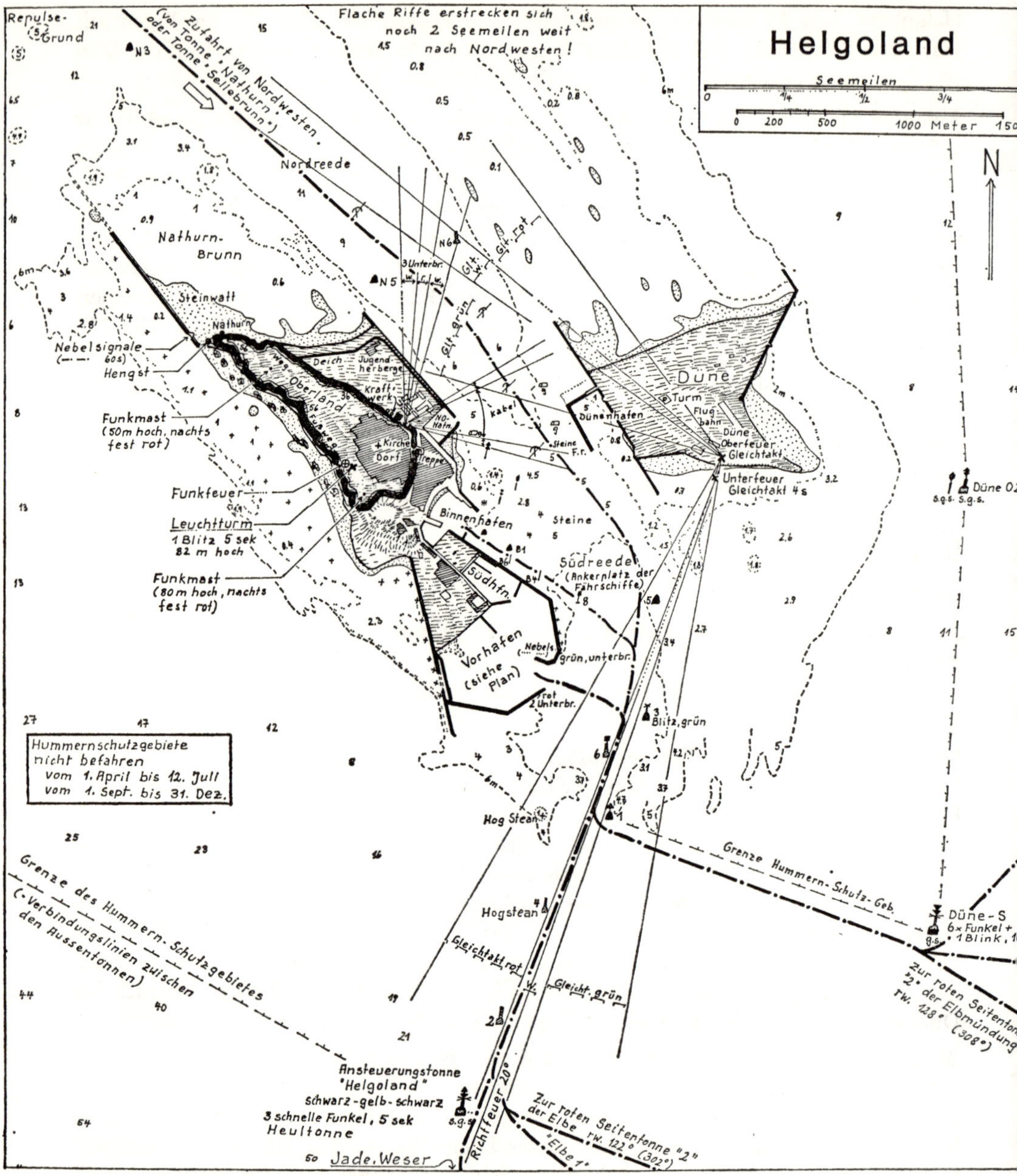

Boot. Sind die Tagesbesucher fort, werden Unterland wie Oberland äußerst stimmungsvoll. Helgoland kann man sehr liebgewinnen!

Helgolands Häfen

S c h u t z h a f e n sind Helgolands Häfen in erster Linie: Zuflucht bei Starkwind und Sturm für Fischer und Sportboote, die im Seerevier fahren. Außerdem ist es einer der

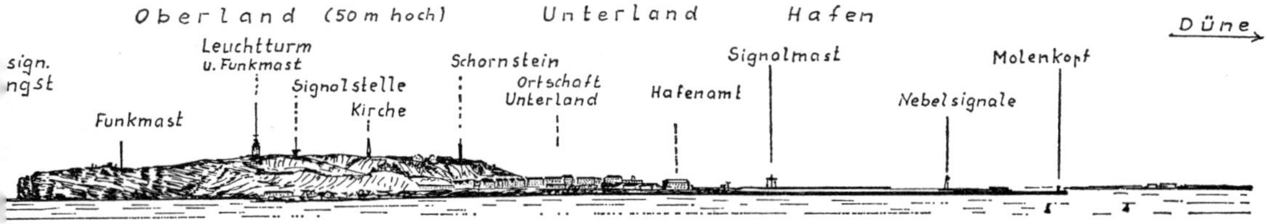

Insel Helgoland und der Westteil der Düne von Süden her gesehen. Distanz zum Leuchtturm etwa 1½ Seemeilen.

meistbesuchten Yachthäfen Deutschlands. Rund 7000 Yachten laufen jetzt jährlich Helgoland an! Denn erstens ist es eine zweckmäßige Etappe bei der Küstenfahrt. Zweitens macht man, von Hochseefahrt kommend, seinen Landfall meist in Helgoland. Und drittens ist die Insel einfach sehr nett.

Mehrere Häfen sind auf Helgoland. Doch für Yachten kommen nur der Vorhafen und der Südhafen in Frage. Der Binnenhafen gehört zu den einheimischen Booten. Da kann man nur zum Treibstofftanken (zollfrei) kurzfristig anlegen (nahe N.W. nicht mit mehr als 2,2 Meter Tiefgang). Der Nordosthafen taugt nicht wegen Schwell, der Dünenhafen ist gesperrt. Auf der Südreede, wo die Bäderschiffe ankern, ist fast immer ganz tüchtige Dünung.

Der Vorhafen (Plan) liegt im flachen südöstlichen Vorland der Insel. Tonnenreihe und Richtfeuer führen dicht vor seiner 130 Meter breiten, 7 Meter tiefen Einfahrt vorbei.

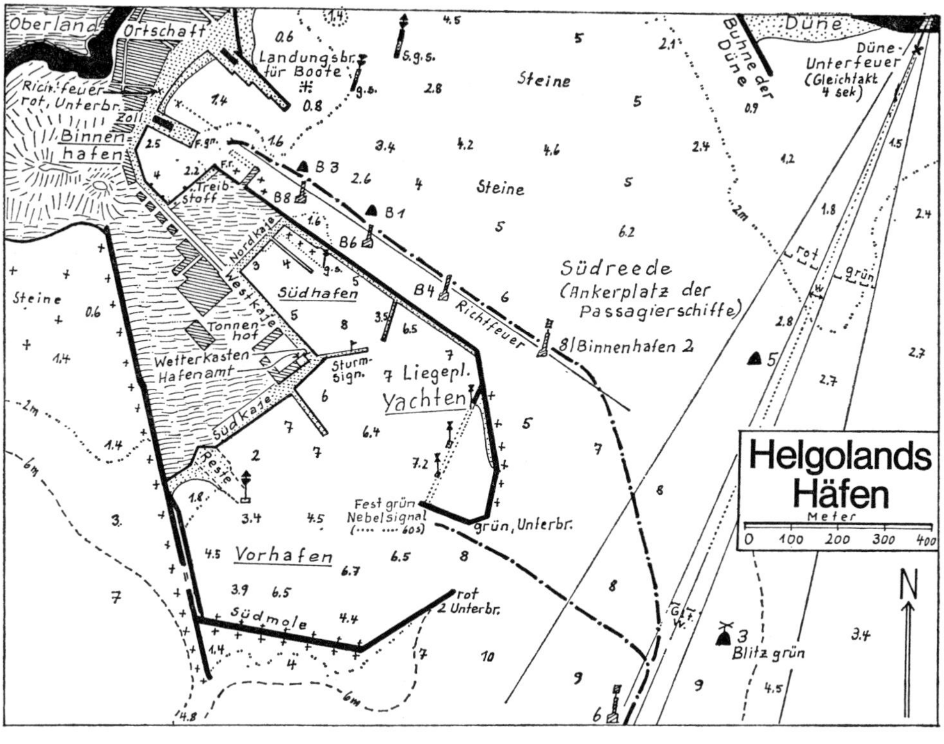

Das Becken ist etwa 400 mal 700 Meter groß. Die Wassertiefe ist in der Osthälfte größer als 6 Meter, in der Westhälfte 2 bis 6 Meter. Eine Brücke ist an der Nordwestseite des Vorhafens, doch im allgemeinen sollen Yachten sie nicht benutzen. — Der Sporthafen ist in der Nordostseite des Vorhafens. Da wurden vom Helgoländer Wassersportverein und der Gemeinde Helgoland unter Benutzung eines alten Tankleichters Schwimmstege für fast 100 Yachten geschaffen. Es gibt Toiletten, Waschraum, kleine Kantine. Liegegeld pro Tag je nach Größe bei 10,— DM. Ein Bootsmann achtet auf die Schiffe. — Diese Anlage ist wunderbar schön, doch hat einen Nachteil: Sobald Südostwind (und auch Südwind) Stärke 6 überschreitet, lassen sich diese Plätze wegen Schwell und Sog nicht mehr halten. Das ist gottlob im Sommer nur selten der Fall.

Der Südhafen ist das 250 Meter lange Becken an der Nordecke des Vorhafens (Plan). Da findet der eigentliche Hafenbetrieb statt. Ladeplatz der Versorgungsschiffe, Liegeplatz der Yachten und Fischer. Kommen bei Sturm 50 oder 100 Fischerboote schutzsuchend ein, gibt es Überfüllung. — Ein Anleger ist im Südhafen neu erbaut worden. Nur an der Westseite sind Yachten zugelassen. Ansonsten (und zumal bei Schlechtwetter) sucht man seinen Platz längsseits an der Nordkaje oder an irgendeinem anderen Schiff. Man muß sich arrangieren. — Der Südhafen ist weit besser geschützt als der Vorhafen. Doch bei sturmstarkem Wind aus Südwest und West ist auch dort Schwell und Sog; unschön, doch bei guten Leinen und Fendern wohl nicht gefährlich.

Der Hafenmeister residiert im Hafenamt beim Südhafen. In Helgoland wird Wert darauf gelegt, daß sich der Schiffer der Yacht gleich nach dem Einlaufen (außer er bleibt an den Sportplätzen im Vorhafen) beim Hafenmeister meldet. Im Südhafen zahlt man das niedrigere amtliche Hafengeld.

In Helgoland eingeweht — und die Wetterlage

Sehr oft geht es ja so: ein einschmeichelnder, freundlicher Südost oder ein handiger Südwest hat den Schiffer vor der Elb- oder Wesermündung verlockt, die kurzen 15 Meilen nach Helgoland zu laufen. Bei wenig Seegang wurde es eine wunderschöne Fahrt. — Doch am nächsten Morgen in Helgoland saust Wind im Rigg, Regen weht mit der Luft, Seegang steigt hoch über die Hafenmole: Starkwind aus Südwest: eingeweht! Meist ist es ein ganz klarer Fall: ein sich näherndes Tief machte den sanften, warmen Südost oder den guten Südwest. Wie's im Lehrbuch steht, folgte regnerischer, starker oder stürmischer Südwest. Mit stürmischem, böigem, kaltem Nordwest wird die Sache enden. (Hat man Pech, fängt es danach nochmal neu an: Krimpen auf West, neuer Nordwest danach.) Da hilft meist nichts, als in Helgoland abzuwarten, bis es sich ausgeweht hat. Ist's nur ein Tief, so dauert das 2 Tage oder 3, folgt ein zweites Tief nach, 2 Tage mehr. Ein drittes Tief ist im Sommer selten. Nach drei Tiefs folgt sehr zuverlässig Hochdrucklage und gutes Wetter*.

Die Tage eingeweht auf Helgoland können sehr schön sein. Die Tage eingeweht auf Helgoland können zum Verzweifeln sein — dann, wenn die Zeit knapp wird. — Der Wetterkasten: Er steht an der Südseite des Südhafens, zeigt Wetterkarte, Vorhersagen, augenblickliche Windstärke und -richtung. Dort trifft man, wenn es weht, all

*) Ob man's nicht hätte vorhersehen können, das Eingeweht-werden? Nach der Wetterlage im Seewetterbericht? — Natürlich meist. Doch wer wird seinen Schiffer, der sowieso wie ein gereizter Löwe stündlich zum Wetterkasten läuft, das fragen?

die Schiffer, breitbeinig, die Hände in den Taschen und je nach Temperament schimpfend oder still nur die Pfeife zerkauend.

Was kann man tun? a) Bei Helgoland alle Sturmmanöver durchprobieren, b) die Insel durchstöbern, c) zur Jade oder Elbe segeln, d) den Kummer in einer Grogstube töten. — Dies Programm soll man bei a) beginnen, nicht bei d).

Sturmmanöver: An stürmischen Tagen habe ich bei Helgoland in Lee der Insel alles das geübt, was ich können will, wenn es drauf ankommt: Beiliegen, Sturmsegel setzen, lernen wie das Boot damit fährt, Seeanker, Lenzen vor dem Wind, Treiben vor Topp und Takel — und habe dabei über meine beiden Boote viel gelernt. Meist habe ich's zuerst außerhalb des großen Seegangs in Lee der Insel gemacht. Wollte ich Seegang dazu, dann an der Südwestseite der Insel. Nach Nordseemaßstab (nicht nach Atlantikbegriffen) ist der Seegang dort gigantisch, doch gut geartet.

Sturmfahrt zur Jade oder Elbe: Ob der Schiffer es tun will, muß er selbst entscheiden. Mit einem gesunden, guten Schiff läßt es sich machen. Alles hängt davon ab, nicht bei falscher Tide aufs flache und stark strömende Wasser zu kommen. Einlaufen muß das Wasser! Ich würde bei Niedrigwasser ablegen. Bei stürmischem Südwest würde ich nur die Elbe als Ziel nehmen, die Jade nicht. Nordwest ist mir lieber. Weht er auch härter, so doch von achtern und er bringt gute Sicht. Kleinstes Tuch würde ich führen, vielleicht nur die Sturmfock (und die Reservefock zur Hand). Auf abenteuerlich hohen, völlig konfusen Seegang vor Helgolands Hafen bin ich eingerichtet. Auf tiefem Wasser wird er handiger. Nicht machen würde ich die Fahrt mit einem Schiff, das schwache Stellen hat. Auch nicht als Anfänger. Nie sollte eine Äußerlichkeit (z. B. die Befürchtung, den Urlaub zu überschreiten) Anlaß für gewagte Rückfahrten sein.

Navigation bei Helgoland:

Die hohe Felsinsel ist ja ein weithin sichtbares Ding. Das Unterland allerdings tritt erst über den Horizont, wenn man bis auf 5 Meilen herangekommen ist. Auf der 10 Meter hohen Düne stehen die Türme von Ober- und Unterfeuer; das Oberfeuer ist ein runder Turm mit rot-weißen Streifen. — Im Umkreis um Helgoland liegen Untiefentonnen (Farbe: gelb und schwarz) mit Untiefen-Toppzeichen. Die Pläne auf Seite 77 und 80 zeigen die im Norden und Westen.

Untiefen und Klippen: 500 Meter südlich der Hafeneinfahrt liegt Hog Stean mit 1,0 Meter Wassertiefe darüber (doch der Seegang!). Die Tonnenreihe führt von Hog Stean frei. — **Sehr flach ist es nordwestlich der Düne bis in 3 bis 4 Seemeilen Distanz!** An Helgolands Südwest- und Nordseite liegen Klippen bis etwa 500 Meter von der Insel entfernt. Hier, mitten in offener See und auf Felsgrund, darf man keinesfalls Grundberührung haben. Die Hummerschutzgebiete soll man vor dem 12. Juli und nach dem 1. September nicht befahren. Sie liegen innerhalb der Außentonnen und nehmen allein die Zufahrten aus.

Strömungen: Die Tidenströmung läuft grob gesprochen bei steigendem Wasser nach Südost, bei fallendem nach Nordwest. 1/2 bis 1 1/2 Knoten zur Nippzeit, 1 bis 2 zur Springzeit. Sie kentert bei Helgoland bei H.W. bzw. N.W. — Mit einer Segelyacht gegen sie aufzukreuzen, kann viel Zeit kosten. Man soll sie beim Absetzen der Kurse frühzeitig berücksichtigen! — Tidenhub ist 2,6 Meter bei Spring-, 1,9 Meter bei Nippzeit.

Einlaufen nach Helgoland (Plan S. 70, 72, 73)

Eine Tonnenreihe und eine Richtfeuerlinie führen von Südsüdwest zu Helgolands Hafeneinfahrt. Von Osten oder Südosten kann man bei ruhigem Meer die Hafeneinfahrt meist auch direkt ansteuern. Doch ausfahren muß man die betonnte und befeuerte Zufahrt beim Anlaufen von Süden oder Westen, bei Seegang, bei Nebel und nachts. — Ansteuerungstonne ist jetzt eine schwarz-gelb-schwarze Untiefentonne „Helgoland" 1½ Seemeilen südlich der Hafeneinfahrt. Eine Tonnenreihe schließt sich an. Distanz von Tonne zu Tonne etwa 500 Meter. Sie führt an der Einfahrt zum Vorhafen vorbei auf die Reede. Dicht hinter der roten Tonne 6 dreht man nach Nordwest und läuft in die 300 Meter entfernte Hafeneinfahrt (Plan).

Einlaufen nachts: Der Helgoländer Leuchtturm auf dem Oberland gibt alle 5 Sekunden einen Blitz. Mit seiner Hilfe findet man die Richtfeuerlinie. Oberfeuer wie Unterfeuer geben Gleichtaktfeuer von 4 Sekunden Wiederkehr. In Linie leiten sie 20°. Die Richtlinie führt dicht östlich an der Ansteuerungstonne vorbei (3 kurze Blitze = Schnellfunkel alle 5 Sekunden). Steht Leuchttonne 3 (Blitz grün) steuerbord querab, drehe ich westwärts auf die unterbrochen rot und grün befeuerte Hafeneinfahrt zu.

Bei Nebel: Durch das Helgoländer Funkfeuer findet man die Insel auch bei diesigem Wetter. Bei dichtem Nebel würde ich lotend das Funkfeuer aus 170° anlaufen und dabei die Heultonne „Helgoland" akustisch auffassen. Von dort fahre ich nach Kompaß von Tonne zu Tonne an der dicht liegenden Tonnenreihe entlang und denke dabei sehr an die zum Teil quer versetzende Strömung. Nebelsignale auf der Ostmole des Vorhafens (· · · · · · · ·) helfen mir dann in den Hafen. — Ein Bild steht mir vor Augen: Da habe ich mich durch dicke Waschküche an die verborgene Insel herangeplagt, die Heultonne passiert, höre auch schon den Schallsender auf der Mole, sehe aber nichts als Nebel, Nebel. Plötzlich ragt hoch über mir in absoluter Klarheit und sonnenbestrahlter Schönheit grün und rot das Felsplateau des Oberlandes über die Nebelschicht, die unten alles bedeckt. — Überirdisch. Man vergißt derlei nie.

Einlaufen von Nordwesten kann man in betonntem, tiefen Wasser von den Tonnen „Nathurn" oder „Sellebrunn". Nachts deckt der weiße Sektor des Düne-Oberfeuers diese Einfahrt. Bei stürmischem Nordwestwind steile See und auf den Gründen rechts und links brüllende Brandung.

Das Oberland der Felsinsel Helgoland von Norden gesehen. — Nur wo auf den nordwärtigen Bänken der Seegang zu Brechern aufläuft, gibt es so eindrucksvolle Bilder.

C. Die offene See westlich von Helgoland

H o c h s e e f a h r t, bei der unser Schiff bemannt ist, um in Wachen zu fahren und bei der es z. B. straks nach England oder Schottland oder Norwegen geht, ist nicht Sache dieses Buches. Doch manches von der Erfahrung vieler eigener Reisen ist in Teil I („Elbe bis Sylt“) wiedergegeben.

K ü s t e n f a h r t bedeutet hier, daß wir nur gelegentlich mal eine Nacht auf See verbringen. Und sie bedeutet, daß wir v o r Eintreffen von wirklich schlechtem Wetter in geschütztes Gebiet eingelaufen sind — jedenfalls bei uns im „Nassen Dreieck“ der Deutschen Bucht. Denn kein Hafen (außer Helgoland) ist geeignet, bei wirklichem Sturm ohne großes Risiko angelaufen zu werden (am ehesten noch die Jade, schon mit mehr Bedenken die Elbe und zur Not noch die Süderpiep). Doch was bis — sagen wir — 40 Meilen vor der Küste los ist, müssen wir schon wissen.

Die Großschiffswege

Nach dem letzten Kriege wurde die Handelsschiffahrt gehalten, auf minenfrei geräumten Wegen zu fahren; „Zwangswege“ hießen sie im Seemannsdeutsch. — Die alten Zwangswege bestehen nicht mehr. Doch vor der deutschen und Teilen der niederländischen Küste wurden z w e i o b l i g a t o r i s c h e F a h r w e g e für Frachtschiffe eingerichtet. Wir müssen sie kennen. Ich beschreibe sie von See nach Land (siehe Plan).

Tiefwasserweg heißt das Fahrwasser für Supertanker. Es hat 25 bis 30 Meter Wassertiefe, beginnt 40 Meilen nördlich von Ameland und hat Leuchttonnen in 8 bis 10 Seemeilen Abstand. Beim F e u e r s c h i f f „D e u t s c h e B u c h t“ 15 Seemeilen west-

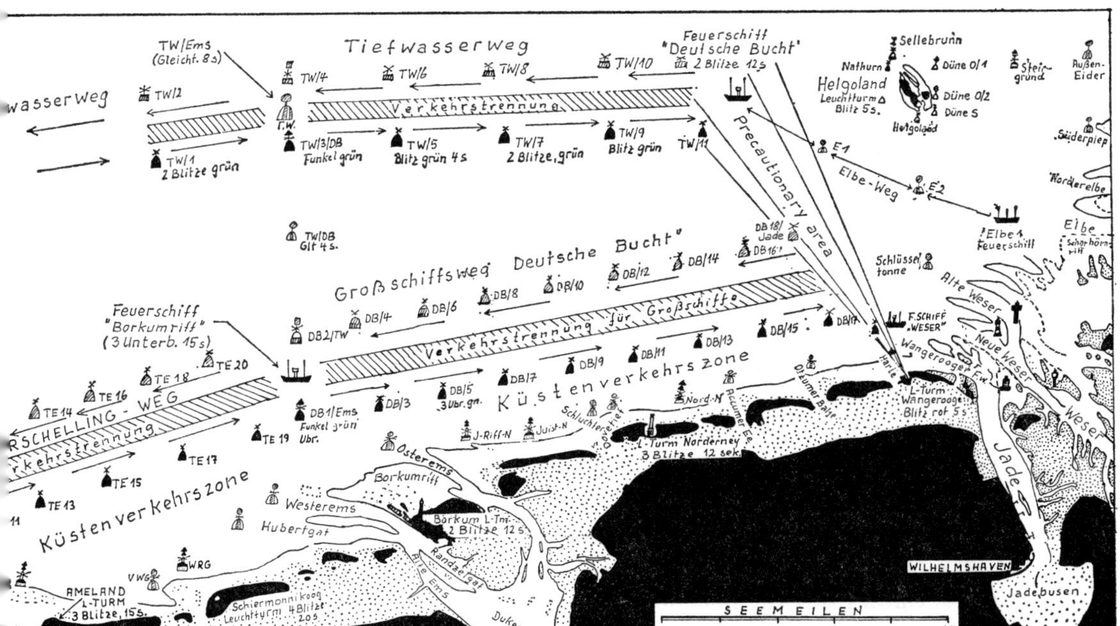

lich von Helgoland (Funkfeuer) teilt er sich in den Elbe-Weg und sog. Precautionary Area. Von beiden werden wir noch hören.

Elbe-Weg heißt die Verbindung zwischen Feuerschiff „Deutsche Bucht" und „Elbe 1". Da fahren nur einige Großtanker, und die zwei senkrecht weiß-rot gestreiften Leuchttonnen „E 1" und „E 2" mit ihren roten Balltoppzeichen langweilen sich herzlich.

Großschiffsweg Deutsche Bucht führt vor den Ostfriesischen, später Westfriesischen Inseln (Terschelling-Weg) Richtung Englischer Kanal. Hier läuft die Hauptmenge der Handelsschiffe. Es besteht Verkehrstrennung. Im deutschen Bereich bezeichnen ihn Leuchttonnen „DB". Grüne mit ungerader Nummer und grünem Feuer bezeichnen die Südseite (Einlaufe-Weg). Rote mit gerader Nummer und rotem Feuer liegen an der Nordseite. Die südlichen Tonnen können uns auf den üblichen Tagesfahrten „außen herum" manchmal nützlich sein. — Feuerschiff „Borkumriff" (Funkfeuer) liegt 17 Meilen nördlich von Schiermonnikoogs Ostspitze zwischen dem südlichen und dem nördlichen Fahrwasser. Westlich von Feuerschiff „Borkumriff" werden die Tonnen von den Niederländern betreut und heißen hier „TE". Ebenfalls Südseite grün, Nordseite rot.

Küstenverkehrszone wird vor der deutschen und niederländischen Küste die durchschnittlich fünf Seemeilen breite Zone zwischen dem Großschiffsweg und der Reihe der Ansteuerungstonnen genannt, die etwa 3 Seemeilen vor den Ostfriesischen Inseln liegen. (Plan). In der Küstenverkehrszone sollen im allgemeinen die Handelsschiffe auf durchlaufender Fahrt nicht fahren. Dies ist also ein Gebiet mit wenig Schiffsverkehr. Es ist auch die Zone, die für uns Yachtfahrer am wichtigsten ist. Wir hören darüber mehr auf Seite 203 f bei der Seefahrt vor den Ostfriesischen Inseln.

Yachten und Großschiffswege: Ich denke, wir tun besser, ihnen fern zu bleiben, obwohl es uns an sich nicht verboten ist, sie zu benutzen. Doch obligatorisch ist, in Richtung des Verkehrsstromes zu fahren. „Fischende Fahrzeuge und Sportfahrzeuge dürfen die durchgehende Schiffahrt im Bereich der Verkehrstrennungsgebiete nicht gefährden oder behindern". Eine weitere Bestimmung besagt, daß Fischerei- und Sportfahrzeuge bei unsichtigem Wetter die Wege unverzüglich verlassen sollen. Wenn wir die Wege queren müssen, dann nur auf kürzestem Wege und auch nur dann, wenn wir dadurch kein Großschiff in seiner Bewegungsfreiheit behindern. — Im übrigen aber gelten die Regeln der Seestraßenordnung. Das heißt: wenn ausgewichen oder sonstwie reagiert werden muß, genau nach der Vorschrift.

Ich also habe die dicken Schiffe auf ihren Straßen allein gelassen. Doch außerhalb, am Rande des Tonnenstriches bin ich gelegentlich schon gefahren. Sind wir in unserer Nordsee bei der notorisch schlechten Sicht und ihren Strömungen ja froh über jede Tonne, die uns den gekoppelten Schiffsort bestätigen kann. Geht es aber auf große Fahrt, dann schnell weg von den Schiffswegen und weg von der Küste.

Seltsame Besucher treiben vor unserer Nordseeküste ihr Wesen: Ölbohrinseln sehen etwa so aus, wie das Exemplar auf der folgenden Skizze. Es ist ein älteres; neuere sind größer. Sie sind nachts gut befeuert, geben bei Nebel Schallsignale und verlangen, wie es einem richtigen Dinosaurier zukommt, viel Platz. Mindestens 500 Meter Raum soll man ihnen geben. Auch wegen Explosion. Vor allem aber deshalb, weil sie für die

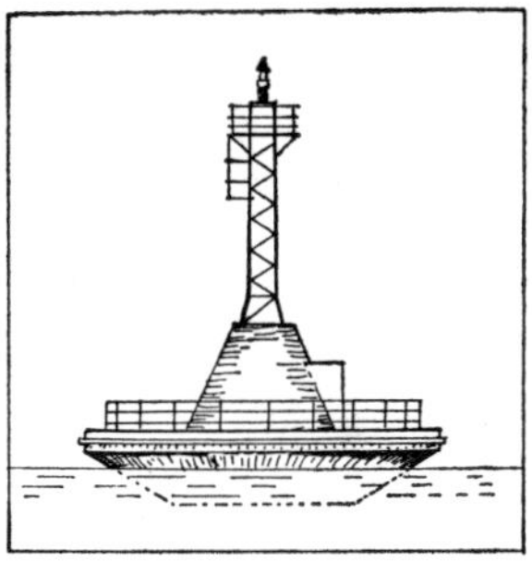

Annäherung von Versorgungs- und Transportschiffen Trossen mit Ankern weit um sich herum ausgelegt haben. Die greifen die Versorgungsschiffe auf, um sich daran an die Bohrinsel heranzuholen. Bekommt eine Yacht sie in die Schraube, geht eines von beiden zu Bruch — wahrscheinlich nicht die Trosse. — Ölbohrinseln lieben die westliche und nördliche Nordsee. Doch manchmal trauen sich auch welche nach Süden, in die äußere Ems und sogar bis in die Nähe von „Elbe 1".

Supertonnen sind Gegenstand des Experimentierens; eine oder zwei liegen vor Holland aus. Auch sie sind, wenn auch formschön, doch eher unsympathische Gesellen. Knapp 13 Meter Durchmesser, 14 Meter Höhe, ohne „Beladung" 54 Tonnen schwer. Sie erinnern mich fatal an Eisberge, mit denen man lieber nicht kollidiert. — Eines ist interessant für Leute, die auf tiefe Kiele schwören: nur 1,1 Meter Tiefgang hat sie.
Ferner Versuchsseezeichen und Forschungsplattformen, Unterwasserlabors und Erdgasleitungen, Müll- und Chemikalienverbrennungsschiffe (denen man stets Hilfe leisten will, bis man dahinterkommt, daß sie von Berufes wegen „in Brand" sind). — Hole all dies der Teufel! Doch gottlob ist die Nordsee groß genug. Noch immer kann man tagelang auf der Hohen See sein, ohne von Menschenwerk anderes als ein paar Fischer zu sehen.

D. Das Seerevier vor der Wesermündung bis Hoheweg

Der Unterwasserfluß: Landkarte und Schulatlas lehren: „Bei Bremerhaven treten die Ufer der Weser zurück, und es beginnt das Meer". — Blanker Unsinn ist das. Tatsächlich laufen die Weser, ihre Ufer, Nebenflüsse, Verzweigungen unter der Wasseroberfläche vom Land aus noch rund 60 Kilometer weiter!
Wo die Flußufer nur bei Niedrigwasser zutagetreten, nennen wir es Wattengebiet. Wenn sie bei Niedrigwasser nicht mehr sichtbar sind, doch so flach, daß darauf auch bei normalem Wetter Brandung steht, Gründe oder Riffe. Bänke heißen die Unterwasserufer, wenn sie 3 bis 6 Meter unter Wasser sind und nur bei Starkwind oder Sturm darauf Brandung oder Grundsee ist. Die Großschiffahrt kann die „Ufer" des Unterwasserflusses erst bei Feuerschiff „Weser" vergessen. Das ist 38 See-

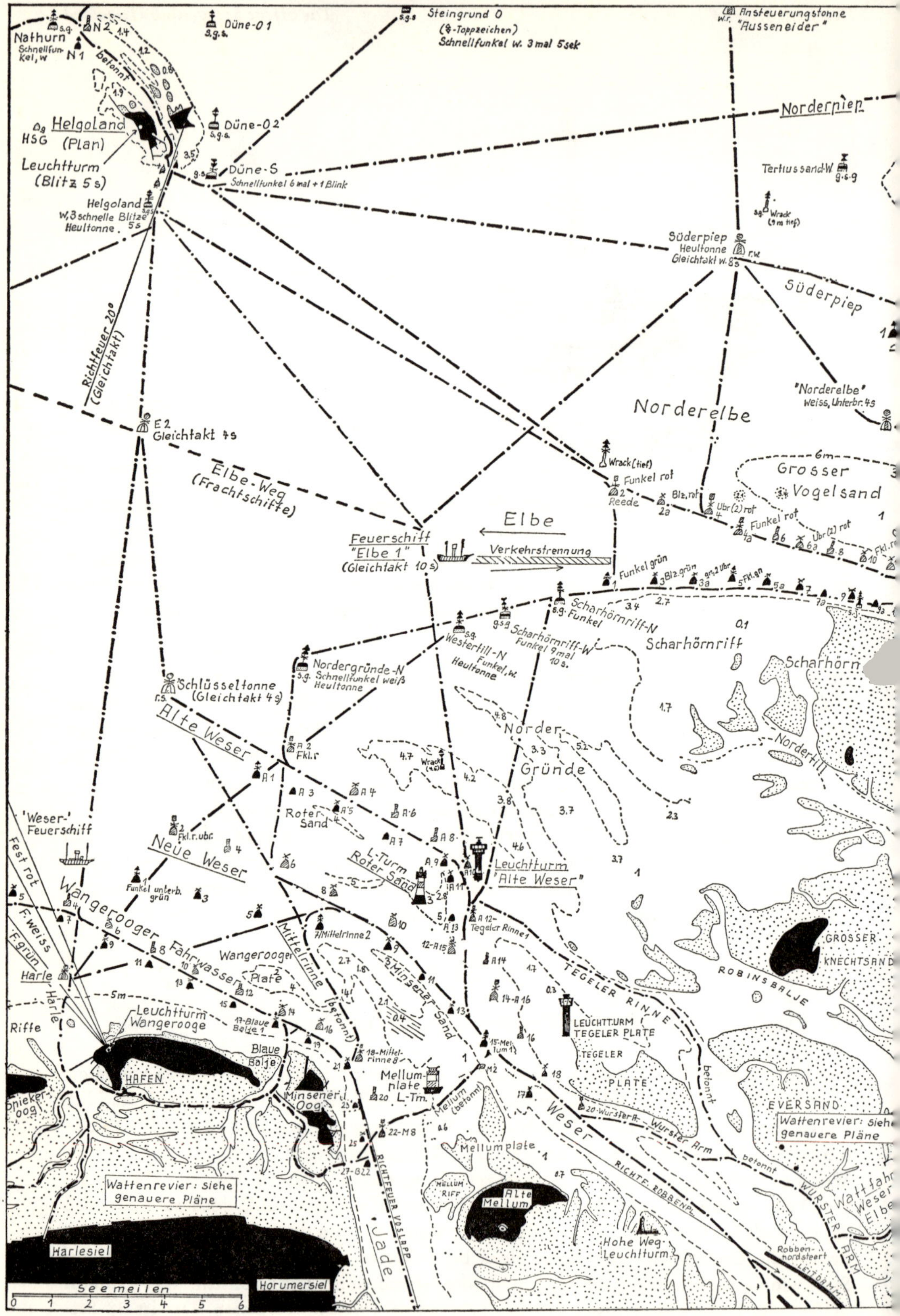
Nathurn
Schnellfunkel, w
N 1
N 2
Düne-O 1
Steingrund O
Schnellfunkel w. 3 mal 5 sek
Ansteuerungstonne
"Ausseneider"
Helgoland
HSG
(Plan)
Leuchtturm
(Blitz 5 s)
Düne-O 2
Düne-S
Schnellfunkel 6 mal + 1 Blink
Norderpiep
Tertius sand-W
Helgoland
W, 3 schnelle Blitze 5 s
Heultonne
Süderpiep
Heultonne
Gleichtakt w. 8 s
Süderpiep
Richtfeuer 20°
(Gleichtakt)
E 2
Gleichtakt 4 s
"Norderelbe"
Weiss, Unterbr. 4 s
Norderelbe
Elbe-Weg
(Frachtschiffe)
Wrack (tief)
Funkel rot
Reede
Grosser
Vogelsand
Elbe
Feuerschiff
"Elbe 1"
(Gleichtakt 10 s)
Verkehrstrennung
Funkel grün
Scharhörnriff-N
Funkel
Scharhörnriff
Westertill-N
Funkel, w.
Heultonne
Scharhörnriff-W
Funkel 9 mal 10 s.
Scharhörn
Nordergründe-N
Schnellfunkel weiß
Heultonne
Schlüsseltonne
(Gleichtakt 4 s)
Alte Weser
Norder
Gründe
Nordertill
'Weser-'
Feuerschiff
Roter
Sand
Neue Weser
L-Turm
Roter Sand
Leuchtturm
"Alte Weser"
Fest rot
F. weiss
F. grün
Wangerooger Fahrwasser
Wangerooger
Plate
Mittelrinne
(betonnt)
Minsener Sand
Tegeler Rinne
GROSSER
KNECHTSAND
ROBINSBALJE
Harle
Leuchtturm
Wangerooge
Riffe
LEUCHTTURM
TEGELER PLATE
TEGELER
PLATE
Blaue
Balje
HAFEN
Spiekeroog
Minsener
Oog
Mellum-
plate
L.-Tm.
Mellum
(betonnt)
Weser
Wurster Arm
betonnt
EVERSAND
Wattenrevier: siehe
genauere Pläne
Mellumplate
MELLUM
RIFF
Alte
Mellum
RICHTF. ROBBENPL.
WURSTER ARM
Hohe Weg
Leuchtturm
Robben-
nordsteert
LEITDAMM
Wattfahrt
Weser
Elbe
Wattenrevier: siehe
genauere Pläne
Harlesiel
Horumersiel
Jade
RICHTFEUER VOSLAPP
Seemeilen
0 1 2 3 4 5 6

meilen von Bremerhaven! Ein Sportboot darf sie bei handigem Wetter (doch nur dann) schon bei Leuchtturm „Roter Sand“ überschreiten — 27 Seemeilen von Bremerhaven. Kommt man von See, muß man spätestens bei Leuchtturm „Roter Sand“ — nach allen „bürgerlichen Begriffen“ also weit auf offener See, 40 Kilometer vor den Festlandsdeichen — in den Stromlauf des Flusses fehlerfrei eingesteuert sein. Nicht auszudenken, wie schwierig, ja nahezu unmöglich hier Seefahrt war, ehe 1850 als erster der Leuchtturm „Roter Sand“ erbaut worden ist. Erst damit konnten Bremen (und Bremerhaven) zu wichtigen Hafenstädten für Überseeschiffe werden.

Leuchttürme vor der Wesermündung (Plan S. 80, 85)

Die Navigation vor der Wesermündung erfolgt bei Tage wie nachts in erster Linie nach den Leuchttürmen. In zweiter Linie auch nach den Tonnen. Fünf Leuchttürme zählen! Am weitesten vorgeschoben Leuchtturm „Roter Sand“ und „Alte Weser“. 5 Seemeilen weiter landein „Tegeler Plate“ und „Mellum Plate“. Noch 5 Seemeilen weiter landein Leuchtturm „Hoheweg“. Da man zum Anlaufen von der See die Leuchttürme als Landmarken braucht, bringt schlechte Sichtigkeit vor der Wesermündung erhebliche Verlegenheit.

Roter-Sand-Leuchtturm: 30 Meter über Mittelwasser hoch, hat er schwarzen Fuß, rotweiße Bänder und sieht genau so bizarr und „nach Leuchtturm“ aus, wie man sich Leuchttürme vorstellt. Ich habe es mir nie nehmen lassen, ganz dicht an ihm vorbeizufahren. Das kann man tun, denn der „Rote Grund“, auf dem er steht, ist bei Niedrigwasser drei Meter unter Wasser. Sein Bau vor 125 Jahren war ein bedeutendes Stück Ingenieurkunst, entscheidend auch für Bremens Aufstieg zur großen Hafenstadt. — Da die Fahrwasser sich verlagerten, hat die meisten seiner Funktionen der neu erbaute Turm „Alte Weser“ 1½ Seemeilen ostwärts von ihm übernommen.

Alte-Weser-Leuchtturm ist fast 40 Meter hoch, von typischer Pilzform, rot mit weißen Bändern und grünem Lampenhaus. Er steht in tiefem Wasser in der Mitte des Fahrwassers „Alte Weser“ (daher sein Name). Nicht weniger als 15 Sektoren hat sein Feuer! Nebelschallzeichen. Beobachtungsstelle des Seenotrettungsdienstes.

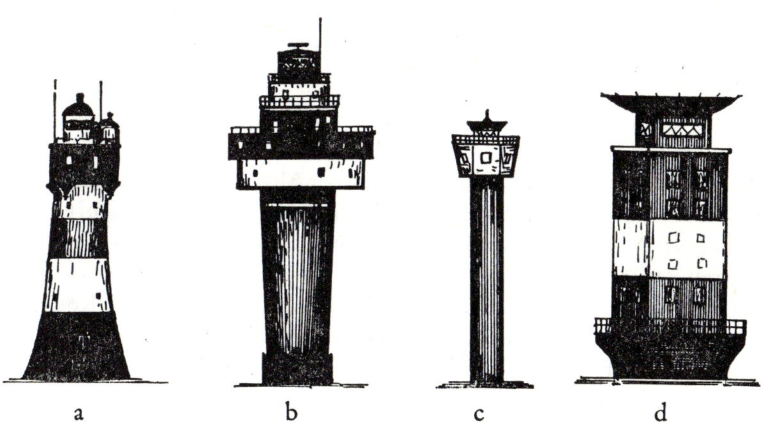

a b c d

Leuchttürme vor der Wesermündung: a) „Roter Sand“, b) „Alte Weser“, c) „Tegeler Plate“, d) „Mellumplate“.

Tegeler-Plate-Leuchtturm steht 5 Seemeilen südost von Roter-Sand-Leuchtturm auf der Tegeler-Plate. Auf rundem Schaft trägt er 25 Meter hoch einen breiten, weißen, sechseckigen Aufsatz. Von ihm muß man Distanz halten. — Mellum-Plate-Leuchtturm ist ein massiger, rechteckiger Turm am Ostufer der Jade, weithin sichtbar und manchmal auch für das Einlaufen in die Weser nützlich. — Hohe Weg-Leuchtturm steht ostwärts der Insel Alte Mellum (und auf dem Umschlagbild, doch inzwischen ohne Semaphor). Von ihm hören wir später.

Die Außenfahrwasser bis Hohe Weg (Plan S. 68, 80, 85)

Alte Weser, Neue Weser: Mit zwei Armen mündet die Weser ins tiefe Meer. Die Alte Weser nördlich vom Leuchtturm „Roter Sand", die Neue Weser südlich (siehe Plan). Zwischen beiden liegt die bis 3,8 Meter flache Bank Roter Grund. — Für Sportboote hat die Teilung in Alte Weser und Neue Weser geringere Bedeutung als für die Berufsschiffahrt. Außer bei hohem Seegang und ungünstiger Tide kann eine Yacht seewärts der Leuchttürme „Roter Sand" und „Alte Weser" nach Norden und Westen kürzeste Kurse laufen. Doch für stürmisches Wetter — und um System in die vielen Tonnen und nächtlichen Leuchtfeuer zu bringen — muß man den Verlauf dieser Weserarme kennen (Plan).

Hohewegrinne: Wo Alte Weser und Neue Weser sich südlich vom Leuchtturm Roter Sand vereinigt haben, heißt das gemeinsame Strombett „Hohewegrinne". Hohewegrinne führt zwischen Tegeler Plate und Mellum-Plate hindurch nach Südost bis querab Leuchtturm Hohe Weg. Sie ist für eine Yacht bei N.W. gut eine Seemeile breit. Das für Großschiffe betonnte Fahrwasser ist etwa 1/2 Seemeile breit. Bei Hochwasser ist kein Land in Sicht (die niedrige Insel Alte Mellum ist kaum zu sehen). Obwohl es aussieht„ wie auf hoher See", muß man im betonnten Fahrwasser bleiben oder sauber navigieren. Die seitlichen Bänke sind teils harter Sand, teils Treibsand. Hier festzukommen, ist Strandung; bei Schlechtwetter mit aller Aussicht, die Zahl der Wracks um eins zu vermehren. — Landein von Leuchtturm Hohe Weg: Seite 87.

Bänke, Platen, Sände

Bänke beginnen 5 Seemeilen seewärts der Vorposten-Leuchttürme „Roter Sand" und „Alte Weser". Gottlob müssen sich Yachten um die Außenbänke nur bei stürmischem Wetter und ungünstiger Tide kümmern.

Die Nordergründe liegen mit mehreren langen Ausläufern quer im Weg von Elbmündung zur Weser. Bei Niedrigwasser sind auf der Linie, welche die Leuchttonne „Scharhörnriff-N" mit Leuchtturm „Alte Weser" verbindet, z. Z. 4 bis 5 Meter Wasser darauf, bei Hochwasser 3 Meter mehr. Küstenschiffahrt und Yachten laufen bei handigem Wetter quer darüber hinweg. — Landwärts gehen die Nordergründe in steil aufsteigende Riffe über, die von stark strömenden, unbezeichneten Rinnen durchzogen werden: Scharhörnriff, Kleine Knechtsände und Konsorten. Diese Region ist sehr ungesund! Die Linie zwischen Leuchtturm Alte Weser und Tonne Scharhörnriff-N soll man nicht nach Osten überschreiten!

Roter Sand und Roter Grund sind Bänke zwischen Alter und Neuer Weser, bei Niedrigwasser z. Z. 3,8 bis 5 Meter tief. Bei stürmischem Wetter, manchmal auch schon bei Starkwind und auslaufendem, niedrigem Wasser, tut man besser, sie zu umgehen.

Tegeler Plate liegt an der Nordostseite der Hohewegrinne. Leuchtturm Tegeler Plate steht auf ihrem nördlichen Drittel. Ihr Südostteil fällt trocken. Zwei gefährliche Ausläufer (im Plan Seite 80) sendet sie, vom Leuchtturm gerechnet, 1½ Seemeilen nach Westen und 2 Seemeilen nach Nordwest. — Bei auflandigem Seegang steht Brandung und Grundsee auf Tegeler Plate. Wer sie sich bei schwerem Wetter vorstellen will, der lese die Sturmfahrt der „Laertes" in „Seefahrt ist Not" von Gorch Fock. — Tegeler Rinne Seite 62.

Minsener Sand (mit Jade-Plate, Mittelplate und Oldoogplate) sowie Mellum-Plate bilden das südwestliche „Unterwasserufer" der Neuen Weser. Die 2,5 Meter Wassertiefe an der Nordwestspitze verringern sich weseraufwärts rasch auf ein Meter und weniger. Etwa in Höhe von Leuchtturm „Mellum-Plate" geht Minsener Sand in die trockenfallende Mellumplate über. Leuchtturm „Mellum-Plate" steht an ihrer Westseite. Die Sandinsel Alte Mellum begrenzt sie nach Süden. Dieses System wandernder Bänke ist eine tückische Region mit starken Strömungen, steilen Kanten, wandernden Sänden und zahlreichen Wracks. Auf flachen Stellen läuft auch bei Gutwetter, bei Niedrigwasser Brandung; bei stürmischem Wetter überall. Die Region, zur Zeit in rascher Veränderung, verdient äußersten Respekt!

Fahrwasser Mellum (bisher Mellumschlauch genannt) verbindet die Weser mit der Jade. Es führt über flaches und dem Seegang sehr ausgesetztes Gebiet. Hier darf man niemals festkommen! Es ist sehr veränderlich. Zur Zeit hat man bei N.W. etwa ein Meter Wassertiefe. Doch ich fahre dort nur von drei Stunden vor H.W. bis eine Stunde nach Hochwasserzeit. — Mellum beginnt in der Weser südlich der Tonne „15 — Mellum 1". Drei rote Stumpftonnen liegen aus: „Mellum 2", „Mellum 4" und „Mellum 6". Sie führen südwestwärts in Richtung auf den Leuchtturm „Mellumplate". Die Tonne „Mellum 6" liegt schon im tiefen Wasser der Jade. — Das Fahrwasser spart zwischen Jade und Weser viel Weg ein. Doch niemals darf man es unvorsichtig befahren.

Betonnung der Außenweser

(Plan S. 80, 85)

Zwei Tonnenreihen führen von See in die Weser: eine von Nordwesten in die Alte Weser, die andere von Westen in die Neue Weser. Wo sie sich südlich von Leuchtturm Alte Weser vereinigt haben, wird nur die Tonnenreihe Neue Weser weitergeführt, und zwar über Bremerhaven bis Bremen.

Alte Weser: Ansteuerungstonne ist die traditionsreiche „Schlüsseltonne" (der Schlüssel zum Zugang nach Bremen). Doch die Tradition ging verloren, und der „Schlüssel" ist futsch. Sie trägt jetzt einen ordinären Ball als Toppzeichen und ist rot-weiß gestreift. Sie liegt neun Seemeilen nordwestlich vom Leuchtturm „Alte Weser". — Seitenbetonnung mit dem Buchstaben „A" beginnt drei Seemeilen südöstlich der Schlüsseltonne. Zwei Seemeilen südlich vom Leuchtturm „Alte Weser" vereinigt sie sich mit der Tonnenreihe der Neuen Weser und endet dort. Lage und Kennungen: Plan Seite 80 und Seekarte.

Neue Weser: „Ansteuerungstonne" ist das Feuerschiff „Weser" (siehe auch Seite 93). Von dort führt eine Reihe grüner Steuerbordtonnen (die erste mit Kegel-

Toppzeichen) nach Ostsüdost auf Leuchtturm „Roter Sand" und „Tegeler Plate" zu. Man darf sie nicht mit der südlicheren Tonnenreihe des Wangerooger Fahrwassers verwechseln! — Bei Leuchttonne „7 — Mittelrinne 2" zweigt nach Süden die betonnte Mittelrinne in die Jade ab. — Zwischen Tonne „12—A 15" und „14—A 16" tritt von Norden die Tonnenreihe der Alten Weser heran. Von hier folgt dichte beidseitige Betonnung. Sie setzt sich ohne Änderung der Bezeichnung in die Hohewegrinne fort. Auslaufend zu Fahrtzielen im Norden (Helgoland, Elbmündung) können Yachten die Tonnenreihen bei handigem Wetter in Höhe von Leuchtturm „Roter Sand" verlassen und direkte Kurse laufen. Kommt man aber bei schlechter Sichtigkeit von See ein, so muß man schon weit vor den Leuchttürmen eine der Tonnen finden und den Schiffsort daran kontrollieren.

Seegang und Wind: Bei Starkwind oder Sturm ist vor der Außenweser ein Seegebiet häßlichster und gröbster Sorte. Eindeutig kein Ort, dort freiwillig bei stürmischem Wetter zu sein. Vor allem muß nordwestlicher Wind respektiert werden. Bei auslaufend Wasser genügt Windstärke 5, um steile, brechende See zu machen. Mit gut eingefahrenem Schwerwetterboot würde ich bei Beaufort 6 noch auslaufen. Bei mehr Wind nicht. Besäße ich all die Masten, die beim Einstampfen in die hohle, steile See vor der Weser schon zu Bruch gegangen sind, könnte ich damit eine Armada ausrüsten. — Bei starkem oder stürmischem Südwest ist es vor der Wesermündung sehr grob, wird aber einlaufend handig, sobald man in den Schutz der Sände kommt. Da bei Südwestwind meist schlechte Sichtigkeit ist, ist dann die Navigation oft der schwierigere Teil. — Für ein nicht voll seefestes Boot endet das Fahrtgebiet unbedingt landein von Leuchtturm Hohe Weg.

Die Tidenströmung läuft bei Leuchtturm Roter Sand etwa 2 Knoten, bei Hoheweg 3, weiter binnen 3½ Knoten. Klar, daß ein Sportboot hier seine Routenplanung nach der Tide machen muß. — Die Strömungsrichtung ist im wesentlichen die Richtung der Fahrwasser: einlaufend überwiegend südost, auslaufend nordwest. Doch über den Nordausläufer der Tegeler Plate setzt sie ost-westwärts hinweg! Mich hätte dies fast einmal mein Boot gekostet, als ich bei stürmisch aufgefrischtem Südwest mit steigend Wasser in die Hoheweg-Rinne einlief und dort in einer Regenflage die kleine Fock zerriß. Wäre die Sturmfock auch nur ein klein wenig später zum Stehen gekommen, so daß ich wieder Höhe laufen und Fahrt machen konnte, so hätte der alte Rasmus mich hier vielleicht doch erwischt. — Kentern der Strömung: Seite 105.

Ankerplätze: Gute sind in der Weser seewärts von Leuchtturm Hohe Weg nicht zu haben. Notplatz bei Westwind ist östlich von Hoheweg-Leuchtturm (nachts hilft der weiße Sektor), bei Ostwind: im Schutz von Tegeler Plate östlich von Tonne „20-W 2" dicht unter der hohen Wattkante. — Ein schöner Sommerankerplatz ist zur Zeit in dem tiefen Priel westlich von Leuchtturm Hohe Weg im Watt. Seine Westseite ist mit Stangen Besen abwärts bezeichnet (Plan Seite 136). — Kenner fahren auch bei H.W. durch das unbezeichnete Bollensiel in die Rinnen südlich der Ostspitze von Insel Alte Mellum zum einsamen Ankern. Doch dies nur mit reviergerechtem Boot und nicht ohne etwas Erfahrung. Glaubt mir, es ist zauberhaft! Das Bild auf dem Umschlag des Buches zeigt diese Region. — Ein sehr guter, häufig besuchter Ankerplatz ist im Fedderwarderpriel südöstlich vom Hafen. Er ist auch bei Dunkelheit und mit tiefgehender Yacht anzulaufen (Seite 46).

Aus der Elbe in die Weser: 59 Meilen liegen zwischen Cuxhaven und Bremerhaven. Soll die Reise rasch und gut verlaufen, muß man sie m i t der Tidenströmung fahren. Legt man in Cuxhaven 1½ Stunden nach Hochwasser ab, so kann man sie (ausgenommen 8 Meilen) auf der ganzen Fahrt mit 2 bis 4 Knoten mit sich laufen haben.

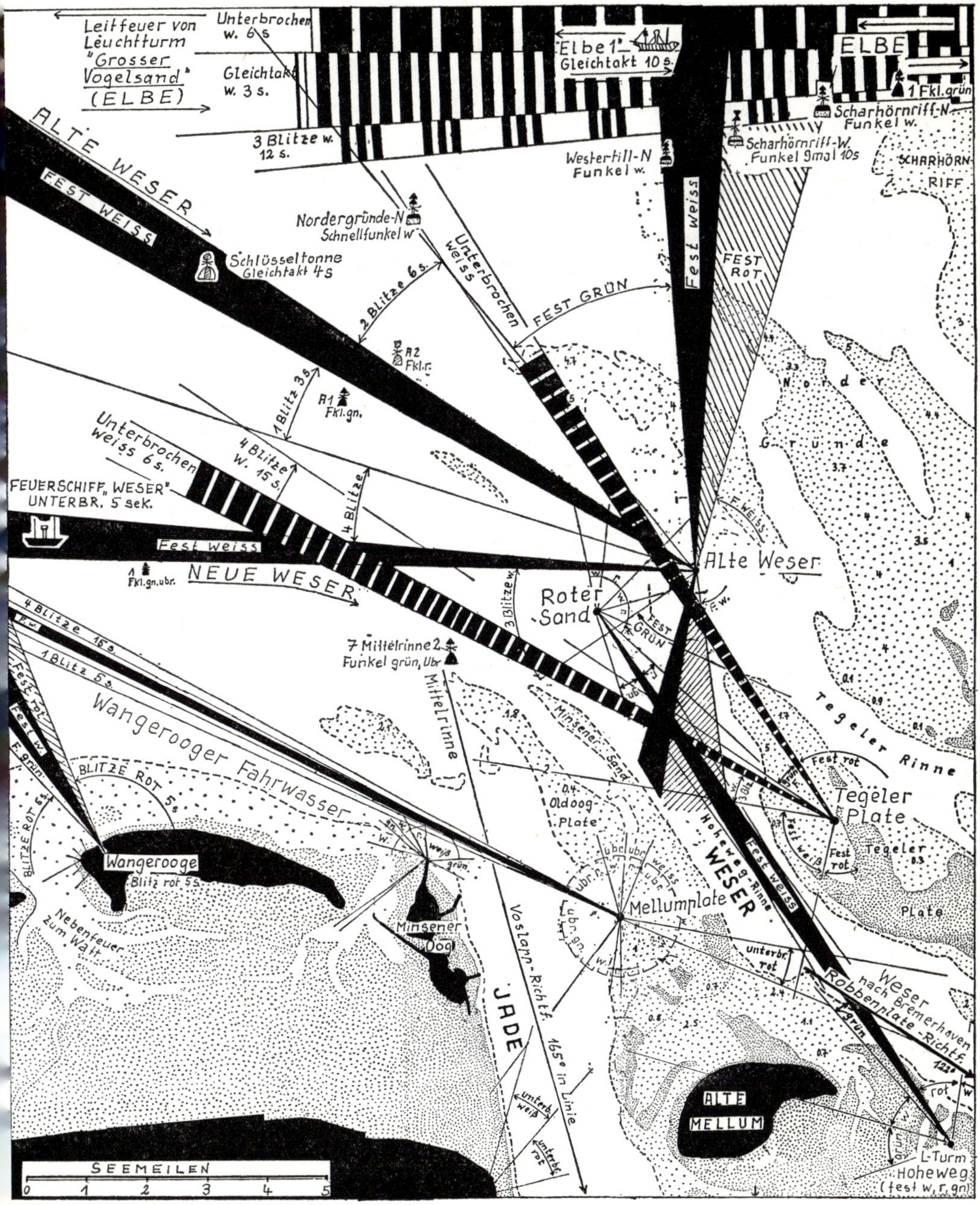

D e r W e g : Im Hauptfahrwasser der Elbe fahre ich bis zur Tonne „ S c h a r h ö r n - r i f f - N" (Plan S. 56 und 80). Von dort setze ich Kurs auf den 7½ Meilen südsüdwest stehenden L e u c h t t u r m „A l t e W e s e r" ab (z. Z. rechtweisend 196°). Hier habe ich oft quer setzende Strömung (doch bei guter Zeitplanung Stillwasser). — Bei Leuchtturm „Alte Weser" treffe ich auf die Betonnung der A l t e n W e s e r , die mich südwärts, dann südostwärts in H o h e w e g r i n n e führt. Von da Seite 87 f.

B e i g r o b e m W e t t e r möchte ich auf dieser Fahrt die Nordergründe meiden. Dann setze ich von Tonne „Scharhörnriff-N" die Fahrt nach 6½ Seemeilen westsüdwestwärts fort bis zur Tonne „Nordergründe-N" (Plan Seite 80). Von dort zwei Meilen südwärts bis zur Tonnenreihe von Alte Weser. In der südostwärts bis Leuchtturm „Alte Weser". Von dort wie gehabt. — Dieser Weg ist sieben Seemeilen länger.

Anlaufen der Wesermündung bei Nacht (Plan S. 85 und S. 68, 80)

Nachts von See die Wesermündung anzulaufen war früher schwierig. Einem Neuling rate ich auch heute noch ab. Helgoland, Jade oder Elbe sind leichter. Ein Erfahrener kann eigentlich nur in Verdrückung kommen, wenn hoher Seegang von Zeit zu Zeit die Feuer hinter Wellenkämmen verschwinden läßt und alle Kennungen durcheinanderbringt. Es stehen ja so viele Feuer dort. — Fehler sind wegen der kräftigen Strömung und der Sände gefährlich.

D r e i Z u f a h r t s w e g e sind wichtig. Sie vereinen sich in der Hoheweg-Rinne. — Einzelheiten Plan und Seekarte.

Z u f a h r t v o n d e r E l b e : Vom Leuchtturm „Alte Weser" ist ein Leitsektor fest weiß zum Elbfahrwasser gerichtet. Ein Sportboot wird bei handigem Wetter den aus der Elbe heraus kürzeren Weg im östlichen Warnsektor fahren (fest rot). Er beginnt bei Tonne „Scharhörnriff-N".

Z u f a h r t v o n N o r d w e s t e n durch Alte Weser: Für Helgoland-Rückkehrer ist dieser Weg wichtig. Auch die Großschiffahrt läuft hier meist. Die Leuchttonnen nützen bei der Bestimmung des Schiffsortes.

Z u f a h r t v o n W e s t e n d u r c h N e u e W e s e r : Diese Zufahrt ist wichtig, wenn man von den Ostfriesischen Inseln kommt. Auch, wenn man von Helgoland zuerst Feuerschiff „Weser" angelaufen hat. Man faßt den Leitsektor dann beim Feuerschiff „Weser" auf (vgl. Plan Seite 85). Er führt genau Ost. Bei Tonne 6 (2 rote Blitze, 9 Sekunden) biegt man südostwärts in den Leitsektor (unterbrochen weiß 6 Sekunden) von Tegeler-Plate-Leuchtturm ein. Schließlich in fest weiß von Leuchtturm Hohe Weg. — Die Zufahrt durch Neue Weser halte ich für die leichteste der drei.

Alle drei Zufahrten führen in den Leitsektor fest weiß des L e u c h t t u r m H o h e W e g. Wenn die weißen Sektoren der Quermarken-Leuchtfeuer Tegeler Plate und Mellumplate von weiß in rot ändern, ist es Zeit, in die Richtfeuerlinie R o b b e n p l a t e einzudrehen (122°, unterbrochenes Feuer). Die führt mich bis zur Fahrwasserteilungstonne „31 — Fedderwarden 2" (grünes Funkelfeuer mit Unterbrechung). Von dort kann ich F e d d e r w a r d e r s i e l anlaufen (S. 89, 46). — Weiterfahrt bis B r e m e r - h a v e n siehe unten.

E. Weserhauptfahrwasser Hohe Weg bis Bremerhaven

16 Seemeilen von Leuchtturm Hohe Weg bis Bremerhaven. Westlich liegt der Wattrücken Der Hohe Weg mit Insel Alte Mellum. Östlich die Tegeler Plate und die riesigen Wattengebiete bis zur Elbe. 3 Seemeilen landein vom Leuchtturm Hohe Weg beginnen Leitdämme mit Baken und Türmen, später Buhnen. Die Strömung ist stark. — Dies, der Schiffsverkehr und oft ruppiges Wasser fordern vom Schiffer erhebliche Aufmerksamkeit. So ist es gut, daß es im Wattenrevier der Weser Nebenarme, Priele und Wattfahrwasser gibt, die friedlicher zu befahren sind als das Hauptfahrwasser.

Seegang: Der des offenen Meeres ist landein von Leuchtturm Hoheweg nicht mehr zu spüren. Doch bei westlichem bis nördlichem Wind und auslaufend Wasser entsteht im Hauptfahrwasser rasch steiler, oft brechender, überraschend hoher Eigenseegang. Besonders stark sind dann die kurzen, brechenden Wellen im Wremer Loch. Ein kleineres Boot wird auch die Kabbelwellen vor Bremerhavens Kajen sehr häßlich finden.

Welche Boote? Zwischen Bremerhaven und Leuchtturm Hohe Weg wird man es mit einer seegehenden Yacht zuweilen ruppig und naß, doch selten unbefahrbar finden. Mit einer Yacht mäßiger Seefestigkeit (Jollenkreuzer, viele Motorboote) würde ich im Hauptfahrwasser bei handigem Wetter noch bis Leuchtturm Hohe Weg fahren, doch nicht weiter! Bei Nordwestwind ab Stärke 4, spätestens 5 würde ich mich dann in ein Nebenfahrwasser verholen, wenn die Tide auszulaufen beginnt. — Mit einem Boot geringer Seefestigkeit würde ich aus dem Hauptfahrwasser so rasch in das Wattenrevier verschwinden, wie das nur möglich ist.

Die Bezeichnung im Weser-Hauptfahrwasser erfolgt durch zweierlei Arten von Tonnen: die roten und grünen Fahrwassertonnen und durch die Buhnenkopftonnen. Letztere sind für uns Sportschiffer heute fast die wichtigeren, denn den dicken Schiffen wollen wir möglichst aus dem Wege bleiben. — Die Buhnenkopftonnen sind nach dem System der kardinalen Betonnung ausgelegt. Ihr Toppzeichen sagt, an welcher Seite wir sie passieren sollen. Sie sind mit gelber und schwarzer Farbe bemalt. Außerdem tragen sie eine Nummer: ungerade Nummern einlaufend an Steuerbord, gerade an Backbord. Doch maßgeblich ist stets das Toppzeichen. — Gelegentlich ist eine Fahrwassertonne gleichzeitig Buhnentonne. Die heißt dann z. B. „47-Buhne 29“. Fast immer können wir uns, wenn es einmal unbedingt nötig ist, da auch noch an der falschen Seite hindurchmogeln. — Die Buhnenkopftonnen sind im allgemeinen nicht auf flacherem Wasser als der 4-Meter-Linie ausgelegt. — So werden wir also — zumindest, wenn Großschiffe sich nähern — unsere Fahrt häufiger nach den Buhnenkopftonnen orientieren als nach den Fahrwassertonnen.

Leitdämme: Zur Tiefhaltung und Begradigung sind am Weserhauptfahrwasser zwei Leitdämme erbaut. An der Nordostseite Robbenplate-Leitdamm, 6 Seemeilen lang. An der Südwestseite Langlütjen-Leitdamm, 2 Seemeilen lang. Beide meist ab halber Tide überflutet, doch gut bezeichnet. — Buhnen sind an vielen Stellen des Fahrwassers (siehe Pläne). Manche stammen aus alter Zeit und sind „versackt“ (gestrichelt gezeichnet). Andere sind erhalten und stellen oft ein gefährliches Hindernis dar! Die meisten sind ab halber Tide überflutet. Aufkommen auf eine der Buhnen bedeutet bei der starken Strömung meist hohe Gefahr!

Tidenströmung im Hauptfahrwasser der Weser läuft sehr hart und fordert allen Respekt. Bei Springzeit 3,5 (bis 4) Knoten! Einzelheiten Tabelle Seite 105. Eine übliche Fahrtenyacht wird fast nie gegen den Tidenstrom lohnend vorankommen. Merken sollte man sich: Bei Bremerhaven kentert die Strömung erst etwa 1 Stunde nach H.W. bzw. N.W. — Von Bremen bis Roter-Sand-Leuchtturm hat man nur knapp 5 Stunden seewärts setzende Tide, doch „lange Tide" beim Einlaufen.

Die Fahrt Hohe Weg bis Bremerhaven (Plan S. 80, 89, 91)

Leuchtturm Hohe Weg, ein roter, achteckiger Steinturm, steht 1/2 Seemeile vom Hauptfahrwasser entfernt auf dem Watt (und auf dem Titelbild). Nachts festes Feuer mit Sektoren. Der Leitsektor deckt Hohewegrinne. — Dwarsgat-Richtfeuer sind neu erbaute Feuerträger an der Backbordseite des Fahrwassers. Das Oberfeuer ist 34 Meter, das Unterfeuer 16 Meter hoch. Beides sind Rohre mit roten und weißen Bändern und Stundenglas-Toppzeichen. — Insel Alte Mellum ist flach und kaum zu sehen. Die Mellumbake besteht nicht mehr.

Fedderwarder Fahrwasser heißt der Abschnitt des Hauptfahrwassers, der sich an Hohewegrinne anschließt. Größtenteils wird es von Leitdämmen begrenzt. Die rote Dreibeinbake Robbennordsteert ist seine erste Landmarke. Die schwarzen Säulenbaken von Langlütjen-Unterfeur (Pilzform) und Langlütjen-Oberfeuer und dahinter der braunrote steinerne Leuchtturm Robbenplate kommen als nächste in Sicht (Skizzen im Plan).

Der Fedderwarder Priel zweigt vor Beginn des Langlütjen-Leitdammes nach Süden aus dem Hauptfahrwasser ab. Das geschieht bei der Leuchttonne „31 — Fedderwarden 2". 6 Seemeilen sind von da zum Hafen und Ankerplatz Fedderwardersiel. Einlaufen nach Fedderwardersiel Seite 46. Burhave Seite 44. — Bei der Fahrt im Hauptfahrwasser halten uns die Buhnenkopftonnen von Langlütjen-Leitdamm vom meist überfluteten Nordteil des Dammes frei.

Leitdamm Robbenplate liegt an der Nordseite, Leitdamm Langlütjen an der Südwestseite. Die Dämme und ihre Buhnen sind oft ganz oder streckenweise unter Wasser. Doch die auffälligen Leuchtbaken und im Süd- wie Nordteil Buhnenkopftonnen bezeichnen sie gut. Alle Türme oder Baken auf Robbenplate-Leitdamm (einlaufend backbord) sind rot oder braun, alle Türme auf Langlütjen-Leitdamm schwarz oder schwarzweiß. — Auf Robbenplate-Leitdamm stehen: Leuchtbake Robbennordsteert (Skizze auf Plan rechts). — In der Mitte des Leitdammes auffällig Robbenplate Oberfeuer (Skizze Plan rechts), viereckig, braunrot, mit drei weißen Brüstungen (Windwarnungen). 1000 Meter nordwestlich von ihm im Wasser die Dreibeinbake Robbenplate-Unterfeuer. — Danach ist Leitdamm Robbenplate nur durch einige Stangen und Buhnentonnen bezeichnet. Seine Südspitze zeigt der Plan auf Seite 91. — Langlütjen-Leitdamm mit seinen Baken und Türmen zeigt der Plan besser als eine Beschreibung.

Das Hauptfahrwasser für die Großschiffahrt führt zwischen den Fahrwassertonnen dicht am Langlütjen-Leitdamm entlang. Landein vom Langlütjen-Leitdamm ist es nur 300 Meter breit und für Großschiffe schwierig. Ich bin deshalb zwischen

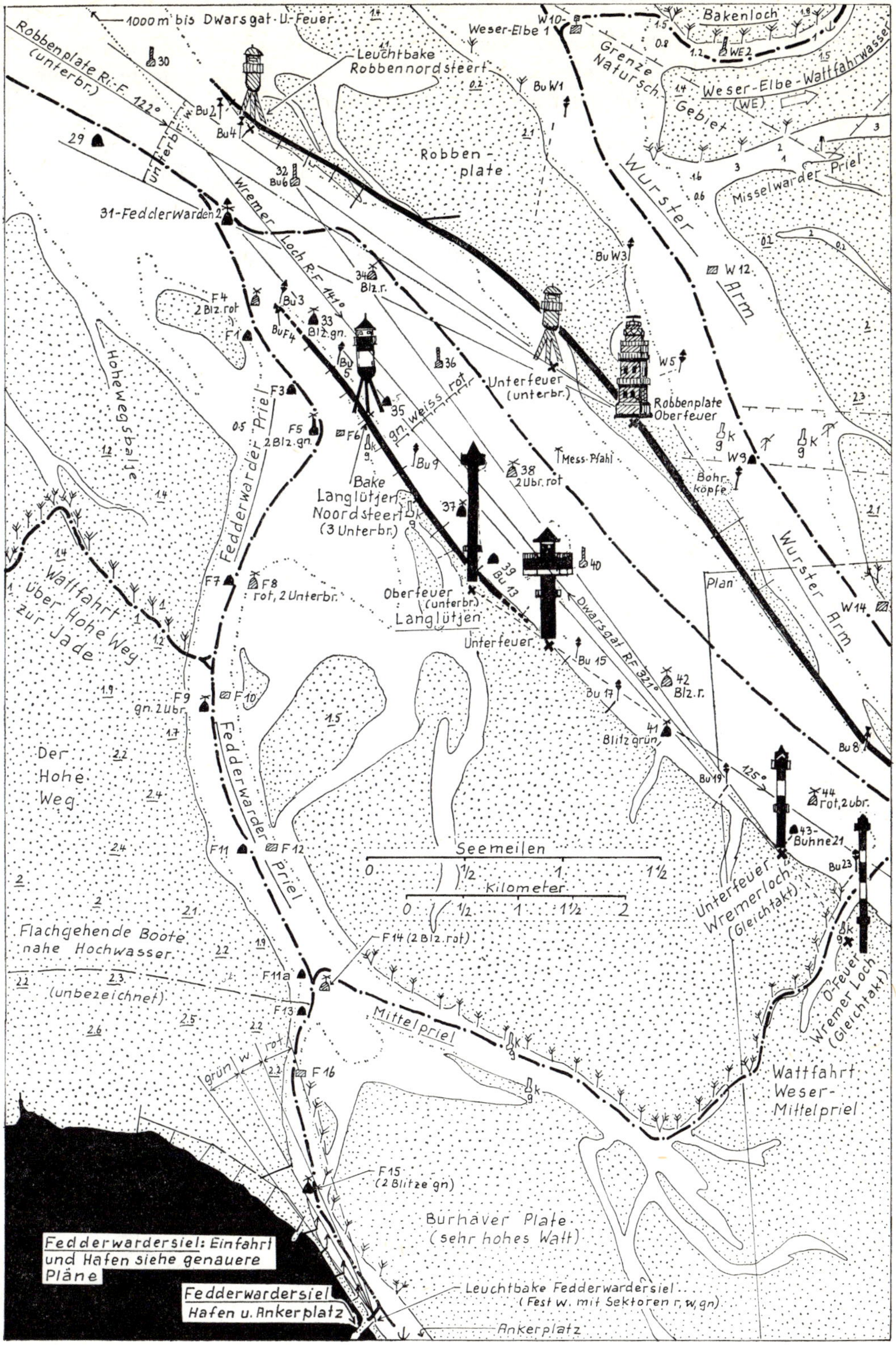
1000 m bis Dwarsgat-U.-Feuer
Robbenplate Ri.-F. 122° (unterbr.)
Leuchtbake Robbennordsteert
Weser-Elbe 1
W10
Bakenloch
WE 2
Grenze Natursch. Gebiet
Weser-Elbe-Wattfahrwasser (WE)
Bu W1
Robben-plate
Wurster Arm
Misselwarder Priel
unterbr. w.
Bu 2
Bu 4
29
30
32 Bu 6
31-Fedderwarden 2
Wremer Loch R.F. 141°
34 Blz.r.
Bu W3
W 12
F4 2 Blz. rot
Bu 3
33 Blz.gn.
F1
Bu F4
Bu 5
36
Unterfeuer (unterbr.)
Robbenplate Oberfeuer
W 5
Hohewegsbalje
F3
35
gn. weiss rot
F5 2 Blz. gn.
F6
Bu 9
38 2 Ubr. rot
Mess-Pfahl
W 9
Bohrköpfe
Fedderwarder Priel
Bake Langlütjen Noordsteert (3 Unterbr.)
37
Plan
39 Bu 13
40
Wurster Arm
W 14
F7
F8 rot, 2 Unterbr.
Oberfeuer (unterbr.) Langlütjen
Unterfeuer
Wattfahrt über Hohe Weg zur Jade
Bu 15
Dwarsgat RF 321°
42 Blz.r.
Bu 17
F9 gn. 2 Ubr.
F10
41 Blitz grün
Bu 8
Fedderwarder Priel
Der Hohe Weg
Bu 19
125°
44 rot, 2 ubr.
43-Buhne 21
Bu 23
F11
F12
Seemeilen
0 ½ 1 1½
Kilometer
0 ½ 1 1½ 2
Unterfeuer Wremerloch (Gleichtakt)
O-Feuer Wremer Loch (Gleichtakt)
Flachgehende Boote nahe Hochwasser (unbezeichnet)
F14 (2 Blz. rot)
F11a
F13
Mittelpriel
Wattfahrt Weser-Mittelpriel
grün w. rot
F16
F15 (2 Blitze gn)
Burhaver Plate (sehr hohes Watt)
Fedderwardersiel: Einfahrt und Hafen siehe genauere Pläne
Fedderwardersiel Hafen u. Ankerplatz
Leuchtbake Fedderwardersiel (Fest w. mit Sektoren r, w, gn)
Ankerplatz

Tonne „34" und „48" 100 bis 500 Meter außerhalb des Tonnenstriches an der Nordostseite gefahren. Da war ich der Großschiffahrt aus dem Weg, hatte reichlich Wasser unter dem Kiel und brauchte nicht auf Buhnen zu achten.

Abzweig Wurster Arm und Zufahrt zum Sielhafen Wremertief sind am Ende des Leitdammes Robbenplate bei der roten Fahrwasserteilungstonne „48 — Wurster Arm 15" mit Kegeltoppzeichen (Plan Seite 91). Zufahrt Wremertief Seite 42, Wurster Arm Seite 62. — Im Hauptfahrwasser noch sechs Seemeilen bis Bremerhaven-Geestemündung. — Voraus steht am Ostufer an der Wattkante Imsum-Quermarkenfeuer (siehe Plan). Südlich davon an der Wattkante und an Land die neuen auffälligen Türme von Imsum-Oberfeuer und -Unterfeuer. — Das Hauptfahrwasser biegt in südlichere Richtung. Buhnen sind nun an beiden Seiten des Fahrwassers! Die Strömung läuft hart. — Backbord liegt dicht am Fahrwasser die kleine Wattinsel Brinkamahof mit Sielplatz Weddewarden direkt nördlich von ihr. An Land stehen hoch und schlank Funkmasten, nachts rot befeuert. Voraus Krane und Masten von Bremerhaven, überragt vom Radarturm (Skizze S. 106). An der Deichhuk von Blexen der viereckige Radarturm und der hohe Schornstein des Titanwerkes (153 Meter).

Bremerhavens Kajen: Die erste Kaje ist der neue Container-Terminal. Dahinter die Einfahrt zur Nordschleuse. Es folgt die Columbus-Kaje. Hier machten die Transatlantik-Liner fest. Dann Einfahrt in die Kaiserschleuse. Danach Deich mit der Strandpromenade und Strandhalle. Zwischen Hochhäusern steht die Filigranspitze des Bremerhavener Kirchturms. — An allem fährt man vorbei. Ein Sportboot läuft in die Geeste ein: **Die Geestemündung** liegt bei dem 112 Meter hohen Radarturm mit seinen ausladenden Galerien.

Einlaufen in die Geeste und **Bremerhaven** selbst: Seite 106 f.

Übersicht über die Richtfeuerlinien von Dwarsgat bis Bremerhaven:

Bezeichnung	landwärts	seewärts	Kennung	Lage einlaufend
Robbenplate	122°	302°	unterbrochen	steht voraus
Dwarsgat	141°	321°	unterbrochen	steht achteraus
Wremerloch	141°	321°	Gleichtakt	steht voraus
Langlütjen	125°	305°	unterbrochen	steht achteraus
Imsum	125°	305°	unterbrochen	steht voraus
Weddewarden	141°	321°	Gleichtakt	steht voraus
Fischereihafen-Richtf.	151°	331°	unterbrochen	steht voraus
Hofe-Richtfeuer (Gegenf. z. Fischereihafen-Richtfeuer)	151°	331°	unterbrochen	steht achteraus

Die Lage der Feuer zeigen die Pläne (S. 89, 91). Tags sind die Türme, in Linie genommen, zur Kontrolle der Kompaßanzeige nützlich.

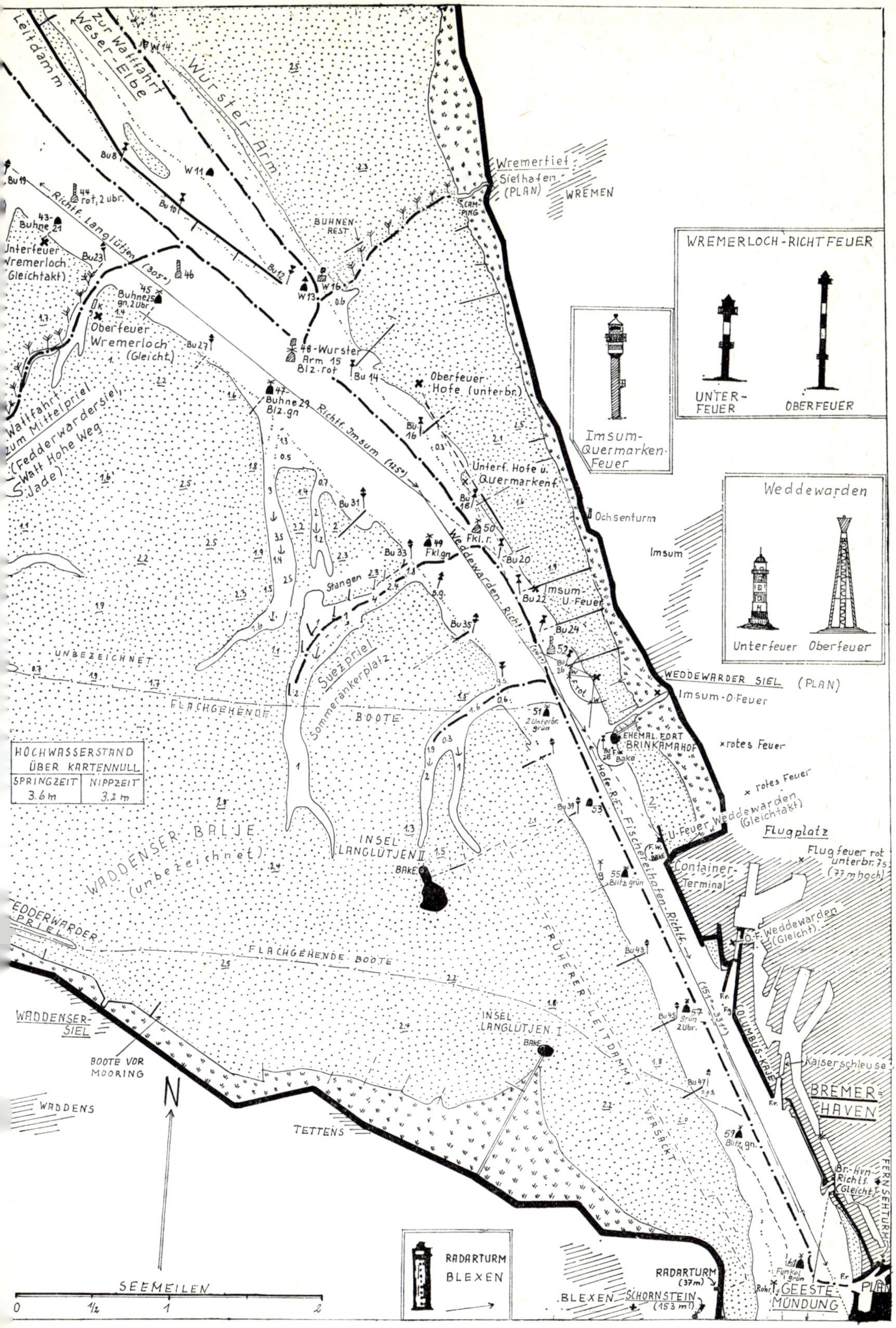

Leitdamm
Zur Wattfahrt Weser-Elbe
Wurster Arm
Wremertief
Siethafen (PLAN)
WREMEN
CAMPING
BUHNEN-REST
Richtf. Langlütjen (305°)
Buhne 21
Unterfeuer Wremerloch (Gleichtakt)
44 rot, 2 ubr.
Buhne 25 gn. 2 Ubr.
Oberfeuer Wremerloch (Gleicht.)
48-Wurster Arm 15 Blz. rot
Oberfeuer Hofe (unterbr.)
47 Buhne 29 Blz. gn
Richtf. Imsum (125°)
Unterf. Hofe u. Quermarkenf.
50 Fkl. r.
49 Fkl. gn
Weddewarden-Richtf.
Stangen
Suezpriel
Sommerankerplatz
Wattfahrt zum Mittelpriel
(Fedderwardersiel, Watt Hohe Weg, S. Jade)
UNBEZEICHNET
FLACHGEHENDE BOOTE
WADDENSER BALJE (unbezeichnet)
INSEL LANGLÜTJEN II
BAKE
INSEL LANGLÜTJEN I
FEDDERWARDER PRIEL
FRÜHERER LEITDAMM VERSACKT
Hofe R.F. Fischereihafen-Richtf.
51 2 Unterbr. grün
55 Blitz grün
57 Grün 2 Ubr.
59 Blitz gn.
61 Funkel grün
WREMERLOCH-RICHTFEUER
UNTER-FEUER
OBERFEUER
Imsum-Quermarken-Feuer
Weddewarden
Unterfeuer
Oberfeuer
Ochsenturm
Imsum
Imsum-U-Feuer
WEDDEWARDER SIEL (PLAN)
Imsum-O-Feuer
EHEMAL. FORT BRINKAMAHOF
rotes Feuer
rotes Feuer
U-Feuer Weddewarden (Gleichtakt)
Flugplatz
Flugfeuer rot unterbr. 7s (77 m hoch)
Container-Terminal
O.F. Weddewarden (Gleicht.)
COLUMBUS-KAJE
Kaiserschleuse
BREMERHAVEN
Br.-Hvn.-Richtf. (Gleicht.)
FERNSEHTURM
GEESTE-MÜNDUNG
PLAN
RADARTURM (37 m)
BLEXEN
SCHORNSTEIN (153 m!)
RADARTURM BLEXEN
HOCHWASSERSTAND ÜBER KARTENNULL
SPRINGZEIT 3.6 m
NIPPZEIT 3.2 m
WADDENSER-SIEL
BOOTE VOR MOORING
WADDENS
TETTENS
N
SEEMEILEN
0
1/2
1
2

F. Das Seerevier vor der Jade

Navigatorisch ist die Jademündung einfacher als die Mündung der Weser und Elbe. Das liegt daran, daß von Norden und Westen tiefes Wasser bis etwa 1 Seemeile vor die Insel Wangerooge reicht. Auf Wangerooge sind Funkfeuer, Leuchtturm und genug weit sichtbare Landmarken. Auch ist das Fahrwasser das tiefste, welches die deutsche Nordseeküste zu bieten hat. So ist die Jade ein wichtiger Hafen für Öltanker geworden. — Dennoch erfordern Einlaufen und Auslaufen klare Überlegungen und saubere Navigation.

Die Bänke

Drei Bänke liegen vor der Jademündung. Ihre Lage und Tiefe ändert sich oft. Im Gebiet dieser Bänke würde ich nicht außerhalb der betonnten Fahrwasser fahren. Von West nach Ost:

Wangerooger Plate und Strandplate (Plan Seite 80) liegen zwischen Mittelrinne und Wangerooger Fahrwasser. Veränderlich nach Lage und Tiefe. Derzeit ist nur die Strandplate vor der Ostspitze Wangerooges mit z. Z. 2,4 Meter Tiefe für eine Yacht bei unruhigem Meer oder weniger als halber Tide wichtig. Strandplate hat die Tendenz, flacher zu werden!

Jadeplate, Oldoogplate und Mellumplate und Minsener Sand hängen heute wie ein großer, gemeinsamer Ausläufer zusammen. Sie bilden gewissermaßen das östliche „Unterwasser-Ufer“ der Jade. — Die Bänke sind bei Niedrigwasser 1 bis 2,5 Meter tief (Mellumplate fällt trocken). Doch nichts hindert diese sehr veränderlich gewordene Region, daß auch die Außenbänke wieder so flach werden, daß dort wieder Brandung rollt, auch wenn die See nur wenig bewegt ist. Vergesset nie: Es ist veränderliche Region, dem Seegang voll ausgesetzt und außerdem harter Sand. Grundberührung bedeutet höchste Gefahr für Leben und Schiff. So würde ich als Ortsfremder der Verlockung von Abkürzungswegen über diese Bänke wohl meist widerstehen.

Die Fahrwasser

Drei Fahrwasser führen in die Jade: Wangerooger Fahrwasser ist das Hauptfahrwasser der großen Tanker. Es kommt von Westen. Mittelrinne ist für Yachten wohl am wichtigsten (von Helgoland, Weser und Elbe). Mellum, nur bei Hochwasser fahrbar, führt in die Weser.

Mellum (bisher Mellumschlauch): Seite 83.

Mittelrinne führt etwa von Norden her in die Jade. Sie läuft breit und 4 bis 8 Meter tief zwischen Strandplate und Jadeplate hindurch. Tidenströmung setzt quer! Ihre Betonnung beginnt 2½ Seemeilen westlich vom Leuchtturm „Roter Sand“ mit der Fahrwassertonne „7 — Mittelrinne 2“ der Neuen Weser. Man findet sie leicht, denn Leuchtturm „Alte Weser“ und „Roter Sand“ stehen dort fast in Linie. — Die Betonnung (grüne und rote Tonnen „M“) führt im Bogen z. Z. südsüdwest, dann südost, danach südwärts und endet nach vier Meilen bei der roten Tonne „18—Mittelrinne 8“ in der Jade. — Bei leidlicher Sichtigkeit und wenn nicht gerade stürmisches Wetter ist, ist Mittelrinne einfach zu befahren. Sie ist nicht befeuert, doch können einem bei guter

Sichtigkeit die Richtfeuer Voslapp, Leuchtturm „Mellumplate“ und die Buhnenfeuer von Minsener Oog einigen Anhalt geben. So ist dies der übliche Weg der Yachten auf dem Wege von der Elbe, Weser oder Helgoland in die Jade oder den Wattrevieren der Ostfriesischen Inseln. — Doch Mittelrinne ist veränderlich! Schwer zu sagen, ob sie für immer befahrbar bleibt. — Bei Sturm oder bei Nebel laufe ich jedenfalls durch das Wangerooger Fahrwasser ein (siehe unten).

Navigationshilfen und Schiffahrtsverhältnisse

Bisher sprach ich über die Navigation bei „kleiner Fahrt“ von Elbe oder Weser bei guten Wetterverhältnissen. Doch ist die Jade ja ein wichtiges Einlauf-Fahrwasser bei Sturm. Außerdem ist sie Fahrwasser für Supertanker. So ist sie auch für schwierige Wetterverhältnisse ungewöhnlich gut ausgerüstet.

Funkfeuer sind auf Wangerooges Leuchtturm, Feuerschiff „Deutsche Bucht“, „Elbe 1“ und Helgoland (Seite 33). So gibt es gute Möglichkeit, den Schiffsort zu bestimmen.

Feuerschiffe sind zwei: Feuerschiff „Weser“ liegt 5 Meilen nördlich von Wangerooges Westspitze, ist rot, trägt weiß den Namen „Weser“ aufgemalt und am vorderen der zwei Masten einen schwarzen Zylinder (Skizze). Es gibt weißes Feuer mit Unterbrechung alle 5 Sekunden (Sportbootsichtweite 11 Seemeilen), Windwarnungen, Nebelsignal (kurz, lang, lang — kurz), und man beobachtet auf Notsignale. Ein Lotsenschiff, schwarz mit gelbem Schornsteinring, kreuzt meist ein bis zwei Meilen

nordwestwärts. Manchmal liegen so viele fette, hohe Frachtschiffe südlich und nördlich des Feuerschiffs vor Anker, daß man knapp noch die schlanken Masten darüber herausragen sieht. — Feuerschiff „Weser“ nützt uns oft sehr, wenn wir bei schlechten Wetterverhältnissen von Helgoland kommen.

Feuerschiff „Deutsche Bucht“ liegt 15 Seemeilen westlich von Helgoland (Plan S. 68, 77). Es bildet den Anfang (bzw. das Ende) des Tiefwasserweges. Meist haben wir mit ihm nichts zu tun. Doch „rund Feuerschiff Deutsche Bucht“ kann ein guter Tourenvorschlag für eine Seefahrtsyacht sein.

Landmarken: Sie stehen auf Insel Wangerooge, Minsener Oog und bei Alte Mellum. Da tiefes Wasser bis 1 Seemeile vor Wangerooge reicht, sind sie sehr nützlich und wichtig (ganz im Gegensatz zu Elbe und Weser). Die Skizzen zeigen sie in der Anordnung, in der man sie sieht, wenn man auf See steht. Man sollte dazu die genaueren Pläne von Wangerooge und Minsener Oog aufschlagen (Seite 160, 156).

Leuchtturm Wangerooge ist 60 Meter hoch. Seine Hauptaufgabe ist, den Superschiffen vom Ende des Tiefwasserweges beim Feuerschiff „Deutsche Bucht“ den

a) Neuer Leuchtturm, Wangerooge, b) Westturm, Wangerooge, c) Alter Leuchtturm, Wangerooge, d) Minsener Oog, Radarturm, Wohnbaracke und Steinturm, e) Leuchtturm „Mellumplate".

Weg bis zum Wangerooger Fahrwasser zu befeuern (der Leitsektor fest weiß mit rotem und grünem Begrenzungssektor zeigt nach Nordnordwest). Rundum gibt er rote Blitze; ein Nebenfeuer zeigt zum Watt. Der Turm ist rot mit zwei weißen Bändern und von unverwechselbarer Form. Ein Funkfeuer ist dort. — D e r W e s t t u r m mit drei Spitzen auf breitem Gemäuer steht 500 Meter südwärts vom Leuchtturm und ist ein weit sichtbarer Orientierungspunkt nach See und für die Wattfahrt. Westturm und Leuchtturm in Linie geben eine gute Standlinie ab. — Der N e b e l s c h a l l s e n d e r, eine 22 Meter hohe Rautenbake auf Eisenmast, ist kein sehr auffälliges Merkmal. Er gibt keine Nebelsignale mehr.

— Der A l t e L e u c h t t u r m in der Mitte der Insel hinter den Strandhotels leuchtet zwar nachts nicht mehr, ist aber tagsüber nützlich. — D i e S t r a n d h o t e l s sind sehr auffällig. Die S t r a n d b a k e (Wangerooge-Ost) mit ihrem Stundenglas-Zeichen ist von See schlecht zu sehen.

Auf Minsener Oog ist am weitesten sichtbar ein neuer hoher Radarturm (Skizze). Dazu der breite Steinturm und die unverwechselbare W o h n b a r a c k e auf hohen Pfählen. — Der Feuerträger auf B u h n e A, der Nordmole von Minsener Oog, ein viereckiger Steinturm, gibt Nebelsignale und nachts festes Feuer mit Sektoren. Eine Untiefentonne liegt etwa 250 Meter nordwärts vom Turm.

L e u c h t t u r m M e l l u m p l a t e, rot mit weißem Streifen, steht schon auf dem Ostufer der Jade. Doch da er die Zufahrt befeuert und für das Einlaufen in die Jade eine wichtige Landmarke ist, bilde ich ihn nocheinmal ab.

Wangerooger Fahrwasser (Plan S. 80, 85, 156, 204)

Es ist das Hauptfahrwasser zur Jade von See: über 18 Meter tief, für eine Yacht breit und navigatorisch einfach (doch für Supertanker schmal und heikel!), gut betonnt und befeuert, leicht anzusteuern. Es führt an der Nordseite der Insel Wangerooge und Minsener Oog auf Leuchtturm Mellumplate zu und um Minsener Oog herum südwärts in die Jade. — Das Wangerooger Fahrwasser ist die t i e f s t e E i n f a h r t an der deutschen Nordseeküste und deshalb neben Helgoland die beste Möglichkeit, auch bei schwerem Sturm Schutz zu gewinnen. Bei unseren späteren Fahrten vor den Ostfriesischen Inseln dürfen wir Wangerooger Fahrwasser nie vergessen, denn keine der anderen Einfahrten bis zur Ems ist bei Sturm passierbar.

Die Großschiffe laufen vom Feuerschiff „Deutsche Bucht" südsüdostwärts auf den Wangerooger Leuchtturm zu. **Precautionary Area** heißt diese Region, denn die Schiffe aus dem Großschiffsweg „Deutsche Bucht" kreuzen sie. Dort liegt auch der Anfang der Betonnung. — Für uns Yachten beginnt **Wangerooger Fahrwasser** praktisch erst südwärts von Feuerschiff „Weser" mit den paarig liegenden Tonnen „4" und „7". Von dort läuft es ostsüdostwärts in gerader Linie auf den Leuchtturm „Mellumplate" zu. Die Seitentonnen liegen paarig. Sie liegen dicht neben dem knapp 300 m breiten, tiefgebaggerten Kanal für die Großschiffe. Es ist für uns auch außerhalb dieses Baggerweges nach beiden Seiten nahezu ½ Seemeile tief genug. So fahren wir in der Tonnenlinie wohl nur dann, wenn kein Großschiff in der Nähe ist; sonst außerhalb. — Nordostwärts von Insel Minsener Oog biegt der Großschiffsweg hart südsüdostwärts in die Jade ein. Die Betonnung setzt sich ohne Wechsel der Bezeichnung fort.

Mit einer Yacht von Norden kommend, steuere ich bei guter Sichtigkeit meist die Landmarken auf Wangerooge an (Skizzen, Plan S. 160, 80). Feuerschiff „Weser" hat, seit es kein Funkfeuer mehr gibt, für uns nur noch die Bedeutung einer „Supertonne". Früher war es bei schlechter Sichtigkeit eine Gottesgabe, denn die Strömungen laufen auf den meisten Strecken quer, und gekoppelter Schiffsort wird dadurch hier vertrackt unsicher. — Nördlich von Feuerschiff „Weser" kreuze ich die Fahrwege der Großschiffe aus Elbe und Weser. Da achte ich sehr darauf, denen aus dem Wege zu bleiben. — Gewöhnlich mache ich meinen „Landfall" etwa beim alten Leuchtturm und den Hotels von Wangerooge und drehe dort dann in das Wangerooger Fahrwasser ein. — Seegat Harle zweigt zwischen Wangerooge und Spiekeroog nach Süden ins Wattenrevier ab (S. 208), Seegat Blaue Balje dicht südöstlich von Tonne „17—Blaue Balje 1". — Um Minsener Oog herum biegt Wangerooger Fahrwasser südwärts in die Jade hinein und heißt nun **Oldoog-Rinne.** Die führt zu den Häfen Wangersiel, Hooksiel und Wilhelmshaven.

Bei schlechter Sichtigkeit oder Nebel werde ich wohl den Leuchtturm auf Wangerooge mit seinem Funkfeuer anlaufen. Dabei muß mich das Lot vor zu dichter Annäherung an Wangerooge warnen. Tiefes Wasser reicht bis etwa 1½ Meilen an die Insel heran. Habe ich auf der 6-Meter-Linie weder die Tonnen des Wangerooger Fahrwassers noch die Landmarken Wangerooges sehen können, so lote ich mich auf der 6-Meter-Linie in die Jade hinein.

Bei Sturm (der ja meist aus Westen kommt) fasse ich so früh wie möglich die Tonnen des Wangerooger Fahrwassers auf. Bei Sturm werde ich möglichst im Tonnenstrich laufen. Durch seine große Tiefe ist im Wangerooger Fahrwasser keine Brandung zu erwarten. Doch bei der Situation: Sturm gegen auslaufendes Wasser entstehen vor allem nördlich von Minsener Oog hohe, steile, brechende Wellen. Da gehören zwei Mann an die Pinne, denn das Boot darf nicht querschlagen. Haltet das Heck gegen die See, fahrt kleinstes Tuch, macht alle Luken dicht! Habt ihr Minsener Oog passiert und in die Jade eingedreht, dann habt ihr es geschafft. — Zwei Yachten hat sich Rasmus nördlich von Minsener Oog geholt (wahrscheinlich Bruch der Steuerseile). — Wenn es einzurichten geht, lauft bei einlaufend Wasser ein. Und dennoch: Eine richtig gebaute Yacht ohne all diesen neumodischen Krams müßte dort bei jedem Wetter durchkommen.

Einlaufen in die Jade bei Nacht (Plan S. 85, 137, 156, 204)

Die Einfahrt in die Jade ist vorzüglich befeuert. Von hoher See führt von Feuerschiff „Deutsche Bucht“ (Plan S. 68, 204) der Leitsektor Fest weiß des Leuchtturmes Wangerooge zum Wangerooger Fahrwasser.

Wangerooger Fahrwasser wird vom Leuchtturm Mellumplate befeuert. Im übrigen liegen etwa alle zwei Seemeilen Leuchttonnen aus, einlaufend backbord solche mit rotem Feuer. — Im Wangerooger Fahrwasser besteht für die Supertanker eine recht komplizierte Befeuerung des sehr schmalen tiefen Fahrwassers. Statt einer Beschreibung gebe ich eine Skizze.

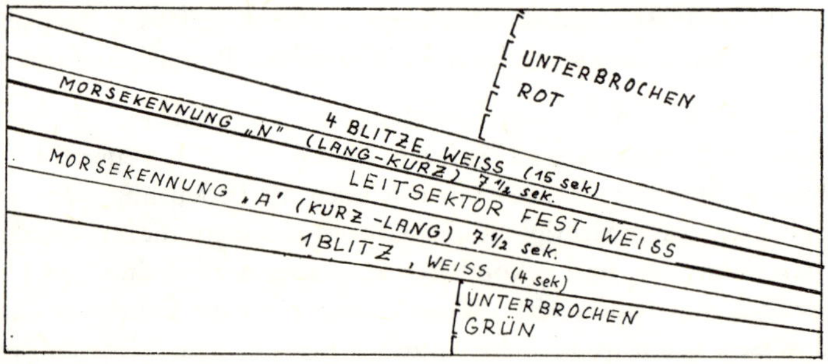

Sektoren des Leuchtturmes „Mellumplate“ im Wangerooger Fahrwasser

Bin ich im Sektor von Mellumplate bis etwa eine Meile östlich von Buhne „A“ von Minsener Oog gelangt (das ist ein festes Feuer mit Sektoren), dann drehe ich bei der Leuchttonne „18 — Mittelrinne 8“ (rotes Funkelfeuer) südwärts 165° in die Richtfeuerlinie Voslapp ein. Von dort weitere Beschreibung Seite 135. Mehr Einzelheiten Seekarte.

Von Helgoland würde ich auf Feuerschiff „Weser“ Kurs absetzen. — Von Elbe und Weser: Da hängt so viel von Wetter und Sichtigkeit ab! Je unsicherer die Umstände, desto weiter würde ich West laufen. — Nächtliches Einlaufen durch Mittelrinne: Seite 92.

G. Fahrtenplanung im Seerevier vor Elbe, Weser, Jade

Lange müssen wir suchen, um in der Welt ein Stück ähnlich schwieriger Seefahrt zu finden wie hier: Bänke, Riffe, Sände rund 20 Seemeilen vom Festland, Strömungen, oft schlechte Sicht, oft Starkwind, zuweilen Sturm und beide meist auflandig. Daran hat sich, seit der Grieche Pytheas aus Marseille vor 2300 Jahren die erste Segelanweisung für diese Gegend verfaßte, auch wenig geändert. Ein halbes Dutzend Boote pro Jahr und ein oder zwei Großschiffe holt sich Rasmus hier stets.

So soll man hier nicht fahren? Ach, wie falsch wäre ich da verstanden. Warum fahren wir denn zur See? Warum steigen Hochgebirgskletterer in die schwierigsten Wände? Doch um sie zu besiegen und uns daran zu beweisen — wenn’s uns auch nicht immer bewußt ist. Doch eines ist wichtig: Wer hier erfahren geworden ist, weiß ungefähr, was er tut. Wer neu hierherkommt, weiß es nicht. Denen sage ich: seid wachsam! Wochenlang, manchmal monatelang habt ihr handiges Wetter. Doch irgendwann ist der Tag, wo der Meeresgott persönlich euch die Prüfung abnimmt, ob ihr ein Schiff auf dem

Meere zu führen wißt; und ob euer Schiff für salziges Wasser taugt. Seid wachsam! Aber etwas mutig seid ruhig auch; denn ganz am Ende geht unser bißchen Leben doch allemal tödlich aus.

Sicherheit auf See!? Ich fahre nun bald 25 Jahre auf salzigem Wasser. Das einzig Sichere auf See ist, daß nichts sicher ist. Ihr seid allein auf eure Tüchtigkeit gestellt und auf die Tüchtigkeit eures Schiffs. Und daran wird sich — hoffe ich — auch nie etwas ändern.

Über See oder durch Wattrouten? Für ein nicht voll seefestes Boot kommen nur die Wattrouten in Frage. — Mit seegehender Yacht würde ich aus der Elbe heraus über See fahren, a) wohl stets bei Ostwind und Hochdrucklage, b) wenn nicht starker Nordwest das Auslaufen aus der Elbe hindert, c) wenn nicht der liebliche Südost oder der stramme Südwest, die mich vorzüglich nach Helgoland tragen, Vorläufer eines Tiefs sind, das mich dann in Helgoland eingeweht hält.

Geht es über See, ist die nächste Frage:

Über Helgoland? Helgoland ist für Fahrten aus der Elbe eine günstige Zwischenstation. Es teilt eine lange Reise, die oft mit Tide und Tageslicht nicht gut auskommt, in zwei, die nicht nur bequemer, sondern auch mit geringerem Risiko zu fahren sind. — Da Helgoland von den seenahen Häfen der Deutschen Bucht fast gleich weit entfernt ist (30 bis 45 Meilen), kommt es bei fast allen Fahrtzielen als Etappe in Frage. Am nützlichsten ist Helgoland, wenn man aus der Elbe heraus westwärts fährt. Am seltensten braucht man es, wenn man von Westen kommt und in die Elbmündung einläuft (denn dann liegen befeuertes Fahrwasser und tideunabhängige Häfen vor einem).

	Sportboot-Distanz* (Seemeilen)		
Zielhafen	von Cuxhaven	von Helgoland	von „Elbe 1“
Feuerschiff „Elbe 1“	24	14	—
Helgoland	37	—	14
Bremerhaven	59	48	36
Fedderwardersiel	52	41	28
Wremertief	53	42	33
Wilhelmshaven	55	42	33
Wangersiel (Jade)	42	32	20
Wangerooge-Hafen	42	27	20
Langeroog-Hafen	55	35	32
Norderney-Hafen	65	42	42

*) Tidenstand, Seegang und Sichtigkeit erlauben zuweilen kürzere oder fordern etwas längere Wege.

Von Helgoland weiter: Bei handigem Wetter sind das fast immer schöne Reisen: gute Distanzen, der ganze Tag liegt vor einem, und man kann die Fahrt nach der Tide einrichten. Dabei zählen nicht Tide und Strömung bei Helgoland, sondern Tidenstrom und Wasserstand auf dem Wege zum Ziel. Soll es beispielsweise in die Weser gehen, so würde ich in Helgoland 2 Stunden vor Niedrigwasser ablegen. Dann treffe ich vor der Weser die einlaufende Strömung und reite auf der Welle der Tide, wenn ich will, 80 Seemeilen bis Vegesack oder Bremen. Das gibt die eleganten Reisen!

Den richtigen Tag für die Abreise aus Helgoland soll der Schiffer nicht verstreichen lassen, so schön die Insel auch ist. Hier gilt die alte Mittelmeer-Regel:

„Segle bei jungem Süd oder bei altem Nord!"

Das Risiko liegt ja nicht bei Helgoland. Es liegt nahe der Festlandsküste in der Zone der Bänke, Barren und stark strömenden Rinnen. Dort passieren die Unglücksfälle. **Die Rückfahrt zur Küste darf man nicht zum falschen Zeitpunkt machen und nicht zum falschen Ziel.**

Fahrtrouten von Helgoland

Nach Osten und Norden: Norderelbe, Büsum, die Eider, die Zufahrten zum Halligmeer und Sylt sind Sache von Teil I (Hamburg bis Sylt).

Zur Elbmündung: Seite 69 f.

Von Helgoland in die Weser (Plan S. 80, 89, 91): Bei handigem Wetter und guter Sichtigkeit würde ich die Leuchttürme „Roter Sand" und „Alte Weser" direkt ansteuern. Bei schlechter Sichtigkeit können dabei die Funkfeuer von „Elbe 1" und Leuchtturm Wangerooge helfen. Doch wenn wirklich dickes Wetter ist, würde ich Leuchtturm Wangerooge mit seinem Funkfeuer anlaufen und versuchen, auf dem Wege dahin eine der Tonnen der Neuen Weser aufzufassen. Hat man eine der Tonnen der Neuen Weser erwischt, dann kann man in die wohl auch bei schlechter Sichtigkeit einlaufen, indem man von Tonne zu Tonne navigiert. Ist aber wirkliche Waschküche, dann hilft wohl nur, Zielfahrt auf das Funkfeuer von Wangerooge zu machen und sich vor der Insel auf der 6-Meter-Linie in die Jade hineinzuloten. Keinesfalls würde ich mich bei der quer versetzenden Strömung den Weserbänken nur nach gekoppeltem Schiffsort nähern. — Nach Fedderwardersiel sind 41, nach Vegesack 74 Seemeilen. Mit der Strömung gelaufen (man kann 9 Stunden mitlaufende Strömung haben) sollte sich die Fahrt bis Vegesack mit einer Tide machen lassen. 2 bis 3 Stunden vor Niedrigwasser ginge ich in Helgoland los.

Von Helgoland in die Jade (Plan S. 80, 85, 138): 33 Seemeilen bis Wangersiel, 36 zum neuen Sporthafen Hooksiel. Bei guter Sichtigkeit würde ich durch die Mittelrinne einlaufen. Sonst würde ich meinen Landfall beim Alten Leuchtturm Wangerooge machen und durch Wangerooger Fahrwasser oder Oldeoog-Rinne einlaufen. — Bei sehr schlechter Sichtigkeit oder stürmischem Wetter würde ich den Neuen Leuchtturm Wangerooge mit seinem Funkfeuer ansteuern. Da sollte ich wohl eine der Tonnen des Wangerooger Fahrwassers zu fassen bekommen. Ist auch dazu das Wetter zu dick, dann muß mich vor Wangerooge das Lot auf der 6-Meter-Linie in die Jade führen.

Helgoland nach Wangerooge (Plan S. 80, 160, 204). Die kürzeste Strecke zu einem Festlandshafen! Nur 27 Meilen. Der Landfall ist einfach: Landmarken sind auf Wangerooge mehr als genug. — Doch das Einlaufen in das Seegat Die Harle will bedacht sein. Nebel kann man dazu nicht brauchen und ebensowenig hohen Seegang. Bei günstiger Tide (einlaufend Wasser und unbedingt mehr als halbe Tide) sollte man dort eintreffen. Das Seegat ist auf Seite 208 f ausführlich besprochen. — Läßt hoher Seegang das Einlaufen in die Harle als riskant erscheinen, so laufe ich in die Jade ein (oder durch Blaue Balje) und fahre von dort das Wattfahrwasser nach Wangerooge (meist mit der gleichen Tide). Ablegen würde ich in Helgoland etwa bei Niedrigwasser; abhängig von Schiff und Wind jedenfalls so, daß ich 2 Stunden vor Hochwasser bei der Ansteuerungstonne des Seegates Harle stehe. Tageslicht braucht man bis zum Ende der Fahrt.

Von Helgoland nach Langeoog-Hafen (Plan S. 68, 80, 173, 204): 35 Seemeilen, doch mit mehr Unsicherheitsfaktoren belastet als die Fahrt nach Wangerooge: Südwestwind weht einem genau in die Zähne. Schlechte Sichtigkeit macht es an der landmarken-armen Küste schwer, die Ansteuerungstonne der Accumer Ee zu finden. Bei stärkerem Nordwest kann das Seegat unpassierbar sein. Der Umweg in die Jade ist dann beträchtlich. — Kurz: bei ungünstigen Wetterbedingungen würde ich lieber bei Wangerooge durch die Harle ins Wattenrevier eintreten und mit der gleichen Tide durch Wattfahrwasser nach Langeoogs Hafen laufen.

Von Helgoland nach Norderney (Plan S. 68, 187, 204) sind 42 Seemeilen. Die Landmarken sind günstiger als bei Langeoog. Dennoch ist's keine Fahrt für unsichere Wetterlage, denn bei auflandigem frischem oder starkem Wind ist Norderneys Seegat heikel, zur falschen Zeit eingetroffen, unpassierbar. — Kommt unterwegs Schlechtwetter auf, ist's oft besser, frühzeitig auf die Jade als Fahrtenziel umzuschalten. — Freilich ist Norderney das günstigste Fahrtenziel, um mit großen Schritten West zu machen.

Von Helgoland nach Borkum (Plan S. 80, 204, 212): Über See 70 Seemeilen. Ich rate ab. Die Region vor Borkum-Riff, die man seewärts runden muß, ist heikel. Unausgeschlafen kommt der Schiffer dort an. — Viel schöner ist es als kombinierte Fahrt: über See bis Norderney, durch Wattfahrwasser nach Borkum: kürzer, interessanter, gesünder.

Von Helgoland nach Schiermonnikoog (Plan S. 77, 204, 212, 268, 302): 85 Seemeilen. Wenn es bei verlockendem Ostwind und guter Wetterlage sein soll, warum dann nicht. Doch würde ich die Fahrt in Helgoland abends beginnen, würde nachts dicht südlich der Tonnen des Großschiffsweges „Deutsche Bucht" in aller Ruhe und in Sicht der Küstenleuchtfeuer fahren und am nächsten Morgen oder Vormittag durch das Friesche Seegat zum Tiefwasserhafen Lauwersoog, nach Schiermonnikoog oder einem der vielen problemlosen Yachthäfen im Lauwersmeer einlaufen. Der Ostwind einer Hochdrucklage oder alter Nordwest sind passende Wetterlagen. Ein Tief, dem man auch noch entgegenliefe, darf nicht in Anmarsch sein.

Mit großen Schritten westwärts, doch ohne auf Hochseefahrt (Wachen fahren) eingerichtet zu sein, führe ich vorbehaltlich der Zustimmung des Wettergottes wie folgt: Helgoland → Norderney über See. Norderney → Borkum durch Wattfahrwasser. Borkum → Tiefwasserhafen Lauwersoog (bei Schiermonnikoog). — Lauwersoog → Terschelling über See. Terschelling → Den Helder durch die Waddenzee. Von Den Helder 120 Seemeilen bis Gt. Yarmouth in England. — Oder, was sehr schön ist, die Niederlande zu erleben: Terschelling — Harlingen, Ijsselmeer — Amsterdam. — Stimmt der Wettergott den Törns westwärts über See nicht zu: Durch die Wattengewässer sind sie allemal zu fahren. — Alle Streckenabschnitte werden später beschrieben.

Seefahrt vor den Ostfriesischen Inseln: Seite 202 f.

Seefahrt vor der niederländischen Küste bis Texel: Seite 302.

IV. Die Weser bis Bremen

Die Weser, bis Leuchtturm Roter Sand 500 Kilometer lang, ist einer der großen Flüsse Deutschlands. Wichtig für Handelsschiffe; früher auch für Sportboote schön, doch heute leider kaum noch.

Die Oberweser (Seite 128) entsteht durch Zusammenfluß von Werra und Fulda nahe Kassel und endet nach 200 Kilometern bei Minden, wo der Mittelland-Kanal sie kreuzt. — Die Mittelweser (Seite 128 f) reicht 160 Kilometer von Minden bis Bremen, ist durch Staustufen kanalisiert und trägt den Verkehr vom Mittellandkanal nach Bremen.

Unterweser heißt der Abschnitt zwischen Bremerhaven und Bremen, 36 Seemeilen lang, von sehr großen Seeschiffen befahren, Region bedeutender Ladekajen, erheblicher Industrieansammlungen und einiger Sportboothäfen.

Die Außenweser ist der von Wattengebieten und Bänken umschlossene Mündungstrichter von Leuchtturm „Roter Sand" bis Bremerhaven. Wir kennen ihn schon (Seite 87 f).

Die Unterweser mit ihren sieben Weserinseln, ihren Nebenflüssen, toten Armen, Schilf- und Sandufern, ihren Sieltiefs, Lachsfischern und Fischreihern, ihren Werft- und Walfischfänger-Städten war früher ein Fahrtenziel, das reiche Eindrücke brachte.

Doch der Mensch hat sich entschlossen, mit all diesem nutzlosen Zeug aufzuräumen und aus der Unterweser einen Industriekanal für tiefgehende Großschiffe zu machen. Für ihre obere Hälfte ist dieses Ziel schon erreicht, in der unteren Hälfte ist noch nicht alles perfekt; doch es wird schon noch werden. Nur Mut!

Ob die Unterweser für eine Yacht auf Wanderfahrt noch ein Fahrtenziel ist, wollt ihr wissen. Hört, Leser, erspart mir die Antwort. Es ist schon schmerzlich genug, eine der einst schönsten Regionen an Deutschlands Küste Schritt für Schritt untergehen zu sehen.

Zwei Dinge hat mich mein Freund immer wieder gefragt: Ob nicht doch einigen unserer führenden Männer Hemmungen kämen, einen nach dem anderen unsere großen deutschen Flüsse in ihrem Mündungsgebiet durch Steinschüttungen zu Kultursteppe zu machen. — Und: Was wir, wenn die Absurdität der heute herrschenden materialistischen Lebensauffassung einmal allen erkennbar ist, der nach uns kommenden Generation antworten werden, wenn sie uns wieder fragt: „Warum habt ihr dies geschehen lassen?" — Doch mein Freund ist ein Narr, müßt ihr wissen. Hört nicht auf ihn!

A. Navigatorisches auf der Unterweser

Die Breite der für die Großschiffe auf 8 bis 10 Meter Tiefe bei N.W. gebaggerten Fahrrinne ist etwa 180 Meter. Die für ein Sportboot nutzbare Breite zwischen den

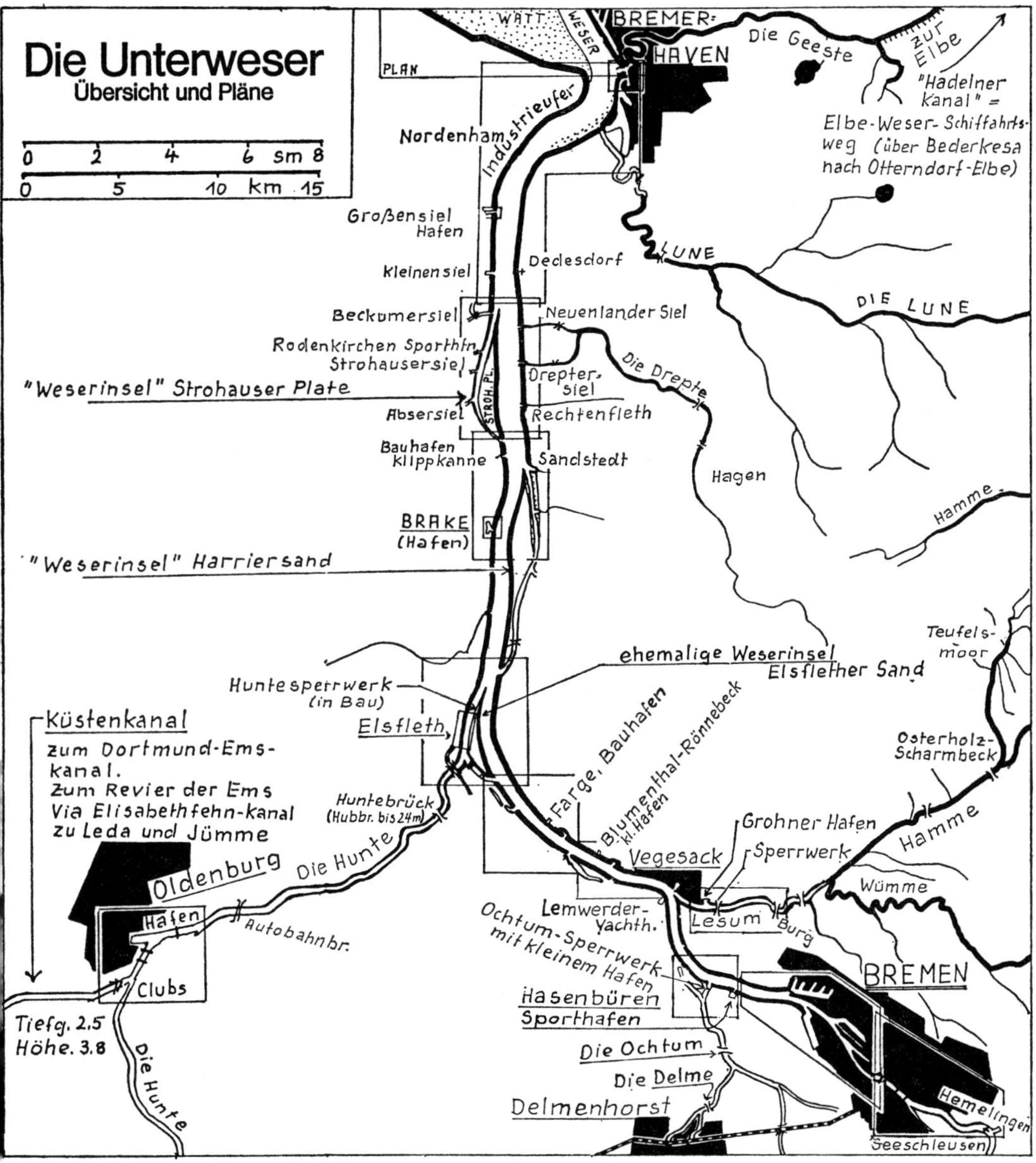

neu und immer enger gelegten Steinufern ist oberhalb Farge heute etwa 250 Meter, seewärts der Hunte-Mündung etwa 400, bei Nordenham etwa 500 Meter. Kurz: Es wird immer enger!

Die schmalen Zonen neben der tiefen Großschiffsrinne kann man nur mit großer Vorsicht benutzen — und häufig gar nicht! Nicht überall reicht dort die Wassertiefe bei Niedrigwasser aus. Vor allem aber sind B u h n e n oft bis unmittelbar an die Großschiffsrinne vorgebaut. Ihre Spitzen sind mit einer „Buhnenkopftonne" bezeichnet. Zwar sind die vorderen Teile der Buhnen oft ins Fahrwasser „versackt". Die Seekarte zeigt die versackten Teile als unterbrochenen Strich. Manchmal ist die Tiefe über der versackten Buhne angegeben, oft aber auch nicht. — Viele andere Buhnen sind in ganzer Länge ausgebaut! Und wer kann genau sagen, ob nicht auch die „versackte" inzwischen neu ausgebaut wird oder wurde?

So würde ich als Ortsfremder die Buhnenkopftonnen an der Fahrwasserseite runden. Tut man dies, so bleiben von dem einst so stattlichen Fluß Unterweser meist nur 250 Meter an benutzbarer Breite und auch nahe Bremerhaven selten mehr als 500 Meter.

Die Ufer der Unterweser sind größtenteils mit Steinschüttung versehen. Im mittleren und unteren Teil sind Buhnen häufig. — Auch wo das Ufer Sand ist, muß man an den brandungsartigen Schwell der Großschiffe denken. Meist taugen nur die Nebenarme zum Ankern oder für Landverbindung. Doch es gibt kaum noch Nebenarme! — Flußkajen an der Weser sind zahlreich. Sie sind für Frachtschiffe bestimmt. Eine Yacht liegt dort unsäglich schlecht.

Bezeichnung des Fahrwassers

Richtbaken, nachts mit Feuer, bezeichnen, in Linie gehalten, die Mitte des für die Großschiffahrt tiefgebaggerten Kanales. Die folgende Tabelle gibt die Richtfeuerlinien im einzelnen an. Hat man vor Augen, daß das für eine Yacht genügend tiefe Wasser meist etwa 100 Meter an beiden Seiten dieser Mittellinie breit ist (oft breiter, manchmal schmaler), so hat man eine Idee, wie wenig man aus diesen Richtlinien ausscheren darf. — Tags und mit weniger tiefgehender Yacht und wenn nicht gerade Niedrigwasser ist, wird man den dicken Schiffen natürlich soweit aus dem Wege bleiben, wie es nur möglich ist.

Fahrwassertonnen, rote und grüne, liegen oft „paarig" im Fluß, d. h. rote und grüne etwa in gleicher Höhe. Ihr Abstand in Fahrtrichtung ist manchmal recht groß. — Eine Yacht kann sie oft, doch nicht immer, an der falschen Seite passieren, um aus dem Hauptfahrwasser herauszubleiben. — Die meisten sind keine Leuchttonnen. Die können einem beim Fahren bei Dunkelheit rechte Sorge bereiten.

Buhnenkopftonnen nenne ich die „kardinalen" Tonnen. Ihr Toppzeichen sagt, an welcher Seite ein tiefgehendes (und oft auch ein flachgehendes) Boot sie passieren muß. Sie sind gelb und schwarz nach dem neuen Betonnungssystem. Sie tragen die Aufschrift „Bu" und eine Nummer. Ungerade Nummern einlaufend steuerbord, gerade an Backbord. Doch maßgeblich ist das Toppzeichen. Manchmal ist eine Fahrwassertonne gleichzeitig „Buhnenkopftonne". Dann hat sie z. B. die Aufschrift „77 — Buhne 15".

Zusammengefaßt: Während bei anderen Gewässern oft zwischen den Fahrwassertonnen der Großschiffe und den Buhnenkopftonnen ein bzw. zwei flachere „Nebenfahrwasser" für uns freibleiben, ist dies auf der künstlich schmal gemachten Weser nur hier und da der Fall. — Wichtig: Von größeren Yachten (es heißt, solchen über 12 Meter Länge) wird verlangt, daß sie zwischen Bremerhaven und Bremen auch dann die Steuerbordseite des Flusses halten, wenn sie außerhalb des mit Tonnen bezeichneten Fahrwassers laufen.

Bezeichnung	Kurs		Kennung	Distanz bis zum Wechsel	Lage flußauf fahrend
	flußauf fahrend	flußab fahrend			
Geestemünde-Richtfeuer	234°	54°	Unterbrechungen	ca. 2,4 sm	achteraus
Großensiel-Richtfeuer	210°	30°	Gleichtakt	1,3 sm	voraus
Reiherplate-Richtfeuer — Großschiffsweg —	185°	5°	unterbrochen	2,2 sm	voraus
Nordenham-Richtfeuer — Kleinschiffahrtsweg —	176°	356°	Gleichtakt	3,5 sm	achteraus
Großer-Pater-Richtfeuer	176°	356°	Gleichtakt	4,5 sm	voraus
Sandstedt-Richtfeuer	202°	22°	unterbrochen	1,3 sm	achteraus
Brake-Richtfeuer	174°	354°	Gleichtakt	1,5 sm	achteraus
Harriersand-Richtfeuer	188°	8°	unterbrochen	2,2 sm	achteraus
Soltplate-Warteplate-Richtf.	188°	8°	unterbrochen	3,1 sm (bis Hunte-mündung 2,3)	voraus
Hohenzollern-Richtfeuer	179°	359°	Gleichtakt	1,0 sm	voraus
Juliusplate-Richtfeuer	148°	328°	Gleichtakt	2,0 sm	voraus
Warfleth-Richtfeuer	136°	316°	unterbrochen	0,8 sm	voraus
Lemwerder-Richtfeuer	120°	300°	Gleichtakt	2,0 sm	voraus

Als Seeschiffahrtsweg im heutigen Sinn ist übrigens die Weser so jung, daß erst seit 90 Jahren (wieder) Seeschiffe nach Bremen fahren, heute zweitem Seehafen Deutschlands! — Ursprünglich war die Weser ein sehr flacher Fluß mit vielen Armen und Inseln. Kein Nachteil, solange man im Mittelalter mit Schiffen fuhr, die vom wattgängigen Wikingerschiff hergeleitet waren. Doch als die Schiffe größer und tiefer wurden, machte das Ärger. Schon vor dem 30jährigen Krieg mußten die Bremer 1618 flußab bei Vegesack ein künstliches Hafenbecken graben lassen (das erste in Deutschland) und dort laden und löschen. Doch hundert Jahre später wurden die Schiffe erneut größer und tiefer gebaut. Auch Vegesack konnte nicht mehr zuverlässig erreicht werden. Da hörte Bremens Hafenzeit auf, und die große Zeit von Elsfleth begann. Als dann die Geschäfte mit Amerika lockten, kauften die Bremer sich an der Wesermündung Gelände bei Geestemünde als „Bremer Hafen".

Die Weserkorrektion: Nicht einmal die Finkenwerder Fischerewer mit 1½ Meter Tiefgang fuhren zwischen 1850 und 1870 gern „den schiefen Weg" nach Bremen hoch. Die Bremer fanden, daß dies so nicht bleiben könne, stellten einen sehr tüchtigen Mann ein, Herrn Franzius, Wasserbaudirektor, und griffen tief in den Geldsäckel. Dann wurden Buhnen und Leitwerke gebaut, und die Weser zu einem für die damaligen Seeschiffe ausreichend tiefen Fluß gemacht. „Weserkorrektion" hieß dieses Unternehmen. 1888 wurden die ersten großen Hafenanlagen für Überseeschiffe in Bremen eingeweiht.

Herr Franzius hat mit seinem Werk an der Umwelt wohl keinen Schaden gestiftet. Was heute geschieht, ist etwas ganz anderes. Mein Freund glaubt nicht, daß man von denen, die heute die Weser zu einem schmalen Schlauch zwischen häßlichen Steinufern machen, in späterer Zeit einmal mit Hochachtung spricht.

Gezeiten und Tidenströmung

Der Gezeitenstrom ist der Schiffahrt hilfreich! Was gäben zum Beispiel die Wasserfahrer auf dem Rhein darum, wenn die Strömung auch nur ein paar Stunden am Tag doch mal andersrum liefe. — Benutzen muß man die Strömung! Den Anliegern eines Tidengewässers geht das in Fleisch und Blut über. Ein Ortsfremder muß darüber jedesmal neu nachdenken. Anfangs meint man, mit Motor im Schiff könne es einem egal sein. Doch lernt man bald, daß es der Tidenstrom ist, der eine Reise rasch und elegant oder endlos und quälend macht.

Der Tidenhub ist auf der ganzen Länge der Unterweser praktisch gleich: auf 3,6 Meter über Kartennull stieg das Wasser im Durchschnitt bei Springzeit, auf 3,3 Meter bei Nippzeit. Die örtliche Verschiedenheit ist gering gegenüber dem Unterschied durch Wind: Ost- und Südostwind senken, West- und zumal Nordwestwind erhöhen den Wasserstand. Doch die Strombauarbeiten verändern den Tidenhub. Es heißt, daß Hochwasser immer höher aufliefe und Niedrigwasser immer tiefer abflösse.

Örtliches Hochwasser und Niedrigwasser sind erheblich verschieden: Bei Brake ist H.W. etwa eine Stunde später, bei Vegesack 2 Stunden später als in Bremerhaven (Tabelle S. 105). Die alte Regel: Flußab fahrend hat man kurze Tiden! — Das Kentern der Strömung erfolgt nach örtlichem H.W. und N.W. Bei Bremerhaven etwa eine Stunde danach. Weiter flußauf wird der Unterschied allmählich geringer. Bei Vegesack beginnt auslaufende Strömung etwa bei H.W., einlaufende 1/2 Stunde nach N.W. Flußaufwärts von Vegesack gewinnt die Eigen-Strömung des Flusses zunehmend an Bedeutung (Bremen und oberhalb: Seite 128). Windrichtung und Regenfälle haben Einfluß.

Die Strömungsgeschwindigkeit ist wegen der künstlichen Einengung des Flusses immer größer geworden (und die Verschlickung der Häfen erfolgt immer rascher). Ich schätze die Strömungsgeschwindigkeit bei Bremerhaven 3 bis 4 Knoten; zwischen Brake und Bremerhaven auf 4—3, bei Vegesack auf 3—2, bei Bremen auf 1—2 Knoten. — Zeitlicher Verlauf: Einlaufende Strömung setzt rasch ein. Schon nach 1 bis 2 Stunden hat sie volle Geschwindigkeit. Danach nimmt sie langsam ab. — Auslaufende Strömung beginnt langsam. Erst ab halber Tide hat sie volle Geschwindigkeit. — Je weiter flußauf, desto rascher kentert sie und desto gleichmäßiger ist die Geschwindigkeit, mit der das Wasser über die ganze Zeit hinweg einläuft oder ausläuft.

Nebel: Bei dichtem Nebel kann ein Sportboot auf der Unterweser nicht fahren. Ich würde sehr vorsichtig unter Loten aus dem Fahrwasser herausfahren (doch nicht auf eine Buhne) und ankern. Die Schallsignale des Ankerers würde ich geben, denn manchmal kriecht ein radargeführtes kleineres Schiff trotz Nebel dicht am Ufer entlang. Wenn ich's einrichten kann: Hafen oder Nebenarm sind besser.

	Bezogen auf Bremerhaven ist		Bezogen auf Vegesack ist	
	örtl. H.W.	örtl. N.W.	örtl. H.W.	örtl. N.W.
Hoheweg-Leuchtturm	— 0 h 50 m	ca. — 1 h	— 2 h 35 m	ca. — 3 h
Fedderwardersiel	— 0 h 15 m	— 0 h 40 m	— 2 h 0 m	— 2 h 55 m
Bremerhaven	0 h 0 m	0 h 0 m	— 1 h 45 m	— 2 h 15 m
Brake	+ 1 h 0 m	+ 1 h 20 m	— 0 h 45 m	— 1 h 0 m
Elsfleth	+ 1 h 15 m	+ 1 h 40 m	— 0 h 30 m	— 0 h 35 m
Vegesack	+ 1 h 40 m	+ 2 h 15 m	0 h 0 m	0 h 0 m
Bremen (Weserbrücken)	+ 1 h 55 m	+ 2 h 40 m	+ 0 h 12 m	+ 0 h 23 m
Oldenburg (Hunte)	+ 2 h 30 m	+ 3 h 50 m	ca. + 1¼ h	ca. + 1½ h

Nachtfahrt: Es gibt zahlreiche Leuchttonnen. Doch vor allem fährt man bis Vegesack nach den Richtfeuerlinien. Kennungen, Kurse und Distanzen gibt die Tabelle. Die Pläne helfen dabei. Alle Richtfeuer sind weiß. Es gibt abweichend von der Elbe keine Warnsektoren an den Seiten. Wenn man, um auszuweichen, aus der Richtfeuerlinie ausscheren muß, ist die größte Gefahr meist nicht das Ufer, sondern eine unbefeuerte Tonne oder eine Buhne. Ich selber bin bei stockdunkler Nacht deshalb nachts nur sehr ungern gefahren. — Nur bis zum Abzweig der Lesum gibt die Tabelle die Richtfeuer an. Ab Blumenthal stehen weiße Torfeuer.

B. Hadelner Kanal (Elbe-Weser-Schiffahrtsweg)

Der Elbe-Weser-Schiffahrtsweg verbindet Otterndorf an der Elbe mit Bremerhaven. Die Elbsegler nennen ihn schlicht „Hadelner Kanal", doch genau betrachtet, heißt so nur das Teilstück bei der Elbe. — Bei hartnäckig schlechtem Wetter oder wenn der Urlaub zuendegeht, ist dieser Kanal zwischen Elbe und Weser oft von wirklichem Nutzen. Doch da er freundlich zu befahren ist und durch eine sehr einsame Landschaft führt, ist er auch ohne dies beliebt. Kaum mag man es glauben, daß ihn pro Jahr über 2000 Sportboote benutzen.

Daten: 62 Kilometer von Bremerhaven bis Otterndorf an der Niederelbe. Tiefgang bis 1,5 Meter (außer in ungewöhnlich trockenen Sommern), Höhe bis 2,8 Meter (außer nach langem Regen). Schiffsbreite bis 5 Meter. Schiffe bis 35 Meter passieren bei Wassergleichstand durch die offene Schleuse bei Otterndorf. 6 km/h ist (außer im Bederkesaer See) die Höchstgeschwindigkeit. 4 Schleusen, eine davon ständig offen. 18 Brücken (falls ich mich nicht verzählt habe). Und: Schiffe in Richtung zur Weser haben Vorfahrt! Nicht wenige Frachtschiffe sind ja auf dem Kanal unterwegs, und stellenweise, zumal bei Brücken, ist er sehr schmal.

Die Kanalfahrt: Durch einsamste Moor-, Heide- und Waldlandschaft führt der Kanal, reizvoll bei gutem Wetter, zumal am Abend, trostlos bei Regen. Einige Gaststätten sind am Kanal, wo die Frachtschiffer nachts festmachen. Einladend liegt Bederkesa auf halbem Weg am Bederkesaer See. — Zuerst läuft die Fahrt 18 Kilometer lang in der Geeste. Ist ein Mast zu legen, dann vor dem Sturmflutsperrwerk Bremerhaven. Danach in Haarnadel-Windungen unter Bremerhavens Brücken durch die Stadt und ostwärts aus ihr heraus. 8 Kilometer reicht Tide. Dann passiert man die Seeschleuse. Schleuse Schiffdorf besteht nicht mehr. 20 bis 30 Meter breit ist hier die Geeste. Nach 18 Kilometern zweigt sie nach Südosten ab und verliert sich in zahlreichen Armen in sumpfigem Land. — Wir fahren nun im Geeste-Kanal. Der führt schmal und flach 12 Kilometer nordostwärts. Dann schleust man durch die Schleuse Lintig und muß Kanalgeld berappen. — Danach fährt man im Bederkesaer See. Der ist 2 Kilometer lang, doch flach. Rührt man mit dem Bootshaken in seinem schlammigen Grund, so weckt man die Moorgeister, und Blasen steigen auf. 10 Zentimeter unter Normal-Null liegt der See in der Niederung der Elbmarsch. Kurort Bederkesa mit 3000 Bewohnern ist Wassersportzentrum für flachgehende Boote.

Von Bederkesa fährt man im schmalen, kanalisierten Flüßchen Aue. Bei Steinau, 6 Kilometer hinter Bederkesa, ist noch eine Schleuse. Danach geht es im geraden Hadelner Kanal schleusenfrei nach Norden. Das Dorf Bülkau, 10 Kilometer vor Otterndorf, ist die einzige Ortschaft. Kurz vor Otterndorf biegt der Kanal hart nach Westen. Seeschleuse Otterndorf, Schleusungszeiten und die sehr schönen Liegeplätze sind Sache von Band I (Elbe bis Sylt). Da sind wir in der Elbe.

C. Die Weser zwischen Bremerhaven und Bremen

Bremerhaven

Von See her ist Bremerhaven der erste Tiefwasserhafen der Weser. Außerdem ist es der Zugang zum „Hadelner Kanal", der zur Elbe führt. Es ist ein wichtiger Handelshafen und Deutschlands größter Hochsee-Fischerhafen. Für Sportboote gibt es mehrere Liegemöglichkeiten. Beinahe wäre Bremerhaven sogar ein wichtiger Sportboothafen geworden.

Die Hafenbecken für die Großschiffe liegen seewärts von der Geestemündung. Die taugen für uns nicht. Alle Sportbootplätze werden von der Mündung der Geeste erreicht. Nur, wenn man ein Oldtimer-Segelschiff besitzt, darf man auch bei den Museumsschiffen im Alten Hafen festmachen.

Einlaufen in die Geeste: Die Geeste ist ein nicht besonders wasserreicher Nebenfluß der Weser. Er mündet an der Außenseite der Weserkrümmung von Bremerhaven

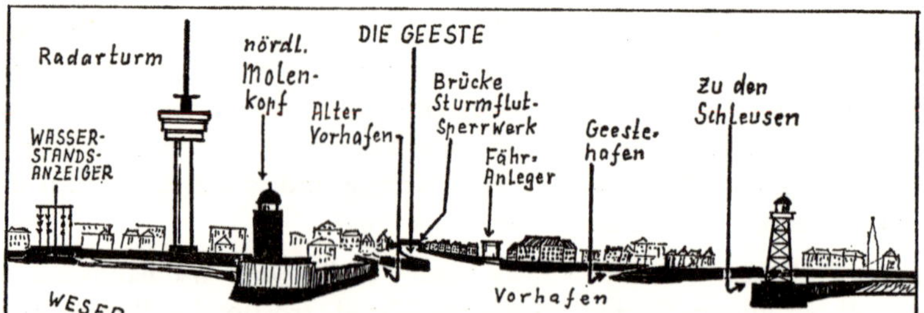

Mündung der Geeste, von der Weser gesehen.

zwischen zwei kurzen Molen (Skizze). Die liegen dicht südlich von dem weit sichtbaren Fernsehturm. Türme stehen auf den Molenköpfen und tragen die Molenfeuer. Der Nordturm gibt Nebelsignal. — Die Einfahrt ist knapp 100 Meter breit. Die Tidenströmung der Weser läuft kräftig quer zur Einfahrt und erschwert großen Schiffen die Manöver. Fischdampfer und die Fähre nach Blexen machen einigen Verkehr. So soll man die Signale beachten und erst dann eindrehen, wenn man in die Geeste hineinblicken kann.

S i g n a l e : Vor dem Einlaufen und dem Auslaufen soll man einen 8 Sekunden langen Ton geben (arme Segler; wenn die Puste ausgeht, reichen vielleicht auch 6 Sekunden). — Weiße Blinke auf einem Turm bei der Schleuse bedeuten, daß man mit dem Einlaufen warten soll. Fest weiß oder kein Signal bedeuten, daß man einlaufen darf. Ein oder zwei rote Lichter des Nachts sagen, daß man mit dem Einlaufen warten soll. — Für große Schiffe sind diese Signale nötiger als für ein kleineres Boot. — Nach dem Einlaufen ist man im Vorhafen. Da muß man sich entscheiden, ob man einschleusen will (zwei Clubhäfen) oder im Tidengewässer der Geeste bleiben.

Die Geeste wird 700 Meter hinter den Molenköpfen von einer Brücke überquert (Plan). Die Durchfahrtshöhe ist bei H.W. etwa 5,5 Meter, bei N.W. etwa 3 Meter mehr. Ein Sperrwerk ist unter der Brücke und schließt bei Wasserständen etwa 1 Meter über normalem Hochwasser. — Ein Öffnen dieser Brücke findet praktisch nicht mehr statt. Boote mit Mast müssen also vor dem Sperrwerk bleiben. Auch wenn man durch den „Hadelner Kanal" zur Elbe will, legt man den Mast vor dem Sperrwerk.

D a s M a n ö v r i e r e n in der Geeste braucht Vorsicht. Der Fluß ist nicht breit, oft stark belegt, und Strömung läuft $1^1/_2$ Knoten oder mehr. Bei einlaufend Wasser und zumal bei Südwestwind darf man sich beim Drehen nicht gegen die Brücke setzen lassen. — Liegt man im Fluß, dann soll man nachts ein weißes Licht an der Außenseite setzen. Dies auch in eigenem Interesse, damit Binnenschiffe aus dem Kanal Abstand wahren. — Bei starkem oder stürmischem Südwestwind liegt man herzlich unruhig. Wie stets in einem Hafen: Bug nach See und gute Leinen.

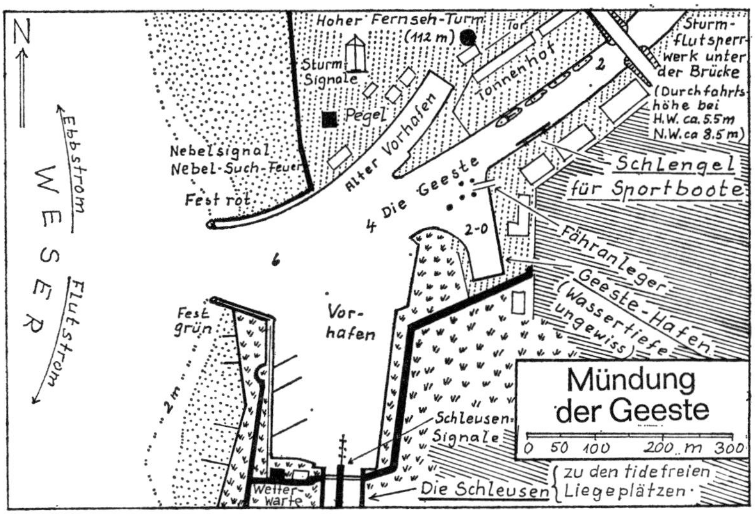

Liegeplätze im Tidengebiet: Sie sparen das Ein- und Ausschleusen. Doch da Liegeplätze oft äußerst knapp sind, ist das ein rechtes Problem. a) Der Schwimmsteg am Südufer. Er ist praktisch, doch für die Anzahl besuchender Yachten viel zu kurz und absolut unzureichend. — b) Der Geestehafen: meist nicht benutzbar, da verschlickt (oft viel höher als der Plan zeigt). Außerdem nicht schön wegen Lärm und Schwell der Fähre. — c) Im Vorhafen längsseits von irgendeinem Kümo oder anderen Schiff. Es ist zwar an sich nicht gestattet, doch was soll man tun? — d) Am Tonnenhof: Die Männer waren bisher unsagbar geduldig und hilfsbereit. Doch riß (vielleicht durch Schuld von uns?) diese Geduld, und man schickt uns fort; notfalls mittels Polizei. — e) Beim Wassersportverein Geeste: Doch der liegt oberhalb der Brücken, kommt also nur für Boote ohne Mast in Frage.

Tidefreie Liegeplätze: Zwei Clubhäfen sind in tidenfreiem Wasser. Zu ihnen muß man aus der Geeste durch die sog. Doppelschleuse einschleusen.

Die Schleusen: Zwei Schleusen liegen nebeneinander am Südende des Vorhafens. Jede ist etwa 100 Meter lang, die eine 11, die andere 29 Meter breit. Will man einschleusen, so gibt man als Schallsignal „lang, lang, kurz, lang“ (zum Ausschleusen „lang, kurz“). Einlaufen in die Schleuse bei Signal „grün“. — Die Schleusen arbeiten rasch und Tag wie Nacht. Zollabfertigung, Seewetterbericht.

Neuer Bremerhavener Sporthafen: Der sollte der hauptsächliche Yachthafen Bremerhavens werden. Er war schon in Bau, als über das Projekt anders beschlossen wurde! Der Bau ist eingestellt, was äußerst schade ist. Er wäre so nötig gewesen!

Wassersportverein Wulsdorf hat seine Stege sehr weit südlich (Plan). Das ist ein gut eingerichteter Yachthafen im Grünen mit Schlipp, Mastenkran, Trailerbahn, Trinkwasser, Bootshalle, Reparaturmöglichkeit.

Der Yachthafen des Weser-Yacht-Club liegt dicht bei den Schleusen im Innern der Stadt. Da ist ein etwa 50 Meter breiter, 300 Meter langer Hafenarm, der sog. Hauptkanal (Plan). Eine Drehbrücke quert ihn. — Der Hafen des WYC ist der traditionsreichste Club dieses Raumes. Es gibt ein gutes Clubhaus, Kran 15 t, Trinkwasser. Meist ist es sehr voll. — Zufahrt: Nach dem Einschleusen dreht man hart backbord, läuft in Nordost-Richtung durch den sog. Hafenkanal (Plan), kreuzt den Han-

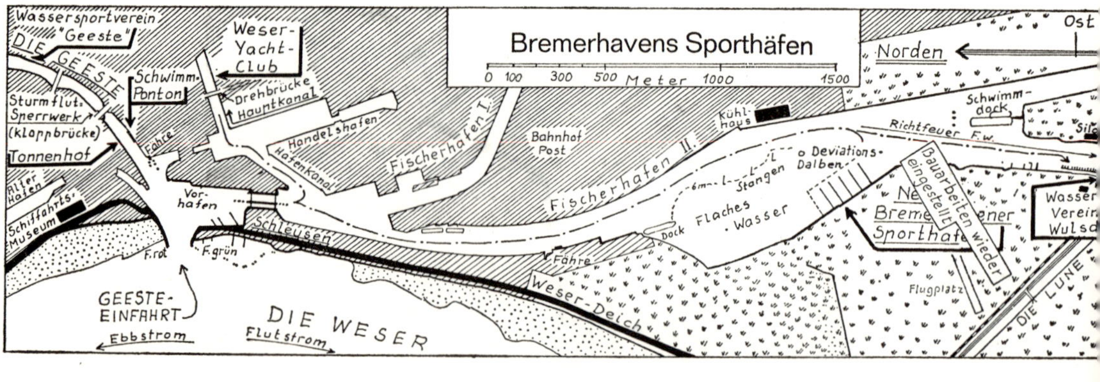

Columbus-Kaje und Industriehäfen Bremerhavens.

delshafen und fährt in den Hauptkanal ein. — Die Drehbrücke kann nicht zu jeder Tageszeit öffnen. Man muß dann vor ihr festmachen.

Allgemeines: Treibstoff von Bunkerbooten, die direkt binnen der Schleuse liegen. — Seekarten zwischen Fischerhafen I und II. — Alle Reparaturmöglichkeiten in vielen Betrieben des Fischerhafens. Alle Bootsausrüstung. — Und, wenn wir wieder auslaufen: Die Strömung auf der Weser kentert erst eine Stunde nach H.W. bzw. N.W.

Geestemünde-Bremerhaven: Genau genommen ist die Vorgeschichte Bremerhavens recht kompliziert. Da hatten um die Zeit des 30jährigen Krieges die Schweden schon einmal versucht, unter dem Namen Carlsberg einen Hafen anzulegen; doch der verschlickte. Im Jahre 1827 hat dann Bremens Bürgermeister Johan Smidt für Bremen das Gelände gekauft, weil Bremen wegen der versandeten Weser dringend einen Außenhafen brauchte. Smidts Gründung hatte Erfolg, dehnte sich aus, bezog den alten Ort Lehe und den bestehenden Hafen Geestemünde mit ein und wurde Bremens Haven, Bremerhaven. Über das alte Geestemünde können wir in Gorch Fock „Seefahrt ist Not" nachlesen.

Fast ein halbes Jahrhundert ist Bremerhaven Bremens eigentlicher Hafen gewesen. Die Auswandererwelle lief, Bremens Bindungen zum selbständig gewordenen Amerika zählten, 1847 wurde die Deutsch-Amerikanische Paketfahrgesellschaft und dann der Norddeutsche Lloyd gegründet, doch all die Schiffe fuhren nicht von Bremen ab, sondern von Bremerhaven, Bremens Hafen. — So ist Bremerhaven mit seinen 150 000 Einwohnern eine junge Stadt. Es war „Bahnhof am Meer", es ist bedeutender Hochseefischerhafen sowie Handels- und Industriehafen von Rang. Es gibt die Weserpromenade mit der Strandhalle, das Nordseeaquarium, das Fischereimuseum, das den Besuch lohnt, und auch ein Schiffsmuseum. Dazu gehört als größte die Bark „Seute Deern", die interessant und eindrucksvoll ist.

Bremerhaven bis Elsfleth

Aus Bremerhaven weseraufwärts laufend, ist das Nordwestufer für ein Sportboot zunächst uninteressant. Industrieanlagen und zahlreiche Großschiffskajen. — Das Ostufer ist zur Zeit noch unbesiedelt. Da liegen Luneplate und Lunesiel. Eine breite Bank hat sich vor beiden gebildet (Plan).

Luneplate und Lunesiel: Die Luneplate war früher eine große Weserinsel; unbesiedelt, im Sommer von Hirten und Herden aufgesucht. In der ersten Auflage dieses Buches hat mich die große Einsamkeit dort noch zum schmeichelhaften Vergleich mit den

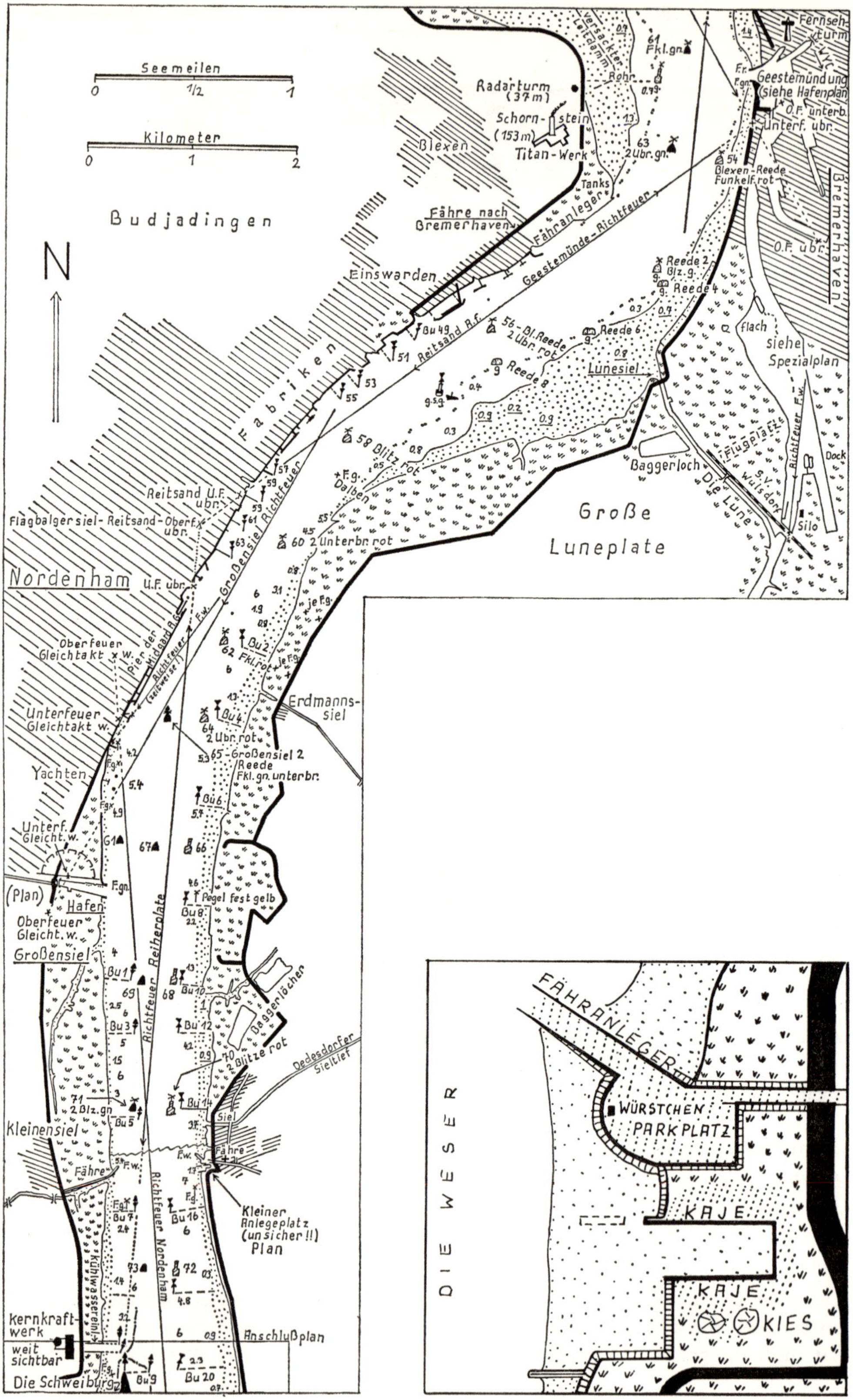
Seemeilen
0 1/2 1
Kilometer
0 1 2
Budjadingen
N
Radarturm (37m)
Schornstein (153m)
Titan-Werk
Blexen
Tanks
Fähranleger
Fähre nach Bremerhaven
Einswarden
Fabriken
Geestemünde-Richtfeuer
Reitsand R.F.
Versackter Leitdamm
Rohr
61 Fkl.gn.
63 2 Ubr.gn.
Fernsehturm
Geestemündung (siehe Hafenplan)
O.F. unterb.
Unterf. ubr.
54 Blexen-Reede Funkelf. rot
Bremerhaven
O.F. ubr.
Reede 2 Blz.g.
Reede 4
Reede 6
Reede 8
56-Bl.Reede 2 Ubr. rot
Lunesiel
flach
siehe Spezialplan
58 Blitz rot
Baggerloch
Die Lune
Flugplatz
Richtfeuer F.w.
S.V. Wulsdorf
Dock
Silo
Große Luneplate
Dalben
Reitsand U.F. ubr.
Flagbalgersiel-Reitsand-Oberf. ubr.
Großensiel Richtfeuer
60 2 Unterbr. rot
Nordenham
U.F. ubr.
Pier der Midgard AG
Richtfeuer (seitweise)
Oberfeuer Gleichtakt w.
Unterfeuer Gleichtakt w.
62 Fkl. rot
Erdmannssiel
64 2 Ubr. rot
65-Großensiel 2 Reede Fkl. gn. unterbr.
Yachten
Unterf. Gleicht. w.
(Plan)
Hafen
Oberfeuer Gleicht. w.
Großensiel
Pegel fest gelb
Baggerlöcher
Richtfeuer Reiherplate
70 2 Blitze rot
Dedesdorfer Sieltief
71 2 Blz. gn
Kleinensiel
Siel
Fähre
Kleiner Anlegeplatz (unsicher!!) Plan
Richtfeuer Nordenham
Kühlwassereinl.
Kernkraftwerk weit sichtbar
Die Schweiburg
Anschlußplan
FÄHRANLEGER
DIE WESER
WÜRSTCHEN
PARKPLATZ
KAJE
KAJE
KIES

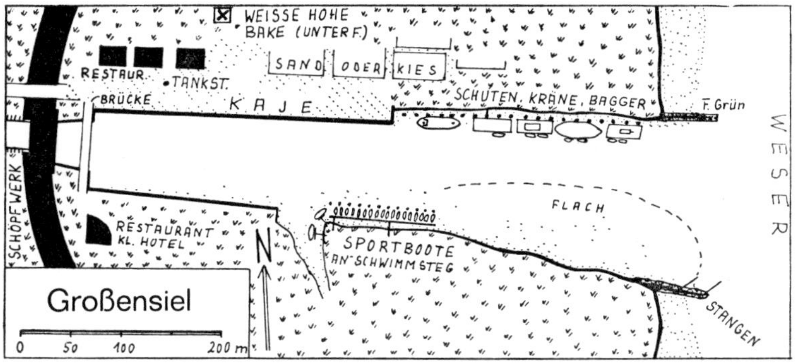

riesigen Weideflächen Andalusiens am Rio Guadalquivir verführen können. — Heute ist die Luneplate mit Sand aufgespült und soll Industriefläche werden. Turm der Radarkette Unterweser.

N e u e s L u n e s i e l, Mündung des früher weit ins Land hinein schiffbaren kleinen Flusses L u n e, ist nur noch wehmütige Erinnerung.

Nordenham, die Industriestadt am Westufer, hat keinen Hafen für Yachten. Doch der Wassersportverein hat zwischen Dalben eine Reihe von Tonnen. Natürlich dümpelt es. Aber die Aufnahme besuchender Yachten ist freundlich. — Eine Seemeile flußauf liegt der kleine Hafen Großensiel.

Hafen Großensiel wurde vor mehreren Jahren als Bauhafen für das nahe gelegene Kernkraftwerk ausgebaut. Er hat etwa 250 Meter Kaje und war, als er noch tiefgehalten wurde, ein ganz ansehnlicher kleiner Hafen. Inzwischen hat er seine Aufgabe erfüllt und verschlickt. A b w e i c h e n d vom Plan fällt der ganze Hafen bis auf eine Rinne in der Mitte trocken. — Yachten, denen Trockenfallen oder flaches Wasser nichts ausmachen, belegen entweder an der Kaje oder an der Außenseite von Binnenschiffen. — Zwei Restaurants, Lebensmittel, Treibstoff. Recht nette stille Umgebung.

D e d e s d o r f am Ostufer auf vorspringendem Deich mit halb mit Efeu bewachsener, weit sichtbarer Kirche war nett; halb uriges kleines Dorf mit Reetdächern und Störchen, halb Ausflugsplatz. Und jedenfalls Fährort seit alter Zeit. — Ein Friedhof mit alten Grabmälern, eine Kirche aus dem 12. Jahrhundert, darin eine reiche Barock-Orgel, der Blick auf die Weser vom vorspringenden Deich. Doch gute L i e g e p l ä t z e hat Dedesdorf leider nicht mehr. Denn in dem kleinen Liegeplatz zur Kiesverladung (Plan) wird der Sog vorbeifahrender Schiffe immer größer. — Auch in die Binnentiefs kann man nicht mehr.

K l e i n e n s i e l, gegenüber von Dedesdorf, war früher Fährhafen. Jetzt legt die Fähre im Weserstrom an. Auch wurde das Siel zugemacht. So verschlickt das Sieltief, und ich glaube, es ist heute zu nichts mehr zu gebrauchen.

Strohauser Plate bis Brake

Strohauser Plate ist eine flache, sechs Kilometer lange Insel an der Westseite der Weser. Der Wasserarm, der sie vom Festland trennt, heißt D i e S c h w e i b u r g. Am

Nordarm liegt der private Yachthafen Rodenkirchen, der kleine Hafen Strohausersiel, sind Ankerplätze und noch ein paar andere Sieltiefs.

Strohauser Plate ist im Südteil eingedeicht, doch nur von wenigen Bauern bewohnt. Ein Priel zieht zu den Bauernhäusern, ein anderer weiter nordwärts. Für Einsamkeitslüsterne hat die Insel erkundenswerte Plätze. — Die Nordspitze ist Watt, umgrenzt durch ein Trennwerk. Reiherplate Unterfeuer, ein Turm mit schwarz-weiß-roten Bändern, steht auf der Nordspitze. — 1 Kilometer südwärts steht die schwarze Gitterbake Reiherplate-Oberfeuer mit Rhombus-Toppzeichen.

Die Schweiburg, Nebenarm der Weser, fließt westwärts um die Strohauser Plate. Ihre Südhälfte fällt trocken und ist durch Leitdämme schmal eingefaßt. Nur im Stil von „Entdeckungsfahrt an fremder Küste“ ist sie bei steigend Wasser und mehr als halber Tide von kleinerer Yacht zu befahren. — Der Nordteil der Schweiburg ist bei N.W. 80—100 Meter, bei Hochwasser zwischen den Grünlandkanten etwa 200 Meter breit und bei N.W. 0,5 bis 1 Meter tief. Einlaufen an der Westseite der Leuchtbake Reiherplate-Unterfeuer nach Süden. Die mit Untiefenbake bezeichneten, überfluteten Leitdämme des Kühlwassereintrittes des Kernkraftwerkes muß man beachten. — Die Schweiburg ist ein vorzüglicher **Ankerplatz.** In ihr liegen etwa 30 bis 40 Mooringbojen aus. Sie sind für Yachten bestimmt. An Wochenenden wird man sie oft alle besetzt finden und zum eigenen Anker greifen. Es ist mit Abstand der schönste (und leider auch fast der einzige) Ankerplatz, den die Weser heute noch zu bieten hat. Wo können wir denn, nachdem fast alle Nebenarme hinter Inseln geschlossen wurden, noch das Erlebnis nächtlichen Ankerns haben (außer im Watt)? Doch wie vorauszusehen verschlickt auch die Schweiburg immer mehr. Lotet, wenn ihr mit Kielyacht weiter einwärts oder am Rande liegt.

Achtung mit Kielyacht bei Niedrigwasser: Über der Kühlwasserleitung des Kraftwerkes nur 1,4 Meter Wassertiefe (Plan).

Rodenkirchener Yachthafen, eine private Gründung, liegt in einem Sieltief an der Westseite der Schweiburg etwa eine Meile südlich von Reiherplate-Oberfeuer. Im Sieltief ist ein 200 Meter langer Schwimmsteg mit 60 bis 80 Yachten. Einige Plätze sind für Gäste. Der Hafenschlauch fällt trocken. Eine etwas tiefere Rinne läuft 5 bis 10 Meter vom Schwimmsteg entfernt. Leider ist der Hafen in der letzten Zeit so flach geworden, daß eine Yacht von einigem Tiefgang sich vor dem Einlaufen nach der Wassertiefe erkundigen sollte. Zufahrt sowieso nur nahe Hochwasserzeit. Oft ist der schmale Hafen restlos voll. — Es gibt auf etwas erhöhtem Platz ein kleines Clubhaus, von dem man über den Hafenschlauch bis zur Weser blickt.

Hafen Strohausersiel ist nach Instandsetzung wieder zugänglich. Es gibt eine kurze Kaje sowie beschränkten Platz für Sportboote. Das Sieltief fällt bei Niedrigwasser bis auf eine schmale Rinne trocken. — Insgesamt ist es nett, doch klein und voll.

Binnen liegen der einladende Flecken Rodenkirchen mit etwa 5000 Bewohnern und alter Festungskirche auf sturmflutsicherer Wurt. Nahebei das Dorf Hartwarden mit dem Friesendenkmal „Lever dod as Sklav“. Nordwärts das neue Kernkraftwerk Esenshamm.

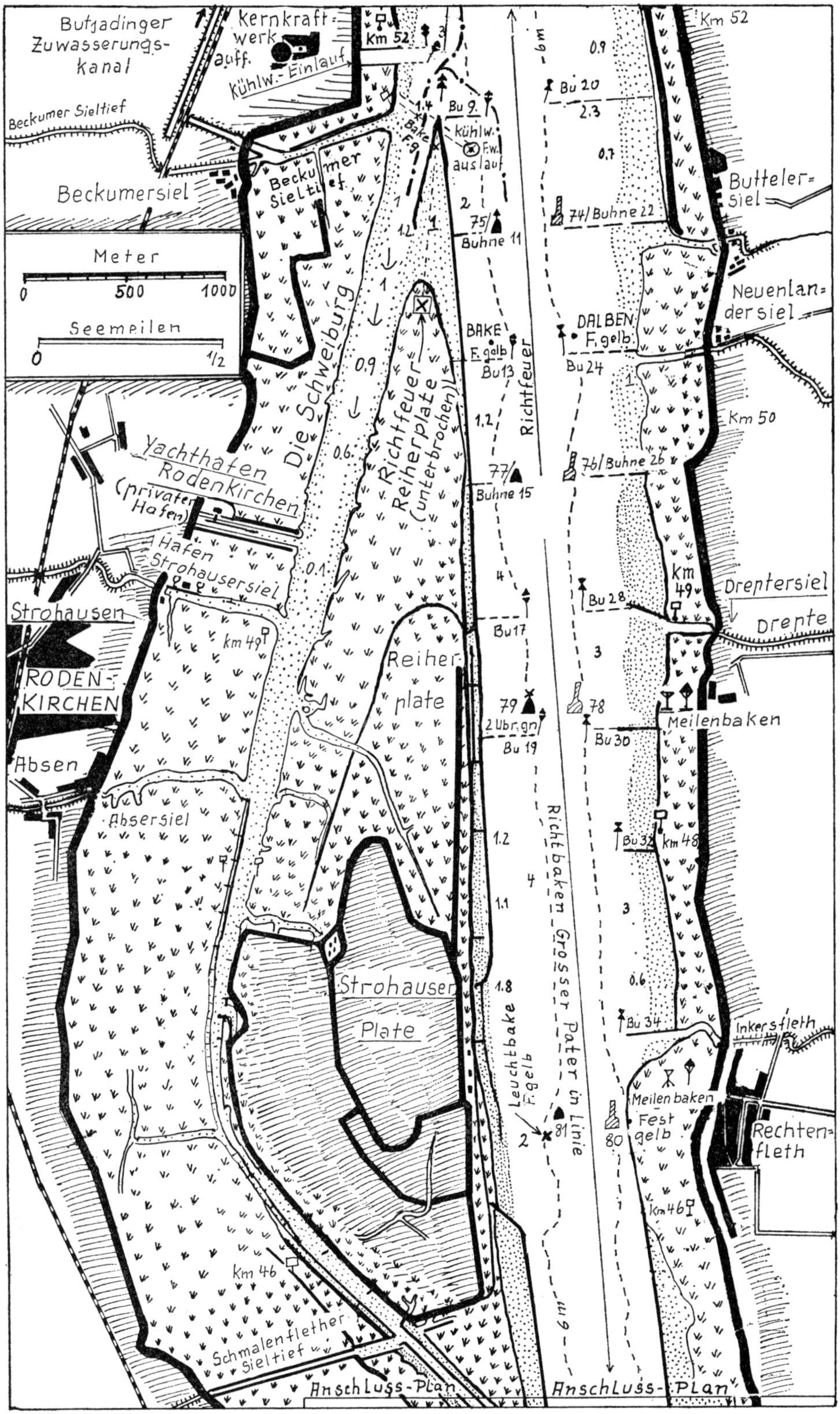

Butjadinger Zuwasserungs-kanal
Kernkraft-werk auff.
Kühlw.-Einlauf
Km 52
Beckumer Sieltief
Beckumersiel
Beckumer Sieltief
Bu 9
Bake F 9
Kühlw. F.W. auslauf
75/
Buhne 11
Bu 20
74/Buhne 22
Butteler-siel
Meter
0
500
1000
Seemeilen
0
1/2
Die Schweiburg
Richtfeuer Reiherplate (unterbrochen)
BAKE
F. gelb
Bu 13
Richtfeuer
DALBEN F. gelb
Bu 24
Neuenlander-siel
Km 50
Yachthafen Rodenkirchen (privater Hafen)
77/
Buhne 15
76/Buhne 26
Hafen Strohausersiel
Strohausen
km 49
Bu 17
Bu 28
km 49
Drepte
Drentersiel
RODEN-KIRCHEN
Reiherplate
79
2 Ubr. gn
Bu 19
78
Bu 30
Meilenbaken
Absen
Absersiel
Richtbaken Grosser Pater in Linie
Bu 32
km 48
Strohauser Plate
Leuchtbake F. gelb
Bu 34
Inkersfleth
81
80
Meilenbaken Fest gelb
Rechten-fleth
Km 46
Km 46
Schmalenflether Sieltief
Anschluss-Plan
Anschluss-Plan

Beckumersiel am Nordende der Schweiburg, entwässert zwei Siele. Heute ist es durch das Kernkraftwerk als Liegeplatz nicht mehr benutzbar.

Absersiel mit einigen 40 Sportbooten kämpft gegen die Behörden um sein Überleben. Nett und still, doch für den Ortsfremden schwer zugänglich.

So schreibe ich also mit traurigem Herzen die Geschichte sterbender Häfen! Und gleichzeitig liegen draußen im Watt 2000 Quadratkilometer unberührter Natur völlig nutzlos herum, für uns Menschen verboten. Das begreife, wer kann.

Häfen und Sieltiefs an der Weser

Den Nebenfluß Drepte, den man bis Hagen (früher Schloß des Bremer Erzbischofs) befahren konnte, müssen wir streichen. Buttelersiel, Neuenlandersiel, Dreptersiel und Golzwardersiel muß man nach dem Plan für sich selber entdecken.

Rechtenfleth an der Ostseite der Weser (Plan Seite 113) hat ein Sieltief. Das Dorf mit 400 Bewohnern ist ein kleiner Ferienort von Charakter. Es war Wohnsitz des Dichters der Marschenlandschaft, Hermann Allmers, dessen Haus — jetzt Museum — manches überraschende Stück Kunstwerk enthält; Geschenke von Kunstkollegen. — Die Zufahrt ist dicht nördlich von den beiden auffälligen Meilenbaken (Plan). An der Südseite einer 200 Meter langen Buhne fahre ich auf das Grünland zu. Ein 250 Meter langer Grünlandpriel führt vor den Deich mit Sielschleuse, kurzem Bollwerk und Schwimmstegen eines kleinen Segelvereins. Vor der Sielschleuse bleibt Wasser stehen.

Insel Harriersand und Rechter Nebenarm waren früher Fahrtenziele von Rang. Insbesondere der Rechte Nebenarm war eine große Region unberührter Natur mit vielen kleinen Sielplätzen und ungezählten Ankermöglichkeiten. — Was hilft es, denn dem nachzutrauern. Der Rechte Nebenarm ist durch Wasserbauarbeiten zum Entwässerungsgraben geworden. Harriersand ist durch niedrige feste Brücke mit dem Land verbunden. —

Ankerplatz ist mit Mühe und Not im Rechten Nebenarm, wo er in die Weser mündet (Plan). Die Steindämme sind etwa ab halber Tide unter Wasser. So ist es am besten, bei weniger als halber Tide einzulaufen und sich seinen Platz zu suchen, solange die Dämme noch sichtbar sind. Es wird langsam flacher (etwa 1 Meter bei N.W.).

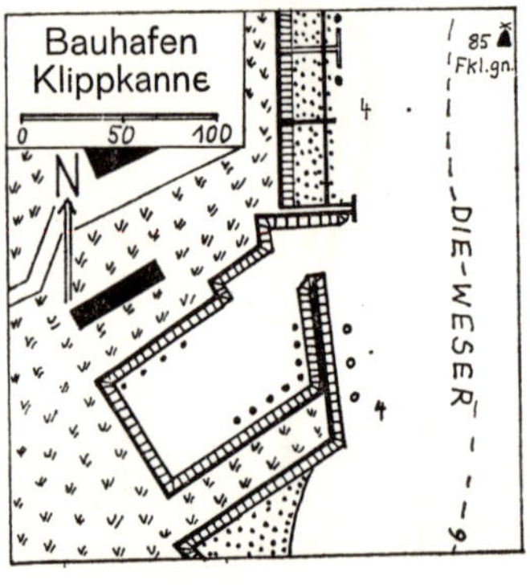

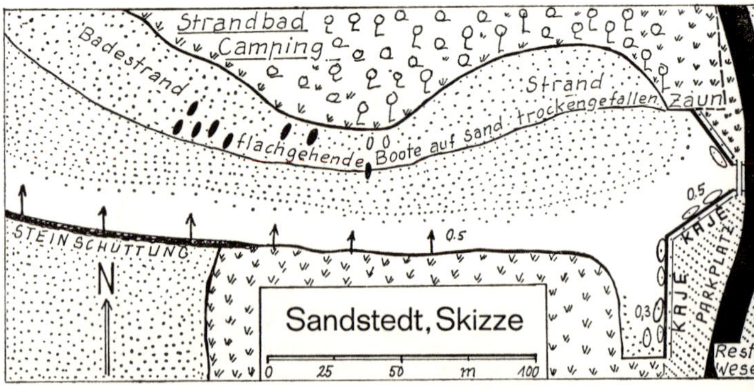

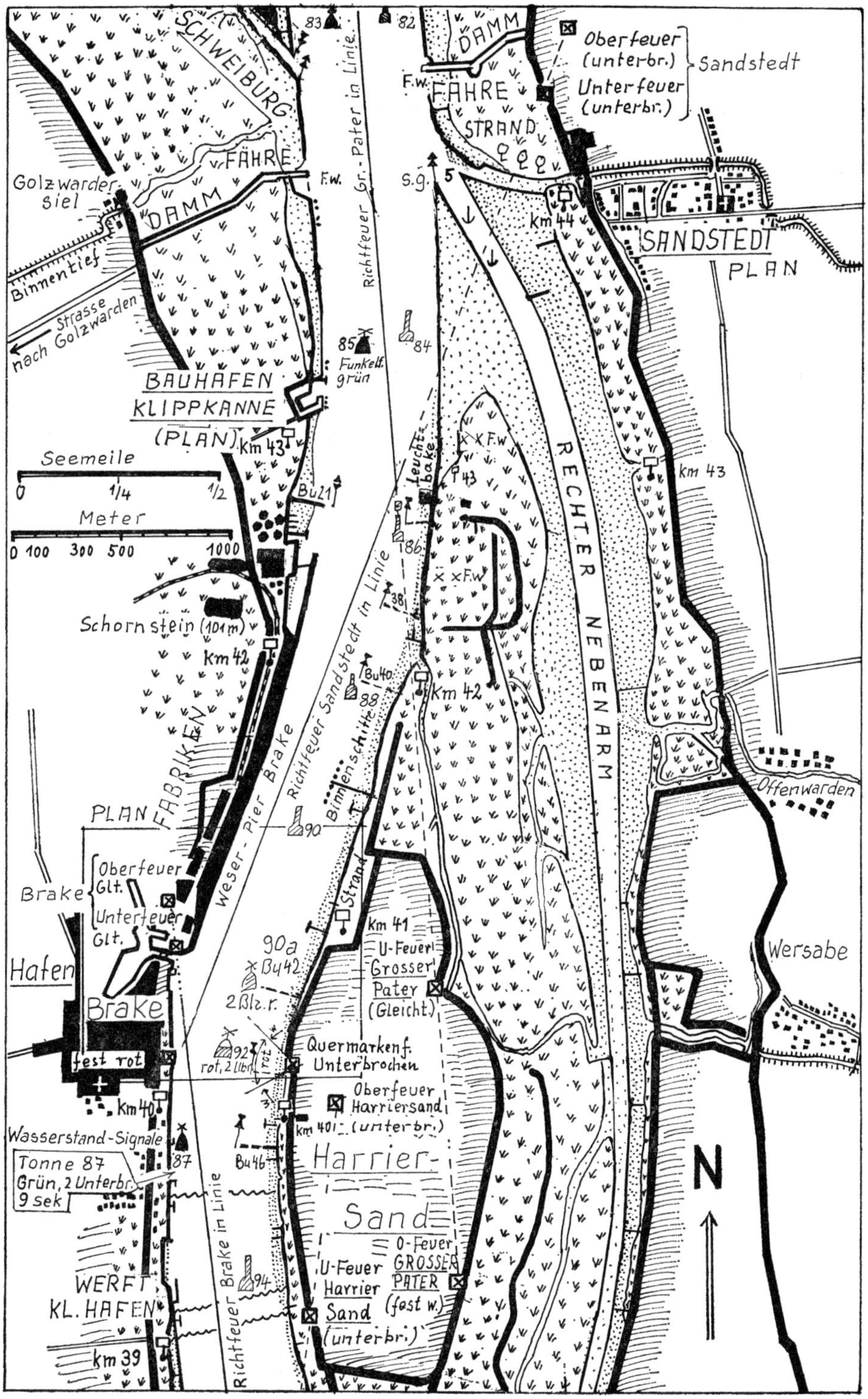
SCHWEIBURG
DAMM
FÄHRE
Golzwarder-siel
Binnentief
Strasse nach Golzwarden
BAUHAFEN
KLIPPKANNE
(PLAN)
Km 43
Seemeile
0 1/4 1/2
Meter
0 100 300 500 1000
Bu 21
Schornstein (101 m)
Km 42
FABRIKEN
PLAN
Brake
Oberfeuer Glt.
Unterfeuer Glt.
Hafen
Brake
fest rot
Km 40
Wasserstand-Signale
Tonne 87 Grün, 2 Unterbr. 9 sek
WERFT
KL. HAFEN
km 39
Richtfeuer Brake in Linie
Weser-Pier Brake
Richtfeuer Sandstedt in Linie
Richtfeuer Gr.-Pater in Linie
Binnenschiffe
Strand
Funkelf. grün
Leuchtbake
Bu 40
Bu 42
Bu 46
90a
2 Blz. r.
rot, 2 Ublr.
Quermarkenf. Unterbrochen
Oberfeuer Harriersand (unterbr.)
km 40
Harrier-Sand
U-Feuer Harrier Sand (unterbr.)
O-Feuer GROSSER PATER (fest w.)
U-Feuer Grosser Pater (Gleicht.)
km 41
Km 42
F.W.
S.g.
DAMM
FÄHRE
STRAND
Km 44
Oberfeuer (unterbr.)
Unterfeuer (unterbr.)
Sandstedt
SANDSTEDT
PLAN
RECHTER NEBENARM
km 43
Offenwarden
Wersabe
N

Sandstedt am Ostufer bei der Nordspitze von Harriersand hat etwa 70 Meter Kaje (Skizze). Bei den Kajen bleiben bei N.W. nur etwa 1/4 bis 1/2 Meter Wasser zurück. Eine Kielyacht muß Leine vom Mast zum Land geben, denn der Grund ist unter dem Schlick hart. — Vor allem aber hat Sandstedt schönen S a n d s t r a n d. Da lassen sich flachgehende Boote meist trockenfallen. Es gibt Wald; so kann man seine Bugleine an einem Baumstamm belegen, was an der Nordsee sonst nicht zu haben ist. Am Strand muß man bezahlen. Ein Pfahl (im Hafenplan nicht eingezeichnet) ist an der Nordseite der Rinne. Die nahe Autofähre hat viele Autos hergebracht. Es war früher netter. —

A n l a u f e n auf der Weser um die Nordspitze von Harriersand. Die Bake (zwei Kegel Spitze aufwärts) bleibt an Steuerbord. Das weitere zeigt der Plan auf Seite 115 besser als eine Beschreibung.

Bauhafen Klippkanne (Plan S. 115) liegt 600 Meter nördlich der sehr auffälligen Fettraffinerie. Er hat tiefes Wasser auch bei N.W. Ist er auch an sich für Sportboote gesperrt, so mag eine Yacht auf Wanderfahrt bei der Ungunst von Brake zum Übernachten hier ihr Glück versuchen. Auch als Nothafen mag er dienen. Ich habe die „Besatzung“ des einsam liegenden Hafens als ausgesprochen nett in Erinnerung.

Brake (Plan S. 101, 115, 116)

14 Seemeilen flußauf von Bremerhaven liegt dieser erste Hafen mit einem kleinen Tiefwasserbecken. Ursprungs diente das Hafenbecken für Seeschiffe, doch heute vor allem für Binnenschiffe. Die großen Seeschiffe liegen jetzt an einer fast 2 Kilometer langen Tiefwasserkaje am Weserstrom. Wachsende Industrieanlagen, vor allem für Speisefett und Düngemittel. Die Stadt hat etwa 25 000 Bewohner. Nett ist der Blick

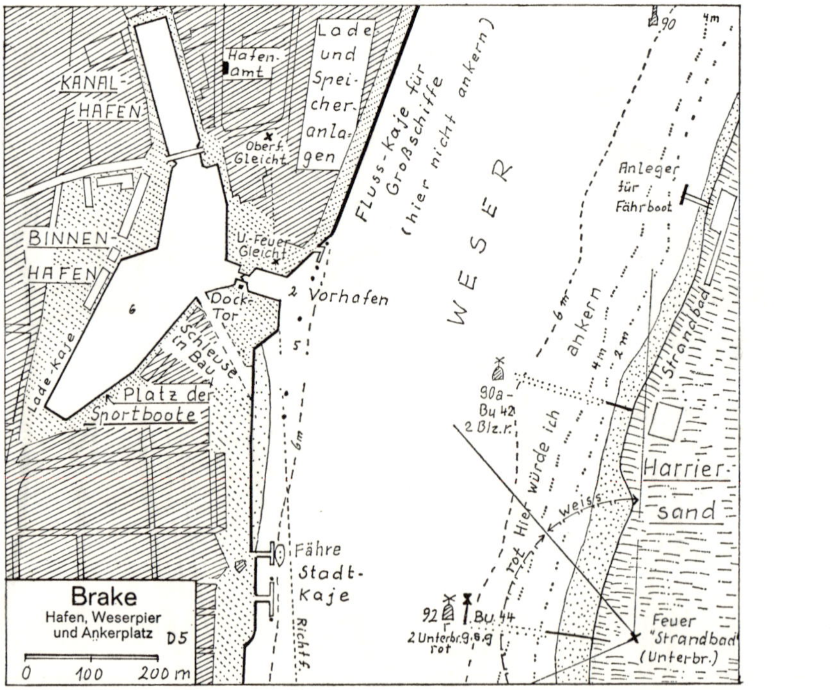

vom Weserdeich auf Fluß und Harriersand. Im Turm des früheren optischen Telegraphen zwischen Bremerhaven und Bremen ist ein kleines Schiffsmuseum. — Doch leider ist der Hafen, den man früher gerne anlief, für Sportboote ein recht ungünstiger Platz geworden.

Der Hafen: Innerhalb der Docktore sind fast 1 Kilometer Kajen. Dennoch ist der Hafen gedrängt voll, vor allem mit langen, unhandigen Binnenschiffen. Daß zwei Nebenbecken zugeschüttet wurden, hat die Sache nur noch ärger gemacht. — Brake ist ein Dockhafen. Diese Hafenart findet man in der übrigen Welt viel häufiger als in Deutschland. Die Docktore öffnen sich etwa 2 Stunden vor Hochwasser und schließen etwa zur Hochwasserzeit. So bleibt das Wasser drinnen hoch und nahezu gezeitenfrei. Freilich kann man 10 Stunden lang nicht hinein oder heraus. Die Öffnungszeit wechselt abhängig vom Wasserstand des Tages. Will ungewöhnlich hohes Hochwasser auflaufen, dann kann schon einige Zeit vor H.W. geschlossen werden. Prüfet also, ihr Schiffer, die Pläne des nächsten Tages, ehe ihr euch einsperren laßt. — Liegeplätze: siehe Plan. Eine neue Schleuse ist vorgesehen.

Im Vorhafen ist man in der Weser bis zum Öffnen der Docktore leidlich aufgehoben. Es gibt an beiden Seiten etwa 50 Meter Eisenspundwand mit Leitern. Da kann man festmachen, während das Docktor geschlossen ist. Doch man muß verholen, sobald es öffnet. — Stets ist es besser, vorher einen Blick in den Hafen zu werfen und mit dem Schleusenmeister zu reden.

Festmachetonnen für Yachten sind am gegenüberliegenden Ufer hinter einer Dalbenreihe, an denen Binnenschiffe liegen. Über's Wochenende liegt man auch längsseits der Binnenschiffe ganz gut. Landverbindung über Brücke.

Moorriemer Sieltief, 2 Meilen südlich von Brake, beherbergt ein paar mittelgroße Sportboote an Mooring. — Danach 2 weitere Meilen ereignisloser Flußlauf. Dann bei Tonne „97—Hunte 1" nach Steuerbord Abzweig der **Hunte** mit Elsfleth als Hafenort.

Elsfleth Hafen und Ort (Plan S. 101, 117, 118)

Die alte Seefahrerstadt Elsfleth mit 7000 Bewohnern liegt 1½ Meilen flußauf vom Zusammenfluß von Hunte und Weser. Da hocken die kleinen Häuser auf und hinter dem Deich; Treppengassen führen darüber, verwinkelt fast wie in einem Ort des Mittel-

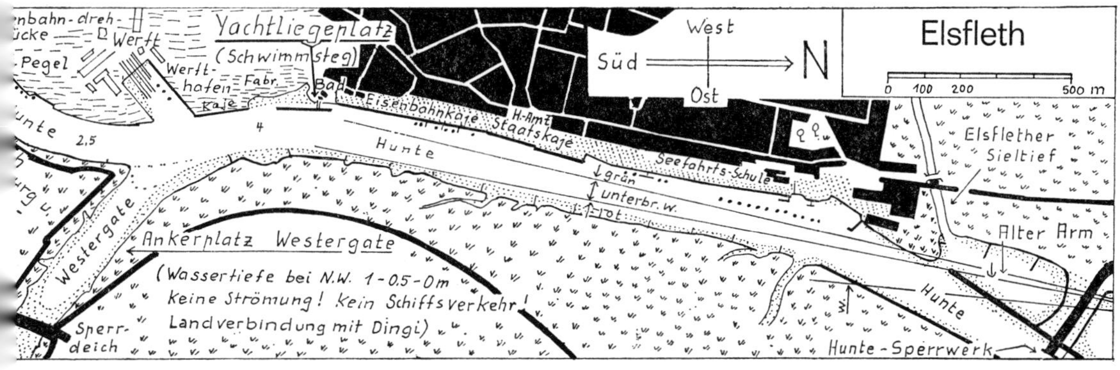

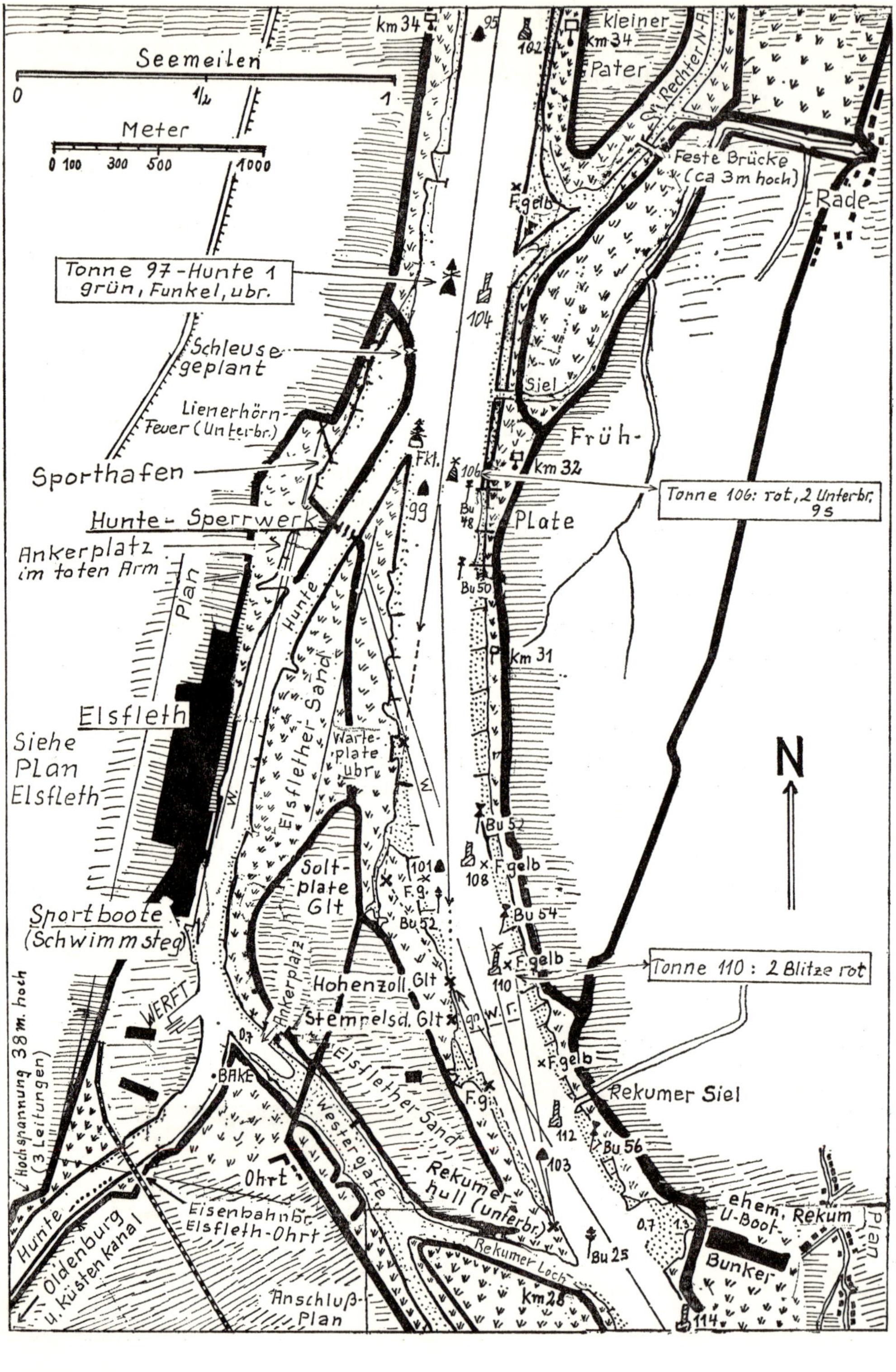

Seemeilen
0 1/2 1
Meter
0 100 300 500 1000
km 34
kleiner
Km 34
Pater
Feste Brücke
(ca 3 m hoch)
Rade
F. gelb
Tonne 97 - Hunte 1
grün, Funkel, ubr.
104
Schleuse
geplant
Siel
Lienerhörn
Feuer (Unterbr.)
Früh-
Sporthafen
Fkl.
km 32
Tonne 106: rot, 2 Unterbr.
9 s
Hunte-Sperrwerk
99
Bu 48
Plate
Ankerplatz
im toten Arm
Bu 50
Plan
Hunte
km 31
Elsflether Sand
Elsfleth
Siehe
Plan
Elsfleth
Warte-
plate
ubr.
N
Bu 52
Solt-
plate
Glt
101
108
F. gelb
Bu 52
Bu 54
Sportboote
(Schwimmsteg)
F. gelb
110
Tonne 110: 2 Blitze rot
Hohenzoll. Glt
Stempelsd. Glt
Ankerplatz
WERFT
Hochspannung 38 m. hoch
(3 Leitungen)
0.7
BAKE
Elsflether Sand
F. gelb
Rekumer Siel
Westergate
F. g.
112
Bu 56
103
Ohrt
Rekumer
hull (unterbr.)
ehem. Rekum
U-Boot-
Bunker
Eisenbahnbr.
Elsfleth-Ohrt
0.7
1.3
Plan
Hunte
Oldenburg
u. Küstenkanal
Rekumer Loch
Bu 25
Km 28
Anschluß-
Plan
114

meeres. Reicht gar unsere Vorstellungskraft, uns die Hunte vor dem Deich mit Barken, Briggs, Galeassen und Schunern zu bevölkern, die hier zu Hunderten zuhause waren, dann erhebt sich das kleine Elsfleth zu einer Romantik, die es im Zeitalter des motorgetriebenen Eisenschiffes nun einmal nicht mehr gibt. — Geblieben ist der Name „Elsfleth" als Heimathafen am Heck sehr vieler Küstenschiffe, die Seefahrtschule, das Amtsgebäude des Weserzolls im Rathaus aus dem 30jährigen Krieg und die Werft, die heute 10 000-Tonner baut. — Am Wochenende ist Elsfleth von vielen Bremer Seglern besucht. Der Abendspaziergang auf dem Weserdeich Richtung Brake hat bisher allen meinen Mitseglern gefallen, auch denen, die erst gar nicht wollten. — Durch die Hunte läuft ganz emsiger Verkehr von Küstenfrachtern und vor allem von Binnenkähnen. — Alle Versorgung, Kräne, Schlipp, Werft, Wetterkarten in der Seefahrtschule. — Tiefe in der Hunte bei N.W. etwa 4 Meter. Maximal 10 km/h.

Der Hafen ist der Fluß, ein Naturhafen, zu allen Starkwinden in denkbar bester Richtung. Alle Kajen haben tiefes Wasser. Doch Sportboote liegen meist an dem 150 Meter langen Schwimmsteg am Fluß südlich der Eisenbahnkaje. — Die Westergate ist nur noch 0 bis 1/2 Meter tief. Dennoch schöner Ankerplatz für Boote mit geringem Tiefgang. — **Sportboothafen** soll die alte Mündung der Hunte werden. Um der sonst rasch erfolgenden Verschlickung vorzubeugen, wird der Deich jetzt geschlossen und eine Schleuse eingebaut. — Der tote Arm südlich vom Sperrwerk gibt, bis er verschlickt oder verschlossen wird, jedenfalls einen guten Ankerplatz ab.

Das Sperrwerk der Hunte wurde 1979 in Betrieb genommen. Gestattet ist die Durchfahrt durch die beiden mittleren Durchfahrten. Sie sind je 26 Meter breit. Die beiden Brücken sollen immer offen stehen, außer dann, wenn das Sperrwerk bei mehr als 0,8 Meter über mittlerem Hochwasserstand schließt. Geschlossen erlauben die Brücken bei mittlerem Hochwasser 6 Meter Durchfahrtshöhe. — Zur Zeit besteht Überholverbot 600 Meter vor und hinter dem Sperrwerk.

Oldenburg und Küstenkanal: Seite 129 f.

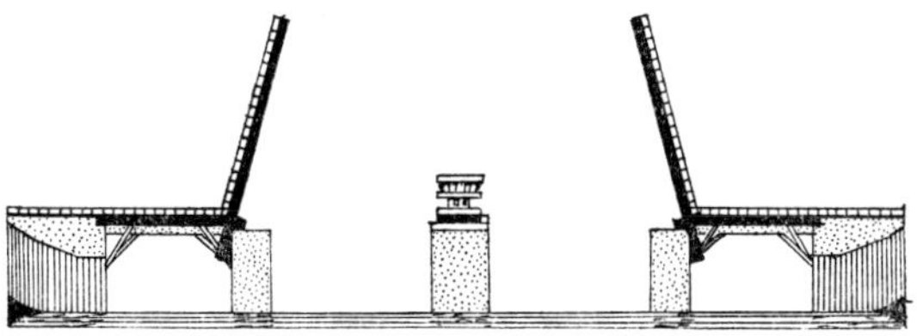

Hunte-Sperrwerk

Huntemündung bis Bremen

Weserkrümmung bei Elsflether Sand: Oberhalb der Hunte-Mündung ist die Weser nur noch 250 Meter breit. An ihrer Westseite liegen die früheren Weserinseln Elsflether Sand und Rönnebecker Sand (Plan Seite 118). Hier biegt die Weser nach Osten. — Nachts ist diese Strecke mit Richtfeuerlinien befeuert. Sie werden durch drei Leuchtbaken an der Ostseite mit fest gelbem Feuer ergänzt. — Am Ende der Krümmung ist der riesige ehemalige U-Bootbunker eine auffällige Erscheinung. Gegenüber an der Westseite mündet das Rekumer Loch. — Rekumer Loch und Westergate, früher Nebenfahrwasser nach Elsfleth und nette Ankerplätze, sind teilweise abgesperrt worden, nicht mehr durchgehend befahrbar und bereits stark verschlickt.

Bauhafen Farge liegt dicht vor dem auffälligen Kraftwerk im Ostufer der Weser. Das ist hier hohes, schönes Geestufer. Der Hafen, 120 Meter lang, 50 breit, 2 tief, hat Spundwand. Bau- und Behördenfahrzeuge liegen darin. Für Yachten kommt er nur als Nothafen (etwa bei Motorschaden) in Frage. Die „Besatzung“ des Hafens ist nett, doch selber soll man es auch sein.
Gegenüber von Bauhafen Farge mündet der Nebenarm Röversgate (auf neuen Seekarten heißt es weniger romantisch Woltjenloch). Eine Steinschüttung innen ist nahe H.W.-Zeit passierbar und gibt Zugang zur Westergate. Ankerplatz für flachgehende Boote. — Über die Weser führt 60 Meter hoch eine Hochspannungsleitung (Ankerverbot 300 Meter von ihr).

Yachthafen Warflether Arm war von einem Yachtclub mitten in stiller Natur neu geschaffen worden, und zwar in einem Nebenarm des Warflether Armes (Plan und Spezialplan). Doch nun wurde am Weserufer eine Steinschüttung gelegt. Ich weiß nicht, wie der Zugang zu diesem sehr schönen Platz heute erfolgt und gebe die alte Beschreibung mit allem Vorbehalt. — Man verläßt die Weser bei Tonne 109 und hält erst westwärts, dann südwestwärts. Zwischen zwei Stangen Besen abwärts (die die Enden eines Holzbollwerks bezeichnen) läuft man in den Nebenarm. Da ist an gerammten Eisenpfählen ein ca. 150 Meter langer Schwimmsteg mit rund 50 Yachten. Die Tiefe ist wechselnd und weniger als ½ Meter bei N.W. — Das Ganze liegt vollkommen einsam in unberührter Natur. Gerade deshalb hat es mir gefallen. Clubhaus in Bau. Versorgung hinter dem Deich. — Im Hauptzweig des Warflether Armes fahren und liegen, wenn überhaupt, nur flachgehende Boote.

Yachthafen Blumenthal-Rönnebeck (Plan unten und S. 121) beherbergt etwa 50 Jollenkreuzer und ähnliche Boote des Blumenthaler Wassersportvereins. Die liegen an der

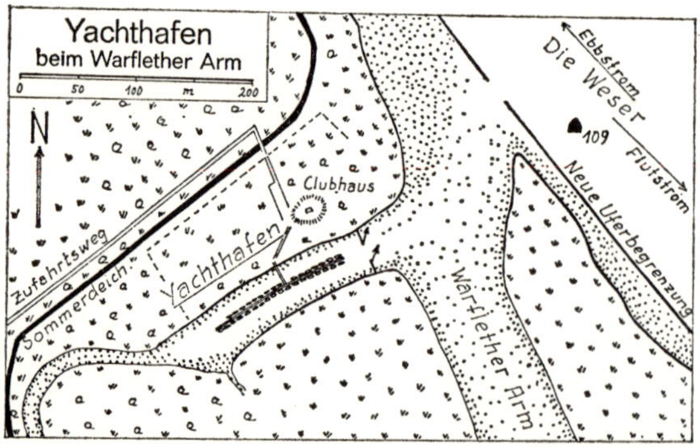

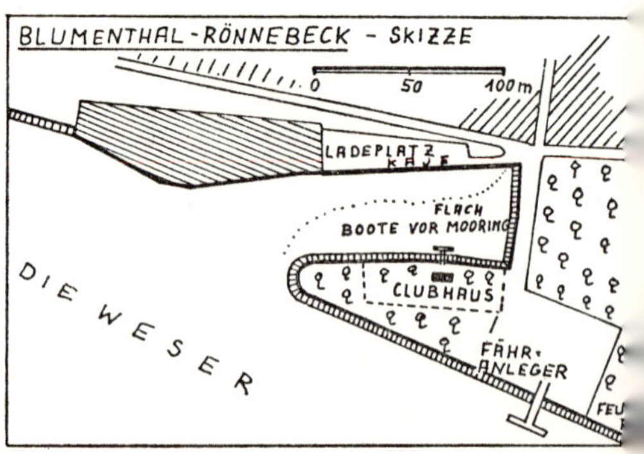

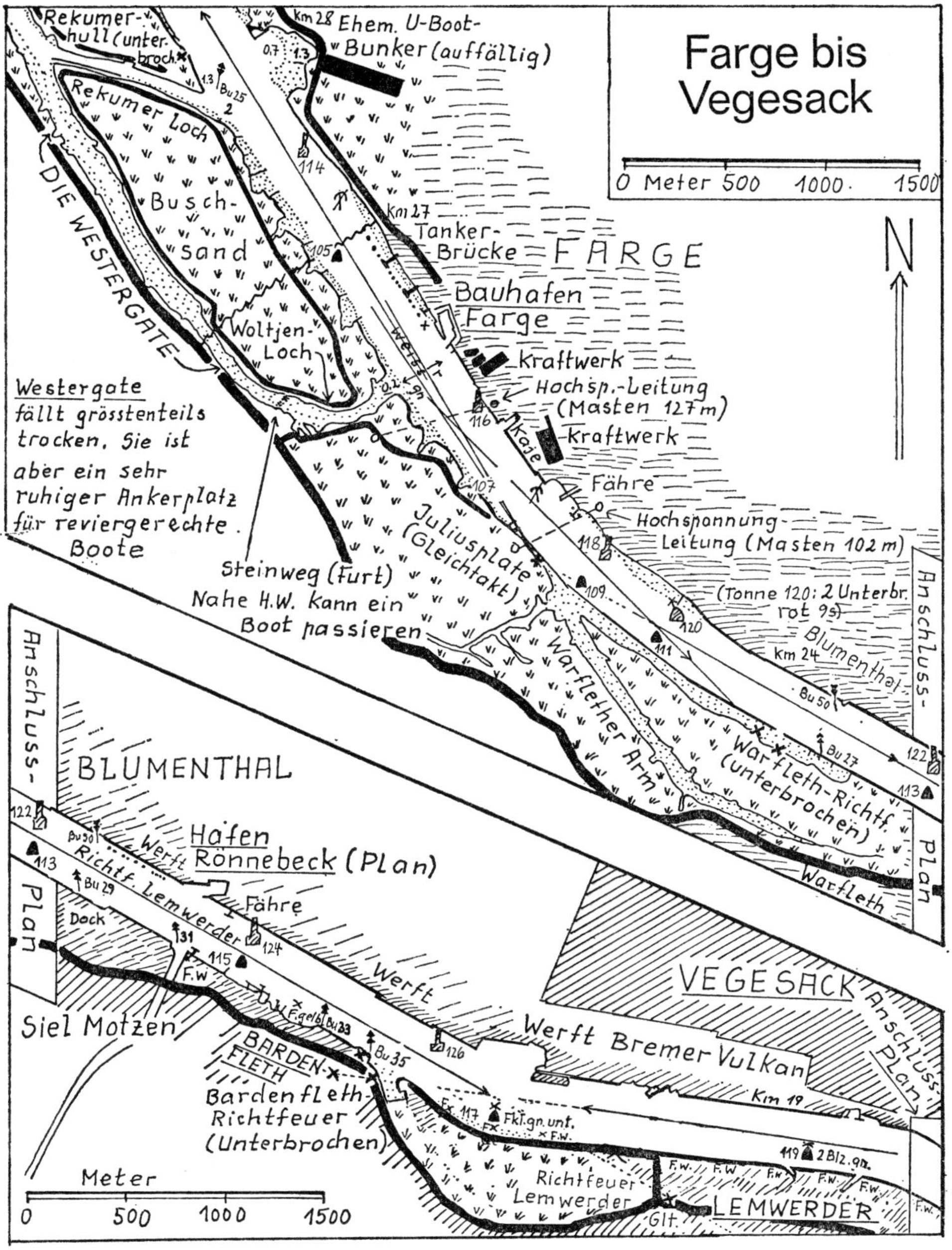

Südseite des recht kleinen Hafens dicht gedrängt vor Mooring. Bei N.W. steht da stellenweise nur 1/2 Meter Wasser. — Tief ist der Hafen nur an der Nordkaje, wo Kies verladen wird. Zwei oder drei Seefahrtsyachten mögen dort zum Übernachten Platz finden. Doch hervorragend schön liegt man nicht. — Der Club hat einen kurzen Steg mit Trinkwasser und Ausschank im Clubhaus.

Motzen, Sieltief gegenüber von Blumenthals Hafen, hat etwa 10 kleinere Yachten vor dem Siel vor Mooring sowie einen kleinen Schwimmsteg. Für eine fremde Yacht auf Wanderfahrt taugt es wohl nicht.

Bardenfleth, alter Nebenarm, wurde aufgespült und ist für uns verloren.

Bis Vegesack noch 3 Seemeilen. Zuvor die großen Helligen der Werft Bremer Vulkan mit riesigen Kränen. Vorsichtig muß man hier beim Kreuzen sein, denn die hohen Schiffsrümpfe machen Windabdeckung. Wäre mein Mast nicht um Haaresbreite vom Malergestell an einem Schiffsheck frei geblieben, so wären 20 Kilo Großschiffsfarbe von oben gekommen, und wer weiß, was und wer noch sonst.

Sporthafenregion Vegesack, Lemwerder, Grohn und die Lesum

Wo der Fluß Lesum von Osten in die Weser mündet, liegt die Stadt Vegesack. Gegenüber ist der Yachthafen Lemwerder, 1000 Meter Lesum-aufwärts der Grohner Hafen. Und die ganze Lesum steckt voller Sportboote und Sportboot-Liegeplätze. Hier sind Bremens Yachten zuhause. Das neue Sperrwerk wird, obwohl es Klappbrücke und Schleuse hat, früher oder später den Yachten die Freude an diesem sehr schönen Liegeplatz in der Lesum verderben.

Vegesack, zwischen Kleinstadt und Mittelstadt stehend, ist als Ort hier das Zentrum. Sein Stadthafen hatte früher etwas Güterumschlag und war in seiner Art sehr nett und typisch. Freilich mußte ich, da Vegesack oft Ziel meiner Herbstfahrt war, morgens stets sehr viele große Blätter von Deck einsammeln, denn man lag unter dichten Bäumen. Die Stadt hatte damals noch Walfischfang- und Werfttradition. — Heute ist Vegesacks Hafen umgebaut, ist verkleinert worden, hat weder Bäume, noch Küstenschiffe, noch Herbstblätter mehr, dafür Parkraum für Autos. Nicht mehr die großen Unter-

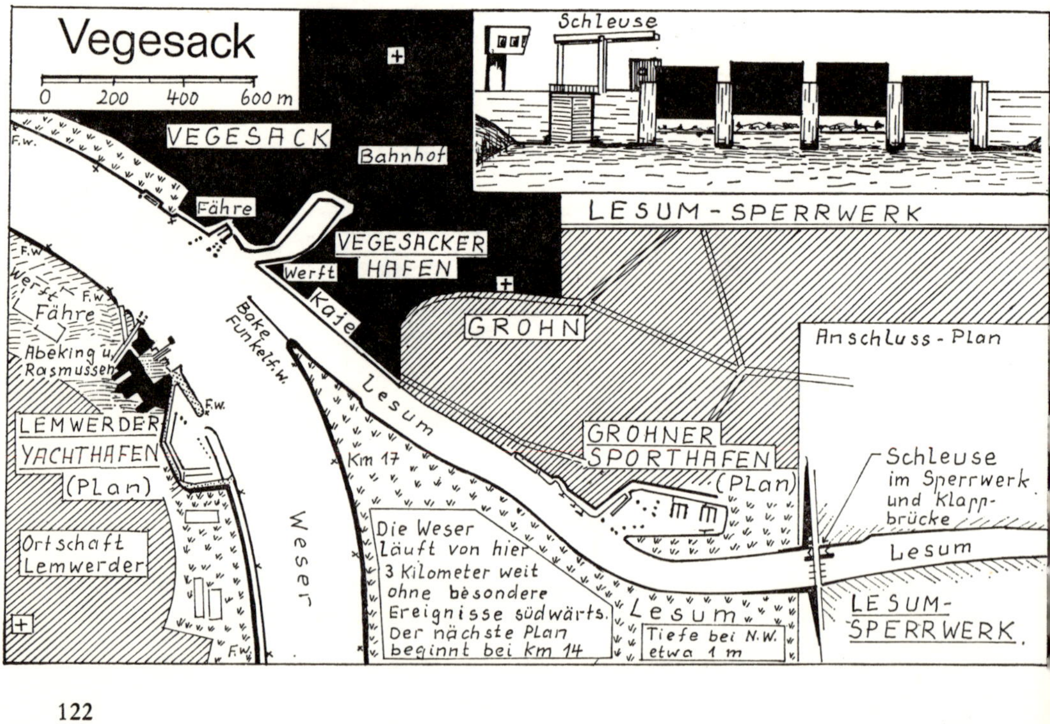

kiefer der Walfische, sondern die weit größeren erstaunlichen Wohnkasernen prägen die Stadt. — Ich habe Vegesacks Stadthafen in meinem Hauptbuch in die Spalte der verlorenen Paradiese umgebucht.

Lemwerder-Yachthafen liegt gegenüber von Vegesack an der Westseite der Weser. Es ist der traditionsreichste Yachtclub der Weser, bekannt durch die Namen großer und schöner Yachten, bekannt aber auch durch die Yachtwerft Abeking & Rasmussen, deren Yachten Weltruf haben. — Der Hafen hatte seine schwierige Zeit, denn Sog und nachfolgender Inschot der immer größeren und immer schneller laufenden Frachtschiffe machten das Liegen schwierig. — Nun ist der Hafen umgebaut worden; er wurde vergrößert, die Einfahrt schmaler gemacht sowie energisch gebaggert. Einiges, doch nicht alles, ist besser geworden.
Das nördliche Drittel des Yachthafens gehört der Yachtwerft. Da findet ein Gast meist keinen Platz. Doch in dem südlichen Teil werden einem von dem Bootsmann des Weser-Yacht-Clubs freie Plätze an den Schwimmstegen zugewiesen. — Die Wassertiefe ist z. Z. bei N.W. etwa 1½ Meter. Trinkwasser auf den Stegen. Alle Einrichtungen eines traditionsreichen Yachtclubs, der auf Niveau hält. Daß die neue Sturmflutspundwand ihn so einengt, ist freilich ein Jammer. — Alle Reparaturmöglichkeiten bei der Werft. — Fährverbindung nach Vegesack.

Grohner Hafen ist ein reiner Sportboothafen, und zwar der größte nach der Zahl der Boote. Er liegt an der Lesum, etwa 1000 Meter flußauf, und dicht unterhalb des Sperrwerkes. Das Hafenbecken, von hohem Eisendeich umgeben, ist etwa 250 Meter lang, über 100 breit und beherbergt vier Yachtclubs, die alle Schwimmstege haben. Am Hafen Kran und Schlipp; ein großes Clubhaus gleich hinter dem hohen Spundwanddeich, eine Werft gegenüber auf der anderen Seite der Lesum. Ich fand nette und zünftige Segleratmosphäre. Schmale Einfahrt, leider starke Verschlickung. — Treibstoff von schwimmender Tankstelle beim Hafen.

Das Sperrwerk der Lesum bringt dicht hinter Grohner Hafen die erste Brücke und Schleuse (Skizze und Plan). Die Schleuse ist knapp 40 Meter lang und 14 Meter breit. Sie arbeitete von 07 bis 22 Uhr, doch nicht während der Niedrigwasser-Stunden. Die Wassertiefe bei N.W. ist vor der Schleuse gering.

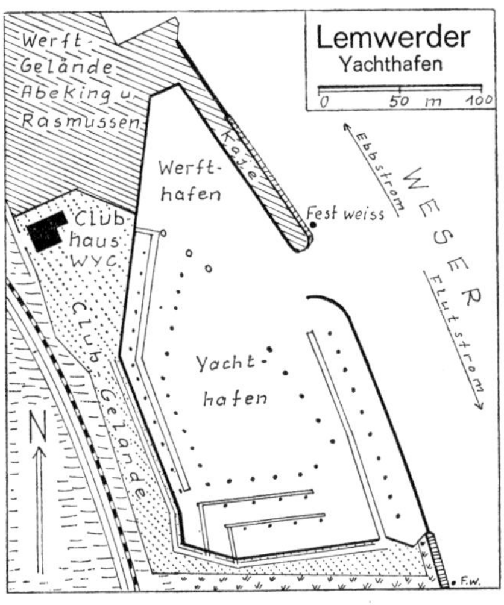

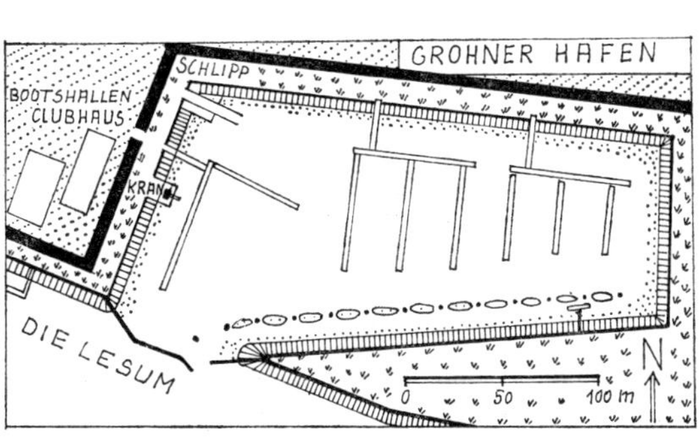

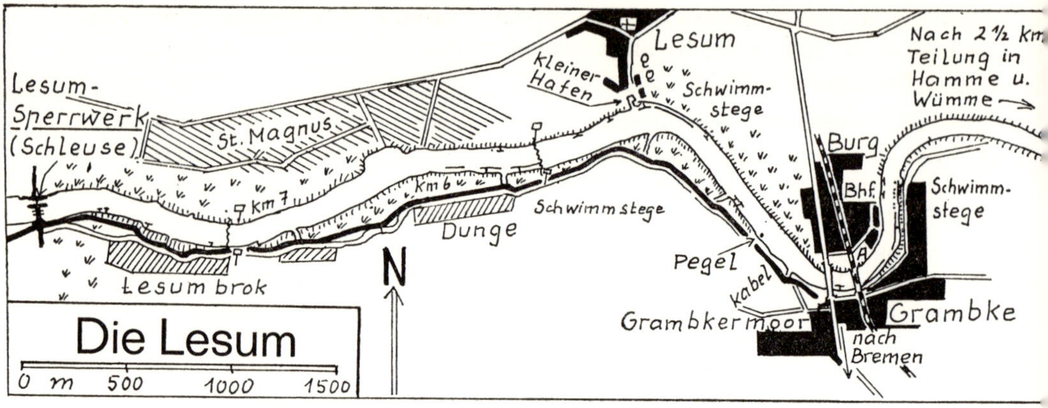

Lesum, Hamme und Wümme (Plan S. 36, 101, 124)

D i e L e s u m kennen wir schon bis zum Sperrwerk. Sie kann aber bis Burg, 3½ Seemeilen von der Weser, mit stehendem Mast befahren werden. Breit etwa 100 Meter, tief bei N.W. 1 bis ½ Meter; doch 2½ bis 3 Meter Tidenhub. — Die ganze Lesum ist sozusagen ein großer Sportboothafen. An zahlreichen Stellen liegen Yachten vor Stegen, Schwimmstegen oder Mooring. — L e s u m - H a f e n hat 40 und 20 Meter Kaje, brauchbar für Yachten auf Wanderfahrt. — B u r g hat Yachtwerft und Schlipp, doch gute Liegeplätze erst hinter den beiden festen Brücken. — Die Lesum selbst liegt in stiller eindrucksvoller Natur. Segelte ich nicht mit meinem Boot in die Welt hinaus, so möchte ich wohl noch am ehesten in der Lesum liegen.

Hamme und Wümme: Bald hinter der Eisenbahnbrücke von Burg teilt sich die Lesum in Hamme und Wümme. Die führen in eine sehr einsam-eigenartige Moorlandschaft und sind mit mittelgroßer und kleiner Yacht noch weit befahrbar. W o r p s w e d e, F i s c h e r h u d e und das T e u f e l s m o o r hier nur als Stichworte. Die W ü m m e führt durch das Künstlerdorf Fischerhude und durch eine Hintertür auch nach Bremen. — Der H a m m e - O s t e - K a n a l, der über die Oste mit der Elbe verbindet, ist amtlich außer Betrieb, da verkrautet, doch mit Kajak und ähnlichem, wie ich höre, befahrbar. — Alles in allem sind für den Wasserwanderer mit kleinem und mittelgroßem Boot die zahllosen Nebenarme in den Niederungen nördlich von Bremen ein unglaublich

Torfschuten, die aus den Moorniederungen von Hamme und Wümme Torf als Brennstoff nach Bremen brachten. Wissen wir überhaupt, wie vielfältig unsere Nordseeküste war?

reiches Gebiet. Die Seeschiffahrtstraßenordnung (Lampen, Führerscheinpflicht „Küste" usw.) gilt in der Wümme bis Borgfeld!

Vegesack bis Bremen

200 Meter breit zwischen Steinschüttungen laufend, ist die Weser kaum noch ein besonders verlockender Fluß; doch es gibt noch für Sportboote wichtige Häfen: Sie beginnen, wo die Weser von Nord-Südrichtung bei Kilometer 13 und 14 auf West-Ost-Richtung biegt. Da liegt auffällig auf der Deichhuk an der Nordseite die Moorlosenkirche (Plan).

Die Ochtum, ein bisher mit kräftiger Tidenströmung begabter Nebenfluß der Weser, hat südlich der Kirche von Moorlosen eine neue, künstliche Mündung bekommen (Plan). Etwa 300 Meter einwärts wurde ein Sperrwerk gebaut. Es steht normalerweise offen. Eine bewegliche Brücke läuft über die Tore. Ein kleiner **Hafen** für Sportboote liegt direkt vor dem Sperrwerk (Plan).

Die Ochtum führt weit ins Land hinein (Plan Seite 101). Sie ist bei Niedrigwasser 1 bis $1^1/_2$ Meter tief und bei H.W. 4 bis 5 Meter. Kümos liefen früher bis zur Stadt

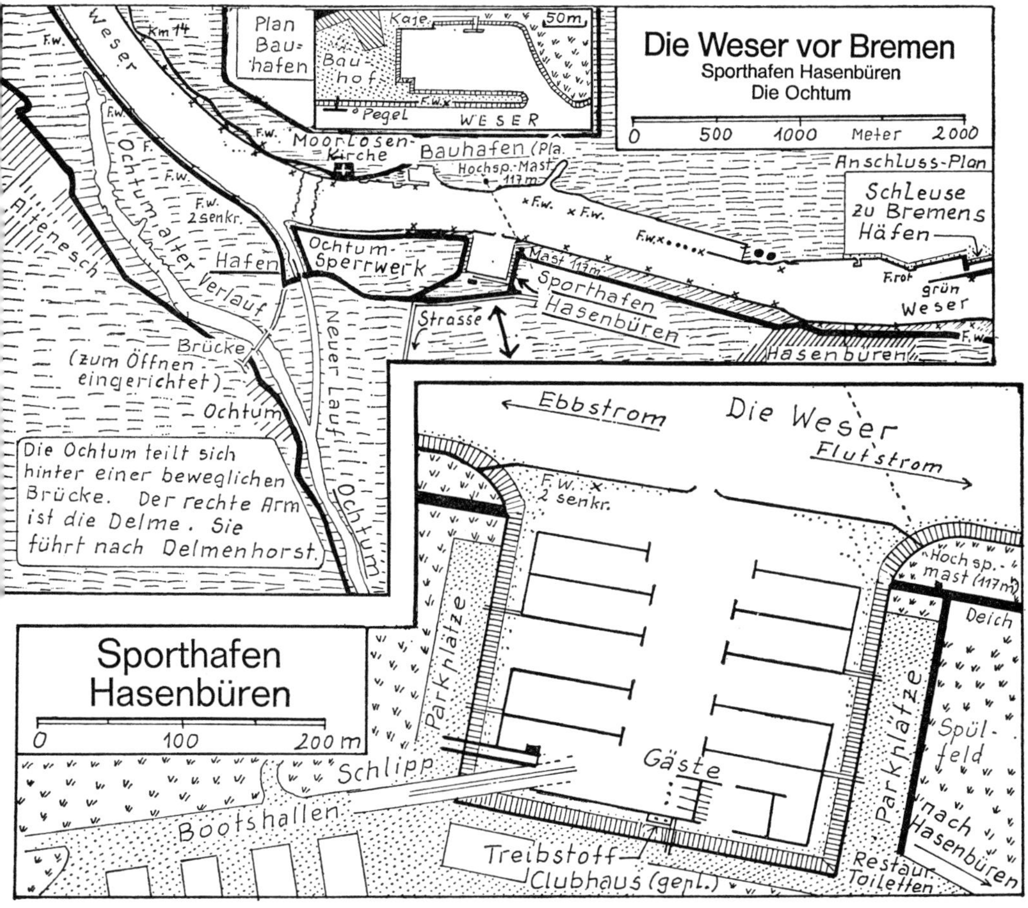

Delmenhorst. — Die Ochtum steckt voller Sportboote und kleinerer Yachten, denn sie führt noch durch heile Landschaft. In dem toten Arm des alten Laufes (mit Restaurant und allerhand Stegen) ist ein Naturhafen entstanden. Für einige Zeit wird er noch ausreichende Tiefe behalten.

Bauhafen Mittelsbühren liegt am Nordufer dicht oberhalb der Moorlosenkirche, die da freundlich von ihrer Deichhuk grüßt. 150 Meter lang, 50 breit, zwei tief, ist er Yachten nur ausnahmsweise offen.

Yachthafen Hasenbüren ist eine neue, große und für Sportboote wichtige Anlage. Vielleicht wird es ein Gegenstück zum Yachthafen Hamburg bei Wedel. Etwa 500 Yachten haben hier Platz gefunden. — Der neue Hafen liegt am Südufer halbwegs gegenüber der Deichhuk von Moorlosen und den Eisenwerken in noch unbebauter stiller Wiesenlandschaft. Das Becken ist etwa 250 mal 250 Meter groß. Es liegt mit nur 20 Meter breiter Einfahrt direkt am Weserstrom. Kajen gibt es nicht, sondern Böschung und Schwimmstege. Es wird zunehmend flacher bei N.W. Doch wird sich eine endgültige Tiefe bei der neuen Anlage erst einspielen. — Mehrere Yachtclubs und eine Yachthafengemeinschaft betreuen die Anlage. Der Hafen ist inzwischen nahezu voll besetzt. Die üblichen Anlagen eines größeren Yachthafens sind geplant oder in Bau. 10 Minuten zum Dorf Hasenbüren. Verbindung zur Stadt Bremen.

Bremen

Flußauf vom Yachthafen Hasenbüren beginnen Häfen und Werften. Werften zuerst. Zwischen km 9 und 4 die Einfahrten zu den Handelshäfen; Dockhäfen die ersten, Tidehäfen die letzten. Europahafen und Überseehafen bei km 4 sind Freihäfen. Als ich hier einmal in aller Unschuld einlief, mir die Überseeschiffe anzusehen, hat der Zoll mir hinterher das halbe Boot ausgeräumt. Doch Holzhafen (km 4) ist Zoll-Inland. — Ein Leitdamm beginnt bei km 2,5 und trennt die Große Weser (Nordseite) von der Kleinen Weser (Südseite). Zum Hohentorshafen laufe ich in die Kleine Weser, zu den Weserbrücken bleibe ich in der Großen.

Die Weserbrücken: Von See her ist die Eisenbahnbrücke die erste (km 1,4). Die Stephani-Brücke liegt direkt dahinter. Bei km 0,6 folgt die Bürgermeister-Smidt-Brücke, bei km 0,0 die Große Weserbrücke. Durchfahrtshöhe: Die niedrigste ist die Stephani-Brücke mit 6,1 Meter Durchfahrtshöhe in Fahrwassermitte bei mittlerem Hochwasser. So kann man bei Niedrigwasser mit 8½ bis 9 Meter hohem Mast meist noch passieren.

Liegeplätze: Sportboote, die unter den Brücken passieren können, finden allerhand Liegeplätze am Fluß. Da Bremens Stadtzentrum einen Besuch lohnt, würde ich mir entweder einen Platz zum Längsseitsliegen suchen oder in dem Bootshafen Bremen-Osterdeich zwei Kilometer oberhalb der Großen Weserbrücke festmachen. — Ich weiß nicht, wie es kommt, doch die Weser selbst bietet im Innern der Stadt kein wirklich freundliches Bild.

Yachten mit Mast: Ich habe meist im Hohentorshafen gelegen (Plan). Der ist etwa 4 Meter tief, dicht beim Zentrum, freilich als Ladehafen für Baustoffe nicht gerade idyllisch. — Auch im innersten Teil des Holzhafens kann man zeitweilig festmachen. — Für längeren Aufenthalt einer Fahrtenyacht, zumal einer größeren, ist der Arm südlich vom Leitdamm brauchbar. Vermuren oder längsseits. — Versor-

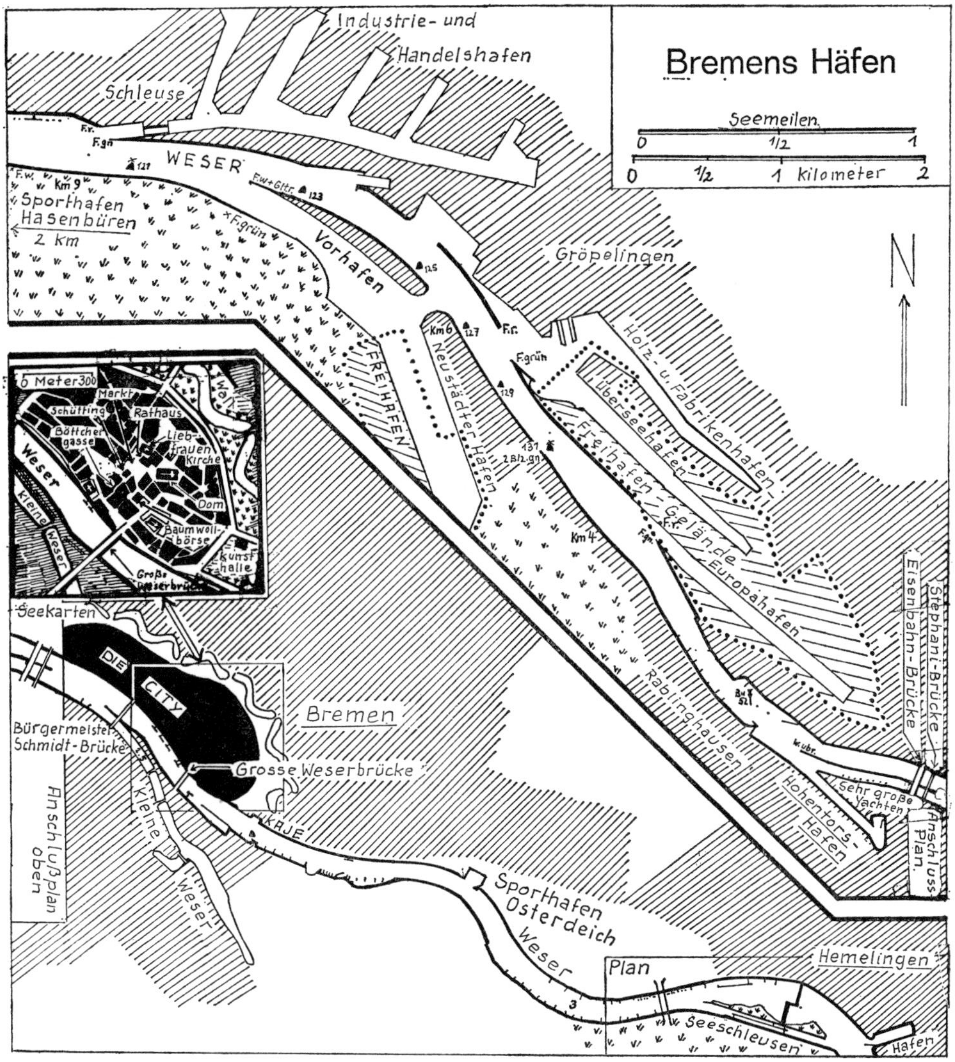

g u n g ist wie stets in sehr großen Städten so umständlich, daß ich Vegesack vorziehe, Seekarten ausgenommen (Am Korffsdeich 3). Wasser und Treibstoff an Kaje oder Tankboot (5 Tonnen leichter als 50 Liter). Kompaßregulierungen durch D.H.I.

Die Stadt Bremen

600 000 Einwohner hat die Freie und Hansestadt Bremen: nach Hamburg größte Stadt an Deutschlands Küste. Mit 15 Tiefwasserbecken zweitwichtigster Seehafen unseres Landes. — Doch gemessen an der kulturellen Ausstrahlung steht das 1200jährige Bremen unter den deutschen Küstenstädten an erster Stelle. — Bremen verdient einen ausgiebigeren Besuch, als ein normaler Sportbooturlaub meist hergibt. Wie wär's, mal im Herbst hinzufahren?

Das Alte Bremen: Vor 1200 Jahren ernannte Karl der Große den Priester Wilhadus oder Willehad zum Bischof des eroberten niedersächsischen Nordens. Der suchte sich an einer Biegung der Weser einen 15 Meter hohen Hügel und baute darauf eine Holzkirche. Er wurde vertrieben, seine Kirche verbrannt, doch er kehrte zurück, baute neu, und die Siedlung an der Weser hielt sich und wuchs. Heut steht an der Stelle der ersten Holzkirche der Bremer Dom. — Ein anderer Bischof Bremens, Ansgar, wurde der „Apostel des Nordens". Was in den nordischen Ländern christlich wurde, Schweden, Norwegen, Dänemark, Island, selbst Grönland, das damals noch besiedelt war, unterstand seitdem dem Erzbistum Bremen. So ist es auch nicht absurd, daß der Schiffer Dirk van Bremen Amerika vor Columbus betreten haben soll: verfehlt man Island, so trifft man, West fahrend, als nächstes auf Amerikas Norden. — 965 erhielten die Bremer das Kaiserliche Privileg, Markt abzuhalten, 1043 begannen sie den Bau ihres Domes. — Jahrhunderte war Bremen kultureller Mittelpunkt von Europas Norden.
Was wir heute von Bremens Größe sehen, stammt meist aus späterer Zeit. Alles ist vereint in Bremens Altstadt zwischen den alten Stadtwällen, den Wallanlagen. Über Bremens Altstadt schreibe ich nichts. Fängt man erst an, wo soll man enden? Beim Roland, dem Rathaus, dem Dom, den Bleikellern? Oder den Festungswällen, der Böttcherstraße, dem Gildehaus oder gar dem Schnoorviertel? Dem Übersee-Museum oder der Kunsthalle? Doch schon kommt jemand und sagt ganz zu Recht, daß ich den Marktplatz, den Schütting, den Stintgraben (wo der älteste Hafen lag) und was noch sonst vergessen hätte. — Doch im Winter soll man sich aus seiner Stadtbücherei Hauff's „Phantasien im Bremer Ratskeller" holen.

D. Vom Binnenland bis Bremen

Die Oberweser bis Minden (Plan S. 36)

Aus dem Zusammenfluß von Werra und Fulda, die beide mit Sportbooten befahrbar sind, entsteht bei Hannoversch-Münden die Weser. Sie ist auf ihrem Wege durch Berge, Wälder und an alten Städten vorbei überaus schön; auch heute noch! Daß ihr Wasser von Zellstoffabriken etwas braun ist, was tut's? Zwei meiner Segelfreunde, ältere Leute, fahren mit ihren Yachten jedes zweite oder dritte Jahr von der Nordsee zur Oberweser und erzählen davon erfüllt von schönen Erlebnissen. Auch Anreiseweg zur Nordsee ist sie natürlich. — Die Wassertiefe hängt von der Wasserführung des Flusses ab. Man erfragt sie bei den Stauschleusen. Auch in sehr trockenen Sommern wird man mit 1,4 Meter Tiefgang wohl nie aufgehalten werden. Es gibt wenig Berufsverkehr. Arbeiten zur Aufstauung sind großenteils schon fertig. Auch die Fulda, zwischen Hannoversch-Münden und Kassel eine Zeitlang gesperrt, ist nach Ende der Arbeiten sehr gut zu befahren.

Die Mittelweser bis Bremen (Plan S. 36, 101, 127, 129)

Vom Mittellandkanal bis Bremen ist sie, 160 km lang, eine der wichtigsten Fahrstraßen der Binnenschiffahrt: motorisierte Lastschiffe von 1300 Tonnen (Selbstfahrer), zuweilen auch Schleppzüge. Landschaftlich ist die Mittelweser in flachem Land nicht besonders schön. So ist sie wohl nur Durchgangsroute. Durch sieben Staustufen wird die Wassertiefe auf 2,5 Meter gehalten.

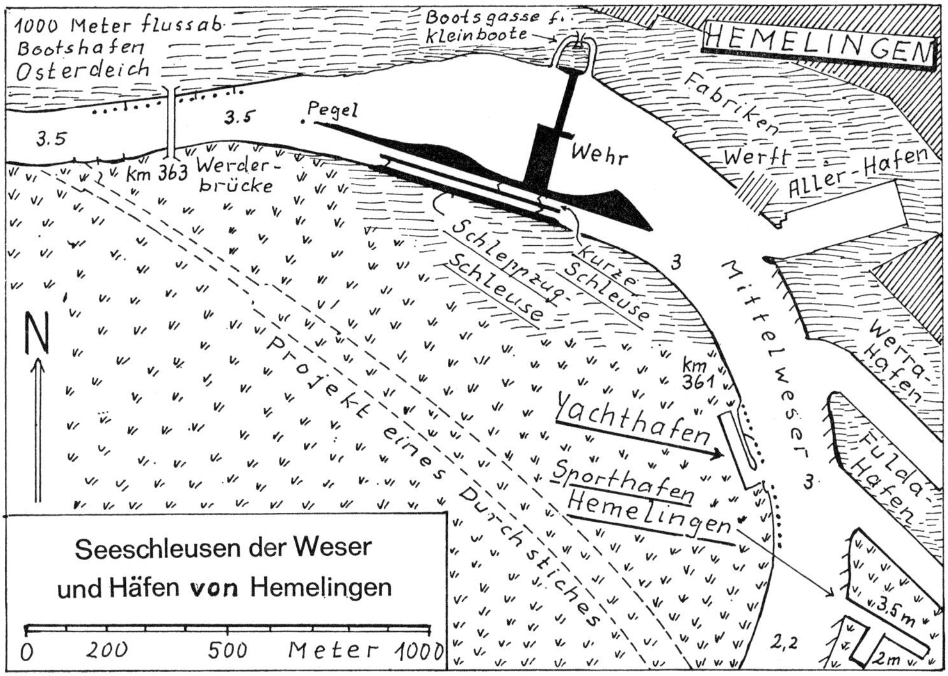

Seeschleusen der Weser und Häfen von Hemelingen

Bei Minden wird auf einer wuchtigen Steinbrücke der Mittellandkanal 14 Meter hoch über das Tal der Weser und den Weserstrom hinweggeführt. Durch eine tiefe Schachtschleuse kann man aus dem Mittellandkanal eindrucksvoll genug auf das Niveau der Weser heruntergeschleust werden.

Seeschleuse Hemelingen: 7 Kilometer flußauf vom Zentrum Bremens beginnen vor der Seeschleuse Ebbe und Flut. Oberhalb der Seeschleusen sind drei Yachthäfen. Zwei zeigt der Plan. Die Seeschleusen liegen an der Südseite. Die nördliche der beiden Schleusen ist 70 Meter lang, die südliche 350 Meter und für Schleppzüge bestimmt.
Von Hemelingen bis Bremen ist die Weser etwa 100 Meter breit und bei Niedrigwasser 3,5 Meter tief. Der Tidenhub ist etwa 3 Meter. Die Strömung läuft bei Hemelingen immer seewärts; doch nur nach starkem Regen schneller als 1 Knoten. Bei Bremen ist bei steigendem Wasser auch einlaufende Strömung spürbar, auch sie unter 1 Knoten. Unterhalb Bremens wird der Tidenstrom kräftiger (Tabelle S. 105). — Ausschleusen kann man also bei jeder Tide. Verglichen mit Hamburgs hektischem Hafenverkehr ist die Weser in Bremen eine Oase der Stille.

E. Die Hunte, Oldenburg, der Küstenkanal

Die Hunte

(Plan S. 36, 101, 117, 118, 130)

Sie beginnt als Abfluß des Dümmer Sees und führt als Kleinboot-Gewässer von Diepholz nach Oldenburg. Dort nimmt sie den Küstenkanal von der Ems auf und wird für Seeschiffe fahrbar. Nach 29 Kilometern fließt sie bei Elsfleth in die Weser. —

Zwischen der Weser und Oldenburg ist sie bei N.W. etwa 2,5 Meter, bei H.W. 5 Meter tief. Masten können über 20 Meter hoch sein. — Die große, noble Stadt Oldenburg lohnt einen Besuch. Durch den Küstenkanal hat man Zugang zur Ems und dem wunderbar stillen Urlaubsgebiet der Leda. Schließlich ist es Zugang zum Binnenland: 311 Kilometer bis Duisburg-Ruhrort via Küstenkanal und Dortmund-Ems-Kanal.

Oldenburg

(Plan S. 36, 130)

Hauptstadt eines Landes war Oldenburg früher. Viele Züge einer Landesresidenz hat es bewahrt. Mit 150 000 Bewohnern ist es eine stattliche Stadt. Es bietet mehr, als die Einwohnerzahl erwarten läßt: das harmonische Großherzogliche Schloß, den „Lappan", 500 Jahre alter Turm und Wahrzeichen der Stadt, die gotische Lamberti-Kirche, den Markt in der eng gebauten, von Stadtgräben und Wallanlagen umgebenen Altstadt. Das „Haus Degode", kurz vor dem 30jährigen Kriege erbaut. Das Museum für Kunst und Kulturgeschichte. — Das 1108 erstmals genannte „Aldenburg" und sein Oldenburger Land haben eine reiche Vergangenheit.

Liegeplätze: Kommt man vom Küstenkanal, so wird man oft im tidefreien Wasser landein der Seeschleuse liegen oder bei den Anlagen der Segelclubs O.Y.C. und O.W.V. an der Buschhagen-Halbinsel (Plan). Wassertiefe bei N.W. dort etwa 1 Meter. — Kommt man von der Weser, so ist der interessanteste, wenn auch nicht schönste Liegeplatz im Stadthafen „Am Stau" im Zentrum der Stadt (Plan). Im „Stau" sind 2,5 Meter Wasser. — Am Schiffsliegeplatz, 400 Meter seewärts der Eisenbahnbrücke Oldenburg-Drielake, wird man festmachen, wenn die Brücke geschlossen ist. Es ist kein besonders schöner Platz, doch man kann schon die Stadt besuchen. — Beim

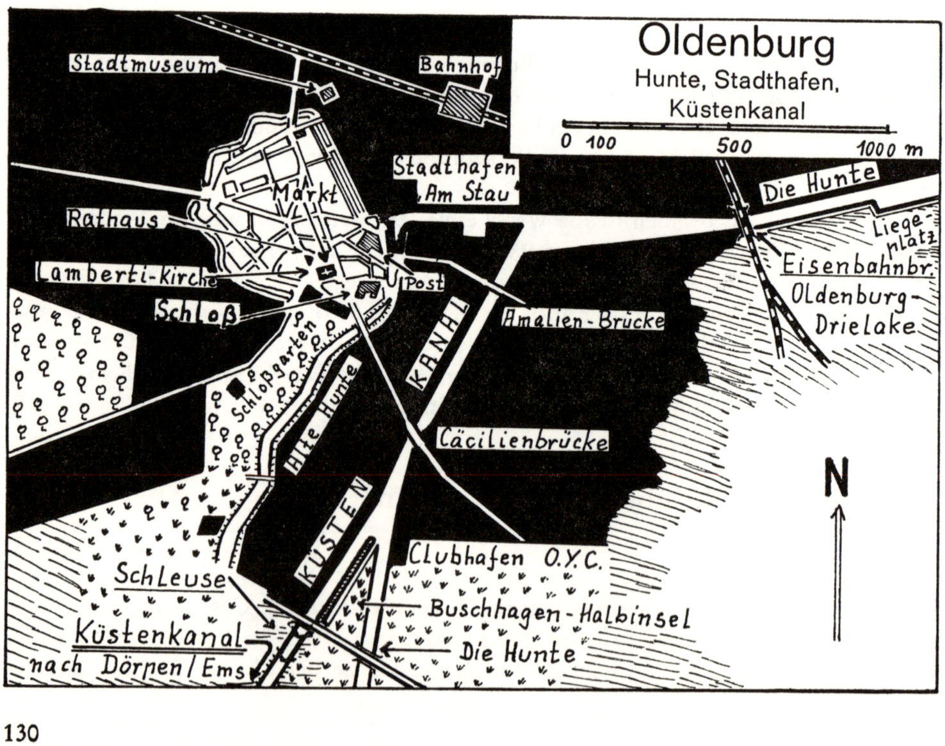

Tonnenhof, 2 Kilometer seewärts von Oldenburg an einem südwärts abzweigenden Nebenarm, liegt man ruhig und im Grünen, doch fern der Stadt. — Versorgung: Trinkwasser, Treibstoff, Bootsausrüstung; Schlipp für Yachten bis 1,7 Meter Tiefgang und Reparaturen bei Werft Brand.

Die Hunte von Elsfleth nach Oldenburg

(Plan Seite 101)

14 Seemeilen, 26 Kilometer. Kilometertafeln und Rückstrahlerbaken. Drei Brücken, die alle drei geöffnet werden können (die beiden Eisenbahnbrücken stehen zu ihren Öffnungszeiten meist von allein offen; hat man die Öffnungszeiten erfragt, sind die Brücken kein Hindernis). Eine vierte Brücke, hoch genug für Schiffe mit Mast (26 m), ist 4 Kilometer vor Oldenburg. — Der mittlere Tidenhub ist bei Elsfleth 3,3 Meter, in Oldenburg 2,2. Hochwasser ist dort 1¼ Stunde, N.W. 2 Stunden später. Der Tidenstrom ist bei Elsfleth kräftig, bei Oldenburg mäßig. Maximale Fahrgeschwindigkeit ist 6 Knoten, Nachtfahrt nicht erlaubt. Tiefgeladene Frachtschiffe dürfen bei Flußkrümmungen die Außenseite benutzen, dort also links fahren! Sie geben dann Schallsignal: lang, kurz, kurz. — Liegeplätze für die Nacht oder für kürzere Zeit sind bei den Brücken. Eine kleine Kaje ist bei Buttelerhörne. Längsseits an einem anderen Schiff festgemacht, soll die Gesamtbreite der Schiffe dort nicht über 10 Meter sein.

Die Brücken: Nahe bei Elsfleth sind Eisenbahnbrücke Elsfleth-Ohrt (km 21,3) und Straßenbrücke Huntebrück (km 18,4). In Oldenburg die Eisenbahnbrücke Oldenburg-Drielake (km 0,5). Reicht die Durchfahrtshöhe (s. u.), so fährt man durch die geschlossenen Brücken einfach hindurch. Maßgeblich ist die Anzeige des Pegels bei den Brücken. Durchschnittlich ist die Durchfahrtshöhe, bei mittlerem Tidehochwasser, bei Elsfleth-Ohrt 2,9 Meter (6 bei N.W.), bei Huntebrück 4 Meter (7 bei N.W.). Bei Oldenburg-Drielake 2,1 Meter (4,3 bei N.W.). Öffnungszeiten: Alle Brücken öffnen nur bei Tageslicht, meist bis etwa 1 Stunde nach Sonnenuntergang. Die Eisenbahnbrücken öffnen abhängig vom Fahrplan nur zu bestimmten Zeiten (vorher erfragen) und stehen dann meist offen.

Schallsignal zum Öffnen ist: lang, lang. Muß die Straßenbrücke Huntebrück für eine Segelyacht statt auf 8,4 Meter auf die zweite Stufe von 24,5 Meter gehoben werden: lang, lang, kurz. — Bei Sturm öffnen die Brücken nicht. — Die Masten: Will man durch den Küstenkanal weiter, so legt man die Masten am besten schon in Elsfleth. Nach Oldenburg wohl nur, wenn es mit wenigen Griffen zu machen ist.
Brückensignale: Ein rotes Licht: die Brücke wird gerade bewegt, man muß stoppen. Eisenbahnbrücke Elsfleth: schwarze, runde Scheibe oder zwei rote Lichter übereinander: Brücke wird nicht öffnen. Schwarze Scheibe umgeklappt oder zwei weiße Lichter: Brücke kann öffnen. — Eisenbahnbrücke Oldenburg-Drielake: zwei rote Blinklichter: Nur der Gegenverkehr darf passieren.

Der Küstenkanal

Er beginnt in Oldenburg und endet nach 70 Kilometern bei Dörpen im Dortmund-Ems-Kanal. Nach sehr kurzer Fahrt seewärts erreicht man von da die Ems, nach längerer Fahrt landein Rhein und Ruhrgebiet (S. 36 und 219 f). — Für rückkehreilige Küstenfahrer ist der Kanal eine rasche, wetterunabhängige Abkürzung zwischen Ems und Weser. — **Daten:** Tiefgang 2,5, Höhe 4,5 Meter, zwei Schleusen (Oldenburg und Dörpen), beide 105 Meter lang, 12 breit. Schleusen wie Brücken werden nur bei Helligkeit bedient.

Zufahrt: Hunte-aufwärts bis Oldenburg. 500 Meter westlich der Klappbrücke Oldenburg-Drielake zweigt der Kanal nach Südwesten (nach Backbord) aus dem Hafen ab. Gleich danach passiert man in der Stadt unter den Hubbrücken Amalienbrücke und Cäcilienbrücke, beide geschlossen bei H.W. sehr niedrig und gehoben auch nur 4,5 Meter hoch. Bedient werden die Brücken meist nur bei Tageslicht. — Dahinter hält man sich an der Steuerbordseite. Nach 300 Metern ist hinter einer Brücke die Seeschleuse des Küstenkanals (an der Backbordseite sind die Liegeplätze der Yachtclubs).
Die Kanalfahrt ist eher langweilig: lange, gerade Strecken durch gleichförmige Landschaft. Hinter der Brücke Kampen-Ikenbrügge zweigt nordwestwärts der Elisabethfehn-Kanal ab (Seite 228). — Ab Dörpen: Seite 219 f.

Der Elisabethfehn-Kanal ist eine wenig befahrene, um so idyllischere Verbindung zur Leda und nach Leer. Überall kann man einfach am Grünufer festmachen. Tiefgang bis 1,0 Meter. Hier muß man langsam trödeln können: Melkt der Brückenwärter gerade seine Kuh, muß man warten. — Die schöne Region der **Leda** zeigt der Plan auf S. 228.

V. Jade und Jadebusen

Die Jade ist von Minsener Oog bis Wilhelmshaven 17 Seemeilen lang. Der südwärts an sie anschließende Jadebusen bewirkt, daß mit Ebbe und Flut sehr große Wassermengen in ihr strömen. So ist die Jade an der deutschen Nordseeküste die tiefste Einfahrt von See. Zusätzlich hat man eine 250 bis 300 Meter breite Baggerrinne auf etwa 19 Meter Tiefe gebracht. So können nun Supertanker bis etwa 250 000 Tonnen anlaufen. Drei große Löschbrücken und eine Ladeinsel wurden an das tiefste Fahrwasser bis eine Seemeile weit in die Jade vorgebaut; eine vierte Löschbrücke ist in Bau. — Am Westufer hat ein neuer Deich uns fast das ganze frühere Wattengebiet weggenommen. Großindustrie hat das ganze Westufer schon besetzt oder ist im Aufbau. — Wo ich früher in Wattenprielen ankerte, stehen heute 275 Meter hohe Schornsteine. Die Jade hat ihr Gesicht völlig verändert.

Als Fahrtrevier taugt die Jade (von der kleinen Bucht bei Horumersiel abgesehen) heute nur noch zum Fahren mit voll seefester Yacht. Ungünstig (und als Heimatrevier fast unbrauchbar) ist sie für ein nicht seefestes Boot. Denn an vielen Tagen ist die große, offene Wasserfläche eindeutig zu grob (brechende 2-Meter-Wellen bei Nordwest 6 und auslaufend Wasser!). — Die geschützten Wattstreifen am Westufer, die bislang das Revier kleiner Boote waren, sind bis auf das Restchen bei Horumersiel Industriegelände hinter hohen Deichen geworden. Die vier bis zu einer Seemeile langen Ölbrücken hindern kleine Boote, dicht unter dem Westufer zu laufen. Kurz: Nicht voll seefeste Yachten können auf der Jade nur an einigermaßen ruhigen Tagen fahren und sollten sie möglichst rasch wieder verlassen.
Öltanks und hohe Schornsteine ragen auf dem neuen Groden, hinter dem ein halbes Dutzend teils sehr schöner alter Segelschiffshäfen lagen (Imhausersiel führte sogar eine eigene Flagge über die Meere). Erstaunlich rasch wurde dies einst schöne und vielfältige Revier von Industrie verschlungen. — Wird auch das der Industrieseite gegenüberliegende Watt der Hohe Weg mit Insel Mellum mit seinen Ankerprielen zum „Naturschutz“ für uns gesperrt, dann ist mit der Jade wirklich nicht mehr viel anzufangen.

An Häfen sind Horumersiel, Hooksiel, Rüstersiel und Wilhelmshaven zu nennen. — Von Wilhelmshaven aus schafft der Ems-Jade-Kanal eine Verbindung nach Emden. **Der Jadebusen** schließt sich südwärts an die Jade an. Er hat ganz anderen Charakter.

A. Die Jade

Das Hauptfahrwasser, die Oldeoog-Rinne, setzt sich aus dem Wangerooger Fahrwasser (Seite 94 f) ohne Änderung der Betonnung fort. Die Tonnen sind für die sehr tiefgehenden Großtanker am Rande der Baggerrinne ausgelegt. Yachten können nach beiden Seiten weit über die Tonnenstriche herausfahren. Ausgenommen ist die Region westwärts des Hauptfahrwassers bei Tonne „41“. Da liegt die Geniusbank, veränderlich, manchmal stellenweise trockenfallend, zur Zeit

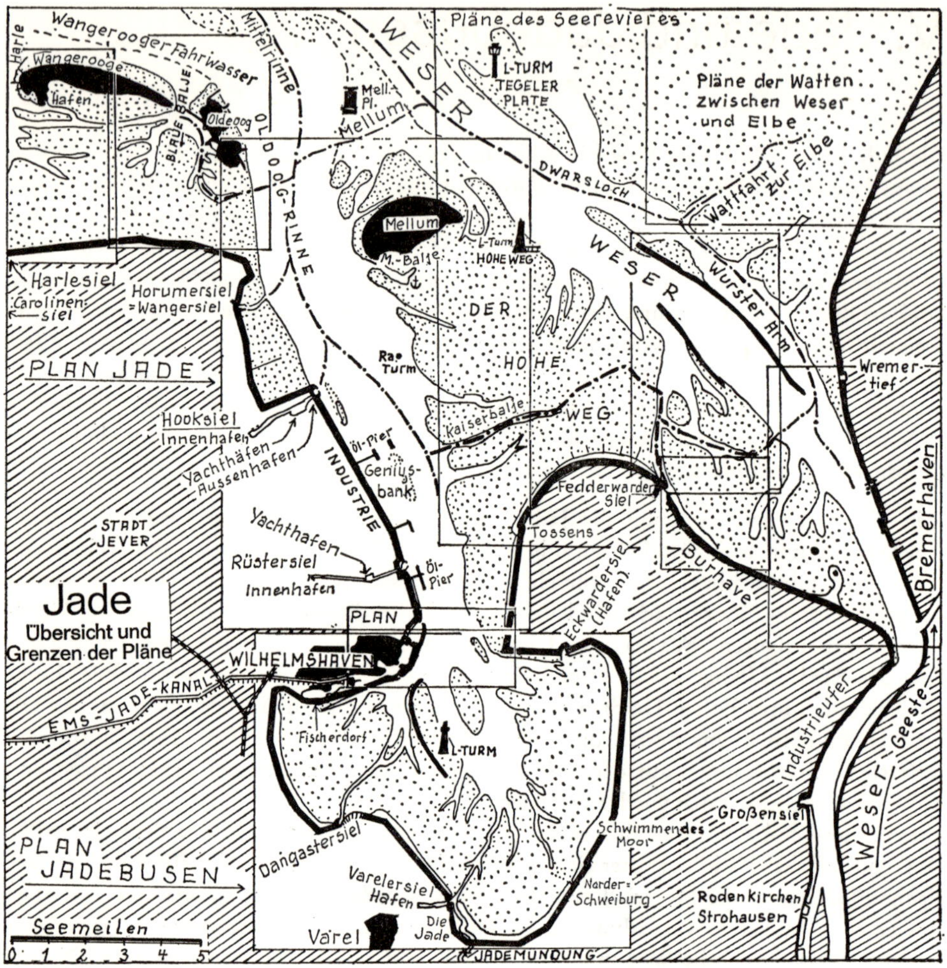

1,3 Meter unter N.W. tief, doch durch die neuen Strömungsverhältnisse „außer Rand und Band" geraten.

Drei Großschiffsbrücken und eine Ladeinsel bestehen. Eine vierte bei Hooksiel ist in Bau. Ihre Lage zeigen die Pläne. — Die Berufsschiffahrt besteht aus Tankern und aus Schwergut-Frachtern. Die sind zwar riesengroß, doch ihre Zahl ist gering. Bei ankernden Tankern müssen Segler an die Strömung und vor allem an die oft totale Windabdeckung und Windumlenkung denken! — In der Nähe der Großschiffsanleger sind Sperrzonen für Sportboote (meist 300 Meter).

Gezeiten: Hochwasserhöhe über Kartennull ist nahe Minsener Oog und Alte Mellum bei Nippzeit 3,0 und bei Springzeit 3,4 Meter. Bei Wilhelmshaven 3,6 bzw. 4,0 Meter. Hochwasser ist bei Minsener Oog und Alte Mellum rund 1 Stunde, N.W. 1/2 Stunde früher als in Wilhelmshaven. Die Tidenströmung setzt langsam ein und endet allmählich. Bei Springzeit 2 bis 2 1/2 Knoten, bei Nippzeit 1 1/2 bis 2. Doch wo das Fahrwasser um Minsener Oog herum nach Westen biegt, strömt es 1 Knoten schneller! Für den Zeitpunkt des Kenterns habe ich mir die einfache Regel gemacht: Wo immer ich in der Jade stehe, die Strömung kentert, wenn in Wilhelmshaven Hochwasser bzw. Niedrigwasser ist. Das bedeutet, daß die Strömung bei Minsener Oog etwa 1 Stunde nach örtlichem Hochwasser bzw. Niedrigwasser kentert.

Ankern: in der offenen Jade manchmal bei ruhigem Wetter tagsüber, doch nie für die Nacht. Besser in Prielen des Watt Der Hohe Weg und Mellumbalje bei Insel Alte Mellum.

Landmarken: Die zum Einlaufen wichtigsten kennen wir schon (Skizze Seite 94). Neu sind vier Radartürme: der äußerste auf Minsener Oog. Der nächste (55 Meter hoch) auf der Hooksielplate 2½ sm südlich von Insel Alte Mellum. Der dritte bei Tossens. Und ein vierter (115 Meter hoch) auf der Schleuseninsel bei Wilhelmshaven. Dazu die bis 275 Meter hohen Riesenschornsteine und die Kraftwerkhallen. Und der hohe, doch zwischen den Industriegiganten klein erscheinende Leuchtturm Voslapp. Skizzen der meisten Feuerträger sind auf dem Plan auf Seite 138.

Nachtfahrt: Die Jade ist für nächtliches Einlaufen gut befeuert. Von ihren Häfen sind Wilhelmshaven leicht, Rüstersiel nicht und Wangersiel nur mit Mondlicht, Geschick und etwas Glück anzulaufen. Die Hafeneinfahrt Hooksiel wird befeuert werden. — Von See folgt man dem Leitsektor des Leuchtturmes Mellumplate, wie auf Seite 96 beschrieben. Nördlich von Minsener Oog wechselt man in die Richtfeuerlinie der Voslapp-Richtfeuer und fährt dann wie folgt (Plan Seite 138):

a) Voslapp-Richtfeuer (Gleichtakt), 165° bis Leuchttonne „34" und „35" nahe Hooksiel (Plan). Dann b) Tossens-Richtfeuer (unterbrochenes Feuer), 134° bis Tonne „38" und „39" (Schillig-Richtfeuer stehen in der gleichen Linie (314°) achteraus); c) Eckwarden-Richtfeuer (Gleichtakt), 154° bis Leuchttonne „43"; d) Leitsektor von Leuchtturm Arngast (unterbrochenes Feuer im Leitsektor, Blitze an dessen Seiten). Aus dem kann man südlich der Ölpier in den Neuen Vorhafen von Wilhelmshaven einlaufen. Sein östlicher Molenkopf ist weiß angestrahlt.

Zum Nassauhafen folgt man Leitsektor Arngast bis Leuchttonne „52". Von dort folgt man mit Südwest-Kurs dem achteraus stehenden Unterfeuer Eckwarden (Gleichtakt weiß) bis vor die befeuerte Einfahrt des Tidehafens von Wilhelmshaven (Plan Seite 138, 142).

Insel Alte Mellum (Plan S. 65, 80, 136, 138)

5 Kilometer lang und 1 bis 2 breit liegt sie 8 Meilen vom Festland auf dem Watt Der Hohe Weg. Nur ein Vogelwärter wohnt hier im Frühjahr und Sommer. Eingedeicht ist nur ein 200 mal 400 Meter großes Oval im Südteil von Alte Mellum. Da steht das Haus des Vogelwärters. Manchmal war's ein Student, der Material für seine Doktorarbeit sammelte. — Mitte und Südteil Mellums sind Grünland, 2 bis 4 Meter über Hochwasser hoch, oft von Rinnen durchzogen, Nistplatz von 2500 Brutvögeln, Etappe von 10 000 Strichvögeln. — Naturschutzgebiet (Betreten verboten) sind laut amtlicher Seekarte das Grünland der Insel und die trockenfallenden Teile der Mellumplate nördlich der Insel. — Nordteil und Ostteil sind flach mit salzwasserfestem Bewuchs, denn bei Sturmflut kann es hier überflutet sein. Hier und am sandigen und schlickigen Südrand der Insel stört man die Vögel nicht und sollte auch seinerseits ungestört bleiben. — Doch waren weitergehende Verbote geplant.

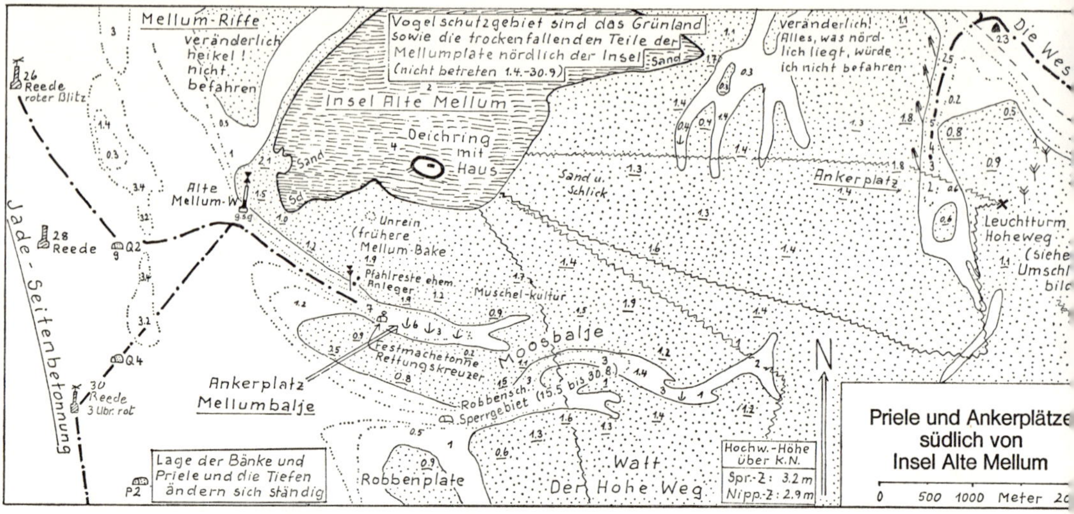

Anleger oder Versorgungsmöglichkeit gibt es nicht. Einmal wöchentlich bringt ein Versorgungsboot dem Vogelwart Lebensmittel. Zuweilen kommen mit einem Motorboot Besucher zu einstündigem Rundgang. Oft liegt ein Rettungskreuzer an der gelben Mooringboje der Mellumbalje.

Das Fahrtgebiet um Alte Mellum ist nur die Südseite! An der Nordseite liegt Mellumplate mit Riffen, tiefen Rinnen, starker Strömung und Brandung, oft ohne Vorwarnung durch Wind.

Ankerplatz Mellumbalje, 1 Seemeile südlich vom Deichring, taugt als Ankerplatz auch für große Yachten beliebigen Tiefganges. Die bezeichnete Zufahrt kommt aus der Jade. Ungemütlich ist der Ankerplatz, wenn bei starkem Nordwestwind das Wasser ausläuft. Sonst liegt man gut und bei Niedrigwasser wie in einem stillen See. Einlaufen aus der Jade (Plan oben und Seite 138): Ausgangspunkt ist die gelb-schwarz-gelbe Untiefentonne „Alte Mellum-W", eine Seemeile westlich vom Deichring. Von da läuft man an der Wattkante entlang südostwärts. Man sieht die gelbe Festmachetonne des Seenotkreuzers. Einige hundert Meter davor warnt eine Untiefen-Spiere mit Südtoppzeichen vor Resten eines Anlegers im Watt. — Geankert habe ich 100 bis 300 Meter östlich der Mooringtonne des Seenotkreuzers auf 6 bis 4 Meter Wasser. — Wenn ich aber ganz geschützt liegen und trockenfallen wollte, dann habe ich mich bei 1/4-Tide weit nach Osten in den immer schmaler und flacher werdenden Priel hineingetastet.

Moosbalje, südlich von Mellumbalje, ist im Innenteil weit geschützter. Einfahrt bei tiefem Niedrigwasser lotend entlang der nördlichen Wattkante. Reviergerechtes Boot und etwas Erfahrung. Besonders ganz innen ist es zauberhaft schön; „absolute Landschaft"! Leider sind große Teile von ihr zwischen dem 15. Mai und 15. September neuerdings Seehundschutzgebiet (Sperrgebiet) geworden.

Häfen der Jade

Wangersiel (Horumersiel)

Der Hafen, 300 Meter lang, 60 breit, etwa 180 Plätze, liegt ruhig vor einem breiten Siel. Nahezu von drei Seiten umgibt ihn Watt. Er kennt keinen Handelsverkehr und

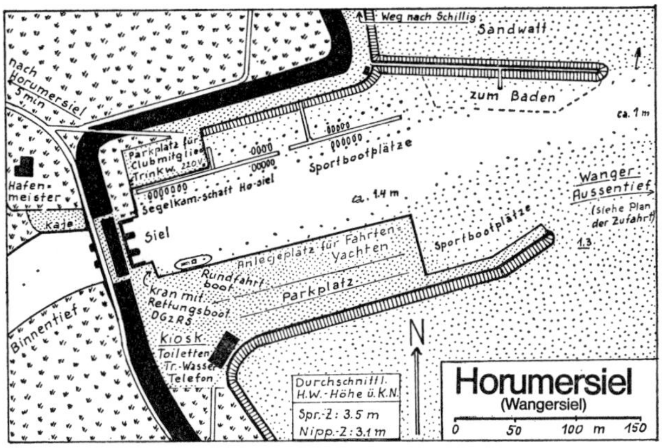

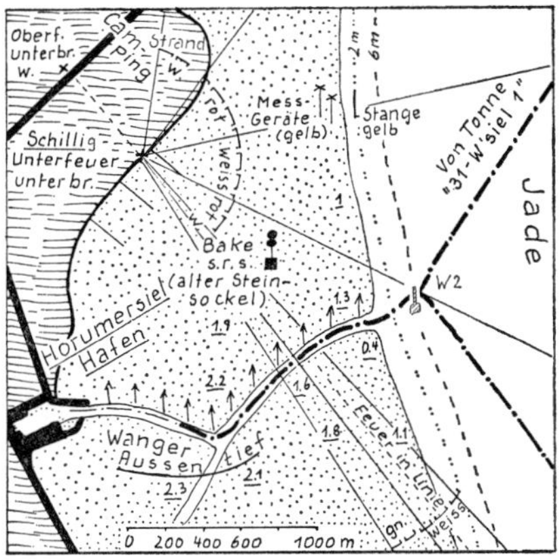

nur wenige Fischer, ist aber eine wichtige Station für eine Yacht auf Wanderfahrt. Manche bringen auch einen guten Teil ihres Urlaubs hier zu, und in der Ferienzeit sind leider die meisten Plätze fest belegt. Die W a s s e r t i e f e in der tiefen Rinne ist 1 (bis 1¹/₂) Meter bei N.W. Doch wenn nicht gebaggert wurde, fällt er an vielen Stellen ganz oder halbwegs trocken. Meist spült ja das Siel nur eine breite Rinne. So muß man loten. Für Kielboote auf flacherem Grund ist Leine vom Mast zum Land besser. — Sportboote liegen entweder an der S ü d k a j e längsseits oder, wenn Platz, auch am Schwimmsteg der Segelkameradschaft Horumersiel. Trinkwasser dort und beim Kiosk. Einkaufen im 5 Minuten entfernten Horumersiel, dem freundlichen kleinen Dorf und ruhigem Nordseebad. Nett der Deichspaziergang am Watt entlang nach Schillig mit den zahllosen Wohnwagen auf dem Campingplatz am Wasser. Boote ohne Mast oder Yachten mit gelegtem Mast können bei Wassergleichstand in das Binnentief einlaufen. Da sind Stege. Jollen können da segeln.

D i e Z u f a h r t erfolgt aus der Jade durch das eine Seemeile lange Wanger Außentief (Plan). Es hat eine rote Ansteuerungstonne „W 2" auf 6 Meter Wasser. Es ist an der Nordseite mit Stangen, Besen abwärts bezeichnet. Die flachste Stelle ist eine harte S a n d bank direkt an der tiefen Jade. Die schmale Durchfahrt durch den Sandstreifen ist bei N.W. nur ¹/₄ bis ¹/₂ Meter tief, wandert gern, ist gewöhnlich weit südwärts der Prickenreihe. Wartet man bei N.W. vor Anker steigendes Wasser ab, lohnt es, sich die tiefere Stelle zu merken. Innen wird der Priel tiefer (wechselnd etwa ³/₄ Meter bei N. W.). — Auf halbem Wege teilt sich Wangertief und biegt westwärts (Plan). Vor der Biegung waren 20 Meter Abstand zu den Pricken günstig, hinter ihr 6 bis 10 Meter. Kurz vor dem Siel wird es flacher, ist aber weicher Schlick, so daß man „schlickrutschend" auch bei weit gefallenem Wasser oft noch die Kaje erreicht. — Bei mehr als halber Tide läuft im Außenteil Strömung quer.

N a c h t s : In hellen Nächten bin ich bei steigend Wasser öfters in den unbefeuerten Priel eingelaufen. Die hauptsächliche Schwierigkeit ist, den Beginn der Prickenreihe zu finden. Ober- und Unterfeuer Schillig sowie die Bake mit zwei Balltoppzeichen auf dem Watt helfen dabei. Zweifellos ist es spannend!

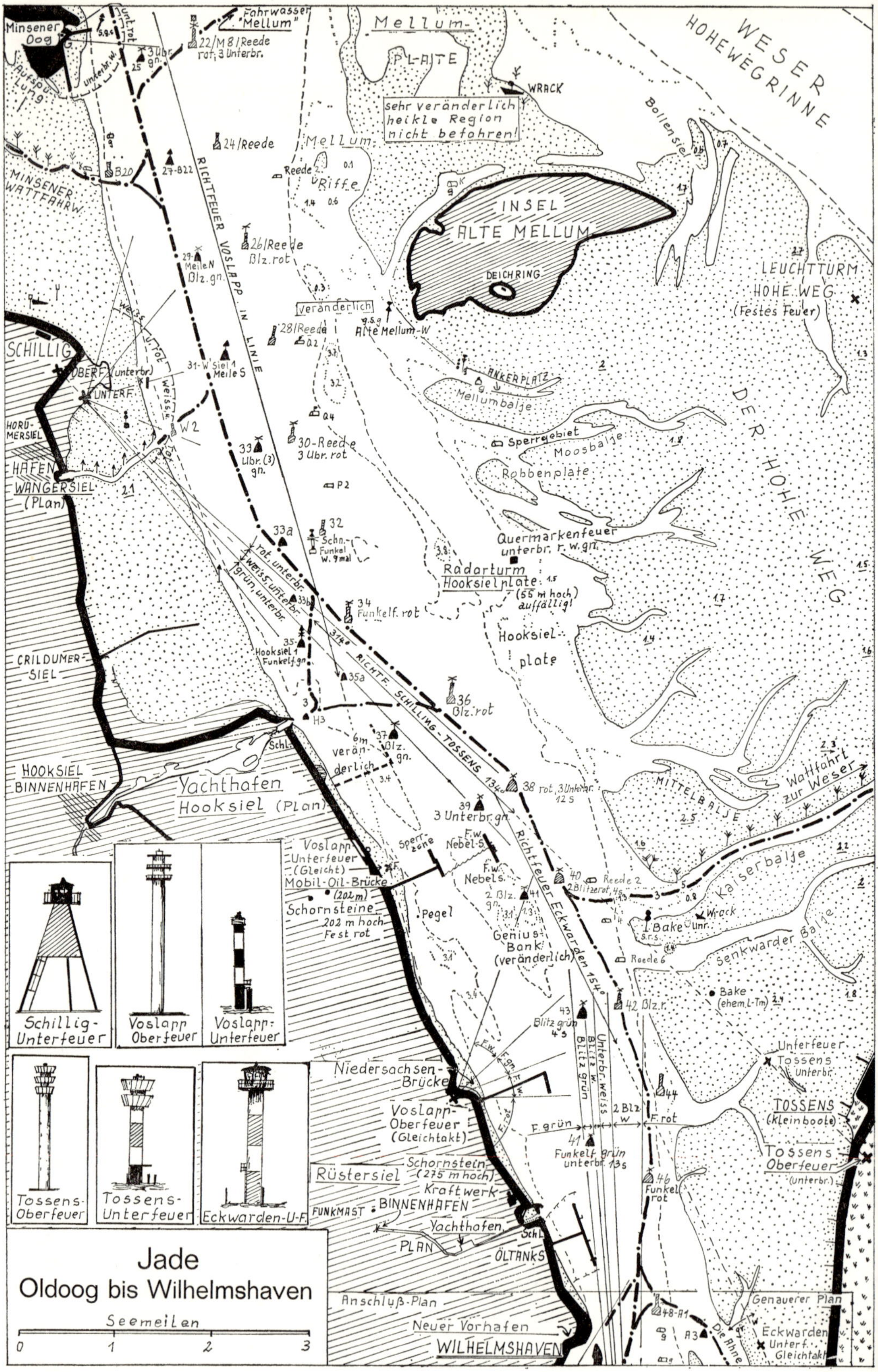

Jade
Oldoog bis Wilhelmshaven

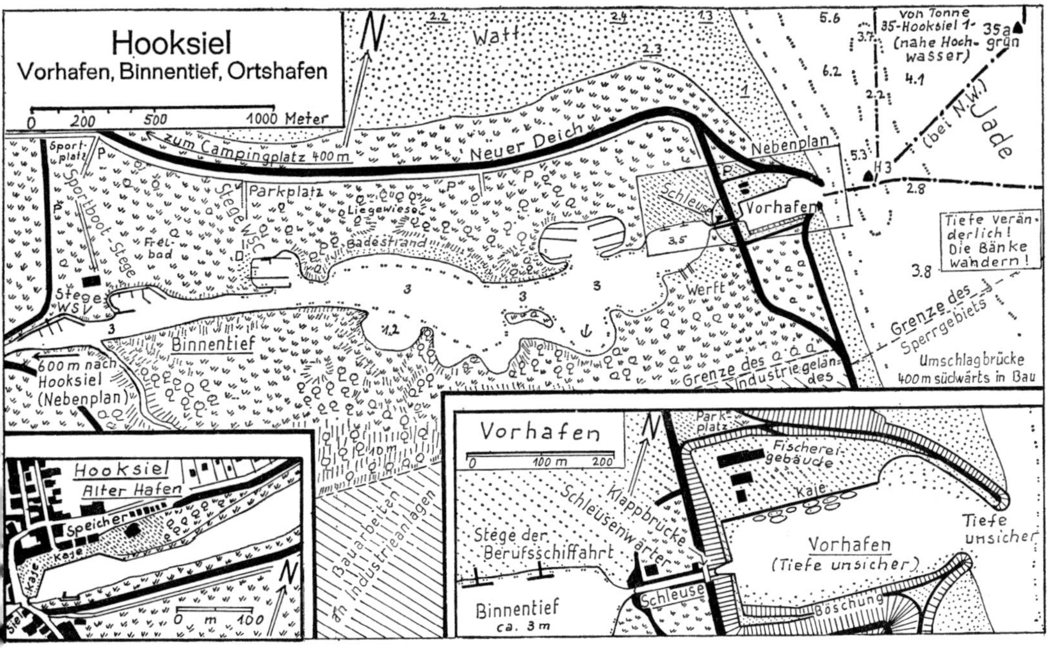

Hooksiel

Große Veränderungen ergaben sich: Der Ort Hooksiel liegt nun vier Kilometer hinter dem Deich. Sein Fischerhafen wurde als Besucherhafen gestaltet. — Das Binnentief ist geräumig, wurde mit „Bergen" und Insel interessant gemacht und hat reichliche Wassertiefe. Dort sind die Yachthäfen des WSC, WSV, Wassersportvereins Hooksiel sowie der Gemeinde. Dann eine Seeschleuse und Vorhafen davor mit fast 200 Meter an Kaje. — So ist Hooksiel der bedeutendste Sportboothafen dieser Region.

Der Vorhafen (Plan) ist 250 Meter lang und 80 breit. Seine Einfahrt ist nach Südosten gerichtet. Bei Ost- und Südostwind steht Schwell herein. — Die Tiefe der Einfahrt war zuletzt 1½ Meter bei Niedrigwasser, kann aber auch flacher werden (Vorsicht bei Seegang!) Bei starkem Nordwest- oder Ostwind stelle ich mir das Einlaufen schwierig vor, zumal kräftige Strömung quer zur Einfahrt läuft. — Ich würde, falls nicht eine neue Seekarte etwas anderes besagt, von Osten auf die kleine Ansteuerungstonne zulaufen und bei weniger als halber Tide loten, denn die Wassertiefe hat sich schon mehrfach vor und im Hafen erheblich verändert. — An der Kaje liegen nachmittags und nachts Fischerboote; doch meist findet man zum Übernachten noch Platz. — An der Südostseite sind kleinere Boote vor Mooring. Hafenfeuer werden eingerichtet.

Die Schleuse, 70 Meter lang, 8 breit, 3 tief, dient gleichzeitig als Siel. Innen schwimmen breite Holzfender an den Seiten. An denen macht man rechts oder links fest. Zu den Zeiten des Hauptbetriebes soll man so dicht wie möglich an den Vordermann herangehen. Etwa 12 Yachten können gleichzeitig schleusen. Die Schleusungsgebühr ist happig (8 bis 12 Meter Länge herein und hinaus 12,— DM). Schleusungszeiten 08, 10, 14, 18 und 19 Uhr (Sa, So auch 20 Uhr). Montags nicht. Zuschlag außerhalb dieser Zeiten tags bis 40,— DM, nach 20.30 Uhr bis 60,— DM!

Das Binnentief (Plan) nimmt mehrere Yachtclubs auf. Zahlreiche Steganlagen sind fertig, andere im Ausbau. Ankerplatz ist jedenfalls reichlich. Die Wassertiefe ist 3 bis 3½ Meter.

Der Alte Hafen im Ort Hooksiel hat Platz für Gäste an der Nordkaje und einen Steg. Kleiner Kran. — An der Nordseite des Hafens stehen die großen Speichergebäude aus der Zeit, da Hooksiel namhafter Segelschiffshafen war. Auch der russische Zwiebelturm auf dem Amtshause ist wohl als Bauidee von den Handelsfahrern mitgebracht worden. — Etwa 2000 Einwohner und etwas Ferienleben hat der freundliche Ort.

Tossens, kleines Seebad mit großem Campingplatz, liegt am Ostufer der Jade. Es hat keinen Hafen. Doch auf dem Sandwatt liegen dort an 50 Sportboote vor Mooring; Gleitboote, Schlauchboote, Jollen. Ein typisches Beispiel, daß auf dem Watt auch rundweg nicht seetaugliche Boote ein Auskommen finden. Die Wassertiefe bei normalem Hochwasser ist 1 bis 1½ Meter, bei Niedrigwasser liegt alles trocken. Kleine Stege vom Deich erleichtern das Einbooten. Die Eigner der Boote leben in einem großen Campingplatz hinter dem Deich. — Die Zufahrt erfolgt zu Hochwasserzeit quer über das Watt. Tossens Oberfeuer, Unterfeuer und vor allem die weiße Strandhalle auf der Deichhuk dienen als Marke.

Großtanker- und Massengut-Brücken: Es gibt drei. Bis eine Seemeile weit sind sie in das Fahrwasser der Jade vorgebaut. — Die Lage zeigt der Plan auf S. 138. Dann gibt es noch eine Ladeinsel. Die steht, durch Unterwasserleitung mit dem Land verbunden, als 500 Meter lange Kunstinsel dicht am Hauptfahrwasser. — In Höhe von Voslapp-Leuchtturm steht die Niedersachsenbrücke, für Schwergutladung. 1400 Meter ragt sie in die Jade. — Die südlichste ist die „alte“ Ölpier, die Tankerlöschbrücke. Diese 1½ Kilometer lange Kunstpier steht 700 Meter vor dem Jadedeich auf hohen Pfählen. Im Dunkeln strahlt sie von hundert Lichtern. Mehrere Tanker bis 250 000 Tonnen können hier gleichzeitig löschen. Zweifellos eindrucksvoll! Zweifellos auch bedrückend, was der Mensch mit der Natur alles anzustellen vermag. Fabriken und Schornsteine, die höchsten 275 Meter hoch, Öltanks — und, wie stets, tausend Reglementierungen. — Für Sportboote ist die Umgebung der Tankerlöschbrücken gesperrt. Mindest 300 Meter Abstand! Bei Nebel Schallsignale. — Die Strömung läuft hier kräftig. Schon bei nur frischem Nordwestwind und auslaufend Wasser stehen steile, brechende Wellen. Bei Windstärke 7 (oder war es schon 8?) an drei Meter hoch! Eine vierte Großschiffsbrücke dicht südlich von Hooksiels Sporthafeneinfahrt ist in Bau.

Rüstersiel

(Plan Seite 138)

Rüstersiel ist einer der traditionellen Yachthäfen der Jade. Nachgerade werden da an 200 Yachten zuhause sein. Es gibt mehrere Segelclubs und die Sportbootwerft Iken. Doch als Heimathafen ist Rüstersiel günstiger als für Yachten auf Wanderfahrt, für die das Einlaufen etwas umständlich ist. Der Schleusendrempel begrenzt den Tiefgang auf 1,5 Meter. 12 Meter kann ein Boot lang sein. Größere laufen bei Wassergleichstand hindurch. Schleusungen bei mehr als halber Tide.

Der traditionelle Hafen (Binnenhafen) liegt am Ende des 2½ Kilometer langen Binnentiefs. Eine Autobrücke ist in Bau. So wird man den Innenhafen nur noch mit gelegtem Mast erreichen können. Bootswerft Iken (hatte Feuer, doch arbeitet!), Bootshallen, Schlippanlagen, Trailerrampe. — Der Seefahrtssport wird hier auf unglaublich vernünftige, alte Art betrieben nach dem Motto: „Kaufen? Ach was, machen wir selbst“. Die meisten Eigner haben ihr Boot ganz oder größtenteils selbst gebaut (und vorzüglich!). Manche weitgereiste Leute sind darunter. Gelegentlich treffe ich welche irgendwo weit in der Welt.

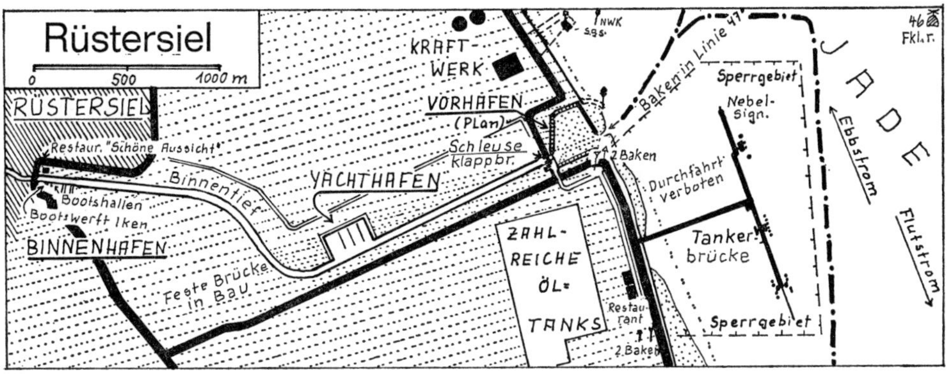

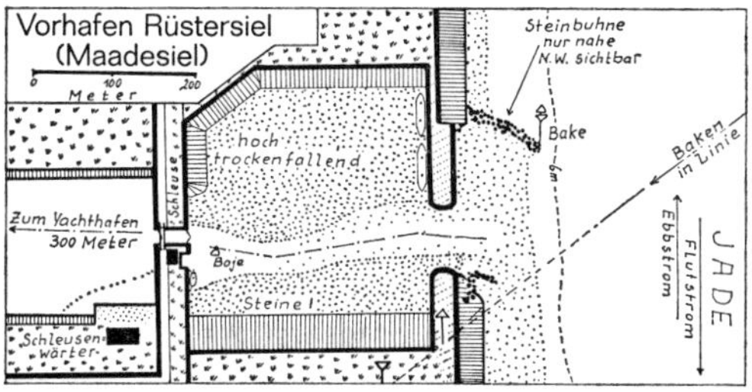

Der Yachthafen liegt am Binnentief etwa 800 Meter landein von der Schleuse. Es ist ein geräumiges Becken mit drei Schwimmstegen und über 100 Yachten darin. Wassertiefe etwa zwei Meter. Der Hafen liegt still im Grünland; 20 Minuten landein ist für Einkäufe der Ort Rüstersiel.

Die Zufahrt liegt bei der südlichsten Ölpier der Jade, und zwar unauffällig hinter ihrer Nordseite. Es folgen nacheinander: der Vorhafen, die Schleuse, der Yachthafen, der Binnenhafen. — Beim Anlaufen aus der Jade kann man die Baken in Linie nehmen, die auf der Südseite des Vorhafens stehen. Die Strömung setzt quer. — Der Vorhafen wurde umgebaut (Plan). Die Steinschüttungen an der Nordseite und der Südseite wollen beachtet sein. Sie liegen nur nahe Niedrigwasser zutage. Der Vorhafen fällt trocken bis auf eine Rinne, die zur Schleuse führt. In der mögen bei N.W. knapp $1/2$ Meter Wasser stehen. Die Kanten sind manchmal durch ein paar Stöcke bezeichnet, manchmal nicht. Bei der Schleuse lege ich an der Eisenspundwand südlich vom Schleusentor an. Steht es offen, laufe ich am besten in die Schleuse ein wie in einen kleinen Hafen. Die Schleuse ist klein, nett, bislang unbürokratisch, doch dienstags geschlossen. Es kann in den Hochwasserstunden etwa drei Stunden vor bis drei Stunden nach H.W. geschleust werden. Boote bis 16 Meter Länge passen zur Not hinein. Längere laufen bei Wassergleichstand hindurch. Tiefgang bis 1,6 Meter. Dies und alles weitere erfragt man beim Schleusenmeister. — Binnen ist das Maadesiel. Früher hatte Störtebeker seine Schiffe in der Maade. Wäre es damals bereits so kompliziert gewesen, hätten die Hamburger ihn schon viel früher geköpft.

Wilhelmshaven (Plan Seite 36, 116, 138, 142)

Es gibt die tidefreien Binnenhäfen. Sie sind nicht besonders attraktiv, und man läuft sie wohl nur an, wenn man in den Ems-Jade-Kanal will. Für Yachten auf Wanderfahrt kommt der Nassauhafen (Pontonhafen) an der Südseite der Deichkrümmung in Frage.

Der Nassauhafen, auch Pontonhafen oder Fluthafen genannt, ist Tidehafen. Er hat tiefes Wasser (2—3 Meter), einen über 100 Meter langen Anlegeponton, an dem man praktisch tidefrei liegt, und ist sehr voll mit allerhand Berufsfahrzeugen. Der Platz für fünf oder zehn Yachten ist an der Nordseite des Pontons. Dort oder an einem nicht auslaufenden Schiff macht man längsseits fest. Die gebogene Hafenmole ist erneuert worden und hat an ihrer Innenseite jetzt Anlegekaje. — Yachten des W.S.C. sind an der Nordostseite des Hafens. Doch Landverbindung ist von diesen Plätzen nur mit eigenem Dingi oder dem „Moses" des Clubs. — Das Clubhaus mit Toiletten, Dusch- und Waschraum sowie kleinem Restaurant liegt hübsch auf dem Deich. Größere Wassermengen auf dem Ponton. Dieselöl aus Bunkerboot. — Schiffsausrüstung und Segelmacher sind nahe beim Hafen. Es gibt eine Schlippbahn für Trailerboote und eine Schräge mit Holzbalken zum Trockenfallenlassen und Reinigen oder Streichen des Unterwasserschiffes oder kleine Reparaturen.

Die Brücke des Wasser- und Schiffahrtsamtes hat einen kleinen Schwimmsteg. Dort oder längsseits an einem anderen Schiff liegt man zwar nicht hervorragend schön, doch ungestörter als am Hauptponton.

Stadt Wilhelmshaven, „künstlich" vor 100 Jahren als Stadt der Kriegsmarine geschaffen, liegt drei Kilometer vom Nassau-Hafen. Vom Restaurant „Strandhalle" (500 Meter westlich vom Nassauhafen) fährt ein Autobus. Das Stadtzentrum ist wenig charakteristisch. Hauptgeschäftsstraße ist die Marktstraße. — Manche bleiben am Hafen, besuchen das Nordseeaquarium und setzen sich dann in die Strandhalle mit ihrem sehr schönen Blick auf den Jadebusen.

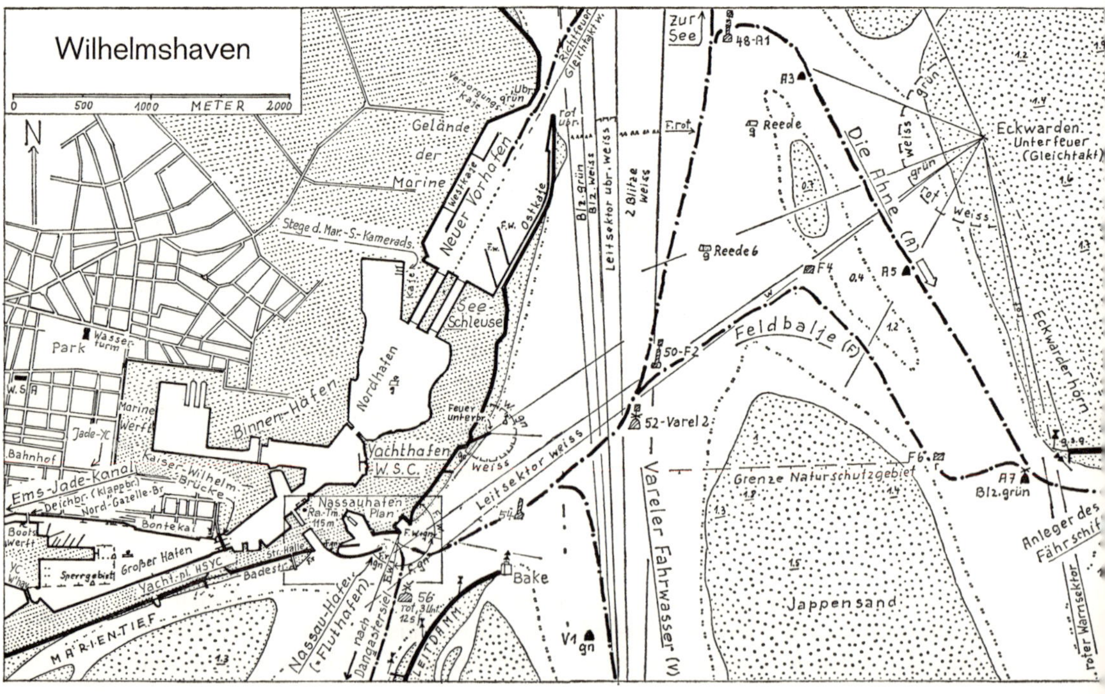

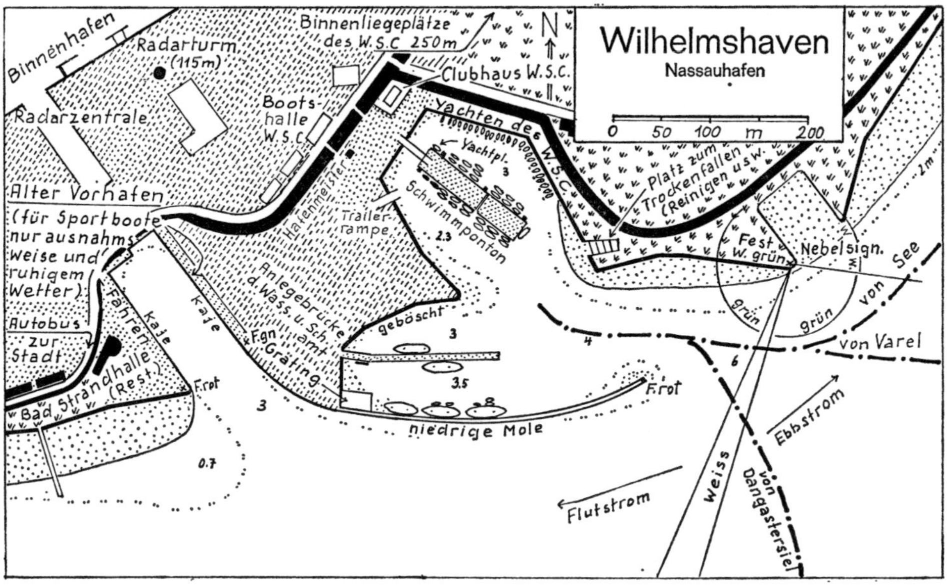

Die Binnenhäfen Wilhelmshavens sind umständlich zu erreichen, nicht besonders schön und lohnen für eine Fahrtenyacht das Anlaufen wohl nur für längeres Liegen oder Weiterfahrt im Ems-Jade-Kanal.

Zufahrt: Aus der Jade 1000 Meter südlich der Ölpier in den sehr großen Neuen Vorhafen. In seinem Südende sind die Schleusen. Der Vorhafen (1 Kilometer lang!) kann recht ruppig sein, ist überdies Marinegelände. Meist steht eine der Schleusen offen. Bei grünem Licht läuft man ein und macht an den großen schwimmenden Holzfendern fest. Sonst kurzfristig in der Südostseite an einem der Schwimmstege. — Die beiden Schleusen sind Europas größte, 350 Meter lang, 57 breit und die Gebühren entsprechend hoch, wenn ein Sportboot alleine schleust. Der Schleusenbetrieb endet abends recht früh, Montag bis Freitag um 1830, Samstag um 1600. Sonntags wird von 08 bis 16 Uhr geschleust und Sonntag abend um 1800 Uhr noch einmal für die Boote der Clubs.

Die Hafenbecken sind zahlreich, doch als frühere Marinehäfen oft unbenutzt. In den größeren kommt bei Starkwind Seegang auf. Nicht überall kann man liegen. Clubstege: Der Wilhelmshavener Segelclub hat seine Stege im ersten Hafenbecken gleich südlich vom Nordhafen. Überaus gut liegt man nicht, sehr abseits, oft unruhig. Das Clubhaus ist 300 Meter entfernt am Nassau-Hafen. Von dort zur Stadt mit dem Autobus. — Die Marine-Segel-Kameradschaft hat etwa 40 Plätze in der Nordecke des Nordhafens. — Nahe Stadtzentrum: Um näher an der Stadt zu liegen, würde ich an den Stegen des Segelclubs vorbei weiter Südwest fahren. Nach einem Kilometer passiert man unter der großen Drehbrücke Kaiser-Wilhelm-Brücke. Für Yachten mit Mast um 10 Meter (genaue Höhe erfragen!) muß sie geöffnet werden. Dienstzeiten wie bei der Schleuse. Zum Legen des Mastes kann man dicht vor der Brücke an Bojen festmachen. — Hinter der „K.-W.-Brücke" ist man im „großen Hafen". Von hier aus gelangt man am schnellsten zum Stadtzentrum. Drei Yachtclubs haben hier ihre Stege: der HSYC Germania (Südseite, 80 Plätze), der Yachtclub Wilhelmshaven (50 Plätze, westlicher Teil der Süd-Gazelle-Brücke) und der Jade-Yachtclub (25 Plätze, beim Grodendamm).

— **Zum Ems-Jade-Kanal** fährt man unter den Drehbrücken hindurch westwärts. Nach der dritten Drehbrücke liegt außerhalb der Stadt die erste Kanalschleuse. Liegeplätze sind auf dem Wege; je weiter außerhalb der Stadt, desto freundlichere.

B. Ems-Jade-Kanal

Er verbindet, 72 km lang, Wilhelmshaven mit Emden. Abzweigungen gehen zur Ems bei Oldersum und zur Leda bei Leer. Schmal, gemütlich, recht hübsch, doch lang zu fahren. — Der Kanal schneidet die Fahrt bei den Ostfriesischen Inseln ab. Man wird ihn wohl nur fahren bei Zeitnot, Havarie oder herbstlichem Schlechtwetter. Vielleicht auch, um von der Nordseeküste zum Binnenland durch Dortmund-Ems-Kanal zurückzukehren, wenn für den längeren, doch schöneren Weg Weser — Hunte — Küstenkanal die Zeit nicht reicht. — Auf halbem Wege liegt Aurich. Aurich ist nett. Und auch der Kanal ist hübsch, wenn man Zeit hat, zu bummeln. An seinen Ausweichstellen machen manche fest und bleiben einen halben Urlaub dort.

Daten: Zwischen den Seeschleusen von W'haven und Emden 72 km (39 sm). 1,7 Meter Tiefgang, außer in sehr trockenen Sommern. 18 Meter breit, meist nur in der Mitte vollkommen tief (Vorsicht am Rand!). 47 Brücken, die niedrigste 3,75 Meter. Zwischen Emden und Aurich können alle Brücken öffnen; auf diesem Stück kann man mit stehendem Mast fahren. Doch Hochspannungsleitung 8 Meter hoch bei Aurich! 6 Schleusen, nur tätig bei Tageslicht und nicht von Samstag 13 Uhr bis Montag früh! Geschwindigkeit: bis 1 Meter Tiefgang 8 km/h, sonst 5 km/h. — Kanalgebühr ist zu berappen. Für mein 12 Meter langes Boot mit Brücken-, Schleusen- und sonstigen Gebühren etwa 40,— DM. Liegeplätze sind bei Mariensiel, Dykhausen, Markardsmoor (dort Abzweig **Nordgeorgsfehnkanal** zu Leda-Leer-Ems), Wiesens, Aurich.

Aurich ist mit 13 000 Einwohnern zwar nur eine kleine Stadt, doch sozusagen „Hauptstadt" Ostfrieslands, voll Brauchtum und Charakter. Man sollte im Stadthafen fest-

machen und die Stadt durchbummeln. — Der Upstalsboom: Da man bei Schleuse Rahe, 3 Kilometer westlich Aurich, sowieso festmacht, kann man auch zu dem Thinghügel hingehen. Am Upstalsboom, also: Baum auf einer hohen Stelle, war vom 12. Jahrhundert an jährlich Pfingstdienstags Versammlung der friesischen Ratmannen, Vertreter der Kleinregionen des Landes. Entscheidungen über Grenzfragen, Blutgeld, kleine und große Fehden. — Westerende-Kirchlog hat bei der auf Yachtbau eingerichteten Werft Voß Reparaturmöglichkeit. — **Emden** (Plan S. 235). In der Kesselschleuse (einer runden Schleuse mit vier Ausgängen) kann man wahlweise zum Emder Hafen oder in den Kanal nach Oldersum einschleusen. Letzteres, wenn oberer Teil der Ems oder Dortmund-Ems-Kanal das Ziel sind (Seite 221).

C. Der Jadebusen

Südlich von Wilhelmshaven erweitert sich die schmal gewordene Jade plötzlich zu einem großen Sack, dem Jadebusen. Mit gutem Willen kann man ihn dreieckig nennen. Etwa 15 Kilometer ist die Seitenlänge. Auf Landkarten ist er blau getönt. Die meisten beginnen dann, von einem großen, großen Binnensee zu träumen. — **Der Jadebusen hat zwei Gesichter:** Bei Niedrigwasser liegen vier Fünftel trocken. Nur Wilhelmshaven kann dann von tiefgehenden Yachten angelaufen werden. Nur drei Fahrwasser sind ein Stück weit mehr als 2 Meter tief. Für flachgehende Boote bleiben viele Priele befahrbar. Die sind dann kleine Flüsse in der Weite des Wattes. Zur Hochwasserzeit ist der Jadebusen eine große, weite Wasserfläche, und dank des großen Tidenhubes fast überall tief genug. Yachten bis 1,2 Meter Tiefgang können fast 3 Stunden lang „querbeet“ fahren. Auch mit sehr tiefgehender Yacht kann man Dangastersiel oder Varel erreichen. — Doch bei Niedrigwasser läuft der Jadebusen wieder leer.

Der Tidenhub ist im Jadebusen größer als irgendwo sonst an der deutschen Küste. Ich habe weder hier noch in anderen Gewässern mit weit größeren Tidenhüben gefunden, daß dies besondere Schwierigkeiten schafft. Im Gegenteil ist manches leichter: es sind sauber getrennte Zustände. — Die Hochwasserhöhe über Kartennull ist bei Nippzeit durchschnittlich 3,6 Meter, bei Springzeit 4,0. Hochwasser ist überall praktisch gleichzeitig mit Wilhelmshaven.

Seegang: Er ist örtlich verschieden, abhängig von Strömungsrichtung, Windrichtung, Windstärke und Wassertiefe. Ein nicht seefestes Boot wird es in den tiefen Rinnen bei der Situation „Strömung gegen Wind“ bei Windstärke 4 sehr grob und bei 5 unbefahrbar finden. Bei Windstärke 6 schätze ich die Wellenhöhe dann in den großen Rinnen auf zwei Meter. Weit handiger ist's auf dem Hohen des Wattes und bei „Strömung mit Wind“. Kurz: Die Tricks der Wattfahrt muß man beherrschen.

Landschaft und Häfen: Landschaftliche Offenbarungen soll man nicht erwarten. Flaches Marschland liegt ringsum. Nur bei Dangast tritt Geestland an den Jadebusen. Da ist es sehr schön. Dünen gibt es nicht. Inseln gab es früher. Vielleicht bildet sich die Sandinsel Arngast wieder. Im mittleren Teil ist oft schönes Sandwatt. Zuweilen bildet steinbewehrter Deichfuß das Ufer. Da kann man, sofern nicht verboten, ein flachgehendes oder mäßig tiefes Boot auf dem Watt vor kräftige Mooring legen und auf dem Grünland zelten.

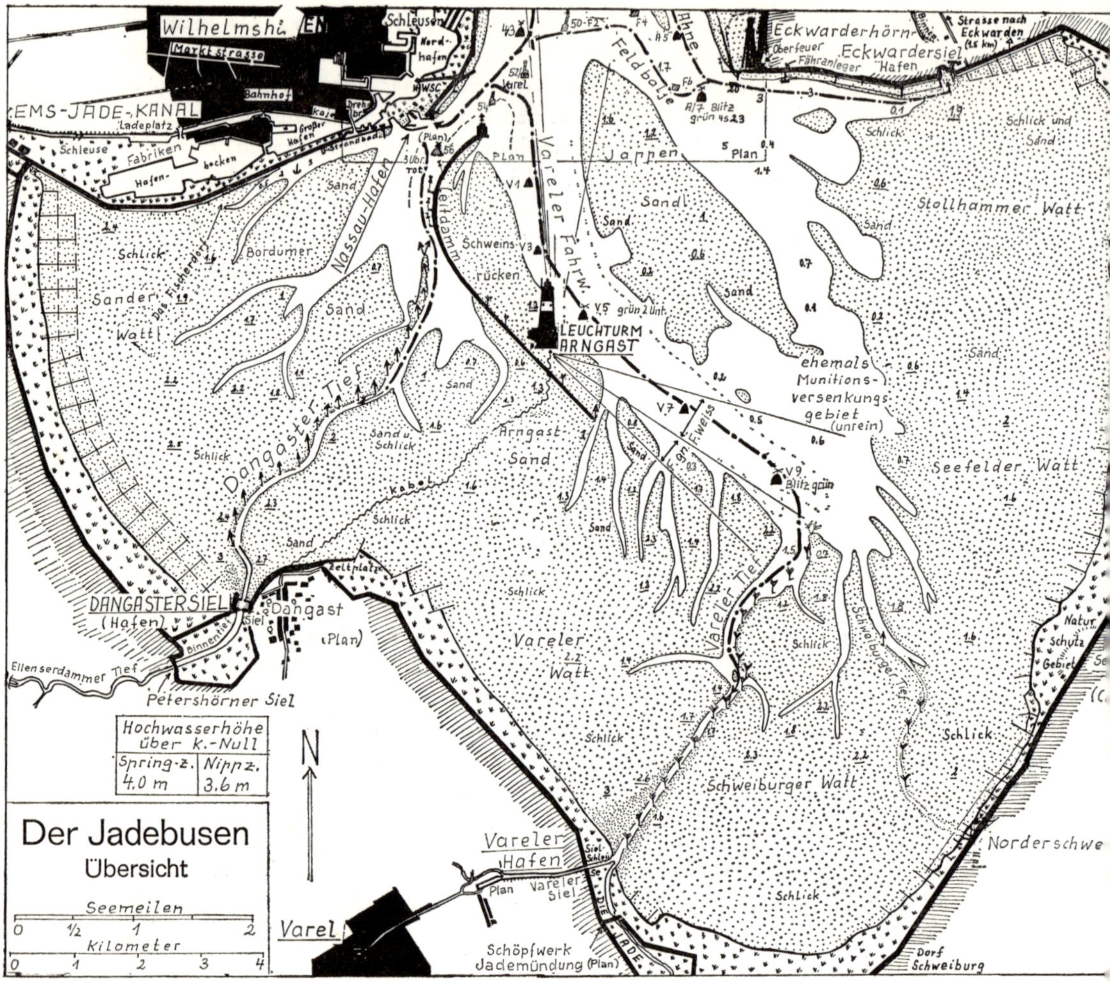

Häfen sind Wilhelmshaven, Dangastersiel, Varel und Eckwardersiel, meinetwegen auch noch das ganz kleine Schweiburger Siel. — Gute Ankerplätze für die Nacht kenne ich nicht (schlechte genug).

Welches Boot? Wirkliche Freude hat man am Jadebusen nur mit flachgehendem oder mäßig tiefem Boot (unter 1,0 Meter). Da kann man nahe Hochwasser quer über das Watt, kann bei Starkwind aus den unfreundlichen Rinnen aufs Watt ausweichen, kann bei Niedrigwasser in stillen Rinnen ankern oder auf freundlichem Watt trockenfallen. Jollenkreuzer, schnelle Gleiter, Katamaran, vielleicht hier sogar das schwere Schlauchboot. Der Wilhelmshavener Segelclub läßt Piratenjollen laufen, jedoch nur westlich vom Leitdamm. Kleinfischer haben offene Ruderboote an geeigneten Stellen verankert. — Wichtiger als die Art des Bootes ist hier, daß der Schiffer sich richtig verhält. —

Der Leitdamm: Mitten im Jadebusen ist auf dem Watt ein 3 Seemeilen langer Leitdamm (Plan). Er führt das ablaufende Wasser dicht an Wilhelmshaven vorbei und schafft durch starke Strömung dort große Wassertiefe. Überflutet ist der Leitdamm etwa ab halber Tide. Auf seinem Nordende steht massig eine spitze Steinbake, beim Südteil ragt auffällig Leuchtturm Arngast. Einzelne große Betontrümmer sowie Spierentonnen mit Untiefen-Toppzeichen bezeichnen den Verlauf. — Nur wenn man die örtlichen Verhältnisse kennt, kann man den Leitdamm nahe Hochwasserzeit kreuzen.

Naturschutzgebiet ist der Jadebusen. Doch sind von den uns betreffenden Dingen nur die Jagd und das Beunruhigen von Vögeln verboten sowie Jagdwaffen mitzuführen.

Das Fischerdorf am Banter Deich (Nordufer des Jadebusens) hat sich in schwerem Rechtsstreit seine Daseinsberechtigung errungen. Es wird, Kleinboote auf dem Watt vor Mooring oder auf den Deich geholt, weiterhin ein Stück Originalität der Nordsee verkörpern. Doch für Fahrtenyachten ist es kein guter Platz.

Dangastersiel

(Plan S. 146 sowie unten)

Freundlich, ruhig und sauber liegt dieser kleine Sielhafen an der Südwestseite des Jadebusens zwischen weißem Sandwatt und endlosen grünen Wiesen. Ein paar Granatfischerboote, etwa 60 meist kleinere Sportboote, nahebei der kleine, ruhige Kurort Dangast mit netten Gaststätten und Strand — ein Hafen für Kenner der schönen Plätze. Leider nur heute zu voll.

Die Zufahrt erfolgt von Wilhelmshaven aus durch das Dangaster Tief (Plan S. 146). Stangen, Besen abwärts, bezeichnen die Steuerbordseite. Flachgehende Kleinboote mogeln sich manchmal auch bei Niedrigwasser herein. Yachten mit Tiefgang laufen ab 2½ Stunden nach Niedrigwasser ein. Mit Yacht bis 1,6 Meter Tiefgang führe ich noch gern hierher. — Das Hafenbecken ist 80 mal 110 Meter groß, die Einfahrt 30 Meter breit. Eisenspundwände, mit Ausnahme der Westseite. Eine breite Rinne mit 1 bis ½ Meter Wasser zieht durch den Hafen. An der Westseite sind Schwimmpontons des Jade-Yacht Club. Die Hauptkaje ist die Fischerkaje an der Ostseite: 2½ bis 3 Meter Wasser bei Hochwasserzeit, bei Niedrigwasser trockenfallend (weicher Mud). Sind die Fischer draußen, kann man kurzzeitig festmachen. Kehren sie nachmittags zurück, soll man ihnen nicht im Wege sein. Oft gibt es ein Fischerboot, das

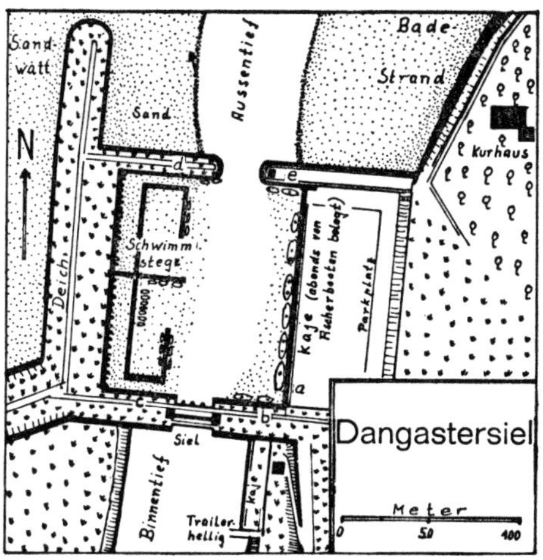

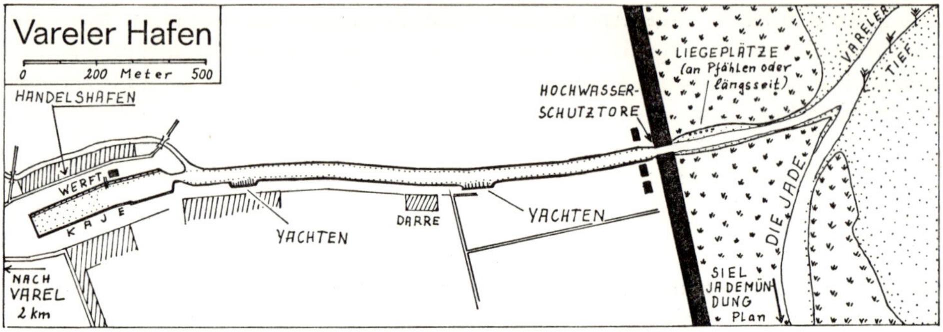

Neubau einer Schleuse erfolgte. Der Plan ist noch nicht angepaßt.

nicht ausläuft, zum Längsseitsliegen. Bei a im Plan liegt das Ausflugsboot. Bei b ist oft freie Kaje. Doch bei stärkerem Nordwestwind und Hochwasserzeit ist das ein häßlicher Platz wegen Winddruck und starker Kabbelsee. Eine lange Leine nach Norden zur Fischerkaje entlastet die Fender. Bei weniger als halber Tide ist der Spuk vorbei. — Die Westseite hat hartes, hoch trockenfallendes Sandwatt, gut für flachgehende Boote. — Nahe den Molenköpfen ist bei Niedrigwasser 1 bis 1½ Meter Wasser. Doch ist's meist belegt. — Das Binnentief ist kleinen Booten bei Niedrigwasserzeit durch die Sieltore zugänglich. Boote liegen (und überwintern) beim Sielwärterhaus. Dort sind Trailerhelling und Schlipp. Interessant sind der Tidenschreiber (e im Plan) und die Mosaikarbeit im Sielturm. Trinkwasser beim Sielwärter. Lebensmittel im Ort. Das „Kurhaus" ist Restaurant. — Liegegebühr ab 3. Tag 5,— DM.

Varel, Hafen und Liegeplätze

(Plan S. 146 sowie oben)

Die Stadt Varel mit ihrem Hafen liegt im südlichsten Zipfel des Jadebusens 3 Kilometer hinter dem Deich. Schiffe bis 3 Meter Tiefgang laufen ein. Schöner als Vareler Hafen finde ich die Liegeplätze vor den Hochwassertoren und im kleinen Fluß Jade. — Eine Schleuse wurde im Deich neu erbaut. So ist das Wasser nun aufgestaut und genügend tief. Über 150 Yachten sind hier zu Hause. Der Handelsverkehr ist gering.

Vareler Hafen liegt fast 1 Seemeile hinter dem Deich. Es wäre unwahr, wollte man ihn als besonders schön anpreisen. — Das Hafenbecken ist 400 Meter lang, 45 breit, hat eine lange Kaje an der Südseite, kurze an der Nordseite, sonst überall Böschung. Die Dauerlieger sind an clubeigenen Stegen meist an der Ostseite des Hafenbeckens oder verschiedenen Steganlagen der Hafenzufahrt. Besucher finden im Hafen an der Kaje (Südseite) Platz.

Am Hafen Kran, Trinkwasser, Lebensmittel, Treibstoff, Schiffsausrüstung. Es gibt eine Bootswerft mit Schlipp für Reparaturen und Winterlager. Alles andere in Varel, der lebhaften Stadt mit 30 000 Einwohnern, 20 Minuten landein.

Vor der Schleuse liegen an Pfählen mit Steg die Vareler Granatfischkutter. Man kann längsseits festmachen und fällt entweder in weichem Schlick nahezu trocken oder bleibt gerade eben frei schwimmen. Man sollte versuchen, ein Boot zu finden, das nicht ausläuft, jedenfalls aber fragen, wann die Fischer auslaufen wollen (meist morgens vor oder bei Hellwerden).

Die Zufahrt nach Varel erfolgt durch Vareler Fahrwasser und Vareler Tief (Plan Seite 146). Sie ist einem flachgehenden Boot manchmal auch bei N.W., einer tiefgehenden Yacht 2 bis 3 Stunden nach N.W. möglich. Auf Nachtfahrt ließe ich mich nur bei gutem Mondlicht, günstiger Tide und geeignetem Schiff ein.

Die Muschelfischer: Vareler Hafen hat Muschelfischer. Muschelfischer? Für Perlen?? Aber nein! Für Hühnereier! — Muschelfischer sind Motorschiffe wie kleine Küstenfrachter mit Saugvorrichtung wie ein Saugbagger. Wo in der Jade die Strömung große Felder leerer Muschelschalen zusammentrug, saugen sie diese hoch und sind oft schon nach einer Stunde mit Muschelschalen gefüllt. In Varel werden die Muschelschalen zu Bergen, weiß, hoch und steil wie ägyptische Pyramiden, aufgeschüttet. Die Schalen werden zerkleinert, mit dem getrockneten „Gammel" der Granatdarren und Getreide vermischt und sind dann Hühnerfutter. Als Eierschale enden sie auf dem Frühstückstisch. — Feiner Kalkstaub legte sich früher am Vareler Hafen langsam über alles. Als ich einmal mein Boot dort überwintern ließ, alles zum Lüften offen, war es im Frühjahr „verkalkt", binnen wie buten.

Jademündung: Der Fluß Jade zweigt vom Vareler Tief nach Süden ab, wo dieses in das Grünland eintritt (Plan von Varel). Die Jade ist ein ganz stämmiger Wasserlauf von 60 bis 80 Meter Breite. Bei N.W. ist die Jade bis auf eine Rinne trocken, doch ab halber Tide gut fahrbar. — Nach knapp tausend Metern trifft man auf Siel und Schöpfwerk J a d e m ü n d u n g (Skizze unten). Dort findet man ganz still im Grünen Schwimmstege für etwa 20 Yachten, die dem Wassersportverein Jade-Wapel gehören. Für einige Gäste ist Platz. Keine Versorgung. — Wegen Nähe des naturgeschützten Vogelbrutgebietes max. 6 km/h und Lärmverbot. — Ein ruhiger, schöner Platz!

Norderschweiburg ist ein kleines Sieltief in der Südostkaje des Jadebusens. Vor dem kleinen Siel sind an beiden Seiten 15 Meter Kaje. Es ist eng, und nur sechs oder acht Boote sind dort. Kleiner Steg. Zufahrt: Übersichtsplan Seite 146. Heikel bei starkem Nordwestwind.

D a s s c h w i m m e n d e M o o r bei **Sehestedt** nördlich von Norderschweiburg ist eine Naturkuriosität: ein Überrest der starken Moorschichten, die im frühen Mittelalter fast überall unsere Nordseeküste bedeckten. Dieses Stück Moor vor dem Deich

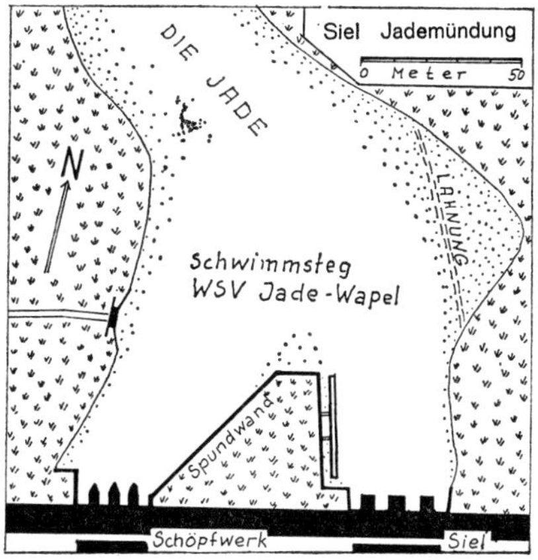

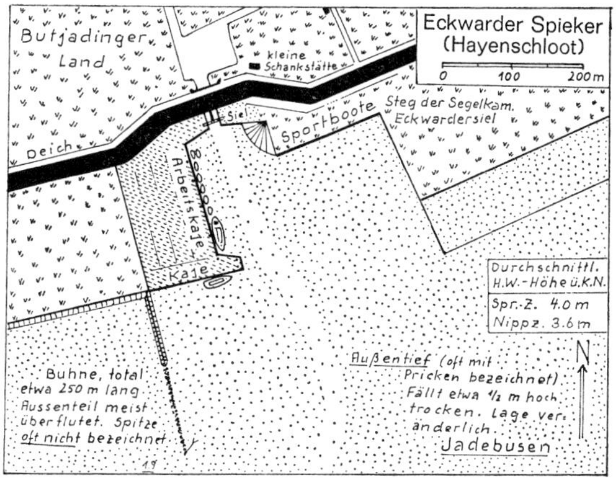

am Jadeufer verhält sich nun so, daß es bei hohen Sturmfluten schlicht aufschwimmt wie ein trockengefallenes Boot, wenn das Wasser aufläuft. Ein oder zwei Dutzend Kleinboote sind dort im Sommer beim Campingplatz. Meist ankern sie im Watt.

Eckwardersiel (Eckwarder Spieker, Hayenschloot)

Dieser stille Sielplatz in der Nordwestecke des Jadebusens ist nun nach allerhand Wandlungen wieder zu einem richtigen kleinen Hafen ausgebaut worden. Segelschiffs-Handelshafen war es ja früher (Spieker = Speicher, Lagerhaus). — Insgesamt gibt es etwa 150 Meter Kaje an der Westseite. Da ein Teil belegt ist, können dort 6 bis 8 Yachten hintereinander festmachen. Im Sommer bildet man Päckchen. — An der Ostseite hat die Segelkameradschaft Eckwardersiel einen festen Steg mit etwa 15 Plätzen. — Der ganze Hafen fällt trocken; nur dicht beim Siel und in der Rinne davor bleibt etwas Wasser zurück. Einlaufen kann man mit flachgehendem Boot 2 Stunden, mit tiefgehenderem 3 Stunden nach N.W. — Bei Starkwind aus Südost bis Südwest liegt man unruhig.

Ein ganz stiller Hafenplatz ist es. Nur ein kleiner Ausschank ist hinter dem Deich. 2 Kilometer entfernt liegt das Dorf E c k w a r d e n zum Einkaufen. — Vor dem Deich hat man die graue Welt des Wattes, Region der wilden Schreie der Seevögel, der Weite, der grauen Fläche am grauen Meer. Doch tut man die wenigen Schritte über den hohen Deich, dann liegt vor einem die grüne liebliche Binnenwelt der früheren Insel Butjadingen mit Bäumen, Singvögeln und geruhsamen Hornvieh. — Bläst harter Nordwest, dann ist man in dem menschenleeren Platz hinter dem Deich einsam, doch vorzüglich untergebracht. Oft habe ich mich, wenn irgendeine langwierige, Konzentration fordernde Schreibarbeit vor mir lag, mit meinem Boot nach Eckwarderspieker verholt (da gab es den Hafen noch nicht, nur ein paar Stege) und dort außer den zwei Fischern tagelang keinen Menschen gesehen.

Z u f a h r t nahe Hochwasserzeit auch mit Yachten bis 1,5 Meter Tiefgang. Unbedingt muß man auf die 250 Meter weit in die Jade vorgebaute B u h n e achten. Ihr Außenteil ist fast immer unter Wasser; auf die Bezeichnung der Buhnenspitze würde ich mich nicht fest verlassen. So drehe ich erst dann nach Norden in den Hafen ein, wenn die Sieltore an der Westkaje vorbei offen peilen.

VI. Revier der Ostfriesischen Inseln

Das sind ja die „Balearen" unserer Nordseeküste. Badetouristen an den Stränden der Seeseite. Doch der Wasserfahrer hat die einsame Weite der Wattenwelt für sich allein. — Inzwischen wurde dieses Gebiet auch für den Wassersport „entdeckt". Doch da Tiefwasserhäfen knapp sind (vielleicht soll man sagen: gottlob) hat sich der Charakter der „Wattenfahrt" durch gedankenlose Tiefwasserbrummer nicht verfälscht. — Am schönsten haben es Boote, die gut trockenfallen. Die packen sich an die Südseite der Inseln und sind allen Hafenrummels ledig. Jollenkreuzer zeigen hier, was sie wert sind. — Die meisten Festlandshäfen haben einen Campingplatz nahebei. So trifft man viele Binnenländer mit Trailerboot. — In Wahrheit aber ist Wanderfahrt hinter der Kette der Inseln hier das schönste. Die kann in diesem gut geschützten Revier auch von recht kleinem Boot unternommen werden. — Ob die Naturschutz- oder Nationalparkpläne uns dieses schöne Revier ganz oder nur teilweise verlieren lassen, bleibt abzuwarten.

Lobrede an die Natur, gehalten in vorgerückter Stunde an Bord der „Ägir III" vor Anker in der „Slapersbucht" von einem jungen Philologen: „Da hat also", sagte er, „die Natur hier eine 100 Kilometer lange Inselkette als Wellenbrecher geschaffen. Hat Dünen auf die Insel gesetzt und Inseldörfer und allerlei Landschaft. — Zwischen die Inseln und das Festland hat sie das Wattenrevier gelegt, daß dort Seefahrt sei, doch in geschütztem Gewässer. Hat es nur 4 bis 6 Kilometer breit gemacht, daß die Zagen Mut bekämen, hat es andernorts breiter gestaltet, daß die Erfahrenen sich beweisen könnten. Hat flaches Wasser auf den Wattenhochs geschaffen, daß dort keine hohen Wellen entstünden und auch kleine Boote dort fahren können. Und hat tiefe und breite Wattenströme gezogen, daß auch die Seefahrtsyacht Arbeit bekäme. Hat die Sieltiefs aus dem Binnenland ins Wattenrevier entwässern lassen, auf daß es Sielhäfen gäbe, einen beim andern. Und läßt zwischen den Inseln die Seegaten fließen, daß man zur See aus- und einfahren kann."
„Ebbe und Flut hat sie hinter die Inseln geleitet, daß der Tidenstrom dem Segler helfe und daß er bei Ebbzeit sein Boot auf den Sand legen und baden könne. Hat es auch ein bißchen kompliziert gemacht mit Strömung und Wasserstand, auf daß es nicht langweilig würde, man Sorgfalt braucht und um so mehr Freude hat. Und sie hat jede Felsklippe weggeräumt, daß, was man auch anstellt, kein Boot zu Schaden komme. Sie hat die guten Winde eingerichtet, daß man herrlich segeln könne, auch den Starkwind, daß es zu kämpfen gebe, die Tage mit diesigem Wetter, daß auch die „Alten Hasen" zu knabbern hätten, hat manche Rinnen sehr schmal gemacht, daß es nicht an Aufregung mangele, und manchmal auch flach, daß niemand sich in fauler Sicherheit wähne. — Die Tage mit lindem Ostwind hat sie eingerichtet, daß dann auch mal ein kleines Boot vor die Inseln fahre, die stillen Nächte, dann im Watt zu ankern, die Seevögel, die Muscheln, die Wattwürmer, den Granat, die Schollen und Seehunde — und hat das Meeresleuchten nicht vergessen. Sie hat es nicht süßlich gemacht, daß nicht Kreti und Pleti kämen, sondern herb, daß die Natur auch die echte Sache sei. Und hat alles etwas abseits der großen Städte gelegt, daß nur die Kenner herkämen."
„Und dafür", so schloß mein kluger Mitsegler und schwankte ein bißchen, „dafür wollen wir der Natur unseren Dank sagen . . . und daß wir dieses Revier, wo immer wir einmal

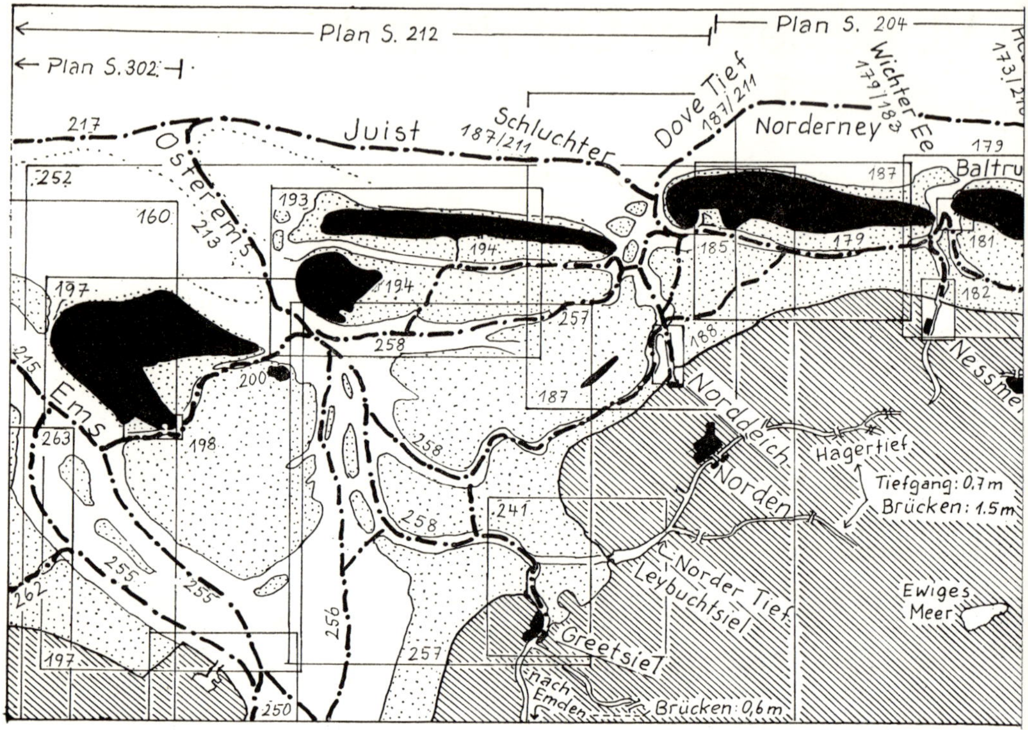

segeln, nie ganz vergessen werden." Und während er sich schon setzte: „Nur, hol's der Kuckuck, etwas ist ihr doch mißglückt: den langen Winter hätte sie nicht schaffen dürfen." Damit enden die Weinreden in der von der Petroleumlampe erleuchteten Kajüte. Es ist heller Tag. Wir sehen uns um:

Daten: Ein 100 Kilometer langes Revier, zwei bis fünf Seemeilen breit, elf Inseln, acht Festlandshäfen, sechs befahrbare Seegaten, ein bis zwei durchlaufende Wattfahrwasser für Yachten bis etwa 1,5 Meter Tiefgang und soviele Sandbänke, Priele und einsame Plätze, wie man sie nur erträumen kann. Doch eine zunehmende Zahl von Sperrgebieten! Da die meisten bei Drucklegung erst in Planung sind, kann dieses Buch sie n i c h t vollständig zeigen.

Die Ostfriesischen Inseln

Sie sind nicht Reste sturmflut-verschonten Festlandes, sondern Teil eines D ü n e n - s t r e i f e n s, der seinen Ursprung bei Calais in Frankreich hat und bis Jütland reicht: B r a n d u n g wirft Sand an das Ufer, W i n d häuft ihn zu hohen Dünen und trägt dann den Dünenzug ostwärts. Die G e z e i t e n durchbrechen ihn und machen Inseln daraus. Um so dichter folgen die Durchbrüche (um so kleiner sind die Inseln) je höher die Tide: Texel (mit 1,8 Meter Springtidenhub) ist 24 km lang, Norderney (2,8 Meter Tidenhub) 15 Kilometer, Wangerooge (3,2 Meter Tidenhub) 9 Kilometer.

Die Inseln wandern! Und zwar ostwärts unter dem vorherrschenden Westwind und durch die von West nach Ost fortschreitende Flutwelle. 4½ Meter pro Jahr ist Spieker-

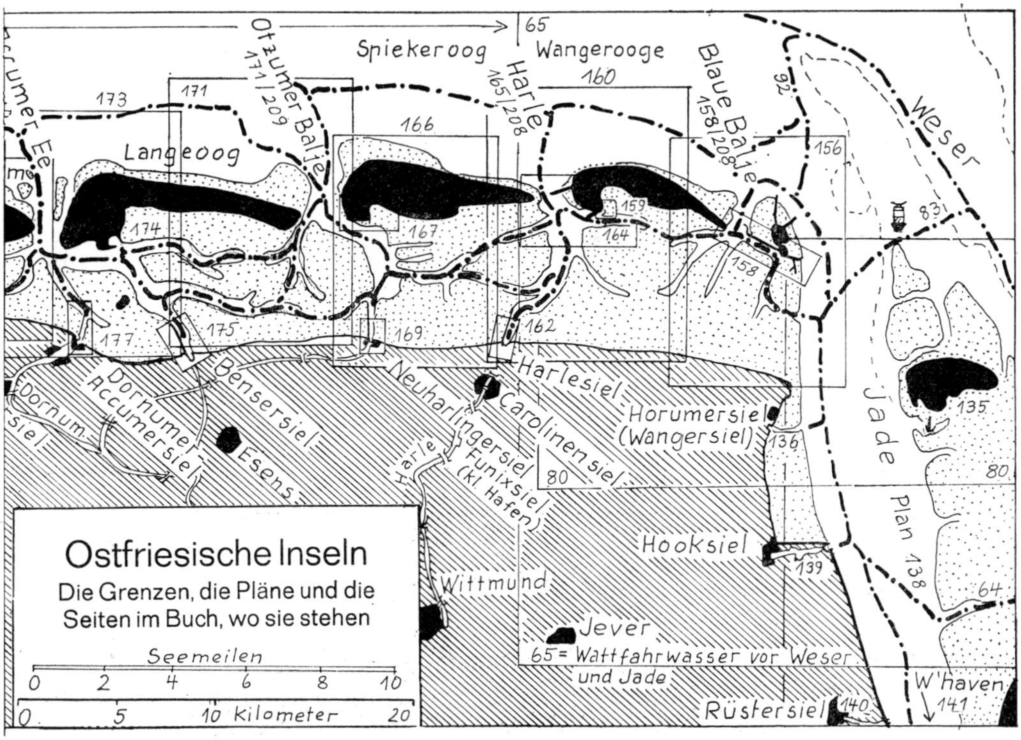

oog an seiner Westseite kürzer, 10 Meter an seiner Ostseite länger geworden (1½ Kilometer an der Westseite in 300 Jahren!). Heute hält man mit leidlichem Erfolg durch starke Schutzwerke an der Westseite die Insel als solche fest. Aber der Sand wandert dennoch: als sich nach Ost verlagernde Bänke quer durch das Seegat. Dann von Dünenkamm zu Dünenkamm durch Wind. Manche Inseln verschwinden. Andere entstehen neu. Verrückte Gegend!

Wie entsteht eine Insel? Sandwanderung, Flutstrom und Brandung werfen Bänke auf. Wächst eine Bank über den Hochwasserspiegel, dann entstehen hinter Muscheln, Quallen oder Treibholz Sandaufwehungen. Faßt dort die salzwasserfeste Strandquecke Fuß, so sammelt sich mehr Sand. Kleine Dünen, „Primärdünen", wachsen heran, von Sturmfluten noch überflutet. — Hat die neue Insel „Glück", daß keine hohe Sturmflut sie einebnet, kein Priel sie wegnagt, so wächst der Sand über die Sturmflutgrenze, wird durch Regen entsalzt und wechselt nun den Bewohner: statt Strandquecke nun Strandhafer und Strandroggen. Nun hat meist die Insel „gewonnen", denn das Wurzelwerk dieser Sandgräser hält den Sand wirksamer fest, und langsam wachsen Dünen bis 20 Meter Höhe heran. — Neiderplate, Itzendorfplate, Lütje Hörn und Memmert sind neue Inseln in verschiedenen Stadien ihres Werdens.

Bauplan der Inseln: An der Seeseite und Westseite stehen die hohen „weißen Dünen", denn von da kommt der Sand. Regen wäscht die weißen Dünen von Mineralstoffen frei. Hier können nur Strandhafer und Strandroggen wachsen. Doch hinter der Kette der weißen Dünen liegen die niedrigeren „grauen Dünen". Da sickert das Regenwasser mit einigen Mineralstoffen hin. Hier wachsen mühsam Moose, Flechten, Sträucher, der Inselsanddorn z. B. mit seinen Vitamin C-reichen Beeren. — S ü d w ä r t s d e r I n s e l setzt das Meer Sinkstoffe ab (Schlickwatt). Die wachsen zu Heller-bewachsenem Land an. Macht der Regen es salzwasserfrei, wird es fruchtbares W e i d e l a n d. — Spätestens jetzt kommt das Raubtier Mensch und nimmt die Insel in Besitz. Auf grünland-armen Inseln lebt er von Schafzucht, sonst von Kühen, neuerdings von Badegästen.

Makrelenschwärme!! Sind im Hochsommer welche vor den Inseln, so spricht sich das schnell herum. Wer von den Insulanern einen schwimmenden Untersatz hat, fährt vor das Seegat zum Fischen — man selber mit. Als Angel mehrere etwa 7 Zentimeter lange Haken mit Blinker oder einfach mit Leinenläppchen; 4 bis 6 Meter tief, mit Hand hochgeruckt. 100 Makrelen zu fangen, ist nichts Ungewöhnliches. 2 pro Person sind als Mahlzeit reichlich. Nichts Wohlschmeckenderes kenne ich, als frischgefangene Makrele gebraten.

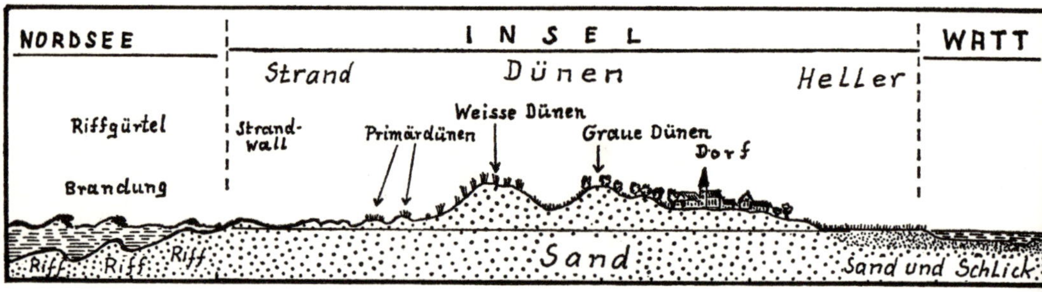

Das Wattenrevier: Hinter dem Wellenbrecher der Ostfriesischen Inseln liegt 2 bis 4 Seemeilen breit Wattengewässer: ein sehr schönes Revier. Bezeichnete Wattfahrwasser führen Yachten bis 1,5 Meter Tiefgang von der Jade zur Ems (und später weiter). Nahe Hochwasser kann man oft „querbeet“ fahren. Zahlreiche H ä f e n liegen in bequemster Distanz. Das Fahren ist anregend und spannend. Y a c h t e n : Das nicht voll seefeste Boot überwiegt. Ideal ist die seefeste Yacht mit 0,7 bis 1 Meter Tiefgang. Bis 1,5 Meter Tiefgang kommt man zur Not noch auf seine Kosten. Die wahren Könige und Snobs sind hier wie überall im Wattenrevier die Eigner von Yachten, die ohne weiteres trockenfallen. Eine Plattbodenyacht niederländischer Art (es werden jetzt auch in Deutschland welche gebaut) nimmt sich ihren „Hafen“ im Watt, wo sie mag.

Seegaten sind die Durchlässe zwischen den Inseln von den Wattenrevieren zur See. Vom Standpunkt der Befahrbarkeit sind sie S e e r e v i e r , nicht Wattenrevier, also seefesten Booten vorbehalten. Sie und die Routen „außen herum“ werden zusammen mit dem Seerevier vor den Ostfriesischen Inseln beschrieben (Seite 202 f).

Gezeitenströmung: Das s t e i g e n d e W a s s e r dringt von See durch die Seegaten zwischen den Inseln ein und breitet sich durch die tiefen Wattenströme, dann durch die Priele, schließlich über das ganze Watt nach Osten und Westen aus. Wo es hinter der Insel mit dem von der anderen Seite einlaufenden Wasser zusammentrifft, liegt das W a t t e n h o c h. Das ist stets etwas mehr an der Ostseite. Die Wattenströme der Westseite sind länger und breiter. — H o c h w a s s e r ist auf dem Wattenhoch 10 bis 20 Minuten später als am Inselhafen. — B e i f a l l e n d e m W a s s e r strömt das Wasser nach beiden Seiten vom Wattenhoch wieder herunter. In den westwärts führenden Armen kann man dann oft lange Strecken mit Strömung fahren. — Alle Einzelheiten bei den Revieren.

Die Richtung der Betonnung ist nach der neuen Regelung von Westen nach Osten. Das führt oft dazu, daß man, von See einlaufend, grüne Tonnen an Backbord zu lassen hat. — Die in die Pläne eingezeichnete Linie der Kurse, wie ich sie meist fahren würde, mag da eine Hilfe sein. Oft habe ich auch durch einen offenen Pfeil in den Plänen angegeben, wie die Betonnungsrichtung jetzt läuft. Siehe Plan auf Seite 14.

Häfen: Neubau oder Erweiterung von Sporthäfen kamen in Gang. Doch der Höhepunkt der Erweiterungs- und Neubauten liegt wohl noch vor uns. Eine Verdoppelung der Zahl der Liegeplätze ist längst erreicht, eine nochmalige Verdoppelung des Vorhandenen ist abzusehen. Langfristig plant z. B. allein Norderney 1200 Plätze. — Fast alle neuen Häfen haben Schwimmstege. Ein Teil fällt trocken. Liegegebühren nenne ich bei den einzelnen Häfen.
Ein Zwiespalt entstand: Manche freuen sich an der reinen Natur ohne Duschhaus. Andere bevorzugen Komfort, die klagen über sein Fehlen. So ist die Ausstattung der Häfen sehr unterschiedlich, und jeder wird seinen „Traumhafen" finden: der eine z. B. in Norderney, der andere in Wangerooge. In der Ferienzeit ist Hafenplatz noch immer knapp (und in jedem Jahr knapper). Glücklich also, wer ein flachgehendes, wohnliches und genügend großes Boot hat und Kunsthäfen nicht braucht.

A. Region Minsener Oog

Minsener Oog ist die östlichste der Ostfriesischen Inseln. Sie ist nicht typisch: klein, ohne Hafen und „Betreten verboten". So fahren die meisten Yachten nach Wangerooge oder Harlesiel weiter. — Dabei ist Minsener Oog ein ganz kurioses Eiland. Für ein Boot, das keinen Hafen will, kann es hier sehr schön sein.

Gezeiten: Die Hochwasserhöhe über Kartennull ist normalerweise bei Nippzeit etwa 3,0 Meter, bei Springzeit 3,3. Bei Wangerooge - West sind es 2,8 bzw. 3,2 Meter. — Hochwasser ist etwa 1 Stunde früher als in Wilhelmshaven, dem Bezugsort, 30 Minuten später als in Wangerooge-Hafen und 50 Minuten später als in Norderney.

Insel Minsener Oog

Von Oldeoog, der „Alten Insel", war infolge der Ostwanderung kaum mehr als eine Sandbank an der Jademündung übriggeblieben. Um das Fahrwasser der Jade tief zu halten, sind darauf mit großem Aufwand 10 Kilometer Dämme erbaut worden. Nun wächst die Insel wieder. Über vier Quadratkilometer hochwasserfreies Land: teils Sand, teils mit salzwasserfesten Gräsern, auch schon Ansätze zu kleinen Dünen. — Neuerdings wird in großem Maßstabe Baggersand aus dem Wangerooger Fahrwasser für Superschiffe zwischen den südlichen Buhnen aufgespült. Mehrere Quadratkilometer Watt sind bereits vier Meter hoch aufgespült. Nach den Plänen soll die Spülfläche größer als Insel Wangerooge werden. — Wenn ihr nicht sehr achtgebt, ihr Seglerkollegen, dann wird daraus Naturzerstörung und Wattfahrthindernis ersten Ranges. Das Betreten einer 200 Meter tiefen Uferzone der neu aufgespülten Fläche war (nach Clubnachricht) widerruflich erlaubt.

Bewohner und Besucher: Als Schiffbrüchiger wird man willkommen geheißen. Macht man bei einer der Buhnen ohne Schiffbruch fest, so wird man aus dem „Inseldorf", das hier hoch auf Pfählen steht, meist zuerst aus einem Fenster heraus ganz heftig beschimpft, von wegen, weil man nicht darf. Ist man sehr nett und die Bordfrau bezaubernd reizend, wird man vielleicht für kurze Zeit zugelassen. — Bewohnt wird die

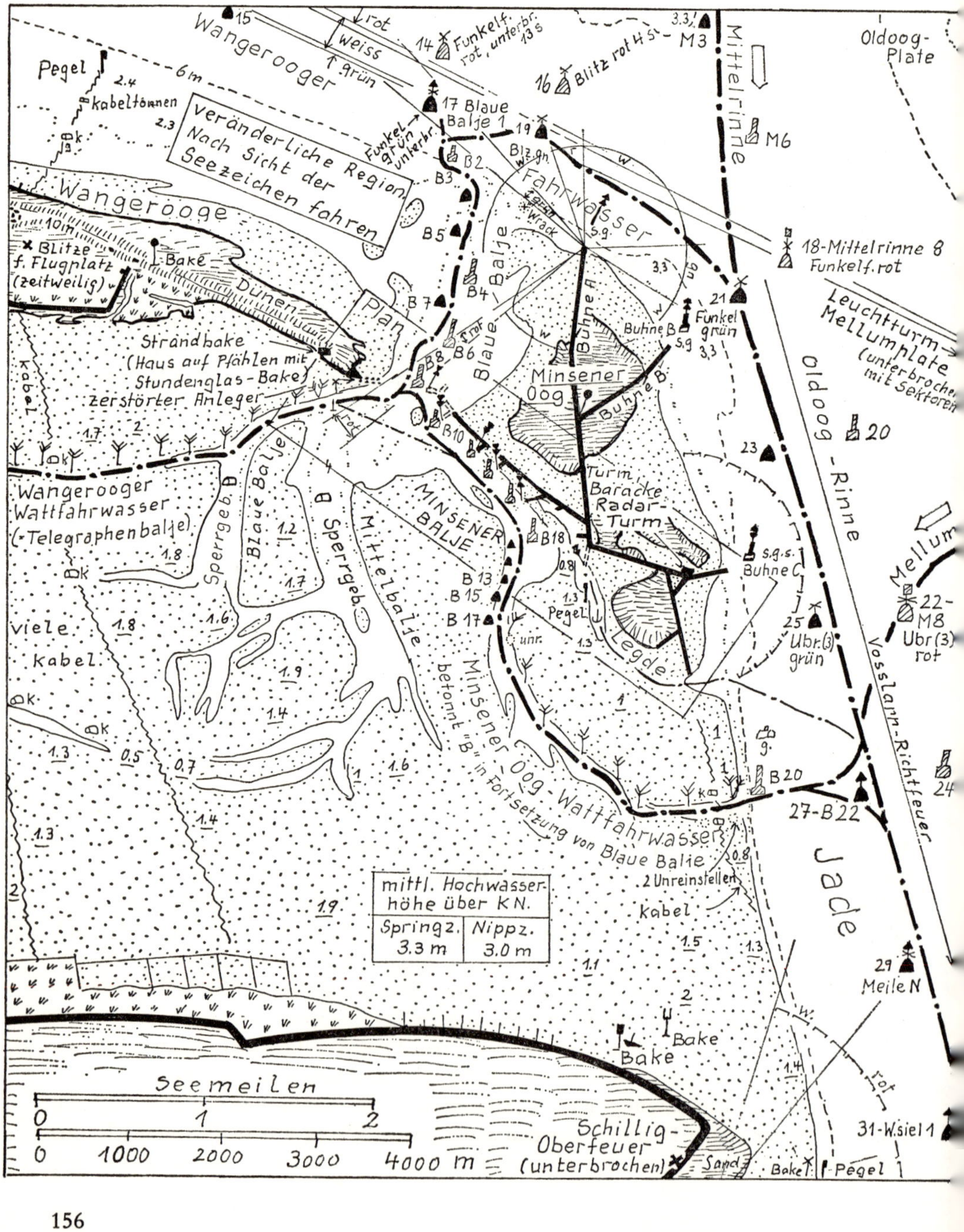

Insel vom Vogelwärter und von Bauarbeitern. Sie leben in der Baracke, die der Sturmfluten wegen auf sehr hohen Pfählen steht. Auch der „Rangierbahnhof" der Kleinbahn für den Materialtransport steht hoch auf Pfählen! Ein massiger Steinturm und ein hoher Radarturm (Seite 94) grenzen an die Wohnbaracken. Wie seltsam dies alles ist! Wird man in das „Inseldorf" eingeladen: Es geht wie in einem arabischen Haus; das Schuhwerk bleibt draußen. — Naturschutzgebiet ist die Insel. Wird man aber mit dem Vogelwärter bekannt, dann kann es sehr interessant sein. Er kennt alle seine Vogelfamilien „mit Namen" und weiß über Treue und Untreue der jeweiligen Ehemänner genauer Bescheid als deren „Gemahlin".

Die Buhnen der Kunstinsel Minsener Oog sind auch bei Hochwasser über Wasser. Doch sind in der letzten Zeit besonders im Westteil große Strecken von Hauptbuhne und Nebenbuhnen von Seeschlag und Strömung weggerissen worden. So dringen stärkere Strömung und bei Seegang tüchtiger Schwell hinter den Südwestteil von Minsener Oog. Dort soll man Grundberührung und Festkommen vermeiden. — Die Strömung läuft jetzt vor allem in der Minsener Balje viel härter als früher. Dort ist jetzt ein Stück weit schwierige Seefahrt, die vor allem dann alle Aufmerksamkeit fordert, wenn noch starke Strömung läuft. Zur Hochwasserzeit (Stillwasserzeit) ist es am einfachsten. — Zum Trockenfallen oder Ankern bietet sich jetzt wieder der blind endende Priel westlich des neu aufgespülten Landes an. Bei Niedrigwasser ein stiller See! Doch wenn es auf Hochwasser zugeht, fordert dieser Platz bei Starkwind aus westlichen Richtungen äußerste Vorsicht. Bei westlichem Wind habe ich mehrfach gut im Priel Blaue Balje geankert. Die inneren Teile der Priele Blaue Balje und Mittelbalje sind Sperrgebiet (Seehunde). Vom 15. 5. bis 15. 9. nicht befahren.

Wangerooges Ostteil: Sand und flache Dünen! Unbewohnt bis auf die „Strandbake", eine Wohnbaracke auf Pfählen mit großen Rautentoppzeichen. Das Land ist Naturschutzgebiet, „Betreten nur unter Führung". Mir hat die einsame Ostseite Wangerooges gefallen. Freilich braucht man ein flachgehendes Boot. Läßt man sich trockenfallen, dann genügend weit westlich der Ostspitze der Insel, denn Schwell kann durch die Blaue Balje hereinstehen. Der Ostanleger an Wangerooges Ostspitze ist zerstört und heikel wegen Schwell, Strömung und verborgenen Pfahlresten.

Wattfahrt von der Jade nach Wangerooges Hafen

Durch das Wattfahrwasser sind etwa 8 Seemeilen, bei Hochwasser „querbeet" 6 Seemeilen Distanz. Zwei Wattenhochs sind auf dem Weg: das eine dicht bei der Jade, das andere 3 Seemeilen vor Wangerooges Hafen. — Die alte Durchfahrt „Legde" ist zur Zeit nicht bezeichnet.

Die Wassertiefe auf den Wattenhochs ist bei normalem Hochwasserstand in

Minsener Oog Wattfahrwasser	2,5 m bei Nippzeit	2,8 m bei Springzeit
Wangerooger Wattfahrwasser	2,0 m bei Nippzeit	2,3 m bei Springzeit
Legde (Minsener Oog) Nebenfahrwasser	1,2 m bei Nippzeit	1,5 m bei Springzeit

Beginn der Wattfahrt ist, woher man auch kommt, bei der Tonne „B 20" am Westufer der Jade (Plan Seite 156 u. Seekarte). Hier beginnt **Minsener Oog Wattfahrwasser** (Pricken an der Nordseite). Sein Wattenhoch 1/2 Seemeile westlich der Jade kann man je nach Tiefgang des Bootes 1 1/2 bis 3 Stunden nach N.W. passieren. Ist man zu früh dort, wartet man ankernd aufs Steigen des Wassers. — Westlich vom Wattenhoch wird der Priel bald tief und führt gewunden von Süden auf die Buhnen von Minsener Oog

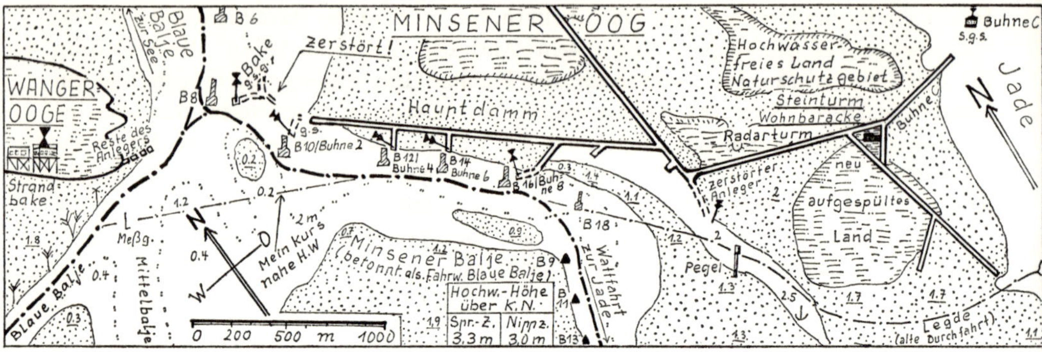

zu (Plan). Grüne Tonnen „B" liegen dicht am Westufer des Prieles. Bei steigendem Wasser läuft einem hier kräftige Strömung entgegen. — Dicht bei Minsener Oog beginnt Minsener Balje. Sie führt am Hauptdamm der Insel nordwest auf Wangerooges Ostspitze zu. Vor den kurzen Querbuhnen liegen die roten Tonnen „B 18" bis „B 8". Man muß sich dicht an diese Tonnen halten, wenn nicht genau Hochwasserzeit ist, denn in der Minsener Balje gibt es Mittelgründe aus hartem Sand. — Die Köpfe der Nebenbuhnen sind durch Baken bezeichnet. Um diese etwas schwierige Region zu erläutern, habe ich den genaueren Plan gezeichnet. Achtung, er ist nicht in Nordrichtung orientiert!
Die westlichen Teile des Hauptdammes sind zerstört. Man sieht von ihnen nur die Baken. Sehr starke Strömung läuft aus dem Seegat Blaue Balje quer zur Fahrtrichtung. Häßliche Ecke! Wie ich steuern würde, zeigt der Plan. Man muß mit weiteren Veränderungen rechnen. Erlauben es Tidenstand, Tiefgang und Sichtigkeit, dann würde ich von Tonne „B 12" über Grund etwa westnordwestwärts direkt zu den ersten Pricken auf Wangerooge laufen.

An Wangerooges Ostspitze steht gut sichtbar die sog. Strandbake, eine Baracke mit großem Rautentoppzeichen. Ferner Reste eines Anlegers, dann die Pricken des **Wangerooger Wattfahrwassers** (Telegraphenbalje). Hier hat man meist freundliches, ruhiges Fahren, gewürzt oft durch die Spannung, ob man bei fallendem Wasser noch rechtzeitig über das Wattenhoch kommt. Pricken stehen an der Nordseite; gelbe Kabeltonnen sind dicht westwärts vom Wattenhoch. Voraus sieht man Wangerooges Hafen.

Die Muschelbank: Eine Seemeile vor Wangerooges Hafen teilt sich der Weg: Erlaubt es der Wasserstand, so werde ich nach Wangerooges Hafen den kürzeren Weg an der Ost- und Nordseite der Muschelbank fahren. Bei einem Prickenbündel zweigt eine Prickenreihe nach Norden, später nach Westen, ab. Sie führt über etwa 80 cm hohes Watt und endet nach einfacher kurzer Fahrt vor dem Hafen Wangerooges oder bei den neuen Sportbootplätzen (siehe auch Detailplan Seite 164). — Erlaubt der Wasserstand diesen kurzen Weg nicht, so fahre ich in der Telegraphenbalje weiter westwärts. Nach Ende der Prickenreihe folgen die grünen Tonnen „T 3" und „T 1". Dort biege ich nordwärts, runde die grüne Tonne „D 3 — T 2" (mit Kegeltoppzeichen) und steuere dann ostwärts durch die Dove Harle vor Wangerooges Hafen.
Soll die Fahrt nach Westen oder nach Harlesiel weitergehen, dann fahre ich westwärts bis zur grünen Fahrwasserteilungstonne „D 3 — T 2" (Kegeltoppzeichen). Von hier aus finden wir die weitere Fahrt auf Seite 164 f beschrieben.

B. Wangerooger Revier

Das erste typische Revier der Ostfriesischen Inseln: Seegat, Inselhafen, Sportbootstege, Hafen am Festland, bezeichnete Wattfahrwasser nach Osten und Westen und soviel an Watt und Wattrinnen, wie man nur wünschen kann. — Wangerooges Inselhafen ist ein guter Zielhafen für die Fahrt von Elbe und Weser. Außerdem kürzeste Strecke nach Helgoland. Recht viele Sportboote sind im Festlandshafen Harlesiel.

— Hochwasser ist in Wangerooge West 20 Minuten, bei Harlesiel 40 Minuten später als in Norderney.

Insel Wangerooge

Neun Kilometer lang, durchschnittlich ein Kilometer breit, etwa 1500 Einwohner im Inseldorf in der Mitte der Insel. Als Badeort hält Wangerooge die Mitte zwischen der großen modischen Betriebsamkeit von Norderney und der dörflichen Atmosphäre von Langeoog und Baltrum. Es gibt keine Autos. Eine kleine, freundliche Inselbahn verbindet Hafen und Ort. Die Landschaft Wangerooges ist sehr schön. Vielleicht besonders deshalb, weil sie sich vom Hafen leicht erwandern läßt. Den Weg vom Hafen oder von den Sportbootstegen bis zur Westspitze der Insel, von da durch die Dünen und am Westturm vorbei wieder zurück, darf man sich bestimmt nicht entgehen lassen.

Der Hafen (amtlich „Westanleger") liegt an der Südwestspitze Wangerooges am Priel Dove Harle. Er ist 200 Meter lang, innen 50 Meter breit und bei N.W. 1½ bis 1 Meter tief (Plan unten). Beim Einlaufen nahe Niedrigwasser von Tonne „D 6" aus soll man jetzt an der mit Pricken bezeichneten Westseite fahren. Doch Yachten mit Kiel loten besser nahe Niedrigwasser bei der Einfahrt, denn gerade die Westseite ist sonst am flachsten. — Südlich und östlich vom Hafenmund sind flache Stellen (Plan; doch rasch veränderlich).

Die Westseite des Hafens ist eiserne Spundwand. Die gehört den Fährschiffen und Frachtfahrern. Bei Ankunft und Abfahrt spielt sich hier einige Betriebsamkeit ab.

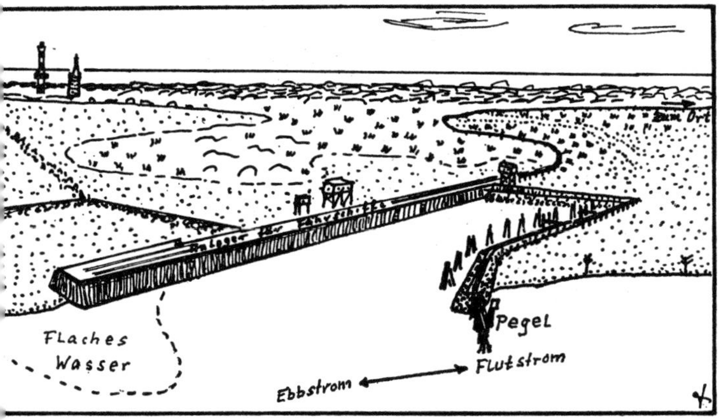

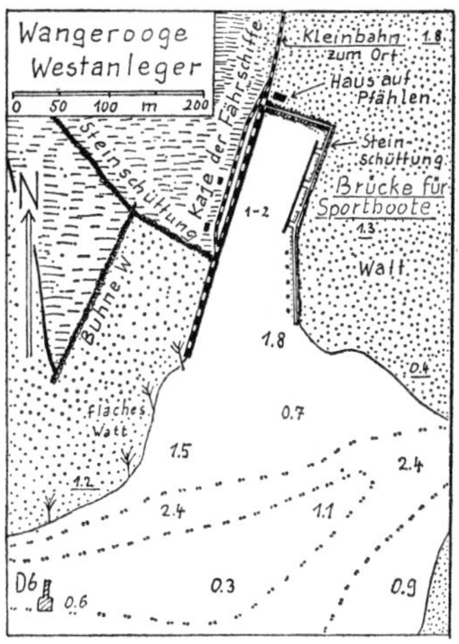

Wangerooges Hafen, der „Westanleger", aus der Luft gesehen. Im Hintergrund die Dünenkette, Westturm und Neuer Leuchtturm und dahinter das Meer.

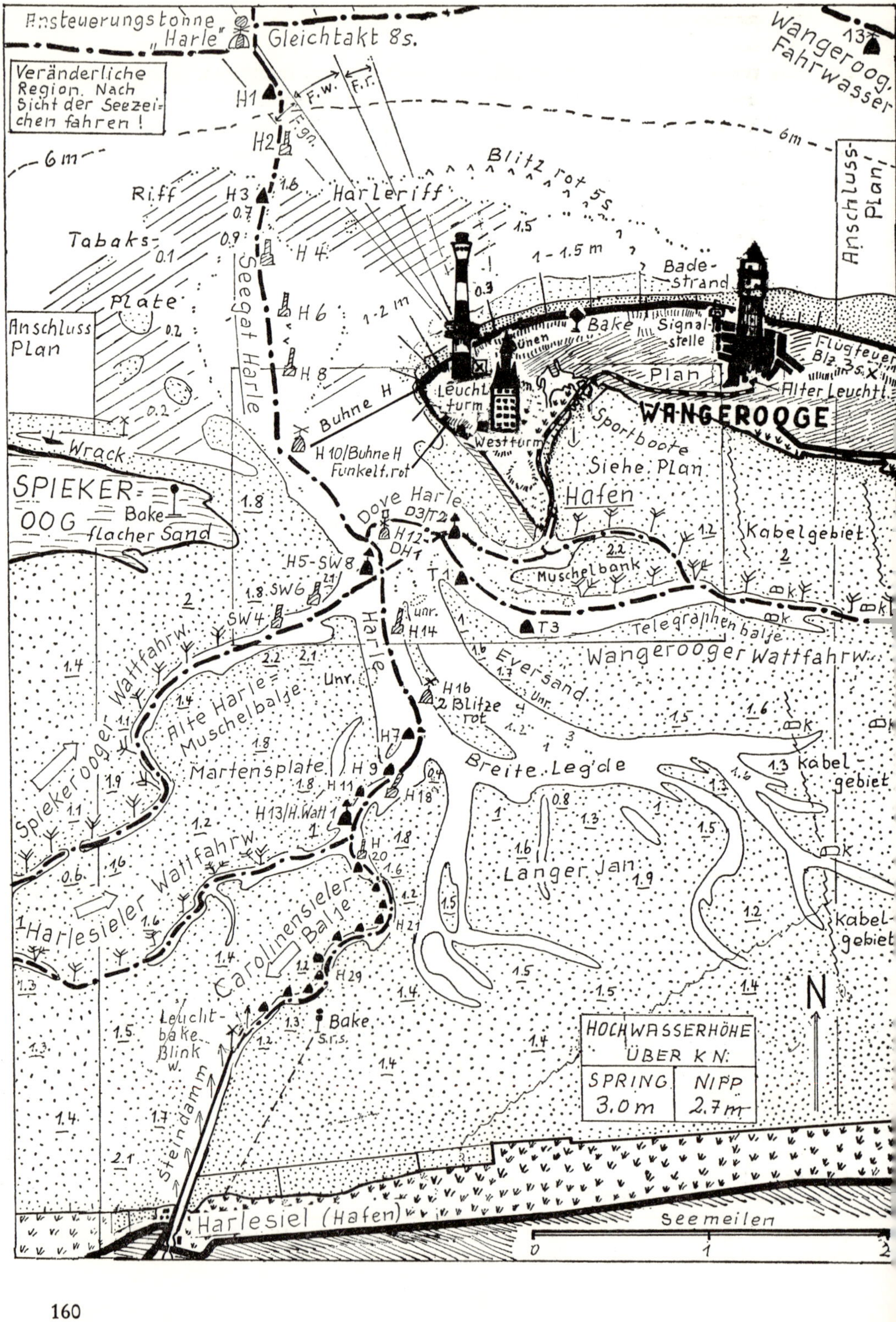
Ansteuerungstonne „Harle" Gleichtakt 8s.
Veränderliche Region. Nach Sicht der Seezeichen fahren!
Wangeroog. Fahrwasser
6m
H1
H2
H3
H4
H6
H8
F.w.
F.r.
Blitz rot 5s
Riff
Harleriff
Tabaks-Plate
Seegat Harle
1–1.5 m
1–2 m
Badestrand
Bake
Signalstelle
Anschluss-Plan
Anschluss Plan
Flugfeuer Blz 3s.
Alter Leuchtt.
Plan
Leuchtturm
Westturm
WANGEROOGE
Buhne H
H10/Buhne H Funkelf. rot
Wrack
SPIEKEROOG
Bake
flacher Sand
Sportboote Siehe Plan
Hafen
Dove Harle
D3/T2
H12
DH1
H5-SW8
SW6
SW4
T1
T3
H14
Muschelbank
Kabelgebiet
Telegraphenbalje
Wangerooger Wattfahrw.
Harle
Alte Harle Muschelbalje
Spiekerooger Wattfahrw.
Eversand
H16
2 Blitze rot
Breite Leg'de
Martensplate
H7
H9
H11
H13/H.Watt 1
H18
H20
H21
H29
Langer Jan
Harlesieler Wattfahrw.
Carolinensieler Balje
Leuchtbake Blink w.
Bake S.r.s.
Steindamm
Harlesiel (Hafen)
HOCHWASSERHÖHE ÜBER KN:
SPRING 3.0 m
NIPP 2.7 m
N
Seemeilen
0
1
2

— Eine Yacht kann hier höchstens ganz am innersten Ende oder zeitweilig neben einem Frachtfahrer festmachen.

An der Ostseite ist der Platz für **Sportboote:** eine etwa 100 Meter lange Brücke, an der man längsseits belegt. Sie hat Verbindung zu einem Holzsteg, der auf der Steinschüttung der Ostseite läuft. Da der vordere Teil der Brücke oft von Schiffen des Wasserbauamtes belegt ist, können etwa vier Yachten direkt anlegen. Weitere bilden Päckchen. Zuweilen ist dieser schöne Hafen vollkommen überfüllt. Kassiert werden 6,— DM (9 Meter) bzw. 8,— DM (12 Meter) pro Tag. Keine Versorgung, außer im Ort. — Bei ungewöhnlich hohem Hochwasser ist der Steindamm überflutet. Etwas Strömung läuft dann von Nordost in den Hafen.

Starkwind: Bei Starkwind aus S und SW steht bei Hochwasserzeit Schwell, wenn er sturmstark ist, hoher Seegang in den Hafen. Und zwar neuerdings sehr viel mehr, weil sich der Westteil der früher hohen Muschelbank abgebaut hat. Ist starker Südwest vorhergesagt, muß man nach Harlesiel oder zu den gut geschützten Sportbootplätzen laufen. Sonst muß man Vorkehrungen treffen: Ich würde einen Anker mit reichlich Kette oder Leine nach Südwesten legen und zwei gute Vorleinen lang in Südrichtung festmachen. — Bei Niedrigwasser ist der Spuk zunächst vorbei. — Da die Insel viel Land verlor, liegt man auch bei starkem West und Nordwest nicht mehr ganz ruhig.

Versorgung: Am Hafen gibt es nichts. Etwas Wasser und Kleinigkeiten kann man sich im Notfall vom großen Fährschiff erbitten. Zum Einkauf muß man ins Inseldorf, ein weiter Weg! Kann man eine Strecke fahren, soll man es tun. Ist bei der Rückkehr Dunkelheit möglich, soll man pro Person eine Taschenlampe mitnehmen, denn der Weg ist Natur plus sehr ungleichmäßige Eisenbahnschwellen.

Umgebung des Hafens: Am Hafen Wangerooges werden sich die Geister scheiden. Mir gefällt er so gut, weil er ganz einsam im Watt liegt. Keine Mole darum, kein bewohntes Haus weit und breit. Drei unbewohnte Holzhäuser stehen der Sturmfluten wegen urig hoch auf Pfählen. In einem wohnte früher ein Hafenmeister, ein queerer, bärbeißiger Wikinger, aus einer Erzählung Jack Londons entsprungen. Als die Sturmflut 1962 den Fußboden seines Hauses eingeschlagen hatte, reichte es ihm und er zog ins Dorf. — Sauberes, festes Sandwatt liegt östlich und nördlich von Hafen, brauchbar zum Trockenfallen von Jollenkreuzern. — Landein beginnt nach 400 Metern Vogelschutzgebiet. Auch außerhalb der Einzäunung sind Nester; Austernfischer und Seeschwalben. Die Seeschwalben schießen aus der Sonne im Sturzflug herunter und können wohl auch einmal zuhacken. So wedelt man mit der Hand über dem Kopf. Natürlich wird man die Vögel nicht am Brutgeschäft hindern. Doch daß man, wenn man seine Nester kennt und markiert hat und die Jungen da sind, sich nach den Fortschritten erkundigt, ist doch zu interessant.

Der Sportboothafen des Wangerooger Yachtclubs liegt in der Naturbucht etwa 1 sm nordwärts vom Westanleger. Da sind im Inselland Lagunen. Die Spülkraft von deren Wasser hält einen Priel tief. An beiden Seiten dieses Prieles ist je ein fester Steg für 40 bis 70 Boote. Bei Niedrigwasser liegen die auf dem Watt neben dem Priel trocken, bei Hochwasser läßt sich der Platz mit 1 bis 1,2 Meter Tiefgang sicher erreichen. — Ein langer Steg erlaubt, die Insel auch bei Hochwasser gut zu erreichen. Die Inselbahn hat einen Haltepunkt dort, „Saline“ genannt.

Die ganze Anlage ist ein vorzüglicher Sommerplatz. Freilich nur für Yachten mittlerer Größe und von mäßigem Tiefgang, die zum Trockenfallen geeignet sind. So ist es mehr ein Platz für Dauerlieger (etwa 30 Gastplätze; 4,— DM bzw. 6,— DM pro Tag). — Versorgung im Ort (1/2 Stunde zu Fuß). — Will man sich den Hafen und seine Zufahrt vom Westanleger aus vorher ansehen, dann Eisenbahngeleise entlang bis zur zweiten Brücke.

Andere Liegeplätze für flachgehende Boote, die zum Trockenfallen taugen, sind hinter dem „Haken" der Insel und auch vor dem Inseldorf. Natürlich ist Landverbindung von dort nur bei Ebbzeit.

Hafen Harlesiel

Festlandshafen für Wangerooge: Fährschiffe, Frachtschuten, eine Granatfischerflotte und Sportboote. Eine Ortschaft bildet sich heran, denn erst vor einem Jahrzehnt ist der Hafen durch Einpolderung entstanden. Carolinensiel, der alte Hafen 2 Kilometer landein, ist die erste Ortschaft von Belang. — Harlesiel ist ein freundlicher, für Sportboote günstiger Hafen mit guten, tidefreien Liegeplätzen. Mit 1/2 Meter Tiefgang kann man auch bei Niedrigwasser einlaufen, doch besser erst etwa 2 Stunden nach N.W.

Der Außenhafen, 300 Meter lang, 60 breit, liegt am Ende der Zufahrtsrinne. Die Ostseite ist lange Eisenspundwand. Außen die Frachtschuten, innen die Fährschiffe. Kam ich spätabends ein, habe ich meist an einem Frachtfahrer längsseits festgemacht, möglichst einem leeren, der morgens erst laden mußte. — Die Westseite hat außen Böschung, innen Eisenspundwand. Sie gehört den Fischern. Doch sind da immer einige Boote, die wegen Havarie nicht ausfahren und bei denen man nicht in aller Frühe aus der Koje gescheucht wird. Tagsüber ist die Fischerkaje meist leer. Doch den nachmittags rückkehrenden Booten soll man aus dem Weg bleiben. Dieselöl und Trinkwasser an der Westkaje. Reparaturen; Windwarnungen.

Die Schleuse zum Innenhafen im Hafenende steht bei Wassergleichstand nahe Hochwasser oft offen. Yachten mit Mast müssen das Öffnen der Klappbrücke abwarten. Bei mehr als 1,4 Meter Tiefgang Schleusenmeister nach Wassertiefe auf dem Schleusendrempel fragen (bis 1,7 Meter ist nach Aufstau möglich). — Sonst ist zum Binnenhafen regelrechtes Einschleusen nötig. Meist ist der Schleusenmeister in seinem Haus (Plan). Schiffe über 17 Meter Länge müssen bei Wassergleichstand passieren. — Alles ist nett an der Schleuse; nur das Schleusungsgeld finde ich phantastisch: 20,— DM für einen Schleusengang! Auch wenn mehr als vier Boote schleusen, pro Boot mindestens 5,— DM. Auch wenn Wassergleichstand ist (und die Schleuse nur offensteht) 3,50 DM. Außerdem ist die zu kleine Schleuse dem Sommerverkehr nicht gewachsen.

Der Innenhafen ist der hauptsächliche Liegeplatz für Sportboote und Yachten. Es ist bis zur ersten Brücke ein fast 1000 Meter langer Kanal, anfangs über 100 Meter breit, weiter einwärts langsam schmaler werdend. Er ist in der Nähe der Schleuse 1 1/2 (bis 2) Meter tief. Wo er später schmaler wird, wird er auch flacher. Nahe der Schleuse sind an der Westseite 100 Meter Kaje. Da liegen meist durchreisende Sportboote. Außerdem gibt es an der breitesten Stelle rechts und links zwei lange Stege für Yachten. — Der Schleusenmeister ist gleichzeitig der Hafenmeister und weist Liegeplätze zu. Etwa 120 Plätze hat der Innenhafen jetzt. 200 weitere sind vom Hafenzweckverband geplant (und wohl auch schon vergeben). Etwa 300,— bis 400,— DM für eine Saison. — Gastboote pro Nacht 6,— bzw. 8,— DM.

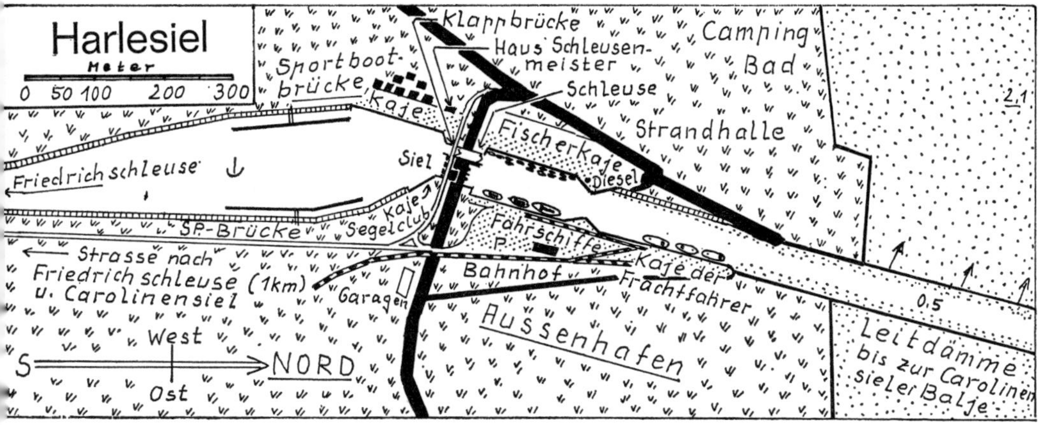

Bis Friedrichschleuse ist das Binnentief breit und meist 1½ Meter tief. Es kann nach Rücksprache mit dem Schleusenmeister etwas aufgestaut werden. In Friedrichschleuse 40 Meter Kaje, Sieltore und preiswerter Schlipp (man arbeitet selbst). — 2 Kilometer landein liegt das freundliche Dorf Carolinensiel, der erste etwas größere Ort. Er war zur Segelschiffzeit Hafen von Bedeutung, kann aber heute nur noch mit flachgehenden Booten erreicht werden. Für die gewinnt es als Liegeplatz wieder Bedeutung. — Die Zeiten, da Seeschiffe landein bis zur Stadt Wittmund gelangten, sind lange vorbei. — Reparaturen, Schlipp, Winterlager, Benzin in Friedrichsschleuse und Carolinensiel.

Anlaufen Harlesiels erfolgt durch die Carolinensieler Balje, Arm des Wattenstromes Harle. Beide sind mit Tonnen „H" dicht betonnt, denn lebhafter Schiffsverkehr geht nach Wangerooge. Der Plan (Seite 160) zeigt nicht alle Tonnen. Sowieso ändert sich ihre Lage mit Änderungen des Fahrwassers. — Ein Leitdamm an der Westseite beginnt 1 Seemeile vor dem Deich. Auf seinem Kopf Leuchtbake (Blinke); dann Stangen Besen abwärts. Bei Hochwasser ist der Außenteil des Dammes bis 1 Meter unter Wasser. Dort setzt dann Strömung quer! — An der Ostseite beginnt ein Steindamm 600 Meter vor dem Hafen. Er liegt ½ Meter über dem Hochwasserspiegel. — Die Wassertiefe in der Zufahrtsrinne ist bei Niedrigwasser etwa ½ Meter. — Komplikationen kann es in der Einfahrtsrinne zwischen Niedrigwasser und halber Tide geben, wenn man dort dem großen Fährschiff begegnet. Es hat Wegerecht (schwarzer Zylinder), braucht die Mitte der Rinne und macht erheblichen Sog mit brandender Welle dahinter. Sieht man es kommen, muß man vor der Leuchtbake warten. — Die kleinen Fährschiffe sind harmloser. — Nächtliches Einlaufen ist Ortsfremden nur bei gutem Mondlicht möglich. Vorsicht vor der quer setzenden Strömung bei überflutetem Leitdamm!

Die Fahrwasser südlich von Buhne H

Buhne H ist von Wangerooges Westseite sehr weit quer in das Seegat hinein zur Nachbarinsel Spiekeroog vorgebaut. Südlich dieser Buhne treffen und teilen sich die Wattfahrwasser dieser Region. Man muß sich auf diese Stelle vorbereitet haben. Der Plan zeigt dieses Gebiet genauer. Veränderungen der Lage der Tonnen gibt es von Jahr zu Jahr. — Schwell kann durch das Seegat hereinstehen. Strömung läuft hier sehr kräftig.

An der Bugwelle und den Heckwirbeln der Tonnen erkennt der Schiffer Richtung und Stärke. Den Anfänger verwirren die vielen Tonnen. Kommt der Navigator aus dem Konzept: keine Panik! Bei der nächsten Tonne dreht man das Boot gegen die Strömung, läßt es bei der Tonne auf der Stelle treten und orientiert sich neu. Gute Hilfe dabei gibt Wangerooges Westturm. — Seegat Harle: Seite 208 f.

Wattfahrt nach Spiekeroog und Langeoog (Plan S. 160, 164, 166)

Von Wangerooge nach Langeoogs Hafen ist eine bequeme Tagesfahrt, 17 Seemeilen bei Wattfahrt, 25 „außen herum" über See. Die Wattfahrt kann man auch schon bei Spiekeroog oder Festlandshafen Neuharlingersiel enden lassen. — Zwei Wattfahrwasser, beide bezeichnet, bestehen über lange Strecken nebeneinander: eines näher an den Inseln, das andere näher am Festland. Die Wassertiefe auf dem Wattenhoch ist zur Zeit bei beiden nahezu gleich (etwa 2,2 Meter bei Nippzeit, etwa 2,5 Meter bei Springzeit — doch stets an Wind und tägliche Ungleichheit denken). Bei starkem West- oder Nordwind ist die Einfahrt in das Harlesieler Wattfahrwasser sicherer zu machen.

Spiekerooger Wattfahrwasser (Plan S. 160, 166): 4 bis 5 Stunden vor Hochwasser würde ich in Wangerooge ablegen. Aus Wangerooges Hafen durch die Dove Harle westwärts bis zur grünen Fahrwasserteilungstonne „D 3 — T 2" mit Kegel-Toppzeichen. Von dort aus laufe ich etwa 1000 Meter nahezu westsüdwestwärts bis zur grünen Fahrwasserteilungstonne „H 5— SW 8" mit Kegeltoppzeichen. Von der aus südwestwärts auf die erste rote Tonne „SW 6" im Spiekerooger Wattfahrwasser zu. Die Mündung des Spiekerooger Wattfahrwassers in die Harle ist veränderlich und

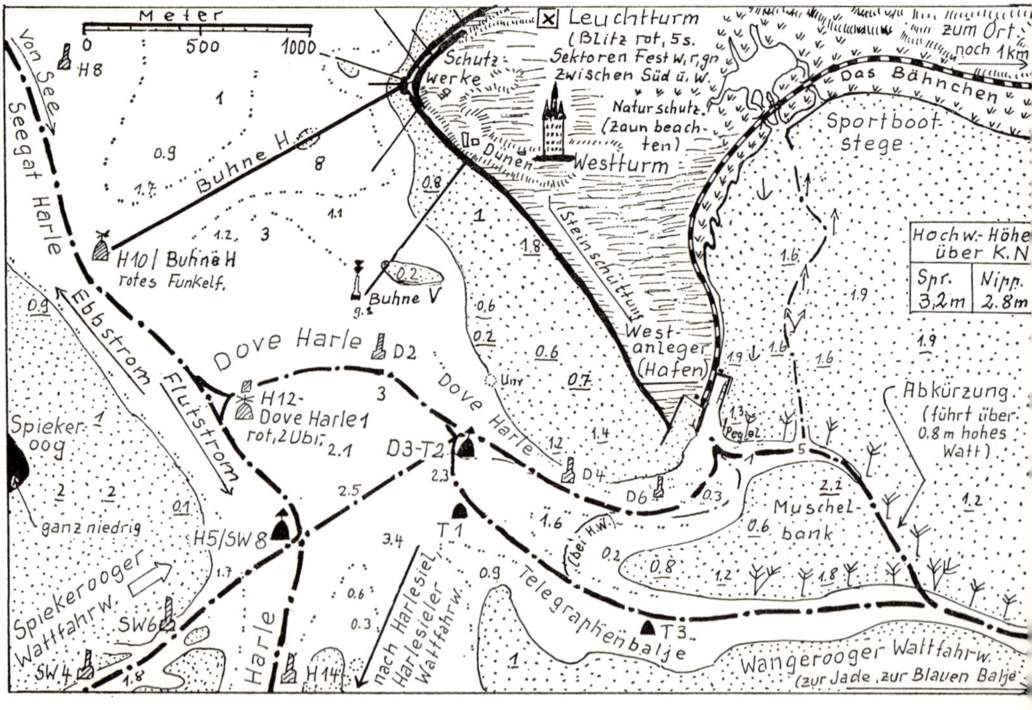

bei N.W. manchmal weniger als 1 Meter tief und oft eng. Man muß sehr darauf achten, daß einen die anfangs quer laufende starke Strömung der Harle nicht auf eine Wattkante versetzt (gegen die Strömung vorhalten). Im Spiekerooger Wattfahrwasser bleiben die roten Tonnen „SW 6“ und „SW 4“ an der Nordseite. Später stehen Pricken an der Nordseite (siehe Plan). — Nach knapp vier Seemeilen Fahrt, von der Tonne „H 5 — SW 8“ gerechnet, sehe ich von Osten eine zweite Prickenreihe an mein Fahrwasser herantreten. Das ist das Harlesieler Wattfahrwasser. Südwärts steht auf dem Watt eine Stangenbake mit zwei Kegeln als Toppzeichen. Und voraus treffe ich auf eine rote Spierentonne mit Kegeltoppzeichen und Aufschrift „26 — Sp'oog Watt 2“. Bei dieser bin ich nun in der von See her betonnten Otzumer Balje angekommen (siehe unten).

Harlesieler Wattfahrwasser (Plan Seite 160, 166). In Wangerooge würde ich etwa vier Stunden vor Hochwasser ablegen. Durch die Dove Harle westwärts bis zur grünen Fahrwasserteilungstonne „D 3 — T 2“. Dann 1000 Meter über Grund (!) westsüdwestwärts bis zur grünen Fahrwasserteilungstonne „H 5 — SW 8“. Von dort etwa südwärts in die Harle hinein. Nach 1½ Meilen verlasse ich die Harle bei der grünen Fahrwasserteilungstonne „H 13 — H. Watt 1“. Hier beginnt das Harlesieler Wattfahrwasser. Es führt erst südwest-, später westwärts. Pricken stehen an der Nordseite, doch beginnen erst ½ sm südwestlich der Tonne „H 13 — H. Watt 1“. Manchmal stehen kleine rote Tonnen statt Pricken.

Wenn Leuchtbake Harlesiel südost peilt, beginnt das Wattenhoch. 1½ Seemeilen danach fahren wir dicht an der kleinen Stangenbake mit Doppelkegel vorbei, die wir schon kennen. Nach kurzem prickenlosen Stück treffen wir die rote Spierentonne „26 — Sp'oog Watt 2“. Gemeinsam führen von hier aus Harlesieler und Spiekerooger Wattfahrwasser etwa westwärts (Plan Seite 166). Rote Tonnen stehen an der Nordseite. Sie führen in den breiten Wattenstrom Schillbalje. Damit sind wir im Spiekerooger Revier. Wir können nach Neuharlingersiel, zu Spiekeroogs Hafen oder (wenn Tide, Tageslicht und Lust reichen) durchs Watt oder über See weiterfahren (Fahrt nach Langeoog: Seite 170 f).

Von Wangerooge über See (Plan S. 65, 68, 77, 80, 152, 160, 204)

Das Seegat Harle wird auf S. 208 f beschrieben. Wangerooge ist ein sehr günstiger Ausgangspunkt für Fahrten nach Norden und Osten: Nach Cuxhaven sind nur 42 Seemeilen zu fahren. Ich würde 0 bis 1½ Stunden nach Hochwasser ablegen. Dann trifft man in den ersten Stunden vor Jade und Weser mäßige, nordwest-setzende Strömung; einem Segler nur lieb, um bei Nordwestwind von den Weserbänken freizubleiben. Danach beginnt vor der Elbmündung einlaufend Wasser, und man kann, wenn man mag, auf der Tidenwelle bis Buxtehude reiten. — Nach Bremerhaven sind reichlich 40 Seemeilen: eine gut zu fahrende Route. 1½ bis 2 Stunden nach Hochwasser würde ich losgehen. Auslaufend Wasser trägt mich auf See. Danach einlaufendes in die Weser. — Nach Helgoland ist mit 27 Seemeilen der kürzeste Weg, den es gibt. 17½ Seemeilen von Feuerschiff „Weser“ bis Helgolands Ansteuerungstonne. Die Kompaßkurse muß man um die Stromversetzung beschicken. — Natürlich setzen die Fahrten über See voraus, daß nicht starker auflandiger Seegang die Ausfahrt aus dem Seegat Harle verhindert. Unter keinen Umständen möchte ich den Außenteil des Seegates nahe Niedrigwasser bei unruhigem Meer befahren.

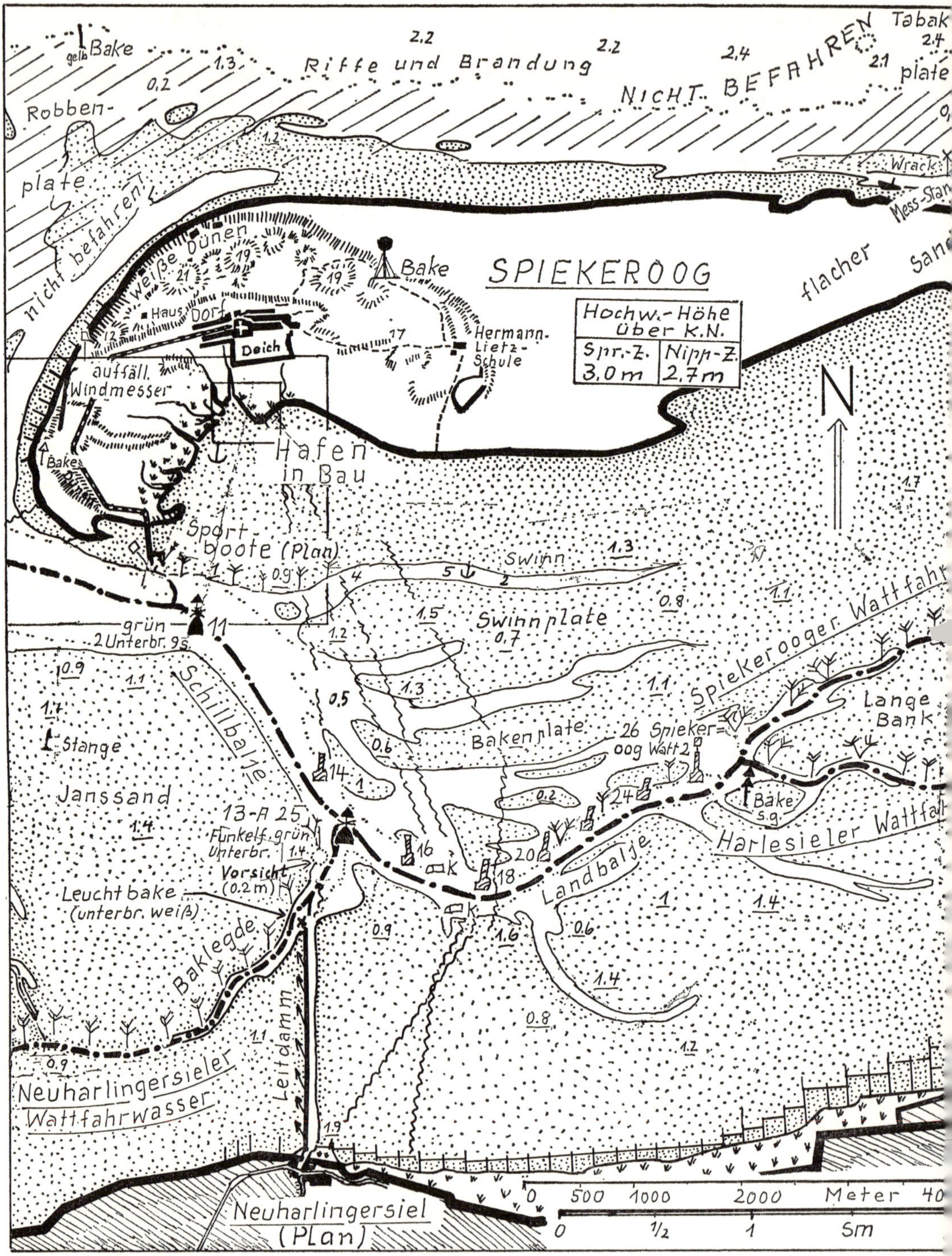

gelb Bake
Riffe und Brandung
NICHT BEFAHREN
Tabak plate
Robben- plate
nicht befahren!
Wrack
Mess-Stan
weiße Dünen
Bake
SPIEKEROOG
flacher Sand
Haus Dorf
Deich
Hermann-Lietz-Schule
Hochw.-Höhe über K.N.
Spr.-Z. 3.0 m
Nipp-Z. 2.7 m
auffäll. Windmesser
Bake
Hafen in Bau
Sport-boote (Plan)
Swinn
Swinnplate
grün 2 Unterbr. 9s
Schillbalje
Spiekerooger Wattfahr
Stange
Janssand
Bakenplate
26 Spiekeroog Watt 2
Lange Bank
13-A 25
Funkelf. grün Unterbr.
Vorsicht (0.2 m)
Leuchtbake (unterbr. weiß)
Bake s.g.
Harlesieler Wattfah
Landbalje
Baklegde
Leitdamm
Neuharlingersieler Wattfahrwasser
Neuharlingersiel (Plan)
0 500 1000 2000 Meter
0 1/2 1 Sm

C. Spiekerooger Revier

Weite und Menschenleere kennzeichnen dieses Revier. Der kleine Festlandshafen Neuharlingersiel wird gerne besucht, doch hat zum längeren Verweilen nicht genug Platz. Bei Insel Spiekeroog gibt es einen Anleger und kleinen Sportboothafen, vor allem aber sehr viele kleine Naturhäfen für reviergerechte Boote. Ein Hafen für Fährschiffsverkehr mit Yachtplätzen direkt südlich vom Inseldorf dicht am Deich ist in Bau. Durch das Seegat Otzumer Balje kann man bei handigem Wetter herein und hinaus. Die Insel ist noch frei von Massentourismus. Mit einem Boot, das keinen Tiefwasserhafen braucht und mit einer Crew, die keine Schwimmsteg-Marina will, kann man gerade hier perfekt glücklich werden. — Hochwasser ist 10 bis 30 Minuten später als in Norderney.

Insel Spiekeroog (Plan S. 153, 160, 166, 171)

Hinter den hohen Dünen ist sie im Westteil grün und schön und ganz anders als die Nachbarinseln. Die Osthälfte ist flacher Sand, Sand, Sand. Nun gibt es auch einen kleinen Sommerhafen und für reviergerechte Boote dazu noch die geschützten Plätze hinter dem westlichen „Haken" der Insel. — Spiekeroog ist 11 Kilometer lang, 2 bis 3 breit und an der Westseite hakenartig nach Süden umgebogen. Darin liegt eine wunderbar geschützte Naturbucht mit Ankerplatz und Grünlandprielen. An der Nordwestseite sind die Dünen bis 20 Meter hoch. Da liegt hinter den Dünen d a s D o r f. Es hat nur 650 feste Bewohner und ist ein „richtiges" Dorf im Binnenland-Sinne mit einer Dorflinde, über deren Wurzeln man stolpern kann, mit vielen Bäumen, grünen Gärten und Holzzäunen, was auf den Ostfriesischen Inseln etwas sehr Besonderes ist. Zahlreiche Kühe weiden frei auf dem Grünland an der Südseite, und zweimal am Tag zieht, wer da Kühe besitzt, zum Melken aus. — Im Dorf die spielzeugkleine „Kark to Spiekeroog"; bald 300 Jahre alt. Allerhand Wundergrausliches binnen; Schiffsmodelle, die von der Decke hängen, und ein Holzschnitzbild, das von einem 1588 vor Spieker-

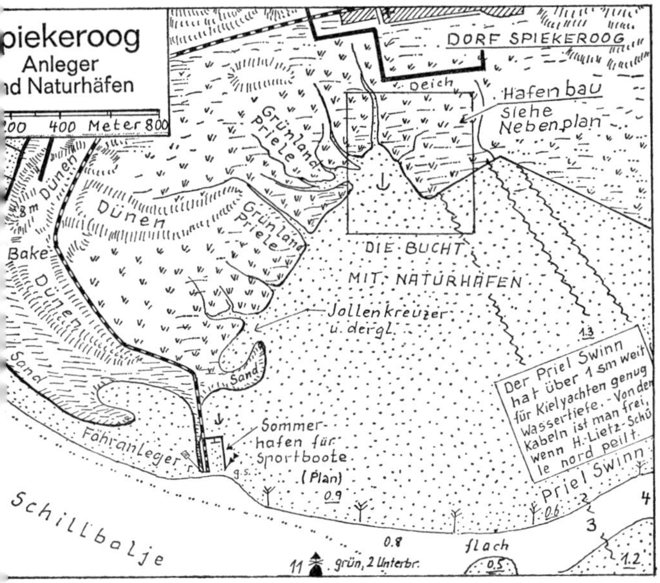

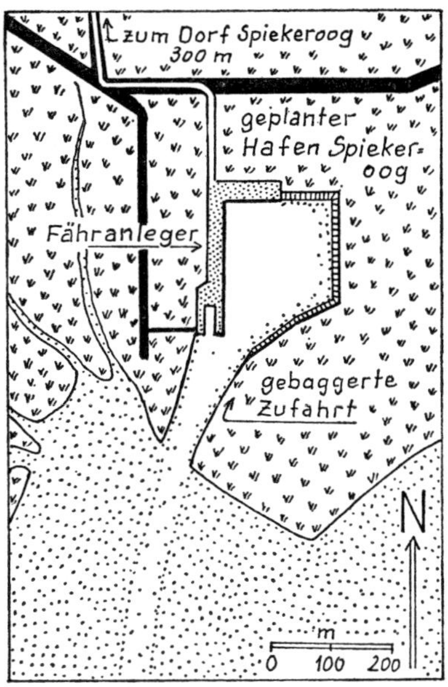

oog gestrandeten Schiff der spanischen Armada stammt, die England erobern sollte. — Gern gehe ich am Pfarrhaus mit dem Walfischskelett vorbei zum Friedhof der Ertrunkenen des Auswandererschiffes „Johanna“, des Seglers, der 1854, aus Bremerhaven kommend, bei Sturm auf Spiekeroogs Seeriffen strandete. — Spiekeroog lebt auch in der Ferienzeit sein stilles Inselleben weiter. Daß es einen Segelclub und eine Segelschule gibt, hat daran nichts geändert.

Die Häfen: Spiekeroog hat den bisherigen Fähranleger zu einem reizenden kleinen Sommerhafen ergänzt. An der Nordseite und Ostseite wurde eine Steinschüttung gelegt. So entstand ein etwa 100 Meter langes, 60 Meter breites Becken. Wurde gebaggert, dann ist es tief. Normalerweise wird es wohl trockenfallen. Nur dicht an der Fährschiffkaje wird etwas Wasser stehenbleiben. — Eine 35 Meter lange Holzbrücke ist an der Nordseite des Sommerhafens für kleinere Sportboote bestimmt. Man muß gut belegen, denn bei starkem Süd- und Südwestwind steht Schwell herein. — Große Yachten machen zuerst an der Fährschiffspier fest. Doch kann man hier oft nur kurzzeitig liegen. Am besten ist man neben dem Versorgungsschiff „Tilde“ untergebracht, solange es noch lädt oder sonntags, wenn es drinnen bleibt. Vielleicht entwickelt sich hier ein sehr netter Hafen mitten im Watt, vielleicht macht aber auch der Schwell Schwierigkeiten. Man muß abwarten. — Zum Dorf 1/2 Stunde zu Fuß oder mit dem schlingernden Inselbähnchen. — **Ein Hafenneubau** südlich vom Inseldorf ist in Gang (siehe Plan). Spätestens 1981 soll er mit einer Zufahrtstiefe von etwa 1,5 Meter bei N.W. benutzbar sein. 50 Yachtplätze sind vorgesehen. — Der Fähranleger soll als Sportbootplatz bestehen bleiben.

Naturhäfen: Das Baggerloch, vor fünf Jahren beim Bau des Deiches südlich vom Dorf entstanden, ist inzwischen stark verschlickt. Zufahrt mit max. 0,6 bis 0,8 Meter Tiefgang 1 bis 2 Stunden vor Hochwasser. Kurzer Holzsteg. Meist ankert man mit Heckanker, Bug gegen die Böschung des Grodens. — Mit einem reviergerechten Boot, das gut trockenfällt und geringen Tiefgang hat, ist man östlich von Spiekeroogs „Haken“ ankernd fast überall gut untergebracht.

Festlandshafen Neuharlingersiel

(Plan S. 166, 169)

Das ist ein kleiner, sehr hübscher Sielhafen mit Fischerflotte, Fährschiffen und etwa 300 Bewohnern. Es gibt zwei Hafenbecken von je 100 Meter Länge und 50 Meter Breite. Bei Niedrigwasser ist 1/2 bis 1 Meter Wassertiefe auf weichem Mud. Es gibt nicht viel Sportboote in Neuharlingersiel. Sie liegen im vordersten Hafenbecken an der Ostkaje längsseits. Eine durchreisende Yacht kann für die Nacht wohl auch an einem Frachtfahrer festmachen oder neben einem Fischerboot, das keine Netze geriggt hat, also wohl nicht ausläuft. Doch im Sommer habe ich auch flachgehende Yachten gesehen, die sich vor dem äußeren Hafenbecken mit Buganker und Heckleine trockenfallen ließen.

Man erhält beim Hafen Wasser, Treibstoff und Lebensmittel. Es gibt Ablaufbahn für Trailerboote, Campingplatz, ein flachgehendes Motorrettungsboot und ein Buddelschiffmuseum. Zu den nächsten etwas größeren Orten Esens und Wittmund ist Busverbindung. Hafen und Schöpfwerk von Neuharlingersiel wurden 1961 umgebaut. Dabei wurde vor das bestehende innere ein neues äußeres Hafenbecken gebaut. So ist im inneren Hafen der Charakter des ursprünglichen ostfriesischen Sielhafens erhalten: Im Kreise stehen etwas erhöht die Häuser der Fischer und Schiffer um das Hafenbecken und nette Gaststätten auch. — Nächst Greetsiel und Norddeich hat Neu-

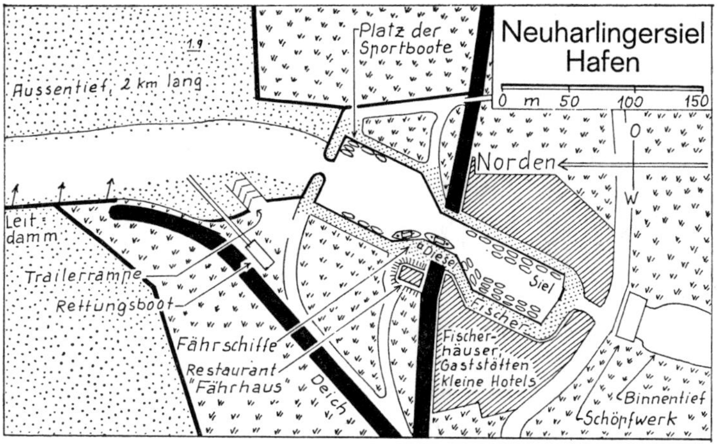

harlingersiel mit 20 Kuttern die drittgrößte Granatfischerflotte Ostfrieslands. Auf Wanderfahrt sollte man Neuharlingersiel wohl doch besuchen. — Ein Yachthafen mit 50 Plätzen östlich des jetzigen Hafens ist geplant.

Die Zufahrt erfolgt durch Schillbalje und Baklegde. In der Baklegde Vorsicht! 200 Meter südwestlich von Tonne „13 — A25" liegt eine Unrein-Stelle nur 20 cm unter N.W.! (Plan). Vermutlich lagert sich bald wieder Watt darüber. Von der Baklegde führt eine 1 Seemeile lange Zufahrtsrinne südwärts in den Hafen. Leitdamm, Leuchtbake auf der Spitze, ist an der Westseite. Stangen, Besen abwärts, bezeichnen seinen Verlauf, einige Pricken die östlichste Wattkante. — Der äußere Teil des Leitdammes ist bei H.W. 1 bis 1/2 Meter überflutet. Strömung kann an seinem Kopf und im Außenteil der Zufahrtsrinne erheblich quer versetzen. Die Wassertiefe in der Zufahrtsrinne ist 1/2 Meter bei Niedrigwasser. — Nächtliches Einlaufen ist für einen Ortsfremden nur bei gutem Mondlicht ratsam. Mir hat einmal im Dunkeln bei Ostwind die quer setzende Strömung das Boot auf den Steindamm gedrückt. Eine Stunde harter Arbeit, es abzubringen.

Wattfahrtrouten aus Spiekeroogs Revier

Überblick: Ostwärts sind nach Harlesiel (10 sm) und Wangerooges Hafen (9 sm) kurze Törns. In der Jade sind Wangersiel, Hooksiel und Wilhelmshaven (37 sm) erreichbar, die Weserhäfen allerdings meist nur in zwei Tiden. Wird einem, wie sehr oft, für die Wattfahrt hinter Minsener Oog der Wasserstand zu knapp, so kann man sich durch die Blaue Balje auf See herausspülen lassen und mit dem anschließend einlaufenden Wasser gut in die Jade oder Weser fahren. — Westwärts sind kurze Fahrten nach Langeoog-Hafen (8 bzw. 10 Seemeilen), Bensersiel (10 Seemeilen) oder Dornumer-Accumersiel (12 Seemeilen). Ob man Norderney in einer Tide erreicht (16 Seemeilen bis zum letzten Wattenhoch) ist unsicher. Hat man keine Lust, ein zweites Hochwasser abzuwarten, sind Baltrum und Neßmersiel nette Stationen.

Wassertiefe auf den Wattenhochs bei normalem Hochwasserstand:

Spiekerooger Wattfahrwasser	2,3 m bei Nippzeit	2,6 m bei Springzeit
Harlesieler Wattfahrwasser	2,2 m bei Nippzeit	2,5 m bei Springzeit
Neuharlingersieler Wattfahrwasser	1,9 m bei Nippzeit	2,2 m bei Springzeit
Langeooger Wattfahrwasser	1,2 m bei Nippzeit	1,5 m bei Springzeit
Stüverslegde	2,1 m bei Nippzeit	2,4 m bei Springzeit

Vom Spiekerooger Revier westwärts (Plan S. 166, 171)

Die nächsten Ziele westwärts sind Inselhafen Langeoog oder Bensersiel am Festland. Zwei Fahrwasser stehen zur Wahl: Neuharlingersieler Wattfahrwasser (dichter am Festland) und Langeooger Wattfahrwasser (dichter an den Inseln). Von Spiekeroog aus ist Langeooger Wattfahrwasser kürzer. Es führt in breiteren Rinnen und hat mehr „Seefahrts"-Charakter. Doch bei stärkerem Wind aus West bis Nord ist es in der Schillbalje recht rauh. Langeooger Wattfahrwasser ist viel flacher geworden! Eine Kielyacht wird Neuharlingersieler Wattfahrwasser bevorzugen oder, von See einkommend, durch die Hullbalje — Stüverslegde fahren.

Durchs Neuharlingersieler Wattfahrwasser: Zeitplanung: Nach Langeoog-Hafen oder Bensersiel würde ich mit einer Segelyacht erst etwa 1½ Stunden vor H.W. aus Neuharlingersiel auslaufen. Dann habe ich ständig mitlaufende Strömung. Sind aber Baltrum oder Norderney die Ziele, dann ginge ich so früh los, wie nach Tiefgang und erstem Wattenhoch möglich. —

Die Fahrt: Aus Neuharlingersiel fährt man um den Kopf der Leuchtbake herum westwärts an die 200 Meter entfernte Prickenreihe der Baklegde heran und folgt ihr südwestwärts (Pricken an der Nordseite). Die Baklegde führt erst 1 Seemeile nach Südwest, dann West. Hier beginnt das Wattenhoch. Bei knappem Wasserstand lohnt es hier sehr, an beiden Seiten des Bootes zu loten, denn die Rinne liegt ½ bis ¾ Meter tiefer als das Watt und ist schmal und etwas gewunden. Oft kann man sich noch bei unglaublich niedrigem Wasserstand hindurchmogeln. Am häufigsten ist man in dieser Situation, wenn man von Westen ostwärts fährt. — Nach Sicht der Bake mit Balltoppzeichen kann man hier über das wenig hohe Watt nach Norden zur Hullbalje hin abzweigen (siehe Plan). — Baklegde geht in das Neuharlingersieler Wattfahrwasser über. Das hat ebenfalls Pricken an der Nordseite. — Danach geht das Fahrwasser in den langen, tiefen, stark strömenden Wattenstrom Die Rute über. Da tritt von Norden her bei der Tonne „A 24 — Stüverslegde 2" das mit Pricken bezeichnete Fahrwasser **Stüverslegde** aus der Hullbalje heran. Die Stüverslegde ist ein guter Weg, um von See durch die Otzumer Balje Bensersiel zu erreichen.

Die Rute ist ein kräftig strömender, langer Wattenstrom. Sie ist die hauptsächlichste Fortsetzung des Seegates Accumer Ee. So setzt sich die Betonnung neuerdings durchlaufend aus der Accumer Ee bis weit ins Watt hinein fort. Die Tonnen tragen „A" vor der übrigen Bezeichnung.

Aus dem Neuharlingersieler Wattfahrwasser kommend, lassen wir in der Rute die roten Tonnen „A 24" bis „A 18" an der Nordseite. Dann stehen wir vor den Leitdämmen der Einfahrt nach Bensersiel (Seite 175). — Zwischen Bensersiels Leitdämmen und Langeoog-Hafen ist die Strecke zwei Seemeilen lang, betonnt und auch für Nachtfahrt befeuert. — Das Kapitel über Langeoogs Hafen sollte man vorher gelesen haben, sonst endet man am Ziel „auf Schiet".

Durch Langeooger Wattfahrwasser: Man fährt durch die betonnte, breite, stark strömende Schillbalje an Spiekeroogs Südwestspitze vorbei bis dicht an die grüne Fahrwasserteilungstonne „9 — LW 10". Die liegt zwischen Langeoog und Spiekeroog. — Von dort steuere ich südwestwärts (Stromversetzung beachten) auf die rote Tonne „LW 8". Das ist z. Z. meine erste Tonne des Langeooger Wattfahrwassers. Auf dem Weg zu ihr war das Fahrwasser eine Zeitlang bei N.W. nur ¾ Meter tief. Zur Zeit

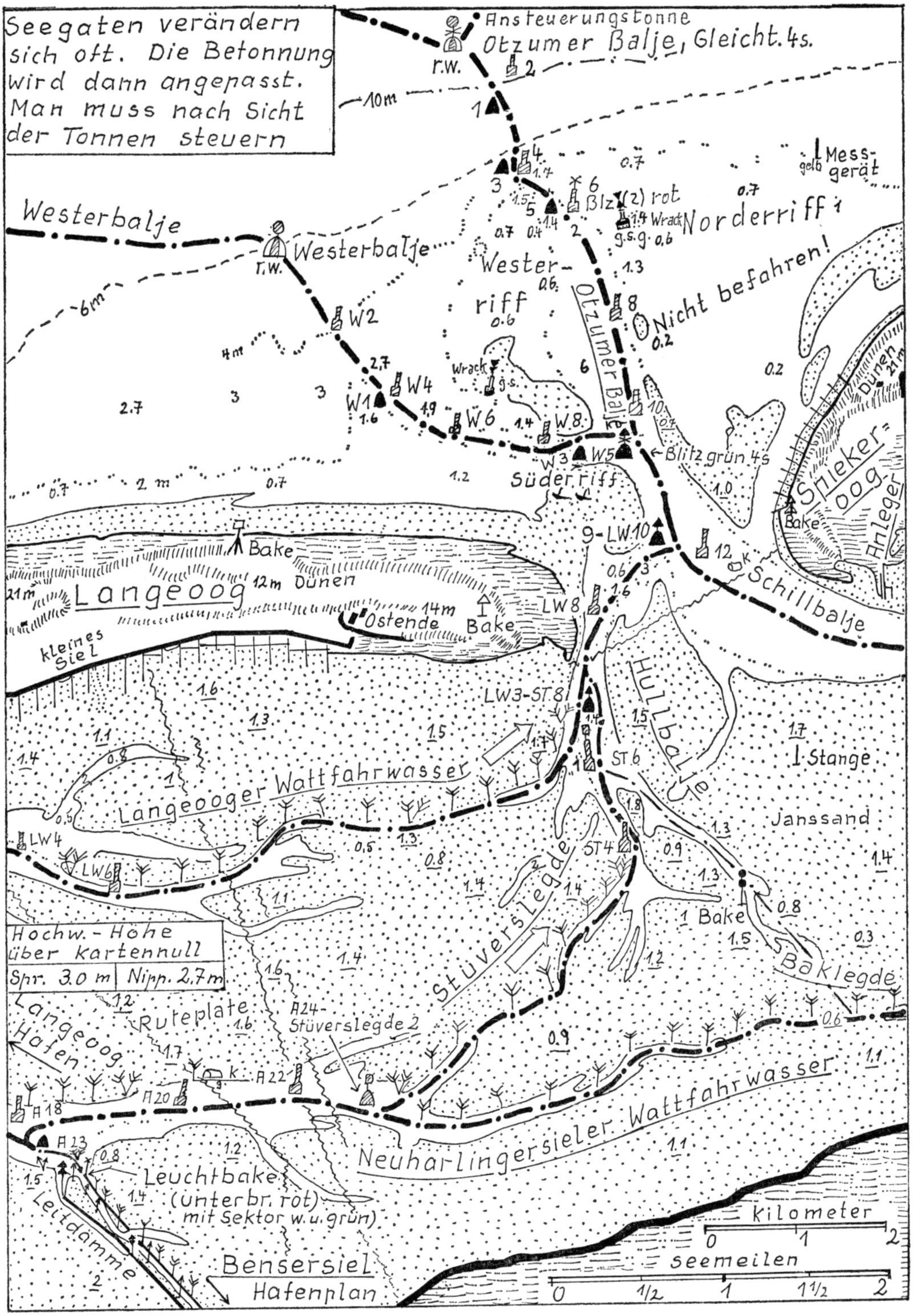
Seegaten verändern sich oft. Die Betonnung wird dann angepasst. Man muss nach Sicht der Tonnen steuern
Ansteuerungstonne
Otzumer Balje, Gleicht. 4s.
r.w.
10m
Westerbalje
Westerbalje
r.w.
6m
W2
4m
W1
W4
W6
W8
W3
W5
Blitz grün 4s
Süderriff
Wester-
riff
Wrack
Otzumer Balje
Norderriff
Nicht befahren!
Blz (2) rot
Wrack
g.s.g.
Mess-
gerät
gelb
Spieker-
oog
Dünen
21m
Bake
Anleger
Schillbalje
LW10
LW8
Bake
Langeoog
12m
Dünen
21m
14m
Ostende
Bake
kleines
Siel
LW3-ST8
ST6
Hullbalje
Stange
Janssand
Langeooger Wattfahrwasser
LW4
LW6
ST4
Stüverslegde
Bake
Baklegde
Hochw.-Höhe über Kartennull
Spr. 3.0 m | Nipp. 2.7 m
Langeoog
Hafen
Ruteplate
A24-
Stüverslegde 2
A 22
A 20
A 18
A 23
Neuharlingersieler Wattfahrwasser
Leuchtbake
(unterbr. rot)
mit Sektor w. u. grün)
Leitdämme
Bensersiel
Hafenplan
Kilometer
0 1 2
seemeilen
0 1/2 1 1 1/2 2

ist die Tiefe 1½ Meter bei N.W. An möglichen Schwell von See muß ich denken. Es ist eine veränderliche Region. — Im Langeooger Wattfahrwasser liegen die roten Tonnen an der West- bzw. Nordseite. Komme ich von Norden, bleiben sie steuerbord. — Bei der grünen Fahrwasserteilungstonne „LW 3 — ST 8" (mit Kegeltoppzeichen) zweigt das Fahrwasser Stüverslegde ab (siehe Plan). — Langeooger Wattfahrwasser ist nun mit Pricken an der Nordseite bezeichnet. Es läuft erst südwärts-, dann westwärts, und führt über das Wattenhoch in den Wattenstrom Dollart. Der läuft unter Biegungen westwärts. Rote Fahrwassertonnen und Pricken bleiben an der Nordseite. Danach folgt man der Kante des Langeooger Watts zur Hafeneinfahrt Langeoog (Plan Seite 173, 174).

Routen von Spiekeroog über See durch die Otzumer Balje „außen herum" sind eine schöne Sache, sparen freilich keine Distanz ein. Nützlich können sie in „kombinierter Fahrt" sein, wenn einem auf der Wattfahrt von Wangerooge nach Langeoog vorzeitig das Wasser wegzulaufen beginnt.

D. Langeooger Revier

Hier sind Sportboote häufig, denn es gibt alles, was man sich wünscht; einen bedeutenden Inselhafen, zwei günstige, nette Häfen am Festland, jeder von ihnen mit einem Becken für Yachten; ferner Zugang zur offenen See und viele geräumige, tiefe Wattengewässer, in denen Yachten mit Tiefgang auch bei Niedrigwasser nach Herzenslust kreuzen können. Auf Wanderfahrt läßt man Langeoog oder am Festland Bensersiel selten aus.

Gezeiten: Die Hochwasserhöhe über Kartennull ist normalerweise bei

Langeoog-Hafen	2,6 m bei Nippzeit	3,0 m bei Springzeit
Bensersiel	2,7 m bei Nippzeit	3,0 m bei Springzeit
Dornumer-Accumersiel	2,6 m bei Nippzeit	2,9 m bei Springzeit
Baltrum, Westseite	2,4 m bei Nippzeit	2,7 m bei Springzeit

Hochwasser ist 20 bis 30 Minuten später als in Norderney.

Insel Langeoog

(Plan S. 171, 173)

14 Kilometer lang, mit großem „Haken" an ihrer Westseite, ist sie eine der großen Inseln. Früher war sie in Ostinsel und Westinsel geteilt und ein sehr armes Eiland — insgesamt nur 6 Häuser, davon 5 auf dem Westteil. „In diesen 5 Häusern leben sechs Männer, drei Weiber, eine Magdt, drei Söhne und drei Töchter, Summa 16 Personen.... Die Bewohner sind arme Leuthe, die keine Schiffe besitzen. Sie haben zusammen nur zwei Böthe, um damit ans Festland zu fahren." — So 1749 Kammerpräsident Lentz im Reisebericht in Sachen Steuererhebung: nein, bei den Langeoogern war nichts zu holen. — Heut finden durch den Badebetrieb 2000 Menschen im Inseldorf ihr Auskommen. — Schade, daß der Weg vom Hafen zum Ort etwas eintönig ist — und auch die Umgebung des Hafens. Die übrige Insel ist sehr schön.

Nett ist das mehr und mehr heranwachsende Inseldorf! Leider nicht mehr frei von Autos. Schön ist der Blick von den Bänken am Fuß des hochstehenden Wasserturmes. Blickt man seewärts, so zeichnen bei Nordwestwind die Zonen weiß brechenden Wassers die Lage der Riffe vor dem Seegat. Blickt man zum Watt, so sieht man die Vielzahl der Rinnen.

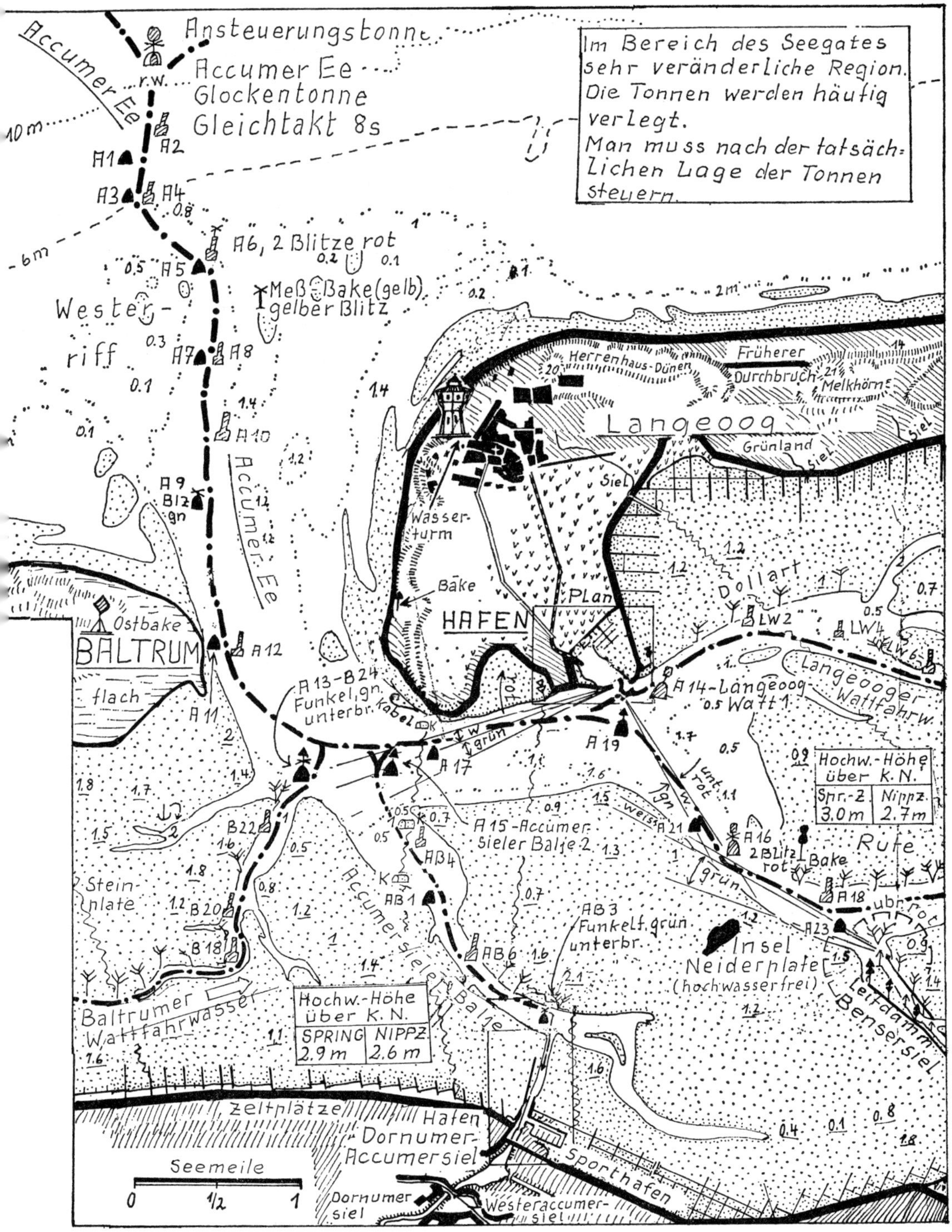
Ansteuerungstonne
Accumer Ee
Glockentonne
Gleichtakt 8s
r.w.
Accumer Ee
10 m
A1 A2
A3 A4
6 m
A6, 2 Blitze rot
A5
Meß-Bake (gelb)
gelber Blitz
Wester-riff
A7 A8
A10
A9 Blz gn
Accumer Ee
Im Bereich des Seegates sehr veränderliche Region. Die Tonnen werden häufig verlegt. Man muss nach der tatsächlichen Lage der Tonnen steuern.
2m
Herrenhaus-Dünen
Früherer Durchbruch
Melkhörn
Langeoog
Grünland
Siel
Wasserturm
Bake
HAFEN
Plan
Dollart
LW2
LW4
LW6
Langeooger Wattfahrw.
A14-Langeoog-Watt 1
Ostbake
BALTRUM
A12
flach
A11
A13-B24 Funkel.gn. unterbr.
Kabel
grün
A17
A19
unt rot
Hochw.-Höhe über K.N.
Spr.-Z 3.0m
Nippz. 2.7m
A15-Accumer-Sieler Balje 2
A21
A16 2 Blitz rot
Bake
Rute
A18
ubr rot
B22
AB4
AB1
Accumersieler Balje
Steinplate
B20
B18
AB3 Funkelf. grün unterbr.
AB6
A23
Insel Neiderplate (hochwasserfrei)
Leitdamm
Bensersiel
Baltrumer Wattfahrwasser
Hochw.-Höhe über K.N.
SPRING 2.9 m
NIPPZ 2.6 m
Zeltplätze
Hafen
Dornumer-Accumersiel
Sporthafen
Seemeile
0 1/2 1
Dornumer siel
Westeraccumer-siel

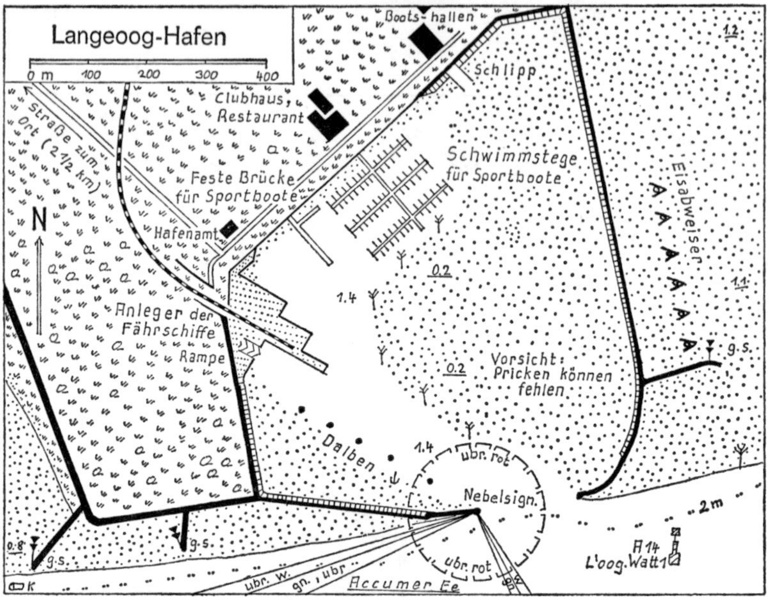

Der Hafen: Als früherer Marinestützpunkt ist dieser für eine Insel sehr große Yachthafen entstanden. Er liegt an Langeoogs Südwestseite an tiefem Wasser, günstig für die Zufahrt von See wie aus den Watten. Ruhig und freundlich ist Langeoogs Hafen. Gäben die Molen auch noch den Blick auf die Watten frei, so wäre er fast ideal.

Das Hafenbecken, 700 Meter breit und lang, wird von Molen und Steinböschungen eingefaßt. Der größte Teil des Langeooger Hafens ist sehr flach und fällt trocken! Weiß man das nicht, brummt man auf. Nur eine 100 Meter breite Rinne von der Einfahrt zum Fährschiffanleger und zum Kopf des westlichen Sportbootsteges wird gebaggert, und zwar nur auf die geringe Tiefe von etwa 1,4 Meter bei N.W.! Tiefgehende Yachten können also bei N.W. in der Zufahrt festkommen und liegen dann dem großen Fährschiff (das nur 1,15 Meter tiefgeht!) genau im Weg. — Pfähle stehen an der Westseite, Pricken an der Ostseite (doch sie können auch fehlen).

Der Fährschiffanleger im Westteil des Beckens hat an beiden Seiten Kaje mit ein bis zwei Meter Wasser bei N.W. Da mag man Sportboote nicht haben.

Der Sporthafen hat jetzt Platz für 230 Boote. Er besteht aus einem sehr großen Schwimmsteg von drei Reihen mit zusammen 215 Plätzen. Doppelboxen, max. für 12 Meter Länge und 10 Tonnen Gewicht. Der Schwimmsteg liegt z. Z. auf 1,4 Meter Wassertiefe bei N.W. Der Grund ist weicher Schlick, auch tiefe Kielyachten fallen gut trocken. Ob jedes Jahr neu gebaggert wird, bleibt abzuwarten. Der Seglerverein Langeoog betreut den Schwimmsteg. Ein Saison-Liegeplatz wird mit etwa 400,— DM berechnet, eine Übernachtung mit 8,— bzw. 10,— DM. Anmeldung im Clubhaus. Trinkwasser auf den Stegen, Telefon, Duschen, WC und Müllcontainer. — Eine feste Brücke für Sportboote mit größerem Gewicht liegt zwischen dem Schwimmsteg und dem Fähranleger. Etwa 20 Yachten finden Platz. Die Wassertiefe bei N.W. hängt davon ab, wann gebaggert wurde, sollte aber beim Außenteil der Brücke meist 1,5 Meter sein. Die Brücke gehört dem Wasser- und Schiffahrtsamt Norden. Ankern kann man bei der Westmole hinter den Pfählen (Tiefe ungewiß, loten) oder an der ganzen Ostseite (trokkenfallend). Bei Starkwind aus Südost oder Süd ist ab halber Tide Schwell; gute Leinen sind nötig. — Trailerrampe und Kran.

Einrichtungen: Das kleine Clubhaus des Seglervereins Langeoog am Hafen hat Waschraum, Toiletten, Kantine (Getränke und Mahlzeiten); Brötchen nach Bestellung (bis 18 Uhr), Grundlebensmittel im Kiosk beim Clubhaus und im 2½ Kilometer entfernten Inseldorf (wie auf den niederländischen Inseln kann man Fahrräder leihen). Ein paarmal am Tag fährt die Inselbahn. Das „Hafenamt" ist ein kleines Häuschen. „Nachrichten für Seefahrer", Schlipp des SVL bis 1,1 Meter Tiefgang und 8 Tonnen. Zwei Kräne bis 12 Tonnen. Doch Reparaturen und Treibstoff in Bensersiel.

Einfahrt: Zwischen den Molenköpfen ist es 180 Meter breit. Strömung setzt vor der Einfahrt kräftig quer. Für ein Boot mit Motor problemlos. Ein Segler muß weit genug vorhalten und an die Abdeckung durch die Molen denken. — Nächtliches Anlaufen wird durch Leitsektoren von Bensersiel wie von Westen vom Seegat ermöglicht (Befeuerung: Plan und Seekarte). Im Hafen ist der Fährschiffanleger beleuchtet.

Festlandshafen Bensersiel (Plan S. 171, 173)

Verglichen mit den bisherigen ist es ein geräumiger und lebendiger Hafen: Wichtiger Fischerhafen, Fährhafen für Langeoog sowie Yachthafen: Fährschiffe, Frachtschuten, Granatfischerflotte, Yachten und etwas Ferienbetrieb mit Campingplatz. Zugänglich bei Niedrigwasser mit ½ Meter Tiefgang, bei Mondlicht auch nachts. Ein freundlicher Hafen. Da an der durchlaufenden Wattfahrt gelegen, wichtig für Yachten. Auch Startplatz für Trailerboote (Garagen). — Der Ort Bensersiel mit seinen 700 Bewohnern bietet nichts Besonderes. Eingeweht, kann man die 4 Kilometer entfernte kleine Stadt Esens besuchen. Das war früher Hauptstadt des reichen, praktisch unabhängigen „Harlinger Landes". Die Gräber der berühmt-berüchtigten Friesenhäuptlinge, wie des Siebet Attena von 1473, sind in der St.-Magnus-Kirche.

Das Hafenbecken hinter 20 Meter breiter Einfahrt ist 350 Meter lang, 70 breit und hat überall Kajen, insgesamt 700 Meter. Die Wassertiefe bei Niedrigwasser ist 1 Meter oder mehr, an der Ostkaje am größten. — Die Ostseite dient Fähr- und Frachtschiffen als Ladeplatz. Dort sind Kleinbahngeleise und zwei Kräne (8 Tonnen). Nachts einlaufend, habe ich meist dort an einem Frachtfahrer festgemacht. — Die Westseite gehört im vorderen und mittleren Teil der Fischerflotte. Innen sind jetzt, abweichend vom Plan, keine Yachtplätze mehr, sondern die „RoRo"-Brücke der Autofähre. — Die Schlippbahn für Trailerboote liegt an der Westseite und führt in den Vorhafen. — Trinkwasser in kleinen Mengen aus dem Waschraum des Fährschiff-Restaurants, sonst an der Kaje. Treibstoff (Dieselöl von Bunkerschiff), Lebensmittel, Kräne, Kleinbahn, Windwarnungen und 500 Garagen. Reparaturen und Ausrüstung.

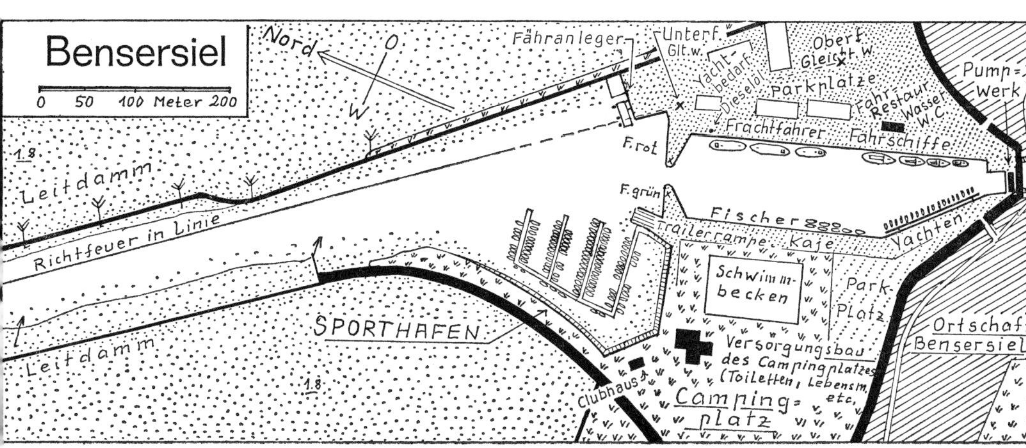

Der Sporthafen liegt vor dem eigentlichen Hafenbecken an der Westseite (Plan). Der Seglerverein Harlebucht hat dort an Schwimmstegen max. 170 Plätze. Ist alles besetzt, sucht man sich einen Platz längsseits im Landeshafen. Die Wassertiefe war zuletzt 0 bis 1 Meter bei N.W. Sie hängt stets davon ab, wann zuletzt gebaggert wurde. — Pro Nacht zuletzt 4,50 DM (bis 9 Meter) bzw. 6,— DM (12 Meter). Im Landeshafen Bensersiel etwas mehr. — Der Fähranleger („Ro-Ro-Brücke") für die Autofähre nach Langeoog liegt gegenüber vom Yachthafen. Respektvollen Abstand!

Die Zufahrt erfolgt aus dem Wattenstrom Die Rute (Plan S. 171, 173). Die 1½ Seemeilen lange Einfahrtsrinne läuft zwischen zwei Leitdämmen (siehe Pläne). Die sind außen 300, innen 150 Meter voneinander entfernt. Die tiefe Fahrrinne ist aber viel schmaler und hat deshalb eigene Pricken. — Der westliche Leitdamm liegt in Hochwasserhöhe. Er hat auf der Spitze eine schwarz-gelbe Stange mit zwei Kegeln und „Ostbaken" mit Rauten-Toppzeichen auf seinem Verlauf. — Der östliche Leitdamm trägt eine Leuchtbake auf der Spitze und einige Pricken. Er ist streckenweise zerstört und bei H.W. überflutet. — Die Fahrrinne hat an der Westseite (einlaufend steuerbord) Stangen Besen abwärts. An Backbord sind Pricken. Meist führt sie dicht am östlichen Leitdamm entlang, doch an einer Stelle geht sie ganz nach Westen. Bei N.W. ist sie 1 bis ½ Meter tief. Wenn 1 bis 2 Stunden nach N.W. die Fährschiffe auslaufen, kommen sie manchmal fest und verstopfen den Weg. Bleibt ihnen dann von Leibe; sie haben genug mit sich selber zu tun. — **Nachts** ist die Zufahrt trotz Befeuerung schwierig. Wenn nicht Dämmerung oder gutes Mondlicht die Pricken erkennen läßt, würde ich lieber nach Langeoogs Hafen laufen. — Die Zufahrt aus der Rute bezeichnet ein Leitsektor der Leuchtbake (unterbrochen weiß mit grünem Warnsektor an der Westseite). Die Leuchtbake läßt man backbord. Die erste ¾ Seemeile muß man dann nach Sicht der Pricken fahren! Erst dann darf man die Richtfeuer von Bensersiel (Gleichtakt weiß) in Linie nehmen und muß sie dann sehr genau in Linie halten, denn die Rinne ist schmal. — Die Hafeneinfahrt hat Hafenfeuer fest rot und grün. Der Hafen selbst ist beleuchtet.

Dornumer-Accumersiel (Plan S. 173, 177)

Als Westeraccumersiel kennen die älteren Nordseefahrer den Hafen. Er wurde umgebaut, mit Dornumersiel vereinigt und ist nun ein neuer Hafen mit 250 Meter Kajenlänge. Und dazu neuerdings auch noch mit einem Hafen für Sportboote. Dornumer-Accumersiel hat praktisch keinen Fährverkehr. Dadurch ist es viel stiller. Es gibt eine bedeutende Fischerflotte. Die Zufahrt ist kurz und meist leicht. Einlaufen kann man mit flachgehendem Boot wohl stets, mit Kielyacht ein bis zwei Stunden nach N.W. — An Land ein Campingplatz. In dem Staubecken des Binnentiefs können die Boote des Nachwuchses fahren. — Vor allem Trailerboote aus dem Binnenland kommen hierher.

Zufahrt und Hafen: Die Zufahrt erfolgt aus der Accumer Ee zwischen Langeoog und Baltrum. Bei der grünen Fahrwasserteilungstonne „A 15 — Accumers. Balje 2" dreht man südwärts in die Accumersieler Balje ein (Plan Seite 173). Nordwestlich der roten Fahrwassertonne „AB 4" hat sich eine flache Barre von nur knapp 1 Meter Wassertiefe gebildet. Bei frischem oder starkem Nordwest- oder Westwind soll man auf ihr nicht festkommen, denn Schwell steht durch das Seegat herein. Auch ist dann bei auslaufend Wasser dort häßlicher, brechender Seegang (wahrscheinlich

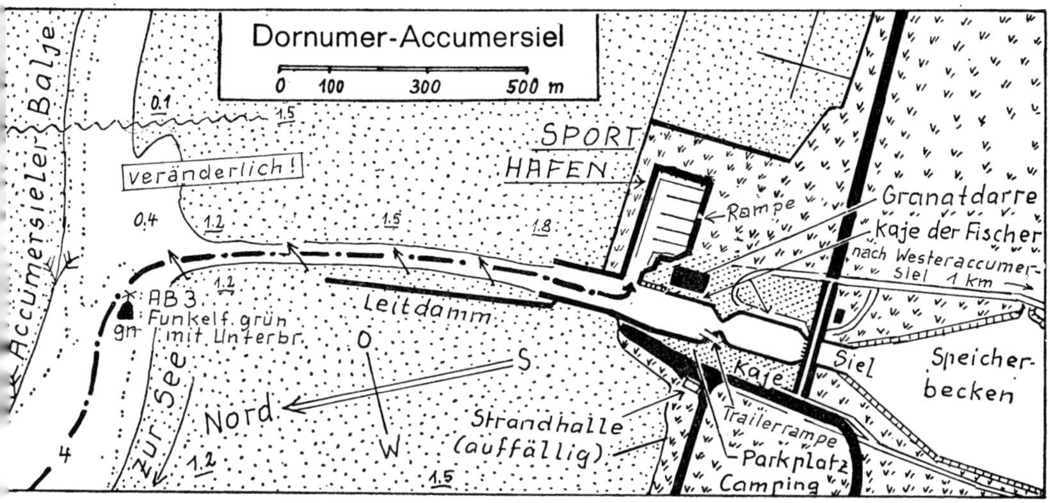

wird es wieder tiefer werden). — Man folgt den Fahrwassertonnen in die danach tiefe und zunehmend besser geschützte Accumersieler Balje bis zur grünen Leuchttonne „AB 3". Hinter ihr biegt man erst südostwärts, dann südwärts in das Außentief hinein.

In dem 1000 Meter langen Außentief stehen an der Westseite (einlaufend Steuerbord) Stangen Besen abwärts auf der Wattkante. Nach 500 Metern beginnt an der Westseite ein Leitdamm, nach weiteren 500 Metern beidseits die Hafenbegrenzung; anfangs Böschung, dann Kaje. Da beginnt der Vorhafen. Ablaufbahn für Trailerboote an seiner Westseite. Gegenüber steht die Granatdarre. Vor der sollten Yachten nicht festmachen. — Durch 20 Meter breite Einfahrt gelangt man in den Sielhafen oder inneren Hafen, 150 Meter lang, 50 breit, beidseits mit Kajen. Die Ostseite gehört den Fischern. An der Westseite lagen bisher die Sportboote. Doch da die nun ein eigenes stilles Becken für sich bekommen haben, sollten nur noch Kielyachten mit großem Tiefgang im Fischerhafen festmachen. — Am Hafen Trinkwasser, Dieselöl, Reparaturen, Grundlebensmittel, Restaurant Strandhalle. Doch sonst ist es unbewohnt. Zum richtigen Einkauf geht man ins 15 Minuten entfernte Dorf.

Der Sportboothafen, 270 Plätze, liegt an der Ostseite des Fischerhafens. Kurz vor der Granatdarre dreht man backbord in einen kurzen Verbindungskanal ein. Das etwa 100 mal 150 Meter große Becken hat sechs Schwimmstege mit etwa 230 Boxen, die allerdings schon in festen Händen sind. Doch kommt eine durchreisende Yacht wohl immer unter (6,50 DM/Nacht). Er stellt bestimmt eine sehr wertvolle Bereicherung dar, ganz besonders für kleinere Boote. Wassertiefe ungewiß, da abhängig vom Termin des letzten Baggerns.

Viele Binnenländer treffen sich hier mit ihren Trailerbooten. Ich denke da mit Vergnügen an jenen Vortrag über die Nordsee, den mir eine resolute schwäbische Bordfrau vom Deck ihres tief im Keller liegenden Schiffes zur Kaje herauf hielt — in mir eine Landratte wähnend: über Gezeit, Strömung, Starkwind und Trockenfallen und wie man überhaupt hier fährt. Dabei berechtigter Stolz, nun dies Revier zu beherrschen; sei es doch kein schwäbisches Meer und keine Ostsee, sondern eben ein Weltmeer, so erklärte sie mir. Und dann kontrollierte sie alle Leinen, denn es war Niedrigwasser, und machte

sogar ganz richtige Seemannsknoten dabei. — Allen Respekt, tüchtige Bordfrau. War es nun bös von mir, nicht zu sagen, daß ich die Nordsee auch kenne?
Liegt man eingeweht, dann wandert man zum alten Ort Dornum. Dort steht sturmflutsicher auf hoher Warft die alte Kirche mit Taufstein aus Jahr 1200. Zwei Wasserburgen: die alte Norderburg, später zum Schloß umgebaut, und die Beninga-Burg. Auch die „Dornumer Bockmühle" liegt da, 1626 erbaut, eine der ältesten Ostfrieslands. Kann man hinein: welch Wunderwerk ist solche Windmühle innen!

Wattfahrwasser (Plan S. 171, 173, 179)

14 Seemeilen Fahrwasser haben im Langeooger Revier auch bei N.W. genug Wassertiefe für Yachten mit Tiefgang! „Schlagader" ist die Accumer Ee („Ee" heißt auf Niederdeutsch „Wasser"). Sie speist die Wattenströme Dollart, Rute und Accumersieler Balje, deren Priele das Wattengebiet füllen und leeren.

Routen ostwärts: Wangerooge ist ein gutes Tagesziel. Jade und Weser sind in reiner Wattfahrt mit einer Tide meist nicht, doch in kombinierter Fahrt gut zu erreichen (im Wattenrevier bis zum Seegat Harle, dort bei fallendem Wasser auf See, und mit einlaufender Tide nach Jade, Weser, Elbe). — **Routen westwärts:** Norderney (15 sm) oder Norddeich (18 bzw. 22 sm) sind gute Tagesziele (siehe unten). Borkum ist in reiner Wattfahrt nur mit zwei Hochwassern erreichbar, doch bequemer in kombinierter Fahrt (s. u.).

Wassertiefe bei Hochwasser auf den Wattenhochs:

Langeooger Wattfahrwasser	1,3 m bei Nippzeit	1,5 m bei Springzeit
Neuharlingersieler Wattfahrwasser	1,9 m bei Nippzeit	2,2 m bei Springzeit
Baltrumer Wattfahrwasser	1,9 m bei Nippzeit	2,2 m bei Springzeit
Norderneyer Wattfahrwasser	1,9 m bei Nippzeit	2,2 m bei Springzeit

Wattfahrt Langeoog nach Norderney-Hafen (Plan S. 173, 179, 184)

15 Seemeilen. Möglichst sollte man auf Baltrum nahe Hochwasserzeit zu einem Rundgang anlegen (oder man bleibt gar dort). — Der Zeitplan richtet sich nach der flachsten Stelle auf dem Wege im Baltrumer Wattfahrwasser. Möglichst sollte dort eine tiefgehende Yacht kurz vor Hochwasserzeit passieren. 2 bis 3 Stunden vor Hochwasser würde ich in Langeoog ablegen, 4 Stunden vor H.W. in Bensersiel. Oder: in Bensersiel 3 Stunden vor N.W. mit dem letzten Ebbstrom bis vor Baltrumer Wattfahrwasser und dort ankernd steigendes Wasser abwarten.

Die Fahrtroute geht von Langeoog oder Bensersiel in dem breiten, stark strömenden Wattenstrom Accumer Ee bis zur grünen Fahrwasserteilungstonne „A 13 — B 24" südöstlich von Baltrums Ostspitze (Plan S. 173, 179). Von dort südsüdwestwärts meist mit kräftiger Strömung in das Baltrumer Wattfahrwasser. Das führt in großem Bogen südlich um Insel Baltrum herum über das Wattenhoch. Seine Nordseite ist mit Pricken bezeichnet; auch drei rote Fahrwassertonnen „B 22" bis „B 18" liegen aus. Fahren wir westwärts, so bleiben die roten Tonnen wie die Pricken an Steuerbord.

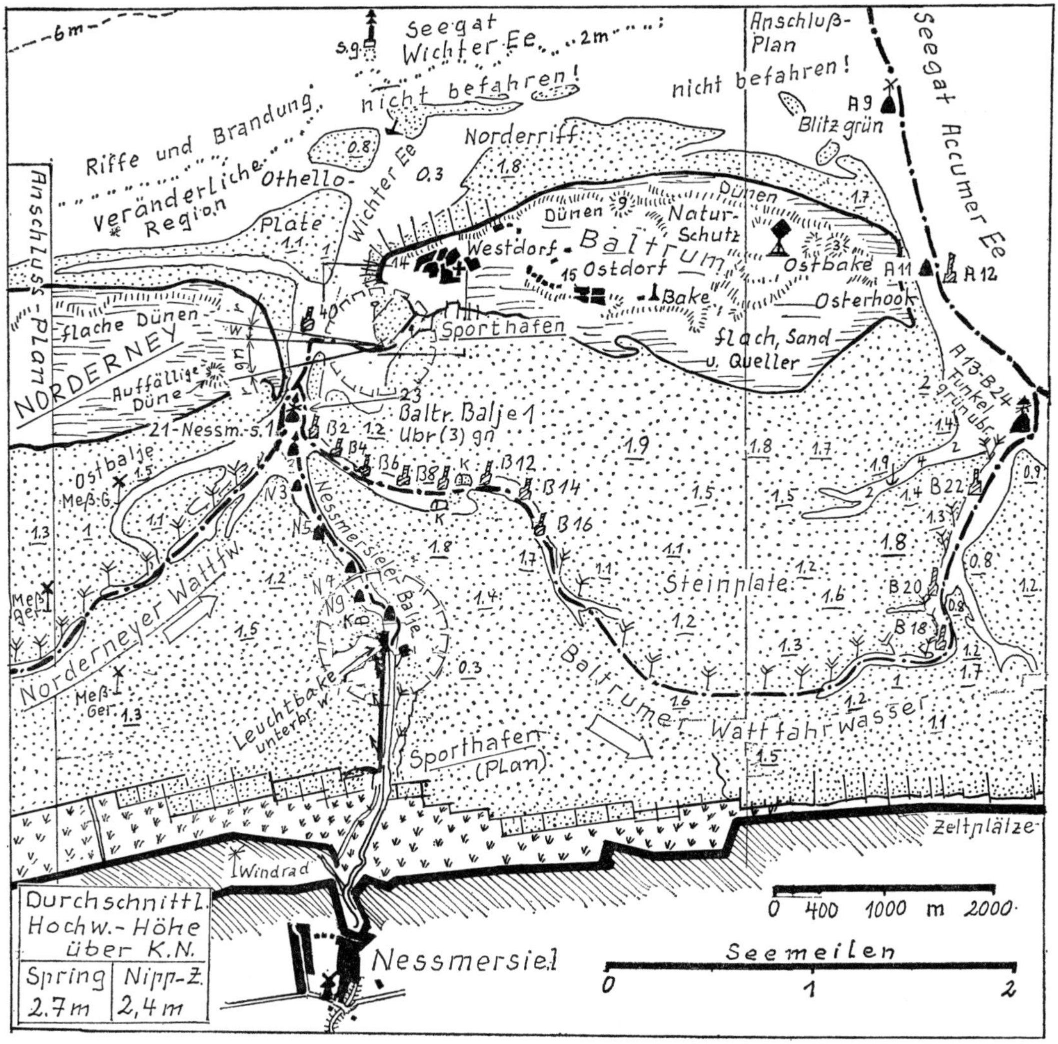

Hinter dem Wattenhoch geht es in weit ausholenden Krümmungen nordwestwärts in die B a l t r u m e r B a l j e über. Baltrumer Balje hat in den letzten Jahren Verlauf und Tiefe mehrfach stark verändert. Sie wird dies wahrscheinlich auch weiterhin tun. Bei N.W. ist sie oft über 1 Meter tief, doch an stets wechselnden Orten wird sie von Stellen mit nur 1/2 Meter Tiefe unterbrochen.

Zur Zeit läuft sie als schmale, einseitig dicht betonnte Rinne fast genau auf die Südostspitze Norderneys zu. Da steht die Fahrwasserteilungstonne „23 — Baltrum Balje 1", grün, mit Kegeltoppzeichen und mit dreimal unterbrochenem grünen Feuer. Hier teilen sich die Wege: nach Norden zu Baltrums Hafen; nach Süden ins Norderneyer Wattfahrwasser und nach Neßmersiel.

Fahren wir nach Norderney weiter, so machen wir bei der Tonne „23 — Baltrum Balje 1" eine scharfe Kursänderung nach Süden (und zwar oft bei starker Strömung) und laufen dicht an Norderneys Ostspitze vorbei südwärts. Es gilt nun die Betonnung des

Norderneyer Wattfahrwassers. Nach der geänderten Betonnungsordnung fahren wir es nach Westen „auslaufend". Auf dem Wege nach Westen bleiben die roten Tonnen an der Steuerbordseite (meist ist das die Nordseite). Im einzelnen zeigen uns die Pläne, wie wir die Tonnen zu passieren haben.

Liegt Norderneys Ostspitze mit seiner auffällig isolierten Düne und dem Wrack hinter uns, dann stehen wir vor der Fahrwasserteilungstonne „21 — Neßmersiel 1". Zum Hafen Neßmersiel würden wir etwa Südrichtung laufen und die grünen Tonnen „N 3", „N 5" usw. an Steuerbord lassen. — Doch auf dem Wege nach Norderney bleibt die grüne Tonne „21 — Neßmersiel 1" backbord, und wir halten südwestwärts auf die ersten Pricken zu. Die bleiben alle an der Nordseite. — Das Wattfahrwasser leitet unter Krümmungen über das Wattenhoch in das **Riffgat** hinein (Plan Seite 184). Das führt uns sechs Seemeilen weit bis vor Norderneys Hafen. An der nördlichen Wattkante des Riffgat stehen Pricken, an der Nordseite des tiefen Fahrwassers rote Fahrwassertonnen. Gelegentlich ist auch an der Südkante des Wattes zum Nutzen kreuzender Segler eine einzelne Stange. — Ab Leuchttonne „30" ist Nachtfahrt möglich. Doch darf man in die Richtfeuer von Norderneys Hafen erst 3/4 Seemeile westlich von Tonne „30" einscheren. — Bei richtigem Zeitplan fährt man hier mit ablaufendem Wasser, also mit west-setzender Strömung.

Das Wagengat, ein Abkürzungsweg nach Norddeich, zweigt 1/2 Seemeile westlich von Tonne „30" nach Süden ab (Seite 184). Einlaufen nach Norderney Seite 185.

Von Langeoog über See (Plan S. 77, 173, 204, 212)

Seegat Accumer Ee beschreibt S. 210. Nach Norderney ist bei handigem Wetter „außen herum" eine schöne Fahrt. Nach Borkum über See (48 sm) zwingt Borkum-Riff, erst sehr weit nach Westen auszuholen und dann nach Osten zurückzulaufen. Selten kommt das mit Tide und Wind aus; ich rate ab. Doch Borkum in kombinierter Fahrt ist in schöner und viel kürzerer Reise erreichbar: Ablegen etwa 1 bis Stunden nach H.W. Durch Accumer Ee heraus auf See. Mit steigendem Wasser Einlaufen durch Norderneyer Seegat. Yachten bis etwa 1,5 Meter Tiefgang können mit gleicher Tide durch Memmert-Wattfahrwasser und Borkum-Wattfahrwasser zum Borkumer Hafen fahren. Fast ständig hat man mitlaufende Strömung. Unterbrechen kann man in Norderney, Juist oder Norddeich. — Nach Wangerooge ist die Fahrt über See länger und meist ungünstig. Zur Jade kann man gut fahren. Zu Weser und Elbe (Cuxhaven 55 Seemeilen) ist es weit und kommt überdies meist mit den Tiden schlecht aus. Nach Helgoland (36 Seemeilen) ist eine schöne Reise. Nur der seltene Nordostwind würde eine Segelyacht hindern.

E. Baltrumer Revier

Schmaler als sonst ist das Wattengebiet hinter der kleinen Insel Baltrum und der Ostseite Norderneys. Kaum 2 Seemeilen liegen zwischen Festland und Inseln. So ist das Baltrumer Revier für kleinere Boote günstig — und schön überdies. — Festlandhafen ist das nette Neßmersiel. Auf Baltrum sind Anleger und Sportboothafen. Die Wattfahrt von Langeoog nach Norderney läuft durch dieses Revier. — Hochwasser ist 0 bis 20 Minuten später als in Norderney. Durchschnittliche H.W.-Höhe: siehe Plan.

Insel Baltrum (Plan S. 179)

5 Kilometer lang, im Westteil nur 800 Meter breit, die kleinste der bewohnten Inseln. Kaum ein Platz, von dem man nicht das Meer sieht und hört. 600 Bewohner leben auf dem schmalen Westteil der Insel. — An der Nordseite sind Dünen, an der Südseite weiden Kühe auf Grünland, auf dem weiten, flachen Südostteil wächst salzwasserfester Queller. Hier brüten im Frühjahr Seevögel. Eine hohe Flut setzt dies Land unter Wasser. Dann treiben hunderte toter Vogelkinder am Boot vorbei.
Flache, meist einzelnstehende Häuser hatte Baltrum, an den Boden geduckt, manchmal mit Nord- und Westteil richtig eingegraben, mit Dächern, die bis tief an den Boden reichen, um vor dem Wind zu schützen, der ungehindert über die Insel fährt. Doch heute wird heftig gebaut, und geben die Baltrumer nicht sehr acht, so werden sie den einmaligen Zauber, den ihr kleines Eiland ausübte, schleunigst zerstören. Karg und kahl war das Eiland, überall hörte man die Brandung, etwas wie ausgesetzt kam man sich vor. — Ist man bei Starkwind oder Sturm aus Nordwest auf der Insel, so ist dies ein großes Erlebnis. Kraftvolle Wogenstiere rennen bei Hochwasserzeit mit gesenktem Kopf und gekrümmten Nacken gegen die beiden hohen und starken Uferbefestigungen; sinnlose, doch höchst eindrucksvolle Natur! Bei Niedrigwasser liegt das vorgelagerte Riff, die Othello-Plate, trocken; dann rumpelt die Brandung entfernt an dem Riff.

Der Hafen Baltrums (man kann ihn jetzt wohl Hafen nennen) liegt an der Westseite der Insel. Da sind viele Buhnen. Die längste (350 m) und südlichste trägt auf ihrer Spitze eine Leuchtbake (unterbrochen rot rundum, Sektor weiß und grün nach Westen). — An der Westseite des Hafens ist ein 200 Meter langer massiver A n l e g e r. Dort machen Fährschiffe und Frachtfahrer fest (und im innersten Teil wohl auch eine tiefgehende Yacht).

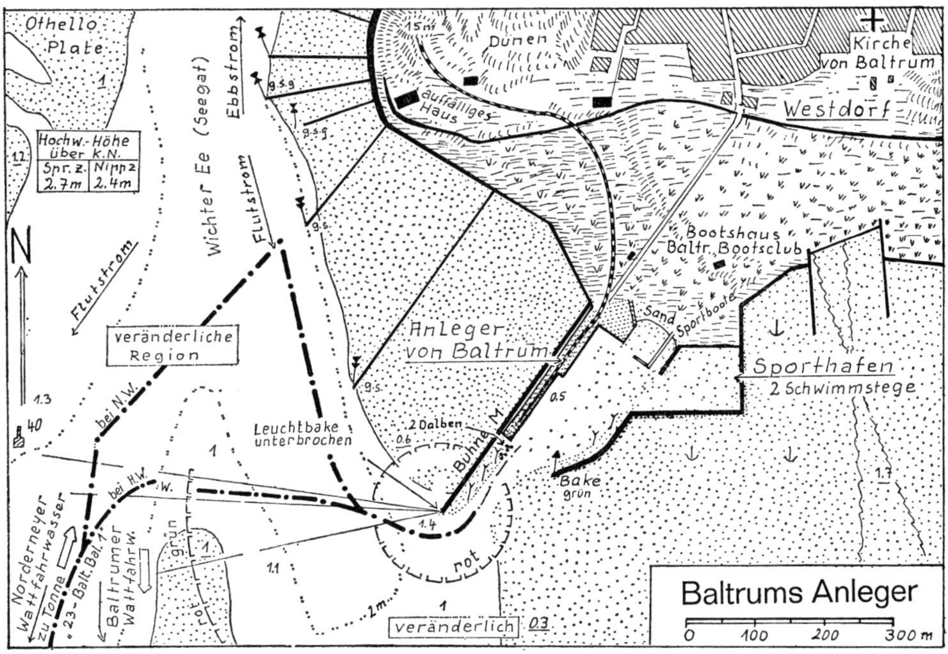

D e r S p o r t b o o t h a f e n wird vom Baltrumer Bootsclub betreut. Er besitzt eine feste Brücke sowie zwei Schwimmstege. Bisher fiel der gesamte Bootshafen bei Niedrigwasser trocken (er wurde z. T. gebaggert, doch verschlickt rasch). — Maximal können etwa 70 Sportboote Platz finden. Zur Hochsaison müssen manchmal Boote fortgeschickt werden. 3,— DM bzw. 5,— pro Nacht. — Über die Fahrwassertiefe der Z u f a h r t sind Angaben schwierig. Bisher blieben bei N.W. etwa 1/2 Meter Wasser stehen. Zur Zeit ist es tiefer. Ob durch häufigeres Baggern die größere Tiefe gehalten wird, ist ungewiß. Bei weniger als halber Tide mit tiefgehendem Boot bei der ersten Einfahrt also loten.
Das Bootshaus des Baltrumer Bootsclubs nahebei hat Toilette, Dusche und Trinkwasser. Trinkwasser auch am Anleger. Lebensmittel im nahen Westdorf. 5-t-Kran. Doch Treibstoff und Reparaturen nur in Neßmersiel. — A n l a u f e n von der roten Tonne „40", der letzten Tonne des Norderneyer Wattfahrwassers (siehe Plan). Von See her kann man nicht einlaufen.

Festlandshafen Neßmersiel

(Plan S. 179)

Es gibt einen B i n n e n h a f e n 1 Kilometer landein im Dorf Neßmersiel (Plan). Doch die Zufahrt dahin durch ein nur bei Hochwasser passierbares Grünlandtief ist für tiefgehende Boote schwierig, und die Liegeplätze in schmalen verschlickten Rinnen sind nicht jedermanns Sache. Immerhin soll man wissen, daß dort für Boote bis etwa 1 Meter Tiefgang beliebig viel freier und sicherer Dauerliegeplatz vorhanden ist. Doch wirklich wichtig ist allein der neue Außenhafen. Von dort gehen die Fährschiffe nach Baltrum, und dort ist der Sporthafen.

Der Außenhafen liegt an der Grenze von Watt und Grünland im Neßmersieler Außentief (Pläne). 1973 wurde er in Betrieb genommen. Z u f a h r t durch Neßmersieler

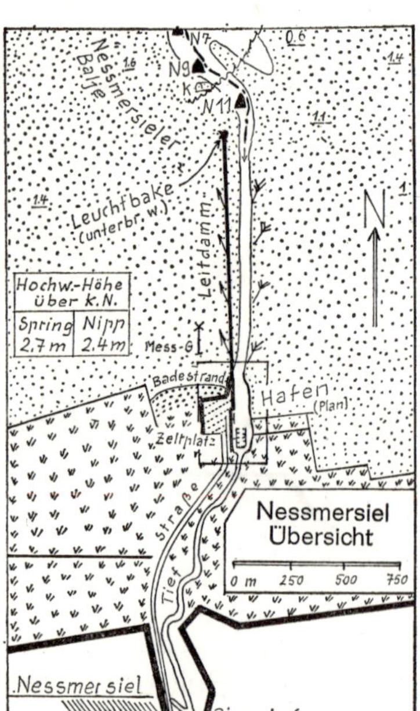

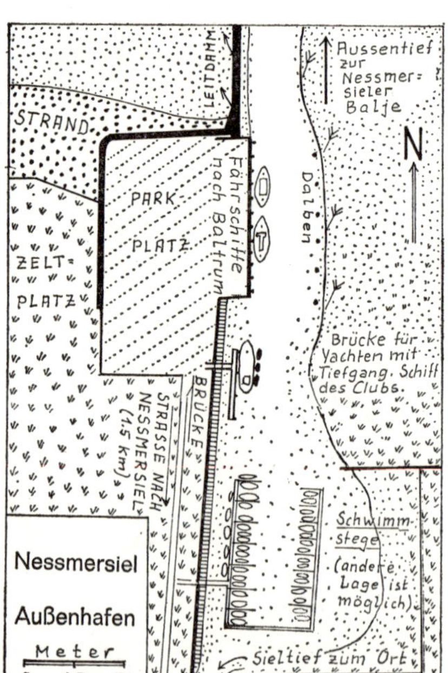

Balje. Knapp 1 sm vor dem Grünland beginnt ein Leitdamm, eine Leuchtbake (unterbrochen weiß) auf seinem Kopf, mit zusammengebundenen Pricken und einigen Pfählen gut bezeichnet. Bei mehr als halber Tide gerät er unter Wasser. — An der Ostseite des Leitdammes führt eine Rinne nach Süden zum Hafen. Pricken bezeichnen ihre Ostseite. Die Rinne folgt dem Leitdamm nicht immer ganz dicht. Die Wassertiefe im Außenteil ist etwa 1/4 Meter bei N.W.; innen wird sie etwas tiefer. Wo Grünland beginnt, ist an der hier 40 Meter breiten Rinne zuerst eine 70 Meter lange Kaje. Sie dient dem Fährschiff. Danach folgt eine etwa 30 Meter lange Brücke. Das Lagerschiff des Vereins und Yachten mit größerem Tiefgang liegen dort. Wassertiefe bei N.W. nach Baggern 1 Meter. Daran schließt ein 100 Meter langes, etwa 70 Meter breites Gebiet an, in dem der Nordsee-Yachtclub Neßmersiel NYCN seine Schwimmstege liegen hat. Bis wieder einmal gebaggert wird, fällt man hier bei N.W. trocken. Zufahrt mit Yacht bis 1,5 m Tiefgang bei H.W., bis 1 m Tiefgang etwa 2 Std. vor und nach H.W. — Der kleine Hafen liegt 20 Minuten vom Ort entfernt. Des Abends, wenn die zahllosen Autos auf dem nahen Großparkplatz zur Ruhe gekommen sind, gewinnt der einsame und noch etwas provisorische, ganz kleine Hafen an der Grenze von Grünland, Hellerzone und Watt ganz eigenartige Stimmung.

Neßmersiel ist als Hafen heute wenig bedeutend und dennoch uralt. Die Geologen bezeichnen die Neßmersieler Rinne als eine der sehr alten Rinnen der Nordsee. Die Geschichtsforscher wissen, daß in Neßmersiel oder einem Ort nahebei ein frühgeschichtlicher Handelsplatz von Bedeutung war. Nach Sagen aus heidnischer Zeit wurden die Seelen der Verstorbenen von Neßmersiel zum „Witten Aaland" übergesetzt. Die Fahrt ging an „Beermeroog" (Baltrum?) vorbei in die offene See, wahrscheinlich zu dem weißen Kreidefelsen der heutigen Helgoländer Düne.

Stichworte für kleinere Boote in diesem Revier

Trotz des relativ geringeren Tidenhubes kann man bei Nipphochwasser fast überall mit 0,8 Meter Wassertiefe rechnen. Die Lage der hohen Stellen im Watt verändert sich im Laufe der Jahre. Im Plan habe ich sie durch stärkere Unterstreichung hervorgehoben. — Die drei Baljen des Neßmersieler Reviers erlauben, mit Booten unter 1/2 Meter Tiefgang auch nahe N.W. Baltrum zu erreichen. Bei Niedrigwasser sind die drei Baljen etwa 200 Meter breite „Flüsse" im Watt. — Die Strömung darin ist kräftig, am stärksten der Ebbstrom 1 bis 3 Stunden vor Niedrigwasser. Nachts helfen einem die Feuer der beiden Leuchtbaken sowie die Beleuchtung auf Baltrum, nahe Hochwasserzeit querbeet zu fahren. Doch die Seezeichen der Rinnen verliert man früher oder später bestimmt.

Norderneys Ostspitze gehört mit zum Revier. Größtenteils Sand. Wegen seiner Einsamkeit ein sehr schönes Fahrtenziel. Auffällig ist dort die steilwandige kleine Düne und das im Sand halb vergrabene Schiffswrack. Doch wenn es zutrifft, was mir ein junger Leser schrieb, daß dort den mit Ruderboot und Zelt übernachtenden Jungens das Zelten nicht gestattet wurde, dann würde mich das traurig stimmen. Wo, wenn nicht auf diesen einsamsten Stellen unserer Inseln (es sind doch unsere Inseln, nicht wahr?) ist dann in unserem Deutschland überhaupt noch ein Platz, wo dem Menschen erlaubt ist, freie Natur zu erleben? Wie ist Wanderfahrt mit kleinem Boot dann in Deutschland überhaupt noch möglich?

Seegat Wichter Ee, flach, unbezeichnet und ständig in Veränderung, soll man nicht befahren.

F. Das Norderneyer Revier

Da lockt die menschenreiche Insel Norderney mit ihrem bedeutenden Yachthafen. Da liegt der freundliche Festlandhafen Norddeich. Es gibt das oft befahrene, doch nicht immer freundliche Seegat von Norderney. Vor allem aber zählt die Lage am Knotenpunkt der Routen von Ostfriesischen und Westfriesischen Inseln, Niederländischen Revieren und Ems. Für die Weiterfahrt nach Westen trifft man seine Entscheidungen bei Norderney. Auch der weit ausgreifende Fahrtenschiffer fährt an Norderney selten vorüber.

Insel Norderney (Plan S. 153, 184, 187, 204, 252)

15 Kilometer lang, 2 Kilometer breit, ist sie eine der Großen. Nur der Westteil ist dicht besiedelt, Mitte und Ostteil fast menschenleer. 20 Meter hohe Dünen liegen in Westteil und Mitte, flacheres, meist unfruchtbares Land im Osten. An der Südseite wird hinter einem Deich Viehzucht betrieben. In der Mitte steht der 54 Meter hohe, rote, weit sichtbare Leuchtturm (seine neue Kennung: 3 Blitze alle 12 sek). — Die Stadt Norderney mit 8000 festen Einwohnern lebt vom Feriengeschäft, hat gepflegte Parks und ist nicht ohne Reiz. Denn natürlich ist es auch nett, nach Wanderfahrt in einsamster Landschaft mal wieder in einer Stadt zu sein, zumal einer im Sommer so menschenreichen (außerhalb des Sommers ist es ganz still, fast — im positiven Sinne —

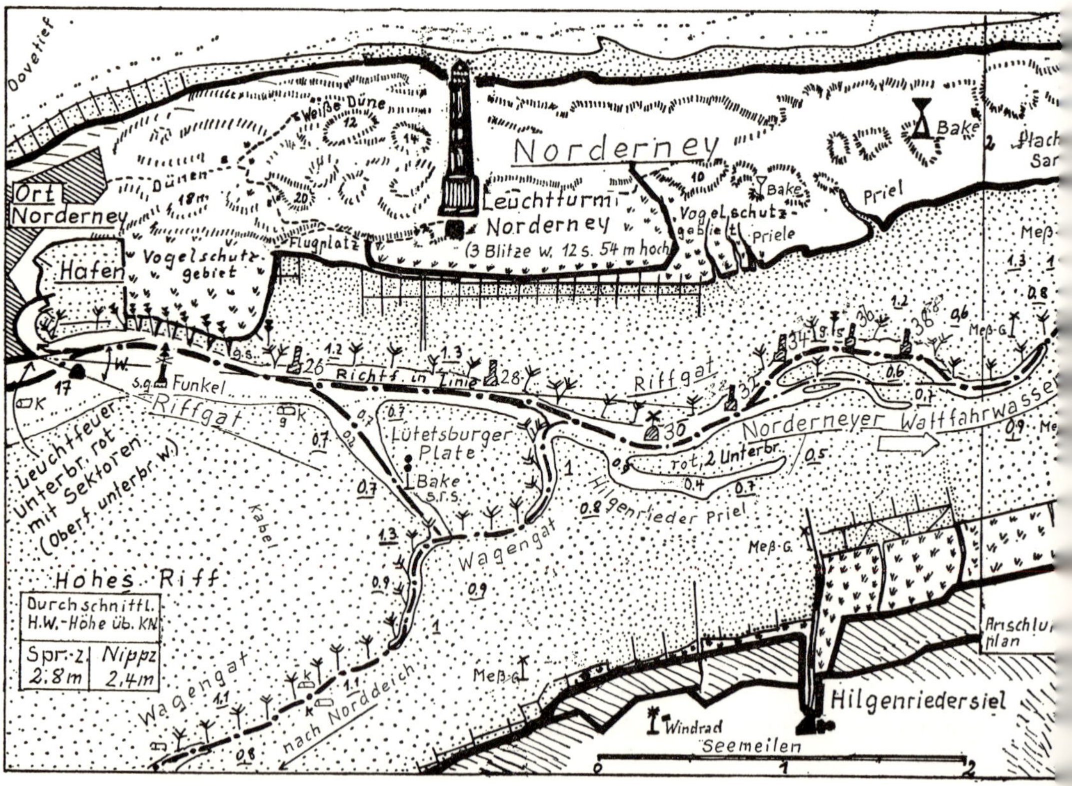

dörflich). Vor allem entdeckt man, welch gräßliche Erfindung das Auto ist, nachdem man mit seinem Boot auf Wanderfahrt ein paar Wochen lang autofrei leben durfte. — Stets war ich bei Starkwind aus Nordwest gern auf der hohen, stark befestigten Deichmauer an der Westseite Norderneys. Da steht zur Hochwasserzeit imponierender Seegang. Kommt dann ein Küstenfahrer mehr unter als über Wasser durchs Seegat ein, ist man ganz froh, selber binnen zu sein. — Inselidylle kann man auf Norderney während der Urlaubszeit freilich nicht erwarten. — Versorgung angehend hat Norderney ungefähr alles. Dieselöl soll man von Montag bis Freitag tanken.

Norderneys Hafen (Plan links und Seite 187)

Betriebsam, sehr voll, stellenweise eher unschön als schön, doch gut geschützt und tief genug auch für sehr tiefgehende Yachten. Der Hafen wurde verlängert. Er ist jetzt ein fast 800 Meter langer, 70 bis 80 Meter breiter Hafenschlauch mit einem großen Yachthafen am Ende. Die Ostseite ist unbenutzbar. An der Westseite sind Kajen. Da liegen vorne die Fährschiffe, weiter innen Frachtfahrer, danach Fischer, Ausflugsboote und Behördenfahrzeuge. Dort kann man längsseits wohl einen Platz finden, wenn der eigentliche Sportboothafen voll ist oder man zum Liegen als Ölsardine mal keine Lust hat.

Der Sporthafen des Seglervereins Norderney ist im hintersten Teil des Hafenschlauches. Insgesamt können wohl an 250 Sportboote Platz finden. Es liegen 300 Meter an Schwimmstegen aus. 100 Gästeplätze sind freigehalten (6,— DM — 18 m² Fläche — bzw. 8,— DM für das doppelte). Es ist eine nette Einrichtung, um so mehr, als sie abseits von Personen-, Lade- und Autobetrieb des Hafens im stillen Watt liegt. — Wassertiefe bei N.W. 1/2 bis 1 1/2 Meter auf weichem Schlick (unterschiedlich je nach Lage des Platzes). Trinkwasser auf den Stegen. Im Clubhaus Toiletten, Dusch- und Waschraum, auch kleines Restaurant. Schlipp und alle Reparaturen in Bootswerft. Lebensmittel in Norderney-Stadt (10 Minuten). Seewetterbericht bei der Wartehalle am Hafeneingang. So ist Norderney ein wichtiger Hafen geworden, vor allem auch für große Yachten. Ein Hafen, der auch von ausländischen Yachten, Niederländern meist, gern besucht wird.

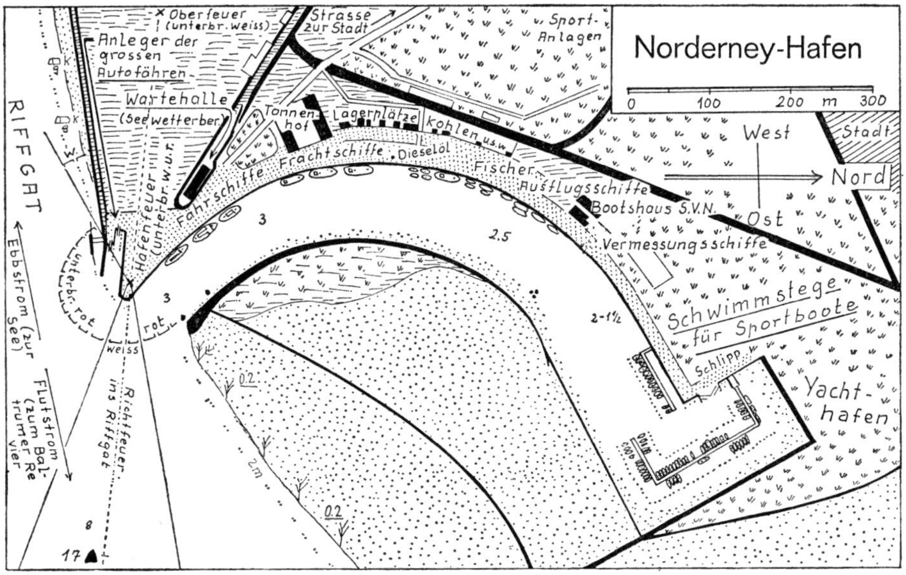

Einlaufen erfolgt aus dem Riffgat. Befeuerung siehe Plan und Seekarte. Strömung setzt quer vor der Einfahrt. Ich würde erst ganz in den Hafen hineinblicken wollen, ehe ich eindrehe. Tiefgehende Yachten 20 Meter Abstand von den Molenköpfen. Im Hafen maximal 3 Knoten Fahrt.

Schmuggler und Fischer: Da heut in Norderney keine Spur von Romantik zu finden ist, reisen wir an Winterabenden in frühere Jahrhunderte zurück (ist's nicht schön, auch die vierte Dimension, die Zeit, ins Reisen einzubeziehen?). Fischerinsel war Norderney früher. 70 Schaluppen gab es vor einem Jahrhundert; 12 bis 14 Meter lange Boote, nur vorn gedeckt, sonst offen, zum Segeln bestimmt, doch hilfsweise zu rudern. Mit Grundangeln wurde gefischt. Eine sehr lange Leine mit sehr vielen Haken, auf jedem ein Wattwurm als Köder. Die Angeln, Bojen am Ende, wurden an der Seeseite ausgelegt und zur nächsten Tide oder am anderen Morgen eingeholt. Inzwischen gruben Frauen und Kinder die Würmer aus dem Watt, bis 150 000 Stück pro Tag! 1500 Tonnen Angelschellfisch war 1872 die Jahresbeute. — Heut gibt es (nach der „Erfindung" des Seebadens) keine Norderneyer Fischer mehr; doch während ich dies Buch jetzt winters an Bord in einem Wattenpriel Südportugals ankernd vor einem portugiesischen Fischerdorf fertigschreibe, findet um mich herum genau die gleiche Art Fischfang statt: Wattwürmergraben bei Ebbe, Grundangeln damit ausgelegt vor der Barre im Atlantik.
Auch etwas Handelsschiffahrt trieben die Norderneyer. Die blühte als Schmuggelfahrt vor allem während Napoleons Handelssperre gegen England und endete erst, als die Franzosen Besatzung auf die Insel legten und die Napoleonsschanze erbauten. Die Schanze ist heut noch da, Schiffahrt und Schmuggelfahrt (sagt man) haben aufgehört. — Wer in diese Zeit zurückreisen will, schreibt Wörishöffer: „Onnen Visser, der Schmugglersohn von Norderney" auf den Bestellzettel der Stadtbücherei (als Fischer-Taschenbuch wurde es neu aufgelegt).

Norddeich (Plan S. 187, 188, 252)

Festlandshafen für Norderney und Juist; freundlich betriebsam und wichtig; als Ortschaft freilich ganz unbedeutend: genau betrachtet, nur Umsteigebahnhof vom Zug ins Fährschiff. Doch Bootsausrüstung gibt es, eine fähige Werft, Seekarten und auch Lebensmittel. Kein schlechter Platz zum Einsetzen von Trailerbooten. — Zur Zeit (Ende 1979) kann man Norddeich auch mit 2 Meter Tiefgang bei jeder Tide anlaufen. Die frisch gebaggerte Rinne wird wohl wieder flacher werden (etwa 1 Meter bei N.W. hatte sie vorher).

Die Häfen liegen am Ende einer langen, durch Leitdämme eingefaßten Zufahrtsrinne (Plan). Vorhafen, Osthafen, Westhafen. — Der Vorhafen liegt am Ende der Zufahrtsrinne, etwas nach Osten verschoben. 250 Meter lang, 70 breit mit 60 Meter breiter Einfahrt, beidseits Kajen und 2½ Meter Wassertiefe. An der Westseite ist Fährschiff- und Ladebetrieb; an der Ostseite liegen Muschelsauger, Bagger, Fischer und allerhand ähnliches. Ein Sportboot liegt im Vorhafen am Steg des Yachtclubs an der Nordkaje (etwa 25 Plätze). Sonst längsseits an einem nicht auslaufenden Schiff (nur dann, wenn man keinen guten anderen Platz findet). —
Der Osthafen, nach Osten abgeknickt, schließt sich an den Vorhafen an (Plan). 2½ Meter tief, beidseits Kajen. An der Nordseite sind die Schwimmstege des Yachtclubs Norden. Da liegen etwa 80 Yachten. Ist Platz, so liegt man vorzüglich (bis 9 Meter Länge ca. 6,— DM, bis 12 Meter ca. 8.— DM pro Nacht). — Für kürzeren Aufenthalt kann man sich bei den Fischern an der Südseite Platz suchen. — Der

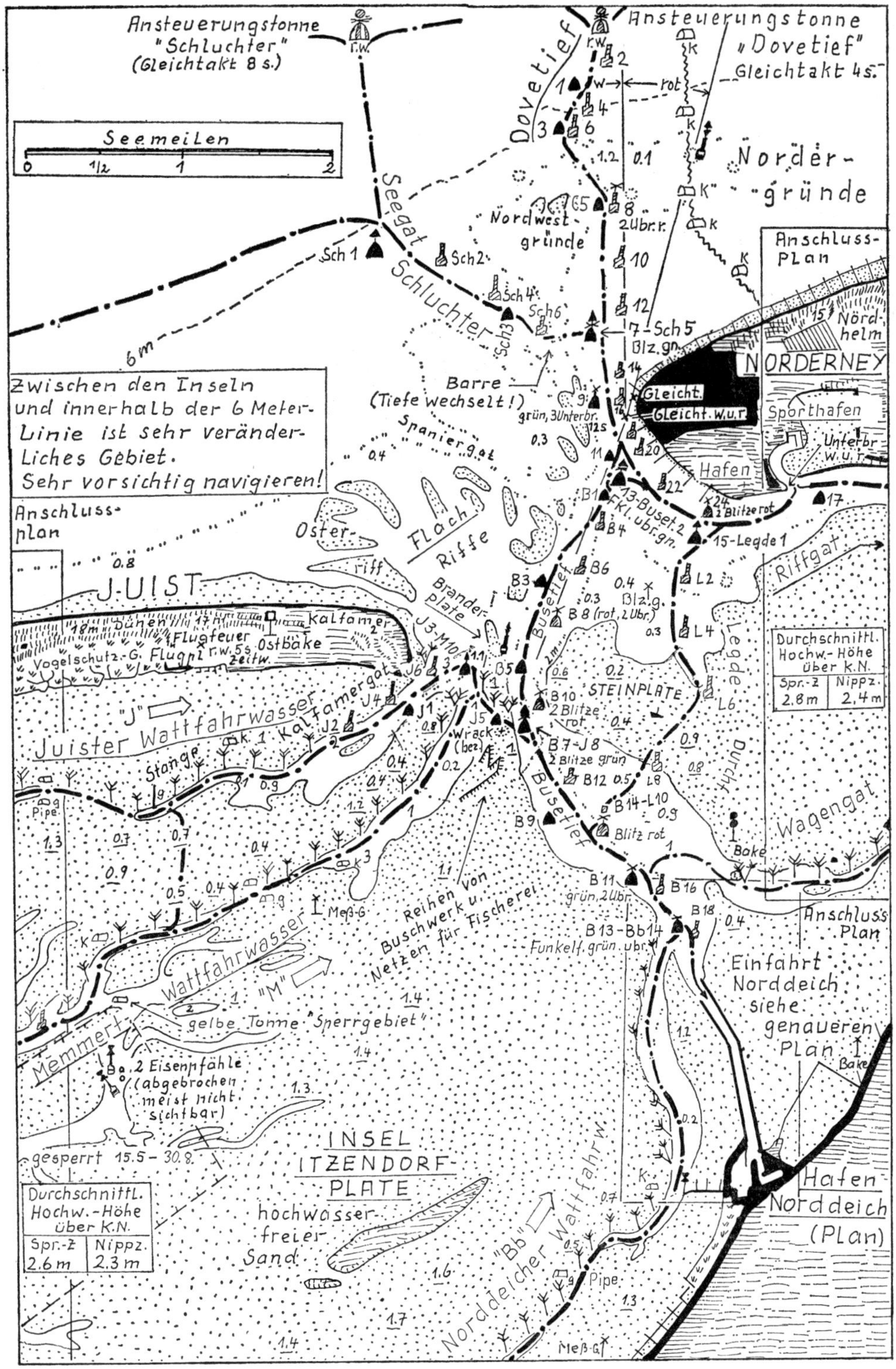
Ansteuerungstonne "Schluchter" (Gleichtakt 8 s.)
Ansteuerungstonne „Dovetief" Gleichtakt 4s.
Seemeilen
0 1/2 1 2
Dovetief
Norder-gründe
Nordwest-gründe
Seegat
Schluchter
Anschluss-Plan
NORDERNEY
Nördhelm
Sporthafen
Hafen
Unterbr. w.u.r.
Gleicht.
Gleicht. w.u.r.
Zwischen den Inseln und innerhalb der 6 Meter-Linie ist sehr veränderliches Gebiet. Sehr vorsichtig navigieren!
Barre (Tiefe wechselt!)
Spaniergat
Anschluss-plan
Oster-riff
Flach Riffe
Branderplate
JUIST
Dünen
Kalfamer
Flugfeuer r.w. 5s
Ostbake
Vogelschutz-G.
Flugpl. zeitw.
"J"
Juister Wattfahrwasser
Kalfamergat
Stange
Busetief
Legde Durcht
STEINPLATE
Riffgat
Wagengat
Durchschnittl. Hochw.-Höhe über K.N.
Spr.-Z 2.8m Nippz. 2.4m
Wrack (bez.)
Reihen von Buschwerk u. Netzen für Fischerei
Memmert
Wattfahrwasser "M"
gelbe Tonne "Sperrgebiet"
2 Eisenpfähle (abgebrochen meist nicht sichtbar)
gesperrt 15.5 – 30.8.
INSEL ITZENDORF-PLATE
hochwasserfreier Sand
Durchschnittl. Hochw.-Höhe über K.N.
Spr.-Z 2.6m Nippz. 2.3m
"Bb" Norddeicher Wattfahrw.
Einfahrt Norddeich siehe genaueren Plan
Anschluss Plan
Hafen Norddeich (Plan)
Bake
Pipe
Meß-G.

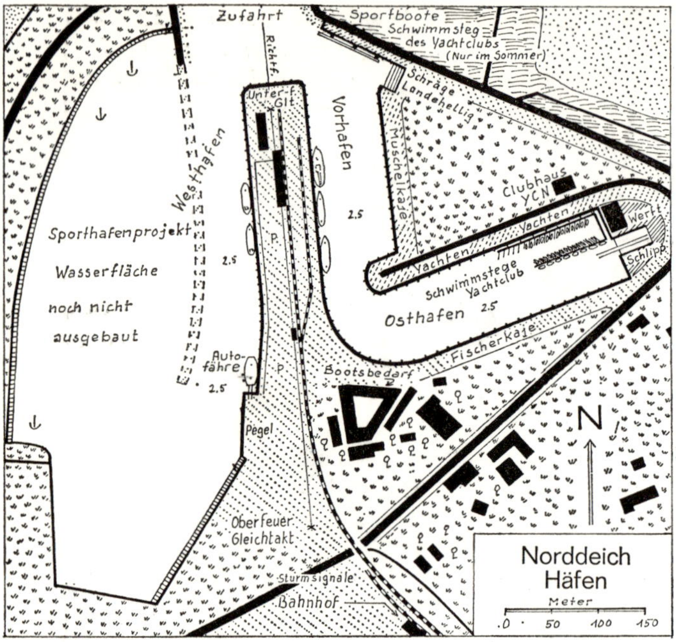

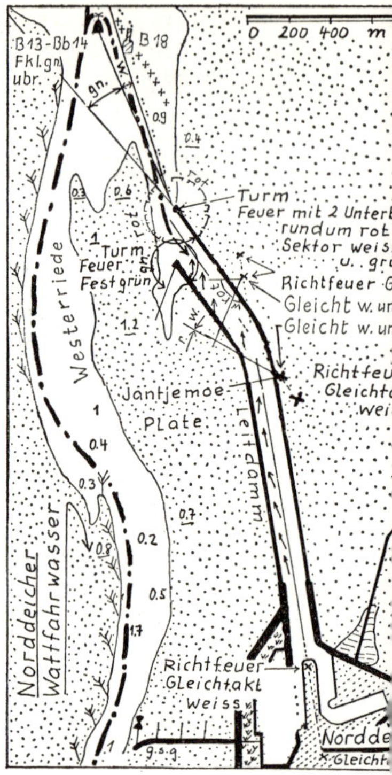

W e s t h a f e n wurde ganz umgebaut. Zum besseren Schutze des Hafens Norddeich wurde ein breiter neuer Wellenbrecher erbaut (Plan). Hinter ihm ist eine geräumige, bisher ungenutzte Wasserfläche entstanden. Manche denken daran, auf ihr einen Sportboothafen einzurichten, der 400 Plätze haben könnte. Mindestens aber ist dort nun genug Platz zum Ankern vorhanden.

E i n r i c h t u n g e n : An der Nordseite des Osthafens das Clubhaus mit Duschraum, Trinkwasser, Toilette und Aufenthaltsraum. An der Südseite Schiffsausrüstungsgeschäfte und Lebensmittel. Treibstoff an der Hafentankstelle. Aufschlippen, alle Reparaturen, Kräne bis 7 Tonnen, Ablauframpe für Trailerboote, Segelschule. S e e w e t t e r - b e r i c h t , Windwarnungen und Nachrichten für Seefahrer auf der Mittelmole bei der Wartehalle.

Einlaufen: Woher man auch kommt, Ausgangspunkt ist im Südteil des Busetiefs die grüne Leuchttonne „B 13 — Bb 14“ (Plan). 1000 Meter südsüdostwärts dieser Tonne beginnen die beiden L e i t d ä m m e , schwarze Eisentürme auf beiden Köpfen, Nebelsignal auf dem Kopf des Westdammes. — Eine lange Reihe versackter Steine erstreckt sich unter Wasser bei Tonne „B 18“ von Nordnordost nach Südsüdost. Hier sollte man also bei Niedrigwasser kein „Schlickrutschen“ versuchen. Zwischen den Leitdämmen ist die Tiefe in der etwa 50 Meter breiten tiefsten Rinne bei N.W. z. Z. über 2 Meter. Doch am Rand ist es flacher. Die Leitdämme sind bei H.W. ganz oder fast ganz überflutet, doch die Fahrrinne dazwischen ist an der Westseite (einlaufend steuerbord) mit Stangen Besen abwärts bezeichnet.

Kommt man aus dem Norddeicher Wattfahrwasser, so respektiere man den Nordausläufer der J a n t j e m o e - P l a t e ! Dreht man zu früh auf die Leitdamm-Köpfe zu, kommt man leicht fest und hat meist zu warten, bis das Wasser wieder steigt. Alle Norddeicher Fischer rauschen dicht an einem vorbei und grienen herüber, und der Schiffer knabbert sich, mit Joseph Conrad zu sprechen, vor Ärger die Fäuste ab. — Nächtliches Einlaufen ist dank der sehr guten Befeuerung auch bei vollkommener Finsternis möglich. Der Plan gibt Übersicht über die Feuer.

Die Stadt Norden lohnt, wenn man eingeweht liegt, die 5 Kilometer Fahrt mit dem Bus.

Das Wattenrevier

Was ostwärts von Norderneys Hafen liegt, ist gut geschützt. Doch westlich von Norderneys Hafen bis Juist und ein Stück landein bis südlich von Brander-Plate und Stein-Plate ist es zum Norderneyer Seegat offen. Nicht jeden Tag, doch oft genug, steht in diesem Gebiet starker Schwell. Bei westlichem Starkwind laufen Brandungsrösser mit vom Wind weggewehter Mähne eindrucksvoll über die Branderplate. Veränderliche Sandriffe liegen hier nicht nur vor dem Seegat, sondern auch zwischen Juist und Norderney. Streckenweise läuft die Strömung quer zum Fahrweg. Im vom Schwell erreichbaren Wattenrevier zwischen Norderney und Juist soll man nur in den bezeichneten Fahrwassern laufen. — Der quer einkommende Seegang kann einen tüchtig dümpeln lassen. Fahrt dieses Stück mit großer Aufmerksamkeit und seht auch nach der Wetterlage. Wer bei Starkwind die rauhe Strecke im Busetief umgehen will, kann nahe Hochwasser durchs Riffgat ostwärts bis zum Wagengat fahren und durchs Wagengat nach Norddeich. Der Weg ist kaum länger (Plan S. 184, 187).

Fahrtenstrategie westwärts

Soll es in die Ems gehen, so wird die Fahrt wohl stets entweder durch Memmert-Wattfahrwasser oder durch Norddeich-Wattfahrwasser führen. Doch zu den niederländischen Wattengewässern (Schiermonnikoog, Ameland, dem Lauwersmeer, dem Ijsselmeer) ist für jede Art von Yacht Borkum der beste Ausgangspunkt. — Wie fahre ich also nach Borkum?

Seefahrt nach Borkum? Von Norderney nach Borkum ist ein Stück ungewöhnlich schwieriger Seefahrt, denn Juist-Riff und besonders Borkum-Riff machen sehr weite Umwege nach Westen nötig. Über See gleich bis Schiermonnikoog oder Lauwersoog zu fahren, ist bei passendem Wetter (Ostwindlage) fast leichter als die Seefahrt nach Borkum (Seite 212).

Wattenrouten für Wattfahrt-Yachten: Fast ein halbes Dutzend Wattfahrwasser stehen Yachten bis etwa 1,8 Meter Tiefgang von Norderney westwärts zur Wahl, manche tiefer, andere geschützter. **Wissen muß man:** Das bisher ungewöhnlich tiefe Norddeicher Wattfahrwasser ist zusehends immer flacher geworden. Die früher so empfehlenswerte Route durch Norddeich-Wattfahrwasser ist für tiefgehende Yachten unsicher geworden. — Weniger seefeste Boote sollten nach meiner Meinung zu den niederländischen Gewässern die Route an der Inselkette entlang wählen: Norderney — Juist — Borkum — Noordpolderzijl (Niederlande, nur 15 Seemeilen von Borkum!) — Lauwersoog — Schiermonnikoog usw. Die längste Distanz ohne Liegeplatz ist 16 Seemeilen. Mit Ausnahme des Kreuzens der Ems ist es überall Wattfahrt.

Durchschnittlicher Hochwasserstand auf den Wattenhochs der Wattfahrwasser:

Norderneyer Wattfahrwasser	1,9 m bei Nippzeit	2,2 m bei Springzeit
Norddeich-Wattfahrwasser	1,2 m bei Nippzeit	1,4 m bei Springzeit
Memmert-Wattfahrwasser	2,1 m bei Nippzeit	2,4 m bei Springzeit
Juister Wattfahrwasser	1,9 m bei Nippzeit	2,2 m bei Springzeit
Wagengat	1,6 m bei Nippzeit	2,0 m bei Springzeit
Legde-Durchfahrt	1,6 m bei Nippzeit	1,9 m bei Springzeit
Greetsieler Legde	1,1 m bei Nippzeit	1,4 m bei Springzeit

Norderney-Hafen nach Norddeich (Plan S. 184, 187)

Durch Busetief: 7 Seemeilen. Der Weg kann bei jeder Tide und auch im Dunkeln gefahren werden. Um mit Tidenstrom zu fahren, würde ich in Norderney 1/2 Stunde vor N.W. ablegen. — Aus Norderney-Hafen fährt man durch das betonnte Riffgat westwärts zwei Seemeilen weit bis zur grünen Fahrwasserteilungstonne „13 — Busetief 2". Von hier aus im betonnten Busetief (Tonnen „B") mit einlaufendem Wasser südwärts bis zu Norddeichs Leitdämmen. — Bei Hochwasserzeit kann ich zwischen Norderney-Hafen und Busetief erheblich abkürzen (Plan, vor allem Seekarte).

Abkürzungsweg Legde-Durchfahrt führt betonnt („L") über das Watt Steinplate hinweg und endet im Busetief, eine Seemeile vor Norddeichs Leitdämmen.
Nur während der Hochwasserstunden kann Legde-Durchfahrt benutzt werden. Das Watt ist zwischen den Tonnen 0,5 Meter über KN. hoch. Mit tiefgehendem Schiff würde ich mir hier mindest 30 cm Wasser unter dem Kiel wünschen und bei starkem Schwell Legde-Durchfahrt vielleicht ganz sein lassen. Segelnden Booten kann sie bei Westwind und einlaufend Wasser zeitraubendes Aufkreuzen ersparen.

Glattwasserweg Riffgat-Wagengat kann bei stärkerem Wind für ein kleines Boot nützlich sein. Im Riffgat ostwärts bis zur Abzweigung des Wagengat (Plan Seite 184, 187). Im Wagengat südwestwärts (Pricken an der Nordwestseite). Nur nahe Hochwasser zu fahren. Mit 9 Seemeilen kaum länger. — Zur Zeit kann man auch gut den Abkürzungsweg westlich der Lütetsburger Plate fahren (Plan Seite 184). Von Tonne „26" im Riffgat fahre ich noch 200 Meter weit ostwärts und halte dann südost auf die Bake mit den zwei Kugeltoppzeichen zu. Von da weiter südost (nicht süd!), bis ich nach 600 Metern in der Prickenreihe des Wagengat stehe. Denen folge ich südwestwärts. Diese Abkürzung spart fast zwei Meilen.

Norddeich-Wattfahrwasser (Plan S. 184, 187, 257). Diese bislang sehr wichtige Wattfahrt verbindet Norderney-Norddeich mit den Fahrwassern der Ems. Doch Norddeich-Wattfahrwasser ist in der letzten Zeit zusehends flacher geworden. Heute möchte ich genau zur Hochwasserzeit bei Nippzeit noch ein Schiff von 1,1 Meter Tiefgang dort führen. Zur Springzeit mag es 1,4 Meter tiefgehen. Dabei dürfen aber dann weder Ost- noch Südostwind sein. Zeitplan: Eine Stunde vor Hochwasser möchte ich auf dem Wattenhoch sein. Das liegt östlich des Insel-Sandes Itzendorf-Plate. — Der Weg: Von Norderney fahre ich über Riffgat und Busetief bis zur grünen Fahrwasserteilungstonne „B 13—Bb 14" 700 Meter nördlich von Norddeichs Leitdämmen. Auch aus Norddeich laufe ich zuerst diese Tonne an. Von dort halte ich südsüdwestwärts auf die Prickenreihe zu, die mich an Steuerbordseite (meist Nordseite) durch Norddeich-Wattfahrwasser führen wird. Norddeich-Wattfahrwasser

führt unter Krümmungen erst südwärts 1/2 Seemeile vom Festlandsdeich entfernt (Plan Seite 257).
Bei der zweiten Kabeltonne ist das Wattenhoch. Die Rinne ist hier ganz schmal und hat schräge Ränder. Wenn der Wasserstand knapp ist, kann man fast 1/2 Meter an zusätzlicher Tiefe gewinnen, indem man mit Peilstab rechts und links lotet, um exakt im tiefsten Kanal zu fahren.
Peilen die Funkmasten von Utlandshörn Süd, dann liegt das Wattenhoch hinter uns. — Utlandshörner Fahrwasser existiert nicht mehr. Nur sehr flachgehende Boote können nahe Hochwasserzeit in einer Seemeile Distanz vom Deich quer über das Watt nach Greetsiel laufen (Plan Seite 257 und 241).
Wir folgen der mit Pricken an der Nordseite, später mit Tonnen „Bb" bezeichneten Bantsbalje, passieren nahe der Tonne „Bb 11" am historischen Ankerplatz „Slapersbucht" (Plan Seite 257). Zwischen Tonne „Bb 8" und „Bb 5" zweigt die **Greetsieler Legde** nach Süden in die Ley nahe bei Greetsiel ab (Plan Seite 257). Die Bantsbalje mündet nach Krümmungen in Ley und Osterems. Von hier Seite 251 f und Plan Seite 229 bzw. 197.

Juister Wattfahrwasser (Plan Seite 187, 193). Neun Seemeilen bis zum Juister Anleger. Man kann nach Borkum weiterfahren. Erreichen kann man Juist mit Booten bis etwa 1,6 Meter Tiefgang. — Zeitplan: Mit motorgetriebenem Boot oder bei günstigem Wind lege ich in Norderney zwei bis drei Stunden vor Hochwasser ab. Eine Seemeile lang läuft mir kräftige Strömung entgegen. — Um ständig mit Strömung zu fahren, gehe ich 1/2 bis 1 Stunde vor Niedrigwasser los und warte im Eingang des Juister Wattfahrwassers ankernd auf genügendes Steigen des Wassers.

Die Route führt im betonnten Riffgat am Ufer Norderneys entlang westwärts bis zur Tonne „13 — Busetief 2" (Plan). Von dort läuft man im beidseits betonnten Busetief südwärts zwei Seemeilen weit bis zur grünen Fahrwasserteilungstonne „B 7 — J 8" (Kegeltoppzeichen). Von hier fahre ich westwärts in eine schmale, z. Z. bei N.W. im Ostteil trockenfallende Rinne ein, die südlich der Branderplate zuerst westwärts, dann nordwestwärts zieht. Ein paar Pricken bleiben ostwärts. An der Südseite sind Buschwerkreihen für Fischfang aufgestellt (wie hab ich mich doch tödlich erschrocken, als ich auf meiner ersten Nordseereise mich im Dunkeln plötzlich vor solcher Buschwerkreihe fand!). — Etwa 500 Meter westlich der Tonne „B 7 — J 8" sehe ich die grüne Tonne „J 5". Ein bezeichnetes Wrack liegt jetzt zwischen diesen Tonnen!

Juister Wattfahrwasser ist in seinem Ostteil mit Tonnen „J" bezeichnet. Auf der Fahrt nach Juist lassen wir die grünen Tonnen links, die roten rechts (siehe Plan). Mit tiefgehendem Schiff und wenn Schwell durch das Seegat hereinsteht, folge ich dem betonnten Weg. Der führt in tiefem, doch oft schmalem Wasser und erfordert alle Aufmerksamkeit. (Mit Veränderungen muß man rechnen.) — Von Tonne „J 5" führt er zuerst nordwestwärts an der mit Pricken bezeichneten Branderplate entlang. Ich fahre dicht an der Prickenreihe und lasse mich von den auf Branderplate häufig ausbrandenden Dünungswellen nicht stören. Doch auf Querversetzung durch Strömung achte ich sehr. — Nach 1/2 Seemeile treffe ich auf die grüne Fahrwasserteilungstonne „J 3 — M 10" (mit Kegeltoppzeichen). Hier zweigt nach Süden Memmert-Wattfahrwasser ab. — Auf dem Wege nach Juist halte ich westwärts und lasse die rote Tonne „ J 6" steuerbord. Hier läuft oft starke Strömung. Danach an Juist's Ostspitze vorbei südwestwärts in das mit Tonnen und Pricken (an der Nordseite) gut be-

zeichnete Kalfamergat hinein. — Hier, unter der Ostspitze Juist's, die Kalfamer heißt, ist übrigens schönes Revier; leuchtender Sand; oft trifft man dort Sportboote ankernd oder trockenfallend. — Juister Wattfahrwasser hat Pricken an der Nordseite. Man kreuzt das Wattenhoch. Westlich davon beginnt die Juister Balje. Die führt, Pricken an der Nordseite, zu Juists Anleger und Kleinboothafen (Seite 193). Fortsetzung nach Borkum: Seite 196.
Mit flachgehendem Boot und bei genügendem Wasserstand kann ich von der Tonne „J 5" oft auch geradenwegs Westkurs laufen. Doch sollte kein Schwell von See hereinstehen. Ich fahre auf diesem Abkürzungsweg über Watt von 0,8 Meter Höhe, und bei Dünung von See kann dort das Boot hart aufsetzen oder gar in Wattenbrandung geraten.

Memmert-Wattfahrwasser (Plan Seite 187, 193): Das ist das kürzeste Wattfahrwasser von Norderney nach Borkum und zur nördlichen Osterems (Übersichtsplan Seite 252). Es ist in den letzten Jahren immer tiefer geworden und ist nicht besonders schwer zu fahren. Mit tiefgehender Yacht würde ich es dem Norddeicher Wattfahrwasser vorziehen.

Der Zeitplan und auch die ersten vier Seemeilen des Weges sind die gleichen, wie bei Juister Wattfahrwasser (siehe oben). — Von der Teilungsstelle der Fahrwasser bei Tonne „J 3 — M 10" läuft Memmert Wattfahrwasser südwärts. Pricken stehen an der Westseite. Später biegt die Prickenreihe nach Südwesten und führt in Biegungen über das jetzt recht niedrige Wattenhoch.
Meist würde ich bei Memmert-Wattfahrwasser die betonnte Biegung nach Norden bis zur Teilungstonne „J 3 — M 10" nicht ausfahren, sondern bei genügendem Wasserstand das Juister Wattfahrwasser bald nach der Tonne „J 5" verlassen und von dort südwestwärts auf die 1000 Meter entfernte Prickenreihe zuhalten.
Memmert-Wattfahrwasser geht westwärts in die große, betonnte Memmertbalje über. Die führt direkt südlich von Insel Memmert in die Osterems. Von dort wird die Fahrt nach Borkum auf Seite 196, in der Osterems auf Seite 256 f beschrieben.

G. Juister Revier

Drei Inseln sind hier, fast ist's schon ein „Archipel": Juist, Memmert und Lütje Hörn. Dazu ein kleiner, noch namenloser hochwasserfreier Sand, der erst eine Insel werden will. Eine einsame Region mit einem sehr gut geschützten Revier auch für flachgehende kleinere Boote im Winkel zwischen Juist und Memmert. — Das Festland ist nur an wenigen besonders klaren Tagen zu sehen. In einer ungeahnt weiten, flachen, überwältigend eigenartigen Welt konnte man früher, bevor „Naturschutz" uns zwei der drei Inseln verbot, mit seinem Boot hier das Robinsondasein führen, von dem man als Junge geträumt hat. — Auf Wanderfahrt würde ich Juist heutzutage vielleicht auslassen. Zugang haben Yachten bis 1,5 Meter Tiefgang. Mit mehr als 1 Meter Tiefgang ist man aber bei Juist auf die Fahrwasser beschränkt.

Gezeiten: Hochwasserhöhe über Kartennull ist bei Nippzeit normalerweise 2,3 Meter, bei Springzeit 2,6 Meter. Hochwasser ist praktisch gleichzeitig mit Norderney (bei Borkum 1/4 bis 1/2 Stunde früher).

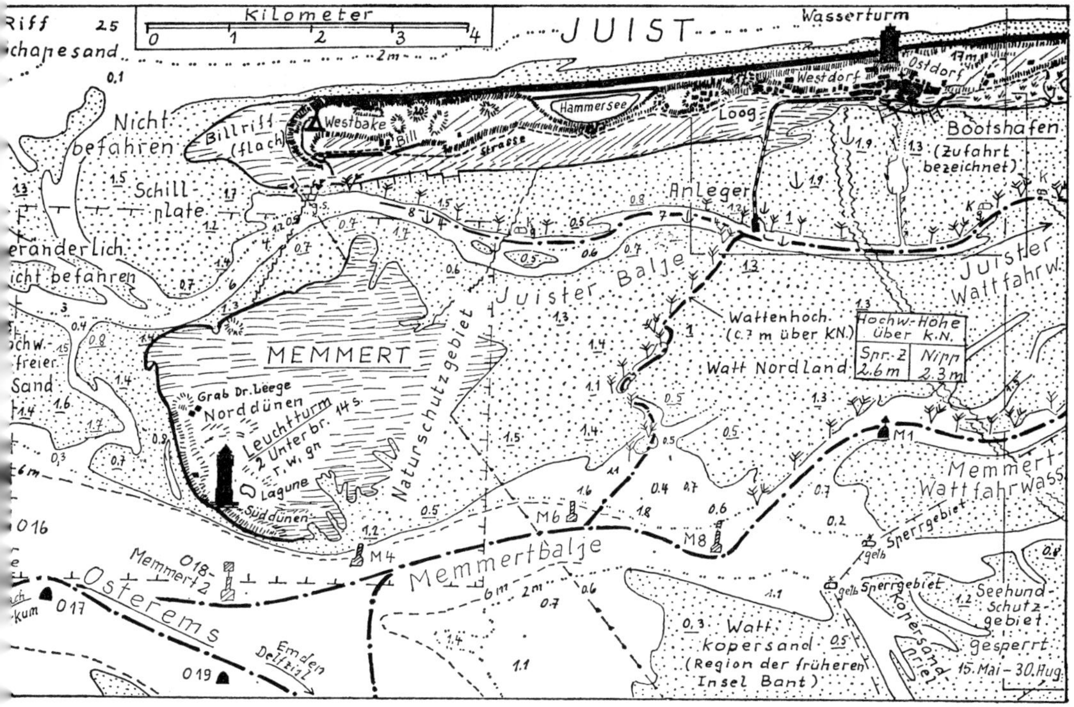

Insel Juist

(Plan S. 187, 193)

14 km lang, doch nur 500 bis 800 Meter breit ist Juist. 1600 Bewohner leben in zwei Dörfern (Ostdorf und Westdorf) in der Inselmitte sowie Bill im Westteil und Loog beim Anleger (mit kleinem Küstenmuseum). — „Die verwunschene Insel“ hat Martin Luserke*) Juist genannt, diese spukhafte, lange Sandbank mit ihrer Dünenkette zwischen Meer und Watt. Hier herrscht die Natur und nicht der Mensch. Dreimal haben die Inselbewohner ihr vom Meer ganz oder halb zerstörtes Dorf neu aufbauen müssen. Auch durchbrochen hat das Meer die Insel einmal. In den letzten 80 Jahren sind — verrückte Gegend — dicht bei Juist zwei neue Inseln entstanden.

Am Ostteil Juists wird der ganz flache Ausläufer Kalfamer genannt. Wo dort die ersten flachen Dünen beginnen, steht die Ostbake. Eine halbe Seemeile westlich liegt der Flugplatz. Auf dessen Kontrollturm brennt abends zeitweilig ein Wechselfeuer rot-weiß, 5 Sekunden. — In der Mitte von Juist liegt die hauptsächliche Ortschaft, aus Ostdorf und Westdorf zusammengewachsen. Dort ist zwischen südostwärts vorgebauten Buhnen der Bootshafen. Eine Meile westlich davon springt der Anleger für die Fähr- und Frachtschiffe über 1000 Meter nach Süden hin vor.

Der Westteil Juists trägt hohe Dünen. Da liegt der Hammersee, ein verkrauteter Süßwassersee. Er entstand, als 1651 bei der Petriflut die See die Insel durchbrach. — Bei der Siedlung Bill sind bis 20 Meter hohe Dünen. Die Westbake steht darauf. Das

*) Martin Luserke, Lehrer, Dichter, Eigner einer holländischen Tjalk, hat wie kaum ein anderer die seltsame, spukhafte Welt der Watten und Inseln in seinen Büchern eingefangen. Zu schade, daß sie halb vergessen sind. „Hasko, der Wassergeuse“, „Obadja und die ZK 14“. Im Buchhandel sind sie wohl nicht mehr. Doch eine größere Stadtbücherei sollte sie haben.

westlichste Ende von Juist ist 1 Kilometer langer, ganz flacher Sand, das Billriff. — Bei der kleinen Siedlung Bill findet man bescheidenen, trockenfallenden Anlegeplatz. Da werden Feriengäste über die Juister Balje zur nur 800 Meter entfernten Insel Memmert übergesetzt. — Eine Erdgasleitung wurde hier in den Sand eingespült. Gelbe Baken oder auch Tonnen kennzeichnen Ankerverbot.

Der Anleger ist der massive Kopf einer Holzbrücke, die 1000 Meter weit ins Watt vorgebaut ist, an die Juister Balje grenzt und Kleinbahngeleise trägt. Am 20 Meter breiten Kopf des Anlegers und an seiner 160 Meter langen Ostseite ist Eisenspundwand zum Anlegen von Fährschiffen, Frachtfahrern und Kielyachten. Bei Niedrigwasser ist 1—1½ Meter Wasser am Kopf und 1 bis ½ Meter in einer Rinne an der Ostseite. Es gibt einen Kran und Trinkwasser. — Für Yachten ist der Anleger kein Dauerliegeplatz.

Ein Baggerloch liegt etwa ½ sm vor dem Inseldeich. Es ist z. Z. bei N.W. 2 bis 3 Meter tief und wird allmählich flacher. Stangen bezeichnen es. Leidlich geschützt, stellt es als Ankerplatz für tiefgehende Yachten eine echte Bereicherung dar. Seine Zufahrtrinne führt aus der Juister Balje nordwärts. Sie ist mit Stangen Besen abwärts steuerbord bezeichnet (Plan). Anlaufen 2 bis 3 Stunden nach H.W. — Einige Juister Yachten liegen auch 200 bis 300 Meter südlich vom Westdorf auf dem Juister Watt vor Mooring und fallen bei N.W. trocken. Für fremde Yachten mit mäßigem Tiefgang ist dort wie im Baggerloch beliebig viel Platz.

Der Bootshafen des Juister Segelclubs liegt direkt südlich vom Deich des Ostdorfes. Er ist 30 mal 70 Meter groß und bietet 45 Booten Platz. Bei N.W. fällt er trocken. Der Tiefgang darf nicht mehr als 80 Zentimeter sein. Zufahrt: Vom Baggerloch führt eine flache Rinne zum Hafen. Sie ist mit Pricken backbord bezeichnet.

Insel Memmert (Plan S. 193, 252, 257)

Die relativ junge Insel ist 5 Kilometer lang und 3 breit. Sie ist nahezu unbewohnt. Im Westteil Memmerts sind niedrige Dünen. Eine Gruppe am Südwestufer ist 7 Meter hoch. Dort steht der Leuchtturm, ein viereckiger Steinturm mit großem Schutzgitter

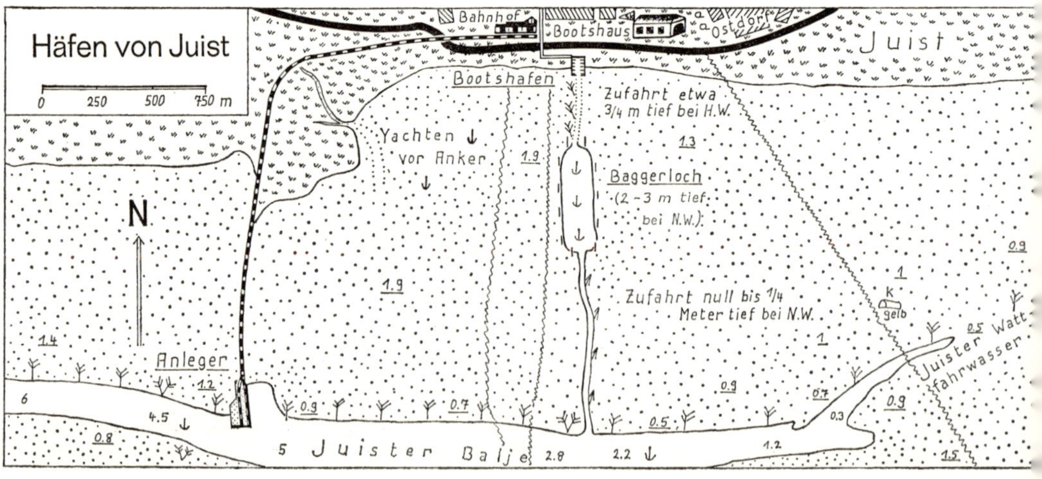

um die grüne Laterne, das die nachts ins Licht fliegenden Vögel abhalten soll. Er ist für den Wattenschiffer ein nützlicher Orientierungspunkt. — Memmerts Ostteil ist weit und flach, mit Heller und salzfestem Gras bewachsen, Vogelnistgebiet. Einige Priele schneiden in das Land, und je höher dies wächst, desto tiefer werden sie. Nett ist Priel Kobbenriede mit seinen recht hohen Ufern. Im Frühsommer sind hier zahllose Möwenmütter beschäftigt, ihren Kindern das Schwimmen zu lehren. Besucher von Juist landen an einem Steg im nördlichen Priel. Mit Sportboot mäßigen Tiefganges kann man von Juister Balje oder Memmertbalje in diese Priele einlaufen, aber darf nicht. Wichtig für ein nicht voll seefestes Boot kann der Priel sein, der von Memmertbalje nördlich von Tonne „M 4" von Südosten in die Insel führt. Er gibt nahe Hochwasserzeit einen „Nothafen" ab, wenn man in Memmertbalje oder Osterems auf zu grobes Wasser traf. Auf Memmert sind jetzt drei Häuser. Es ist Vogelschutzgebiet; das heißt, für uns Menschen verboten! Will man Memmert betreten, so kann man nach telefonischer Voranmeldung vom Inselvogt gegen Gebühr herumgeführt werden (kein Seemannsgarn!).

Naturschutzgebiet Memmert ist größer als die bloße Insel. Seine ganz genauen Grenzen konnte ich nicht feststellen, die ungefähren trug ich in den Plan ein. In diesem Gebiet dürfen wir, wenn ich die Verordnung richtig verstehe, fahren, ankern, trockenfallen, das Watt betreten. Doch wir dürfen nicht lagern, Tiere mutwillig beunruhigen, ihnen nachstellen, Pflanzen beschädigen, Feuer machen, die Bodengestalt verändern oder das Gebiet auf andere Weise beeinträchtigen (Amtsbl. Reg. Bez. Aurich 1961, S. 59 f).

Juists Wattenrevier (Plan S. 193, 252, 257)

Man muß das Großrevier und Juists engeres Revier unterscheiden. Das Großrevier ist Teil des Emstrichters. 10 Seemeilen liegen zwischen Juist und dem Festland bei Pilsum! Für nicht voll seefeste Boote gelten hier andere Maßstäbe als hinter den anderen Ostfriesischen Inseln. Sehr respektieren muß man die großen Wattenströme Osterems, Memmertbalje, Bantsbalje und Ley in ihren breiten, tiefen Mündungsgebieten. Die Situation „Strömung gegen frischen oder starken Wind" muß man vermeiden. Den Weg zum Festland bei Norddeich oder Greetsiel sollten nicht seefeste Boote durch die kleineren Wattrinnen oder nahe Hochwasser über die hohen Watten fahren. — Fahrwasser der Osterems Seite 256 f., Memmert-Wattfahrwasser Seite 192. Ein Robbenschutzgebiet im Watt ist mit gelben Tonnen „Sperrgebiet" bezeichnet (Plan) und vom 15. Mai bis 30. August für uns gesperrt. Das sehen wir ein: Irgendwo muß Seehund-Mama ihr Junges bei Ebbzeit unbesorgt „ablegen" können, um selbst auf Jagd zu gehen.

Das engere Revier von Juist nördlich und östlich von Memmertbalje ist gut geschützt und begünstigt. Seine „Schlagader" ist die **Juister Balje.** Die fließt, bei N.W. etwa 200 Meter breit, meist weit über 3 Meter tief, 7 Seemeilen lang dicht an Juists Südseite entlang. Westwärts führt sie durch den 600 Meter breiten „Sund" zwischen Juist und Memmert bei den Riffen der Schillplate ins Meer. Zur See soll man sie nicht befahren! Bei der Schillplate soll die Fahrt enden. Sowieso führe ich da nur bei Niedrigwasser und mit leichtem Boot. — Ostwärts von Memmert hat sich ein hochwasserfreier Sand gebildet. Will der eine neue Insel werden?

Ostwärts führt die Juister Balje ins hohe Watt hinein (meist sehr schönes Sandwatt mit tausend Rinnen) und über Juister Wattfahrwasser ins Busetief. Pricken sind an der Nordseite. — Die Wassertiefe ist meist groß: dicht westlich vom Wattenhoch 2 Meter, etwa 6 beim Anleger. Ein veränderlicher Mittelgrund liegt derzeit bei den Kabeltonnen. — Strömung läuft kräftig, vor allem der westsetzende Ebbstrom. Ankernd muß man prüfen, ob der Anker im Sandgrund gegriffen hat. — Dieses engere Revier von Juist ist für flachgehende Fahrzeuge eines der schönsten und geschütztesten der Ostfriesischen Inseln.

Die Wassertiefe auf den Wattenhochs bei normalem Hochwasser ist im

Juister Wattfahrwasser	1,6 m bei Nippzeit	1,9 m bei Springzeit
Memmert-Wattfahrwasser	2,1 m bei Nippzeit	2,4 m bei Springzeit
Watt-Nordland-Fahrwasser	1,4 m bei Nippzeit	1,7 m bei Springzeit
Borkumer-Wattfahrwasser	1,9 m bei Nippzeit	2,2 m bei Springzeit

Von Juist nach Borkum oder Häfen der Osterems

In jedem Falle muß man dazu Memmertbalje erreichen. Das kann durch die bezeichnete Rinne über Watt Nordland erfolgen (Seite 193). Hier stehen auf dem Wattenhoch bei Nippzeit etwa 1,5 Meter Wasser.

H. Borkums Revier

Mit Borkum endet die Kette der Ostfriesischen Inseln. 2 Seemeilen breit bricht die Ems zum Meer durch. Dann schließt sich die Reihe der Westfriesischen Inseln an. — Durch die Wattenrouten ist Borkum auch von nicht voll seefesten Yachten zu erreichen. Über See ist es von Osten schlecht, von Westen leichter anzulaufen. — Gut und nützlich, freilich recht uninteressant und oft schrecklich überfüllt ist der tiefe Schutzhafen Borkums. Aber für mich ist noch immer das Schönste die gut geschützte Südostbucht Borkums mit dem seit Jahrtausenden benutzten Naturhafen de Hopp; und dort Borkums Landschaft. — Fast alle guten Ankerplätze im Watt Randzel sind uns im Sommer verboten. — Für große wie kleine Yachten ist Borkum der Absprungplatz zur Fahrt in die niederländischen Wattengewässer.

Gezeiten: Borkum ist selber Bezugsort. Die Hochwasserhöhe über Kartennull ist bei Nippzeit normalerweise 2,3, bei Springzeit 2,6 Meter.

Die Insel Borkum (Plan Seite 197, 252, 212)

8 Kilometer lang, 4 breit liegt diese große Insel zwischen den breiten Armen von Osterems und Westerems. Weit vorgeschoben: 20 Kilometer vom deutschen, 10 vom niederländischen Festland. Die 6000 Bewohner leben fast alle in der „Stadt Borkum“, dem großen Badeort an der Westseite. — Früher bestand Borkum aus zwei Inseln, Westland und Ostland, beide mit hohen Dünen. Von See her sieht es auch heut wie zwei Inseln aus! Zwischen beiden liegt flaches Grünland, von Wasserläufen durchzogen, gegen See wie vom Watt durch Deich abgesperrt. — Die Landschaft Borkums ist von einer Schönheit und Vielfalt, wie keine der anderen Inseln sie hat! Nur die Umge-

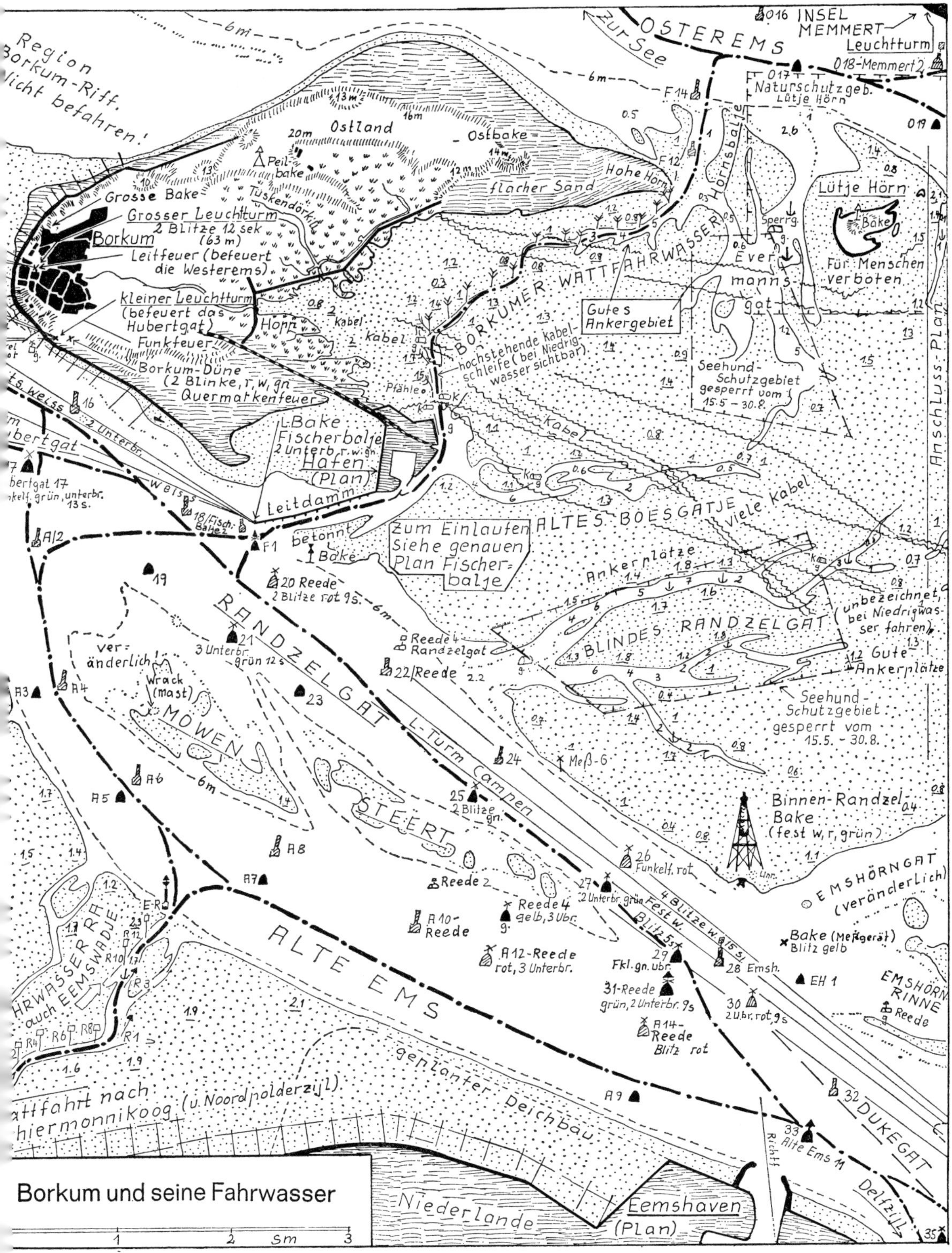

Borkum und seine Fahrwasser

bung des Schutzhafens ist ausgemacht eintönig und uninteressant. Die wenigsten Wasserfahrer (auch ich nicht während der ersten Jahre) wissen, was ihnen entgeht, wenn sie nur den Schutzhafen kennen und vielleicht noch die Stadt. Ich habe mich im alten Naturhafen de Hopp eingenistet. Die Stadt ist nahe, die je nach Region liebliche oder herbe Landschaft liegt ringsum und das Erlebnis der Wattenwelt hat man obendrein.

Die Stadt Borkum ist ein typischer, großer Badeort, geprägt vom Urlaubsgetriebe, schön durch die nahe See. Gedrängt Hotels, Restaurants, Geschäfte. Der wuchtige „Alte Leuchtturm", 1576 vom Emder Rat erbaut. Der neuere Große Leuchtturm, der bei Niedrigwasserzeit das Besteigen lohnt (offen 16 bis 18 Uhr). Hier und da ein Stück alten Zaunes aus Walfischknochen von Borkums Walfangzeit. Doch die Seele der einst so typischen Seefahrerstadt Borkum ist wohl im Urlaubsgetriebe verlorengegangen.

Borkum Schutzhafen (Plan unten) ist ein Hafen fast ohne nautische Probleme, doch an Wochenenden und in der Ferienzeit übervoll (etwa 3000 Yachten besuchen ihn jährlich). Ein Hafen ohne hervorragenden Reiz, doch mit tiefem Wasser. Ein rechteckiges Hafenbecken, 450 mal 350 Meter, 70 Meter breite Einfahrt, 4 bis 5 Meter Tiefe und Schwimmpontons zum Anlegen. Große S c h w i m m p o n t o n s liegen an Nord- und Westseite des Hafens. Die der Nordseite gehören der Bundesmarine. An der Westseite ist der mittlere den Sportbooten vorbehalten. Doch notgedrungen werden die beiden anderen mitbenutzt. Dennoch gibt es „Päckchen" von sechs oder gar zehn Booten nebeneinander! Der geplante Yachthafen nördlich vom Leitdamm wäre dringend notwendig. — Jeder Schwimmponton ist 95 Meter lang und 1½ Meter hoch. Längsseits liegen Hochseeschlepper, Seefischer, ein Seenotkreuzer und allerhand mehr. — Der Borkumer „Burkana" hat Schwimmstege in der Nordwestecke des Hafens. Freilich ist da selten Platz. Die Frachtkaje an der Südwestseite taugt nur am Wochenende. — Die Trailerrampe der Bundeswehr darf man gegen Gebühr meist benutzen.
Trinkwasser und Dieselöl, ein Kran; ein Hafenmeister an der Westseite mit Windwarnungen, Zoll, Nachrichten für Seefahrer und Fernsprecher. Auch der große Seenotrettungskreuzer „Georg Breusing", dankbar benutzte Quelle für Ratschläge über die Fahrwasser, gehört sozusagen zur Einrichtung des Hafens. Sein Vorgänger ging November 1940 mit seiner ganzen Besatzung in der Außenems verloren! — Es gibt ein

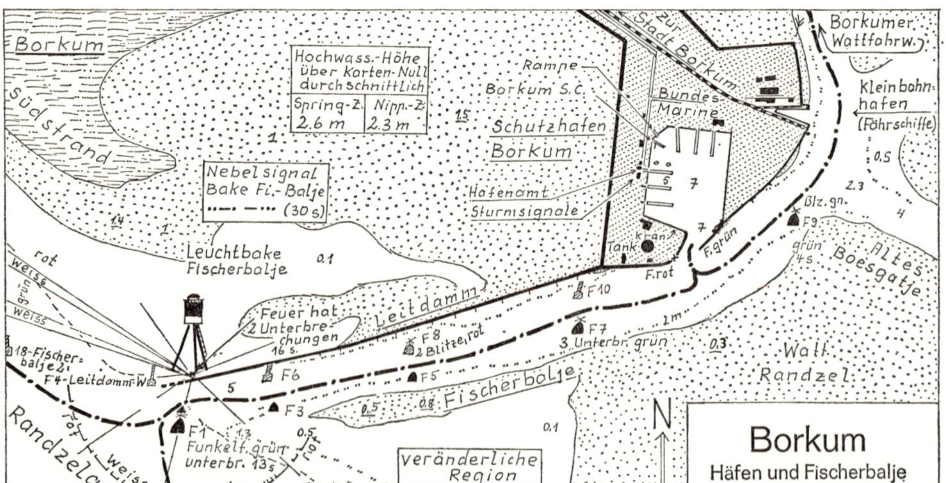

Borkum
Häfen und Fischerbalje

Restaurant und einen Kiosk. Lebensmittel dort oder am Kleinbahnhafen, sonst (wie auch Benzin) in Borkum-Stadt (6 Kilometer, Taxi oder Kleinbahn oder Bus). — Hafengeld: 6,— DM/Nacht. Toiletten etc. in der Ferienzeit unzulänglich.

Der Kleinbahnhafen liegt auf der gleichen flachen Kunstinsel wie der Schutzhafen ½ Seemeile nordöstlich von ihm. Für Sportboote ist der enge Fährhafen rundweg ungeeignet.

Zufahrt zum Schutzhafen: Von Osten durch das Borkumer Wattfahrwasser. Von der Ems durch die 1¼ Seemeilen lange, befeuerte Fischerbalje. Sie ist bei N.W. etwa 200 Meter breit, betonnt, etwa fünf Meter tief, mit zwei bis drei Knoten Strömung! Ein Leitdamm mit auffälliger Dreibeinbake liegt an der Nordseite. Aufkreuzende Segelyachten können bei genügendem Wasserstand den Tonnenstrich oft weit überschreiten und auch aus der Ems erheblich abkürzen. Überblick gibt der Plan. Die Hafeneinfahrt, 70 Meter breit, ist für Sportboote unproblematisch, außer für Segelboote ohne Hilfsmotor (Windabdeckung oder Umlenkung durch die Molen). Schallsignal lang, lang, kurz, lang soll man vor dem Einlaufen geben. Im Hafen maximal fünf Knoten Fahrt.

Borkums Bucht und der Hopp: An der Südostseite liegt eine 4 Kilometer breite Bucht. Sie reicht tief in die Insel. Im Innenteil der Bucht liegt de Hopp (der Hafen), der historische Naturhafen Borkums, „Mediis tranquillus in undis", ruhig inmitten der Wogen, wie zu Recht im uralten Borkumer Kirchensiegel eingraviert ist. — Gibt es einen wichtigeren Naturhafen an Deutschlands Nordseeküste? Römische Kriegsgaleeren haben hier geankert, Wikinger ihre Schiffe an Land geholt; die Handelsschiffahrt des frühen Mittelalters wartete hier passendes Wetter für die Fahrt nach Flandern und England ab. Da lesen wir zum Beispiel in der Chronik des Abtes Menke vom Kloster Wittewierum, daß die Friesischen Kreuzfahrer 1270 auf der Fahrt zum Heiligen Lande mit ihren 54 Schiffen hier 20 Tage lang widrige Winde abwarteten, ehe sie (gewiß bei Ostwindlage) ihre Fahrt fortsetzen konnten. — Geusenflotten haben hier Stürme abgeritten, die Borkumer im Winter ihre Walfangschiffe aufgelegt, und noch vor 30 Jahren segelten die Tjalken durch den Hopp mit steigendem Wasser bis nach Borkum herein. — Als Kleinbahnhafen und Schutzhafen erbaut wurden, verlor der Hopp seine Bedeutung. Seit 20 Jahren sperrt seinen Innenteil ein Deich. Es lebe der Fortschritt!
Beim Siel Hopp und Siel Tüskendörkill (Plan) oder einem der vielen Grünlandpriele kann man sich einnisten. Bis 1 Meter Tiefgang geht das. Hat man das Watt bei Niedrigwasser gesehen und sich hohe Stellen bezeichnet, auch mit mehr. Vielleicht gefallen einem auch die Binnentiefs hinter den Sielen mit ihrer zauberhaften Landschaft, der grünen Oase des Ostlands in kreideweißen Dünen, den zahllosen Lerchen, den Türmen Borkums, die bei Sonnenuntergang wie ein Bild Caspar David Friedrichs sind; oder Steerenk-Klipp (Steerenk heißt in Borkums Inselsprache: Seeschwalbe). — Warum ich mir nie eine Yacht mit wesentlich über 1 Meter Tiefgang kaufen werde? Weil mir all dies damit entgeht.

Borkums Südostbucht, vom Borkumer Wattfahrwasser durchquert, ist größtenteils Sandwatt mit klarstem Wasser (man sieht den Grund, was dem Nordseefahrer sonst fremd ist). Gegen die vorherrschenden Stürme geschützt. Bei Ost- oder Südoststurm bleibt der Wasserstand niedrig. So kommt auch dann kein Seegang auf. — Ankern: Zwei oder drei Stürme habe ich hier, nahe beim Wattfahrwasser mit langer Kette ankernd, schon zugebracht. Mit Südwest und Regen beginnend, mit Nordwest endend. In der Koje lesend, und nur, wenn der Wind besonders stark am Mast rüttelte, den Kopf heraussteckend. Kurze Windsee klopft gegen den Bug. Der Grund ist oft harter Sand, wo Danforth- und Admiralitätsanker nicht immer gleich greifen, doch danach eisern halten. Der innere Teil von Hornsbalje ist bei starkem Nordwestwind einer unserer besten Ankerplätze für Yachten, die nicht trockenfallen können (bei N.W. 3 bis 5 Meter Wasser). — Wer kein so romantischer Träumer ist, wie ich, läuft in Borkums Schutzhafen ein und bleibt um viele Eindrücke ärmer.

Insel Lütje Hörn (Plan Seite 197)

Eine 1000 Meter lange, 400 Meter breite, unbewohnte Sandinsel liegt dicht östlich Borkums an der Osterems. 5 Meter hohe Dünen sind darauf und eine Bake. Das ist Lütje Hörn. — Seit der Faltbootfahrer und Schriftsteller Rittlinger einige Monate auf Lütje Hörn zeltete und eines unserer liebenswertesten Bücher über die Nordseeküste dort spielt, ist dieses kleine unbewohnte Eiland zum Traumziel vieler junger Menschen geworden. Und es sind ja nie die schlechtesten unserer Jungens, die sich offene Sinne für die Natur bewahrt haben.

22 Millionen Quadratmeter sind auf Insel Memmert exklusiv für Vögel reserviert. Doch auch unser Lütje Hörn ist für die Vögel beschlagnahmt worden und für uns Menschen verboten. Die Brandseeschwalbe sei eben sehr empfindlich. Ausgeträumt ist also unser Jugendtraum, einmal auf einer unbewohnten Insel zu sein (keine einzige ist uns in Deutschland mehr erlaubt! (Und das Evermannsgat, das große, wundersame Ankergebiet nahe bei Lütje Hörn, neuerdings in der Sommerzeit auch nicht mehr und das Blinde Randzelgat auch nicht mehr!)

Hört, ihr Leser: ich bin Universitätslehrer; so kenne ich die Seele junger Menschen. Ein junger Mensch braucht romantische Träume und er braucht Abenteuer. Wenn ihr sie ihm hier auf unseren einsamen Inseln verbietet, dann wird er sich seine Abenteuer in den Großstädten suchen. Und zu befürchten steht, daß viel wichtigeres dabei zerstört wird, als im schlimmsten Falle der Familienfrieden von 800 Brandseeschwalben.
So wiederhole ich meine Bitte an die zuständigen Stellen: gebt Lütje Hörn wieder für uns Menschen frei.

Naturschutzgebiet Lütje Hörn ist übrigens weit mehr als nur die Insel. Das Areal zeigt der Plan. Es ist verboten, das Gebiet zu betreten, Tiere zu beunruhigen, Lärm oder Feuer zu machen und zu jagen. Doch ein Verbot, dort zu fahren, zu ankern oder trockenzufallen fand ich im Verordnungsblatt nicht (Amtsbl. d. Reg. in Aurich, 1957, S. 62 f).

Das große Watt Randzel ist eine einsame Welt ganz für sich mit tiefen Rinnen, die nur die Fischer kennen, eine echte Entdeckungsreise! Belohnt durch ganz einsame Ankerplätze in den Wattrinnen tief im Watt. Nachdem uns das weite, schöne und gut geschützte Evermannsgat als Robbenschutzgebiet mit Ausnahme von zwei Ausläufern im Sommer zum Ankern oder zum Trockenfallen verboten wurde, nenne ich als armseligen und bescheidenen Ersatz die von Osten zum Blinden Randzelgat hinführende andere Rinne (Seite 257). Denn das Blinde Randzelgat wurde uns neuerdings auch verboten.

Von Borkum weiter

Da locken nun die niederländischen Gewässer und Häfen! Insel Schiermonnikoog, das Lauwersmeer, Ameland, Terschelling, später das Ijsselmeer. Alle leicht zu erreichen und nicht schwieriger als die deutschen Gewässer. Nur deshalb im Ruf der Schwierigkeit, weil zu wenige sie kennen: sind doch die nächsten Häfen Eemshaven sowie Noordpolderzijl nur 15 Seemeilen von Borkum entfernt und der übernächste (Lauwersoog) nur 14 Meilen dahinter! Unbedingt muß man da hin!
Doch sind wir auf unserer Reise hinter den Ostfriesischen Inseln schon so weit nach Westen vorgeprescht, daß wir erst einmal innehalten. Die Seefahrt vor Ostfrieslands Inseln kennen wir ja noch nicht! Und nicht die Gewässer des Emstrichters noch die Ems mit ihren alten Häfen. Erst dies. Dann nach Schiermonnikoog!

Ostfriesische See-Tjalk, ein typischer Vertreter jener flachgehenden, einmastigen Küstensegler, die in der Segelschiffszeit zu Hunderten in den Sielhäfen der Nordsee beheimatet waren. Um 1870 hat das abgebildete Schiff mit acht Mann Besatzung eine Frachtfahrt bis nach Brasilien ausgeführt.

VII. Seefahrt vor Ostfrieslands Inseln

Hier ist Küstenfahrt sehr viel leichter als vor Weser, Elbe und N o r d frieslands Inseln.

Unterschiede: Die 6-Meter-Linie läuft nur 1 bis 2 Seemeilen vor der Inselfront, die Strömung setzt parallel zur Küste und ist wesentlich schwächer. Alle 5 bis 8 Seemeilen erlaubt ein Seegat, hinter die Inseln zu schlüpfen. Die ganze Seefahrtstrategie ist hier anders.

Küstennahe oder küstenferne Fahrt? Manche machen eine Weltanschauungsfrage daraus. Dabei ist es schlicht Resultat einfacher Logik:

Entweder wollen wir Hochseefahrt treiben. Dann haben wir die Crew, in Wachen zu segeln, und sind darauf eingerichtet, eine Woche oder zwei auf See zu sein; dann macht es uns nichts aus, zwei Tage Sturm abzureiten (bei der seefesten Yacht auf hoher See ist die Crew das schwächere Teil, nicht das Schiff). I s t H o c h s e e f a h r t g e p l a n t, d a n n a l s o r a s c h w e g a u s K ü s t e n n ä h e.

Oder wir treiben Küstenfahrt. Dann ist ja das Boot fast nie für Wachensegeln bemannt: Der Schiffer versteht Seefahrt, die Bordfrau kann Kompaßkurs steuern, der Junge weiß mit den Segeln Bescheid. Das ist für Küstenfahrt genug, doch nicht für zwei Tage und zwei Nächte unter Sturmsegeln! B e i K ü s t e n f a h r t m u ß a l s o d i e F a h r t e n s t r a t e g i e s e i n, v o r E i n t r e f f e n v o n w i r k l i c h e m S c h l e c h t w e t t e r w i e d e r i n L a n d s c h u t z z u s e i n. Daraus folgt: Als Küstenfahrer muß man hier möglichst küstennahe fahren, denn nur dann bekommt man ohne Schwierigkeiten die Landmarken oder Tonnen in Sicht, die man zum Einlaufen in ein Seegat braucht.

A. Navigation

Hochseenavigation nützt uns Küstenfahrern nichts. Mit astronomischer Ortsbestimmung kann man nicht ins Norderneyer Seegat einlaufen. Wir fahren sauber gekoppelte Kurse von Tonne zu Tonne. Wir sind überhaupt kein bißchen „draufgängerisch", sondern peinlich, fast ängstlich, um jede Möglichkeit zur Bestimmung des Schiffsortes bemüht. Denn zieht der Wettergott den Vorhang schlechter Sichtigkeit vor, m u ß unser Schiffsort genau genug sein, um davon durch Koppeln und mit Lot „unsere" Tonne zu finden. Nur der hält dies für leicht, der es nie machen mußte. Kein Funkfeuer hilft uns hier. Allein das gespenstische Röhren einer Heultonne (wie eine heisere Kuh) oder das dünne „Bim-Bim" einer Glockentonne. Und vor allem das Lot, d a s s o w i c h t i g e L o t. Das ist Seefahrt in ihrer ursprünglichen Form; und das ist schön so! — Kein Zweifel, daß Küstenfahrt dem Navigator hier viel mehr abverlangt als Hochseefahrt. — Auch das ist schön so.

Landmarken: Von See sehen die Ostfriesischen Inseln sehr einheitlich aus. Die niedrigen Ostteile sind — eindrucksvolle Erfahrung! — von der 10-Meter-Linie und oft auch von der 6-Meter-Linie von einem Sportboot aus nicht zu sehen. Im Mittelteil und Westteil sind zwar fast immer 10 bis 20 Meter hohe Dünen. Doch sind sie meist so uncharakteristisch, daß man danach keine Ortsbestimmung machen kann. Unterbrechungen der Dünenkette können Seegaten vortäuschen, wo keine sind. — Kurz: Die Landmarken sind nützlich und wichtig. Doch da sie an etwa 2, manchmal 3 Tagen pro Woche nicht zu sehen sind, muß man perfekt auch ohne sie auskommen können.

Tonnenreihen und Tiefenlinien: Ist's auch in Meeren ohne Strömung immer wieder überraschend, wie gut sauber gekoppelte Schiffsorte stimmen, hier fahren wir in Strömungsgewässern. Wir sollten unsere Kurse so legen, daß wir den gekoppelten Schiffsort möglichst oft an Tonnen bestätigen können. Welche Tonnenreihen gibt es?

Großschiffsfahrwasser „Deutsche Bucht" (Plan S. 77, 204) ist durch zwei Tonnenreihen „DB" bezeichnet. Die südliche liegt etwa acht Seemeilen vor den Inseln vor der 20-Meter-Linie. — Für die übliche Fahrt „außen herum" liegt mir diese Tonnenreihe viel zu weit auf See. Fast nie sieht man Landmarken der Inseln. Ich würde sie aber benutzen a) aus Spaß an der Freud, weit draußen zu fahren, b) wenn ich einmal nachts durchfahre, und c) mit Segelyacht aufkreuzend, zur Ortsbestimmung beim Schlag nach Norden (siehe dazu Seite 78).

Küstenverkehrszone wird der Streifen zwischen dem Großschiffsfahrwasser und den Ansteuerungstonnen genannt. Er wurde durch einige zusätzliche Tonnen etwas besser bezeichnet. Dies ist unser bevorzugter Fahrbereich (Plan folgende Seite).

Die Ansteuerungstonnen vor den Seegaten. Sie liegen 1/4 bis 1 Seemeile seewärts der 10-Meter-Linie und sind oft Heul- oder Glockentonnen. Abgesehen von der Region Borkum-Riff sind sie etwa 3 Seemeilen von den Landmarken der Inseln entfernt. An 7 von 10 Tagen sollte man die also sehen können. Der Abstand von Tonne zu Tonne ist 4 bis 6 Meilen. Alles dies ist ganz günstig. Man muß nur daran denken, daß bei Verlagerung des Seegates zwar selten, aber zuweilen halt doch, auch die Ansteuerungstonne verlegt wird. — Ich fahre auf der Linie der Ansteuerungstonnen, d. h. ungefähr auf der 10-Meter-Linie, vor allem, wenn ich große Distanzen ablaufen will; denn die Ansteuerungstonnen geben ja eine parallel zur Küste liegende Tonnenreihe ab (Plan). Bei der üblichen „kleinen" Fahrt „außen herum" fahre ich auf der Linie der Ansteuerungstonnen vor allem bei hohem Seegang, starkem auflandigem Wind und guter Sichtigkeit.

Die 6-Meter-Linie verläuft (abgesehen von Borkum-Riff und Juist-Riff) nur 1 1/2 bis 2 Seemeilen vor der Inselfront. Sie ist nicht bezeichnet. Man muß sich lotend (um Tidenstand beschickt) orientiert halten. An einigen Stellen führt sie 1/4 Seemeile (doch nie dichter) an Bänke heran. Man muß auch daran denken, daß hier Strömung aus dem Seegat heraus oder herein spürbarer ist. Dennoch fahre ich auf der 6-Meter-Linie oft. Und zwar bei gutem Wetter, weil es kürzer ist und man dichter bei den Landmarken steht. Und bei schlechter Sichtigkeit dann, wenn ich einlaufen will. Denn die 6-Meter-Linie kreuzt die Seitenbetonnung eines Seegates genau dort, wo sie am dichtesten steht.

Die 4-Meter-Linie läuft konfus und warnt nicht früh genug vor steil aufsteigenden Bänken. Auf der fahre ich nie. — Die 2-Meter-Linie ist meist genau die steile Kante von Bänken. Heiß und kalt läuft es einem über den Rücken, wenn man

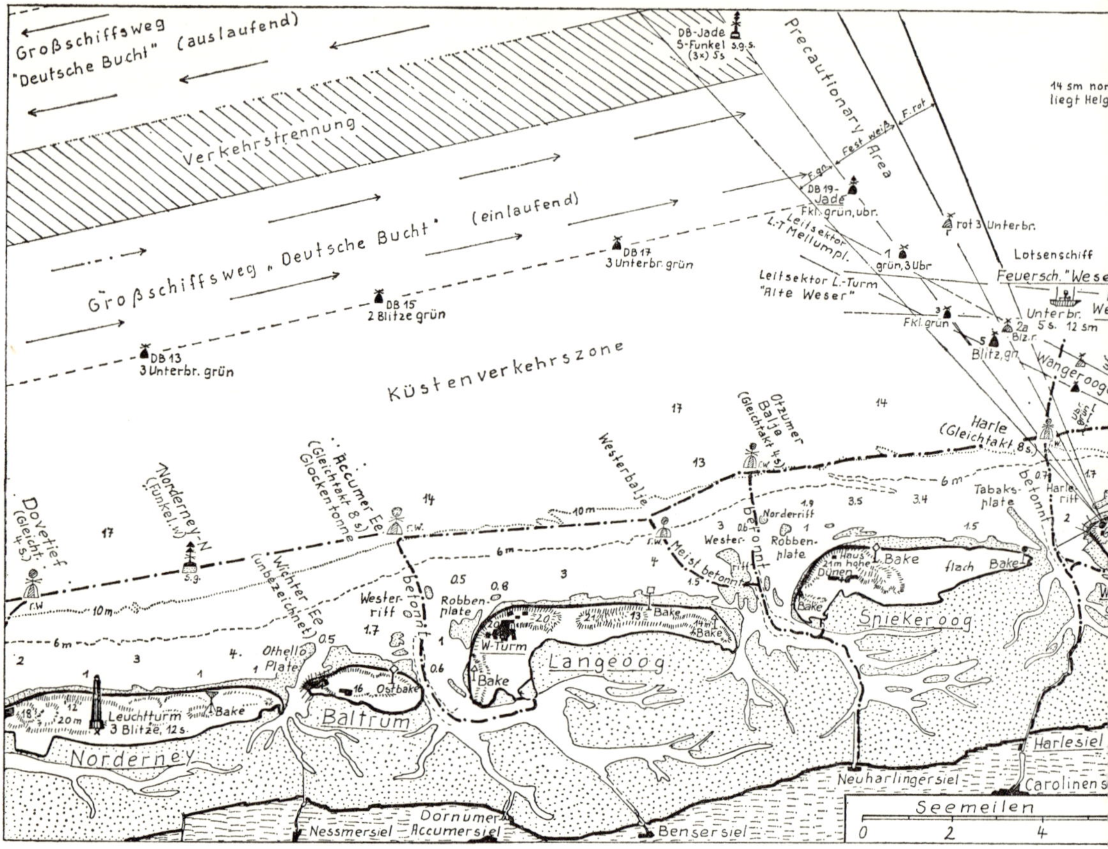

Ansteuerungstonne „Dovetief" liegt jetzt 1½ sm westlicher als im Plan angegeben.

zuweilen vor den Seegaten Unerfahrene über diese gefährlichen Zonen — die Brandungskante — dahingondeln sieht.

> Auf weniger als 6 Meter Wassertiefe (um Tide beschickt) fahre ich vor den Ostfriesischen (und Westfriesischen) Inseln nur in den betonnten Einfahrten.

Tidenströmung auf See: Damit steht es einfacher als man glaubt.

> Vor den Ostfriesischen Inseln setzt die Strömung bei steigendem Wasser ostwärts, bei fallendem westwärts. Die Geschwindigkeit erreicht 1 bis 1½ Knoten. Der Übergang von einer in die andere Richtung erfolgt sehr langsam.

Man kann sich noch notieren, daß es einen dicht vor wasserreichen Seegaten etwas nach See versetzt, wenn das Wasser ausläuft, und nach Land, wenn es einläuft (steigt). Mehr über die Tidenströmung auf See gibt der Plan auf Seite 12.

Schlechte Sichtigkeit: Es braucht gar nicht „Nebel" zu sein oder „diesiges Wetter". Schon „mäßige Sicht" (Sichtweite bis 2 Seemeilen) reicht aus, einem die Inseln und ihre

Landmarken zu verbergen. Kein Unglück: Man fährt lotend auf der 6-Meter- oder der 10-Meter-Linie entlang und koppelt sehr sauber den Kurs. Etwas schwieriger wird es, wenn es ans Einlaufen geht (darüber unten). Sehr häufig redet man sich ein, im Dunst Türme oder Dünen von Inseln zu sehen. Vorsicht damit! Oft ist's Wunschdenken und Sinnentrug.

Nachts auf See: Die Region vor den Ostfriesischen Inseln ist besser als eine andere dafür geeignet, bei zuverlässiger Hochdrucklage und am besten bei Mond auch mit kleiner Mannschaft einmal eine Nacht auf See zu bleiben. Nicht um Meilen zu fressen, sondern um des Erlebnisses willen. Ich würde dicht s ü d l i c h der Tonnen des Großschiffahrtsweges fahren, die weit sichtbaren Schiffslichter an der Seeseite und die Leuchttürme an Land zur Orientierung. — Schön sind die Wunder der nächtlichen See auch bei uns im Norden. Das Meeresleuchten wird man erleben. Vielleicht hört man das Schnaufen der kleinen Nordseetümmler (Delphine, immerhin bis 2 Meter lang). Im Hochsommer mag es sein, daß man einen Makrelenschwarm aufweckt. Dann schießen im Wasser tausend fahlblaue Streifen auseinander, als wenn eine Leuchtkugel explodiert, und nach kurvendem Suchen sammelt sich der Fischschwarm anderswo erneut. Sonst aber ist das Schiff allein mit seinen Geräuschen, dem Brechen einer kleinen Welle, dem Rauschen am Bug. Und ist gar flaues Wetter und ölstille See, dann birgt man die Segel und treibt und träumt. — Unvergeßlich eindrucksvolle Nächte, in denen ich einhand ganz allein nachts auf dem Wasser war.

Leuchtfeuer sind eher spärlich an den Ostfriesischen Inseln. Das hat auch sein Gutes: es gibt keine Konfusion: Wangerooge: Blitz rot, 5 s, 18 sm. — Norderney: 3 Blitze weiß, 12 s, 17 sm. — Borkum: 2 Blitze weiß, 12 s, 18 sm. — „Borkumriff"-Feuerschiff: Weiß, 3 Unterbrechungen alle 15 s. — Schiermonnikoog: 4 Blitze weiß, 20 s, 15 sm. — A m e l a n d : 3 Blitze, weiß, 15 s, 18 sm (Sichtweite ist vom Sportboot, nicht von der Dampferbrücke angegeben).

B. Seegaten der Ostfriesischen Inseln

Es ist ja das Liebenswerte an diesem Gebiet, daß da zwischen den Inseln durchschnittlich alle 7 Seemeilen ein Durchlaß ist, e i n S e e g a t. So locken mit Recht die Fahrten „außen herum". Die relative Nähe von Landmarken, die Strömungsrichtung, die Nähe von Schlupflöchern machen die Fahrt über See hier leichter als irgendwo sonst an unserer Nordseeküste (Helgoland ausgenommen). Doch nie darf man's vergessen: Es ist Seegebiet vor einer gefährlichen Küste. Von 20 Fahrten „außen herum" werden 16 unglaublich schön, 3 werden spannend und bei einer muß St. Brandaan, der Schutzheilige der Seefahrer, einspringen, damit es grad nochmal gutgeht. Die Kunst des Schiffers ist es, gerade d i e s e Fahrt nicht erst zu beginnen. Heraus auf See ist's meist leicht. Gut wieder hereinzukommen, das ist's. — Alles, was im Teil I, Elbe bis Sylt, über Seegaten gesagt ist, wird hier vorausgesetzt.

Die Ostfriesischen Seegaten zwischen Jade und Ems sind sozusagen ein Einheitstyp. Ursache ihrer Gleichartigkeit: a) sie führen nicht sehr viel Wasser und b) die Strömung der See setzt vor ihnen quer. — I h r B a u ist am besten im Plan auf Seite 153 zu sehen: E i n K r a n z v o n R i f f e n liegt im Bogen vor der Öffnung zwischen den

Inseln. Teils fallen sie bei N.W. trocken, teils liegen sie ganz dicht unter Wasser. Fast immer ist Brandung oder Grundsee darauf. Hier soll man nicht fahren. Tut man es bei Ententeichwetter, steigendem Wasser und nahe Hochwasserzeit doch, dann nur nach genauer Abwägung von Risiko und Nutzen.
Durch die Riffe bahnen sich zwei, manchmal drei Strömungsrinnen ihren Weg. Die sind innerhalb der Riffe tief, doch wo sie die Riffkette überqueren, flach und oft schmal. Dort ist die Barre, der heikelste Teil. Auf der Barre sind bei Springniedrigwasser bei den ostfriesischen Seegaten nur 1 bis 2 Meter Wassertiefe! Eine oder zwei der günstigsten Rinnen sind durch Tonnen gut bezeichnet. — Doch oft verlagern sich die Rinnen. Dann wird möglichst rasch die Betonnung an die neue Situation angepaßt. — Auf Seekarten werden diese Verlegungen der Tonnen neuerdings nicht mehr berichtigt! Eine sehr schwerwiegende Entscheidung, denn nirgendwo ist man bei schlechter Sichtigkeit mehr auf die Seekarte angewiesen als hier, wo ein Irrtum Schiff und Leben kosten kann.

Strömung: Vor den Riffen läuft überwiegend die Ost-West-Strömung der See. — Im Außenteil der Fahrwasser und auf den Riffen ist sie unregelmäßig. Meist setzt sie mehr in Richtung der Rinnen, aber oft auch Ost-West. An Richtung und Stärke der Heckwirbel von Tonnen sieht man ihren Verlauf. Stark ist sie hier meist nicht. — Im Innenteil des Seegates läuft sie in Richtung des Fahrwassers 2 bis 3 (bis 4) Knoten.

Die Feinde beim Einlaufen in die Seegaten sind: auflandiger Seegang, schlechte Sichtigkeit, Veränderung des Fahrwassers.

Auflandiger Seegang: Ich spreche hinfort vom Wind, meine aber den Seegang, den er macht. — Ob und wann man in ein Seegat einlaufen kann, bestimmen die Wassertiefe auf der Barre, die Wellenhöhe und die Strömungsrichtung. Die Gefahren sind: Brandung, Brecher, Grundsee und Aufstoßen auf den Grund.

Bei Niedrigwasser kann man in die ostfriesischen Seegaten nur mit mäßig tiefgehender Yacht und bei Ententeichwetter einlaufen, also recht selten. — Bei halber Tide und auslaufend Wasser hat man zwar meist genug Wassertiefe. Doch ist wegen der Situation „Strömung gegen Wind" (gegen Seegang) auf der Barre schon bei wenig Wind Grundsee oder brechende See. Bei Windstärke 4 kann es schon ganz schön grob sein. Windstärke 5 wäre das Äußerste, worauf ich mich dann noch einließe. — Bei halber Tide und einlaufend Wasser wäre mir Windstärke 5 meist noch recht und 5½ die Grenze (wie schwer, sich verständlich zu machen!).

Kurz vor Hochwasser bei noch einlaufender Strömung ist die beste Zeit. Da würde ich mit gutem Schiff und sonst günstigen Umständen bei Windstärke 6 meist noch einlaufen. Doch bei mehr als 6 und dem zugehörigen Seegang nicht. Dann bleibt nichts, als in die tiefe Jade einzulaufen oder nach Helgoland.
Die Entscheidung „Einlaufen ins Seegat oder Schutzhafen" bei starkem oder steifem Wind ist eine der schwersten, die ein Schiffer hier zu treffen hat.

Schlechte Sichtigkeit: Solange man draußenbleibt, fährt man unter Kontrolle durchs Lot gekoppelte Kurse, sieht nichts, braucht aber auch nichts zu sehen. Doch wenn es ans Einlaufen geht, muß man die Betonnung des Seegates auffinden. Nie darf man nur nach gekoppeltem Kurs oder gar auf vage Vermutung in ein Seegat einlaufen! — Bevor ich auf den Trick mit dem „Stur-auf-der-6-Meter-Linie-laufen" kam, habe ich viele Male spannungs- bis angstvolle Stunden gehabt, bis ich meine Seitenbetonnung erwischt hatte.

Zum Auffinden der Tonnen bei diesigem Wetter ziehe ich das Fahren auf der 6-Meter-Linie der 10-Meter-Linie vor. Zwar liegen seewärts der 10-Meter-Linie die Ansteuerungstonnen (meist Glocken- oder Heultonnen). Doch ist von da bis zur im Dunst verborgenen Seitenbetonnung oft ein langer Weg. Der führt quer zur Strömung, genau auf die Riffe zu und mißlingt, wenn die Seitentonnen verlegt wurden. (Unbedingt muß man sofort kehrtmachen, wenn man auf weniger als 6 Meter Wasser gerät, ohne die Seitenbetonnung gesehen zu haben.) Kurz: Ich bleibe bei meiner 6-Meter-Linie. — Habe ich die Seitenbetonnung gefunden, und es ist so diesig (neblig), daß ich die letzte Seitentonne aus den Augen verliere, ehe ich die nächste sehe, so laufe ich nicht ein, sondern zur letzten Tonne zurück. Je nach zu erwartendem Wetter ankere ich da oder laufe nach Lot, Funkfeuer und Nebelsignalen in die Jade. — Hat man an der Nordsee Nebel-Navigation gelernt, braucht man andere Meere der Welt nicht mehr zu fürchten.

Veränderungen der Fahrwasser der Seegaten finden geringfügig dauernd, nach Stürmen oft grundlegend statt. Oft wird die Betonnung mehrmals im Jahr angepaßt. Auch die neueste Seekarte gibt keine Gewähr, daß die Tonnen dort liegen, wo sie eingezeichnet sind. Nach Stürmen braucht die Neuvermessung oft ein bis zwei Wochen. Solange muß man doppelt heikel sein. — Stets soll man in den Häfen die in den „Nachrichten für Seefahrer" angeschlagenen Positionen der Tonnen mit denen auf der Seekarte vergleichen.

Impressionen: Wie viele Erinnerungen sind an die Durchfahrten durch die Seegaten geknüpft! Friedliche und weniger friedliche: Friedlich die Seehundsfamilie, Vater, Mutter und ganz kleines, weißes Seehundbaby, an der wir kaum 15 Meter entfernt, beim Morgenzwielicht aus der Blauen Balje aussegelnd, langsam vorbeiglitten. — Auch jene zwei Fahrwassertonnen, die flach auf einer halbmeterhohen Sandbank ruhten, waren ein sehr friedliches Bild — und Gegenstand sehr nachdenklicher Betrachtung —, denn nach der neu erworbenen Seekarte sollten sie 4 Meter tiefes Wasser bezeichnen!
Diesiges Wetter hat die nachhaltigsten Erinnerungen gebracht, zumal in den Anfängerjahren, wo das Vertrauen in das Zaubermittel des Lotes noch gering war: Wir kommen von Westen, wollen in die Harle herein. Vom flachen Spiekeroog ist nichts zu sehen. Wangerooges Westturm sollte in Sicht kommen. Die Crew meldet auch Dünen und Türme und Buhnen, doch reine Täuschung ist's, gefährliche Täuschung, Wunschdenken! Steuerbord ist Brandungsdonnern, und sobald die Lotung weniger als 6 Meter ergibt, legt der Schiffer den Kurs für kurze Zeit ein paar Striche nach See. Er ist knurrig und eklig, denn das Barometer fällt und der Südwest frischt auf. Doch da, ein Schemen! Darauf zu! Eine Fahrwassertonne. Ist's die richtige? Sie ist's! Und als später dann auch die Kontur des Westturmes aus dem Dunst tritt, kehrt wieder Ruhe in die Seele des Schiffers ein.
Dann, deutlich als wäre es gestern gewesen, die Erinnerung an jene beiden Brecher, die uns so unerwartet trafen, als wir bei kaltem Nordwest um 5 nahe Hochwasser durch die Harle zur See ausliefen. Alle Seen waren bisher auf dem Harle-Riff ausgebrandet, nicht sehr weit vom Schiff, doch in sicherer Distanz. Dann aber sahen wir ein Loch in der Brandungskette, und aus diesem Loch wuchs eine See hoch, brandete nicht, sondern wuchs und wuchs, lief als graue steile Mauer von der Seite auf uns zu, hing über dem

Schiff und schlug dann krachend herunter. Als das Wasser die Köpfe freigab, der angstvolle Blick, ob noch alle da sind. Und der Schrecken, als ein gleiches Wellentier dem ersten auf dem Fuße folgte. — Doch damit hatte sich's. Normal rauhes Wasser danach. Passiert ist nichts. Die kleine „Ägir" war ein braves Boot. Doch drinnen, obwohl kein Luk offen war, war alles naß, a l l e s ! — Die Ursache? Eine Zunge des Harle-Riffs, denke ich, verlagert und in den Tonnenstrich eingewandert.
Kurz und gut: Ich liebe die ostfriesischen Seegaten sehr. Doch so verführerisch sie meist auch lächeln, ich behandle sie mit großem Respekt.

C. Seegaten und Landmarken Jade bis Norderney

Die Blaue Balje (Plan S. 80, 156)

Dieses kurze Seegat zwischen Wangerooge und Minsener Oog ist gut und dicht betonnt und reich an nahen Landmarken auf Minsener Oog und Wangerooge (Skizze S. 94). Es ist viel leichter anzulaufen als die anderen Seegaten, denn Wangerooger Fahrwasser läuft dicht vor ihm vorbei (Plan S. 80). — Die Wassertiefe auf der Barre ist bei N.W. neuerdings fast immer 2 Meter. Veränderungen der Fahrrinne sind häufig, doch stets auf engerem Raum. — Die Blaue Balje ist ein „leichtes" Seegat.

A n s t e u e r u n g s t o n n e ist die Fahrwassertonne 17 des Wangerooger Fahrwassers. Sie ist grün, trägt einen Kegel und die Aufschrift „17—Blaue Balje 1" und gibt grünes Funkelfeuer mit einer Unterbrechung. Die Seitenbetonnung folgt dicht und trägt „B" zur Unterscheidung. Ein Leitsektor fest rot der Leuchtbake auf Buhne A von Minsener Oog deckt die Durchfahrt zwischen Wangerooges Ostanleger und der überfluteten, zerstörten Buhne von Minsener Oog. Dennoch würde ich n a c h t s nur bei günstigen Bedingungen einlaufen (Mond, steigendes Wasser, leidlich ruhige See). — B e i N e b e l helfen die Schallsignale auf Buhne A von Minsener Oog. Doch nur bei Sicht der Tonnen würde ich einlaufen, sonst nach Lot in die Jade.

V o n E l b e, W e s e r o d e r H e l g o l a n d k o m m e n d, wird es oft geschickter sein, nicht durch die Harle ins Wattenrevier einzulaufen, sondern durch die tiefere und leichter zu fahrende Blaue Balje. Und zwar besonders dann, wenn Hochwasser schon vorbei ist. — Im Wattenrevier kann man zu Wangerooges Hafen oder nach Harlesiel. Sind Wasserstand oder Tageslicht dafür zu knapp, dann würde ich im P r i e l Blaue Balje südlich von Wangerooges Ostspitze ankern (nördlich der Tonne „Sperrgebiet").

Seegat Die Harle (Plan Seite 80, 160, 204)

Es führt von See zu Wangerooges Hafen und nach Harlesiel. Fischer und Ausflugsschiffe fahren es und natürlich die Yachten. Es ist gut betonnt, doch sehr spärlich befeuert. Als Revierfremder würde ich nur bei perfekt günstiger Tide und Wetterlage nachts einlaufen. Schon bei anbrechender Dämmerung würde ich mich vor dem Einlaufen fragen, ob das Tageslicht auch für die vielen unbefeuerten Tonnen südlich von Buhne H ausreicht.
Die Harle hat zwei Besonderheiten: Innen die B u h n e H, die weit nach Spiekeroog hin vorgebaut ist (Spezialplan S. 164). Die zweite ist die außerordentlich große V e r ä n d e r l i c h k e i t d e r F a h r w a s s e r f ü h r u n g. 1979 lief die Zufahrt

von Norden her einigermaßen gerade herein. Oft aber wird das Fahrwasser dicht vor der Insel Wangerooge bis nordwärts vom Leuchtturm geführt und biegt erst dann durch die Riffe hindurch nordostwärts auf See. Doch ist dieser Weg z. Z. unbetonnt.

Fahrwassertiefe: Meist hat die Barre bei N.W. 1½ Meter Wassertiefe, z. Z. sogar 2 Meter. Doch die tiefe Rinne kann eng sein: z. Z. besonders zwischen den Tonnen „H 2" und „H 4".

Ansteuerungstonne ist die senkrecht rot-weiß gestreifte Bakentonne „Harle" mit rotem Ball und Gleichtaktfeuer 8 sek. Die Seitentonnen tragen „H" vor der Nummer. Sie liegen meist nur einseitig.

Buhne H im Innenteil des Seegates ist von Wangerooge aus ¾ Seemeilen westwärts nach Spiekeroog vorgebaut. Etwa ab halber Tide ist sie überflutet. Vor der Buhnenspitze liegt die rote Leuchttonne „H 10 — Buhne H" (rotes Funkelfeuer). Einlaufend bleibt sie dicht backbord. — Vor der Buhnenspitze kann starke Strömung von drei bis vier Knoten laufen und abenteuerliche Kabbelsee sein. Den Hilfsmotor klar zu haben, kann einer Segelyacht manchmal nützlich sein. — Auf die Fahrwasser binnen der Buhne soll man sich vorbereitet haben (Seite 164).

Landmarken: Auf Wangerooge-West stehen auffällig der neue Leuchtturm und der Westturm (Skizze S. 94, Plan S. 160). Spiekeroog ist arm an Landmarken. Der ganze Ostteil ist flacher Sand, den man von See nicht sieht. Die Ostbake, Stange mit Kugel, ist schlecht auszumachen. In der Mitte Spiekeroogs ist eine Bake. An der Westseite sind helle, bis 20 Meter hohe Dünen, ein paar Häuserspitzen, der einen Gitterkorb tragende Rohrmast des Windmessers, eine Pyramidenbake. Es ist wenig genug.

Seegat Otzumer Balje (Plan S. 171, 204)

Das Seegat zwischen Spiekeroog und Langeoog wird viel von Fischern befahren. Meist sind zwei Eingänge von See benutzbar und dann auch gut betonnt: von Norden die Otzumer Balje, von Westen die Westerbalje. Otzumer Balje hat bei N.W. meist etwa 1½ Meter Wassertiefe auf der Barre im Außenteil. Da ist es oft eine nur 100 Meter (z. Z. 400 m) breite Rinne, etwas gebogen, zwischen Riffen verlaufend. Nahe Niedrigwasserzeit fahre ich hier nur bei ruhiger See. Schweigend und unheimelig eilt dann im Schwall mit glättenden Wirbeln das Wasser zwischen den Bänken hindurch, während auf den Riffen rechts und links Brandung schäumt. — Da sich an den Rändern der schmalen Außenrinne keine Betonnung hält, muß man bei weniger als halber Tide zwischen den äußeren und inneren Tonnen („3" und „4" bzw. „5" und „6") auch nach dem Seegang steuern, also der Brandung rechts und links fernbleiben. — Als Ortsfremder und Anfänger möchte ich die Otzumer Balje lieber nur bei mehr als halber Tide befahren. Die Fischer freilich, die sie kennen, begrüßen die schmale Rinne, weil sie tief ist.

Ansteuerungstonne ist die weiß-rote Leuchttonne „Otzumer Balje" mit Balltoppzeichen (Gleichtakt vier Sekunden). Derzeit liegt sie etwa drei Seemeilen nordwest der „weißen Dünen" von Spiekeroog. — Die Seitenbetonnung der Otzumer Balje trägt nur Nummern. Zwei Leuchttonnen liegen aus. Doch würde ich die Einfahrt im Dunkeln nur bei handigem Wetter, guter Sichtigkeit und nur nahe Hochwasserzeit machen.

Die Westeinfahrt Westerbalje läuft von See erst südostwärts, später ostwärts. Die Tonnen tragen den Buchstaben „W“ vor der übrigen Bezeichnung. Befeuert ist Westerbalje nicht. Die flachste Stelle von etwa 1½ Meter bei N.W. liegt zwischen den Tonnen „W 4“ und „W 6“. — Bei stärkerem Wind aus östlicher Richtung ist Westerbalje angenehmer zu fahren als das Hauptfahrwasser (Einzelheiten Plan Seite 171. Auf Änderungen muß man stets gefaßt sein).

Landmarken auf Langeoog (Plan S. 171, 173): Von Ost bis West sind auf der Insel Dünen. Zwei kleinere Baken, oft von See nicht erkennbar, sind an der Ostseite (Plan). Die auffälligste Landmarke ist an der Westseite der erhöht stehende, weiße Wasserturm (Plan S. 173). Auch Kirchtürme sind sichtbar. Bei stürmischem Wetter ist eine Beobachtungsstelle des Seenot-Rettungsdienstes besetzt.

Seegat Accumer Ee (Plan S. 173, 204)

Zwischen Langeoog und Baltrum führt es zu Langeoogs Hafen und den Festlandshäfen. Häufig befahren es Fischer, oft Yachten. Gewöhnlich ist es ein einfach zu fahrendes Seegat. Zur Zeit (1979) läuft es fast gerade, gut betonnt und bei N.W. über zwei Meter tief zwischen trockenfallenden Bänken hindurch (Plan Seite 173). Doch es gibt auch Zeiten, wo die tiefe Rinne stark gekrümmt verläuft und die Tiefe 1½ Meter unterschreitet.

Ansteuerungstonne ist die weiß-rot gestreifte Glockentonne „Accumer Ee“ mit Balltoppzeichen (Gleichtaktfeuer acht Sekunden). Sie liegt 3 Seemeilen nordwest von Langeoogs Wasserturm vor der 10-Meter-Linie, etwa eine Seemeile vor der Barre. — Die Seitenbetonnung „A“ enthält zwei Leuchttonnen. Außerdem gibt es z. Z. eine Leuchtbake. Das nächtliche Einlaufen kommt nur in Frage bei ruhigem Meer und mehr als halber Tide. — Im inneren Teil ist überraschend schwierig die nächtliche Navigation an der flachen Ostseite Baltrums. Innerhalb der Inseln faßt man Langeoogs Hafen-Leitsektor auf (Plan und Seekarte).

Landmarken auf Baltrum (Plan Seite 179): Die Ostseite ist ganz flach; die Ostbake mit Rautentoppzeichen ist von See aus oft schlecht zu sehen. — Mitte und Westseite tragen 15 Meter hohe Dünen. Die Westseite ist dicht mit Häusern bebaut.

Seegat Wichter Ee zwischen Baltrum und Norderney ist nicht bezeichnet. Ortsfremde sollten sie nicht befahren.

Landmarken auf Norderney (Plan S. 179, 184): Am niedrigen Ostende steht nur eine isolierte Düne mit steilen Rändern. Aus einiger Distanz wird man die nicht sehen. — 1½ sm westwärts eine Bake mit Kegel, Spitze nach unten. Etwa 3 sm nördlich davon liegt auf See die Bakentonne „Norderney-N“ (schwarz-gelb, zwei Kegel Spitze aufwärts; Funkelfeuer weiß). Der hohe rote Leuchtturm in Inselmitte ist weithin sichtbar, wenn nicht Dunst ihn verbirgt (Plan Seite 184). Doch oft sieht man auch bei Dunst die „weiße Düne“ beim Leuchtturm, die wie zwei Dünen erscheint. — Im Westteil der Insel ist das Auffälligste die gedrängte Masse der hohen Hotelgebäude. Für Peilungen sind nützlich der Wasserturm und die hohe Norderney Bake (mit Kegel, Spitze nach unten). Beide in Linie ergeben eine wichtige Standlinie. Ebenso

Beobachtungsstelle Georgshöhe und der Turm der evangelischen Kirche (Seekarte).

Das Norderneyer Seegat (Plan S. 187, 212)

Besser als eine Beschreibung orientiert der Plan über die Verhältnisse. Meist sind zwei Zufahrten befahrbar und betonnt: Dovetief von Nord oder Nordost, Schluchter von West oder Nordwest. Riffe liegen im Bogen 1½ bis 2 Seemeilen vor den Inseln, oft nur 0 bis 30 Zentimeter unter N.W. Ist auch nur etwas Seegang, steht bei weniger als halber Tide, oft aber auch nahe Hochwasser eindrucksvoll Brandung darauf. Unbefahrbares Gebiet!

Veränderlichkeit: Dovetief und Schluchter ändern ihren Durchtritt durch die Sandriffe oft, vor allem nach Stürmen. Manchmal ist eine der beiden Einfahrten nicht befahrbar. Dann wird die Betonnung eingezogen. Richtfeuer haben seit einem Dutzend Jahren nicht gebrannt. Doch in Handbüchern und Seekarten führen die verheißungsvollen Hinweise darauf ein zähes Leben. — Ein neues Feuer ist auf der Westspitze von Norderney (Gleichtakt mit rotem Sektor, siehe Plan S. 187). In erster Linie ist es Unterfeuer für die Wattfahrt. Nach See ist es von Norden und Westen sichtbar. Ich meine, daß man mit diesem Feuer beim Einlaufen von See wenig anfangen kann, außer man nimmt das Risiko auf sich, zur Hochwasserzeit quer über alle Bänke und Riffe von Norden oder Nordwesten einfach darauflos zu fahren, was bei ruhigem Meer meist sogar gut abläuft.

Wassertiefe: Auf der Barre des Dovetief sind meist etwa 2 Meter, manchmal nur 1½ oder gar 1 Meter Tiefe. Die Barre liegt meist zwischen den Nordergründen und Nordwestgründen. Derzeit führt Dovetief fast genau nordwärts; die Ansteuerungstonne wurde verlegt. — Die Barre von Schluchter liegt nicht an der Seeseite, sondern wo Schluchter ins Dovetief mündet! Meist sind auf der Barre 1 bis ½ Meter Wasser (derzeit 1½ Meter); man kann also meist nicht bei Niedrigwasser passieren. — Bei starkem oder stürmischem Ost oder Nordost ziehen die Fischer Schluchter vor, weil die Bänke die Barre dann einigermaßen vor grobem Seegang schützen.

Befahrbarkeit: Wie Norderneys Seegat zu seinem relativ guten Ruf unter Yachtschiffern gekommen ist, ist mir unklar. Es ist bei Starkwind nicht besser und nicht schlechter als die anderen Seegaten auch. Ich bin zweimal bei „knapper" Windstärke 6 aus Nordwest bei günstiger Tide eingelaufen und war sehr beeindruckt von den sich unerwartet spitz aufrichtenden Wellengipfeln, den tiefen Wellentälern und der saugenden Kraft der See in den Tälern (Grundsee). — Bei Windstärke 6 liefe ich mit gutem Schiff, günstiger Tide und ausreichender Sichtigkeit wahrscheinlich noch ein. Bei mehr nicht.

Die Strömung kentert etwa bei H.W. und N.W. Norderney. Sie läuft 2½ bis fast 3½ Knoten an der Westseite der Insel, langsamer im Außenteil der Seegaten. — Kommt man von Osten, so läuft man normalerweise durch Dovetief ein, von Westen durch Schluchter. Nachts kann Dovetief bei guter Sichtigkeit nach den zwei Leuchttonnen befahren werden, wenn hoher Wasserstand und ruhiges Meer ist. — Für Schluchter gilt wohl das gleiche. Ansteuerungstonnen (beide befeuert) und Fahrwassertonnen siehe Pläne Seite 187 und 212.

Landmarken auf Juist (Plan S. 187, 193): Der Ostteil ist flach. 1 Seemeile westlich der Ostspitze steht eine Stangenbake mit quadratischem Toppzeichen (Plan), von See oft schwer zu sehen. Nachts brennt 1½ Seemeilen westlich der Ostspitze manchmal ein Flugwarnfeuer mit Blitzen weiß und rot, 5 sek. In der Mitte Juists sind in der Dünenkette Kurhaus, Teile des Ostdorfes, vor allem aber der runde Wasserturm gut sichtbar. Im Westteil sind 20 Meter hohe Dünen und die Westbake mit Rautentoppzeichen. Dort beginnt Juister Riff. — **Haksgat,** zwischen Juist und Memmert, unbezeichnet und trockenfallend, ist nicht befahrbar.

D. Die Seemündungen der Ems

Das Norderneyer Seegat ist das westlichste der typischen Seegaten der Ostfriesischen Inseln. Nach Westen folgen die tiefen, breiten, stark strömenden Durchbrüche der beiden Emsarme. Die haben Riffe weit seewärts vorgetragen, Juister Riff über 5 Meilen weit, Borkum-Riff 7 Meilen weit nach Nordwesten. Sie beenden das bequeme „außen herum". Nun wird es wieder ein Stück lang ernsthaft schwierige Seefahrt. — Bei Schlechtwetter ist die Seemündung der Ems nach meiner Meinung schwieriger zu befahren als die Region vor Elbe und Weser.

Navigation: Juister Riff und vor allem Borkumriff erzwingen große Distanz von den Inseln. Fast nie sieht man Borkums Landmarken, ehe man die Tonnenreihe richtig

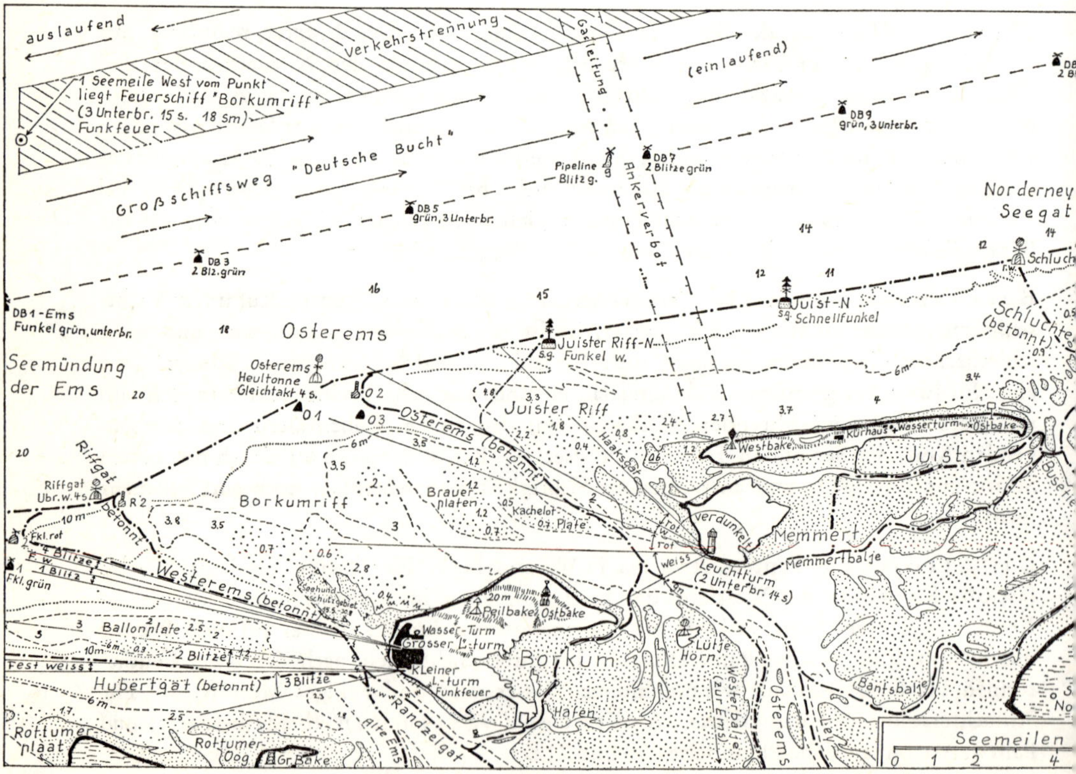

aufgefaßt haben muß. Bei guter Sichtigkeit und gutem Wetter ist das einfach. Bei schlechter Sichtigkeit o d e r stürmischem Wetter ist es schwer. Bei schlechter Sichtigkeit u n d stürmischem Wetter kann es die Möglichkeiten einer Yacht überfordern. Auf dem Borkumer Seenotrettungskreuzer kann man es sich erzählen lassen. Kein Jahr, in dem nicht mehrere Yachten in schwere Seenot kommen. Selten ein Jahr, in dem nicht eine oder zwei verlorengehen. Das ist oft keine Frage mangelhafter Seefestigkeit der Yacht. Die Natur ist nur eben stärker. Das ist's.
Ich nehme die Emsmündung sehr ernst: „Vorpostenleuchttürme", wie auf den Weserbänken, gibt es nicht. F e u e r s c h i f f „B o r k u m r i f f" dient jetzt der Navigation im Großschiffahrtsweg. Nach seiner Verlegung liegt es 16 Seemeilen nordwestlich von Borkum und nützt deshalb bei küstennaher Fahrt fast nichts. Sein F u n k f e u e r und das von Borkum sind nützlich. Doch wenn hoher Seegang die Funknavigation auf einer Yacht ungenau macht, würde ich mich kaum entschließen können, dann allein nach Funknavigation in die Ems einzulaufen. — L o t e n hilft; doch es versagt dort, wo die Tiefenlinie gezackt verläuft. Und die S t r ö m u n g e n , die oft quer zu den Rinnen laufen, machen die Sache nicht leichter.

Stürmisches Wetter aus West: Habe ich die Tonnenreihen aufgefaßt oder jedenfalls einen präzisen Schiffsort, um sie zuverlässig auffassen zu können, ist, denke ich, das Wichtigste geschafft. Freilich kann der Seegang in den Emsarmen abenteuerlich hoch und brechend sein. — Ist mir aber der Schiffsort unsicher geworden, so daß ich befürchten muß, die Tonnenreihen nicht aufzufinden, dann würde ich sehr frühzeitig die Ems als Einlaufefahrwasser aufgeben, nordwärts auf tiefes Wasser steuern und vor dem Sturm in die Jade lenzen. Ist mir aber die Freiheit der Wahl verlorengegangen, weil ich schon zwischen den Bänken stehe, dann sehe ich keinen anderen Weg, als nach Funkpeilung und nach Sicht des Seeganges (auf den Bänken ist Brandung) in einem der beiden tiefen Fahrwasser zu bleiben, bis eine Tonne in Sicht kommt oder Borkums Türme.

Die Mündung der Osterems

Zuerst läuft sie als „Unterwasserfluß" 6 Seemeilen zwischen unter Wasser verborgenen Bänken. Da kann sie bei schlechter Sichtigkeit oder stürmischem Wetter sehr scheußlich, manchmal sogar unbefahrbar sein. Danach zieht sie breit, genügend tief und bei guter Sichtigkeit navigatorisch einfach zwischen Borkum und Insel Memmert hindurch ins Wattenrevier (S. 256 f, Plan S. 257). Von See kommend, muß man 6 Seemeilen von Borkum-Leuchttürmen und Memmert-Leuchtturm die Tonnen aufgefaßt haben, also an gut der Hälfte der Tage, ohne an Landmarken Peilungen nehmen zu können! — Außerdem ist die Mündung durch Juister Riff weit nach Westen gedrängt. Die Osterems ist betonnt, doch nicht ausreichend befeuert. Die Barre liegt weit landein zwischen Tonne „O 13" und „O 15". Sie ist drei bis vier Meter tief. Bei Starkwind aus Nordwest und auslaufend Wasser wird die Barre unbefahrbar; bei Sturm gilt sie stets als unpassierbar. — So fahre ich die Osterems zwar gerne von Land nach See, doch von See nach Land nur bei guter Sichtigkeit.
Ein südlicher Arm der Osterems, das V o o r e n t i e f , gewinnt immer mehr Breite und Tiefe. Vielleicht wird eines Tages die Betonnung in das Voorentief umgelegt.

Betonnung: Die A n s t e u e r u n g s t o n n e „Osterems" liegt 7½ Seemeilen nordnordwest vom Borkumer Leuchtturm (senkrecht weiß-rot gestreifte Heultonne mit rotem Ball und Gleichtaktfeuer vier Sekunden). Südlich von ihr beginnt die Seitenbetonnung „O". Sie führt erst ostwärts, dann südostwärts. Südwärts von Juister Riff kreuzt sie die Barre. Dann biegt sie auf Memmerts Südspitze zu (Plan Seite 193, 257 sowie Seekarte).

Abkürzung von Osten: Bei ruhigem Meer habe ich von Osten kommend die Leuchttonne „Juisterriff-N" als „Ansteuerungstonne" benutzt. Sie liegt sieben Seemeilen nordwärts von Borkums Ostbake (Plan S. 212). Von ihr bin ich über Grund Südwestkurs gelaufen (Kompaßkurs um Strömung beschicken!). Nach 2½ Seemeilen habe ich die Seitenbetonnung der Osterems getroffen. Der Kurs führt mich über einen Ausläufer des Juister Riffs von 4½ Meter Tiefe.

Nachts würden nur extrem günstige Wetter- und Tidenverhältnisse mich bewegen können, nach dem weißen Sektor von Memmert-Leuchtturm quer über die Bänke und die Kachelot-Plate dennoch einzulaufen. — **Nebel** oder diesiges Wetter, so daß ich von einer Seitentonne die nächste nicht sehe, würden mich ankern oder umkehren lassen. Bei den verwickelten Strömungs- und Tiefenverhältnissen würde ich mich hier aufs Lot nicht verlassen. Verfehlt man die Barre, landet man auf den trockenfallenden Ostriffen oder der etwa ¼ Meter tiefen Kachelot-Plate. — **Starkwind,** wenn er nicht mit schlechter Sichtigkeit verbunden ist, sollte bei günstiger Tide etwa bis Windstärke 7 das Einlaufen erlauben. Bei ungünstiger Tide brandet es bei Windstärke 7 über die ganze Breite der Einfahrt. — Landmarken: die von Juist Seite 212, von Borkum Seite 197. Doch die schönsten Landmarken taugen nichts, wenn man sie bei mäßiger Sichtigkeit nicht zu sehen bekommt.

Strömung: Mit der ist es trickreich. Man muß wirklich sehr auf sie achten: Einlaufende Strömung läuft im ganzen Außenteil nicht in Richtung der Rinne, sondern ostwärts auf das Juister Riff zu. 2 Seemeilen südöstlich der Ansteuerungstonne beginnt sie 1¼ Stunde vor N.W. Emden und erreicht zur Springzeit bis 1,7 Knoten. Südlich der Kachelot-Plate beginnt sie etwa ½ Stunde später und läuft bis 3 Knoten. — Auslaufende Strömung folgt der Richtung der Fahrwasser. Südwärts der Kachelot-Plate beginnt sie etwa 1 Stunde vor H.W. Emden und kann bei Springzeit bis 3 Knoten laufen. — 1 Seemeile südlich der Ansteuerungstonne Osterems beginnt auslaufendes Wasser 1¼ Stunde vor H.W. Emden und läuft mit 2 Knoten nordwestwärts.

Die Fahrwasser der westlichen Ems

Zwei tiefe, betonnte Außenarme hat die Ems seewärts von Borkum: **Hubertgat** und **Westerems.** Zwei lange Riffe begleiten diese Außenarme: Borkumriff und Ballonplate (Plan S. 212, 302). Südlich vom Hubertgat liegt eine niedrige, an Landmarken arme Küste mit flachen Sänden, die an „nautischer Häßlichkeit" nichts zu wünschen übrig läßt. — Lage und Höhe der Riffe und Bänke ändern sich oft. So würde ich es mir hier dreimal überlegen, die betonnten Fahrwasser zu verlassen, auch wenn nach der Seekarte die Wassertiefe als ausreichend erscheint.

Die praktische Navigation erfolgt hier, da man nicht damit rechnen kann, Landmarken zu sehen, fast ausschließlich nach den Tonnen. Die Funkfeuer Borkum und Feuerschiff „Borkumriff" sind eine große Hilfe. Doch bei hohem Seegang wird Funkpeilung auf einer Yacht zu ungenau, um dann nach Funkpeilung allein einzulaufen. — Das

Lot ist hier auf den Tiefenlinien, die nicht gezackt verlaufen, zur Nebelnavigation eine Hilfe. Doch ohne Sicht von Tonnen würde ich die 6-Meter-Linie nicht überschreiten. — Nachts führen Leitsektoren der Borkumer Leuchttürme durch Hubertgat und Westerems an Borkum heran. Doch in manchen Jahren laufen die Fahrwasser so, daß nur eines (oder keines) mit Leitsektoren befeuert werden kann. Dann läuft man nach den Leuchttonnen ein.

Seegang: Im Hubertgat wie in der Westerems kommt bei starkem oder stürmischem West- und Nordwestwind über alle Erwartung hoher, brechender, gefährlicher Seegang auf, wenn die Strömung ausläuft. — Auslaufen zur See: Bei westlichem Wind Stärke 4 nasse Fahrt, bei 5 grobes Wasser, bei Windstärke 6 und mehr würde ich aus der Ems nicht nach See auslaufen. Daß nur voll seefeste Yachten im Seerevier fahren, versteht sich von allein.

Borkumriff liegt an der Nordseite der Westerems. Es erstreckt sich von der Insel Borkum 6 Seemeilen westnordwestwärts. Bis 3 Seemeilen von Borkum fällt es trocken. Ein Seehundschutzgebiet auf dem Watt „Hohes Riff“ ist vom 15. 5. bis 30. 8. gesperrt. Die Westspitze von Borkumriff wird von dem betonnten Fahrwasser Riffgat gerundet. Unbetonnte Abkürzungswege erfordern Erfahrung und Gewissenhaftigkeit.

— **Ballonplate** liegt zwischen Westerems und Hubertgat. Von Borkum gerechnet, ist sie 9 Seemeilen lang. Es gibt Stellen mit nur 1 Meter Wassertiefe! Bei stürmischem Wetter steht schlicht Brandung auf der ganzen Plate. — **Horsbornplate** ist eine junge Bildung dieser veränderlichen Region. Sie beginnt z. Z. etwa 1¾ Seemeilen nordnordöstlich der großen Bake von Rottumeroog und zieht südostwärts auf den Horsbornsand zu. Ihre flachsten Stellen sind z. Z. 1½ Meter tief. Es ist eine sehr gefährliche Bank bei starkem Seegang! Horsbornplate liegt knapp außerhalb der betonnten Fahrwasser. — **Möwensteert** südlich Borkum wird bei den Innenfahrwassern beschrieben. — Auf allen diesen Platen liegen Wracke.

Landmarken: Borkum sieht von Nordwest wie zwei Inseln aus. Das Auffälligste ist auf dem Westteil die fast lückenlose Front sehr hoher Hotels. Der Große Leuchtturm (63 Meter) ragt darüber hinaus. Weiteres siehe Plan S. 212 und Seekarte. — Auf Rottumeroog ist die 25 Meter hohe, oben stumpfe, eiserne Gitterbake auffällig. Das Haus der Küstenwache mit seinem Türmchen sieht man meist nur von nahem gut. — Rottumerplaat hat eine unauffällige Peilbake an der Ostseite. Auffälliger ist im Südteil die Rettungsbake Boschplaat (Kugel über Rechteck). Schiermonnikoog hat an der Ostseite die Ostbake, Rautenzeichen über Rechteck. An der Westseite sind Leuchtturm (rund und braunrot, 44 Meter hoch), Strandhotel und der auffällige Wasserturm.

Die Westerems

Das ist das nördlichste der beiden Fahrwasser zur tiefen See. Es führt von Westnordwest auf Borkum zu. An der Nordseite liegt Borkumriff, an der Südseite Ballonplate. Westerems ist gut betonnt und befeuert. — Ansteuerungstonne ist die rot-weiß gestreifte Glockentonne „Westerems“, 12 Seemeilen von Borkum entfernt. Sie trägt ein rotes Balltoppzeichen und gibt Gleichtaktfeuer (vier Sekunden). Ein deutsches und ein niederländisches Lotsenschiff kreuzen in der Nähe der Ansteuerungstonne. —

Seitenbetonnung mit mehreren Leuchttonnen beginnt $2^1/_2$ Seemeilen ostwärts und führt an die Westseite Borkums. Bei der roten Leuchttonne „8-Riffgat 6" tritt von Nordwesten das betonnte Fahrwasser „Riffgat" heran. — Zur Zeit wird das Fahrwasser der Westerems durch einen Leitsektor fest weiß des Großen Leuchtturms von Borkum befeuert. Der Leitsektor ist schmal. Ein Warnsektor mit einem weißen Blitz (drei Sekunden) ist an der Südseite, ein Warnsektor mit vier Blitzen weiß (10 Sekunden) an der Nordseite. — Etwa $2^1/_2$ Seemeilen vor Borkum faßt man bei klarem Wetter den Leitsektor fest weiß von Leuchtturm Campen auf; der führt uns in das Randzelgat. Man kann dort aber auch dem Sektor weiß mit 2 Unterbrechungen der Bake Fischerbalje folgen und in Borkums Schutzhafen einlaufen.

Strömungen: Die einlaufende Strömung setzt anfangs überall, später nur im Nordteil quer zum Fahrwasser in nordöstlicher Richtung. Sie beginnt ohne langen Übergang gleich hart und hält bis zum Kentern mit voller Stärke an. Wind hat großen Einfluß auf die Strömungsrichtung.

Riffgat ist ein wichtiges Fahrwasser für Yachten von oder nach Osten. Es führt breit und sechs bis sieben Meter tief zwischen der Geldsackplate und Borkumriff hindurch. Riffgat ist mit Tonnen „R" betonnt, rote an der Ostseite. Die Ansteuerungstonne liegt etwa sechs Seemeilen westsüdwest der Ansteuerungstonne Osterems. Sie ist rot-weiß gestreift mit rotem Balltoppzeichen. Aufschrift „Riffgat". Feuer: weiß, unterbrochen vier Sekunden. — Von dort aus läuft Riffgat, beidseitig betonnt, etwa südostwärts. Es vereinigt sich mit der Westerems bei der roten Tonne „8 — Riffgat 6". Die trägt ein Kegeltoppzeichen und gibt rotes Funkelfeuer mit einer Unterbrechung. — Auf dem Wege aus der Westerems nach Norderney habe ich bei handigem Wetter schon von Tonne „R 4" meinen Kurs zur Heultonne Osterems abgesetzt. — Die Strömung setzt im Riffgat West-Ost quer zur Fahrwasserrichtung!

Das Hubertgat (Plan S. 212, 302)

Es ist das südliche der beiden Außenfahrwasser der Ems. Meist fährt man es auf den Routen, die von Borkum westwärts führen. An seiner Nordseite liegt Ballonplate, an der Südseite die veränderlichen Bänke von Rottumeroog und Rottumerplaat. Besonders die Horsbornplate ist neuerdings ein rechtes Sorgenkind (Plan S. 263). — Die Ansteuerungstonne „Hubergat" liegt $4^1/_2$ Seemeilen vor der Mitte Schiermonnikogs (weiß-rot senkrecht gestreift, Balltoppzeichen, Heultonne, unterbrochen weiß, vier Sekunden). Die Seitentonnen beginnen $1^1/_2$ Seemeilen ostwärts und sind durch „H" unterschieden. Gute beidseitige Betonnung mit mehreren Leuchttonnen dazwischen. Sie werden häufig verlegt. — Der Kleine Leuchtturm von Borkum befeuert das Fahrwasser mit einem Sektor fest weiß. Warnsektoren: drei Blitze (12 Sekunden) an der Südseite, zwei Blitze (9 Sekunden) an der Nordseite. Bei Borkum vereinigt sich Hubertgat mit der Betonnung von Westerems-Randzelgat. — Strömung: Einlaufend Wasser beginnt 5 Stunden 15 Minuten nach H.W. Emden. Anfangs setzt es südwärts aufs Watt zu, danach in Richtung der Rinne. Über die Hubertplate (Ostteil der Ballonplate) setzt Strom quer südwärts hinweg. Auch an der Südseite versetzt die Strömung oft stark südwärts! So ist da an Wracks kein Mangel. — Auslaufende Strömung beginnt eine Stunde vor H.W. Emden.

Randzelgat und **Alte Ems** sind die Fortsetzungen landwärts. Beschreibung S. 255 f, Pläne Seite 197, 252.

Seefahrtsrouten zwischen Norderney und Schiermonnikoog

Norderney—Borkum (Schutzhafen, Plan S. 212, 187, 197) 40 Seemeilen bei reiner Seefahrt um Borkum Riff herum durch Riffgat und Westerems. Richtige Ausnutzung der Tidenströmung und gute Beziehungen zum Wettergott sind nötig, wenn es eine gute Reise werden soll. Der Weg: Auslaufen aus dem Norderneyer Seegat durch die Ausfahrt Schluchter. Fahrt über die Tonnen „Juister Riff-N“, „Osterems“ bis „Riffgat“. Einlaufen ins Riffgat. Dann in der Westerems ostsüdostwärts und durch Fischerbalje zu Borkums Hafen.

Zeitplan: Man muß es einrichten, die 30 Seemeilen bis zum Riffgat mit westlaufender Strömung gefahren zu sein, ehe ostlaufende Strömung beginnt. Hat man dies geschafft, wird es mit einlaufender Strömung nach Borkum eine rasche Fahrt. — Abhängig von Boot und Wind wird man in Norderney meist schon etwa 2 Stunden vor Hochwasser ablegen. Tageslicht braucht man nicht. Oft ist die Navigation sogar im Dunkeln leichter. Nordwind, Ostwind, Nordwest sind die günstigsten. Südwest ist scheußlich, da er außer Kreuzschlägen auf den rasch zu fahrenden ersten 30 Meilen meist auch noch schlechte Sichtigkeit bringt. — Merkt man während der Fahrt, daß einem Tidenstrom entgegensetzen wird, ehe man Riffgat passiert hat, dann ist es für einen Segler meist besser, auf die Variante Norderney-Osterems-Borkumer Wattfahrwasser umzuschalten.

Norderney — Borkum (Schutzhafen) durch Osterems (Plan S. 212, 187, 197)

Nur 30 Seemeilen. Kombinierte Fahrt: Seefahrt bis in die Osterems, Wattfahrt durch Borkum-Wattfahrwasser. Tiefgang entsprechend Borkumer Wattfahrwasser, d. h. 1,8 bis 2 Meter. Der Weg: Bis zur Ansteuerungstonne „Osterems“ (oder bei guter Sichtigkeit und handigem Wetter bis Tonne „Juister Riff-N“) geht die Fahrt wie oben beschrieben. Meist genügt es, in Norderney bei Hochwasser abzulegen. — Mit einlaufender Tide fährt man von See in die Osterems ein. Um Borkums Ostspitze durch Hornsbalje ins Borkumer Wattfahrwasser bis Borkum-Schutzhafen. Tageslicht braucht man bis zum Ende der Fahrt.

Norderney — Schiermonnikoog (oder Lauwersoog) (Plan Seite 212, 302)

Das Plaatgat im Frieschen Seegat ist z. Z. nicht betonnt (wird aber wohl bald wieder). Durch Westgat sind fast 60 Seemeilen Weg. Das wird bei einem gesegelten Boot nur selten mit den Tiden auskommen. Wenn sich das vorhersehen läßt, kann man auf die Routen nach Borkum durch Westerems oder Osterems umschalten. — Wenn Plaatgat wieder betonnt und fahrbar ist, ist der Weg 54 Seemeilen lang und bei Ostwind oder Nordwind, vielleicht auch noch Nordwest gut zu schaffen. — Jetzt läuft man nach Lauwersoog-Schiermonnikoog durch das Westgat ein. Das ist bis Lauwersoog befeuert.

Der Weg: Anfangs geht es wie bei der Fahrt nach Borkum: Ausfahrt Schluchter, Tonnen „Juister Riff-N“, „Osterems“, „Riffgat“ (die man nicht anlaufen muß, siehe Plan S. 302). Dann kreuze ich die Mündungsarme der Ems. Ich habe den Weg vor den ersten Seitentonnen bevorzugt (Plan). Man kann aber auch über die Ansteuerungstonnen „Westerems“ und „Hubertgat“ laufen. Von Ansteuerungstonne „Hubergat“ ist Leuchtturm Schiermonnikoog

6 Seemeilen entfernt. Ist Plaatgat betonnt, dann laufe ich dessen Ansteuerungstonne an. Wenn nicht, dann muß ich die Riffe Gronden van Het Plaatgat seewärts runden und fädele mich dann von Norden in die Tonnenreihe des Westgat ein. — Entweder nach Lauwersoog oder Yachthafen Schiermonnikoog. Wenn dafür Tide und Tageslicht reichen, vielleicht auch Nes auf Ameland.

Borkum — Schiermonnikoog oder Lauwerszee (Plan S. 302, 268)

35 Seemeilen bis Lauwersoog. Der Weg kann fast überall bei mitlaufender Strömung gefahren werden. Ablegen in Borkum-Schutzhafen kurz nach Hochwasser. Der Weg ergibt sich aus dem Plan und den vorher beschriebenen Routen.

Die Kuff: der flachgehende Frachtsegler der deutschen und der niederländischen Nordseeküste. Zu Hunderten waren diese Schiffe früher zwischen den alten Segelschiffshäfen unterwegs.

VIII. Die Ems und ihre Kanäle bis Borkum

A. Von Westdeutschland zur Nordseeküste

Jedes Sportboot, das den Rhein erreicht, kann auf eigenem Kiel auch zur Nordsee. Dafür gibt es vor allem zwei Wege:

Durch Rhein und Ijsselmeer zur Nordseeküste (Plan Seite 36)

Von Duisburg-Ruhrort bis zum ersten Salzwasser in der Schleuse Kornwerderzand in den Niederlanden sind auf kürzestem Weg 330 Kilometer zu fahren. Rheinabwärts mit Strömung kommt man mit 2 bis 3 Tagen aus. Dann steht man bei Harlingen in der niederländischen Waddenzee südlich Terschelling. — Die Geschwindigkeit der Strömung im Rhein hängt von der Wasserführung ab und wird oberhalb Düsseldorf 4 bis 8, unterhalb Wesel 3 bis 6 Kilometer pro Stunde sein. Rheinabwärts ist's herrlich, stromauf ein endloses Elend. Wenn man kann, soll man's meiden. Der Wind fuhrwerkt im Flachland des Niederrheins oft schon ganz tüchtig. Bläst er gegen die Strömung, ist es ruppiger als man denkt. Abends flaut es meist ab, und fast immer ist es dicht am Ufer ruhiger. Auch die Sturmsegel habe ich auf dem Niederrhein schon einmal herauskramen müssen.

Route: Durch die verschiedenen Rheinarme kann man mehrere Wege fahren. Der kürzeste führt, an Wesel vorbei, hinter Lobith in den Rheinarm „Pannerdens Kanaal" und aus dem, vor Arnheim nach Osten abbiegend, durch die Gelderse Ijssel (Beschreibung Seite 278). Nach 118 Kilometern mündet die ins Ijsselmeer. — Auf dem Rhein kann man segeln, wenn die Masten für die je nach Wasserstand 9 bis 12 Meter hohen Brücken nicht zu hoch sind.

Durch den Dortmund-Ems-Kanal zur Nordsee (Plan S. 36, 221, 240)

Nur 267 Kilometer von Dortmund bis Emden, 210 bis zur Seeschleuse von Herbrum. Fünf Tage war ich unterwegs, allerdings mit tüchtiger Trödelei rechts, links und in Münster. Drei Tage sollten ausreichen. — Der Dortmund-Ems-Kanal beginnt nicht am Rhein. Vom Rhein fährt man zuerst entweder durch den Rhein-Herne- oder den Wesel-Datteln-Kanal.

Der Rhein-Herne-Kanal beginnt bei Duisburg-Ruhrort. 45 Kilometer sind's bis zur Einmündung in den Dortmund-Ems-Kanal. Der Tiefgang kann bis 2,5, die Höhe 4,5 Meter sein. 7 Schleusen. Gerammt voll ist der Kanal mit Berufsschiffahrt. Zeitweilig ist er wegen Überfüllung nur den nach Duisburg bestimmten Berufsschiffen offen. Man braucht neuerdings eine Ausnahmegenehmigung (DM 10,—) und sollte diesen Weg meiden.

Der Wesel-Datteln-Kanal ist zwar länger, aber meist vorzuziehen. Er führt von Wesel am Rhein auch durch freundlichere Landschaft. 60 Kilometer, 6 Schleusen, Tiefgang 2,5, Höhe 4,5 Meter.

Der Dortmund-Ems-Kanal ist die gemeinsame Fortsetzung bis zum Übergang in die Ems. Der Tiefgang ist auf max. 2,5 Meter, die Höhe der Aufbauten auf 4,25 Meter begrenzt. Die große, schöne Stadt M ü n s t e r lohnt gewiß den Abstecher durch den kurzen Verbindungskanal zum Stadthafen. — Nur eine Schleuse. — Zwischen Münster und Meppen zweigt nach Osten der M i t t e l l a n d k a n a l ab (Übersichtsplan Seite 36). Von hier ab wird der Verkehr etwas geringer. — Bei Kilometer 166 in Meppen ist L i n k s fahrt vorgeschrieben und durch Schilder angezeigt. Nördlich von Meppen benutzt der Kanal streckenweise das Flußbett der Ems. Bei Dörpen tritt der K ü s t e n - k a n a l von Osten heran (Seite 131 f). Bei Herbrum ist die S e e s c h l e u s e. —

D i e F a h r t ist nicht interessant. Die Kanäle führen meist fern von jeder Ortschaft ereignislos durch flaches Land. Doch der Schiffsverkehr sorgt dafür, daß man nicht einschläft: Die meisten Binnenfrachter müssen ja langsamer laufen. Das Überholen im Sog eines Tiefgeladenen erfordert Konzentration. Sind Entgegenkommer auf dem Weg, kriecht man geduldig hinter dem langsamen Vordermann her. Man zählt die Kilometer und freut sich, daß man der Seeschleuse von Herbrum näher und näher kommt. — Und dann geht auf einmal alles sehr rasch: Nördlich von Meppen benutzt der Kanal das Flußbett der Ems. Da gibt es Biegungen, freiere Landschaft, oft auch mehr Raum. Ein wenig schiebt die Flußströmung seewärts. Und acht Kilometer nach der Einmündung des Küstenkanales ist es soweit: Unscheinbar-unauffällig liegt im Grünen d i e S e e - s c h l e u s e v o n H e r b r u m. Hier endet der Binnenfluß. Gezeitengewässer beginnt. Für den Binnenländer ein neues Erlebnis! (Nach Fertigstellung einer Abkürzungsstrecke soll der Kanal später bei Papenburg in die Ems münden.)

G e n e h m i g u n g : Für Wanderfahrten erhält man die Genehmigung für die Kanalfahrt bei einem der Wasser- und Schiffahrtsämter in Duisburg-Meiderich, Hamm, Münster, Dorsten, Rheine oder Meppen. Außer Namen und Anschrift des Schiffers muß der Antrag den Grund der Fahrt (z. B. Wanderfahrt) und Namen und technische Daten des Bootes enthalten.

V o r s c h r i f t e n : Die wichtigsten sind: Die Höchstgeschwindigkeit ist 12 Stundenkilometer. Abends darf man nur bis 1 Stunde nach Sonnenuntergang fahren (manchmal sind aber durch Aushang längere Fahrtzeiten gestattet). Man darf überholen und überholt werden. Doch segeln darf man nicht.

B. Die Ems bis Emden

Der Fluß Ems entspringt im Teutoburger Wald und ist bis Emden nur 350 Kilometer lang. Mit seinem Oberlauf ist nichts rechtes anzufangen (Plan S. 36), doch wo 90 Kilometer oberhalb Emdens der Dortmund-Ems-Kanal in den Flußlauf eintritt, wird er eine wichtige Wasserstraße, auch für kleine Seeschiffe, die ihre Masten legen. Emden ist ja durch diesen Wasserweg ein Hafen des Ruhrgebietes. — Bei der S e e s c h l e u s e v o n H e r b r u m endet der kanalisierte Flußlauf, und Tidengewässer beginnt. Da wird die Ems sehr charaktervoll. Bis P a p e n b u r g ist sie noch ein Fluß mit festen Brücken. Bei Papenburg kann man den Mast stellen und begegnet den ersten Seeschiffen und zwar zuweilen recht großen. — Weener und die sehr schöne alte Hafenstadt L e e r liegen am Wege. Leer darf man nicht auslassen. — Von Leer kann man durch L e d a und J ü m m e in ein Gebiet ganz einsamer stimmungsvoller Wasserarme gelangen. Hierher kommen sogar gelegentlich noch Niederländer!

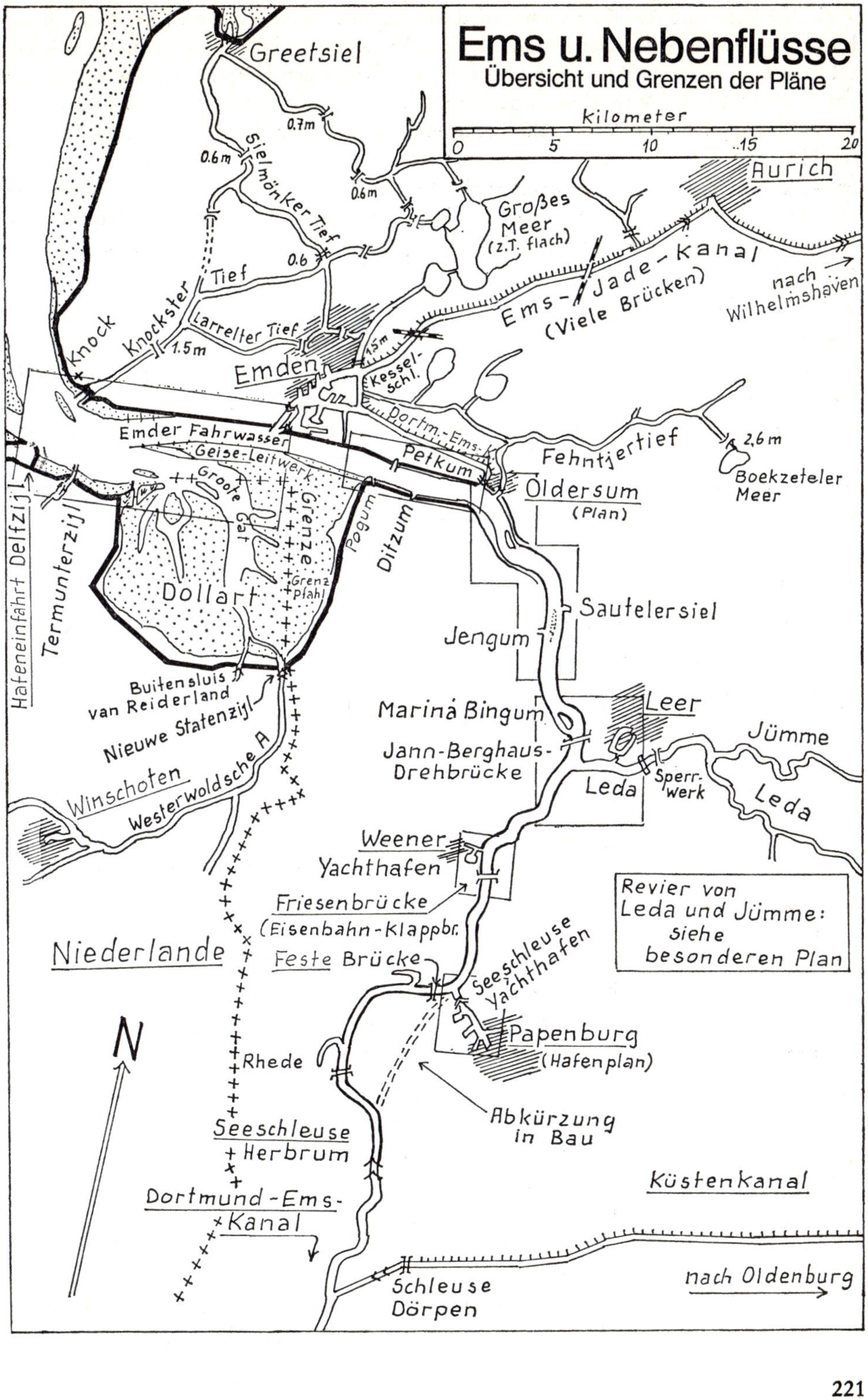
Ems u. Nebenflüsse
Übersicht und Grenzen der Pläne
Kilometer
0 5 10 15 20
Greetsiel
0.7m
0.6m
Sielmönker Tief
0.6m
0.6
Großes Meer (z.T. flach)
Aurich
Ems-Jade-Kanal (Viele Brücken)
nach Wilhelmshaven
Knock
Knockster Tief
Larrelter Tief
1.5m
Emden
Kessel-Schl.
Dortm.-Ems-K.
Emder Fahrwasser
Geise-Leitwerk
Groote Gat
Petkum
Fehntjertief
2,6 m
Boekzeteler Meer
Oldersum (Plan)
Pogum
Ditzum
Grenze
Grenz Pfahl
Dollart
Hafeneinfahrt Delfzijl
Termunterzijl
Sautelersiel
Jengum
Buitensluis van Reiderland
Nieuwe Statenzijl
Marina Bingum
Leer
Jümme
Jann-Berghaus-Drehbrücke
Leda
Sperr-werk
Leda
Westerwoldsche A
Winschoten
Weener Yachthafen
Revier von Leda und Jümme: siehe besonderen Plan
Friesenbrücke (Eisenbahn-Klappbr.
Niederlande
Feste Brücke
Seeschleuse Yachthafen
Papenburg (Hafenplan)
N
Rhede
Abkürzung in Bau
Seeschleuse Herbrum
Küstenkanal
Dortmund-Ems-Kanal
Schleuse Dörpen
nach Oldenburg

Zwischen Leer und Oldersum wird die Ems 1/2 Kilometer breit, hat viele Sportboothäfen, zahllose Ziegeleien und ist ein sehr schöner Teil des Emsgebietes. — Von Oldersum ab zieht die Ems, nun breiter Strom, westwärts. Der reizende kleine Hafen Ditzum liegt am Weg. Dann öffnet sie sich zum Dollart. Emden liegt da und an der niederländischen Seite die sehr besuchenswerten Häfen Delfzijl und Termunterzijl.
Seewärts der Huk Knock beginnt der breite Emstrichter mit seinen weiten Wattengebieten und Fahrwassern. Für ein Sportboot hat sie hier den Charakter des Seegebietes, und zwar eines ungewöhnlich schönen, wenn auch an manchen Stellen recht rauhen. Der Emstrichter hat ein Kapitel für sich (Seite 236 f, 239 f).

Für uns Wasserfahrer steigt der Wert der Ems. Denn anders als bei Weser und Elbe sind hier die Eingriffe durch den Menschen geringer. Dem Bild eines natürlichen Gezeitenflusses kommt die Ems noch am nächsten. Dreimal bin ich im Herbst oder Frühjahr (einmal sogar in der Osterwoche bei Schnee) für acht oder zehn Tage zur Ems geschippert, und jedesmal war es sehr schön. Der Fluß lohnt eine Wanderfahrt unbedingt, und manche bringen sogar ihren ganzen Urlaub hier zu. Eine ganze Anzahl von Sporthäfen entstand. Ich denke, daß nachgerade über 2000 Sportboote von Belang am Emsrevier ihre feste Heimat haben.

Nautische Angaben

Das Fahrwasser ist bei Niedrigwasser 2,5 bis über 4 Meter tief. Von Herbrum bis Papenburg läuft es zwischen Steinschüttung, zuweilen mit kurzen Buhnen. Auf ihren Köpfen sind Stangen mit oder ohne Toppzeichen. Zwischen Papenburg und Leer wird die tiefste Rinne für die Frachtfahrer durch Baken bezeichnet, seewärts von Leer durch Tonnen.

	Tide Verspätung gegen Emden		Hochwasserstand über Kartennull	
	Hochwasser	Niedrigwasser	Springzeit	Nippzeit
Emden	0 h 0 min	0 h 0 min	3,3	3,0
Oldersum	0 h 30 min	0 h 50 min	3,1	2,8
Leerort	1 h 0 min	1 h 50 min	2,7	2,4
Papenburg	1 h 45 min	2 h 50 min	2,1	1,9
Herbrum, Seeschleuse	2 h 40 min	4 h 0 min	1,6	1,4
Leda, Wiltshausen	1 h 20 min	2 h 30 min	—	—
Leda, Potshausen	2 h 20 min	3 h 30 min	—	—
Leda, Dreyschlot	3 h — min	4 h 15 min	—	—

Tidenhub und Hochwasser: Bei Papenburg ist Hochwasser 2 Stunden, Niedrigwasser 3 Stunden später als in Emden. Flußab fahrend hat man also „kurze Tiden"! — Der Tidenhub (etwa 3 Meter) nimmt von Emden bis Leer nur wenig, danach deutlich ab (Einzelheiten Tabelle). Westlicher Starkwind erhöht, östlicher oder südöstlicher senkt den Wasserstand. — T i d e n s t r ö m u n g : Bei Herbrum ist nur auslaufende Strömung. Bei fallendem Wasser strömt es recht kräftig! — Seewärts von Papenburg gewinnt auch einlaufende Strömung an Kraft. Zwischen Leer und Emden herrscht ausschließlich der hin- und hersetzende Tidenstrom. Geschwindigkeit etwa 2 Knoten mit örtlichen Unterschieden. Westwind verstärkt einlaufende, Ostwind auslaufende Strömung.

Seeschleuse Herbrum bis Leer (Plan S. 221, 227)

Herbrum: Die Seeschleuse mit zwei Kammern liegt freundlich im Grünen. Liegeplatz für Yachten und Zeltplatz sind an der tidefreien Seite. Auch seewärts der Schleuse kann man festmachen. Einkaufen im nahen Dorf. Z e i t p l a n : Seewärts von Herbrum sind die Ufer der Ems einem Boot mit Tiefgang nicht zugänglich. Fährt man nur bis Papenburg, so kommt es auf die Tide nicht sehr an. Sonst sind zum Ausschleusen Hochwasser oder erste Hälfte fallenden Wassers der beste Zeitpunkt. Wichtig ist die Dauer des Tageslichtes: im Dunkeln zu fahren ist erlaubt, doch ungesund.

N a c h A u s s c h l e u s e n führte einen bei fallendem Wasser die Strömung rasch durch die 100 bis 150 Meter breite Ems durch menschenleere, eindrucksvolle Landschaft. Die sandigen Ufer traten heraus, Baumwurzeln ragten zwischen kurzen Buhnen aus dem Wasser, Moorboden bildete steile Randböschung. Heute freilich ist Steinschüttung gelegt. — Es ist ja das Gebiet der E m s l a n d m o o r e. Dicht sind sie von schmalen Kanälen durchzogen. Lockte nicht die See, so möchte man wohl mit kleinem Boot durch eine der kleinen Sielschleusen in das System der Moorkanäle einfahren und es abenteuernd erkunden. — 3 Seemeilen flußab von Herbrum kreuzt die S t r a ß e n - b r ü c k e von Rhede. 1 Kilometer später zweigt ein Emsarm zum Dorf R h e d e ab. 2 Seemeilen später eine weitere Brücke. Der Fluß läuft hier ostwärts. Kurz vor seiner Biegung nach Norden folgen dicht hintereinander: große Brücke, Hochspannungsleitung (10 Meter hoch) und Einfahrt zum V o r h a f e n P a p e n b u r g (Plan).

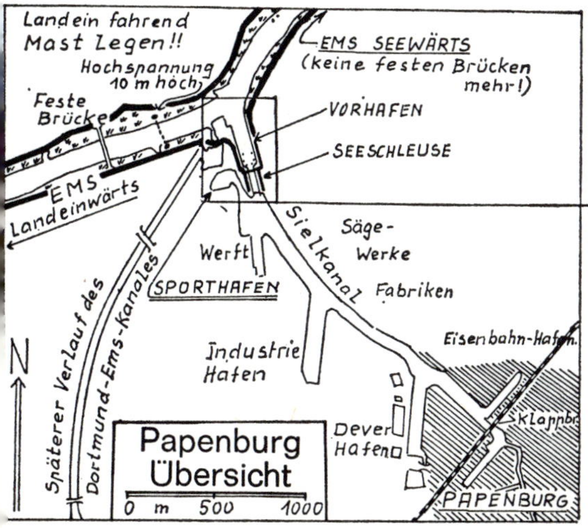

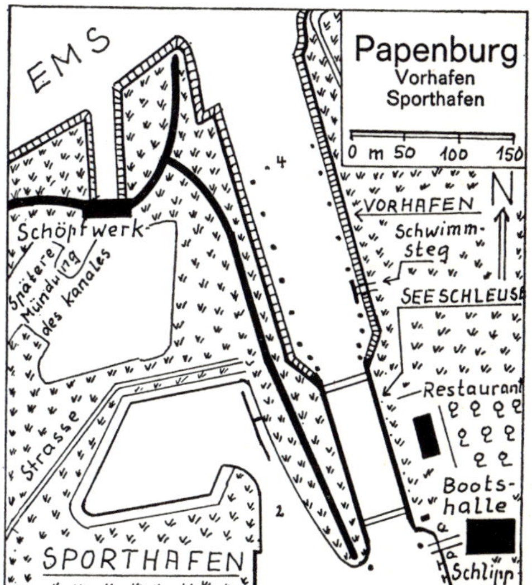

Papenburg (Plan Seite 223, 221)

Stämmige Seeschiffe fahren bis Papenburg; 6000-Tonner baut die Werft der Stadt. — Papenburg liegt hinter einer Seeschleuse 3 Kilometer von der Ems entfernt. Der neue Sporthafen liegt gleich hinter der Seeschleuse. Bei meinen frühen Fahrten vor 15 Jahren fand ich Papenburg eine liebenswerte stille Kleinstadt vom Charakter der Fehnsiedlung (ein Kanal zwischen zwei Häuserreihen. Hinter jedem Haus der zugehörige Acker. Endlos konnte man im Netz der Fehnkanäle fahren). — Heut hat sich Papenburg Industrie verschrieben. Die verbreitet Lärm, Rauch, Unruhe und — wenn sie nicht genug Aufträge hat — Sorge. Ich sehe keinen rechten Grund mehr für ein Sportboot, die inneren Häfen anzulaufen, außer um einzukaufen, für Treibstoff oder Reparatur. Es gibt Kajen genug. Was wichtig ist, zeigt der Plan.

Der Vorhafen an der Ems ist Tidehafen. Etwa 250 Meter lang, 70 breit, Böschung an den Ufern, still in einsamem Grünland. Es gibt einen kurzen Schwimmsteg und einen noch kürzeren festen (Tidenhub 2 Meter). — Auf Wanderfahrt zum Übernachten oder Maststellen würde ich im Vorhafen bleiben. Etwa 10 Schiffe passieren pro Tag. Hektisch ist's nicht.

Die Seeschleuse gibt Zugang zum sog. Sielkanal, dem Fahrweg zu den Stadthäfen. An der Seeschleuse Trinkwasser und ein etwas verschlafenes Restaurant. Alle übrige Versorgung im Ort. Wer schleusen will, kann „lang, lang, kurz, kurz, lang" tuten. Doch ich bin lieber ausgestiegen und hab mit dem netten Schleusenmeister kurzen Klönschnack gemacht. Schleusungszeit: 06 bis 20 Uhr im Sommer.

Sporthafen Papenburg ist ein etwa 100 mal 150 Meter großes tidefreies Becken gleich hinter der Seeschleuse (Plan). Der Hafen liegt abseits der Ortschaft still im Grünen. Er sollte noch genug Platz haben und für zeitweiliges stilles Verweilen eigentlich recht nett sein. Der Yachtclub Papenburg betreut ihn. Besondere Einrichtungen, außer Schlipp und Bootshaus, gab es bei diesem neuen Sportbootplatz noch nicht.

Papenburg bis Leer

Der Fluß ist 150 bis 200 Meter breit. Ab Papenburg beginnt eine Kilometerbezeichnung. Das tiefste Fahrwasser wird durch Baken markiert. Ist es (von See einlaufend) an Steuerbord, so stehen dort rautenförmige Tafeln, oben schwarz, unten weiß. Läuft es an der Backbordseite, so sind dort rechteckige rote Tafeln mit weißem Rand. Ich selber habe mich mit meinem 1-Meter-Boot auch bei Niedrigwasser nicht darum gekümmert, sondern von Ufer zu Ufer gekreuzt, wenn zu kreuzen war. Nur von der Innenseite von Krümmungen habe ich mehr Abstand gehalten. — Kabelbaken an beiden Seiten bezeichnen Ankerverbote. — Nicht selten stehen in Ufernähe Festmachedalben, die man bei Dunkelheit nicht umrennen darf.

Sieltiefs im Grünland sind reichlich auf dieser Strecke. Sie waren früher, als sie noch mit Torfschuten belegt waren und eine kleine Kaje sowie Zugang durch die Sielschleuse nach binnen hatten, attraktiver als sie es jetzt sind. Man muß sie selber erkunden.

Die Friesenbrücke (Eisenbahnbrücke) liegt bei km 7 dicht flußauf von Ort und Hafen Weener. Bei geschlossener Brücke können nahe Niedrigwasser 6 Meter hohe Boote passie-

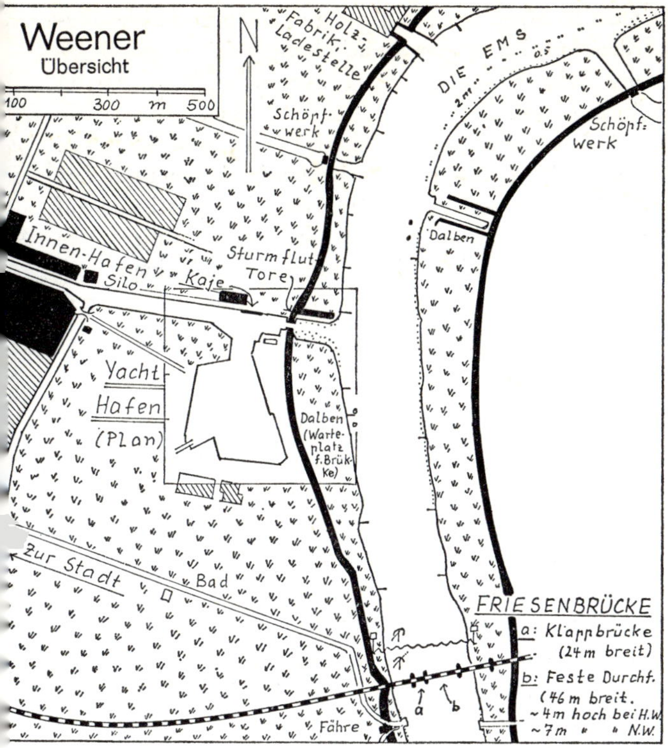

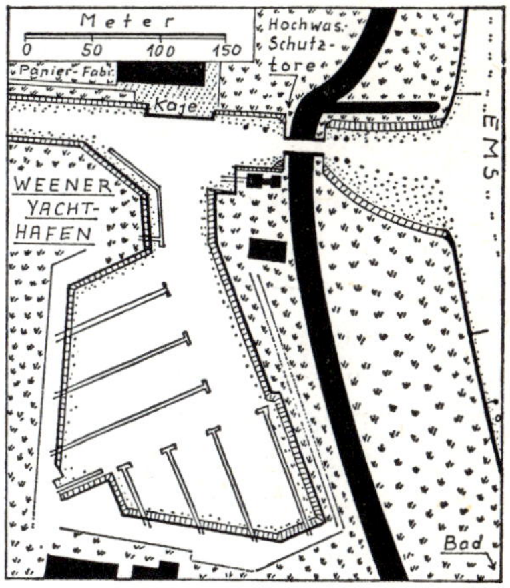

ren, 4 Meter hohe bei Hochwasser (Brückenpegel stehen bei Kilometer 6,0 und 7,5). Man benutzt die breite östliche Durchfahrt (nachts Rot und Grün an den Seiten). — Zum Öffnen der Brücke gibt man zwei lange Töne und abends zwei weiße Lichter nebeneinander. Die Brücke wird nur bis eine Stunde nach Sonnenuntergang geöffnet und nur in Anpassung an den Eisenbahnfahrplan! Bei Papenburg, Leer und Emden sind die Zeiten angeschlagen. Bei Sturm oder Nebel streikt die Brücke. Lichtsignale: 2 mal rot = öffnet nicht. 1 mal rot = in Vorbereitung. Grün = Passage frei (aber Gegenverkehr beachten). — Ankern nicht näher als 300 Meter. Bei der Brücke sind Festmachepfähle. Kommt man bei achterlichem Starkwind mit viel Tuch dahergeschnaubt, bedenke man frühzeitig seine Manöver!

Yachthafen Weener wird unter den Sporthäfen der Ems eine bedeutende Stellung einnehmen. Das Hafenbecken für die Sportboote ist neu. Ein Yachthafen in industriefreier Umgebung, der nach vollem Ausbau über 250 Plätze haben wird und auch erweitert werden kann.

Weener ist mit 6000 Bewohnern ein freundliches Landstädtchen. Um den Ort herum liegen viele Baumschulen. Weener hat eine sehr alte Seefahrtstradition; als Hauptstadt des reichen Rheiderlandes hatte es einen früher bedeutenden Hafen, der Emden erhebliche Konkurrenz gemacht hat. — Heute hat der Handelshafen nur noch ganz selten ein kleines Küstenschiff an der Kaje.

Einfahrt und Hafen: Handelshafen und Sporthafen haben ihre gemeinsame Einfahrt 800 Meter nordwärts der Friesenbrücke an der Westseite der Ems (siehe Plan).

Einlaufend durchfährt man zuerst die 10 Meter breite Öffnung von Hochwasserschutztoren im hohen Deich. Die werden nur bei ungewöhnlich hohem Wasserstand geschlossen. Die Einfahrt mag (wenn nicht gerade gebaggert wurde) bei N.W. $^3/_4$ bis 1 Meter Tiefe haben; es kommt darauf an, in der tiefen Rinne zu fahren. — Innerhalb der Schutztore ist rechts eine kurze Kaje vor der Papierfabrik, links geht es in den neuen Sporthafen und geradeaus in einen 600 Meter langen Hafenschlauch, dessen Ende fast 200 Meter Kaje hat, aber meist trockenfällt. — Welche Wassertiefe im Sporthafen auf Dauer gehalten wird, ist schwer vorauszusagen. — Weener hatte schon immer einen Segelclub (S. V. Weener) und hat damit die üblichen Einrichtungen eines kleinen, doch aktiven Clubhafens. Der Sporthafen, in dem man Plätze auch für ein oder mehrere Jahre mieten kann, gehört der Gemeinde.

Leer

Eine der schönsten Hafenstädte Deutschlands!! Stadt und Hafen voll Charakter. Der Liegeplatz vor dem Rathaus und der Alten Waage könnte schon in den Niederlanden sein. — Der Hafen Leers, geräumig, tief, tidenfrei und interessant, war ursprünglich eine Flußschlinge der Leda, die die Halbinsel „Nesse“ einschloß. Heut sind auf der Nesse Werften und Industrie. Doch die beiden Hafenarme umschließen sie noch immer.

Die Zufahrt nach Leer erfolgt aus der Ems durch ihren Nebenfluß Leda. Die mündet $^1/_2$ Seemeile südwärts der weit sichtbaren Jann-Berghaus-Brücke in die Ems. Für das Einlaufen in die Leda gilt die Anweisung „halte dich in der Ledamündung etwas dichter am Südufer“. (Die Huk an der Nordseite mit Leerort darf man also nicht zu dicht runden). Zwei Baken, in Linie gehalten, geben das tiefste Fahrwasser der Einfahrt an. — Die Leda ist 100 bis 150 Meter breit und bis zur Seeschleuse von Leer bei Niedrigwasser an drei Meter tief. Knapp eine Seemeile flußauf liegt an der Backbordseite die Seeschleuse. Kurz vorher passiert man an den beiden Anlegerampen der früheren Fähre nach Esklum. Die taugen gut als Trailerablaufbahn. — Ankerverbot ist vor dem Hafen und über dem Kabel 200 Meter östlich davon (Kabelbaken). Doch ostwärts davon kann man in der Leda gut ankern. Zumal dann, wenn Sonnenuntergang vorbei ist und die Seeschleuse nicht mehr arbeitet.

Seeschleuse und Außenhafen: Der Außenhafen ist nur ein kurzes Zufahrtstück zur Seeschleuse mit Dalben und Stegen zum Anlegen. Meist macht man hier fest und meldet sich bei der Schleuse. — Die Seeschleuse wurde umgebaut und ist jetzt 174 Meter lang und 18 breit. Sie arbeitet bis 19 Uhr; wird ein Seeschiff erwartet, manchmal auch länger. Samstags, sonntags und an Feiertagen Sammelschleusungen um 08.00, 14.00 und 18.30. Das Schleusen geht rasch. Schallsignal für die Schleuse ist lang, lang, kurz, kurz, lang. Doch ich bin stets zum Schleusenmeister heraufgegangen und habe dabei auch gleich einen Blick in den Hafen geworfen. Windwarnungen an der Schleuse.

Die Innenhäfen haben 2 Kilometer Kajen! Der Industriehafen, ostwärts, ist ungeeignet. Im Handelshafen, nordwärts, sind mehrere Liegeplätze geeignet: An der Westseite hat der Seglerverein Leer Stege, Clubhaus, Schlipp, Winterlager. Findet man Platz, so liegt man gut. — Ich selber habe es mir nicht nehmen lassen, noch 300 Meter weiter zu fahren bis in die Nähe der Brücke, die über den Hafen führt. Dort ist an der Westseite eine viereckig vorspringende Kaje am Rathaus vor der

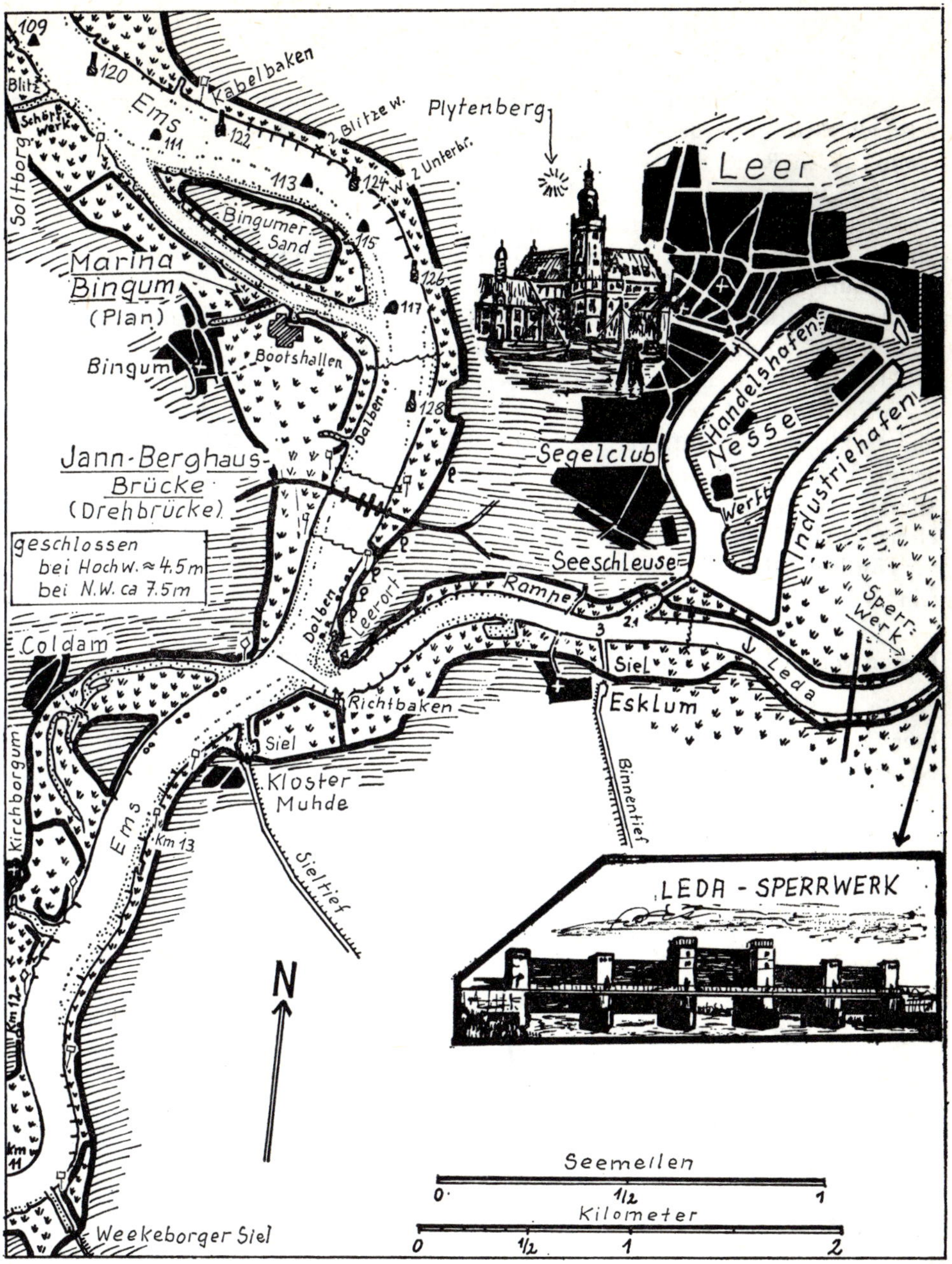

Alten Waage direkt im Zentrum der Stadt. Dort habe ich an einem der kleineren Binnenschiffe festgemacht. Etwas unruhiger ist's als beim Segelclub, doch der Blick auf das Rathaus und die Alte Waage war mir das wert. — V e r s o r g u n g : In Leer gibt es wohl alles, was man für Seefahrt braucht. Kräne sind da, Werften, auch der Seglerverein hat ein Schlipp. Kompaßregulierungen durch die Seefahrtschule. Seekarten kann man beim Segelclub einsehen, doch meines Wissens nur in Emden kaufen. Treibstoff am Bunkerboot.

Stadt und Hafen: Etwas über 30 000 Einwohner hat Leer. Es ist so recht eine alte Handelsstadt, reich geworden im Handelsverkehr mit den Niederlanden; heute vielleicht etwas an den Rand der Welthandelsstraßen geraten, doch gerade deshalb an vielen Stellen so in seiner alten Art geblieben. Das Rathaus am Hafen, die Alte Waage, das Haus Samson, viele andere Handels- und Patrizierhäuser und — das Glockenspiel. Wenn ich an Leer denke, denke ich an das Glockenspiel und kann dann einfach nicht mehr ganz traurig sein. Dann im Weinhaus Wolf: Da stehen die beiden oberen unverändert erhaltenen Stockwerke des Patrizier- und Handelshauses für jeden Besucher offen — es lohnt sehr, sich ruhig eine Stunde Zeit dafür zu nehmen. Viel über Leers Schiffahrt zeigt das Heimatmuseum. Es hat Zeiten gegeben, da in Leer mehr Schiffe luden und löschten als in Emden. — Mittelgroße Seeschiffe fahren heute bis Leer. Doch viel interessanter sind die kleinen: Küstenfahrer, Flußschuten, Tjalken mit Motor, Kabelleger und zuweilen sogar so ausgefallene Dinge wie Grönland-Robbenjäger: bullig stark gebaute kleine Schiffe aus Holz, weiß, mit geräumiger Ausgucktonne im Mast. Fischdampfer nach Island. Heringslogger freilich gibt es nicht mehr. Dabei ist der Heringsfang auf der Doggerbank der Nordsee bislang ein wichtiger Erwerbszweig gewesen, und „Hering mit Pellkartoffeln" war die billigste Volksmahlzeit.

Region von Leda und Jümme (Plan unten sowie S. 36, 221)

Das ist ein System gezeitendurchpulster kleiner Flüsse und stiller Kanäle ostwärts von Leer (Plan unten). Diese Region ist ein noch fast unberührtes Paradies für den, der Natur und Stille sucht — eines der wenigen, die uns in Deutschland verblieben sind.

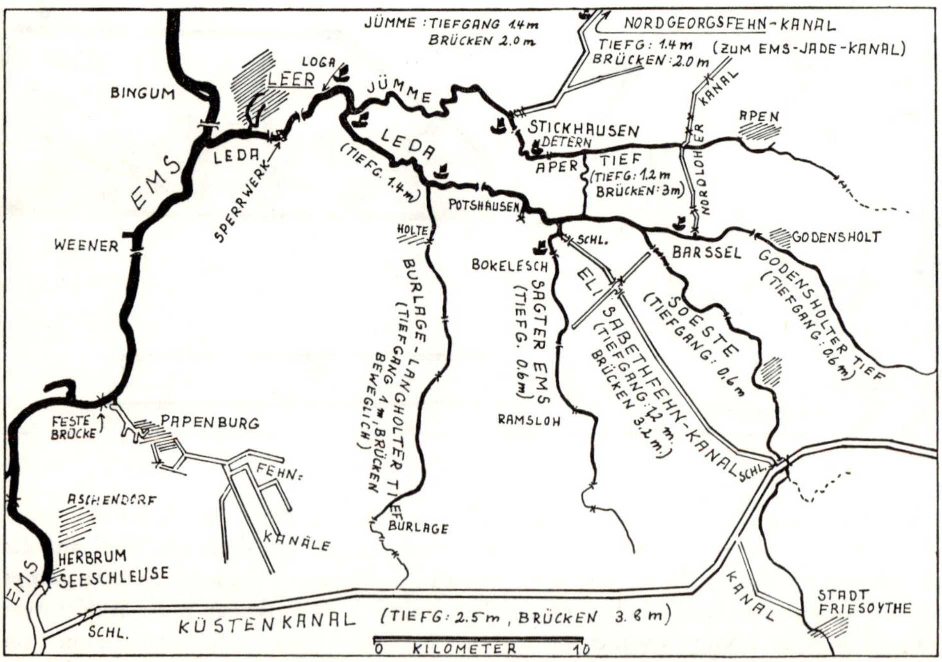

Zufahrten: a) Durch Ems und Leda: Kurz hinter Leer muß man unter dem Sperrwerk passieren und dazu den Mast legen. Gezeiten Seite 222. Liegeplätze siehe unten. — b) Durch den Elisabethfehnkanal aus dem Küstenkanal. Tiefgang und Brückenhöhe siehe Plan sowie Seite 132. — Der Weg führt durch einsame Landschaft, halb Wiesen, halb Wald. Am Grasufer des Elisabethfehnkanales kann man, Leine um Baumstamm, überall festmachen und so lange verweilen, wie der Urlaub reicht. Viele tun dies. Man freut sich an den kleinen weißen Klappbrücken und den rot gestrichenen Holzhebeln der Schleusen. — c) Aus Ems-Jade-Kanal durch den Nordgeorgsfehnkanal. Hier wie in dem ganzen Gebiet gilt der Friesenspruch, daß Gott zwar die Zeit schuf, doch von Eile nichts sagte.

Liegeplätze: Ich nenne Loga mit Anleger und Schwimmstegen, Stickhausen mit Anleger (und Burg), Wilshausen mit Schwimmstegen, Detern mit Schwimmstegen, Barssel mit Anleger und dem Nordloher Kanal dahinter, Nordgeorgsfehn (am Kanal) und das reizende Bokelesch mit Schwimmstegen und Restaurant ganz im Stillen. (Gewiß habe ich Plätze, die auch noch nett sind, übersehen). — Natürlich müßte ich auch von den Fehnkanälen (die im Plan nicht eingezeichnet sind) und ihrer Bewirtschaftungsform erzählen.

Leer bis Emden (Plan S. 221, 227, 232, 234, 235)

Seewärts von Leer wird die Ems 1/2 bis 1 Kilometer breit, bildet einige Inseln, auch einige veränderliche Bänke. Mit mäßigem Tiefgang kann man die ab halber Tide meist vergessen und von Ufer zu Ufer kreuzen. Doch tiefgehende Yachten sollten — außer mit neuer Seekarte — im Fahrwasser bleiben. Oft liegt nur einseitige Betonnung. Dann fährt man zwischen Tonnenreihe und Ufer. — Die Befeuerung ist verbessert worden. Dennoch würde ich als Ortsfremder besser nur solange fahren, wie ich Ufer und Buhnenköpfe erkennen kann und nicht vergessen, daß man im Dunkeln Entfernungen nicht mehr abschätzen kann.

Jann-Berghaus-Drehbrücke: 1 Seemeile nördlich der Leda-Mündung ist die letzte Brücke der Ems. Ungeöffnet ist die lichte Höhe bei N.W. etwa 7 Meter, bei H.W. mehr als 4,5 Meter, solange der weiße Strich am Westpfeiler sichtbar ist. Genügt dies, so läuft

Blick von der Jann-Berghaus-Brücke flußaufwärts auf den Zusammenfluß von Leda und Ems. Ganz links die Wälle der früheren Festung Leeort. Die Signalanlagen sind heute anders.

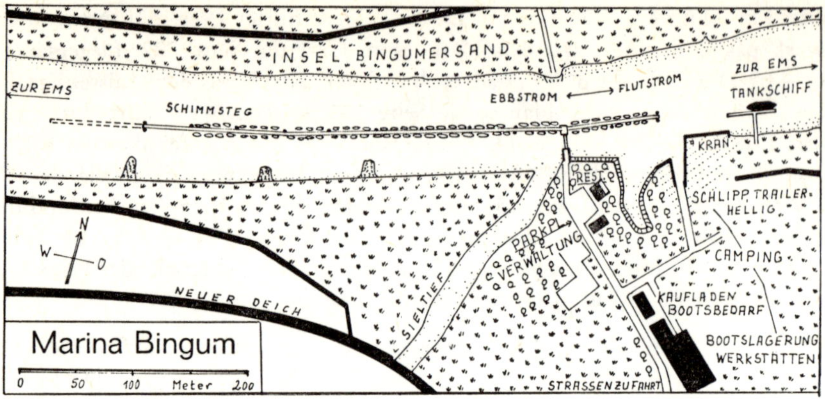

man durch die 75 Meter breite, nachts mit fest rot und grün bezeichnete Durchfahrt westlich vom drehbaren Brückenteil. Wird die Brücke geöffnet, dann muß man durch die jeweils rechte der beiden je 32 Meter breiten Durchfahrten laufen. — Zum Öffnen Schallsignal lang, lang. Nicht immer kann die Brücke gleich öffnen. So muß man Strom und Wind bedenken. Es gibt 600 Meter oberhalb und unterhalb der Brücke Dalben zum Festmachen. Ankern nicht näher als 500 Meter. — Lichtsignale der Brücke: 2 rot: kann nicht öffnen, 1 rot: bereite Öffnen vor, grün: passieren. — Die Brücke arbeitet nur bis Sonnenuntergang und nicht bei Sturm oder Nebel. Beim Hindurchsegeln muß man sich sehr auf Windabdeckung und böige Umlenkung einrichten. Damit eine Patenthalse keinen Schaden stifte, habe ich die Großschot sehr dicht geholt.

Bingumer Sand ist eine Insel $^{1}/_{2}$ Seemeile nördlich der Jann-Berghaus-Brücke am Westufer; 1000 Meter lang, 400 breit, in der Mitte umdeicht. Ein Arm der Ems zieht von Nordwesten hinter die Insel. Da liegt die Marina Bingum.

Marina Bingum mit über 120 Yachtliegeplätzen ist eine private Unternehmung der Familie Seisel. Mag es auch etwas teuerer zu stehen kommen als in den Yachthäfen der Clubs, so hat es für den Eigner aus dem Binnenland oder den hochbeschäftigten Mann, dem einfach die Zeit fehlt, sich um das Boot selber zu kümmern, auch viele Vorteile. Ich hatte bei meinem Besuch einen guten Eindruck. — Seewärts liegt keine Brücke mehr. 22 Seemeilen bis Delfzijl, 36 bis Borkum. Der Hafen ist mit Yacht geringen Tiefganges von Nordwesten her ständig anzulaufen. Tiefgehende Yachten können ein bis zwei Stunden nach N.W. wohl schon immer herein. Eine ortsfremde Yacht sollte bei niedrigem Wasserstand nach meiner Meinung besser von Westen her einlaufen. Die Zufahrt von Osten ist etwas flacher und schmaler. — Ein sehr langer, breiter Schwimmsteg mit Beleuchtung, Strom und Trinkwasser liegt in dem etwa 80 Meter breiten Nebenarm in stillem Grünland. Die Wassertiefe an der Nordseite ist bei N.W. wechselnd $^{1}/_{2}$ bis fast zwei Meter. Die Südseite ist flacher. Am Steg läuft zeitweilig Strömung von 1 bis $1^{1}/_{2}$ Knoten; beim Anlegen will sie sehr beachtet sein! — Die Zufahrt von Westen war bei N.W. etwa 0,7, die von Osten 0,3 Meter tief. Doch verändern sich die Tiefen.

Daten: Liegeplätze mit Süßwasser und Elektrizität. Tankschiff für Diesel und Benzin (auch zollfrei). Kran bis 3 Tonnen, Schlipp für Trailer und Yachten bis 22 to und 15 Metern. Lebensmittel, Duschraum, Restaurant und Camping, Bootsausrüstung, Werkstätten, Winterlager in Halle oder Freiem. Charterboote.

Die Ziegeleien prägen diesen Abschnitt der Ems. Es ist ja angeschwemmtes Delta-Land. Ob Euphrat, Tigris, Ganges, Nil oder Ems, stets gibt es da nur „künstliche" Steine, eben Ziegel. Dort genügt's, sie an der Sonne zu trocknen. In unserm Regenland muß aufs Lufttrocknen Brennen folgen, damit sie wasserfest werden. Im Torffeuer geschah das. So gehörte der Stichkanal zur Ems und der kleine „H a f e n" für die Torfschute ebenso zum Bild wie der große Schornstein. Unter Segeln freilich fahren sie nicht mehr. Doch welch ein Bild wäre das, würde die Flußlandschaft noch durch die braun gelohten, langsam ziehenden Segel belebt, so wie im Delta des Tejo die Fregatas bis vor fünf Jahren ihre Fracht ohne Motor nur unter Segeln fuhren!

Jengumer Sand ist ein veränderlicher langer Mittelgrund in der Ems. Er beginnt südlich Jengum, ist bei Jengum bei Niedrigwasser etwa 1,2 Meter tief und fällt 1/2 bis 1 1/2 Seemeilen weiter nordwärts bis 1 Meter hoch trocken! Die Betonnung hält von ihm frei. — Jengumer Sand war früher Insel. Wo jetzt das Fahrwasser läuft, lag das Dorf Osterwinsum.

Jengum (Plan Seite 232) hat einen Yachthafen, in dem weit über 50 Boote liegen. Der Hafen ist klein, doch sehr stimmungsvoll. Und da auch das kleine Dorf ein Platz voll Charakter ist, sollten wir es tun, wie die Bark, die dem kuriosen Kirchturm als Wetterfahne dient: Die hat unter Besansegel beigedreht. Jengum hat einen 200 Meter langen Hafenschlauch. Außer einer Sandschute kein Frachtverkehr. Innen im Hafen 60 Meter Kaje. Rechter Hand an 70 Meter Holzkaje die Plätze des Seglervereins. Links 25 Meter langer Schwimmsteg. Das Clubhaus nett unter Bäumen. Kran (6 t) und Trailerrampe. Ein liebenswerter Platz. Man fällt trocken auf weichem Mud. Gut vertäuen, da Sog und Inschot.

Yachthafen Sautelersiel (Plan S. 232) liegt am Ostufer 1 1/2 sm nördlich von Jengum. Da ist vor neu erbautem Schöpfwerk ein 40 mal 70 Meter großes Becken. An seinen Seiten sind Schwimmstege für etwa 40 Yachten. Innen vor dem Siel sind einige Gastplätze. — Die Seiten des Beckens (und damit die Yachten) fallen trocken. Der kleine Hafen liegt sehr nett direkt an der Ems. Trinkwasser, elektr. Strom, kleiner Kran, doch Einkaufen nur im 6 km entfernten Dorf Neermoor. — Der kleine Hafen gehört dem Yachtclub Aurich, Schöpfwerksmeister Frerichs betreut ihn. Es sind nette Leute, die den guten Brauch pflegen, an freien Liegeplätzen auf einem Schildchen zu vermerken, wie lange er frei bleibt. — Beim Anlaufen von Süden an Jengumer Sand denken!

Oldersum (Plan S. 221, 232)

Beim Hafen Oldersum, 6 Seemeilen westlich von Emdens Hafeneinfahrt, verschwinden all die Binnenschiffe von der Ems, schleusen ein und erreichen den Emder Hafen durch die Hintertür. So gibt es in Oldersum z w e i H a f e n e i n f a h r t e n : den Vorhafen zur Kanalschleuse und den Stadthafen. Eingeschleust hat man Zugang zu Oldersums Binnenhafen, zum Kanal nach Emden und dem Netz der kleinen Kanäle Ostfrieslands.

D e r V o r h a f e n liegt hinter auffälligen, befeuerten Molenköpfen. Zahlreiche Pfähle stehen für die auf Schleusung wartenden Binnenschiffe. Für Sportboote ist h i n t e r den Pfählen der Westseite ein etwa 60 Meter langer Schwimmsteg. Wurde nicht gerade gebaggert, dann fällt man bei N.W. nahezu trocken. Doch ist es sehr weicher Mud, in den auch eine Kielyacht gut einsinkt. — D i e S c h l e u s e ist 100 Meter lang und 10 breit. Doch die Durchfahrt ist, oh Kummer, wegen einer festen Brücke nur 4,0 Meter hoch. — Innerhalb der Schleuse sind 200 Meter landein im Kanal Liegeplätze für ein-

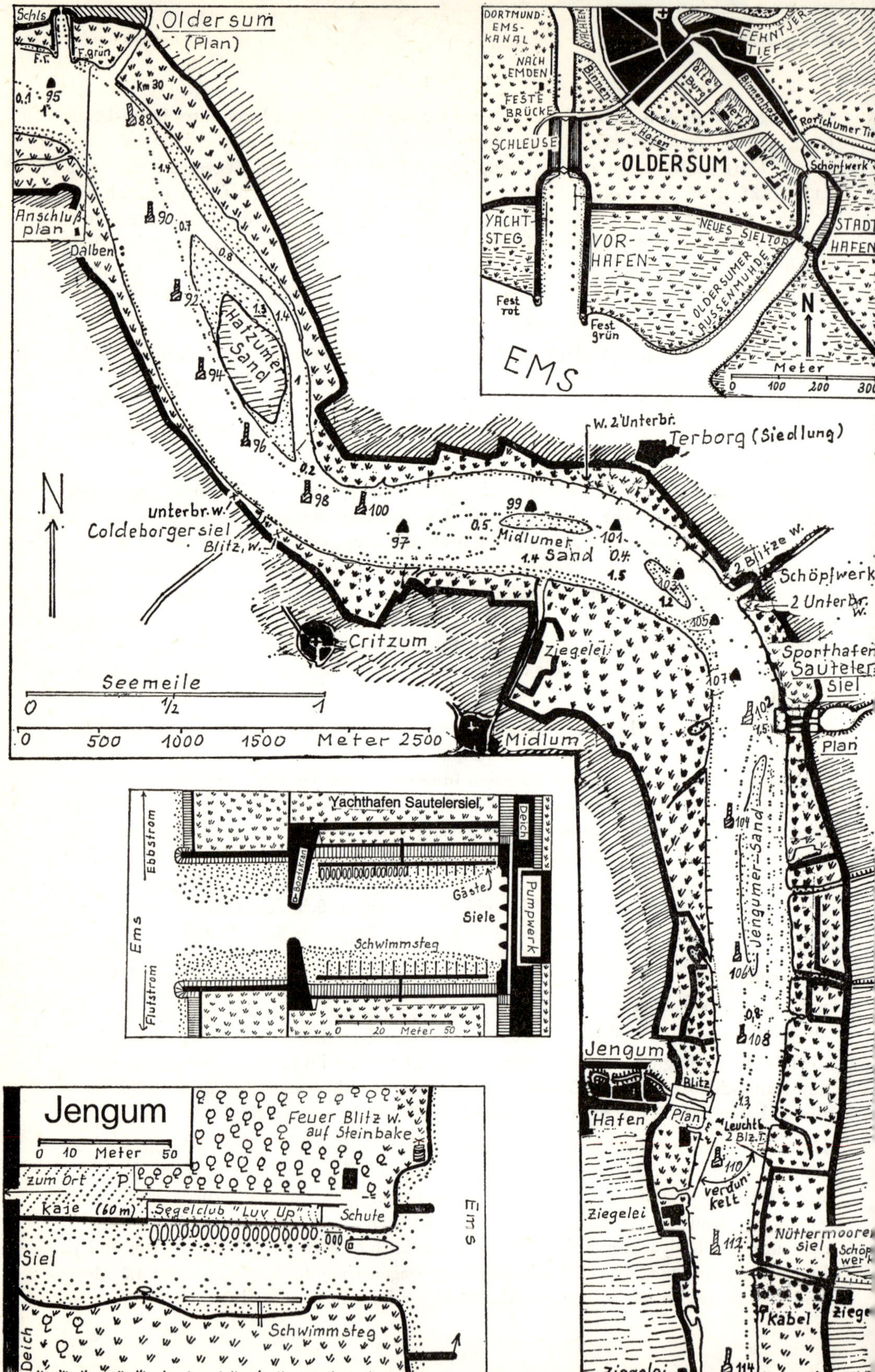
Oldersum (Plan)
Schls
F.r.
F.grün
Km 30
Anschluß plan
Dalben
Hatzumer Sand
unterbr. w.
Coldeborgersiel
Blitz, w.
Critzum
Midlum
W. 2 Unterbr.
Terborg (Siedlung)
Midlumer Sand
Schöpfwerk
2 Blitze w.
2 Unterbr. w.
Ziegelei
Sporthafen Sautelersiel
Plan
Jengumer-Sand
Jengum
Hafen
Blitz
Plan
Leuchtf. 2 Blz.
verdunkelt
Ziegelei
Nüttermoorer siel
Schöpfwerk
Kabel
Ziegelei
Seemeile
0 1/2 1
0 500 1000 1500 Meter 2500
N
DORTMUND-EMS-KANAL
NACH EMDEN
FESTE BRÜCKE
SCHLEUSE
Binnen Hafen
Alte Burg
Werft
OLDERSUM
FEHNTJER TIEF
Rorichumer Tief
Schöpfwerk
YACHTSTEG
VORHAFEN
NEUES SIELTOR
OLDERSUMER AUSSENMUHDE
STADTHAFEN
Fest rot
Fest grün
EMS
N
Meter
0 100 200 300
Yachthafen Sautelersiel
Deich
Ebbstrom
Ems
Flutstrom
Bootskran
Gäste
Pumpwerk
Siele
Schwimmsteg
0 20 Meter 50
Jengum
0 10 Meter 50
Feuer Blitz w. auf Steinbake
zum Ort
P
Kaje (60 m)
Segelclub "Luv Up"
Schute
Ems
Siel
Schwimmsteg
Deich

heimische Yachten mit den üblichen Einrichtungen eines Yachtclubs. Auch in den Kanälen des Ortsinneren kann man liegen (Stadtbrücke 2,2 Meter lichte Höhe). — Der Kanal führt zum Emder Hafen.

Der Stadthafen liegt östlich davon an der unauffälligen Einfahrt der Oldersumer Außenmuhde. Ein neues Sieltor wurde vor seiner Mündung erbaut. Es steht offen. Innen findet man in dem 160 Meter langen Becken Platz zum zeitweiligen Festmachen neben Schuten oder Kähnen, hat es aber manchmal schwer, Landverbindung zu bekommen. — Im Fehntjer Tief ist für Boote bis 1,1 Meter Tiefgang und 2,6 Meter Höhe stiller Liegeplatz unbegrenzt.

Der Ort Oldersum ist nur ein Flecken mit 2000 Bewohnern. Doch den Rundgang durch die an die Niederlande erinnernden Straßen (mit Kanal nebendran) und den Weg über den Deich an den Werften vorbei habe ich in netter Erinnerung. Alle Binnenschiffe Deutschlands scheinen hier gebaut zu werden, so emsig wird geschweißt und genietet. Alles, was Berufsschiffahrt braucht, gibt es, und zwar vergleichsweise billig, zumal Tauwerk. Eine Rolle geteertes Schiemannsgarn hab ich mir mitgenommen. Fehlte damals auch noch die Zeit für lange Fahrten, — daheim an dem Teerzeug zu riechen und von großen Segelreisen zu träumen, dafür taugte es gut.

Oldersum bis Emden (Ditzum, Petkum, Pogum)

Bei Oldersum biegt die Ems nach Westen. 3 Seemeilen bis zum Dollart, 3 weitere bis Emdens Hafenmolen. Ein Zollposten mit Lautsprecher und Hörgerät ist in einem Häuschen auf Betonbeinen am Deichfuß bei Gandersum am Nordufer. Yachten werden nach Namen und Zielhafen angepreit; man ruft zurück, so laut man kann. Manchmal erhält man Weisungen. Sportboote von Vereinen der Ems zeigen blaue Flagge am Heck, wenn sie Zollgut führen, grüne, wenn nicht. — Drei kleine Häfen liegen vor dem Dollart dicht nebeneinander. Der stämmigste ist Ditzum; Pogum war das „Endje van d'Welt".

Der Hafen Ditzum liegt an der Südseite der Ems 1 Seemeile vor der Öffnung zum Dollart. Bei Hochwasser können Schiffe bis über 2 Meter Tiefgang einlaufen, bei Niedrigwasser fallen manche Stellen trocken, an anderen bleiben ½ bis 1 Meter Wasser. Es gibt Fährverbindung nach Petkum. Oft legt die Fähre nicht im Hafen, sondern am

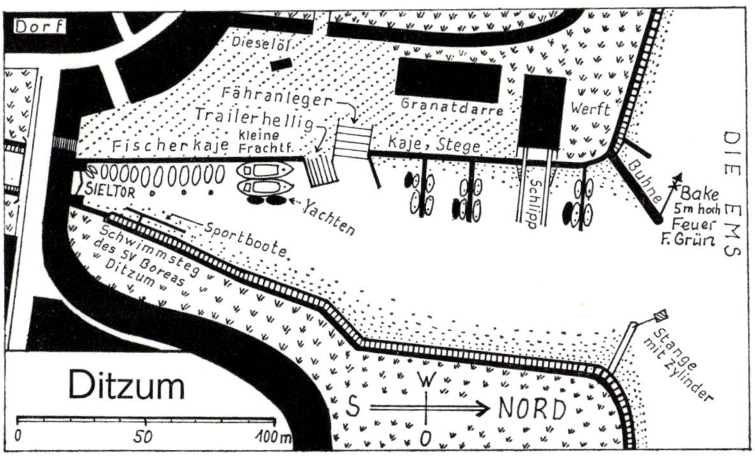

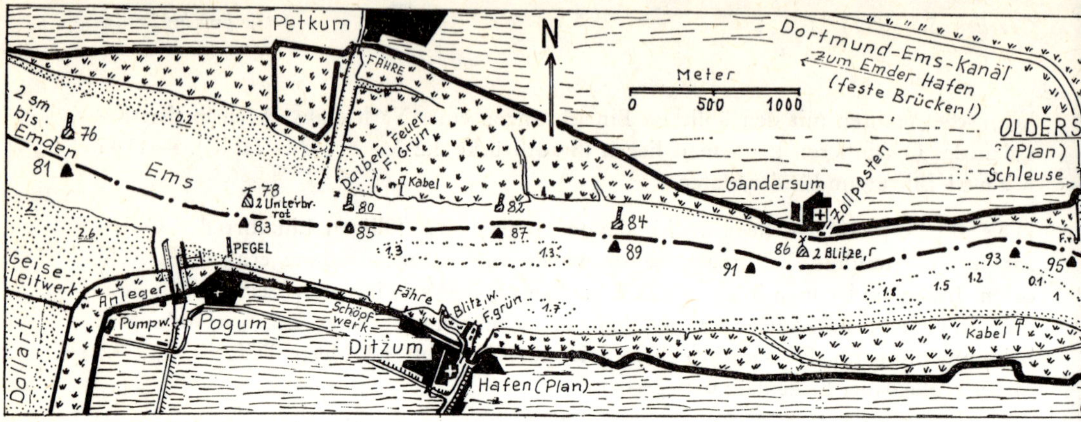

Anleger der Ems an. — Der Hafen ist 200 Meter lang; an der Westseite sind 100 Meter Kaje und drei lange Stege. Der Segelverein Boreas Ditzum hat an der Ostseite einen trockenfallenden Schwimmsteg meist mit Dauerliegern belegt. Der Hafen steckt voll Originalität. Eine Granatfischerflotte ist da und eine bekannte Werft zum Bau von Fischerbooten oder Yachten vom Kuttertyp oder niederländischen Flachbodenyachten. Ditzum hat noch unverändert die Atmosphäre des kleinen Nordseehafens alten Stiles. Als solcher lohnt er einen Besuch. — Den fünf Meter hohen Dalben mit Kegeltoppzeichen läßt man beim Einlaufen an Steuerbord. Nachts trägt er ein Feuer fest grün.

Petkum an der Nordseite der Ems ist ein langes Sieltief. Ein 5 Meter hoher Dalben (nachts fest grün) und weiter innen Stangen mit Körben darauf bezeichnen die Steuerbordseite. Vor dem Siel ist rechts der Fährschiff-Anleger (es ist eine kleine, vollkommen friedlich geartete Fähre). Links ist eine 40 Meter lange Spundwandkaje, leider ganz ohne Leiter, doch mit genug Wassertiefe. Ein kleiner isoliert stehender Sportbootanleger ist stets ganz besetzt. — Lohnend ist Petkum wohl nicht.

Pogum hatte ein sehr einsames Sieltief in der Huk zwischen Ems und Dollart mit schönem weiten Blick über Dollart und Ems nach Emden. Vor der Sielschleuse ist jetzt eine 250 Meter lang ausgebaute, breite Mole. Es macht sich zu einem kleinen Bauhafen heraus. In der Rinne vor den Pumpwerken bleibt fast ein Meter Wasser stehen.

Der Dollart wird auf S. 236 f beschrieben. Eine Steinschüttung, das Geise-Leitwerk, trennt ihn von der Ems. Man darf nicht etwa schlankweg auf Südkurs gehen! Hafenbauarbeiten für Großschiffe sind dort geplant.

Borßumer Siel, 1½ Meilen östlich von Emdens Hafeneinfahrt, bietet im knapp 150 Meter langen Vorhafen Liegemöglichkeit an 60 Meter langer Brücke. Doch scheußlich unruhig ist es bei frischem oder starkem Wind aus Südost bis West.

Emden

(Pläne Seite 221, 237, 240, 252)

Hätten nicht Luftangriffe die schöne Emder Altstadt ausgelöscht, könnte ich schreiben: „Emden ist die schönste Hafenstadt Deutschlands". Heute ist das wiederaufgebaute Emden eine nüchterne Industrie- und Hafenstadt mit einem Höhepunkt: dem in der alten Art aufgebauten Rathaus. Vor dem harmonischen Renaissance-Bau im Ratsdelft zu liegen, läßt ahnen, was Emden einst war. Der Handelshafen, bislang Deutschlands drittgrößter, ist Massengut- und Industriehafen. — Für Sportboote gibt es drei Plätze: Auf Durchreise würde ich meist im Außenhafen an den Schwimmstegen des Yachtclubs liegen. Für längeres Verweilen binnen im Jarßumer Hafen. Doch wenn

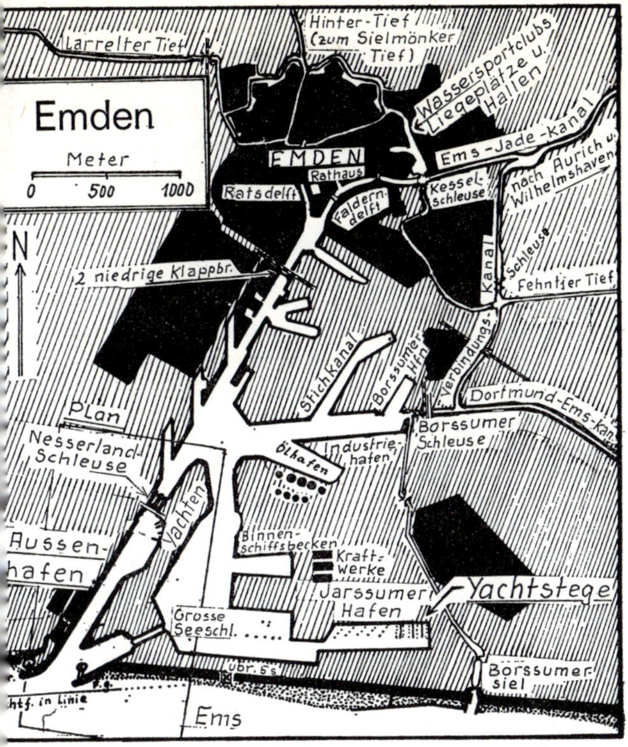

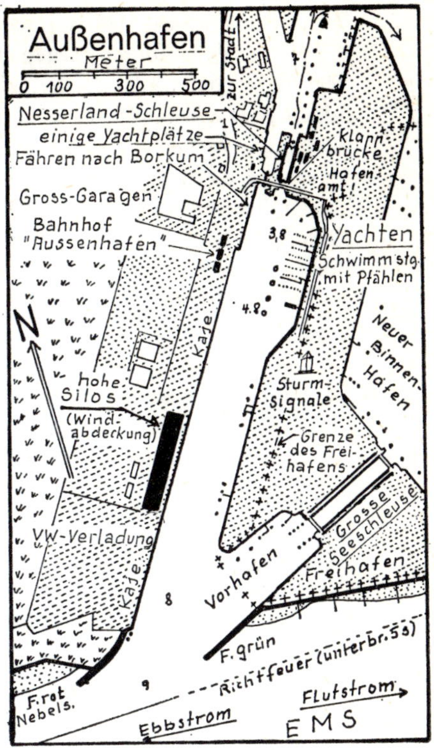

die Stadt mich interessiert (oder es zum Ems-Jade-Kanal geht) im Ratsdelft beim Rathaus.

Einlaufen erfolgt aus dem Emder Fahrwasser durch die 200 Meter breite Einfahrt zwischen den kurzen Molen (Plan S. 237). Molenfeuer. Nachts Richtfeuer zur Hafeneinfahrt. Auf der seewärtigen Mole bei Nebel Schallsignal „ED“ (kurz—lang kurz kurz). — Frachtschiffen macht die stark querlaufende Strömung oft zu schaffen. Man soll ihnen aus dem Weg bleiben. Einlaufende Seeschiffe haben Vorfahrt, auslaufende sollen langen Warnton geben. Ein waagerechter Leuchtbalken auf der Ostmole bedeutet, daß ein größeres Schiff einlaufen will, ein senkrechter, daß keins in der Nähe ist. — Innerhalb der Molen öffnet sich nach Osten der Vorhafen zur Großen Seeschleuse. Nordwärts erstreckt sich der Außenhafen. In den läuft man ein.

Der Außenhafen, 150 bis 200 Meter breit, 1 Kilometer lang, hat an der Westseite Ladekaje und hohe Silos, die Segelyachten trickreich den Wind stehlen. Im inneren Teil liegen die Fährschiffe nach Borkum. Gegenüber die Schwimmstege des Emder Segelvereins mit etwa 80 Yachten (Liegegeld DM 6,— (9 m) bzw. DM 7,—). Das ist der übliche Liegeplatz für Yachten auf Wanderfahrt: tiefes Wasser, leicht anzulaufen, außerhalb der Seeschleuse; allerdings weit von der Stadt und ohne besondere Atmosphäre. Man bekommt Trinkwasser an den Stegen, Dieselöl aus Bunkerboot, Benzin per Kanister aus Landtankstelle. Salziges Meerwasser sowie Seewind sind rundum und gratis. Unruhig liegt man bei Starkwind aus Süd bis West. — Ist an den Yachtstegen kein Platz, dann muß man einschleusen; jedenfalls während der Ferienzeit, wo im Außenhafen lebhafter Fährschiffsverkehr ist und man verscheucht wird.

E i n s c h l e u s e n : Man muß einschleusen, wenn man zum Ratsdelft, zum Ems-Jade-Kanal oder den anderen Liegeplätzen binnen will: Die N e s s e r l a n d - S e e s c h l e u s e am Nordende des Außenhafens arbeitet von 06 bis 22 Uhr (sonntags 08 bis 12). Schallsignal zum Öffnen ist: lang, lang, kurz, kurz, kurz, lang. — Eingeschleust findet man mehrere nette L i e g e p l ä t z e gleich hart backbord hinter der Schleuse. Zum J a r ß u m e r H a f e n, wo die Emder Yachten ihre Stege haben, hält man steuerbord, fährt Süd bis vor die Große Seeschleuse, dann Ost (Plan).
Zum Ems-Jade-Kanal und zum Ratsdelft fährt man in dem langen, kanalähnlichen Binnenhafen Nordost. Nach einer Seemeile ist der Weg durch zwei Brücken gesperrt, die geschlossen nur 1,6 Meter Durchfahrtshöhe haben. Sie öffnen nach einem festliegenden Zeitplan alle 1 bis 2 Stunden gemeinsam. An der Nesserland-Schleuse kann man die Zeiten erfragen*. — Hinter der Eisenbahnbrücke gelangt man geradeaus, dann ostwärts biegend in den E m s - J a d e - K a n a l (Seite 144 f). Da sind Liegeplätze bei der Kesselschleuse. — Nordwärts biegend kommt man ins R a t s d e l f t. Emder Yachten liegen auch im Jarßumer Hafen und nahe bei der Kesselschleuse (Plan).

Der Ratsdelft ist der historische Hafen des alten Emden im Herzen der Stadt. Ein 200 Meter langes, 50 breites, tiefes, sauberes Becken mit bequemer Steinkaje und Blumenbepflanzung, das E m d e r R a t h a u s an seiner Seite. Würfen nicht die Rundfahrtboote Schwell auf und wäre der Autolärm im Zentrum der Stadt nicht nachgerade unerträglich geworden, so gäbe es keinen schöneren Liegeplatz. Ein wenig ruhiger liegt man im Südteil des F a l d e r n d e l f t (will man durch den Ems-Jade-Kanal nach Wilhelmshaven, so wird man dort seinen Mast legen).
1000 Jahre ist nunmehr d i e H a n d e l s s t a d t E m d e n alt. Mittelmeerfahrer läßt das lächeln, doch für Norddeutschland ist es viel. Es gibt nichts Interessanteres, als die Geschichte dieser Stadt durch die Jahrhunderte zu verfolgen; vom mittelalterlichen Handel mit den flämischen und englischen Häfen, von der Salzsiederei, der Zeit des Reichtums als neutrale Stadt im Unabhängigkeitskrieg der Niederlande gegen Spanien, den Geusenflotten, dem Beginn des Emder Heringsfanges, vom Bau des Dortmund-Ems-Kanales, der Emden zum Seehafen des Ruhrgebietes machte. Doch auch von den vielen plötzlichen Niedergängen der zähen, harten Stadt: der Verschlickung des Ems-Armes, dem Verlust sämtlicher Seeschiffe und 3 Millionen Gulden an England während der Napoleonszeit, von der völligen Zerstörung der Innenstadt im letzten Krieg. — Bücher über das alte Emden sind etwas für die Winterabende. Luserke: „Hasko der Wassergeuse" ist auch nautisch interessant.

Emder Fahrwasser und Dollart

(Plan Seite 221, 237, 252)

Emder Fahrwasser heißt die Zufahrt nach Emden von Westen her. Emder Fahrwasser ist vom Dollart durch das Geiseleitwerk und hohes Watt abgetrennt. Das tiefste Fahrwasser ist für die Großschiffe mit roten und grünen Tonnen bezeichnet und nachts durch zwei Richtfeuerlinien (Plan). Außer diesen „Großschiffstonnen" gibt es noch zwei dicht liegende Reihen von Buhnenkopftonnen. Sie sind an der Nordseite gelbschwarz, an der Südseite schwarz-gelb und tragen die entsprechenden Toppzeichen. Sportbooten, die der Großschiffahrt in diesem engen Fahrwasser besser ganz aus dem Wege bleiben, sind diese Buhnenkopftonnen sehr nützlich.

*) Die Brücken sollen umgebaut werden. Während dieser Zeit können sie nicht öffnen. Dann muß man zum Ems-Jade-Kanal ostwärts durch den Industriehafen und danach nordwärts durch den sogenannten Verbindungskanal fahren.

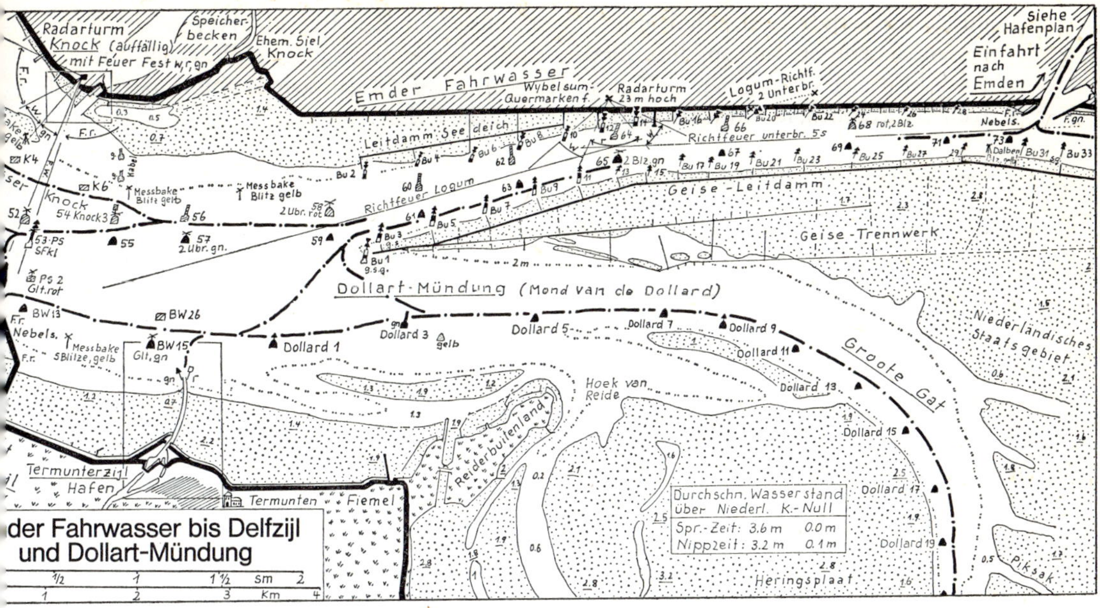

Die Buhnenkopftonnen sind numeriert. Bei den Tonnen „Bu 3“ und „Bu 1“ endet das Geise-Leitwerk. Von hier aus ist man frei, das Emder Fahrwasser nach Süden zu verlassen und in den Dollart einzulaufen oder zu einem der Häfen an der niederländischen Seite des Emstrichters (Seite 240, 244 f).

Die Strömung im Emder Fahrwasser erreicht einlaufend wie auslaufend 2 bis 2½ Knoten. Sie kentert etwa ½ Stunde nach H.W. bzw. N.W. von Emden. — Bei frischen oder starken westlichen Winden und zumal bei auslaufender Strömung kann im Emder Fahrwasser steiler hoher Seegang stehen, dem sich ein nicht seefestes Sportboot nicht aussetzen darf.

Knock heißt die Deichhuk sechs Seemeilen westlich von Emden. Durch ihren Radarturm ist sie ein sehr auffälliger Punkt (Skizze). Seit alters her entwässert hier ein Siel. Das alte, gemütliche Knockster Siel ist als modernes großes, total ungemütliches Schöpfwerk neu gebaut worden. Vor dem Schöpfwerk liegt ein Vorhafen, wie ihn der Plan zeigt. Er kann kleinen Booten als Fluchthafen nützlich sein. Die Zufahrt ist manchmal

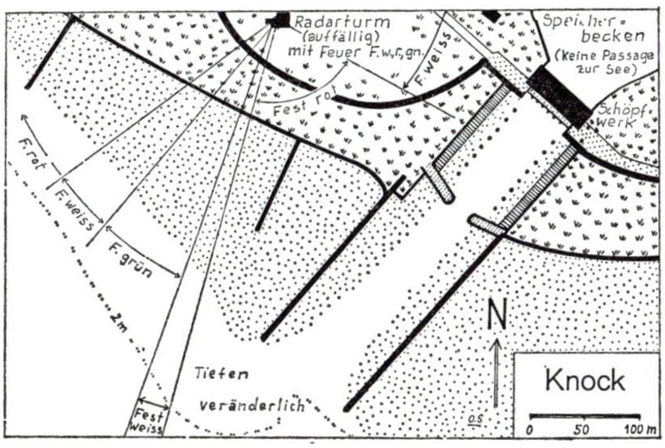

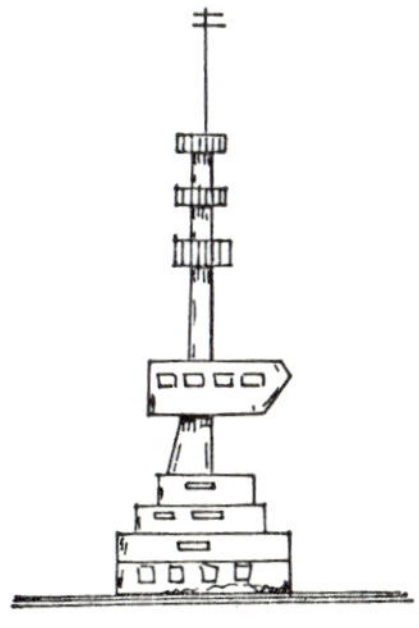

durch wandernde Bänke flach und unbezeichnet. Zur Zeit ist Zufahrt von Süden am besten. Sportboote sind spärlich. Zugang zu den Binnenwasserwegen gibt es nicht mehr. Auch keinerlei Versorgung. — Wer wissen will, wie die Kajak-Fahrer Knockster Sieltief früher vorfanden, lese in Rittlingers „Amphibische Reise".

Der Dollart und seine Hafenplätze

So lockend er nach der Landkarte aussieht, tatsächlich kann man mit dem Dollart nicht allzuviel beginnen. Zwar ist der Tidenhub groß. Auch ist das Kartennull nach der niederländischen Definition angesetzt (Seite 27). Doch muß auch ein flachgehendes Boot auf die hohen Stellen im Watt Rücksicht nehmen. Noch schwerer wiegt, daß es fast überall schon eine Meile vom Ufer so flach wird, daß man eigentlich nur südlich von Reiderbuitenland dicht unter Land ankern oder trockenfallen kann. — Es gibt zwei stille kleine Sielplätze. Angesichts einer immer geräuschvoller werdenden Welt sind solche vergessenen Plätze natürlich um so höher einzuschätzen. — Der Geise-Leitdamm ist an der Nordseite des Dollart nach Westen über die ganze Breite des Dollart gebaut und trennt die Ems von ihm ab. Flachgehende ortskundige Boote können nahe Hochwasserzeit den Geiseleitdamm kreuzen. Doch als Ortsfremder würde ich das nicht tun, ohne mich genau erkundigt oder mir die Sache bei Niedrigwasser selbst angesehen zu haben. — Politisch gehört der größte Teil des Dollart zu den Niederlanden. Nur Nordseite und Ostufer sind deutsch. Ein Grenzpfahl im Watt bezeichnet den Grenzverlauf zur Ostseite.

Fahrwasser, und zwar das einzige betonnte, ist Dollartmündung von Westen her. Es setzt sich in das Groote Gat fort. Das leitet nach Süden zu den beiden Sielplätzen. Es liegen grüne Tonnen mit der Aufschrift „Dollard" aus. Wo die Rinne flacher und schmaler wird, ist sie mit gebundenen Pricken bzw. Stangen bezeichnet. Im Fahrwasser kann man mit der Tide mit mehr als zwei Meter Tiefgang bis Nieuwe Statenzijl fahren.

Nieuwe Statenzijl ist die Schleusenzufahrt zur Westerwoldschen A. Die Zufahrt hat bei N.W. 1/4 bis 1/2 Meter Wasser, doch über 3 Meter zur H.W.-Zeit. Der Schiffsverkehr ist gering, und es ist still und versponnen. Am rechten Arm hinter dem Deich ist eine Schleuse, dahinter eine unbenutzte Holzkaje. Vor der Schleuse bleiben auch bei N.W. 1 1/2 Meter Wassertiefe. Außer dem Schleusenmeister wohnt dort kein Mensch. — Durch

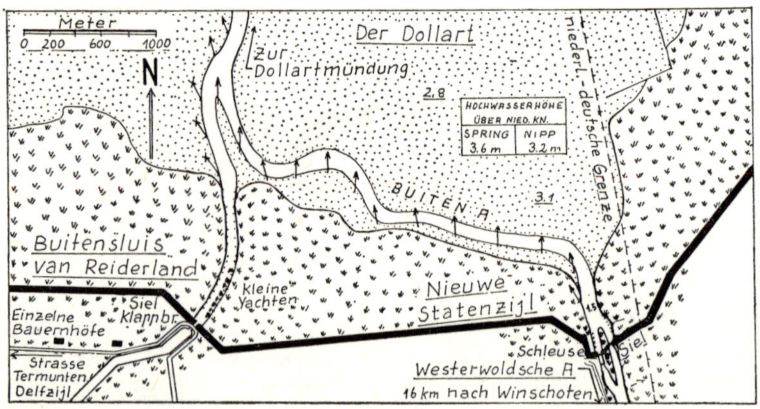

die Westerwoldsche A, einen kanalisierten Fluß, kann man Winschoten und Groningen erreichen. Zahlreiche kleine Werften sind an diesem Fluß und bauen Küstenfrachter von solcher Größe, daß man nie begreift, wie die je die See erreichen.

Buitensluis van Reiderland, früher eine Schleusenzufahrt zu den Kanälen Frieslands, ist heute nur noch ein unbefahrenes Siel. In dem geschützten Außentief, **Nieuwe Buitengeul van Reiderland** in menschenleerem Grünland sind zahlreiche kleine Stege mit Sportbooten. Ich habe an einem anderen Boot festgemacht und Einsamkeit genossen. In dem großen Bauernhaus fünf Minuten entfernt kann man Milch und Brot bekommen und erfahren, zu welcher Tageszeit man dem fahrenden Lebensmittelgeschäft auflauern kann, das einmal täglich die Straße am Siel passiert. — Die Zufahrt fällt nahezu trokken.

Fiemel und Reiderbuitenland sind etwas für Leute, die es einsam mögen und unberührte Natur lieben. Siedlung Fiemel liegt auf der Deichhuk an der Westseite des Dollart. Eine 200 Meter lange Buhne schützt trockenfallende Plätze mit Fischerbooten und Bauschuten. Zufahrt bei mehr als halber Tide. — Reiderbuitenland ist eine hochwasserfreie Halbinsel, unbewohnt und unberührte Natur. Sie wird in einiger Zeit Ausgangspunkt eines neuen Polders werden. Ein großes Schöpfwerk ist in Bau und bietet in dem 300 Meter langen, 80 breiten hoch trockenfallenden Zufahrtskanal geschütztes Liegen, doch keine Einrichtungen. — An der Südostseite von Reiderbuitenland habe ich gut und leidlich ruhig geankert.

C. Häfen zwischen Emden und Borkum

Mit 18 Häfen oder Liegeplätzen in guter Tagesreichweite ist die Auswahl im Emstrichter unvergleichlich größer als vor Elbe, Weser, Jade oder wo immer wir suchen. Leider haben sich mit den Jahren die Proportionen immer stärker verschoben. Früher waren diese Häfen für die gesegelten Frachtschiffe bestimmt. Damit waren sie halbwegs einheitlich groß und für uns ideal. Heute werden einige für Superschiffe eingerichtet; sie sind für uns unbrauchbar groß. Andere wieder, und das ist leider die Mehrzahl, verlieren sich in Bedeutungslosigkeit.

Früher konnte man im Emsgebiet wirklich noch Fahrtensegeln treiben, um interessante und originale Ortschaften zu sehen: Leer, Norden, Greetsiel, der Ratsdelft, vor allem auch die freundlichen und so ganz andersartigen niederländischen Häfen. Heute ist Originalität seltener geworden, und die jüngere Generation, die sie nicht kennenlernte, vermißt sie auch nicht.

Vorwiegend, so meine ich also, beeindruckt der Emstrichter heute durch die Weite und Eigenart der vom Menschen ungezähmten Natur. Und durch den Reiz des hohen Spieles, ihre Gewalt und Eigenschaften sich dienstbar zu machen. Da diese Kunst nicht von jedermann zu erlernen ist, sind in dem weiten Revier seewärts von Delfzijl alles in allem doch weniger Yachten zu sehen als die Schönheit und Vielfältigkeit des Revieres erwarten ließe.

Die Häfen der Inseln Borkum und Juist kennen wir schon. Auch Emden und die Plätze des Dollart. So bleiben hier die Häfen der Leybucht zu beschreiben. Und dann die

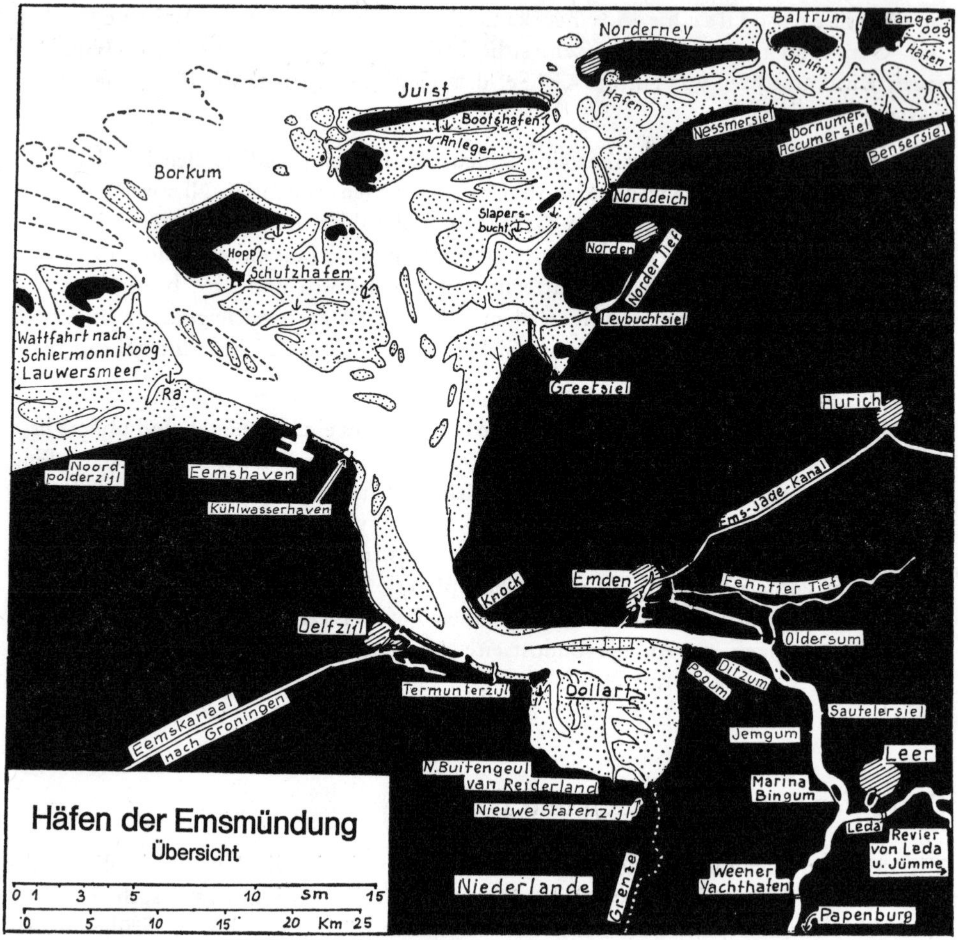

Häfen der Emsmündung
Übersicht

Häfen auf der niederländischen Seite, Delfzijl, Termunterzijl, Groningen und der neue Eemshaven.

Greetsiel, Leybuchtsiel und Norden

Das sind „Außenseiter" unter den Emshäfen, geographisch und auch sonst. Sie liegen abseits der durchlaufenden Fahrwege in der Leybucht. Ob von Emden, von Norddeich, von Borkum, es ist eine richtige „Reise" dahin. — Alle drei sind zum Tode verurteilt, denn die Leybucht soll abgedeicht werden. Schon jetzt sind sie nur von Boot mit mäßigem Tiefgang bei Hochwasser erreichbar. Und auch das wird von Jahr zu Jahr schwieriger.

Greetsiel

(Plan S. 240, 241, 252, 257)

Das ist ein kleiner altertümlicher, typisch friesischer Fischerort mit 1500 Einwohnern und einer sehr großen Granatfischerflotte. Der belebte Fischerhafen, die Backsteingiebel alter Friesenhäuser an den Binnentiefs, jene beiden großen Windmühlen am Tief nach

Die Fischerhäfen der Nordseeküste; oft sind sie klein, oft sind sie von Fischern recht voll belegt, nie sind sie eine Marina. — Und dennoch (oder gerade deshalb) mag ich sie. Greetsiel, Blick von Südost auf die Kaje der Fischer.

Eilsum: das alles ist so nett, daß Greetsiel Malerkolonie wurde. — Früher, als die Ausläufer der Leybucht noch weit ins Land reichten, war Greetsiel wichtiger Handelshafen und eine Art kleiner Hauptstadt. Störtebeker lag mit seinen Schiffen in dem Gewirr von Wasserarmen. Doch einer nach dem andern wurde abgedeicht. 1950 hat der

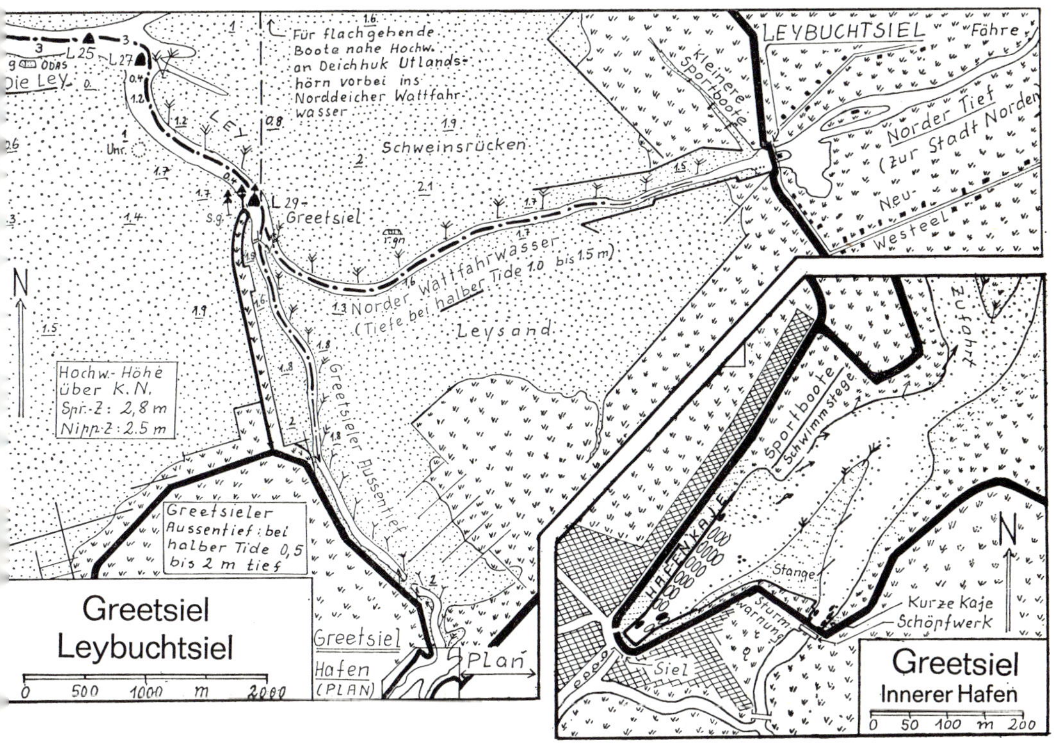

„Störtebekerdeich" den ganzen Innenteil der Leybucht zugemacht. Ein Bohrturm war zu Gast. Jetzt sind Arbeiten geplant, daß Greetsiel für seine große Fischerflotte einen Außenhafen bekommt (siehe Plan).

Der Innenhafen von Greetsiel ist auf dem Nebenplan wiedergegeben. Er besteht aus zwei je etwa 200 Meter langen, 50 Meter breiten Armen. Sie endigen an Sielen. Im nördlichen Teil des Innenhafens sind die Schwimmstege des Yachtclubs Greetsiel (35 Boote bis 12 Meter Länge). Längere Yachten längsseits an einem Fischerboot. Die Fischer liegen an der 120 Meter langen Kaje des westlichen Hafenarmes, die nicht auslaufenden dicht vor dem Siel. — Kleinere Yachten können wohl auch vor dem Siel im östlichen Hafenschlauch liegen. Man fällt trocken auf weichem Mud. — Wasser in der Fischhalle auf der Fischerkaje. Dort auch Dieselöl. Benzin von Landtankstelle. Bootskundige Handwerker, doch kein Schlipp. — So eng der Hafen ist (oder gerade, weil er so eng ist?), steckt er wie kein zweiter voll Seefahrtsatmosphäre. — In die Binnentiefs, die sehr schön waren und oft sehr nützlich für ein kleineres Boot bei stürmischem Wetter, konnte man bei meinem letzten Besuch nicht einlaufen. Doch hieß es, daß die Fahrt nach Emden auf den Binnentiefs wieder möglich wird.

Zufahrt nach Greetsiel: Aus der Osterems fährt man durch die gut betonnte „Ley" nach Greetsiel (Plan S. 257). Von Norderney/Norddeich aus der Bantsbalje nahe Hochwasser durch Greetsieler Legde (Plan S. 252, 257). Ist der Tiefgang dafür zu groß, via Bantsbalje — Ley. — Flachgehende Boote können von Norddeich durch das flache wieder unbezeichnete Utlandshörner Fahrwasser fahren oder auf der Osterems auf direktem Weg. — Alle Zufahrtswege führen zur grünen Tonne „L 29-Greetsiel" bei der Spitze des neuen Dammes (Plan). Wassertiefe bis „L 25" über 1 Meter, zwischen „L 25" und „L 29" ½ bis 2 Meter bei N.W. Im Schutze des Dammes kann man ankern oder trockenfallen.
Weiter in Südrichtung durch das Greetsieler Außentief. Das ist schmal und stellenweise stärker gekrümmt als der Plan zeigt. Pricken stehen an der Ostseite. Einlaufen mit steigendem Wasser frühestens ab halber Tide. Mit Schiff von Tiefgang langsam und unter Loten.

Das Binnentief von Greetsiel von binnen zum Seedeich gesehen. Im Seedeich links das Schöpfwerk, rechts ein Sieltor mit Kaje.

Leybuchtsiel liegt an der Ostseite der Leybucht. Es bildet den Zugang zur Stadt Norden. Binnen vom Leybuchtsiel findet man viele stille Plätze. Wer an einsamer, fast autofreier Landschaft seine Freude hat, dem wird es gefallen. Trinkwasser beim Siel. Ein fahrendes Lebensmittelgeschäft soll alle ein oder zwei Tage die Runde machen. Und außerdem ist es mit dem Schiff zur Stadt Norden zum Einkaufen nicht weit. — Einrichten kann man sich vor den Sieltoren oder in dem kleinen nordwestlichen Seitenpriel (Leybucht-Sportboot e. V.).

Das Siel (Skizze) gibt 10 Meter Durchfahrtbreite frei. Geöffnet wird es nur, wenn der Wasserstand buten und binnen gleich ist. Man muß buten festmachen und das Einlaufen mit dem Sielwärter absprechen. Es gibt Pfähle mit Landverbindung und Leitern an der Frontseite der Mauern des Sieltores. — Neben dem Sieltor ist ein Schöpfwerk. Vor dem sind drei Kajen, jede etwa 15 Meter lang, die beiden inneren mit tiefem Wasser. An 15 Sportboote liegen buten in der Rinne (die stillen Urlaubsplätze sind binnen). — Zufahrt durch die Ley. Von der letzten Tonne „L 29-Greetsiel" ostwärts durch das Norder Wattfahrwasser. Mit 1 Meter Tiefgang nach halber Tide. Prikken stehen an der Nordseite. Vor dem Siel bleiben auch bei N.W. etwa 1 Meter Wassertiefe.

Norder Tief verbindet Leybuchtsiel mit der Stadt Norden. 4 Seemeilen lang, 1,5 Meter tief, anfangs mehr als 100, dann 50 Meter breit, keine Brücke. Seinen Anfang zeigt der Plan. Ganz selten fährt mal ein Küstenfrachter nach Norden.

Stadt und Hafen Norden: Schriebe ich dies Buch im Mittelalter, so bekäme die reiche Seestadt Norden ein fettes Hauptkapitel. Allerdings würde ich dann mutmaßlich keine Bücher schreiben, sondern die Fahrwasserkenntnis wie Kollege Störtebeker zu einträglicherem Broterwerb benutzen. — Die alte Stadt Norden ist heute eine freundlich-stille Wohn- und Gartenstadt. Doch im Mittelalter spülten Ebbe und Flut um die Tore der auf einer Geestkuppe hochgebauten, praktisch auf einer Insel liegenden Stadt. Tidenströmung führte mit den Schiffen den Reichtum hierher, der die sehr großen Kirchen entstehen ließ. Die eindrucksvollste ist die St.-Luidgeri-Kirche, die hoch über die Bäume des großen schattigen Marktplatzes ragt. Jede Epoche einer Wirtschaftsblüte hat zu diesem bedeutenden Bauwerk beigetragen: romanisch in der Anlage, gotisch weitergebaut, hochgotisch der Chor, barock der Altar und die Arp-Schnittger-Orgel.

Leybuchtsiel. Rechts: Klappbrücke und Sieltor von binnen gesehen. — Links: Blick vom Sieltor auf das Außentief Norder Wattfahrwasser bei Ebbzeit.

Mein architekturkundiger Mitsegler hat sich lange hier aufgehalten. — Das Alte Rathaus ist 50 Jahre nach der Entdeckung Amerikas gebaut. — Filigranschmuck, den die Friesenfrauen über alles liebten, ist eine Spezialität Nordens gewesen. Weiß der Himmel, mit welchem Handelsschiff diese typisch arabisch-andalusische Kunstfertigkeit hierhergelangt ist. — Stadt des Teehandels ist Norden und des Doornkaat („Ein Elixier, das . . . hierzuland — der Pieter Doorenkaat erfand").

Häfen an der niederländischen Seite

Große Industriehäfen sind hier entstanden und noch im Ausbau. Sie beruhen auf der Aufschließung unterirdischer Salzstöcke und davon abgeleitet bedeutender chemischer Industrie. Die Erdgasfunde bei Groningen und in den Nordseefeldern liefern billige Energie. Kurz, die niederländische Region Friesland, die bisher in versponnenstem Frieden lebte, ist zu einem industriellem Aufbruch größten Stiles angetreten — viel größeren Stiles, als wir uns das träumen lassen. Innerhalb weniger Jahre wurde der große neue Eemshaven südlich von Borkum ganz neu geschaffen. 15 Meter Wassertiefe in den Hafenbecken! Die Jade ausgenommen, vermag kein Hafen in Deutschland Schiffe solchen Tiefgangs aufzunehmen.
Und doch war mein Freund traurig darüber, daß dort, wo noch ein Menschenalter zuvor die Kuffen und Tjalken unter Segeln liefen und vielen Menschen ein bescheidenes Brot zu verdienen gaben, nun Superschiffe laufen, die mit in Japan gebauter Elektronik die Ladung von tausend Küstenseglern transportieren. Ob dieser Wettlauf um immer mehr Industrialisierung nicht am Ende zum perfekten Desaster führen würde, wollte mein Freund unbedingt von mir wissen. Doch ich hab es ihm nicht beantworten wollen.

Da wir die stillen Liegeplätze am Dollart schon kennen, bleiben uns hier Delfzijl, Groningen, Termunterzijl und der neue Eemshaven zu besprechen. — Über die niederländischen Regeln der Betonnung und über andere Bestimmungen in diesem Land lesen wir vorher nochmals auf S. 19 f und 25 f nach. Und die Gastflagge, rot, weiß, blau waagerechte Streifen, unter der rechten Saling, vergessen wir bestimmt nicht.

Delfzijl

Delfzijl („Delf zeil" gesprochen) ist unser erster niederländischer Hafen. Als solcher interessiert er uns natürlich sehr. Überdies ist er ein lohnendes Fahrtenziel, auch wenn er nicht ganz so dicht an Atmosphäre ist, wie die Häfen an Waddenzee und Ijsselmeer. — Noch vor 10 Jahren waren das Städtchen Delfzijl und sein Hafen wenig bedeutend. Doch haben die Niederländer im Boden einen Salzstock entdeckt und darauf ein großes Sodawerk erbaut und allerhand weitere Industrie. Der Hafen wird ständig weiter vergrößert und soll bald 10 Millionen Tonnen Jahresumschlag haben. Außerdem ist es der Mündungshafen für den Eemskanaal. Der führt einen nicht abreißenden Strom von Kümos und mittelgroßen Seeschiffen zur großen Stadt Groningen (und Yachten von dort weiter zum Lauwersmeer und Ijsselmeer).

Die Stadt Delfzijl und der größte Teil ihrer Umgebung haben ihr freundliches Gesicht bewahrt. Auch gibt es viele fremdartige Züge; denn schließlich ist es Ausland. — Ich beschreibe hier nur, was für ein Sportboot wichtig ist: Zufahrt, Yachthafen, Stadthafen,

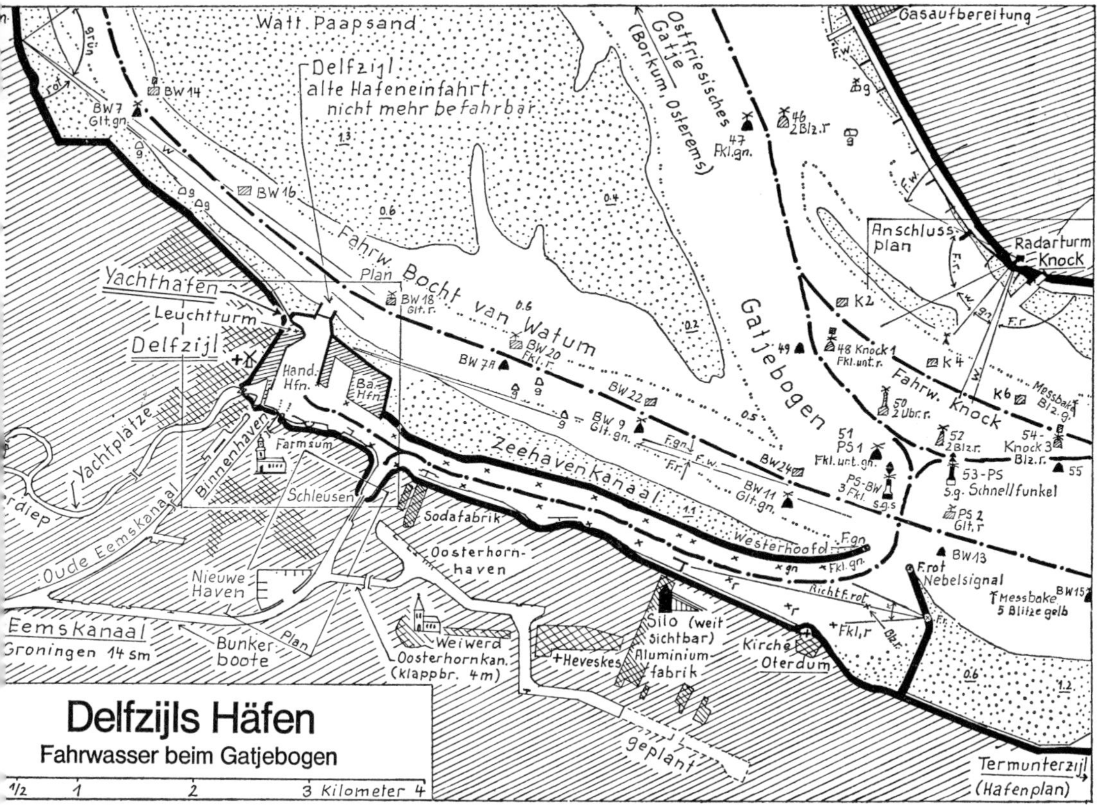

Delfzijls Häfen
Fahrwasser beim Gatjebogen

Eemskanaal mit Schleuse, Damsterdiep und dem neu erbauten Nieuwe Haven. — Formalitäten und niederländische Seezeichen: Seite 19 f und 29 f.

Hafeneinfahrt: Delfzijls Hafeneinfahrt liegt 2 Seemeilen südlich der Knock bei Oterdum. Die alte Einfahrt nördlich der Stadt ist gesperrt. Aus dem tiefen Fahrwasser der Ems beim Gatjebogen können Seeschiffe bis 10 Meter Tiefgang einlaufen. Die Einfahrt ist durch die hohen Molen gut zu erkennen. Das Gebiet vor der Einfahrt wird von Handelsschiffen dicht befahren. Da ein Sportboot überall genug Wassertiefe hat, würde ich den betonnten Wegen der Handelsschiffe ganz fernbleiben, zumal die hier besondere Verkehrsregelungen haben. — Signale: beim Auslaufen ein langer Ton, beim Einlaufen drei lange Töne. Außerdem Kurssignal. Also ein kurz, wenn ich die Steuerbordseite halte, zwei kurz, wenn ich backbord halte. — Bei roter Flagge und/oder rotem Licht ist Einlaufen verboten. Bei weißer Flagge und/oder weißem Licht über dem roten ist Auslaufen verboten; bei zwei roten Lichtern oder Flaggen beides.

Der Zeehavenkanaal führt tief und 500 bis 250 Meter breit drei Seemeilen weit westwärts vor die Seeschleusen und die Stadt Delfzijl. Dalben zeigen seinen Verlauf. Sie sind an der Nordseite grün, an der Südseite rot befeuert. Mit einem Sportboot würde ich mich jeweils an der Steuerbordseite dicht an den Dalben halten. Doch der Rand außerhalb der Dalben ist oft flach und durch Steine unrein.

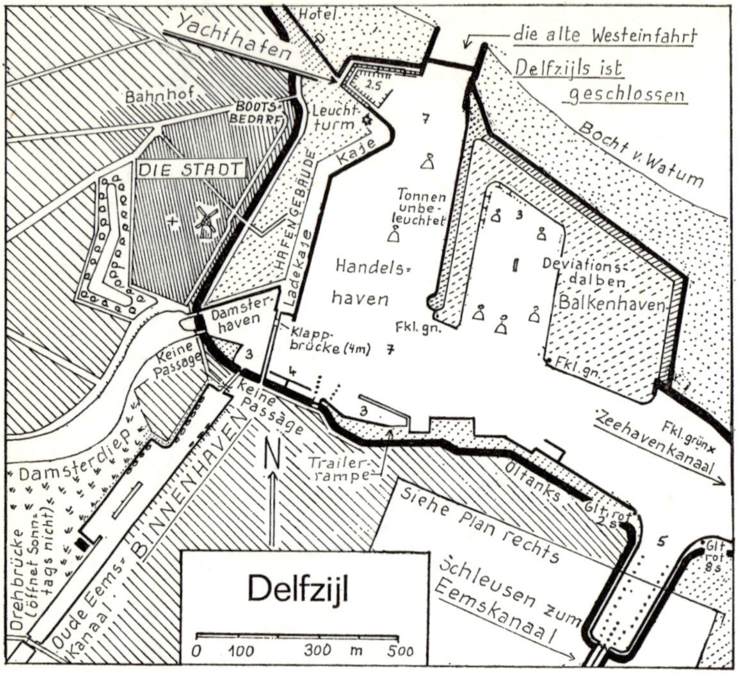

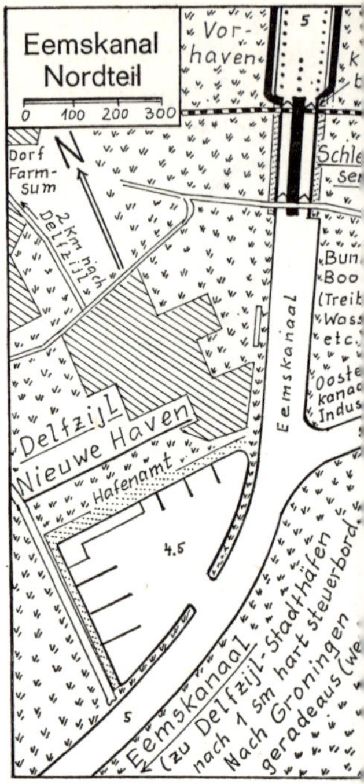

Die W e s t e i n f a h r t dicht bei der Stadt und dem Yachthafen am Fahrwasser Bocht van Watum ist geschlossen und nicht mehr passierbar.

Der Yachthafen liegt hinter der früheren westlichen Hafeneinfahrt bei Delfzijl vor dem Leuchtturm. Es ist ein dreieckiges, 150 mal 150 Meter großes Becken mit vielen Yachten an sorgfältig gebauten Schwimmstegen. Fast alle Emder Segler trifft man zum Wochenende hier. — Meist liegen an den Schwimmstegen zwei Yachten in einer „Box". Mit Schlauch kann man Wasser nehmen. In einem kleinen Clubhaus am nördlichen Deich sind Toiletten, Waschraum, Telefon — und der Geld kassierende Yachthafenmeister. Die ersten drei Stunden sind liegegeldfrei. Man kann also festmachen, die Lage an anderen Plätzen erkunden und dann dorthin verholen. Sind hier alle Plätze besetzt, wie in der Ferienzeit meist, dann muß man sich sowieso einen anderen suchen. — Circa 1 Gulden pro Meter Länge und Nacht.

Tidehäfen sind außerdem der Handelshaven, der Damsterhafen und der umgebaute Balkenhaven. Da gibt es viele Kajen, Stege und Winkel; doch je günstiger der Platz ist, desto wahrscheinlicher ist es, daß sein rechtmäßiger Besitzer ein Schlepper, Lotsenboot oder Polizeischiff ist. Vielleicht findet man in dem umgebauten Balkenhaven einen Platz, vielleicht längsseits an einer Schute, die nicht ausläuft. — Für längeren Aufenthalt sollte man, wenn man im Yachthafen keinen Platz findet, wohl jedenfalls einschleusen. — In den Tidehäfen liegen B u n k e r b o o t e, bei denen man Treibstoff und Schmieröl zollfrei und leidlich billig bekommt (und Trinkwasser auch). In Delfzijl Segelmacher, gute Yachtausrüstungsgeschäfte, Trailerhelling (siehe Plan).

Die Binnenhäfen: War ich länger in Delfzijl oder ging die Fahrt durch die niederländischen Kanäle weiter, dann habe ich durch die S e e s c h l e u s e (Eemskanaalsluizen) in den E e m s k a n a a l eingeschleust (Hafenplan).

D a s E i n s c h l e u s e n erfolgt rasch, unbürokratisch, kostenlos und tags wie nachts, doch n i c h t sonntags und feiertags. Denn ein nicht abreißender Strom von Kümos und mittelgroßen Seeschiffen läuft ein und aus. An irgendwelche Schleusenprobleme erinnere ich mich nicht. Am besten macht man wohl seitlich an einem Küstenmotorschiff fest. Vermeiden sollte man, hinter einem größeren Seeschiff zu liegen und zu warten, bis dessen Schrauben zu drehen beginnen. — Landein der Schleuse liegen Bunkerboote. Manchmal findet man schon hier einen Platz. — Trinkwasser beim Brückenwärter der Schleusen.

N i e u w e H a f e n ist ein geräumiger neuer Liegehafen für Kümos und Binnenschiffe. Er ist 600 Meter einwärts der Seeschleuse an der Steuerbordseite (Plan). Ist er auch kein Yachthafen, so findet man gewiß irgendwie einen Platz. Zum Zentrum der Stadt zwei Kilometer zu Fuß.

D i e S t a d t h ä f e n sind bei Zentrum Delfzijls. Man läuft im Eemskanaal erst 1½ Seemeilen West. Dann dreht man hart steuerbord in den O u d e E e m s k a n a a l ein (Übersichtsplan Seite 245). Der führt nordostwärts zur Stadt zurück. Die Drehbrücke auf dem Weg zur Stadt wird von 07—12; 14—16.30 und 18—19 Uhr, samstags von 10—12 und 18—19 Uhr bedient, sonntags nicht. Hinter der Brücke im Zentrum des Ortes liegt man tidenfrei, gut und sehr billig. Es sind nicht viele Yachten dort.

D a m s t e r d i e p hat beliebig viele Festmacheplätze am Grasufer und auch regelrechte Sportbootplätze. Man erreicht Damsterdiep, indem man im Eemskanaal von den Seeschleusen aus vier Seemeilen westwärts fährt. Nach der ersten Eemskanaalbrücke zweigt nach Norden der Kanal G r o e v e ab. Schleuse, dann das nette A p p i n g e d a m. Von dort ostwärts. Drei bewegliche Brücken. — Das ganze Damsterdiep, das von Delfzijl nach Groningen führt, ist reizend nett. Doch darf das Boot nicht höher als 3,8 Meter sein.

Groningen (Plan Seite 248, 261)

14 Meilen von Delfzijl entfernt und von mittelgroßen Seeschiffen lebhaft angelaufen, muß heute durchaus als Seehafen gelten. Zufahrt von Delfzijl durch den breiten und fast schnurgeraden **Eemskanaal** durch flaches Land. Außer der Seeschleuse bis Groningen keine weitere Schleuse. Nur drei Brücken. Die sind geschlossen 1,7 Meter hoch. Doch öffnen sie ohne weiteres Signal rechtzeitig von alleine. Wir sind, als wir guten Wind hatten, wie die alten Frachtfahrer gesegelt. Nur eine Brücke blieb hartnäckig geschlossen und machte ein eiliges Segelmanöver nötig. Grund: Die Königin wurde jeden Moment erwartet, um einen der neuen Delfzijler Industriehäfen zu eröffnen.

D i e S t a d t G r o n i n g e n war früher ganz bezaubernd. Sie ist es auch noch, doch haben Industrialisierung und Autoflut von der typisch friesischen Atmosphäre doch viel überdeckt. Dennoch: Es ist eine sehenswerte Stadt! — In Groningen kann man sich mit dem Boot tüchtig verfahren. Es kann einem auch passieren, daß man sonntags zwischen Brücken eingesperrt bleibt, denn in Friesland ist der Sonntag ein geheiligt Ding. Auch der Versuch, während der sonntäglichen „Gefangenschaft" einige Schadstellen auszubessern, mißfiel den Groningern sehr. — L i e g e p l a t z findet man in den

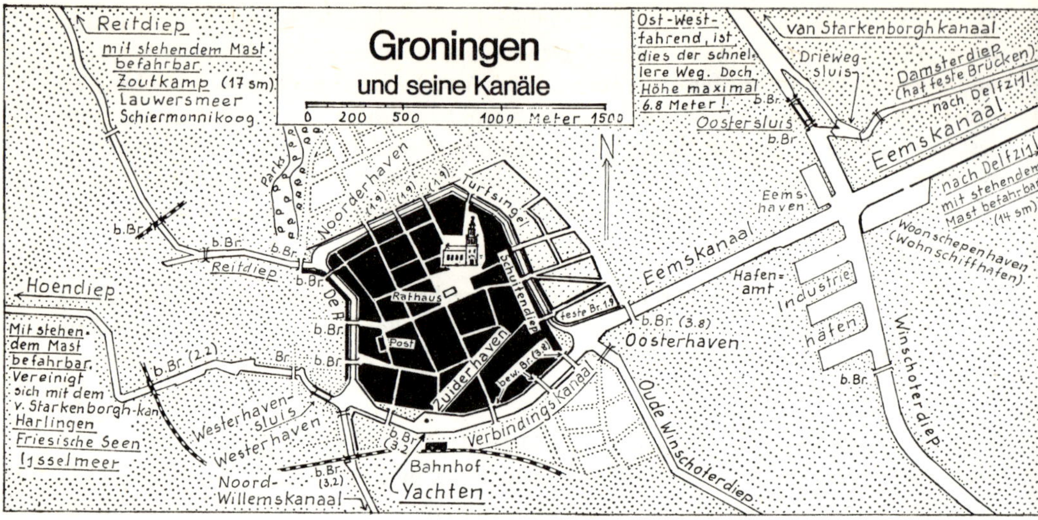

ausgedehnten Stadtkanälen überall. Doch die meisten Yachten liegen im Zuiderhaven gegenüber der Eisenbahnstation (Plan).

Kanäle westwärts: Zum Lauwersmeer (Zoutkamp) fährt man durch das Reitdiep. Das kann man mit stehendem Mast befahren. Ist das Boot aber niedriger als 6,8 Meter und hat man kein Interesse daran, in Groningen zu verweilen, dann ist die Fahrt durch den van Starkenborgh-Kanaal schneller. Der führt um die Stadt herum. Vier Kilometer nach dem Abzweig vom Eemskanaal kreuzt ihn das Reitdiep. In das biegt man nordwestwärts ein.

Nach Harlingen und Ijsselmeer mit Boot von weniger als 6,8 Meter Höhe fährt man durch den van Starkenborgh-Kanaal. Will man den Weg mit stehendem Mast machen, dann durch das viel stillere und nettere Hoendiep (Plan). Das führt nach Leeuwarden. Von dort folgt man dem v. Harinxma-Kanaal (Plan Seite 282, auch 284).

Termunterzijl

(Plan Seite 240, 237, 249)

Das ist ein ruhiger Hafen für Fischer und Yachten nur eine Seemeile östlich der neuen Einfahrt des Hafens Delfzijl. Der Hafen wurde umgebaut. Zum Übernachten oder für kürzeren Aufenthalt wird man meist Platz in dem etwa 150 Meter langen Tidehafen finden. Für Yachten sind dort Schwimmstege. — Für längeren Aufenthalt kann man einschleusen und wird an den mehr als 1000 Meter langen Ufern der beiden Binnenarme wohl immer genug Liegeplatz finden. — So ist es vor allem ein Hafen zum stillen Verweilen. — Die Hafensiedlung ist klein, doch das nur 10 Minuten entfernte Termunten ist ein ganz stattliches Dorf.

Zwischen zwei Leitdämmen führt eine Zufahrtsrinne aus tiefem Wasser durch das Watt auf die Hafeneinfahrt zu. Auf dem westlichen Leitdamm stehen Stangen mit Kegeltoppzeichen. Der östliche ist durch Stangen mit Zylinder bezeichnet. Bei mehr als halber Tide sind die Dämme überflutet, ihr äußerster Teil auch bei weniger als halber

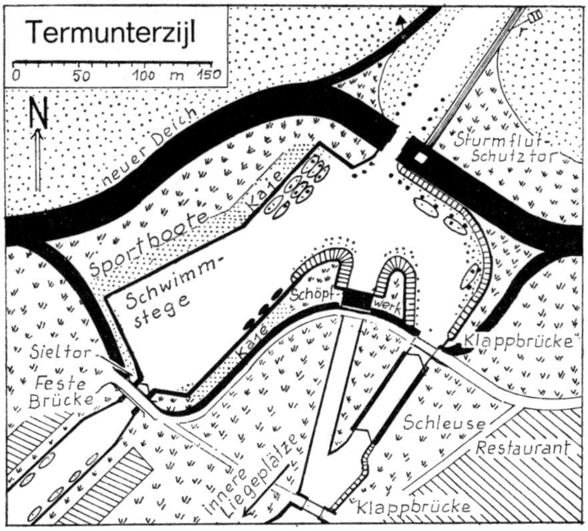

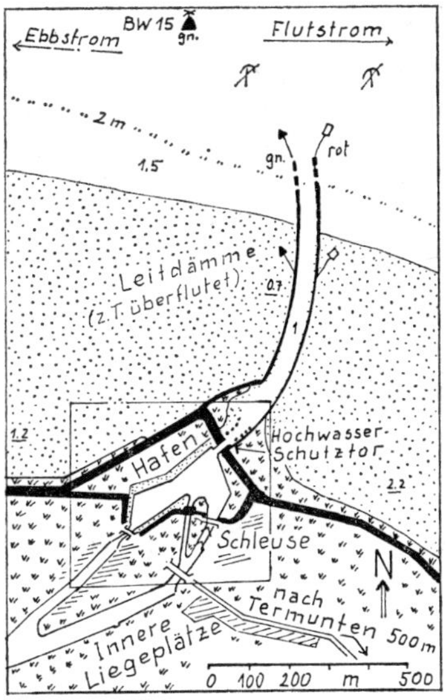

Tide. — Die Wassertiefe in der Zufahrtsrinne ist etwa 1 Meter bei N.W. Auf quer setzende Strömung muß man achten. — Die Hafeneinfahrt ist eine schmale Öffnung in dem neuen hohen Deich. Ein Sieltor kann sie bei ungewöhnlich hohem Wasserstand sperren. Festmachepfähle sind da.

Der Tidehafen ist gut 150 Meter lang, 40—70 breit und bei N.W. je nach dem Platz 0 bis 1 Meter tief. Der Grund ist weicher Schlick. — Im westlichen Teil ist Spundwandkaje. Im äußeren Teil liegen die langen Fischerboote. An Schwimmstegen finden Yachten ihren Platz. Überfüllung gibt es dort in der Ferienzeit und an den Wochenenden. — 4,— Gulden bis 10 Meter Länge, 5,— bei mehr. — Einlaufend hart backbord steuernd, gelangt man in den Vorhafen der Schleuse. Da kann man nur an Pfählen festmachen.—

Die Schleuse ist 40 Meter lang, 8 breit und mit 1,7 Meter Tiefgang befahrbar. Sie schleust abhängig von der Tide (fragen). Hinter ihr liegen die stillen Binnenarme, die man für längeren Aufenthalt aufsucht. Da ist wohl immer genügend Platz. Der Mast kann stehenbleiben. — Trinkwasser, Treibstoff, Lebensmittel, Restaurant, Imbißbuden.

Eemshaven und Kühlwasserhaven (Plan Seite 240, 250, 252)

Das sind zwei Häfen an der niederländischen Seite halbwegs zwischen Delfzijl und Borkum. Sie sind vor einigen Jahren neu erbaut worden und zwar mit viel Überlegung da, wo das Wasser der Ems sehr tief ist. Der Eemshaven wird einmal der wichtigste Industriehafen dieser Region werden. Der sog. Kühlwasserhafen war früher der Bauhafen für den sozusagen aus dem Nichts heraus geschaffenen Eemshaven. Industriewerke sind im Aufbau. Und das große Kraftwerk, nachts von tausend Lichtern strahlend, ist die auffälligste Landmarke weit und breit. Natürlich ist das alles sehr imponierend. Was früher die Schönheit unserer Nordseeküste ausmachte, bleibt freilich dabei auf der Strecke.

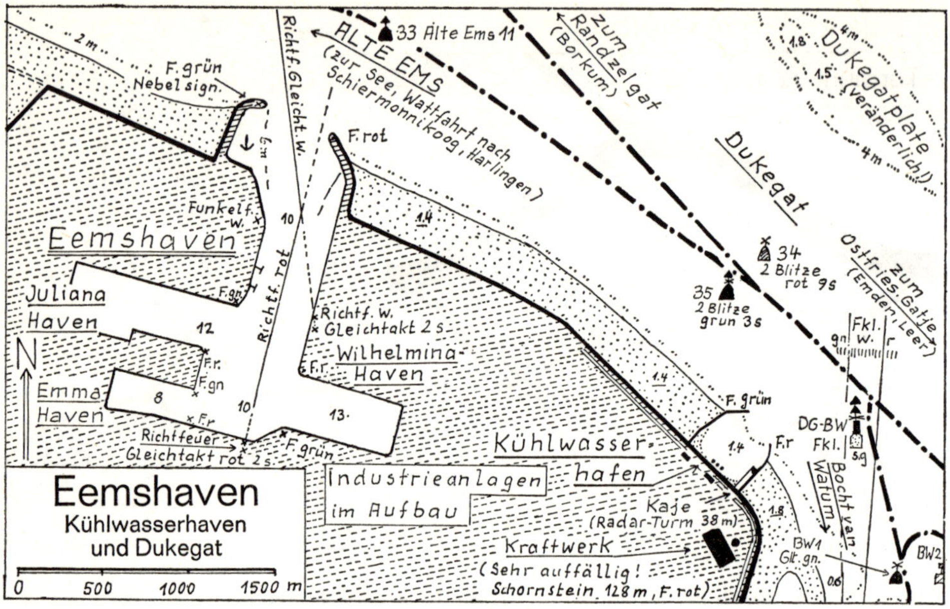

Großschiffshafen Eemshaven liegt am tiefen Wasser der Alten Ems. Er soll Schiffe von 40 000, später 70 000 Tonnen aufnehmen. Vielleicht werden sich auch Sportboote ansiedeln. Dies um so mehr, als die „strategische Lage" zu den Wattfahrtrouten vorzüglich ist. Die Dimensionen dieses Hafens sind sehr groß. Die Einfahrt ist 320 Meter breit, die Becken sind zusammen 1½ Kilometer lang. Bei Starkwind muß ein Sportboot seinen Platz in Lee suchen, vielleicht ankernd dicht unter der Westmole, vielleicht hinter den Stegen im Einfahrtsteil. Der Hafen ist z. Z. offiziell für Sportboote gesperrt. Doch als Nothafen kann er angelaufen werden. Sportbootanlagen bestehen nicht. Auch mit Versorgung kann man noch nicht fest rechnen. — Befeuerung und Anlaufen: Plan.

Der Kühlwasserhafen ist ein 500 Meter breites Becken mit zwei bogenförmigen Molen und 200 Meter breiter Einfahrt. Er ist unbewohnt und unbelegt. Ein 38 Meter hoher Radarturm ist auf der südlichen Mole. Hafenfeuer. Etwa 100 Meter Kaje, von deren Benutzung ich abrate. — Für Sportboote ist der Hafen ohne Reiz. Doch als Nothafen oder um vor Anker günstige Tide abzuwarten, mag er in Frage kommen. Auf die geringe Wassertiefe in Nähe von Ufer und Molenwurzel muß man achten. — Weithin sichtbare Landmarke ist das Kraftwerk auf Erdgasbasis nahe bei diesem Hafen (Plan oben).

Noordpolderzijl ist auf dem Wattenweg nach Schiermonnikoog gelegen und wird auf Seite 266 beschrieben.

D. Fahrwasser im Emstrichter

(Plan umseitig)

Sehr groß ist der Mündungstrichter der Ems zwischen Norderney, Borkum und Emden. 40 Seemeilen von Norderney nach Emden, 27 von Borkum. — Dank der Tidenströmungen ist es ein wunderbar zu befahrendes Gebiet. Mit seefester Yacht wird man an den langen, mit schäumender Bugwelle durchfahrenen Törns sehr viel Freude haben. Auch Aufkreuzen mit schiebendem Tidenstrom ist ja ein herrliches Ding. — Durch den Seglern so freundlichen Tidenstrom haben sich Frachtsegler hier länger in Fahrt gehalten als irgendwo sonst in Deutschland. Studiert man die Fahrweise der Frachtsegler und Wassergeusen und ahmt sie nach, so kommt man als Segler gut ohne Motor aus. Wochenlang kann man sich in Naturhäfen und Ankerplätzen herumtreiben und braucht keinen Hafen von innen zu sehen.
In seiner ganzen Schönheit ausschöpfen kann das Gebiet hier, wie überall in Tidengewässern, die Yacht bis 1 oder 1,2 Meter Tiefgang. Doch der Nachteil, eine Yacht größeren Tiefgangs zu besitzen, ist hier weniger spürbar. In den großen Fahrwassern können sich auch sehr tiefgehende Yachten bewegen. Und freundliche Tiefwasserhäfen sind hier zahlreicher als sonst.

Nicht voll seefeste Boote müssen einige Fahrwasser und einige Wetterlagen im Emstrichter unbedingt meiden. Tun sie das, so möchte ich sie aus dem Wattengebiet des Emstrichters und seiner Inseln nicht unbedingt verbannen.

Östliche Ems — westliche Ems: Die Insel Borkum mit ihrem großen Inselwatt Randzel (und seewärts mit Borkumriff) trennt diese beiden Regionen. So sind es fast unabhängige Reviere — deshalb getrennt besprochen. — Die Region der Osterems, das einsame Gebiet ohne Berufsschiffahrt mit fast unzähligen Fahrwassern ist vielfältiger und kleineren Booten günstiger. — Die westliche Ems führt die Großschiffahrtswege, ist gut betonnt, befeuert, doch abwechslungsärmer und auch wesentlich rauher.

Mit nicht voll seefesten Booten meide ich die großen, stark strömenden Fahrwasser der westlichen Ems. Steht Nordwest gegen auslaufende Strömung, sind sie nur für voll seefeste Boote befahrbar (und ab Windstärke 7 auch das nicht mehr). Jeden Trick wende ich an, um mich mit einem nicht seefesten Boot nicht der Situation „Strom gegen Wind" auszusetzen und die westliche Ems so schnell wie es geht zu verlassen.

Die Mittelgründe: Auf der 27 Seemeilen langen Strecke zwischen Emden und Borkum liegen fast auf dem ganzen Weg Mittelgründe in der Ems: Geise, Paapsand, Hund, Dukegatplate, Mövensteert und seewärts die Ballon-Plate. So gibt es oft zwei parallel laufende Fahrwasser, eins östlich, eins westlich vom Mittelgrund. Betonnte Querwege verbinden sie. Da es deshalb sehr viele Tonnen gibt, starke Strömung läuft und oft Tonnen verlegt werden, ist bei schlechter Sichtigkeit und nachts die Navigation nicht immer einfach. Da jeder Abschnitt der einzelnen Fahrwasser auch noch einen eigenen Namen trägt, bringt die Beschreibung beim Revierfremden zuerst vollkommene Verwirrung. Sie lichtet sich, wenn man den Übersichtsplan zur Hand nimmt (Seite 252).

Die Wassertiefe ist in den Fahrwassern der westlichen Ems, die für die Großschiffahrt betonnt sind, auch bei N.W. über 6 Meter. Doch wichtig für alle Routenplanung, die die Osterems einbezieht, ist die flache Region von knapp 1 Meter bei Niedrigwasser im Südteil der Osterems.

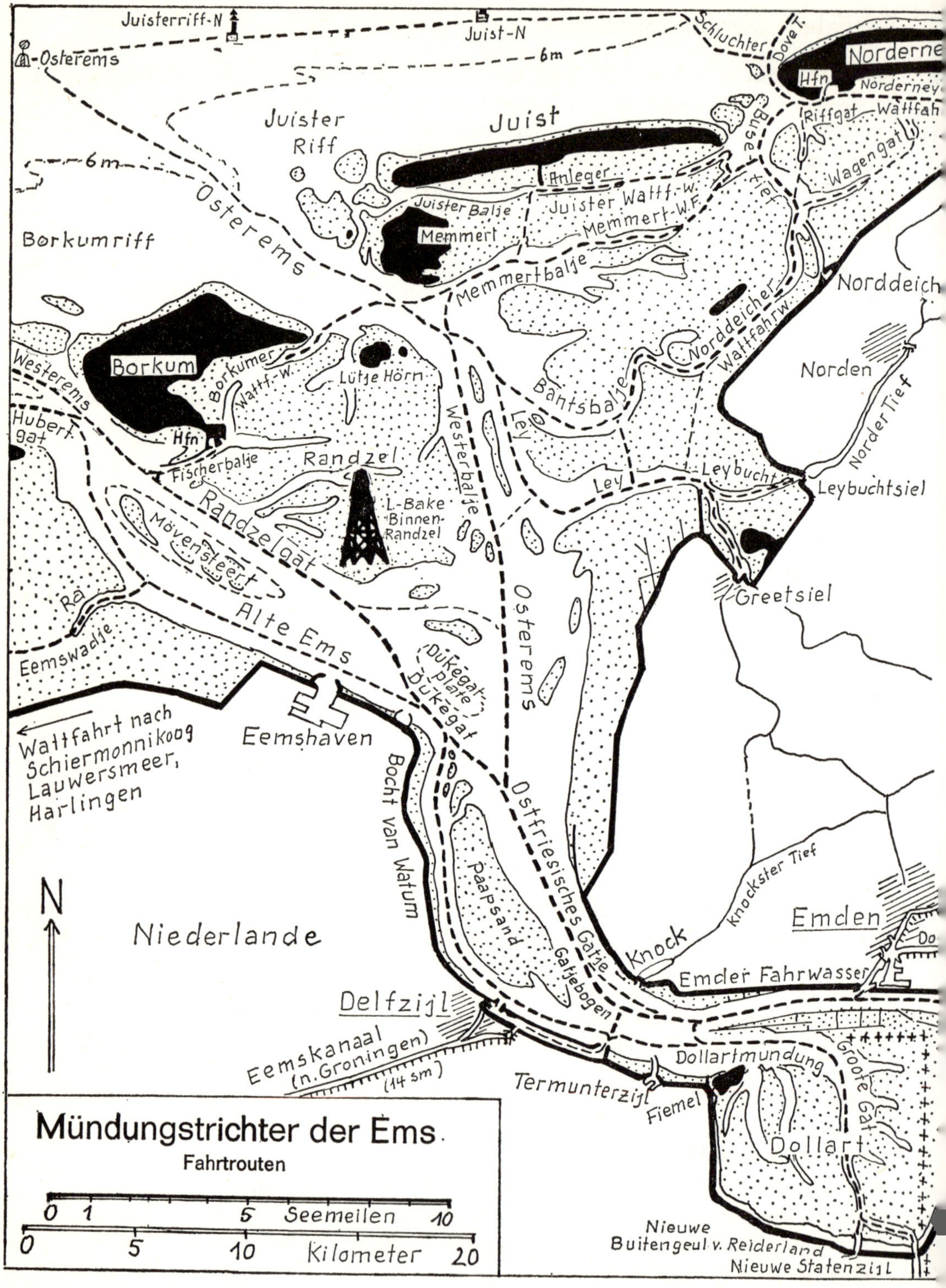

Mündungstrichter der Ems
Fahrtrouten

Fahrwasser und Strömungen der westlichen Emsarme

Betonnung, Befeuerung: Die Betonnung des Hauptfahrwassers der Ems beginnt weit auf See vor dem Arm „Westerems“ (Plan Seite 212). Sie wird ohne Unterbrechung durch Westerems, Randzelgat, Dukekat, Ostfriesisches Gatje, Emder Fahrwasser und weiter Ems aufwärts bis Leer geführt. — Die Lage der Tonnen wird oft an Fahrwasseränderungen angepaßt. Dabei gibt es zuweilen auch ganz wichtige Änderungen. Bei Nacht oder schlechter Sichtigkeit ist das Fahren nach nicht berichtigter Seekarte vor allem dort heikel, wo man aus dem Hauptfahrwasser abzweigen will.

Befeuert sind alle Großschiffsfahrwasser, und zwar überwiegend durch Leuchttonnen mit rotem, grünem oder weißem Feuer verschiedener Kennung. Im niederländischen Bereich sind Fahrwasserverzweigungen mit „Untiefentonnen“ bezeichnet, was die Fahrt tags wie nachts sehr erleichtert. Mit gelbem Feuer sind Meßpegel und vielerlei anderes kenntlich gemacht.

Gezeiten: Emden wie Borkum sind selbständige Bezugsorte. Durchschnittlich ist in Borkum Hochwasser 1³/₄ Stunde früher als in Emden. Die Hochwasserhöhe über Kartennull bei Nippzeit ist bei Borkum 2,2, bei Emden 3,0 Meter; bei Springzeit 2,5 bzw. 3,3 Meter. Der Windeinfluß ist bei Emden beträchtlich. Strömung: siehe bei den einzelnen Fahrwassern.

Emder Fahrwasser läuft von Emdens Hafenausfahrt sechs Seemeilen weit westwärts bis zur Huk Knock. Wir kennen es schon (Seite 236 f, Plan 237).

Gatjebogen wird die Krümmung des Fahrwassers zwischen der Huk Knock und der Einfahrt zum Hafen Delfzijl genannt. Der Radarturm Knock und die hohen Hafenmolen von Delfzijl sind auffällige Landmarken. Doch die Navigation erfolgt nach den Tonnen. Davon gibt es hier mehr als genug. Der Plan auf Seite 245 zeigt ihre Lage. — Drei Fahrwasser laufen von Land zur See, ein viertes kreuzt sie und führt zum Hafen Delfzijl. Durch die Untiefentonnen darf man sich nicht verwirren lassen. Sie haben die Funktion von Fahrwasserteilungstonnen.

Fahrwasser Knock läuft an der Nordseite des Gatjebogen (s. Plan S. 237 und 245). Sportboote zwischen Emden und See sollten es meist benutzen. Es beginnt landwärts bei der roten Tonne „54-Knock 3“. An der Nordseite liegen die roten Stumpftonnen „K 2“ bis „K 6“. Bei Tonne „48-Knock 1“ vereinigt es sich mit dem Hauptfahrwasser.

Das Hauptfahrwasser Gatjebogen läuft zwischen dicht nebeneinanderliegenden roten und grünen numerierten Tonnen. Es ist das tiefste Wasser für die Großschiffahrt, ist schmal und hat starke, zuweilen etwas quer setzende Strömung. Es läuft zwischen Bänken und verändert zuweilen seine Lage. Den Großschiffen muß man hier sorgsam aus dem Wege bleiben.

Fahrwasser Bocht van Watum läuft an der Südseite. Es ist mit Tonnen „BW“ bezeichnet, wird wenig befahren und ist auch seegangsmäßig geschützter. Mit einem Sportboot würde ich es oft bevorzugen (siehe unten).

Fahrwasser Paapsand (Tonnen „PS“) führt aus dem Gatjebogen zur Hafeneinfahrt Delfzijl. Es braucht uns nur deshalb zu kümmern, weil dort lebhafter Schiffsverkehr zu Delfzijls Hafen läuft.

Ostfriesisches Gatje führt aus dem Gatjebogen etwa NNW-wärts bis in die Nähe des großen Kraftwerkes beim Eemshaven (Plan). Dort geht es ohne Wechsel der Betonnung in das Dukegat über. Es ist ein breites und stark strömendes Fahrwasser. Der Tonnenstrich ist für die tiefgehenden Großschiffe eng gelegt. Eine Yacht kann beim Aufkreuzen oft weit darüber hinausgehen. — Bei der roten Tonne „38-Osterems 38" zweigt man aus dem Ostfriesischen Gatje nach Norden ab, um in die Osterems zu gelangen. — Bei auslaufendem Wasser und Nordwestwind kann es im Ostfriesischen Gatje sehr grob sein. — Die Strömung erreicht fast drei Knoten zur Springzeit (zwei

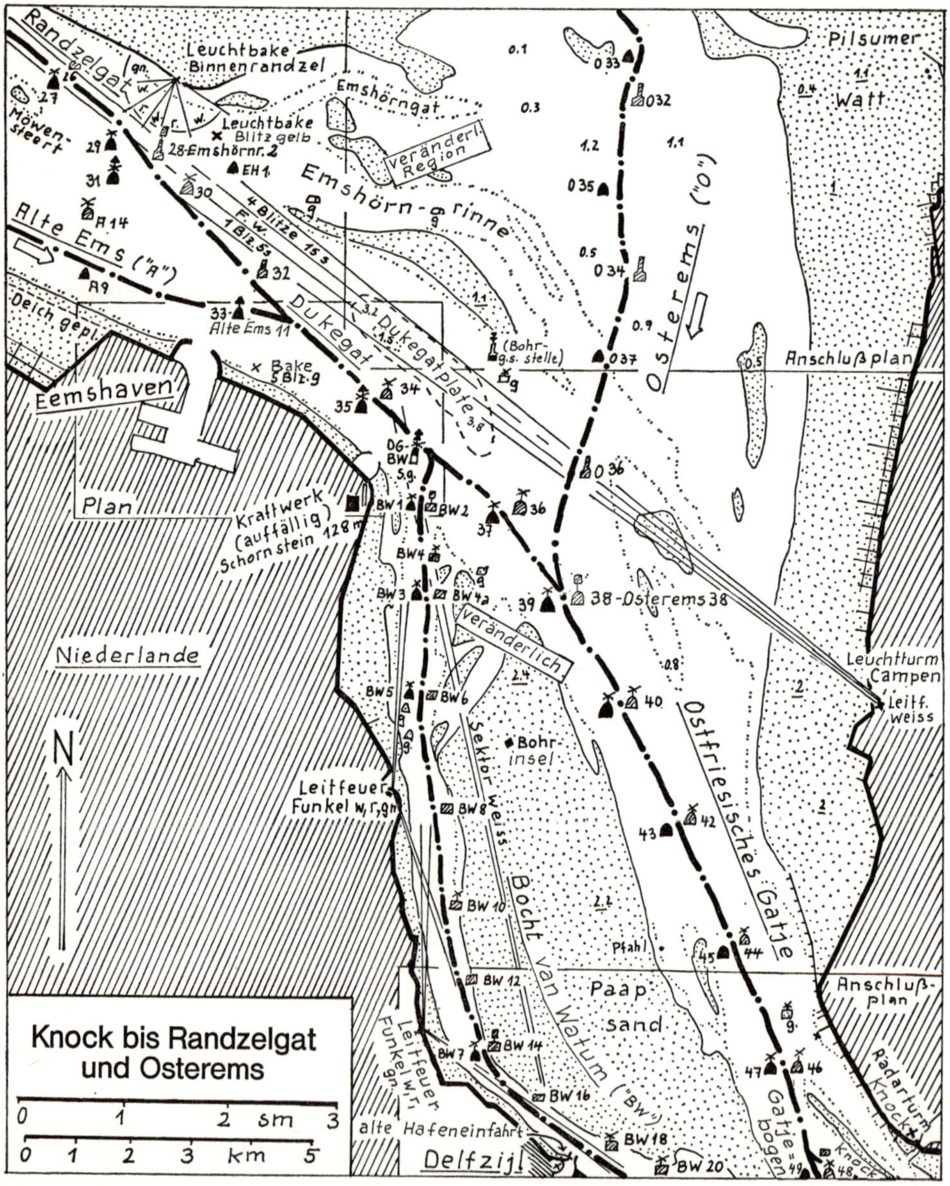

Knock bis Randzelgat und Osterems

0 1 2 sm 3
0 1 2 3 km 5

Tonne „38-Osterems 38" wurde zur Leuchttonne (unterbr. Funkelf. rot)

bei Nippzeit) und kentert im Südteil 1/4 bis 1/2 Stunde n a c h, im Nordteil b e i H.W. und bei N.W. in Emden. — Befeuerung durch Leuchttonnen.

Bocht van Watum heißt das Fahrwasser an der Westseite. Es war früher die Zufahrt zum Hafen Delfzijl. Doch heute wird es von Frachtschiffen kaum noch befahren. Es ist mit Tonnen „BW" bezeichnet (Plan S. 254 u. 245). Es beginnt im Norden im Dukegat mit der niederländischen Fahrwasserteilungstonne „DG—BW" nordöstlich vom Kraftwerk beim Eemshaven. Der Nordteil ist veränderlich, doch gut betonnt. Es ist bei Niedrigwasser dort 2 bis 0,5 Meter tief, doch meistens tiefer. Befeuerung durch Leuchttonnen und später durch Leitsektoren. Im Südteil führt es an der alten Hafeneinfahrt von Delfzijl vorbei und an der neuen Einfahrt bei Oterdum. Bei Termunterzijl geht es in das Fahrwasser „Dollard" über. — Das Fahrwasser Bocht van Watum läuft parallel zum Ostfriesischen Gatje. Es ist bei Nordwestwind wesentlich geschützter. Da man in ihm außerdem der Großschiffahrt aus dem Wege bleibt, würde ich es oft vorziehen.

Dukegat ist die Fortsetzung des Ostfriesischen Gatje zur See hin. Das Kraftwerk, die Molen des Eemshaven und die Leuchtbake Binnenrandzel sind die wichtigsten Landmarken. — Die veränderliche D u k e g a t p l a t e macht, daß das Fahrwasser hier oft verlegt werden muß. Zur Zeit ist nur die Rinne westlich der Dukegatplate betonnt und das Fahrwasser läuft recht gerade. Die Dukegatplate ist z. Z. bei N.W. 1,5 Meter tief und w i r d f l a c h e r ! Aufkreuzende Segler müssen sie bedenken!
Abzweigungen aus dem Dukegat sind nach Süden das Fahrwasser Bocht van Watum (Fahrwasserteilungstonne „DG-BW"). Und nach Westen die A l t e E m s (Tonne „33-Alte Ems 11", grün mit Kegeltoppzeichen). Im Dukegat läuft kräftige Strömung. Auf Kursen, bei denen sie quer setzt, macht sie hier Navigation schwierig, sobald schlechte Sicht oder sonst erschwerende Umstände hinzukommen. — D i e S t r ö m u n g im Dukegat ist einlaufend wie auslaufend 2 1/2 bis 3 Knoten, strömt etwa in Richtung der Rinnen und kentert b e i H.W. und N.W. von Emden.

Das Randzelgat führt aus dem Dukegat nordwestwärts 9 Seemeilen weit bis zur Westspitze Borkums. Nach 6 Seemeilen zweigt von ihr die F i s c h e r b a l j e als Zugang zum S c h u t z h a f e n B o r k u m und Borkumer Wattfahrwasser ab (Plan S. 197, 198). Hüten muß man sich vor dem M i t t e l g r u n d M ö v e n s t e e r t. Selten vergeht ein Jahr, ohne daß hier eine Yacht strandet und oft verlorengeht. — B e f e u e r t ist Randzelgat vor allem durch den Leitsektor fest weiß von Leuchtturm Campen (Warnsektoren: 1 Blitz alle 5 Sek. an der Südwestseite, 4 Blitze alle 15 Sek. an der Nordostseite). — D i e S t r ö m u n g bei Borkum läuft etwa 3 (bis 3 1/2) Knoten. Die einlaufende Strömung setzt etwa 3/4 Stunde nach Niedrigwasser bei Borkum sehr rasch ein. Die auslaufende beginnt Hochwasser Borkum plus 1/2 Stunde.

Alte Ems läuft parallel zum Randzelgat südlich vom Mittelgrund Mövensteert. Ihre Tonnen tragen vor der laufenden Nummer den Buchstaben „A". Die Tonnen sind überwiegend unbefeuert. Nachtfahrt ist zur Zeit nicht möglich. Südwestlich vom Kleinen Leuchtturm Borkums vereinigt sich die Alte Ems mit H u b e r t g a t (Tonne „H 15 — Alte Ems 1) und mit dem Randzelgat (Plan Seite 197). — Etwa 5 Seemeilen nordwestlich der Hafeneinfahrt des Eemshaven zweigt aus der Alten Ems der Priel R a oder E e m s w a d j e ab. Dort läuft die Wattfahrt nach Schiermonnikoog und Harlingen. — Wie ich von B o r k u m aus die Alte Ems ansteuern würde, zeigt der Plan auf Seite 197.

Die Alte Ems ist seit je ein veränderliches Gewässer. Zusätzlich haben die Bauarbeiten am Eemshaven andere Strömungsverhältnisse geschaffen. Mit Änderungen vor allem am Nordausgang muß man rechnen. — Die Strömung kentert später als im Randzelgat. Es läuft in der Alten Ems noch aus, während es im Randzelgat schon kräftig einläuft!

Hubertgat und Westerems, die beiden Fahrwasser zur offenen See, werden auf Seite 214 f besprochen (Plan Seite 212, 302).

Revier der Osterems

Überblick geben die Pläne auf S. 257, 252. Borkum und sein großes Inselwatt Randzel trennen die westliche Ems von der Osterems. Nur durch die Südmündung der Osterems und Borkumer Wattfahrwasser hängen beide zusammen. So ist die Osterems mit ihren großen Baljen und zahllosen Prielen wie eine Welt für sich. Eine sehr einsame Region fast ohne Berufsverkehr. Durch ihre Weite (an der Hälfte der Tage sieht man kein Land) und den Reichtum an bezeichneten, auch bei Niedrigwasser tiefen Fahrwassern ein sehr vielfältiges Revier. Dabei durch das hohe Watt Randzel gegen westliche Winde weit besser geschützt als die westliche Ems.

Nicht voll seefeste Boote finden, wenn sie rauhes Wetter treffen, sehr viel mehr Möglichkeiten, der Situation „Strom gegen Wind" auszuweichen, als auf der Westerems: hohe, schützende Wattrücken, in günstigerer Richtung laufende Fahrwasser, vier seewärtige Inseln. Schade, daß hier der Raum fehlt, dieses wunderbare Fahrtrevier, in dem noch vor 40 Jahren die Segel der Tjalken und Kuffen am Horizont standen, in dem bis 1730 auch noch die Insel Bant lag, genau zu beschreiben. Es gibt weit mehr Fahrwasser als ich nenne. Außer den genannten Routen kann man sich zahlreiche andere selbst kombinieren. Doch einen Plan füge ich diesmal bei.

Die Osterems (Plan S. 252, 257) ist die Achse von Nord nach Süd: Von See her führt sie 20 Seemeilen lang zwischen Borkum und Memmert ins Wattenrevier und dann zwischen großen Wattengebieten bis zur Einmündung in das Hauptfahrwasser der Ems beim Dukegat. Nach Osten zweigen von ihr drei große betonnte Baljen ab: Memmertbalje, Bantsbalje und Ley. Die Osterems ist gut betonnt („O" vor der übrigen Bezeichnung), doch nicht befeuert. Sie hat im Fahrwasser (und oft auch darüber hinaus) auch bei Niedrigwasser reichlich genug Wassertiefe. Nur zwischen den Tonnen „O 37" und „O 30" ist es bei N.W. bis 1 Meter flach. Hier können Yachten mit Tiefgang erst 1 bis 2 Std. nach N.W. passieren (Plan S. 257). Sehr grob kann die Osterems in ihrem Nordteil bei auslaufend Wasser und westlichem bis nördlichem Wind sein. — Landmarke von wirklichem Nutzen ist nur der Leuchtturm auf Insel Memmert. Dazu die Bake Binnen-Randzel und manchmal das hohe Kraftwerk beim Eemshaven. Sonst navigiert man nach Tonnen. — Die Strömung läuft bei steigendem Wasser südwärts, bei fallendem nordwärts. Im Südteil schwächer, im Nordteil 2 bis 3 Knoten. — Fast alle Fahrtrouten benutzen Teile der Osterems. So hören wir von ihr noch mehr. — Mündung zur See: Seite 213 f. Drei große Baljen zweigen aus der Osterems nach Osten ab:

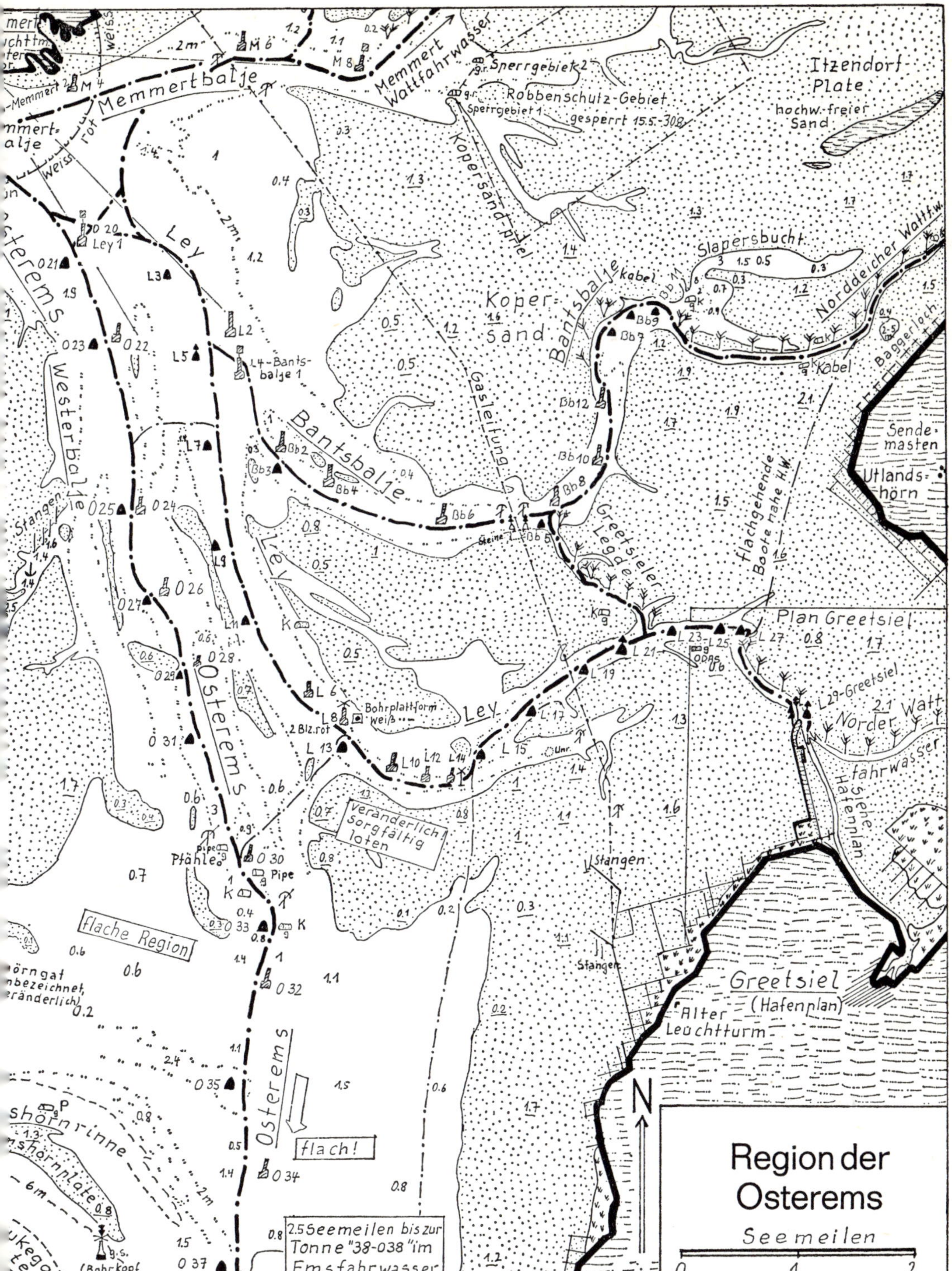
Region der Osterems
Seemeilen
0 1 2
N
Memmertbalje
Memmert Wattfahrwasser
Sperrgebiet 2
Robbenschutz-Gebiet
Sperrgebiet 1
gesperrt 15.5.-30.8
Itzendorf Plate
hochw.-freier Sand
Kopersand-Piel
Kopersand
Slapersbucht
Bantsbalje
Norddeicher Wattf.w.
Baggerloch
Sendemasten
Utlandshörn
Ley
Westerbalje
Osterems
Gasleitung
Greetsieler Legde
flachgehende Boote nahe H.W.
Plan Greetsiel
L 29-Greetsiel
Norder Wattfahrwasser
siehe Hafenplan
Bohrplattform weiß
Veränderlich! Sorgfältig loten
Stangen
Pfähle
Pipe
flache Region
Börngat unbezeichnet, veränderlich
Greetsiel (Hafenplan)
Alter Leuchtturm
flach!
2.5 Seemeilen bis zur Tonne "38-038" im Emsfahrwasser
(Bohrkopf 5 m tief)

Memmertbalje zweigt unmittelbar südlich der Insel Memmert aus der Osterems nach Osten ab. Sie ist mit Tonnen „M", dann mit Pricken bezeichnet (Plan Seite 193). Bis weit ostwärts der letzten Fahrwassertonne ist sie bei N.W. über 2 m tief. — Im Westteil kann sie bei der Situation „Strom gegen Wind" sehr grob sein. Im Innenteil habe ich möglichst weit ostwärts der letzten Fahrwassertonne oft geankert. Durch Memmert-Wattfahrwasser setzt sich Memmertbalje ins Norderneyer Revier fort. Über Watt Nordland gelangt man nach Juist. Im Bereich der Südarme von Memmertbalje ist ein Robbenschutzgebiet vom 15. Mai bis 30. August gesperrt.

Die Ley, bis Greetsiel-Buhne 10 Seemeilen lang, zweigt zwei Seemeilen südöstlich von Leuchtturm Memmert bei Tonne „O 20-Ley 1" aus der Osterems ab. Sie läuft fünf Seemeilen weit zur Osterems parallel und gibt die Bantsbalje nach Osten ab. Danach biegt sie ostwärts in die Leybucht ein. Sie teilt sich bei dem neuen Damm in das Greetsieler Außentief (zum Hafen Greetsiel) und Norder Wattfahrwasser (zum Leybuchtsiel und zur Stadt Norden). Die Tonnen der Ley sind mit „L" bezeichnet. Sie ist zwar nicht für Nachtfahrt befeuert, doch liegen ihre Tonnen dicht, und oft sind Fischerboote nach Greetsiel unterwegs, so daß man auch bei Dämmerung in ihr oft noch fahren kann.

Bantsbalje ist ein wichtiger Wasserarm, der aus der Ley betonnt („Bb") in großen Biegungen ostwärts führt (Plan Seite 257). Sie geht in das Norddeicher Wattfahrwasser über. Von tiefgehenden Yachten wurde sie oft befahren. — Der seit Jahrhunderten von den Küstenseglern benutzte Ankerplatz „Slapersbucht" liegt an der Bantsbalje (Plan Seite 257). An ihrer Nordseite war die Insel Bant. 1730 wurde sie gleichzeitig mit der Insel Buise von einer Sturmflut überspült und danach zu Watt eingeebnet (Watt Koper Sand). — Von Nachtfahrt, auch bei gutem Mondlicht, rate ich ab. — Der Westteil ist veränderlich, die Strömung dort kräftig.

E. Fahrtrouten im Emstrichter

Waren es hinter den andern Ostfriesischen Inseln Katzensprünge, so sind es im Emstrichter Tigersprünge. Übrigens Tigersprünge im Zickzack. Denn Borkum mit Randzel-Watt teilt ja die Ems in zwei Arme, und auch andere Watten liegen oft quer im Weg. — Herrlich große Strecken kann man hier segeln; richtig geplant, stets Tidenstrom im Rücken. Beispiel: Von Norddeich mit auslaufend Wasser durch Bantsbalje — Osterems „Zick" 20 Seemeilen seewärts, dann „Zack" mit einlaufendem Strom durch die Osterems 26 Seemeilen landein. Hat man noch nicht genug, nochmal „Zick" mit Tidenstrom wieder seewärts. Dann ist man in Borkum, und da mag es für heute enden (freilich kann man sich's auch bequemer machen).

Distanzen (sm) von	Emden	Delfzijl	Leer	Borkum	Norddeich
nach Delfzijl	10	—	26	19	29
nach Borkum	26	19	42	—	36
nach Noordpolderzijl	29	19	38	17	28
nach Schiermonnikoog	47	37	52	33	42
nach Nes (Ameland)	68	58	84	46	56
nach Groningen (Kanal)	24	14	40	33	43

Fahrtrouten von Emden

Nach Knock, Delfzijl oder Termunterzijl sind kurze Fahrten. Die Routenführung von der Mündung des Emder Fahrwassers an zeigen die Pläne S. 237 und 245. Tiefes Wasser auch bei N.W. Nur bei den Einfahrten nach Termunterzijl oder Knock müssen tiefgehende Yachten an die Tide denken. Westlich von Knock kann es für ein nicht seefestes Boot bei frischem Nordwest zu rauh sein. Bei Starkwind aus Südwest bis West auch schon ab Emden. Ich führe dann zur Niedrigwasserzeit bei Beginn einlaufenden Wassers.

Von Emden nach Borkum (Plan S. 252, 237, 245, 197). 26 Seemeilen Distanz. Da der Tidenstrom bis 3 Knoten läuft und bei Borkum eine Stunde früher kentert als in Emden, würde ich in Emden präzis bei Hochwasser ablegen. Nur mit schnellem Halbgleiter würde ich vielleicht kurz vor Niedrigwasser in Emden losgehen, um von dem glatteren Wasser zu profitieren. — Starkwind aus Nordwest macht die Fahrt auch für ein voll seefestes Boot äußerst grob. Für ein nicht voll seefestes ist schon Nordwest 5 zuviel. — Schlechte Sichtigkeit kann ein Hindernis sein.

Die Route läuft zuerst 7 Seemeilen lang im Emder Fahrwasser westwärts bis zur Huk Knock mit dem Radarturm. Nach Passieren von Knock führt das Ostfriesische Gatje 6 Seemeilen weit nordwestwärts. An der Ostseite wird der neue Deich weiter und weiter nach Norden vorgebaut. Der Gitterturm Leuchtturm Campen ist als Landmarke nützlich. Später nähert sich das Fahrwasser der niederländischen Seite (Kraftwerk). — In nordwestlicher Richtung folgt man der Tonnenreihe ins Randzelgat. Kreuzt eine Segelyacht auf, so kann man mit neuer Seekarte an Bord die Tonnenstriche meist sehr weit überschreiten. Dukegat-Plate (z. Z. 1,5 Meter tief, doch flacher werdend) will bedacht sein. Von der trockenfallenden Emshörnplate empfehle ich allen Respekt, zumal dort trickreiche Strömungen setzen. — Man passiert an der Leuchtbake Binnen-Randzel und fährt dann an der Wattkante des Watt Randzel entlang. Die Leuchttürme von Borkum sieht man voraus. Ist der Mövensteert trockengefallen, wird man fast immer Seehunde darauf entdecken. Die auffällige dreibeinige Leuchtbake Fischerbalje auf der Spitze des Leitdammes bezeichnet die Einfahrt zum 1½ Seemeilen entfernten Schutzhafen Borkum (Fischerbalje Seite 198).
Angesichts des Großschiffsverkehrs würde ich prüfen, ob ich statt durch's Ostfriesische Gatje nicht lieber durch das Fahrwasser Bocht van Watum fahre.

Von Emden in die Osterems (Juist, Norderney, Norddeich): Das ist 14 Seemeilen weit die gleiche Strecke wie nach Borkum. Doch im Ostfriesischen Gatje zweigt man bei der Tonne „38-Osterems 38" nordwärts in die Osterems ab. — Die Osterems ist anfangs etwas spärlich betonnt. Gewöhnlich liegt die erste Tonne (derzeit „O 36") 1,3 Seemeilen nördlich. Weitere grüne oder rote Tonnen „O" schließen sich nordwärts an. Bei diesigem Wetter wollen die Tonnen oft nicht gleich in Sicht kommen. Beim Laufen von Kompaßkurs muß man anfangs sehr an die Querversetzung durch die Emsströmung denken. — Das befahrbare Wasser der Osterems ist im Südteil sehr breit und flach. Zwischen Tonne „O 37" und „O 30" ist es bei N.W. nur etwa 1 Meter tief. Hieraus ergibt sich für ein Boot von Tiefgang der Zeitplan. So würde ich wohl nicht später als eine Stunde nach H.W. in Emden losgehen. — Weiter nördlich wird die Osterems schmaler und wieder tief (Plan S. 252). — Bei der Planung der Fahrt muß man an das Tageslicht denken, denn die Osterems und ihre Wattfahrwasser sind unbefeuert. — Mit ablaufendem Wasser bis südwärts von Insel Memmert, mit steigendem Wasser dann je nach Fahrtenziel durch Memmert-Wattfahrwasser nach Norderney, durch Bantsbalje-Norddeicher Wattfahrwasser nach Norddeich, über Watt Nordland nach Juist oder Borkumer Wattfahrwasser nach Borkum. — Meist werden das sehr schöne Reisen.

Zur niederländischen Wattfahrt (Schiermonnikoog, Westfriesische Inseln): etwa 30 Seemeilen bis zum ersten Hafen Noordpolderzijl, 50 bis Schiermonnikoog. Etwa 22 Seemeilen Fahrt auf der Ems (dazu braucht man ablaufend Wasser). Danach Wattfahrt (dazu braucht man mehr als halbe Tide). So reicht meist das Tageslicht nicht aus, um in einem Zug bis Schiermonnikoog zu kommen. Doch Hafen Lauwersoog ist ein guter Platz für die Nacht oder Noordpolderzijl oder Eemshaven — oder man ankert im Watt. — Hindernisse können sein: Starkwind aus Nordwest, der die Emsfahrt hindert, Starkwind aus Ost, der auf den Watten den Wasserstand senkt, Nebel oder ganz ungeschickte Lage der Tide (dann würde ich im Priel Ra ankern, denn für die Wattfahrt braucht man Tageslicht). Zeitplan: Ablegen in Emden so, daß man die 24 sm bis zum Fahrwasser Ra bis Niedrigwasser Emden abgelaufen hat. Je nach Wind und Art des Bootes also 1 bis 3 Stunden nach Hochwasser (Strömung setzt mit). Die Route führt durch Emder Fahrwasser, Ostfriesisches Gatje (bzw. Bocht van Watum) zum Dukegat. Dann in die Alte Ems. Am südwestlichen Ufer der Alten Ems beginnt 5½ Seemeilen nordwestlich des Eemshavens das Wattfahrwasser Ra. „Fahrwasserteilungstonne" ist die schwarz-gelb-schwarze Untiefentonne „E-R" mit Osttoppzeichen. Es folgen Treibspieren „R" (rote westfahrend an Steuerbord!). — Beschreibung der weiteren Fahrt Seite 262 f).

Routen von Delfzijl (Plan S. 252, 245, 254, 197)

Es stehen die gleichen Wege offen wie von Emden. Doch ist Delfzijl ein günstigerer Ausgangspunkt, da es rund 10 Seemeilen weiter seewärts liegt. Auch ist das Fahrwasser Bocht van Watum bei starkem Nordwestwind geschützter als das Ostfriesische Gatje. Alle Routen nehmen den gleichen Verlauf wie von Emden, nur mit dem Unterschied, daß statt Emder Fahrwasser und Ostfriesisches Gatje das Fahrwasser Bocht van Watum befahren wird (Seite 255).

Fahrtrouten von Borkum (Plan Seite 252, 212, 197, 263)

Seefahrtsrouten: Seite 302 f.

Wattfahrt in niederländischen Gewässern (Plan Seite 261): Das ist die Fortsetzung der durchlaufenden Wattfahrt von der Elbe. Freilich kann man im Emstrichter auch andere Routen wählen. Doch für ein nicht voll seefestes Boot halte ich die Fahrt von Norderney über Juist nach Borkum, Kreuzen der Ems, Wattfahrt in der Ra über Noordpolderzijl, Lauwersoog nach Schiermonnikoog usw. für den am besten geschützten Weg.

Von Borkum zum Sielhafen Noordpolderzijl am niederländischen Festland sind nur 17 Seemeilen Fahrt. Man kann auch bis zum Tiefwasserhafen Lauwersoog oder Schiermonnikoog (31 Seemeilen) weiterfahren. Die Fahrt im Fahrwasser Ra wird auf Seite 262 f beschrieben. Auch die Fahrt von Borkum bis zur Ra.

IX. Westfriesische Inseln - Ems bis Terschelling

A. Das niederländische Wattenrevier

Groß ist das niederländische Wattenrevier. Es ist länger als die Entfernung von Cuxhaven nach Borkum. Da wir es auf Karten kleineren Maßstabes zu sehen gewöhnt sind, haben wir da oft ein sehr falsches Bild.

Groß ist das niederländische Wattenrevier. Und zahlreiche große Sporthäfen liegen an seinem Rande: fünf große Marinas im Lauwersmeer, an vierzig im Ijsselmeer. Die liefern dem Wattengebiet im Sommer die Yachten, die in der Ferienzeit dann die Inselhäfen verstopfen.

Weit mehr Einsamkeit gibt es im niederländischen Wattenrevier als bei uns. Nur braucht man eine Yacht, mit der man mit der Einsamkeit und mit einem natürlich belassenen Meer auch etwas anfangen kann — ein reviergerechtes Schiff, das nicht auf Schwimmstege oder tiefe Häfen angewiesen ist. — Tiefwasserhäfen sind zwischen der Ems und Harlingen äußerst spärlich. In der Waddenzee zwischen Harlingen und Den Helder sind sie reichlicher, doch in der Ferienzeit oft ganz wortwörtlich verstopft. Vlielands Hafen wurde, wenn gefüllt, wie im Mittelalter mit einer Hafenkette verschlossen. Doch mit einem reviergerechten Schiff, das gut trockenfällt und gut ankert, ist die (an der deutschen Nordseeküste zuweilen knapp gewordene) Einsamkeit eine wirkliche Wohltat.

Groß ist auch der Raum, der binnendeichs dem Wasserfahrer zur Verfügung steht: das Lauwersmeer (Seite 271 f), die Friesischen Seen, das Ijsselmeer (Seite 311 f) — und noch allerhand mehr. — Und vor den Inseln liegt das Seerevier. Seegaten und Seeküste werden uns auf Seite 302 f beschäftigen.

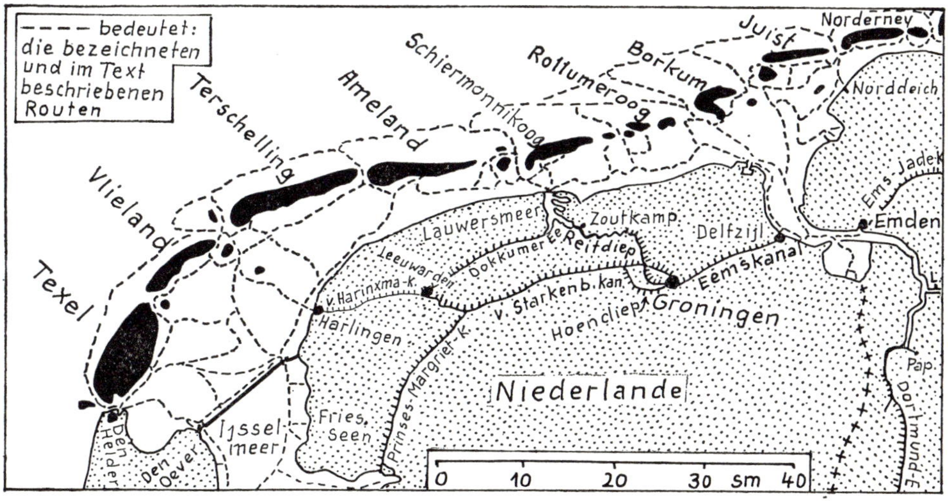

Als schönstes aber, wenn man von Deutschland kommt, empfindet man: Die Niederlande sind dem Seefahrtssport aufgeschlossen. (Hunderte von Schleusentoren oder Brücken öffnen und schließen sich für die fremde Yacht — und fast stets ohne „Gebühren".) So möchte ich im Namen von uns allen für die Mühe und für die Gastfreundschaft sehr herzlich danken!

B. Von der Ems bis Schiermonnikoog und Lauwersmeer

Überblick: Etwa 70 Seemeilen liegen zwischen Borkum und den Häfen Harlingen und Terschelling, die schon zur Waddenzee gehören. Auf dem Wege sind die unbewohnten Inseln um Rottumeroog und die schöne Insel Schiermonnikoog mit ihrem Yachthafen. Am Festland der unbedeutende Watthafen Noordpolderzijl und danach der wichtige Tiefwasserhafen Lauwersoog mit Yachthafen binnendeichs und großer Fischerflotte buten. Innen das nun abgedeichte Lauwersmeer, ein Wassersportzentrum bedeutender Art.
Weiter auf unserer Fahrt die Insel Ameland mit zwei hafenähnlichen Liegeplätzen, doch ohne Festlandshafen. Und danach die Waddenzee mit einem Dutzend Festlandhäfen und Inselhäfen.
Hier beschäftigt uns zuerst nur das Wattenrevier. Das Seerevier vor den Inseln und die Seegaten werden auf Seite 302 f beschrieben.

Distanzen (Seemeilen). Siehe auch Seite 258.

Borkum bis	einzeln	gesamt (bei durchlaufender Fahrt)
Eemshaven	9	—
Noordpolderzijl	16	—
Hafen Lauwersoog	16	28
Insel Schiermonnikoog	8 (5)	36 (33)
Nes (Ameland)	22	50
Harlingen (oder Terschelling Hafen)	23 (25)	73 (75)

Wattfahrt von der Ems bis Lauwersoog

Im Grunde handelt es sich um die Fortsetzung der Wattfahrt von der Elbe. — Herrscht nicht gerade Ostwindlage, so würde ich die Fahrt bei Springzeit mit 1,4 Meter Tiefgang, bei Nippzeit mit 1,2 Meter Tiefgang noch unternehmen. — Ausgangspunkt wird meist wohl Borkum sein. Auch der neue Eemshaven liegt günstig. Doch kann man die Fahrt auch in Emden oder Delfzijl beginnen.

Zeitplan: Die Wattfahrt beginnt in dem Priel „Ra" an der Westseite der Alten Ems bei steigendem Wasser, sobald es der Wasserstand erlaubt. Das ist meist etwa zwei bis drei Stunden vor Hochwasser. Kam man mit ablaufendem Wasser emsabwärts, so kann man in der Ra ankernd steigendes Wasser abwarten. Auch für die Nacht ist in der Ra bei handigem Wetter brauchbarer Ankerplatz. — Merkt man während der Fahrt auf dem Watt, daß man die Strecke bis zum letzten, 17 Seemeilen entfernten Wattenhoch in einer Hochwasserzeit nicht schafft, kann man nahe Hochwasserzeit nach Noordpolderzijl einlaufen oder während der Niedrigwasserzeit den Umweg Zuid Oost Lauwers — Spruit fahren. Sonst trockenfallen oder ankern.

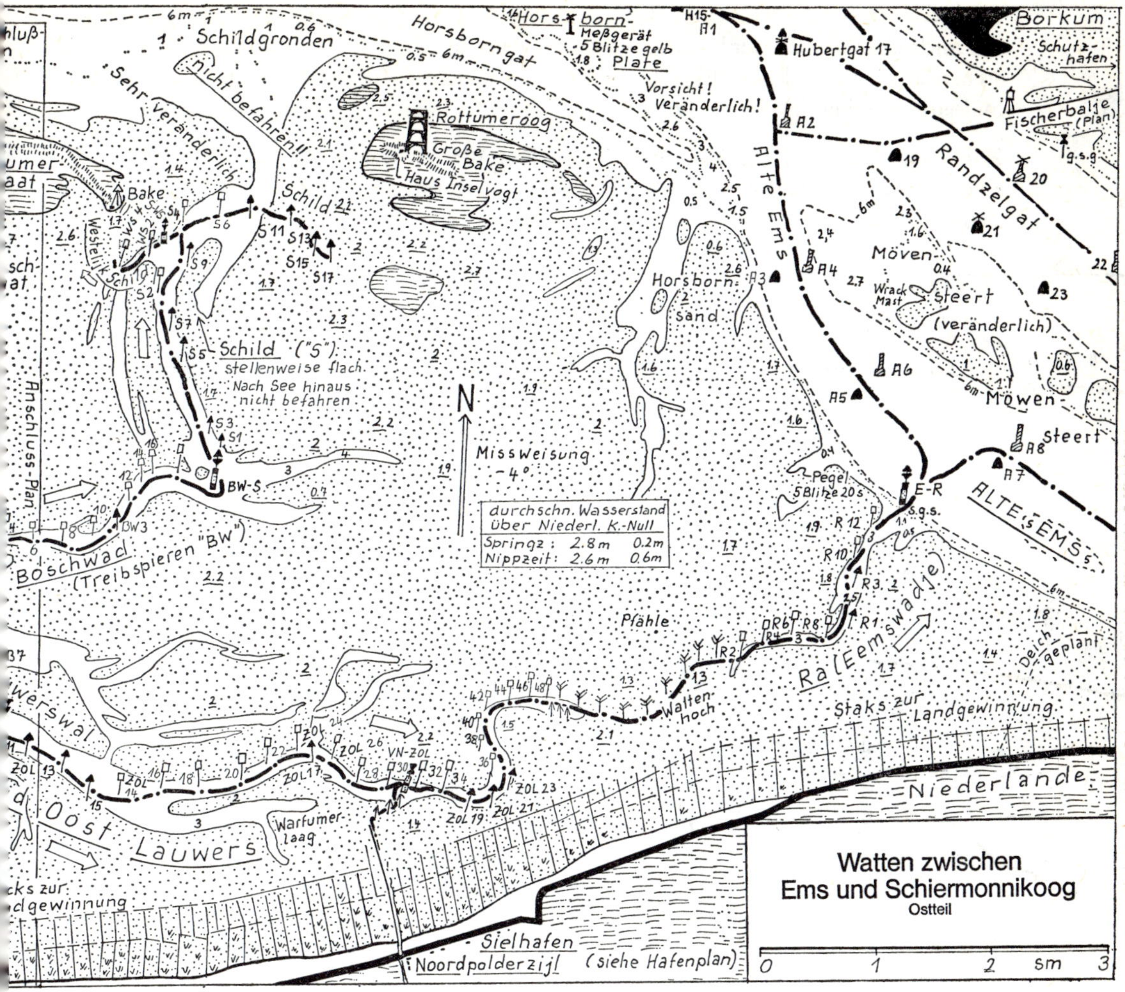

Beginn in Borkum: Etwa sieben Meilen Fahrt bis zum Beginn der eigentlichen Wattfahrt. Bei Niedrigwasser oder spätestens 1½ Stunden danach würde ich in Borkum ablegen. Ausfahrt durch die Fischerbalje (Plan S. 198). Danach kreuze ich das Randzelgat und runde den Mittelgrund M ö v e n s t e e r t. Die Tonne „19“ passiere ich an der Nordseite, „A 2“ an der Südseite (Plan oben). Auf die stark quer versetzende Strömung achte ich besonders. — In der Alten Ems trägt mich die Strömung rasch zur Tonne „A 5“. Eine Seemeile südsüdost von ihr liegt die „Ansteuerungstonne“ des Prieles Ra.

Fahrwasser Ra (Eemswadje) zweigt aus der Alten Ems nach Südwesten ab. Erstes Seezeichen ist die schwarz-gelb-schwarze „Fahrwasserteilungstonne“ mit Rautentoppzeichen und Aufschrift „E-R“. Südwestlich von ihr beginnen Treibspieren „R“. Die roten lasse ich auf dem Wege westwärts an der Steuerbordseite. — Der Priel Ra ist fast zwei Seemeilen weit wechselnd 1 bis 4 Meter tief. Will ich ankern, dann wähle ich den Ankerplatz so, daß der Wind quer zum Priel weht.

Nach der letzten Treibspiere („R 2“) folgen Pricken. Etwa zwei Seemeilen weit führen die mich über das Wattenhoch. Die meisten Pricken sind „normale“ offene Pricken. Die stehen an der Nordseite. Einzelne gebundene Pricken (Besen abwärts) bezeichnen die Südseite. — Über das Wattenhoch gelange ich in das Fahrwasser Zuid Oost Lauwers.

Zuid Oost Lauwers, ein Ausläufer des großen Wattenstromes Lauwers, ist mit Treibspieren „ZOL“ bezeichnet. Die roten bleiben West-fahrend an Steuerbord (an der Nordseite).

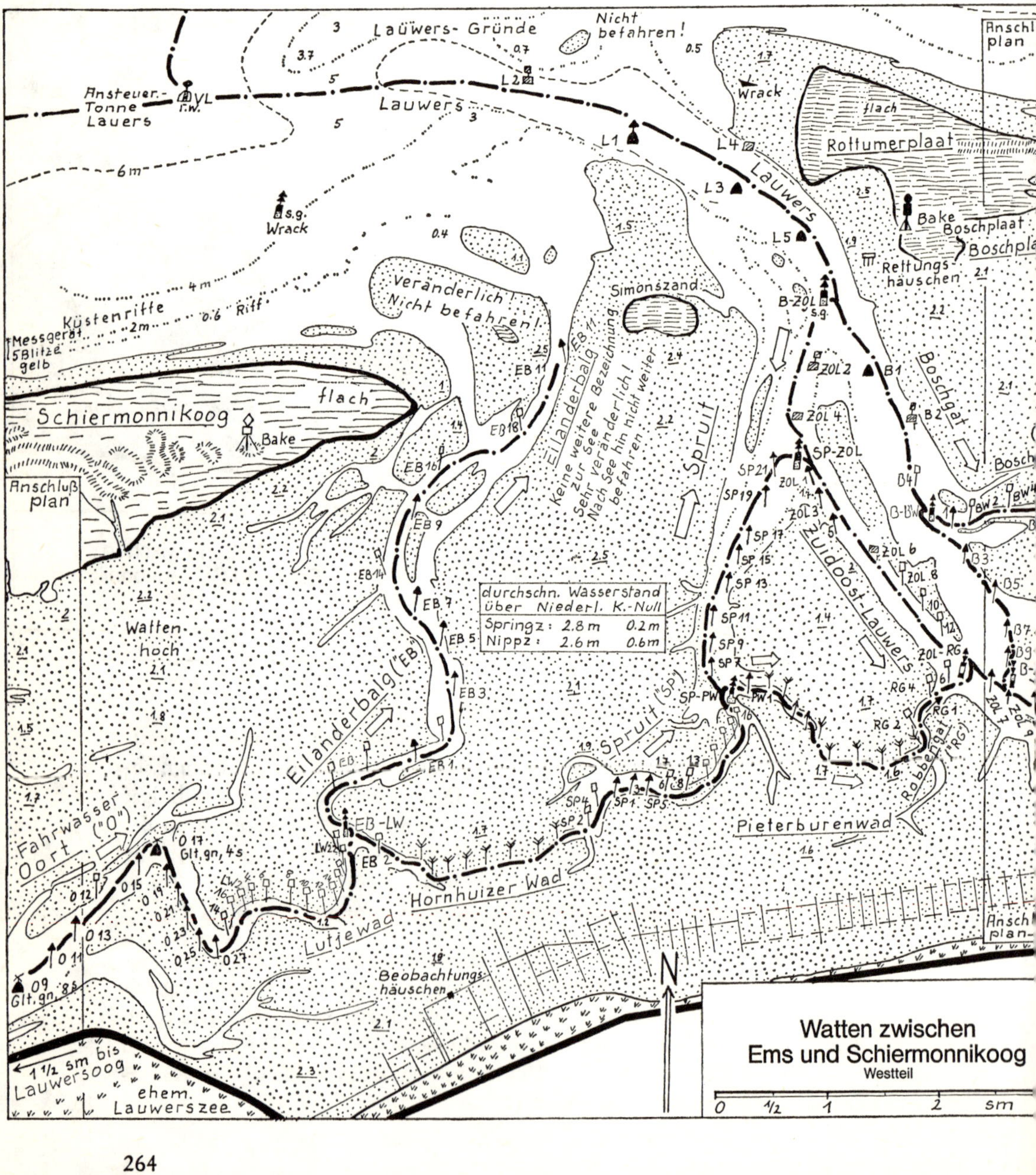

Es beginnt z. Z. mit „ZOL 48“ (rot) und „ZOL 23“ (grün). Etwa 2 Seemeilen nach Beginn der Treibspieren passiert man an der gelb-schwarz-gelben Fahrwasserteilungstonne „VN-ZOL“. Hier würde man Zuid Oost Lauwers nach Südwesten verlassen, um nach Noordpolderzijl einzulaufen. — Auf dem Wege nach Schiermonnikoog bleiben wir im Wattenstrom Zuid Oost Lauwers. Er führt unter Krümmungen erst westwärts, dann nordwestwärts. Nach vier Seemeilen teilt sich der Weg. Wir stehen vor der Wahl, entweder die kürzere Route über das Wattenhoch Pieterburen Wad zu fahren oder den längeren, aber dafür tiefen Weg: Zuid Oost Lauwers — Spruit (Plan Seite 264).

Umweg Zuid Oost Lauwers — Spruit: Man fährt ihn meist, wenn für die Fahrt über Pieterburen Wad das Wasser schon zu weit abgelaufen ist. Dazu folgt man der Treibspierenreihe „ZOL“ noch 2½ Seemeilen weit NW-wärts bis zur schwarz-gelben Fahrwasserteilungstonne „SP-ZOL“. Dort verläßt man Zuid Oost Lauwers und biegt scharf südsüdwestwärts in den Wattenstrom Spruit hinein. Er ist mit Treibspieren „SP“ bezeichnet. Die grünen stehen an der Ostseite. — Spruit hat fast vier Seemeilen weit bei Niedrigwasser mehr als 1½ Meter Wassertiefe. In seinem inneren Teil etwa bei Treibspiere „10“ oder noch weiter einwärts bei „2“ würde ich ankern, wenn ich das Steigen des Wassers abwarten muß oder wenn mir das Tageslicht knapp wird.

Über Pietersburener Wad läuft die andere Route. Fährt man in einem Hochwasser durch, ist sie meist günstiger. Bei der gelb-schwarzen Fahrwasserteilungstonne „ZOL-RG“ zweigt nach Südwesten das Robbengat ab; Treibspieren „RG“, rote an der Westseite. Nach einer Seemeile beginnen Pricken. Die führen über das Wattenhoch Pieterburen Wad hinweg. Die Fahrt über das Wattenhoch endet nach 1½ Seemeilen vorwiegend westlicher Richtung mit ein oder zwei Treibspieren „PW“. Dicht darauf folgt die schwarz-gelbe Fahrwasserteilungstonne „SP—PW“. Hier ist man im Fahrwasser Spruit angekommen, das wir schon kennen. Die Wege führen nun gemeinsam südwestwärts auf das Hornhuizer Wad.

Hornhuizer Wad und **Lutje Wad** sind an ihrer Seeseite mit Pricken bzw. Treibspieren bezeichnet. Etwa 4 sm lang ist die Fahrt über diese Region hoher Watten, in denen das Fahrwasser verschiedene Rinnen benutzt und schmal und gekrümmt läuft. Danach beginnt mit der Groningerbalg das Fahrwasser Oort. Da steht man 1 sm nördlich vom Abschlußdeich der Lauwerszee (Plan Seite 268). — Fahrwasser Oort ist mit Treibbaken „O“ bezeichnet (rote an der Nordseite). Es führt 3½ sm weit in westlicher Richtung an den Abschlußdeich der Lauwerszee heran und direkt vor die Einfahrt des Hafens Lauwersoog (Seite 270). Fortsetzung der Fahrt nach Schiermonnikoog Seite 270, nach Ameland Seite 277.

C. Revier um Rottumeroog-Rottumerplaat

Diese Region fällt aus dem Rahmen. Keine große Insel liegt seewärts, sondern mehrere unbewohnte Sände. So ist es für die meisten keine Region zum Verweilen, sondern Durchfahrtsgebiet. — Doch für den, der mit zum Trockenfallen geeignetem Boot, Erfahrung und auf Abenteuer gestimmter Seele hier auf „Entdeckungsfahrt“ gehen will, kann dieses gänzlich menschenleere Revier unvergeßliche Erlebnisse bringen.

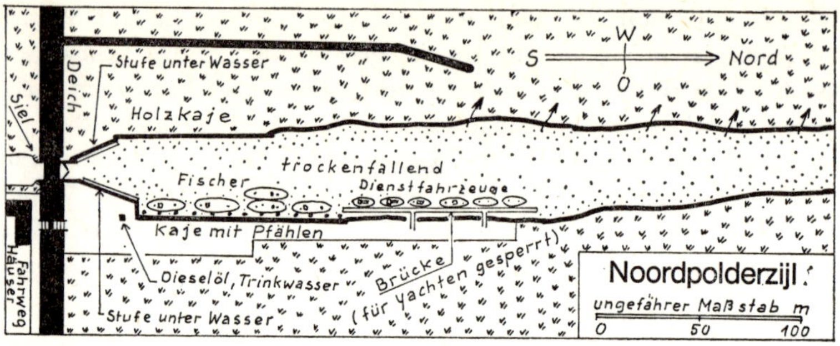

Gezeiten: Hochwasserhöhe über niederländischem Kartennull ist nahe Noordpolderzijl bei Nippzeit normalerweise 2,7 Meter, bei Springzeit 2,9. (Nach deutschem Kartennull wären es rund 30 Zentimeter mehr.) So trifft man gewöhnlich etwa 30 Zentimeter mehr Wassertiefe als man rechnerisch erwartet.

Festlandshafen Noordpolderzijl

Ein ganz kleiner Hafenplatz für Garnelenfischer und Küstenwachboote. Er liegt ohne besondere Einrichtungen ganz einsam im Vorland vor dem Deich. Hinter dem Deich nur vier Bauernhäuser, eines davon mit kleinem Café (Telefon und Trinkwasser). Zum Einkaufen muß man zum 4 Kilometer entfernten Dorf Usquert (Deutsch: Uskwerd). — Ich habe 200 Meter Kajenlänge und 90 Meter Holzbrücke abgeschritten. An der Holzbrücke liegen die Küstenwachboote; da darf man nicht festmachen. Mit sehr flachgehendem Boot würde ich beim Sieltor an der kurzen Westkaje festmachen, mit tiefgehenderem an einem nicht auslaufenden Fischer oder an der kurzen Ostkaje beim Sieltor. Doch beim Sieltor muß man auf eine Unterwasserstufe achten. Praktisch der ganze Hafen fällt bei Niedrigwasser trocken. Es gibt Dieselöl und Trinkwasser.

Anlaufen: Einlaufen kann man mit 1,2 Meter Tiefgang etwa 2½ Stunden vor bis 1½ Stunden nach H.W. Der maximale Tiefgang sollte 1,4 Meter sein. — Zum Einlaufen verläßt man die Wattfahrt im Zuid Oost Lauwers bei der gelb-schwarz-gelben Fahrwasserteilungstonne „VN-ZOL". Gebundene Pricken (Besen abwärts) stehen an der Landseite der Zufahrtsrinne. Nach 800 Metern (Änderungen sind häufig) steht man bei der Spitze des langen Leitdammes und läuft dicht an dessen Ostseite in die mit Pricken bezeichnete Hafenrinne ein.

Inseln, Sände und Watten

Die Westfriesischen Inseln beginnen nicht mit einer „richtigen" großen Insel, sondern mit mehreren kleinen und flachen. Teils sind es nur Sände. Sie haben keine Häfen oder Anleger. Ich würde mich dort nur mit Boot bis 1 Meter Tiefgang herumtreiben, das zum Trockenfallen gut taugt. Ich würde nachts trockenfallen oder in Rinnen, die gegen Südwest und Nordwest möglichst geschützt sind, ankern. Die seewärts zeigenden Seiten des Wattes würde ich unbedingt meiden. Und ich würde mich auf dies Gebiet nicht als Anfänger einlassen.

Rottumeroog, die östlichste, ist drei Kilometer lang, 1½ breit, mit einigen niedrigen Dünen (Plan Seite 263). Bewohnt nur von Inselvogt und Küstenwache. Sie trägt auffällige Eisenbake, Vogtswohnung und Wohnbaracke, alle gut sichtbar. Rest der alten Vogtswohnung findet man bei N.W. im Watt, denn natürlich wandert die Insel. — Die Zufahrt zeigt der Plan. Ankern oder trockenfallen; neuerdings eine primitive, provisorische Brücke. — Die Insel für längere Zeit zu betreten, braucht man Erlaubnis der Rijkswaterstaat Directie, Groningen, Kempkensberg 2.

Rottumerplaat ist 5 Kilometer lang. Einige flache Dünen. Eine kleinere Bake steht auf der Ostspitze. Im südlichen Teil der Insel, der B o s c h p l a a t , eine auffällige Bake; westlich von Boschplaat weißes Rettungshäuschen. Für Inselbesuch Erlaubnis wie oben. — Vor der Wattkante der Westseite, wo das Seegat Lauwers zieht, habe ich immer Respekt gehabt. — S i m o n s z a n d ist nur ein kleiner, meist hochwasserfreier Sand. **Im Watt** südlich dieser Inseln und Sände sind viele Rinnen gut bezeichnet, da von Fischern befahren. Dennoch ist es sehr einsames, total verhextes, von Wattgeistern bevölkertes Gebiet, in dem ein Erfahrener höchst abenteuerlich herumzigeunern und die eindrucksvollsten Wochen seines Lebens zubringen kann.*)

Die Seegaten: Lauwers ist das größte und wichtigste. Es ist mit Tonnen „L“ betonnt und das einzige, dessen Befahren man mit leidlich gutem Gewissen anraten kann. — Die Ansteuerungstonne „VL“ (senkrecht rot-weiß gestreift mit Balltoppzeichen) liegt drei (!) Seemeilen westlich der ersten Seitentonne. Man kann auch von den Fahrwassertonnen „H 1a“ oder „H 3“ des Hubertgat ausgehen. Doch dabei muß man unbedingt einen ausreichend großen Bogen um die Lauwersgründe fahren und an die Querversetzung durch die Strömung denken. — Auf der Barre von Lauwers ist z. Z. mehr als vier Meter Wassertiefe. Doch die unbezeichneten gefährlichen Bänke an der Nordseite und Südseite fordern alle Aufmerksamkeit. — Ich selber würde Lauwers von Land nach See bei handigem Wetter gern, doch von See einlaufend nur bei günstigsten Bedingungen fahren, wozu vor allem gute Sichtigkeit zählt.

S c h i l d und E i l a n d e r B a l g würde ich als Revierfremder in ihren unbetonnten seewärtigen Teilen niemals befahren.

D. Das Schiermonnikooger Revier

Ein sehr schönes Revier ist's. Man kann nicht aufhören, sich daran zu begeistern. Noch schöner war's früher, als der Abschlußdamm der Lauwerszee nicht bestand und die urigen Fischerhäfen Zoutkamp, Engwierum, Oostmahorn und die alte Stadt Dokkum am Tidengebiet lagen. Kein Zufall, daß drei Bücher, die auch viel über die nautische Seite dieses Gebietes lernen lassen, hier spielen oder hier geschrieben sind.**)

Insel Schiermonnikoog (Plan S. 264, 268, 302)

Nach den unbesiedelten Sänden die erste große westfriesische Insel: 15 Kilometer lang, 3 breit, doch nur von 800 Menschen bewohnt. 90 % der Fläche sind unfruchtbare Dünen und Sand. Doch das Marschland hinter dem geräumigen Süddeich trägt fast 500 Rinder.

*) Das für Jungens, doch von berufener Hand geschriebene Buch „Gestrandet“ gibt die Eigenart dieses ungezähmten, einsamen Gebietes und des Fahrens darin spannend und zutreffend wieder (Hendrik Thomas de Booy, „Gestrandet“, Verlag Gebr. Weiß, Berlin-München).

**) Klaas Toxopeus: „Harte Männer, harte See“, Deutsche Verlagsanstalt, Stuttgart. (Bericht über Lebensweg und Rettungsfahrten des Führers des Seenotrettungskreuzers „Insulinde“). — Ferner von Luserke „Obadja und die ZK 14“. Teile aus diesem Roman wurden 1976 neu aufgelegt. Luserke „Am Rand der bewohnbaren Welt“, Köhlers Verlagsanstalt, Herford.

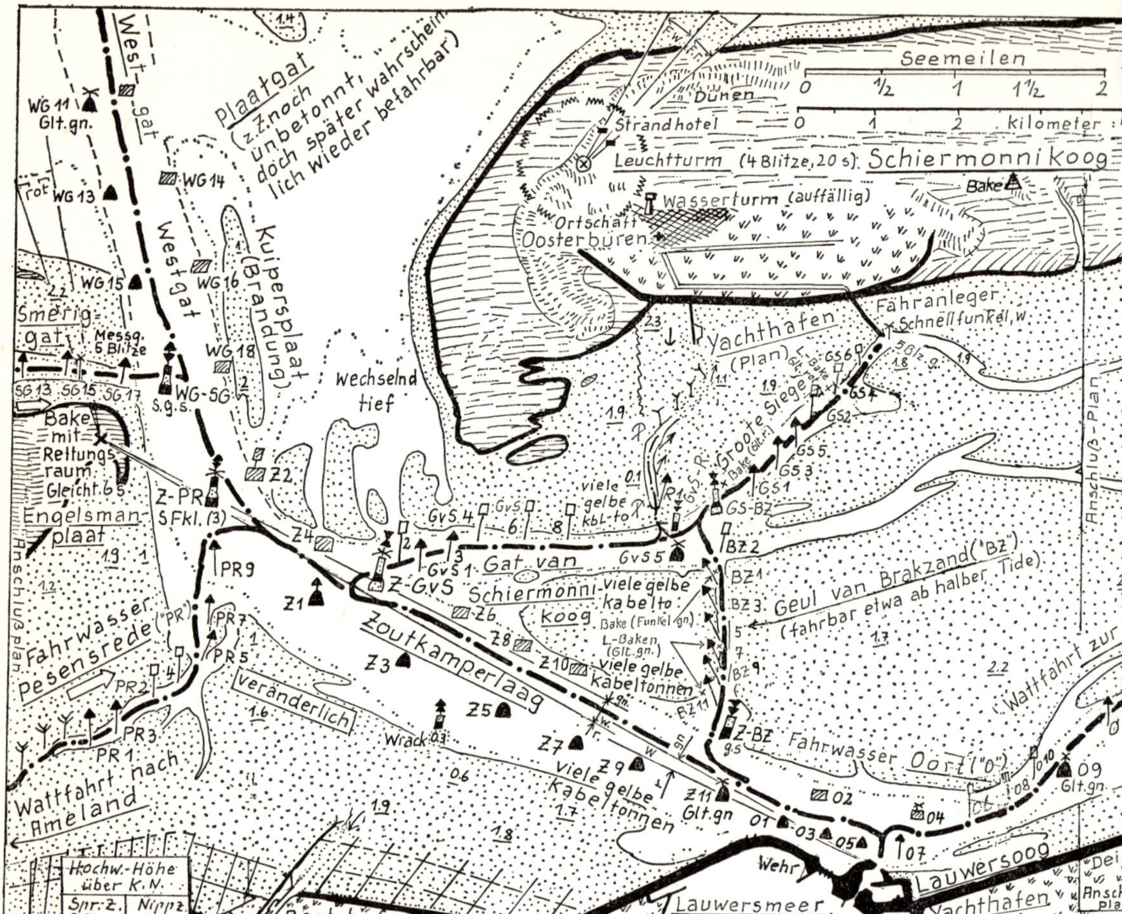

Das Dorf Osterburen an der Westseite ist die einzige Siedlung. Nur 5 Minuten ist der neue Yachthafen vom Dorf entfernt. — Das schöne Schiermonnikoog verdient bestimmt einen Besuch.

Eine Welt für sich war Schiermonnikoog früher: Zuerst lebten Mönche dort. Von den „schiere monniken", den grauen Mönchen, hat die Insel den Namen. Als die Klöster aufgelöst wurden, ist die Insel 1638 an Johan Stachouwer verkauft worden, und zwar mit allen Rechten: dem Seerecht (Strandgut!), dem Recht, Prediger und Beamte zu ernennen, Kriminal- und Zivilgerichtsbarkeit auszuüben; kurz, es war ein kleines Königtum. Als Napoleon die Niederlande besetzte, wurden zwar die Souveränitätsrechte abgeschafft, doch privates Eigentum blieb die Insel nach wie vor. Zuletzt gehörte sie dem deutschen Grafen von Bernstorff-Wehningen. 1945 wurde sie für den niederländischen Staat enteignet. — Durch die Isolierung weicht der Inseldialekt vom übrigen Friesisch ab. Manche Gebräuche kennt allein Schiermonnikoog. Einige Arten kleiner Orchideen wachsen nur hier.

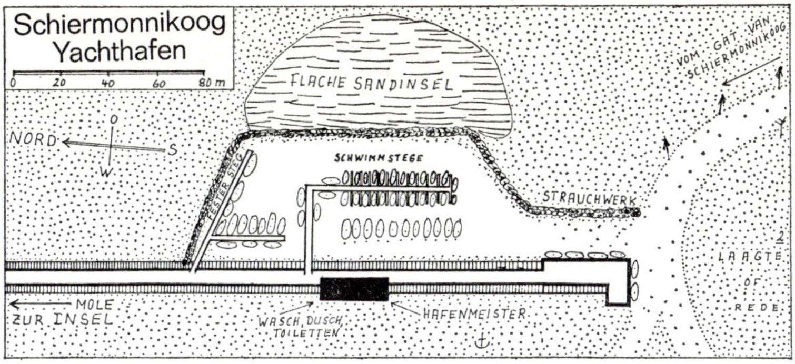

Yachthafen Schiermonnikoog: Da hat sich die Insel aus eigener Initiative einen ganz reizenden Yachthafen geschaffen. In seiner Art ist er einmalig an der Nordseeküste. Alle Inseln sollten derlei machen, auch bei uns: ohne sehr großen Aufwand, doch mitten in der Natur.

Im Prinzip ist es eine durch einen kleinen Saugbagger hergestellte Baggerkuhle, etwa 120 Meter lang und 60 breit. Sie liegt an der Ostseite des früheren Fähranlegers im Inselwatt. Nach Westen schützt der Anleger, nach Osten das zu einer kleinen Sandinsel aufgeworfene Baggergut. Eine 15 Meter breite Öffnung nach Süden ist etwas flacher gehalten, so daß wie in einem „Dockhafen" bei Niedrigwasser etwa 1 bis $1^1/_2$ Meter Wasser aufgestaut im Hafen zurückbleiben. Im Becken gibt es feste Stege und Schwimmstege (Plan). Die alte Anlegemole verbindet ihn mit dem Land. Doch sonst ist es wie eine kleine Insel auf dem Watt. Etwa 100 Yachten finden Platz, und meist ist es voll belegt, zumal in der Ferienzeit. Auf der alten Mole gibt es Toiletten, Wasch- und Duschraum, Trinkwasser sowie einen freundlichen Hafenmeister. Das Hafengeld ist spürbar: 1,20 bis 1,80 Gulden pro Tag und Meter Länge. In der Ferienzeit überwiegen Dauerlieger, und man findet eine Versammlung sehr, sehr schöner Rund- und Plattbodenyachten. Im Hafen bleiben 1 bis $1^1/_2$ Meter Wasser stehen. Kielyachten mit größerem Tiefgang sinken mit dem Kiel in den weichen Mud, meist, ohne es überhaupt zu spüren. — Eine zusätzliche Brücke wurde westlich vom Hafen gebaut.

Die Zufahrt erfolgt aus dem Gat van Schiermonnikoog (Plan Seite 268) durch eine mit Treibspieren und Pricken bezeichnete gekrümmte Rinne. Gebundene Pricken an Steuerbord. Bei N.W. fällt sie größtenteils trocken. Flachgehende Boote warten ankernd nahe der Treibspiere „R 1", tiefgehende in einer der tieferen Rinnen. Die vielen Kabel und Leitungen sind durch gelbe Kabeltonnen bezeichnet. — Yachten von 1 bis 1,2 Meter Tiefgang können von etwa $2^1/_2$ Stunden vor bis 1 Stunde nach Hochwasser ein- oder auslaufen. Man sagt, daß Yachten bis 1,3 Meter Tiefgang nahe H.W.-Zeit immer genug Wasser unter dem Kiel fänden. Doch habe ich im Hafen auch Yachten von 1,6 Meter Tiefgang gesehen. — In der Ferienzeit kann es sehr voll sein. Sehr viele Leinen laufen dann kreuz und quer durch den Hafen. Der freundliche Hafenmeister schafft wohl immer noch Platz. Doch wenn es absolut voll ist, muß man umdrehen oder westlich vom Anleger oder südöstlich auf dem Watt trockenfallen. Da liegen sowieso viele Yachten vor Anker, deren Crew es im ganz freien Watt schöner findet. Nachgerade ist es an diesem Platz in der Ferienzeit so voll, daß der Hafenmeister bittet, telefonisch nachzufragen, ob man auch unterkäme: (0 51 95) 5 44.

Der Fähranleger Schiermonnikoog liegt gut eine Seemeile östlich vom Yachthafen (Plan). Er ist 700 Meter lang. Sein abgewinkelter Kopf liegt 50 Meter lang am tiefen Wasser des Priels Groote Siege. Er trägt ein Funkelfeuer. — Für die Fährschiffe muß Platz bleiben. Der Anleger taugt auch nicht für Daueraufenthalt. Doch man kann für die Nacht an einem Frachtfahrer festmachen oder im Schutz der Buhne ankern. Der Anleger ist auch bei N.W. erreichbar. — Östlich von ihm ist der Priel fast eine Seemeile lang noch 2 bis 3 Meter tief.

Von Lauwersoog nach Schiermonnikoog: Es gibt zwei Wege: Nahe Hochwasserzeit fährt man durch G e u l v a n B r a k z a n d. Auch das Fährschiff fährt dort bei mehr als halber Tide. Bei N.W. fällt die Rinne ganz oder nahezu trocken. — Geul van Brakzand beginnt 1½ Seemeilen nordwestlich von Lauwersoog bei der Fahrwasserteilungstonne „Z-BZ". Es führt nahezu nordwärts. Grüne Treibspieren „BZ" sowie 3 Leuchtbaken an der Westseite. Zeitweilig läuft Querstrom. Nach einer Seemeile endet Geul van Brakzand im Gat van Schiermonnikoog bei der gelb-schwarz-gelben Fahrwasserteilungstonne „GS-BZ". Von da aus steuere ich die 1/3 Seemeilen südwestlich liegende grüne Fahrwassertonne „GvS 5" an. Von dort nordwärts zur Treibspiere „R 1" im Priel Laagte of rede. Der ist anschließend mit Pricken bezeichnet; gebundene Pricken an Steuerbord, offene an Backbord.
Ist der Wasserstand zu niedrig oder hat man ein sehr tiefgehendes Schiff, dann muß man den Umweg über Zoutkamperlaag und Gat van Schiermonnikoog fahren. Einzelheiten im Plan.

Festlandshafen Lauwersoog

Lauwersoog ist als eine etwa ein Kilometer lange Kunstinsel beim Bau des Abschlußdeiches der Lauwerszee geschaffen worden. Jetzt ist sie Festland. Sie besitzt einen wich-

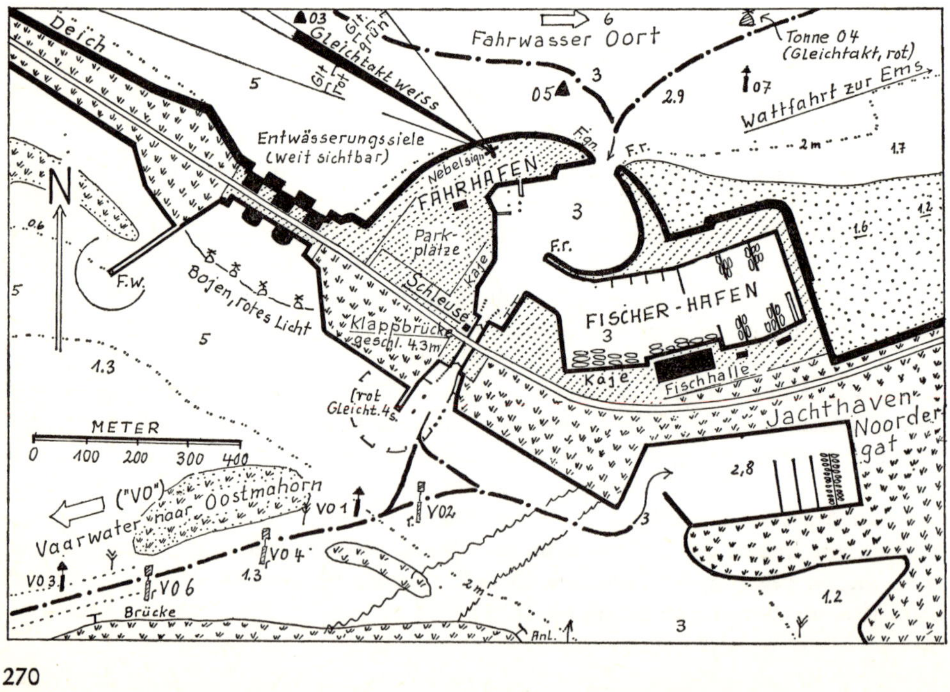

tigen Fischer- und Fährhafen, eine Seeschleuse und binnen einen Yachthafen. Ferner reichlichen Autoverkehr, doch noch kaum Besiedlung. Bislang gab es außer beliebig viel Fisch von den Fischern, Trinkwasser und Mahlzeiten im Fährrestaurant noch keine Lebensmittel (doch in Oostmahorn und Zoutkamp).

Fischerhafen und Fährhafen sind zwei getrennte Becken, das eine etwa 200, das andere 400 Meter lang. Beide sind auch bei N.W. mehr als 2½ Meter tief. Mit Ausnahme der Kajen sind die Wände geböscht. Die Hafeneinfahrt ist am Fahrwasser Oort, Fortsetzung des Zoutkamperlaag, betonnt und befeuert. Die drei hohen, breiten Schütze des Entwässerungssieles sind weit zu sehen. — Im Fischerhafen sind nachgerade mehr als 100 große Seefischerboote. Die liegen teils an der Kaje, teils an Brücken. — Zum Übernachten wird man sich meist im Vorhafen einen Platz längsseits an einem Frachtfahrer suchen. Oder man läuft, wenn die Schleuse noch arbeitet, zum Jachthaven Noordergat ein. — Treibstoff und Trinkwasser von Tankboot (Benzin von Tankstelle beim Fährrestaurant) oder binnendeichs im Yachthafen.

Die Seeschleuse, groß genug für jede Yacht, arbeitet werktags bis 21.00, samstags bis 18.00 und sonntags im Sommer von 09.00 bis 10.00 und 16.30 bis 18.30 Uhr). Die Mischung von Süß- und Salzwasser in der Schleuse kann unerwartete Strömungen machen. Heckleine klarhalten!!

Yachthafen Noordergat liegt binnen 500 Meter östlich der Schleuse im Grünen (Plan). Holzbrücke-Heckpfahl. Kapazität 450 Yachten; noch Platz vorhanden (Binnenländer!). Verlangt wurden 0,65 fl. pro Meter und Tag. Werft, Trailerhelling, Trinkwasser, Dusche; bislang keine Einkaufsmöglichkeit. Schiffsbedarf im Fischerhafen.

E. Sportbootrevier Lauwersmeer und seine Häfen

Bis 1969 war die Lauwerszee eine große, gezeitendurchpulste Bucht. Ich denke gerne an sie zurück. Nun ist sie durch einen 13 Kilometer langen Damm von der See abgesperrt worden. Was an Wasser in ihr erhalten blieb (die früheren Wattenströme und ein Teil der Priele) heißt nun Lauwersmeer. Sehr viel ist das nicht: Alle Wasserarme mit leidlicher Tiefe zusammengerechnet, mögen 35 Kilometer ergeben. — Für die Niederländer ist das Lauwersmeer Wassersportgebiet geworden. Fünf neue Yachthäfen können an 2000 Sportboote aufnehmen. Es gibt 12 Anlegebrücken für Yachten im Grünen (Plan). Man versucht, die Ufer mit Schilf zu beflanzen und bemüht sich sehr, ein Erholungsgebiet ohne die sonst meist rasch wuchernde kommerzielle Ausnützung eines solchen zu schaffen.

Als Fahrtenrevier hat das Lauwersmeer für den, der zur See fahren will, wohl kein besonders großes Interesse mehr. Es ist sozusagen ein Binnensee mit vielen Nebenarmen und Inseln. Ankern kann man und an den Anlegern am Ufer belegen. Doch meist wird es in Ufernähe sehr flach. Wenn man einen stillen Urlaubsplatz sucht, dann könnte es schon richtig sein, wären da nicht bereits die tausend anderen Yachten. — Aber der ehemalige Fischerhafen Zoutkamp ist noch immer interessant (und hat gute Liegeplätze). Vielleicht auch Dokkum, die kleine alte Stadt in der Südwestecke. Alles übrige sind Yachthäfen — Marinas.

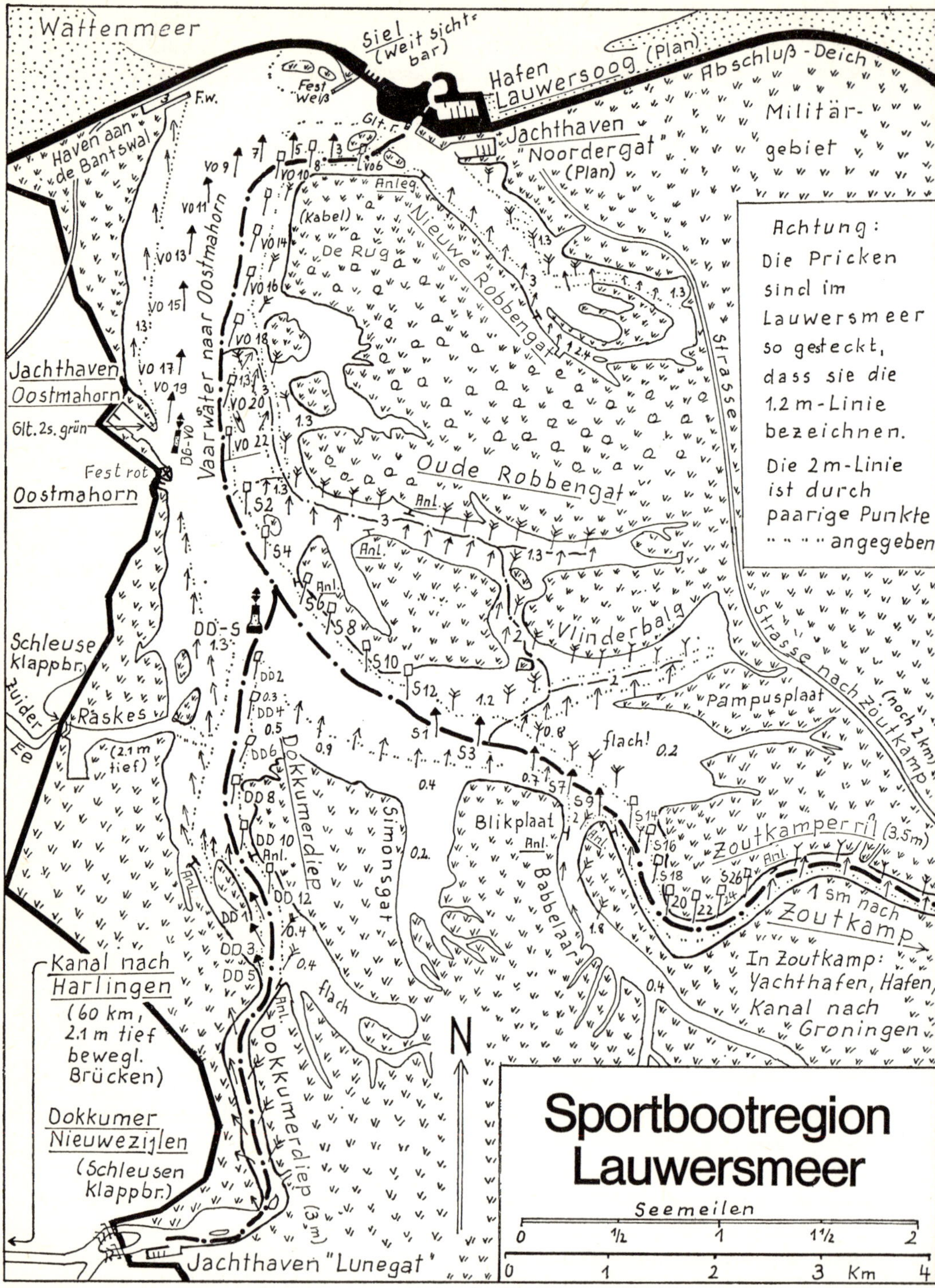
Sportbootregion Lauwersmeer
Wattenmeer
Siel (weit sichtbar)
Fest weiß
Hafen Lauwersoog (Plan)
Abschluß-Deich
Militär-gebiet
Jachthaven "Noordergat" (Plan)
Haven aan de Bantswal
F.w.
Glt. r.
Anleg.
(Kabel)
De Rug
Nieuwe Robbengat
Strasse
Achtung:
Die Pricken sind im Lauwersmeer so gesteckt, dass sie die 1.2 m-Linie bezeichnen.
Die 2 m-Linie ist durch paarige Punkte ...... angegeben.
Vaarwater naar Oostmahorn
Jachthaven Oostmahorn
Glt. 2s. grün
Fest rot
Oostmahorn
Oude Robbengat
Anl.
Vlinderbalg
Strasse nach Zoutkamp (noch 2 km)
Pampusplaat
Schleuse klappbr.
Zuider Ee
Raskes
(2.1 m tief)
DD-S
flach!
Dokkumerdiep
Simonsgat
Blikplaat
Babbelaar
Zoutkamperril (3.5 m)
1 sm nach Zoutkamp
In Zoutkamp: Yachthafen, Hafen, Kanal nach Groningen
Kanal nach Harlingen
(60 km, 2.1 m tief bewegl. Brücken)
flach
Dokkumerdiep (3 m)
N
Dokkumer Nieuwezijlen
(Schleusen klappbr.)
Jachthaven "Lunegat"
Seemeilen
0 1/2 1 1 1/2 2
0 1 2 3 Km 4

Die Fahrwasser sind mit Schwimmspieren bezeichnet. Außerdem auch mit Prikken. Die stehen so, daß die 1,2 Meter-Tiefe markiert ist. Der Ortsfremde sollte wohl nicht mehr fahren, wenn er die Spieren nicht mehr sicher erkennen kann.

Zufahrt zu Kanälen ist das Lauwersmeer auch: Nach Osten führt das Reitdiep nach Groningen. Von Groningen der Eemskanaal zur Ems (Delfzijl). Beide sind mit stehendem Mast befahrbar. — Nach Westen geht es nach Harlingen. Darüber folgt ein getrenntes Kapitel.

Jachthaven „Noordergat" auf Lauwersoog kennen wir schon.

Jachthaven Oostmahorn liegt dicht nördlich von Oostmahorn. Einfahrt von Süden. Platz für einige 600 Yachten. Treibstoff, Trinkwasser, Lebensmittel. Trailerhelling. 0,50 fl pro Meter Länge und Nacht.

Oostmahorn, nicht weit von Lauwersoog, war früher der Liegeplatz des Rettungskreuzers „Insulinde". Der Rettungskreuzer ist weg, doch sein Schiffer Toxopeus, Verfasser eines spannenden und nautisch sehr interessanten Buches über dies Revier (Fußnote Seite 267), kann einem dort in natura über den Weg laufen. Der ganz kleine Hafen, früher von See her der erste geschützte Platz, steckt voll Tradition und Erinnerungen. Er ist unverändert geblieben. Kaum fünf Yachten finden in ihm Platz (und meist liegt keine einzige drin). Kurze Kaje sowie Steg. Gutes Restaurant an sehr schönem Platz auf dem Deich. Leuchtturm beim Hafen (Fest rot).

Zoutkamp: Das war früher der wichtigste Fischerhafen der Lauwerszee mit großer Flotte. Was war dieser groningsche Fischerhafen doch für ein uriger Platz! Heut liegt Zoutkamp im Binnenland und seine Flotte in Lauwersoog. Nur ein schwacher Hauch der

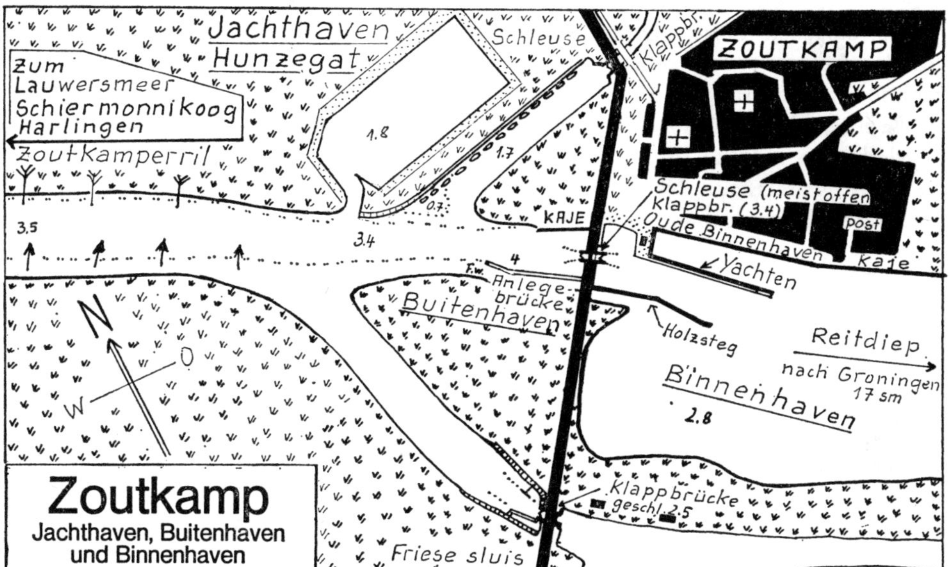

Zoutkamp
Jachthaven, Buitenhaven und Binnenhaven

Atmosphäre der vergangenen Segelfischerzeit ist übrig geblieben: die alten Fischer am Deich, ein paar der niedrigen Geneverkneipen, ein paar Fischerboote im Oude Haven. Wie es früher war, kann man nur lesend erleben.*) Dennoch ist es am Lauwersmeer der Hafen, den zu besuchen noch am ehesten lohnt. — Für Yachten gibt es Platz genug.

Der Buitenhaven ist vor dem Deich. Da ist eine fast 100 Meter lange Holzbrücke. Gegenüber sind 25 Meter Kaje (Plan). Feuer fest weiß auf dem Ende der Brücke. — Einheimische Yachten liegen im Nebenarm. Ein Fremder muß dort sehr auf die flache Zunge bei der Einfahrt achten. — Die Schleuse (Zeesluis) steht meist offen. Doch eine Klappbrücke läuft über sie hinweg (06 bis 12; 13 bis 19 Uhr, Sonntag nur 08 bis 09 und 18 bis 19 Uhr). — Der Oude Binnenhaven im Reitdiep, 150 Meter lang, 50 breit, hat eine lange Mole. Da legen meist die Yachten an. — Das Reitdiep, anfangs breit und in unberührter Natur, führt Yachten mit stehendem Mast nach Groningen und von dort via Eemskanaal nach Delfzijl an der Ems. Geschwindigkeit bis Drehbrücke Roodehaan 9 km/h, von da bis Groningen 6 km/h.

Jachthaven Hunzegat wurde neu eingerichtet. Er liegt ganz dicht vor dem ehemaligen Seedeich des Fischerdorfes. Den meisten der übrigen Yachthäfen hat er die Nähe einer lebendigen Ortschaft voraus.

Jachthaven Lunegat liegt im Südteil des Lauwersmeeres vor den Schleusen von Dokkumer Nieuwezijlen. Platz für 300 Yachten. Trailerhelling, Kran (4 t), Treibstoff.

Kanalfahrt nach Harlingen

Von Lauwersoog bis Harlingen 72 Kilometer. Tiefgang bis 2,1 Meter. Masten brauchen nicht gelegt zu werden. Brücken und Schleusen abends meist bis 20 Uhr, sonntags (doch nicht in Leeuwarden) 08—09 und 19 bis 21 Uhr. Max. 9 km/h.
Am Wege liegen: Dokkumer Nieuwezijlen, stiller Schleusenhafen mit Liegemöglichkeit. — Dokkum, kleine ehemalige Festungsstadt, noch von ihren Festungsgräben umgeben. Liegeplätze im Kanal und den vielen Nebenarmen im Ort. In vielen Straßen läuft in der Mitte noch der schmale Wasserarm, die Gracht. Da haben die Bewohner ihr Motorboot 2 Meter von der Haustür vertäut. — Leeuwarden, eine große eindrucksvolle Stadt, erlebt man bei der Kanalfahrt so intensiv, wie das nur in den Niederlanden möglich ist. — Franeker, heute klein und still, war zu früherer Zeit Universitätsstadt. Nett, nett, nett! Und wer mag, schaut sich das kleine selbstgestrickte Planetarium an. — Harlingen, Seehafen an der Waddenzee, Seite 283 f.

F. Amelander Revier

Die Inseln werden nun länger; so ist es eine weitläufige Region. An „Häfen" gibt es nur Nes und Ballumerbocht auf Ameland, beide großenteils trockenfallend. — Zwei Wattfahrtrouten: eine nordwärtige auf tieferem Wasser, doch bei Starkwind schwieriger zu befahren; eine südwärtige, kürzer, einfacher, doch auf flacherem Wasser. Beide sind gut bezeichnet. — An Seegaten das Friesche Seegat (Seite 302, 268)

*) „Obadja und die ZK 14" von Martin Luserke. Wie so viele Seefahrtsbücher wurde sie nicht mehr neu aufgelegt. Doch die Stadtbücherei sollte sie haben.

Typisches altes Kapitänshaus auf der Insel Ameland. An dem kleinen Kranbalken am Giebel wurde ein Anker aufgeheißt, wenn der Kapitän von der Reise zurückgekehrt war.

und Seegat von Ameland (S. 302, 305). Die Fahrt „außen herum" ist für Seefahrtsyachten eine gute Alternative. — Vorwiegend ist es Durchfahrtsgebiet, noch unberührt vom „Massentourismus" des Wassers — was für den, der ein reviergerechtes Boot hat und reviergerecht zu fahren versteht, eine Wohltat ist. Wer Scheu hat, kann vom Lauwersmeer aus durch die Kanäle nach Harlingen. — Hochwasser ist etwa 50 Minuten später als am Bezugsort Terschelling.

Insel Ameland (Plan Seite 275, 278, 280)

22 Kilometer ist sie lang, 3 bis 5 breit. In vier Dörfern, Hollum, Ballum, Nes und Buren, leben 2500 feste Bewohner. Dünen sind an der Nordseite. Teile der Südseite schützt ein Deich. Rinder- und Schafherden und in der Ferienzeit Sommer-

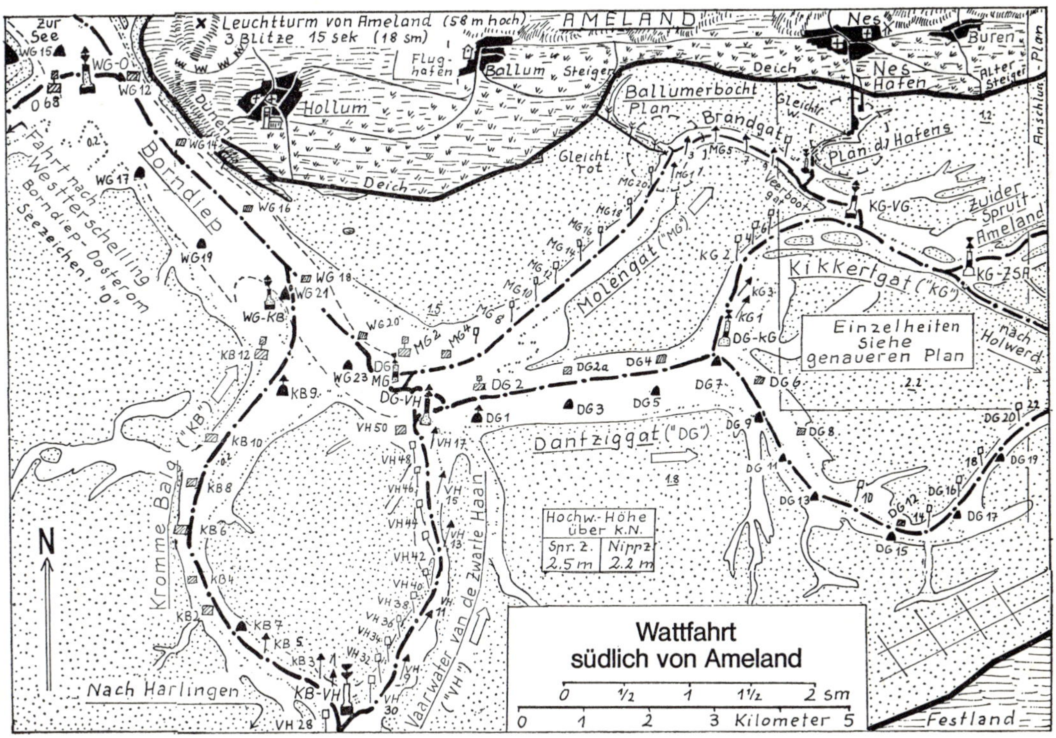

urlauber mit ihren Autos bevölkern die Insel. — Ameland hat nichts eigentlich „Besonderes“, nur (außerhalb der Ferienzeit) eine unverwechselbare Lebensart. War es doch auch regelrecht ein kleiner Staat für sich. Erst 1801 wurde Ameland Bestandteil der Provinz Friesland.

Viele Erinnerungen hat die Insel an ihre Seefahrerzeit; die Grabsteine der Walfischfängerkapitäne auf dem Friedhof von Ballum und „Kapitänshäuser“ in jedem der Inseldörfer. Eine kleine, bescheidene, in sich geschlossene Inselwelt. — Nach 1872 war Ameland mit dem Festland durch einen Damm verbunden. Sturmfluten haben ihn bis auf Reste zerstört. Der Anleger bei Holwerd ist ein Teil dieses Dammes. — Doch was helfen die schönsten Erinnerungen. Die Insel hat seit einiger Zeit eine Autofähre zugelassen, und damit hat sie, meinte mein Freund, ihre Seele dem Teufel verschrieben. Früher war sie in ihrer Originalität ein großes Erlebnis. Heute ist es so, daß man die originalen Stellen schon suchen muß. Glaubt mir, was an dem Reisen auf eigener Yacht früher das Schönste war, ist in Zentraleuropa dahin. Irland, Schottland, Portugal, Afrika — doch was schwätze ich schon wieder für dummes Zeug!

Anleger Nes: Es ist kein eigentlicher Hafen. Doch eine Yacht findet den gleichen Schutz wie in einem Hafen. Freilich fällt bei Niedrigwasser das meiste trocken. — Der Neue Fähranleger (Nieuwe Veersteiger) wurde für die Autofähren verbreitert (siehe Plan). Er dient den Fährschiffen und Frachtfahrern. Sein 80 Meter langer Kopf liegt mit seiner Südseite bei N.W. an etwa 1 Meter Wassertiefe. Da kann man bei Niedrigwasser meist an einem anderen Fahrzeug zeitweilig festmachen. Doch ist der Neue Fähranleger an sich den Sportbooten nicht erlaubt. — Der östliche Anleger (Oude Steiger) diente früher den Frachtfahrern. Doch die finden jetzt meist am westlichen Anleger genug Platz. So ist der Oude Steiger und der Raum zwischen den beiden Anlegern der Platz für Sportboote. Man macht am Oude Steiger an der Kaje oder (besser) längsseits an einem Frachtfahrer fest. Stege für Yachten sollen geschaffen werden.

Liegeplatz Ballumer Bocht, knapp 2 Seemeilen westlich von Nes, ist sehr viel stiller. Kein Fährbetrieb, keine Autos. Im Grunde ist es ja ein Naturhafen, durch die Buhne

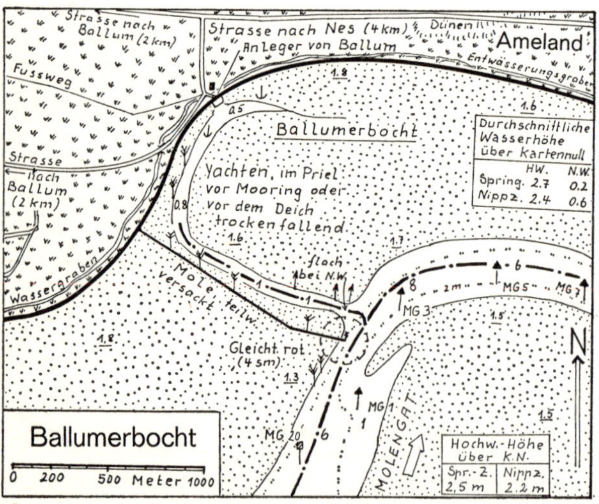

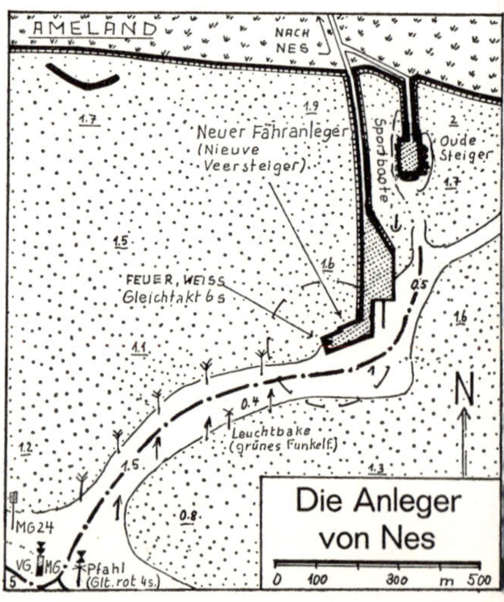

gegen Südwesten geschützt, durch die Insel gegen alles andere außer Ost; gegen den schützt das Watt. — Eine Bake mit rotem Gleichtaktfeuer steht auf dem Kopf der Buhne, Pricken auf ihrem Verlauf. In dem Priel steht bei N.W. anfangs 1 Meter, später etwa 3/4 Meter Wasser. Man ankert im Priel oder fällt dicht unter Land trocken. Am Anleger sind meist Frachtfahrer, an denen längsseits man trockenfallen kann.

Regelrechte Sportbootanlagen gibt es bisher (gottlob) noch nicht. — Um länger zu verweilen, würde ich heute Ballumer Bocht vor Nes vorziehen. Wer ohne eine nahe Ortschaft unglücklich ist, wird anders entscheiden. — Treibstoff und Lebensmittel in Ballum (2 Kilometer). — Die Hexe Rixt van't Oerd, die bis zur zweiten Auflage dieses Buches noch zu erwähnen war, ist an den Folgen des Fortschrittes im allgemeinen und des Autoverkehrs im besonderen still verstorben.

Anleger Buren, ab halber Tide erreichbar, hat bei N.W. 0 bis 1/2 Meter Wasser. Er ist wenig geschützt. Man soll das Schiff dort nicht alleine lassen.

G. Wattfahrtrouten von Lauwersoog bis Harlingen und Terschelling

Von Schiermonnikoog oder Lauwersoog nach Ameland (Plan Seite 268, 280, 275, 278)

Es gibt für diese Fahrt zwei Wattfahrtrouten. Die eine zieht dicht am Festland entlang, ist kürzer (18/22 Seemeilen), kann aber für eine Yacht mit mehr als 1 bis 1,2 Meter Tiefgang zu flach sein. — Die andere Route führt seewärts der kleinen Insel Engelsmanplaat in Zick und Zack durch allerlei gut bezeichnete Priele und vereinigt sich danach mit der anderen Route. — Die seewärtige Route ist länger (23/26 Seemeilen bis Nes), führt in tieferem Wasser, aber erlaubt nicht, sich Navigationsfehler zu leisten. Bei Starkwind oder Dünung auf See möchte ich sie in der östlichen Hälfte nicht befahren, wenn noch andere erschwerende Umstände dazukommen. Der Tiefgang kann z. Z. 1,4 Meter sein.

Die Festland-nahe Route: Ich würde die Fahrt vier bis drei Stunden vor H.W. beginnen. Im großen Wattenstrom Zoutkamperlaag (Plan Seite 268) liegt eine Seemeile südöstlich der Leuchtbake Engelsmanplaat die Fahrwasserteilungstonne „Z-PR". Hier beginnt das Fahrwasser Pesensrede. Das ist zuerst mit Treibspieren „PR" bezeichnet. Wo sie enden, beginnt eine Prickenreihe. Die Pricken stehen an der Nordseite. Sie führen unter Krümmungen westwärts über hohes Watt (Plan Seite 278). Nach etwa zwei Seemeilen sehe ich an der Nordseite eine gelb-schwarz-gelbe Fahrwasserteilungstonne mit West-Toppzeichen und Aufschrift „PR-SG". Ich fahre nur dann nach Norden zu ihr hin, wenn ich durch den Südteil des Smeriggat in die seewärtige Route wechseln will, um das bis 1,4 Meter über K.N. hohe Watt, das nun vor mir liegt, zu vermeiden. — Die Festland-nahe Route führt nun über das Wierumer Wad. Einzelne gebundene Pricken stehen anfangs an der Südseite. Danach offene Prikken an der Nordseite. Nach 2 1/2 Seemeilen teilt sich das Fahrwasser erneut, und ich kann in die seewärtige Route wechseln. Doch ist die ufernahe Route nach letzter Information wieder bis nach Holwerd bezeichnet. Nach weiteren 3 Seemeilen stehe ich vor dem Anleger von Holwerd. Von da erreiche ich über Dantziggat und Kikkertgat (Plan S. 279) den Anleger von Nes.

Die nördliche Route: Es ist Wattfahrt, aber streckenweise in weit offenerem Revier. Ich würde die Route wohl nicht bei starkem westlichem oder nordwestlichem Wind fahren,

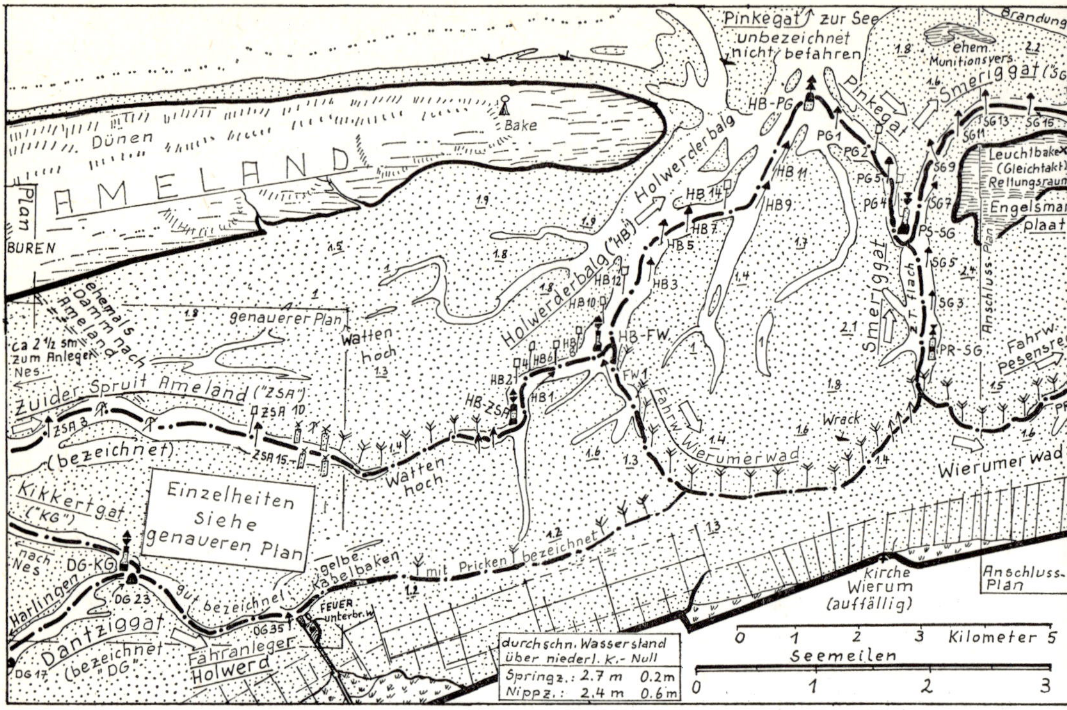

würde mir keine schlechte Sichtigkeit wünschen und bei der Navigation die manchmal quersetzende Strömung nicht vergessen. — Z e i t p l a n : Je nach Lust und Tide würde ich entweder drei bis vier Stunden nach H.W. in Lauwersoog losgehen, mit Tidenströmung seewärts fahren und nördlich von Insel Engelsmanplaat in das S m e r i g g a t einlaufen. Die Niedrigwasserstunden würde ich in Smeriggat etwa bei Treibspiere „SG 13“ ankern (und dabei Engelsmanplaat besuchen) und den restlichen Weg zwei Stunden vor H.W. beginnen. — Ich kann aber auch ein bis zwei Stunden nach N.W. in Lauwersoog losgehen, habe dann aber überwiegend Strömung gegenan und komme kurz vor N.W., also zu ungünstiger Zeit, in Nes an.

D i e R o u t e : Im Z o u t k a m p e r l a a g bis zur Fahrwasserteilungstonne „WG-SG“ dicht nordöstlich von Engelsmanplaat. Dann im S m e r i g g a t nördlich um Engelsmanplaat herum. Smeriggat ist mit Treibspieren „SG“ bezeichnet. Es hat westlich von Engelsmanplaat stellenweise flaches Wasser. Komme ich bei fallendem Wasser fest, ist es kein Unglück. Eine Wattplatte schützt seewärts. — Smeriggat führt nach Süden an die festlandsnahe Route. Wir aber drehen bei Fahrwasserteilungstonne „PG-SG“ nordwestwärts ins P i n k e g a t ein. Hier ist es flach! Veränderliche Region! Reicht der Wasserstand nicht, warte ich ankernd. Nach 1½ Seemeilen im Pinkegat drehen wir bei der Fahrwasserteilungstonne „HB—PG“ südwestwärts in die H o l w e r d e r b a l g ein. Dieser große Priel ist mit Treibspieren „HB“ bezeichnet. Und zwar sind hier oft Nebenarme bezeichnet. Auf den seewärtigen Bänken steht oft eindrucksvolle Brandung. Der Navigator braucht hier einen klaren Kopf. — Nach drei Seemeilen stehe ich bei der Tonne „HB—FW“. Hier gibt es eine Verbindung zur festlandsnahen Route.

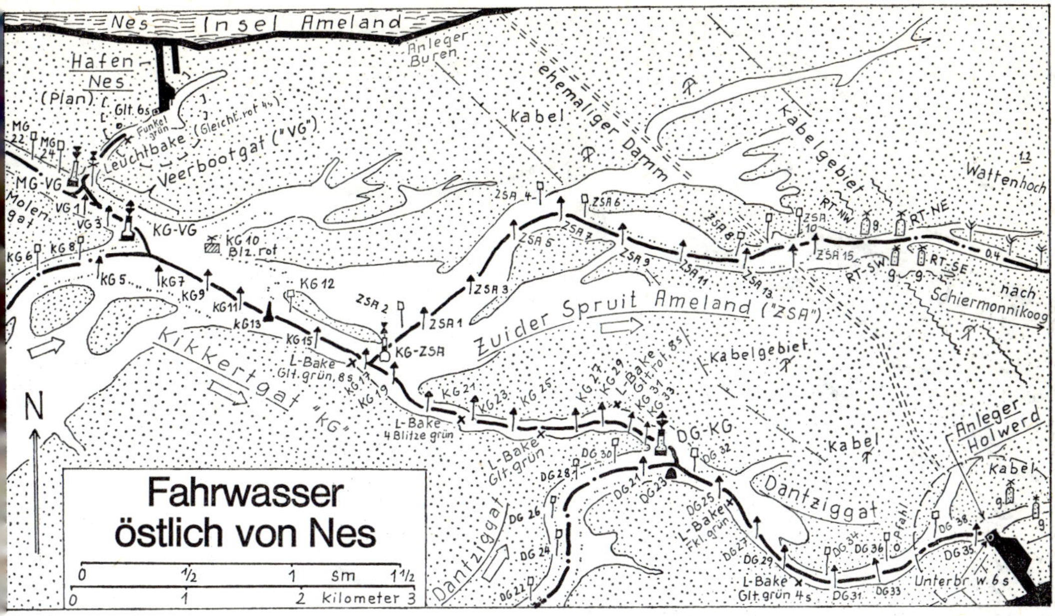

In der Holwerder Balg fahren wir etwa eine Seemeile südwestwärts. Dann treffen wir die Fahrwasserteilungstonne „HB—ZSA". Hier beginnt das Fahrwasser Zuider Spruit Ameland (Bezeichnung „ZSA"). Das führt westwärts zuerst über ein wenig hohes Wattenhoch. Offene Pricken stehen an der Nordseite, gebundene vereinzelt an der Südseite. Dann geht es durch ein Kabelgebiet mit gelben Tonnen rechts und links. Danach wird das Fahrwasser mit Treibbaken bezeichnet. Rote stehen an der Nordseite.

Nach fünf Seemeilen trifft Fahrwasser Zuider Spruit Ameland mit dem Fahrwasser Kikkertgat zusammen (Fahrwasserteilungstonne „KG-ZSA"). Das Kikkertgat ist der Weg des Fährschiffes zwischen der Insel Ameland und dem Fährschiffsanleger Holwerd (der ist für Sportboote absolut unbrauchbar). Kikkertgat ist mit Treibspieren „KG" bezeichnet und zusätzlich mit Leuchtbaken und Leuchttonnen. Da es außerdem bei N.W. kaum über ein Meter tief ist, stehen die Seezeichen so dicht, daß ich dafür einen speziellen Plan gezeichnet habe.

Kikkertgat führt etwa nordwestwärts. Es setzt sich, wie der Spezialplan zeigt, in das kurze Veerbootgat fort. Aus dem Veerbootgat zweigt zwischen einer Leuchtbake mit Westtoppzeichen und der Fahrwasserteilungstonne „MG-VG" mit Osttoppzeichen nach Nordosten die Zufahrt zum Anleger von Nes ab. Pricken stehen an der Nordseite der kurzen Zufahrtsrinne (siehe Hafenplan Nes).

Von Ameland nach Harlingen (Plan Seite 280, 275)

23 Seemeilen vom Anleger Nes. Zwei Wattenhochs sind zu passieren. Das erste beginnt etwa neun Seemeilen vom Anleger Nes, das zweite endet etwa sechs Seemeilen vor Harlingen. Das Wattenhoch im Vaarwater van de Zwarte Haan liegt etwa 0,7 Meter über Kartennull. So wird man es bei normaler Springtide mit etwa 1,6 Meter Tiefgang und Nipptide mit 1,4 Meter Tiefgang wohl meist passieren können. Das zweite Wattenhoch

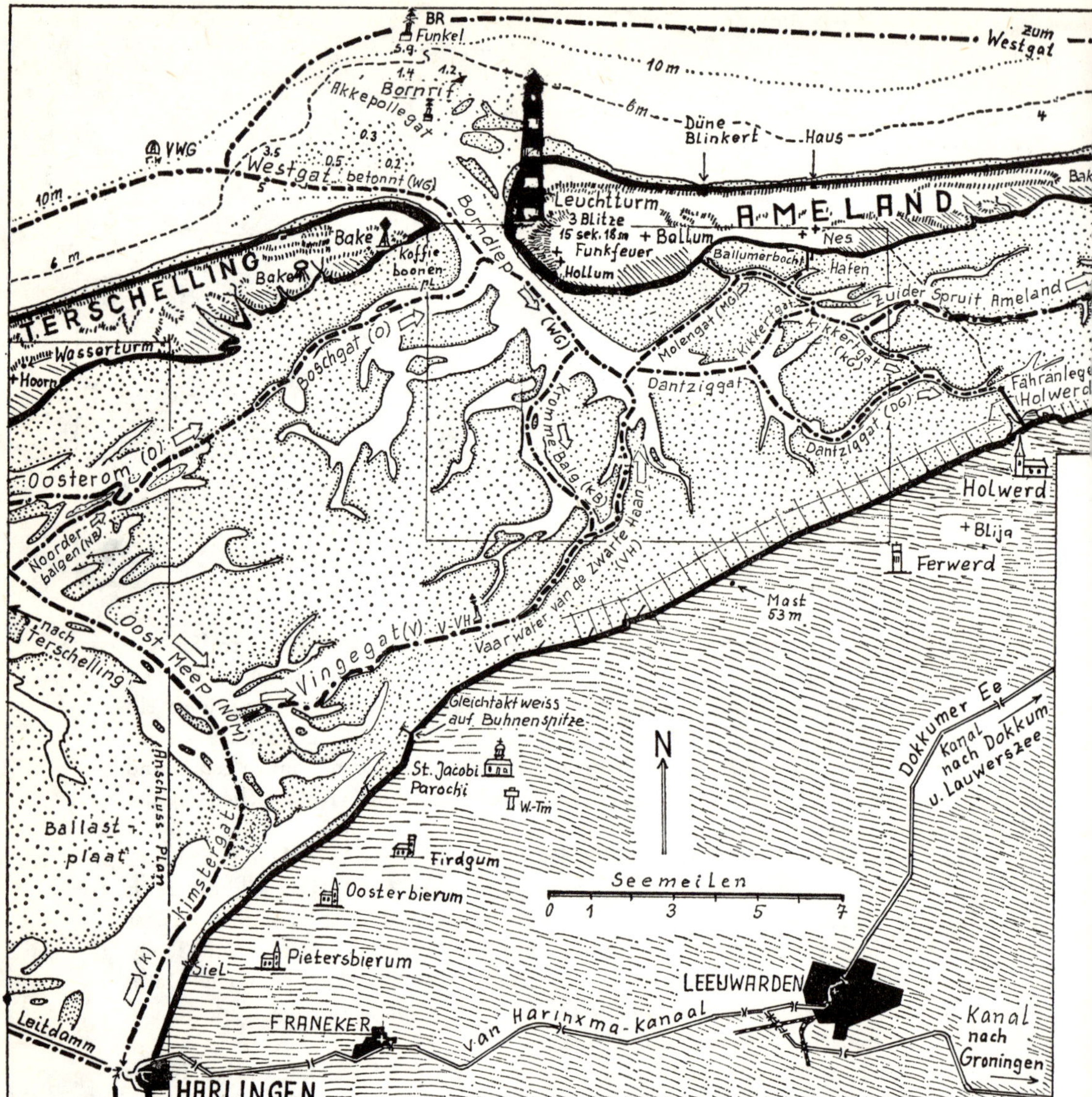

ist kaum über Kartennull hoch. — Wem dies zu flach ist, der kann die z. Z. tiefere Fahrtroute nach Terschelling und von dort nach Harlingen wählen (s. u.).

Fahrtroute: Vom Anleger Nes lege ich etwa drei Stunden vor Hochwasser ab. Ich fahre durch Brandgat und Molengat bis zur Fahrwasserteilungstonne „DG-VH". Siehe dazu den genaueren Plan auf Seite 275.

Von der Fahrwasserteilungstonne „DG-VH" laufe ich südwärts in das gut bezeichnete Vaarwater van de Zwarte Haan ein (Treibspieren „VH", rote an der Westseite). Das Fahrwasser läuft erst südwärts, dann südwestwärts, schließlich in

Krümmungen westwärts. Fünf Seemeilen von seinem Nordende beginnt flaches Gebiet. Eine Seemeile danach ändert sich die Bezeichnung: Wir fahren nun im Vinegat. Fahrwasser Vinegat („V") beginnt bei der Fahrwasserteilungstonne „V-HV". Es liegen fast nur grüne Treibspieren oder Tonnen aus und zwar an der Südseite. — Vinegat läuft auf flachem Grund in Krümmungen etwa westsüdwestwärts. Es endet bei der Fahrwasserteilungstonne „NOM-V" (Funkelfeuer). Hier treffen drei Fahrwasser zusammen: Oost Meep (von Nordwesten), Vinegat (von Osten) und Kimstergat, das uns nach Harlingen führt. Treibbaken und Tonnen „K" liegen im Kimstergat, darunter drei Leuchttonnen. Kimstergat führt uns erst südwärts, dann südwestwärts. Im Ostteil flach, wird es nach Harlingen zu immer tiefer. — Türme, Kräne und Molen von Harlingen sind meist weit zu sehen. Nachts hilft uns der weiße Sektor von Harlingens Leuchtturm.

Von Ameland nach Terschelling Hafen (Plan Seite 280, 294, 291)

Durch Kimstergat: Das ist der eben beschriebene Weg bis zur Fahrwasserteilungstonne „NOM-V". Von dort aus geht unsere Reise im breiten und tiefen Fahrwasser Oost Meep nordwestwärts (Seezeichen „NOM"). Der Weg ist 33 Meilen lang. Er paßt manchmal mit der Tide besser als die Fahrt durch Borndiep-Boschgat (s. u.). — Die Beschreibung des zweiten Teiles dieser Fahrt findet sich unter: Harlingen nach Terschelling (Seite 296).

Durch Boschgat nach Terschelling sind nur 26 Seemeilen. Es ist einsamer, jetzt überall gut bezeichnet und nach meiner Meinung schöner. Oft kommt es auch besser mit der Tide aus. Die Yacht sollte nicht viel über 1,5 Meter Tiefgang haben. — Man legt am besten zwei oder drei Stunden vor Niedrigwasser ab. Mit auslaufender Strömung fährt man durch Brandgat und Molengat in das breite Seegat Borndiep (dort Tonnen „WG" — genauer Plan Seite 275). Dem Borndiep folgt man seewärts, bis südwestlich vom Leuchtturm Ameland. Da zweigt bei der Fahrwasserteilungstonne „WG-O" nach Westsüdwest das Boschgat ab (Seite 305, 280).

Das Boschgat ist mit Tonnen und Treibspieren „O" gut bezeichnet. Die roten Seezeichen bleiben an der Nordseite. — Bei richtiger Zeitplanung läuft die Tide nun wieder ein, und die Strömung schiebt uns. Der Weg führt in Krümmungen südwestwärts etwa eine Seemeile vom Südufer Terschellings entfernt. Nach sechs Seemeilen Fahrt im Boschgat beginnt das Wattenhoch. Es fällt normalerweise nur wenige Dezimeter hoch trocken.

Fahrwasser Oosterom beginnt auf dem Wattenhoch. Unverändert tragen die Spieren und Tonnen „O" vor der Nummer. Oosterom führt ohne Wechsel der Bezeichnung direkt bis vor Terschellings Hafen. Es läuft in Krümmungen westwärts und einmal (bei Treibspiere „O 20") sogar in scharfem Knick nordwestwärts, ehe es bei der Fahrwasserteilungstonne „NB-O" wieder nach Südwest und später West führt. Hier kann man sich leicht „verfahren", denn von Südwesten kommt das Fahrwasser „Norder Balgen" (mit Spieren „NB"). Danach noch sechs Seemeilen bis zur Hafeneinfahrt Terschelling (Hafenplan Seite 291).

X. Die Waddenzee

Waddenzee nennen die Niederländer das sehr große Wattengebiet südlich von Terschelling, Vlieland und Texel. Früher setzte es sich nach Süden in die Zuidersee fort. Heute endet die Waddenzee am Abschlußdeich. Sie ist 35 Seemeilen lang und 10 bis 15 breit, somit größer als die Wattenreviere von Elbe, Weser oder Ems. Es gibt 5 *Festlandshäfen* mit tiefem Wasser, 6 *Inselhäfen* (davon 5 mit tiefem Wasser) und wunderbare *Fahrtrouten* von gerade passender Länge für eine gute Tagesfahrt. In den großen Fahrwassern sind nur selten Wattenhochs oder flache Stellen, die den Tiefgang beschränken oder den Zeitplan bestimmen.

Zwei Schleusen geben Zugang zum Ijsselmeer; das sind die Pforten für den Binnenländer, der durch die Rheinarme in die Wattenwelt eintritt (Seite 285, 286). — *Kanäle* verbinden mit der Lauwerszee und der Ems. — Zwei tiefe *Seegaten* (Seegat von Terschelling und Seegat von Texel) verbinden mit der offenen See.

Welche Boote? In den breiten, stark strömenden Rinnen der Waddenzee kommen bei der Situation „Strömung gegen Wind“ bei frischem Wind rasch ernstzuneh-

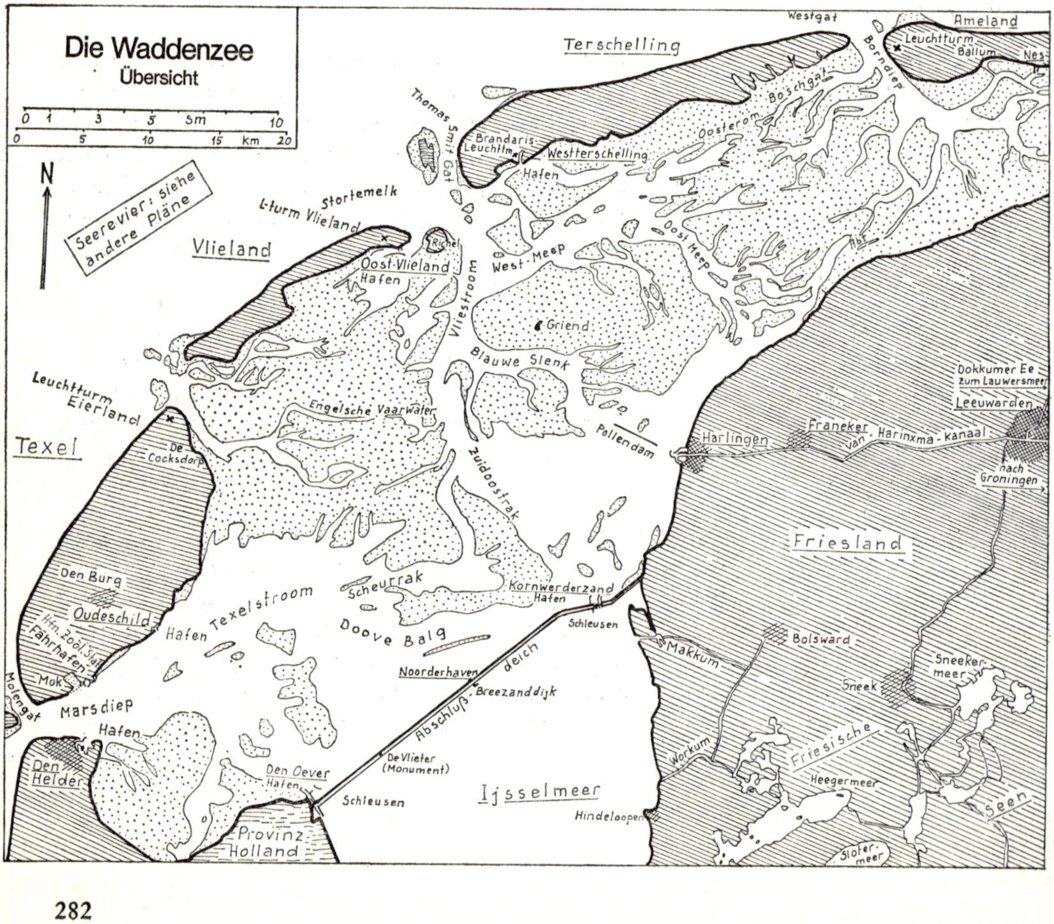

mende, steile, brechende Wellen auf. Bei Starkwind sind diese großen Rinnen dann so grob wie z. B. die Jade. Auch die Häfen liegen oft weiter auseinander. — In den breiten, stark strömenden Rinnen sollten deshalb, streng genommen, nur voll seefeste Yachten fahren. Mit einer Yacht von begrenzter Seefähigkeit wäre ich stets darauf vorbereitet, aus den großen Fahrwassern in kleinere Rinnen oder in den Schutz des hohen Wattes auszuweichen, wenn der Wind auffrischt, und besonders, wenn die Situation „Strömung gegen Wind" eintritt. — Kleinboote mit geringer Seefestigkeit sollten sich vor allem auf die geschützten Wattenreviere der Inseln beschränken.

A. Häfen am Festland

Harlingen (Plan Seite 282, 283, 294)

Mittelgroßer Handelshafen und bedeutender Fischerhafen. Verladen werden hauptsächlich Lebensmittel nach England, so pro Jahr etwa 10 000 Tonnen Fleisch, 6000 Tonnen Käse, 5000 Tonnen Butter und noch einiges mehr. — Die Stadt mit ihren 15 000 Bewohnern und der Hafen sind sehr interessant. Es ist der erste (und fast der einzige) Hafen auf unserer Reise, der das Bild eines kleineren Allround-Handelshafen bietet. In der übrigen Welt sind solche Häfen sehr häufig. Doch in Mitteleuropa sind sie fast ausgestorben.

Auch als Stadt ist Harlingen besuchenswert. Besonders als Kontrast zu unseren nur zweckmäßigen, doch ganz uninteressant gewordenen deutschen Städten: die kleinen Häuser mit gestuften Giebeln, die Straßen dicht mit Bäumen, die großen Fenster ohne Gardinen, die vielen Fahrräder, die „Fietsen" heißen und „Bromfietsen", wenn mit

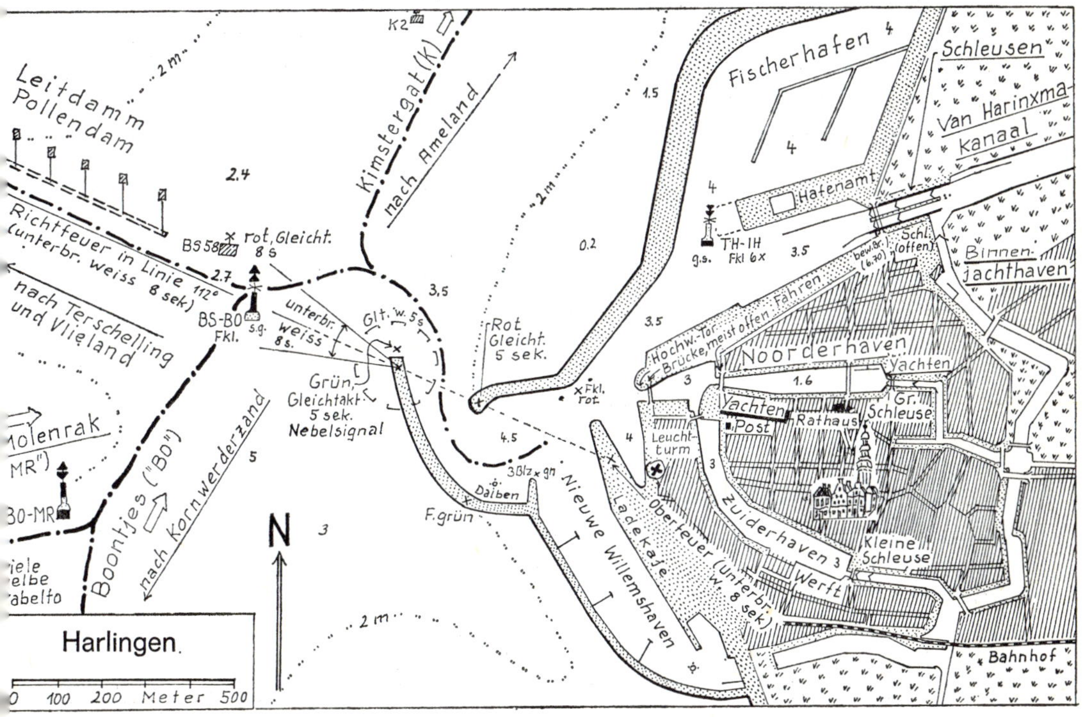

kleinem Motor. Auch die fremdartigen kleinen Imbißgerichte, „importiert“ aus den früheren indonesischen Kolonien der Niederlande. — Glaubt mir, Harlingen wird euch gefallen!

Der Hafen hat viele Becken. Doch für Sportboote kommen wohl nur folgende in Betracht: — Um nur zu übernachten, habe ich manchmal im hinteren Teil des Nieuwe Willemshaven längsseits an einem anderen Schiff festgemacht (Tiefe bei N.W. mehr als drei Meter). — Meist aber bin ich durch die offenstehenden Sturmflutschutztore in Oude Buitenhaven eingelaufen (die Klappbrücke schließt nur, wenn gerade ein Fährschiff angekommen ist). Da sind Liegebrücke und Kaje. Man liegt bei rauhem Wetter ruhiger. Doch manchmal findet man schwer Platz. — Für längeren Aufenthalt und um mich an dem wirklich schönen Stadtbild zu freuen, bin ich in Noorderhaven eingelaufen (Tiefe 1,5 bis 2 Meter). Da sind Kajen, Schwimmstege, Trinkwasser und Yachtkomfort (je nach Länge 5,— bis 9,— Gulden pro Nacht). Am ruhigsten liegt man im innersten Teil des Noorderhavens. Doch da mindestens eine Brücke aufgedreht werden muß, lohnt der Umstand nicht recht für nur eine Nacht.

Der Binnenjachthaven des Harlinger Clubs liegt einwärts der Schleusen des Van-Harinxma-Kanales. Er ist knapp 1,5 Meter tief, für eine mehr als 12 Meter lange Yacht sehr eng und meist ganz voll. Er liegt still, halb im Grünen, und ist für längeres Verweilen kein schlechter Platz. — Der Zuiderhaven ist Fischer- und Werfthafen, laut und rauh. Aber außerdem gibt es so viele stille Kanäle und Arme, daß an Platz in Harlingen bestimmt niemals ernstlich Mangel ist.

Treibstoff und Trinkwasser von Tankboot im Hafen. Trinkwasser auch im Noorderhaven nahe der inneren Brücke. — Es gibt Werften, Yachtbedarf, Segelmacher und alles, was man in einer richtigen Hafenstadt erwarten darf.

Das Anlaufen Harlingens erfordert die Beachtung des 2½ Seemeilen langen Leitdammes Pollendam, der fast stets unter Wasser ist. Er ist mit Stangen mit rotem Zylindertoppzeichen markiert. Hält man von Süden oder Norden auf die Molenköpfe zu, so braucht man sich um ihn nicht zu kümmern. Kommt man aber von Westen (von See oder von Terschelling) dann muß man ihn backbord lassen. Nachts läuft man in der Richtfeuerlinie unterbrochen weiß. Außerdem markieren drei Baken mit Gleichtaktfeuer den Damm.

Der Van Harinxma-Kanaal (nach Leeuwarden und von dort zum Lauwersmeer oder über Groningen zur Ems) mündet hier. Schleusen und Vorhafen siehe Plan. Die Schleusen arbeiten wochentags bis 22.00 (Sa. 21.00), sonntags 8.30—9.30 und 18.30—19.30 Uhr. Doch die übrigen Kanalschleusen und Brücken ruhen des Sonntags. Kanalfahrt und Distanzen: Seite 248 und 274. Maximal 12 km/h.

Der Abschlußdeich (Afsluitdijk)

So heißt der 32 Kilometer lange, gewaltige Deich, den die Niederländer 1928 bis 1932 quer über die Öffnung der Zuiderzee gebaut haben, so daß die nun das tidenfreie Ijsselmeer ist. Der Abschlußdamm ist am Wasserspiegel 90 Meter breit, 7½ Meter über normalem Wasserstand hoch und trägt erheblichen Autoverkehr. Schleusen sind in den Häfen Kornwerderzand und Den Oever. Auf halber Länge sind beim Nothafen Noorderhaven auffällige Landmarken. Auffällig ist auch das Denkmal

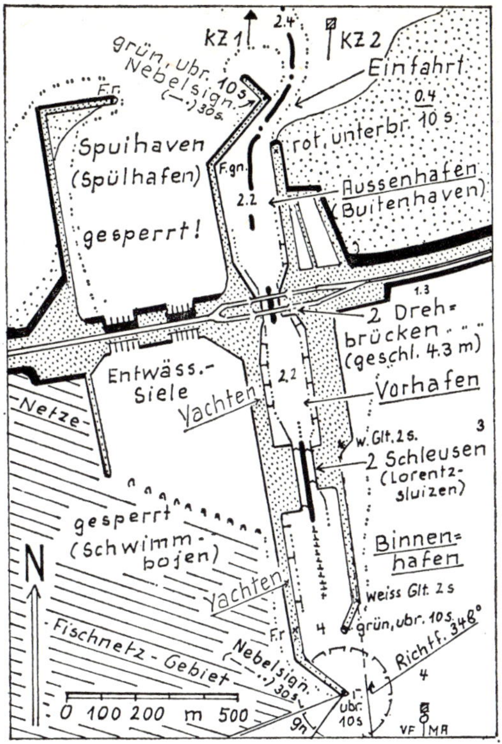

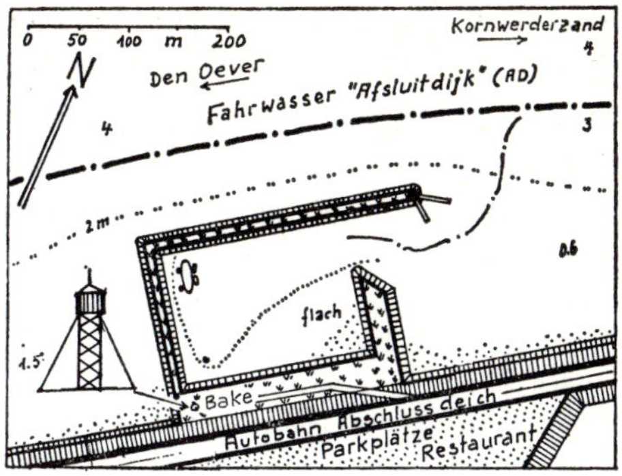

Noorderhaven

Kornwerderzand (s. auch Plan Seite 298)

D e V l i e t e r, ein weißer Turm. Er trägt die Inschrift: „Hier werd de dijk gesloten".

Hafen Kornwerderzand ist der Schleusenhafen im Abschlußdeich. Vorher war Kornwerderzand eine Insel mit einem kleinen Fischerdorf. Die Erde der Insel ist zum Bau des Dammes verwendet worden. Kornwerderzand lohnt, für sich allein genommen, kaum den Besuch, ist aber ein brauchbarer Platz für die Nacht.

D i e H a f e n e i n f a h r t ist nach Nordosten gerichtet und eng. Mit dem viel auffälligeren größeren Becken vor den Entwässerungssielen darf man sie nicht verwechseln! Eine blaue Flagge zeigt, daß die Siele entwässern (Strömung!). Die Einfahrt führt in den Außenhafen (Buitenhaven). Der ist etwa 250 Meter lang, 2,2 Meter tief, hat Anlegesteg und Dalben, ist aber unruhig bei Starkwind. — Zwei D r e h b r ü c k e n kreuzen zwischen Außenhafen und Vorhafen. Ihre beiden Durchfahrten haben 4,3 Meter lichte Höhe bei Hochwasser. Auf Schallsignal werden sie Tag und Nacht (auch sonntags) geöffnet. Der Vorhafen liegt zwischen Drehbrücke und Schleuse. Er ist 250 Meter lang, 2,7 Meter tief, hat Dalben und Stege an beiden Seiten. Es gibt genug Platz zum Festmachen. — Ein S c h l e u s e n p a a r liegt an der Südseite. Meist benutzen Yachten die kleinere östliche: 70 Meter lang, 9 breit, 2,8 tief. Geschleust wird Tag und Nacht an allen Tagen. Der B i n n e n h a f e n ist tidefrei, über 3 Meter tief und mit Holzbrücken zum Liegen. Das sind ganz stille Plätze fern von allem Verkehr „wie auf einer einsamen Insel". Englische Yachten lieben diesen Platz besonders. — Außer Trinkwasser an der Ostseite des Vorhafens keine Versorgung; dafür auch kein Hafengeld.

Noorderhaven (Breezanddijk) ist ein früherer Bauhafen auf halber Länge des Abschlußdeiches. Er ist als Nothafen oder zum Übernachten geeignet, hat keine Kaje, doch meist einige Bagger oder Schuten, an denen längsseits man festmachen kann. Nur nahe der Nordwestmole ist auch bei N.W. genug Wasser. Das große Restaurant der Autoraststätte liegt gleich hinter dem Deich. Einfahrt und Hafen sind bei N.W. weniger als ein Meter tief. Trailerhelling.

Den Oever, Hafen und Schleuse: Vorwiegend ist es Fischerhafen. Die Schleuse zum Ijsselmeer hat wenig zu tun. Der Ort ist ein Fischerdorf mit etwas Urlaubsbetrieb. Ich suche in meiner Erinnerung, was mich besonders beeindruckt hätte — und finde nichts. Der Fischerbetrieb konzentriert sich in Oude- und Nieuwe Vissershaven. Beide sind gestopft voll mit schweren eisernen Seefischerbooten. Das ist weniger idyllisch als ölig. Zweifellos aber interessant anzuschauen, zumal wir wirkliche See fischerhäfen bislang kaum zu sehen bekommen haben. Doch mit Sportboot würde ich hier nicht einlaufen.

Liegeplätze für Yachten sind in Noorderhaven, Voorhaven und Binnenhaven, vor allem aber im Zuiderhaven.

Einlaufen kann man nur in den bezeichneten Fahrwassern (Plan Seite 299): von Westen durch Wierbalg (Treibbaken „W"), von Osten durch Zwin („Z"). Beide treffen sich 1 sm nordwestlich der Hafeneinfahrt. Eine mit Tonnen „O" bezeichnete, über 2 Meter tiefe Baggerrinne führt im Bogen südostwärts in die Einfahrt. Rotbrauner Leuchtturm und Rautenbake geben dafür eine Richtlinie. Weit sichtbar sind die hohen Entwässerungssiele östlich vom Hafen. Den Hafen zeigt der Plan. Zwischen befeuerten Leitdämmköpfen hindurch gelangt man zuerst in den langen Außenhafen. — 800 Meter hinter dessen Einfahrt öffnet sich nach Südwesten eine Einfahrt in den Noorderhaven (2½ Meter tief, Liegeplätze). Von da gelangt man durch enge Einfahrt in Oude- und Nieuwe Vissershaven, die Fischerhäfen.

Der Außenhafen endet vor der Drehbrücke. Die hat geschlossen drei Meter Durchfahrtshöhe bei Hochwasser. Sie arbeitet zu den gleichen Zeiten wie die Schleuse. — Südlich der Drehbrücke liegt der Vorhafen mit mindestens 2½ Meter Wassertiefe, Dalben und Stegen. — Die Schleuse an seinem Ende ist 14 Meter breit, bis 140

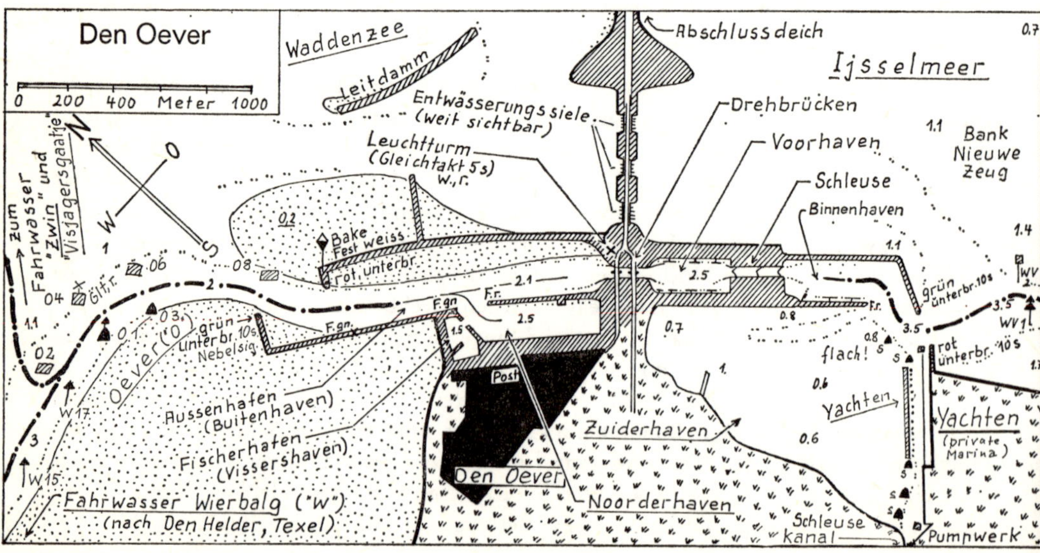

lang und 3,1 tief. Sie arbeitet werktags nur bis 21 Uhr und sonntags im Sommer von 8.30 bis 11.00 und 14.30 bis 17.00 — Der tidefreie Binnenhafen, drei Meter tief, öffnet sich in das Ijsselmeer. Einige Yachten liegen im Binnenhafen (kein Hafengeld), viele im Yachthafen im Zuiderhaven. — Treibstoff am besten vom Tankboot. — Werft, Schlipp, alle Reparaturen, Segelmacher.

Den Helder (Plan Seite 287, 308, 294)

Dank seiner günstigen Lage am tiefen Wasser des Seegat von Texel ist Den Helder zum wichtigsten Kriegshafen der Niederlande geworden. Die Stadt hat 40 000 Einwohner, ist nett, doch für sich allein ohne großes Interesse. Das Ozeanographische Aquarium ist etwas für Schlechtwettertage. Schön ist es auf dem Küstendamm am Marsdiep. Im Noordhollandsch Kanaal lockt 20 Seemeilen landein die urholländische Käsestadt Alkmaar (bis Alkmaar sind alle Brücken beweglich. — Bei Weiterfahrt nach Amsterdam eine feste Brücke sieben Meter hoch).

Der Hafen ist, soweit er Kriegshafen und Fährhafen ist, gesperrt, soweit er Industriehafen ist, ohne Interesse. Für größere Yachten kommt Harssenshaven in Frage. Dort ist der Yachthafen der Königlichen Marine. Man liegt in Gesellschaft repräsentativer Yachten und soll sich den Yachtgebräuchen anpassen. Anmeldung und Abmeldung beim Hafenmeister wird gewünscht. Mäßiges Hafengeld. — Weitere Liegeplätze zeigt der Plan. Dort geht es weniger formell zu. Doch größere Yachten werden vielleicht nicht immer Unterkommen finden. — Die Brücke über Oude Haven wird ständig bedient (außer sonntags von 10 bis 12 und während der Verkehrsspitzen). — Zum Einschleusen kann nur Koopvaarderschutsluis benutzt werden oder Kleine Schutsluis gleich südlich daneben. Wochentags bis 23.00, Samstag bis 19.00, sonntags 09 bis 13 und 14 bis 19 Uhr. — Lichtsignale werden bei der

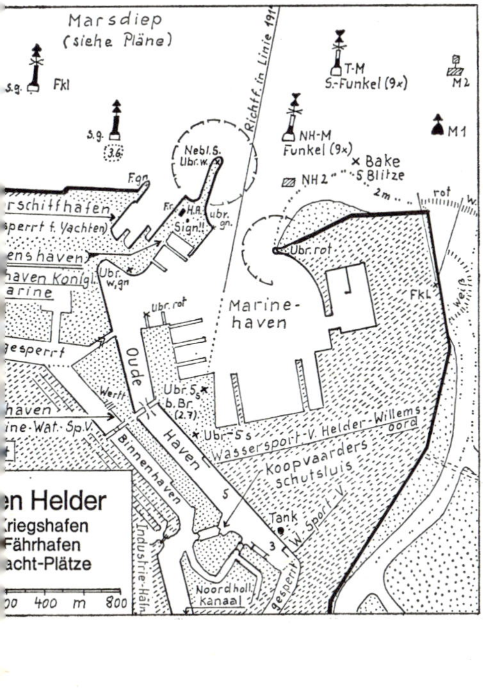

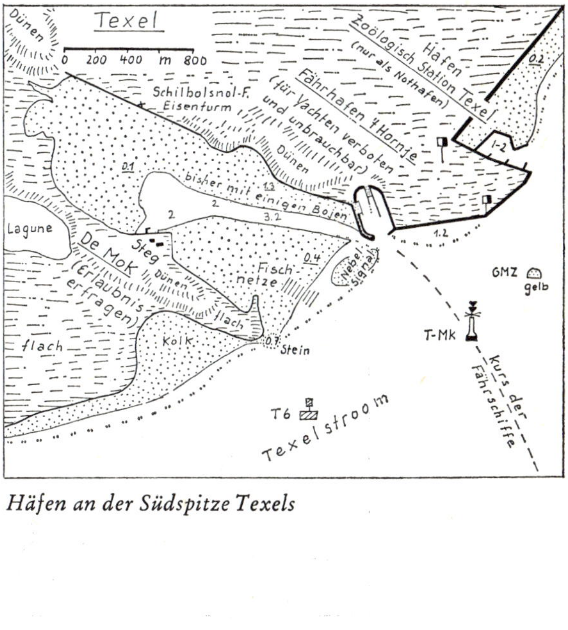

Häfen an der Südspitze Texels

Bewegung großer Kriegsschiffe von der Signalstelle bei Harssenshaven gegeben. Sie gelten auch für Yachten. Sind Lichter nebeneinander zu sehen, so ist die Schiffahrt auch in den nicht-Marine-Becken verboten.

Anlaufen aus dem Marsdiep (Plan S. 308). Häuser und Türme der Stadt (Rathaus, Kirchen, Wasserturm) sowie die ständig nach Texel verkehrenden großen Autofähren sind weithin erkennbar. — Die Tidenströmung im Marsdiep ist kräftig, vor dem Hafen steht oft Neerstrom. Vermeiden muß man die flache Ostseite der Einfahrt.

Mit Den Helder ist die Reihe der Festlandshäfen im Wattengebiet zu Ende. Der nächste Festlandshafen ist Ijmuiden, 26 Seemeilen entfernt an der offenen See. — Wir folgen nun im Uhrzeigersinne der Reihe der Inseln Texel, Vlieland und Terschelling mit ihren Häfen.

B. Inseln und Inselhäfen

Texel (Plan S. 282, 294, 299, 288)

Insel Texel ist die größte der Westfriesischen Inseln; 23 Kilometer lang, 10 breit, größtenteils flach, von 11 000 Menschen und 40 000 Schafen bewohnt. „Tessel" sprechen die Niederländer sie aus. — Der Kern Texels ist eiszeitliches Geestland, das die Sturmfluten zwischen dem 9. und 13. Jahrhundert überstanden hat. Das ist das Land der „Schapenboeten", der „Tuinwallen", der alten Bauernhäuser; überwiegend Schafzuchtgebiet. Die Texeler Schafe sind berühmt. — Der Ostteil der Insel ist erst später wieder angewachsen. Auch die früher selbständige Insel Eierland ist heut in Texel einbezogen und bildet ihren Nordteil. Auf 20 Meter hoher Düne steht dort der 30 Meter hohe runde, rote Leuchtturm Eierland.

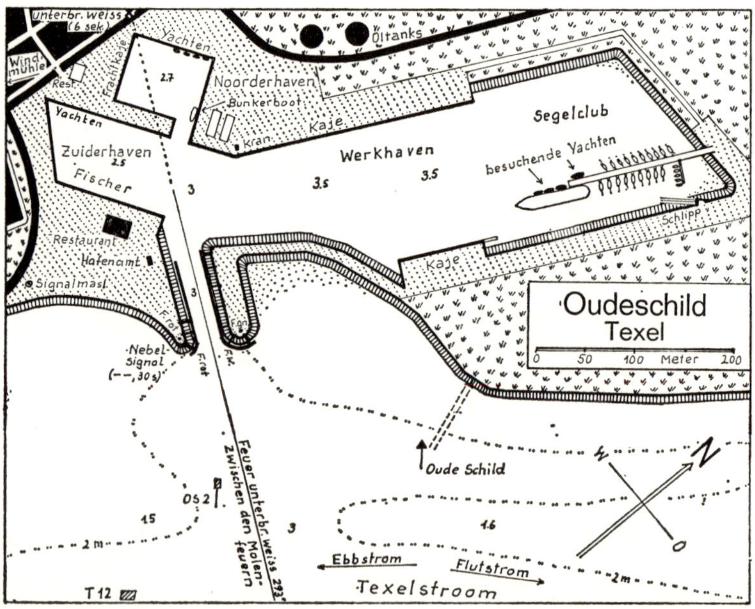

Hauptort ist Den Burg in der Mitte der Insel. Montagvormittag ist Bauernmarkt. Bis Ende Juni stehen dann Hunderte von Schafen und Lämmern zum Verkauf. Mittwoch nachmittags und abends ist in Den Burg halb touristisches, halb echtes Volksfest mit Schafschur, Bauerntänzen, Ringreiten und dergleichen. Das Vogelkundemuseum ist etwas für Schlechtwettertage. Wo man Fahrräder leihen kann, sagt einem der Hafenmeister. Hier, wie heutzutage fast überall, erlebt man das Typische der Insel nur außerhalb der Ferienzeit. — Texel hat vier Häfen.

Hafen Oudeschild (Plan) ist der wichtigste Hafen für Yachten und bietet nach seiner Vergrößerung reichlich Platz. Er liegt am tiefen Wasser des Texelstrooms etwas nördlich von der durch ihre beiden Kirchen kenntlichen Ortschaft. Die Hafeneinfahrt ist 22 Meter breit. Holzwerk begrenzt sie und hält von den Steinschüttungen frei. Hafenfeuer und Nebelsignale (zwei lange Töne alle 30 Sekunden, doch nicht nach 22 Uhr). Das weiße unterbrochene Feuer im Noorderhaven zwischen dem roten und grünen Molenkopffeuer gehalten, gibt eine gute Einsteuerungslinie. Der quer laufende Gezeitenstrom und vor allem der starke Neerstrom etwa 40 Meter vor den Molenköpfen müssen beachtet werden. Im übrigen siehe Plan.
Der Hafen besteht jetzt aus drei Becken: Der Zuiderhaven, 150 Meter lang, 60 breit, dient Fährschiff und Fischern. — Der Noorderhaven, etwa 60 mal 60 Meter, hat rundum Kaje. Oft legen Frachtfahrer hier an. Doch ist wohl immer auch Platz für Yachten da, die nur zum Übernachten auf Texel bleiben. Dieser recht typische Hafenplatz würde mir besser gefallen als der außerhalb liegende neue Werkhaven. — Der Werkhaven ist fast 500 Meter lang. Fast immer ist Platz an der Kaje. Oder man macht beim Yachtclub fest. Gewöhnlich liegen durchreisende Fahrtenyachten längsseits an dem großen Clubschiff. — Treibstoff und Trinkwasser beim Tankschiff. Reparaturen, Bootsbedarf. — Das Dorf mit seinen Fischerhäusern, Kirchtürmen und der Mühle ist nett. Schön ist auch der Weg auf dem Deich zum früheren Fischerdorf Oosterend. Nach Den Burg kommt man mit Bus oder Fahrrad. Anfangs ist man vielleicht von der Landschaft enttäuscht, doch nahe Den Burg wird es nett.

Fährhafen 't Horntje liegt zwei Seemeilen nördlich von Den Helder. Er ist im Sommer lebhaft beschäftigt, ist für Yachten absolut unbrauchbar und aus gutem Grunde verboten (Plan Seite 287).

Hafen der Zoölogisch Station Texel liegt 1000 Meter östlich vom Fährhafen (siehe den Plan Seite 287, 308). Er ist kein Liegehafen für Yachten. Doch in Notfällen kann er angelaufen werden. Meist ist seine Wassertiefe größer als im Plan angegeben.

De Mok ist ein Naturhafen; eine 500 Meter breite, über eine Seemeile lange Einbuchtung zwischen Dünen im Südende von Texel (Plan S. 287, 308). Die Bucht De Mok und ein Lager an der Südseite sind Militärgebiet. Die Einfahrt ist unmittelbar neben der westlichen Mole des Fährhafens. Als ich sie zuletzt sah, war die auch bei N.W. fahrbare Rinne mit einigen kleinen Bojen bezeichnet. Von dieser Rinne abgesehen, fällt die Bucht größtenteils trocken. — Man kann de Mok als Nothafen anlaufen. Doch für einen normalen Aufenthalt braucht man die Zustimmung des in der kleinen Marinestation zuständigen Chefs.

Insel Vlieland (Plan S. 282, 290, 295, 307)

20 Kilometer lang, doch nur 1 bis 3 Kilometer breit, ist diese Insel nur von 700 Menschen bewohnt. Landwirtschaftlich nutzbares Land ist sehr spärlich. So zählte man nur

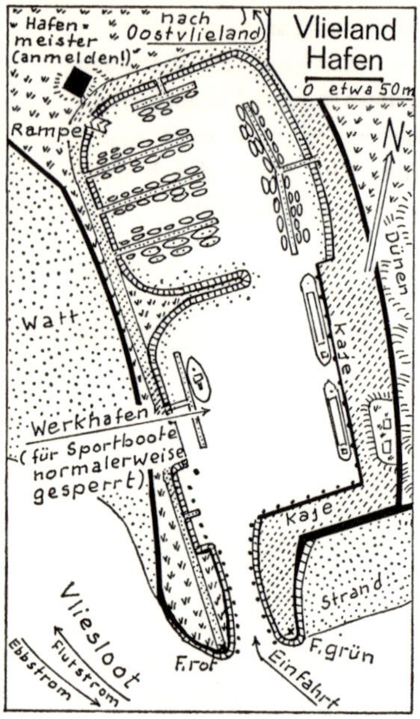

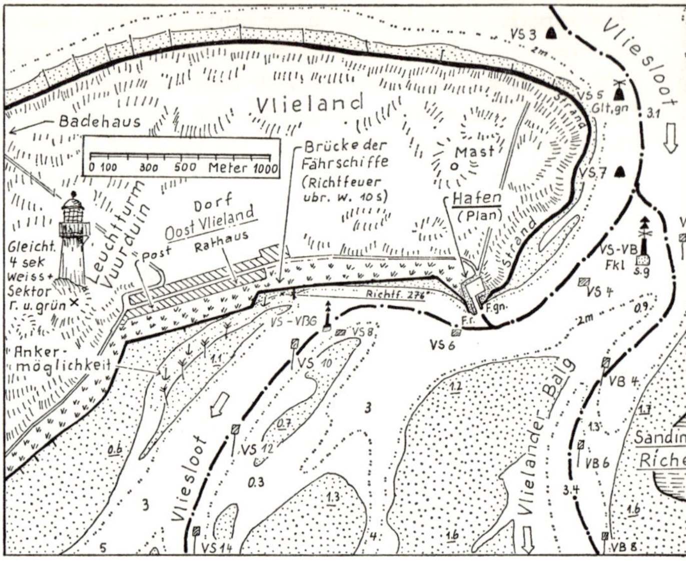

39 Kühe, 2 Pferde und einen Stier auf dem Eiland — doch mehr als 40 000 Feriengäste pro Jahr. Vlieland ist durch seine Dünen eine hohe Insel. Dünen, Sand, Wald — und gottlob keine Autos. Das einzige Dorf ist O o s t v l i e l a n d, ausnahmsweise auf der Ostseite der Insel gelegen. Beim Dorf gibt es eine Anlegebrücke für die Fährschiffe. Der Hafen liegt 20 Minuten entfernt.
Ihre Blütezeit hatte die Insel im 17. Jahrhundert. Da war Vlielands Reede von Kauffahrt- und Kriegsschiffen bevölkert. Es gab ein Admiralitätsgebäude und eine Seefahrtsschule. Das Haus des Admirals Cornelius Tromp, des „Nelson" der Niederländer, ist noch erhalten. Die Einwohnerzahl war damals fünfmal so groß wie heute! Erinnerungen an die Zeit des Walfischfanges sind in Dorf und Kirche. — An der Seeseite der Insel liegen Buhnen, um weitere Landverluste zu vermeiden. Knapp 1 Seemeile vor ihrer Ostspitze hat sich der hochwasserfreie Sand R i c h e l gebildet.

Der Hafen Vlielands liegt klein, aber äußerst nett zwischen Dünen und Meer. Er dient außerhalb der Ferienzeit zur Steinverladung für Inselschutzwerke. Doch tut das seiner Unberührtheit in heiler Landschaft keinen Abbruch. — Er erwies sich als bei weitem zu klein und mußte, wenn gefüllt, durch eine Kette verschlossen werden. Er wurde v e r g r ö ß e r t. Zum Sommer 1980 soll der vergrößerte Hafen benutzbar sein.

D e r n e u e H a f e n (Plan oben) besteht nun aus zwei Becken. Das erste Becken ist der Werkhafen. Er gehört der Wasserbauverwaltung und ist zum Liegen von Yachten gesperrt, außer bei stürmischem Wetter und Überfüllung des Sporthafens. — D e r Y a c h t h a f e n ist das zweite Becken. Er hat sechs Brücken und bietet Platz für etwa 150 Yachten (in Päckchen zu zweit längsseits an den Brücken). Trinkwasser ist vorerst nur an der Nordbrücke (beim Hafenmeisterhaus) zu haben. Toiletten etc. sind noch im Ausbau. — Da vorauszusehen ist, daß auch der vergrößerte Hafen rasch überfüllt ist, wird zunächst nur eine Liegedauer von drei Tagen zugestanden. Danach entscheidet der Hafenkapitän, ob der Aufenthalt verlängert werden kann. — Mittags kam bisher ein Lebensmittelauto zum Hafen. Sonst kauft man im 10 Minuten entfernten Inseldorf ein (dort auch Treibstoff). Liegegeld übliche Höhe. — Die Wassertiefe ist in dem neuen Hafen bei N.W. über 2 Meter, der Tidenhub 1,7 bis 1,3 Meter. Vor der Einfahrt steht kräftiger Neerstrom.

Der Fähranleger 1000 Meter westlich vom Hafen hat keinen Platz für Yachten. Doch ankern kann man, am besten wohl etwa 100 Meter westlich vom Anleger. — Fast wie eine Mittelmeerbucht lassen die hohen Dünen diesen Platz erscheinen. Gegen Süd und Südwest ist es leider ganz offen.

Anlaufen Vlielands: Seite 295, 297.

Vliehors heißt die Südwestspitze Vlielands. Das ist „die Sahara“: nichts als ganz flacher, feiner Sand. Ein Rettungshäuschen, ein Beobachtungshaus, Luftspiegelungen und manchmal auch ein gestrandetes Schiff — ein seltsames Stück Welt! Naturschutzgebiet hat man daraus gemacht und uns Menschen somit daraus vertrieben wie schon damals aus dem Paradies — kuriose Parallelen, wenn man es zu Ende bedenkt! (Soweit ich erfahren konnte, dürfen wir das Gebiet befahren, doch, wenn wir festkommen, nicht umherlaufen.)

Terschelling (Plan S. 282, 266, 294, 295, 305)

30 Kilometer lang und 3 breit, ist sie die längste westfriesische Insel. 5000 Bewohner. Beim Hauptort West Terschelling beim alten Brandaris-Leuchtturm ist der Hafen. Mehrere Dörfer sind auf der von der Natur relativ freundlich bedachten Insel. Im 14. Jahrhundert stand sie unter der Häuptlingsherrschaft der Popmas, war dann Zankapfel zwischen den noch nicht geeinten Provinzen Holland und Friesland, in den Spanierkriegen Stützpunkt der Wassergeusen, dann wichtiger Anlaufehafen für die aus Indien einkommenden Konvois und als solcher 1666 im zweiten Krieg zwischen Holland und

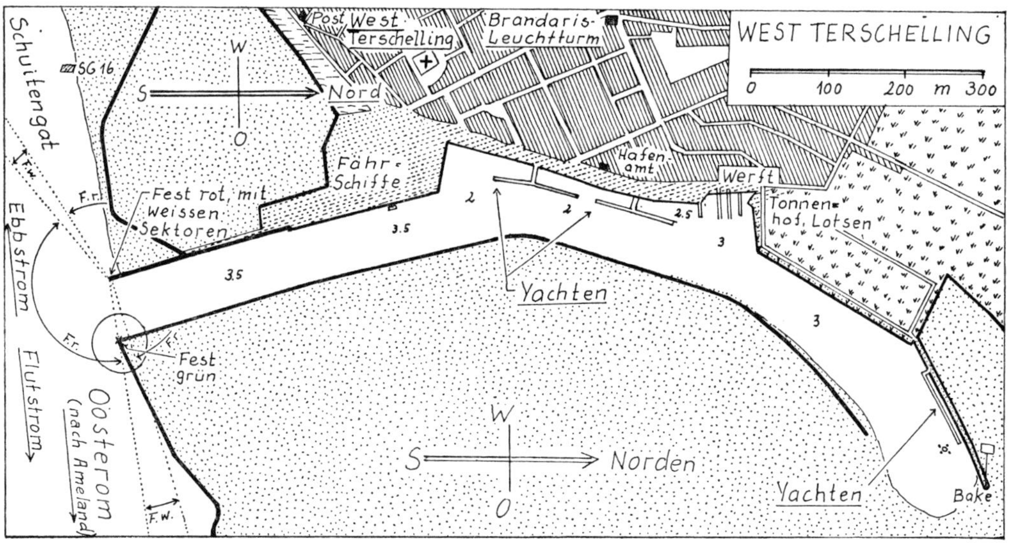

England von den Engländern besetzt und samt Häusern, Schiffen und Magazinen verbrannt. Walfischfang und Küstenfischerei wurden später betrieben.
Terschelling ist eine liebenswerte, stille Insel. Ob die sehr vielen kleinen einheimischen Segelboote, sehr einfach, doch sehr seemännisch geriggt, und natürlich zünftig ohne Motor, eine Erinnerung an Terschellings Seefahrtstradition sind? Diese „Flotte" von über 50 kleinen Booten, sonntagsnachmittags gegen frischen Nordost emsig das Schuitengat zum Hafen hochkreuzend, ist eine meiner nettesten Erinnerungen an Terschelling. — Der massige, viereckige, 54 Meter hohe Leuchtturm Brandaris, nach St. Brandaan, dem Schutzheiligen der Seefahrer benannt, ist Wahrzeichen der Insel und wichtige Landmarke für den Wasserfahrer.

Der Hafen ist ein 1000 Meter langer, meist 50 Meter breiter Hafenschlauch, etwas gekrümmt, mit Steinböschungen an den Seiten. Ostwärts liegt Watt, westwärts Kajen und Ortschaft. Meist 3 Meter Wassertiefe bei Niedrigwasser. — Zwei hölzerne Anlegebrücken bergen hinter sich drei kleine Hafenbecken mit 2 bis 1/2 Meter Tiefe bei N.W. Yachten legen sich je nach Größe, Platz und Tiefgang in das mittlere oder nördliche der drei Becken oder an die Außenseite der nördlichen Brücke. Es ist in den Becken wechselnd tief. Man muß loten oder fragen. Der Grund ist oft harter Sand, in den ein Kiel nicht einsinkt. — Außerdem ist im hintersten Ende des Hafenschlauches ein weiterer Abschnitt tiefgebaggert worden. Da ist für Yachten eine zusätzliche 100 Meter lange Brücke geschaffen worden. Dennoch ist es in der Ferienzeit sehr voll. So wird man während der Ferienzeit je nach dem Platzbedarf für Neuankommende nach einigen Tagen aufgefordert, weiterzureisen. An den vorderen Plätzen kein Hafengeld. Dieselöl und Benzin von Landtankstelle nahe Leuchtturm. Trinkwasser bei Seeschlepper. Bootswerft, Segelmacher, Schlipp, Kompaßkompensierung. — Terschelling ist ein so liebenswerter Platz, daß man am liebsten gar nicht wieder abfahren möchte. Muß man es schließlich: Die Strömung kentert nur vor der Hafenmündung direkt bei N.W. und H.W., im Schuitengat selbst erst 1 Stunde danach.

Anlaufen kann man den Hafen von Südwesten durch das Schuitengat. Das ist mit Leuchttonnen auch für Nachtfahrt gut eingerichtet. — Oder von Osten durch Fahrwasser Oosterom. Das ist gut betonnt, doch nur für Tagfahrt geeignet. Maßgeblich für das Eindrehen in den Hafenschlauch ist das Feuer fest rot auf dem westlichen Molenkopf (mit Leitsektor weiß) und das schwächere Feuer fest grün auf dem linken. Im übrigen siehe Routenbeschreibung.

C. Fahrtrouten in der Waddenzee

Ist auch der Tidenhub nur 1,7 bis 1,3 Meter, so sind doch **die Strömungen** kräftig. In den stärker strömenden Rinnen sollte man seine Fahrt möglichst mit Tidenstrom machen.
Strömungsrichtung: Die Waddenzee füllt sich bei steigendem Wasser vor allem durch die beiden großen Seegaten Terschellinger Seegat und Seegat von Texel. Das kleine Seegat zwischen Vlieland und Texel versorgt nur seine nähere Umgebung. — Stark vereinfacht gesprochen ist es also, als ob Vlieland und Texel eine Insel wären. Von Norden und von Südwesten läuft bei steigendem Wasser die Strömung hinter diese „Doppelinsel" herein, bei fallendem Wasser nach Norden und Südwesten wieder heraus.

Der Beginn einlaufender und auslaufender Strömung verspätet sich von den Seegaten bis zum „Wattenhoch" um rund 1½ Stunden. Die Strömungsgeschwindigkeit liegt zwischen ein und drei Knoten (siehe Tabelle).

	Tidenströmung			
	Einlaufend		Auslaufend	
	Knoten	Beginn H.W. Helgoland	Knoten	Beginn H.W. Helgoland
Arme des Vliestroomes				
Vliestroom	2,8	+ 4 h 45 m	2,8	— 1 h 50 m
Blauwe Slenk	2,5	+ 4 h 45 m	2,1	— 1 h 40 m
bei Harlingen	1,8	+ 5 h 35 m	0,9	— 1 h 00 m
Boontjes	2,2	+ 5 h 05 m	1,6	— 2 h 00 m
Inschot	1,3	+ 5 h 55 m	1,1	— 1 h 00 m
Arme des Texelstroomes				
Texelstroom bei Oude Schild	2,3	+ 3 h 45 m	2,2	— 2 h 50 m
Texelstroom bei Riepel	1,6	+ 3 h 50 m	1,4	— 2 h 20 m
Scheurrak, Westteil	2,5	+ 4 h 05 m	2,5	— 2 h 20 m
Omdraai	1,3	+ 5 h 05 m	0,8	— 2 h 00 m
Dove Balg	3,1	+ 4 h 05 m	2,9	— 2 h 10 m
Wierbalg	1,2	+ 3 h 05 m	1,2	— 3 h 00 m
Den Oever	0,9	+ 3 h 45 m	0,9	— 2 h 35 m
Breezanddijk	2,0	+ 4 h 05 m	1,2	— 2 h 40 m
Kornwerderzand	2,0	+ 4 h 45 m	1,9	— 2 h 20 m

	Hochwasserhöhe über niederld. KN.		Niedrigwasserhöhe über niederld. KN.		Hochwasser bezogen auf Terschelling
	Nippzeit (Meter)	Springzeit (Meter)	Nippzeit (Meter)	Springzeit (Meter)	
rschelling Ost	2,2	2,5	0,5	0,3	+ 40 min.
rschelling West	2,0	2,2	0,5	0,3	0 min.
arlingen	1,9	2,1	0,5	0,3	+ 60 min.
ornwerderzand	1,8	2,1	0,5	0,3	+ 30 min.
en Oever	1,8	2,0	0,5	0,3	— 40 min.
en Helder	1,60	1,80	0,5	0,3	— 100 min.
e Cocksdorp und Vliehors	1,60	1,8	0,5	0,3	— 80 min.
ost-Vlieland (Hafen)	2,00	2,2	0,5	0,3	— 30 min.

Die Wasserhöhe über Kartennull (Durchschnittswerte) gibt für die wichtigsten Orte die folgende Tabelle. Das tiefer angesetzte Kartennull hat zur Folge, daß viele Wattgebiete bei Niedrigwasser nicht zu sehen sind. — Auch den **Zeitpunkt von Hochwasser,** bezogen auf Terschelling-Hafen, gibt diese Tabelle. Sie zeigt, daß Hochwasser im Ost-

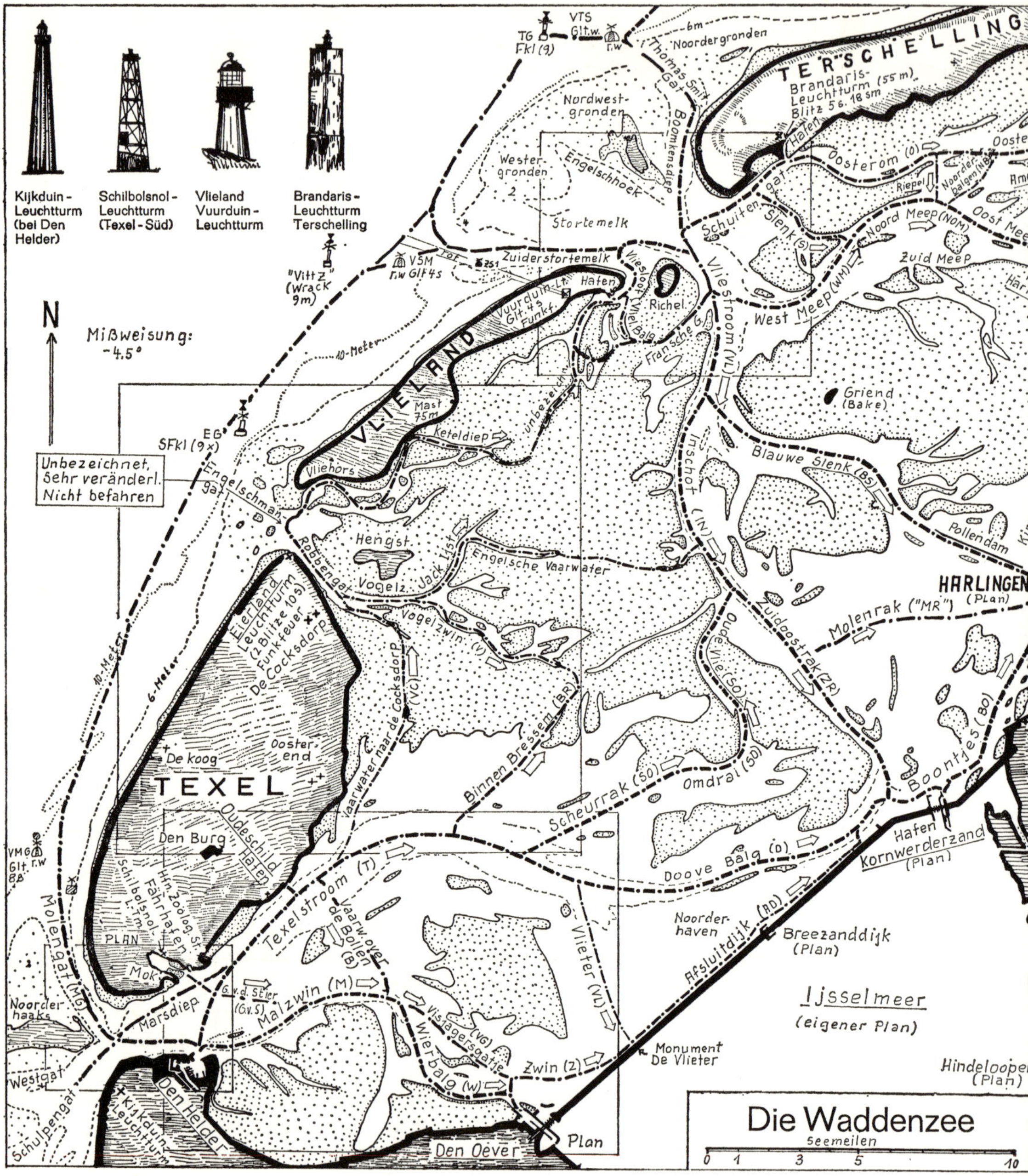

teil des Reviers deutlich später ist als im Westteil. Den Helder hat 1¾ Stunde früher Hochwasser als Terschelling, und 2¾ Stunde früher als Harlingen. Bei Fahrten südwestwärts hat man „kurze Tiden"!

Die neue Betonnung (IALA—„A") liegt der folgenden Beschreibung zugrunde. Der Übersichtsplan gibt an, welche Betonnungsrichtung festgelegt wurde (der of-

Die kleine Insel Griend zwischen Terschelling und Harlingen. Man soll sie nicht betreten.

fene Pfeil). Sie gibt weiter an, welche Bezeichnung die Tonnen tragen; z. B. Boontjes (BO). — Wo Fahrwasser sich trennen oder vereinigen, liegt nach der niederländischen Betonnungsordnung eine kardinale Tonne als Fahrwasserteilungstonne aus. Auf ihr sind die Namen der beiden Fahrwasser geschrieben. Ihr Toppzeichen gibt an, auf welcher Seite sie zu passieren ist. Die genaueren Pläne geben Beispiele dafür.

Routen von Harlingen

Harlingen nach Ameland (23 Seemeilen) ist auf Seite 279 f im umgekehrten Sinne beschrieben.

Harlingen nach Kornwerderzand (7 Seemeilen) fährt man durch das gut mit Tonnen und Treibspieren („BO“) bezeichnete Fahrwasser Boontjes. Es ist auch für Nachtfahrt befeuert. Die Wassertiefe ist größtenteils über 1½ Meter. Doch eine flache Zone von 0,7 Meter Tiefe bei N.W. liegt zwei Seemeilen südlich von Harlingen nahe Tonne „BO 34“. Yachten mit Tiefgang müssen ihren Zeitplan danach einrichten. Auf dem Weg nach Kornwerderzand bleiben rote Tonnen an Steuerbord. Die Strömung ist schwach. Nachtfahrt ist möglich. Siehe auch Plan von Harlingen und Kornwerderzand.

Harlingen nach Texel und Den Helder: 27 bzw. 32 Seemeilen. Man fährt zuerst bis vor die Hafeneinfahrt von Kornwerderzand (s. o.). Die Route von da nach Texel und Den Helder wird von Kornwerderzand aus beschrieben (s. u.).

Harlingen nach Terschelling-Hafen. 18 bzw. 21 Meilen. Zwei Wege stehen zur Wahl: a) Blauwe Slenk — Vliestroom — Schuitengat. Diese Strecke wird am häufigsten befahren, und bei handigem Wetter zu Recht. Man muß aber wissen, daß bei auslaufend Wasser und starkem Nordwestwind im Vliestroom außerordentlich hohe steile See steht. Stets sollte man die Fahrt so einrichten, daß man mit der Tidenströmung läuft. — b) Ostwärts ausholend der Weg durch Kimstergat — Oost Meep — Noord Meep — Slenk. Diese Strecke ist streckenweise geschützter. Doch sie führt etwa fünf Seemeilen von Harlingen entfernt über ein Wattenhoch. Flachgehende Boote werden es vielleicht eine Stunde nach N.W. passieren können, tiefgehende 3 bis 3½ Stunden nach N.W. Die Lage der Tide entscheidet, ob diese Fahrt gut oder schlecht einzurichten geht.

Weg Blauwe Slenk — Vliestroom: Von Harlingen westnordwestwärts am Leitdamm Pollendam entlang (Plan Seite 283). Der ist zwei Seemeilen lang, meist überflutet und mit roten Stangenbaken und Leuchtbaken bezeichnet. Man fährt an seiner Südseite. Nachts fährt man in der Richtfeuerlinie von Harlingen (Unterbr. weiß, acht Sekunden). — Das Fahrwasser Blauwe Slenk schließt sich an. Gut betonnt

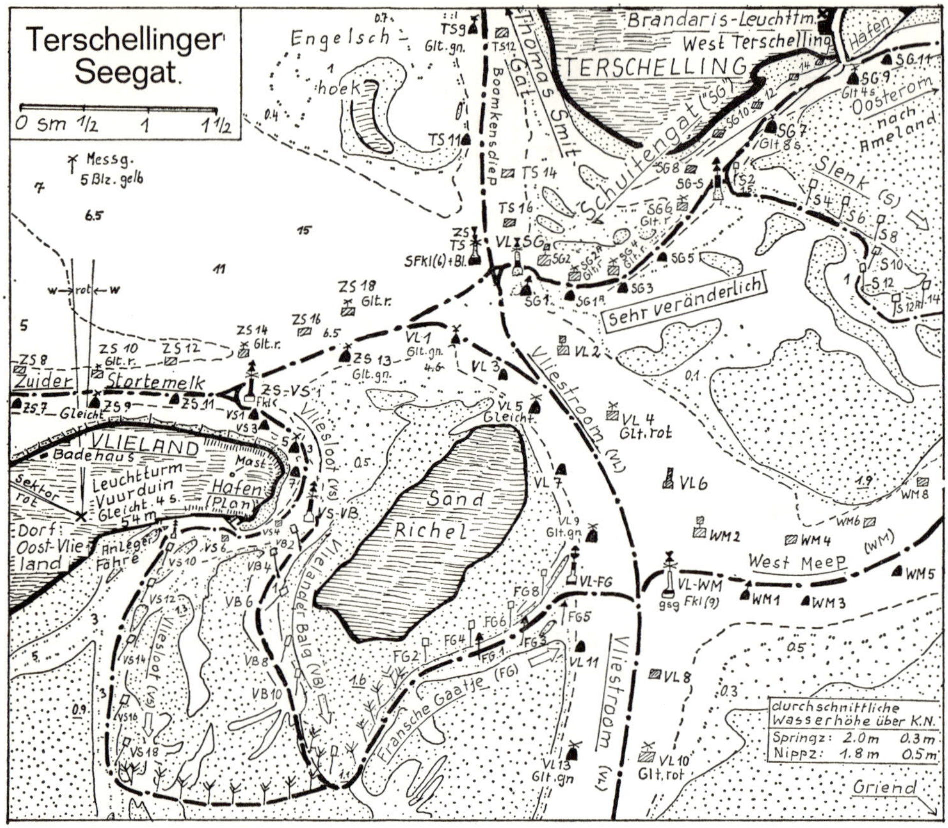

(„BS"), mit vielen Leuchttonnen für Nachtfahrt. Nach sieben Seemeilen mündet es in den Vliestroom, eine Seemeile breit, Tonnen „VL". An der Steuerbordseite liegt die kleine Insel Griend mit Haus auf Pfählen und Bake (Skizze). Bei Sonne leuchtet ihr Strand. — Hier etwa beginnt der genauere Plan (oben).

Ist man von Terschelling nur noch drei Seemeilen entfernt, so mündet von Osten der breite Wattenstrom West-Meep. Hier kann man einbiegen und die Zufahrt nach Terschelling durch die weit geschütztere Slenk machen (S. 294, 281). — Meist aber folgt man dem Vliestroom bis zur Mündung des Schuitengat. Bei der Fahrwasserteilungstonne „VL-SG", gelb-schwarz-gelb und hoch wie ein kleiner Leuchtturm, dreht man nach Nordosten in das Schuitengat ein. Das ist an seiner Mündung nach Lage und Tiefe sehr veränderlich. Es ist mit Tonnen „SG" gut bezeichnet. Einige rote und grüne Leuchttonnen sind darunter. Derzeit ist Schuitengat tief. Doch manchmal bildet sich eine Barre von zwei oder gar nur $1^1/_2$ Meter Wassertiefe an der Mündung. Die Betonnung wird hier oft verlegt. Schuitengat führt drei Seemeilen weit bis vor die Hafeneinfahrt Terschellings. Im inneren Teil Richtfeuer und außerdem Leitsektor fest weiß zwischen fest rot. Hafenplan Seite 291.

Weg über Oostmeep: Von Harlingens Hafen fahre ich nordnordostwärts im bezeichneten Fahrwasser Kimstergat. Nach 3 Seemeilen führt mich der Weg auf flachen Grund, nach weiteren $1^1/_2$ auf Watt (z. Z. etwa 0,5 m über K.N.). Drei Leuchttonnen liegen aus. Auch deckt der Sektor Fest weiß des Leuchtturmes Harlingen diesen Weg ungefähr.

Gut 7 Seemeilen nordwärts von Harlingen treffe ich auf die schwarz-gelbe Fahrwasserteilungstonne „NOM-V". Dort beginnt das Fahrwasser Oost Meep. Ihm folge ich in westnordwestlicher Richtung. Die Fahrt ist dann die gleiche, wie sie als Weg von Ameland nach Terschelling auf Seite 281 schon beschrieben wurde.

Harlingen nach Vlieland-Hafen (19 Seemeilen): Bis in den Vliestroom hinein ist es die gleiche Strecke, wie sie als Fahrt von Harlingen nach Terschelling vorn schon beschrieben wurde. Danach gibt es zwei Wege:

a) Seewärts vom Sand Richel (Tiefwasserroute). Dazu folge ich dem Vliestroom an seiner grünen Tonnenreihe entlang seewärts. Nördlich vom Sand Richel geht Vliestroom in Zuider Stortemelk über (siehe Plan). Etwa nördlich von Vlielands Ostspitze treffe ich die Fahrwasserteilungstonne „ZS-VS". Hier beginnt das Fahrwasser Vliesloot (Betonnung „VL"). Vliesloot zieht dicht betonnt im Bogen ostwärts um die Ostspitze von Vlieland herum. Ich passiere unmittelbar vor der Mündung des Hafens (genauerer Plan: Seite 296, 290).

b) Südlich vom Sand Richel: Das ist der bevorzugte Weg kleiner und flachgehender Boote, die den zuweilen sehr rauhen seewärtigen Weg meiden wollen. — Wir verlassen den Vliestroom nördlich von Tonne „VL 11" bei der Fahrwasserteilungstonne „VL-FG". Hier beginnt das Fransche Gaatje. Das führt südwestwärts. Es ist anfangs tief und gibt, wenn man auf steigendes Wasser warten muß, in seinem Innenteil einen guten Ankerplatz ab. Fransche Gaatje ist mit Treibspieren „FG" bezeichnet; später, wo es flach wird, mit Pricken (siehe Plan). An seinem Ende muß ich ein Wattenhoch queren. Das liegt zur Zeit etwa 1 Meter über K.N. Solange es so hoch bleibt, sollte der Tiefgang nicht über 0,8 Meter sein. Wahrscheinlich bildet sich wieder eine tiefere Rinne. Man muß fragen oder bei Niedrigwasser selber sehen. — Danach stehen zwei Fahrwasser zur Wahl: Vlielander Balg (VB) oder Vliesloot (erst Pricken an der Seeseite, dann Treibbaken „VS"). Siehe Pläne Seite 296 und 290.

Routen von Kornwerderzand (Plan Seite 298)

Kornwerderzand nach Terschelling: 22 Seemeilen Distanz. Die Reise geht durch die Fahrwasser Zuidoostrak und Inschot in den Vliestroom. Von da wie für die Fahrt Harlingen-Terschelling beschrieben. Überall auf der Strecke ist tiefes Wasser. Man sollte mit der Strömung, d. h. mit ablaufendem Wasser fahren. — Von Kornwerderzand-Hafenausfahrt fährt man im betonnten Fahrwasser Boontjes (Tonnen oder Treibspieren „BO" in Biegungen westwärts. Der Plan zeigt die jetzige Lage der Betonnung. Hier beginnt Fahrwasser Zuidoostrak (Tonnen oder Treibspieren „ZR", rote an der Ostseite). Zuidoostrak führt erst nordwärts, dann nordwestwärts. Das tiefe Fahrwasser ist nicht sehr breit.

In seinem Verlauf ändert sich die Strömungsrichtung. — Nach 6½ Seemeilen geht Zuidoostrak in den tiefen und breiten Wattenstrom Inschot über. Fahrwasserteilungstonne „IN-SO". Von Südwesten tritt hier das Oude Vlie heran.

Im Inschot Tonnen „IN". Inschot führt erst nordwestwärts, dann nordwärts. Nach 6 Seemeilen vereinigt es sich mit dem von Osten herantretenden Wattenstrom Blauwe Slenk zum großen Vliestroom (Seezeichen „VL"). Die Fahrt geht weiter, wie oben

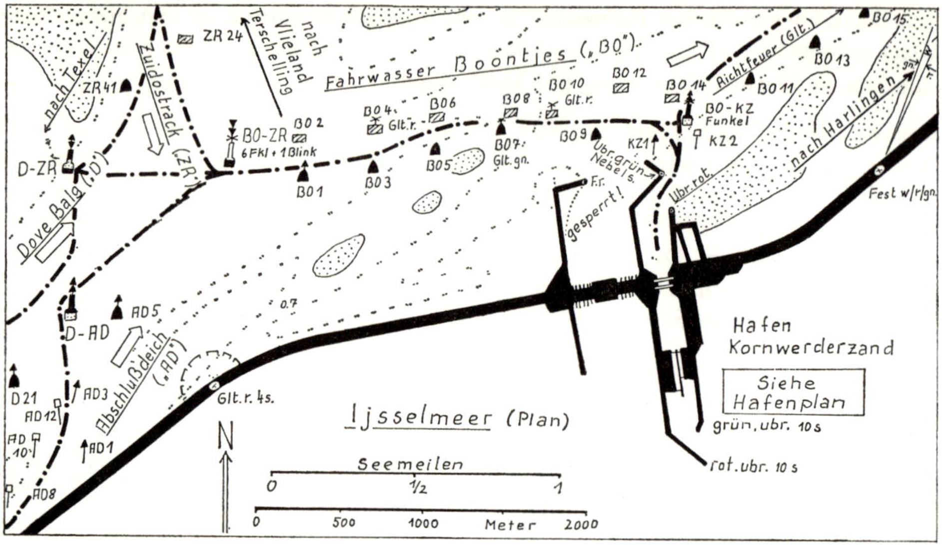

für den Weg von Harlingen beschrieben. Alle Fahrwasser haben Leuchttonnen. Doch sie sind im Inschot so spärlich, daß man als Ortsfremder besser nur nahe Hochwasserzeit im Dunkeln fahren sollte.

Kornwerderzand nach Vlieland: Bis in den Vliestroom hinein der gleiche Weg, wie oben beschrieben. Die beiden Möglichkeiten, den Vlieländer Hafen aus dem Vliestroom nördlich oder südlich vom Sand Richel anzulaufen, sind auf Seite 297 beschrieben. Etwa 23 Seemeilen lang ist die Fahrt.

Kornwerderzand nach Den Oever: 17 Seemeilen Fahrt. Man kann binnendeichs im Ijsselmeer fahren. Dann muß man kurz vor Den Oever wegen der Bank Nieuwe Zeug aufmerksam navigieren. — Normalerweise bleibt man aber im Tidengewässer. Dann fährt man wie folgt: Aus Hafen Kornwerderzand im betonnten Fahrwasser Boontjes etwa zwei Seemeilen westwärts (Plan oben). Von der Fahrwasserteilungstonne „BO-ZR" südwestlicher Kurs. Da trifft man nach einer halben Seemeile die schwarz-gelbe Fahrwasserteilungstonne „D-AD" (zwei schwarze Kegel als Toppzeichen). Hier beginnt Fahrwasser Abschlußdeich (Afsluitdijk). Das führt, mit Treibspieren „AD" bezeichnet, dicht am Abschlußdeich entlang. Nach vier Seemeilen passiert man den Fluchthafen Noorderhaven (Seite 285). Nach weiteren vier Meilen steht man beim Denkmal „De Vlieter".

Hier tritt bei der Fahrwasserteilungstonne „VL-Z" von Norden das Fahrwasser „Vlieter" heran (Treibspieren „VL"). Unser Fahrwasser ändert hier Name und Betonnung. Es heißt nun Zwin und ist mit „Z" bezeichnet; rote Seezeichen bleiben auf der Fahrt nach Den Oever an Steuerbord. Zwin folgt dem Deich noch 1½ Seemeilen und biegt dann nach Westen in großem Bogen um das weit sichtbare Sielwerk von Den Oever mit seiner flachen Bank herum. Hierzu siehe den genaueren Plan auf Seite 299.

Um die Fahrwasserteilungstonne „O-Z" fahren wir westwärts herum und halten südostwärts. Hier ist eine Region flachen Wassers: etwa 1 Meter tief bei Spring-Niedrigwasser. — Nach ½ Meile treffen wir die Tonnenreihe „O". Die führt uns ostwärts, dann südostwärts in den Hafen Den Oever (Hafenplan Seite 286).

Man kann aber durch das Fahrwasser Wierbalg auch westwärts nach Den Helder oder Texel weiterfahren (Plan unten). — Die Route am Abschlußdeich entlang ist meist geschützter als die durch Doove Balg und Texelstroom.

Kornwerderzand nach Texel und Den Helder: 20 bzw. 25 Seemeilen. Überall tiefes Wasser. Streckenweise wird man außer Landsicht fahren. Da die Stromgeschwindigkeit in Doove Balg 1½ bis 2 Knoten, im Texelstroom 2 bis 3 Knoten ist, sollte man mit der Tidenströmung fahren. — Die Route führt durch die großen Wattenströme Doove Balg und Texelstroom. Da kann bei westlichem und südwestlichem Starkwind mehr an kurzer, grober See auflaufen, als man sich träumen läßt. Weniger seefeste Boote fahren dann besser die Route am Abschlußdeich entlang wie nach Den Oever.

D e r W e g: von Kornwerderzand im Boontjes etwa 2 sm westwärts bis Fahrwasserteilungstonne „BO-ZR", dann südwestwärts zur Fahrwasserteilungstonne „D-AD" (Plan Seite 298). Hier beginnt der nach Westen führende große W a t t e n s t r o m D o o v e B a l g. Er ist beidseitig betonnt, an der Nordseite mit den roten Tonnen D 26 bis D 2, an der Südseite mit den schwarzen Spitztonnen D 21 bis D 1. Doove Balg ist sehr breit. Von Süden tritt nach acht Seemeilen das Fahrwasser V l i e t e r hinzu (Plan). — Nach

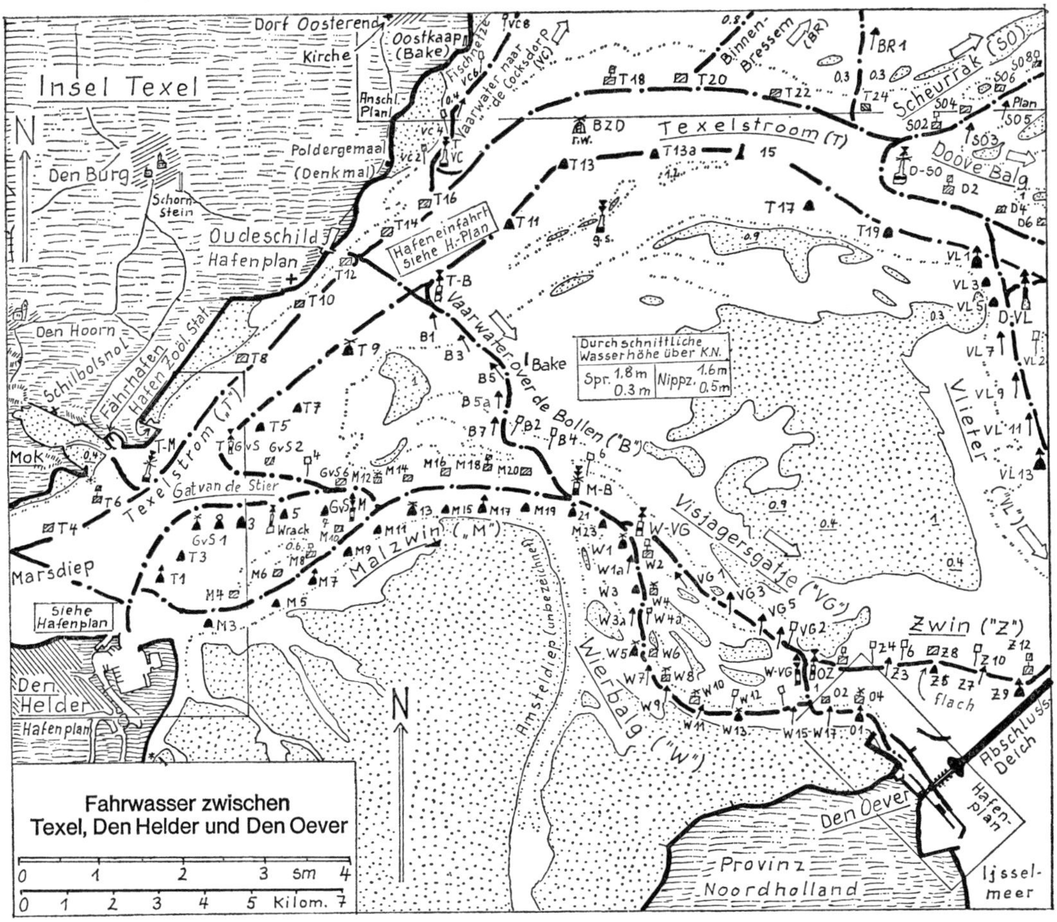

Fahrwasser zwischen Texel, Den Helder und Den Oever

10 Seemeilen tritt von Norden das Fahrwasser Scheurrak heran. Bei der Fahrwasserteilungstonne „D-SO" vereinigen sich beide zum Texelstroom.

Der Texelstroom ist bis zwei Seemeilen breit. Er ist in großen Abständen betonnt mit Tonnen „T". Bei guter Sichtigkeit kann man das Denkmal auf dem Deich von Texel (Poldergemaal) und die nördliche der beiden Kirchen von Den Burg in Linie nehmen und dieser Richtlinie bis knapp eine Seemeile vor den Deich von Texel folgen. Doch schiebt sich von Süden eine Bank an diese Richtlinie. Besser navigiert man nach den Tonnen (Plan). Danach fährt man in Südwestrichtung parallel zur Küste Texels. Bei Tonne „T 12" liegt die Hafeneinfahrt Oude Schild. Nach weiteren fünf Seemeilen Fahrt südwestwärts und später südwärts steht man vor der Hafeneinfahrt Den Helder. — Die schlechter bezeichnete Südseite des Texelstroomes habe ich bei wenig guter Sicht gemieden.

Routen von Den Helder oder Oude Schild

(Plan Seite 299, 294)

Den Helder nach Den Oever: 11 Seemeilen Fahrt. Bei Niedrigwasser mehr als zwei Meter tief mit Ausnahme der letzten vier Seemeilen vor Den Oever. Für Nachtfahrt knapp ausreichend befeuert. Der Weg führt aus der Hafeneinfahrt Den Helder erst 500 Meter nordwärts zur Fahrwasserteilungstonne „NH-M". Dort beginnt das Fahrwasser Malzwin, bezeichnet mit Tonnen „M". Es führt in Bögen sechs Seemeilen ostwärts und biegt dann nach Südost. Bei Fahrwasserteilungstonne „M-B" tritt von Norden Vaarwaater over de Bollen von Oude Schild heran (Treibspieren „B"; bei Niedrigwasser etwa ein Meter tief). — An Malzwin schließt sich Fahrwasser Wierbalg an (Bezeichnung „W"). Es führt südwärts, dann ostwärts. Nordwestlich von der Hafeneinfahrt nach Den Oever beginnt die Tonnenreihe „O" (sowie Richtfeuer) und leitet in den Hafen.

Den Helder oder Oude Schild nach Terschelling: 37 Seemeilen, stets in tiefem Wasser, wenn richtig geplant, stets bei mitlaufender Strömung, ist dies eine sehr schöne Fahrt. Auch navigatorisch interessant, denn an den meisten Tagen ist man auf einem großen Teil der Strecke außer Landsicht. — Bei frischem Ostwind ist es auf dem ersten Teil der Strecke, bei frischem Nord auf dem zweiten Teil rauher als man erwartet. Um stets mitlaufende Strömung zu haben, richte ich es ein, die ersten 20 Seemeilen bei steigendem, die folgenden bei fallendem Wasser zu laufen.

Im Texelstroom läuft der erste Teil der Fahrt. Bei steigendem Wasser hat man 2 bis 3 Knoten mitlaufende Strömung. — 7 Seemeilen östlich von Oude Schild verläßt man den Texelstroom und fährt ostnordostwärts in das Fahrwasser Scheurrak ein. In der Mitte des Texelstrooms liegt dort als Fahrwasserteilungstonne die gelb-schwarz-gelbe Tonne „D-SO". Fährt man am Nordrand, ist die letzte Tonne T 24. — Die Seezeichen des Scheurrak sind mit „SO" bezeichnet. Grüne mit ungerader Nummer stehen an der Südostseite, rote an der Nordwestseite. Scheurrak ist anfangs nur 500 Meter breit, erweitert sich nach 2 Seemeilen und geht ohne Änderung der Bezeichnung in das Fahrwasser Omdraai und danach in Oude Vlie über (Plan S. 294, 299). Oude Vlie mündet 11 Seemeilen vom Texelstroom in das Fahrwasser Inschot (Teilungstonne „IN-SO"). Inschot folgen wir nordwestwärts, wie das für die Fahrt von Kornwerderzand nach Terschelling auf Seite 297 f schon beschrieben ist.

Walvisvaart: Niederländische Kachelmalerei.

Ende des Wattenreviers: Mit Texel endet nach Südwesten hin die Inselkette. Damit endet auch das geschützte, freundlich-fremdartige Wattenrevier hinter dem Wellenbrecher der Inseln. Und auch die Fahrten „außen herum“. Nun werden es Fahrten vor einer geschlossenen Seeküste von Hafen zu Hafen. — Einen „Nachklang von Wattenrevier“ gibt es, wo die Schelde durch die Dünenkette bricht. Zu schade, daß manche Scheldearme abgedeicht sind. — Doch danach muß man s e h r weit fahren . . . bis zu Portugals Küste, ehe man wieder ein Wattenrevier hinter Ketten schützender Inseln trifft. Da ist es noch die von Menschenwerk unverfälschte Natur, die unsere Nordseeküste war, als ich dies Buch zu schreiben unternahm.

Wir aber verschieben die Reise nach Portugal und lernen erst das Seerevier vor den Inseln kennen.

XI. Die niederländische Seeküste - Emsmündung bis Texel

Vor den Westfriesischen Inseln Schiermonnikoog, Ameland, Terschelling, Vlieland und Texel ist die Seefahrt „außen herum“ für seegehende Yachten wieder eine gute Alternative zur Fahrt durch die Wattfahrwasser. Zumal, wenn starker Ost- und Südost im Wattenrevier niedrigen Wasserstand machen. — Zwischen allen Inseln treten befahrbare Seegaten ein. Nur zwischen Vlieland und Texel ist das Seegat nicht befahrbar. Die Distanz zwischen geschützten Plätzen ist bei der Fahrt „außen herum“ durchschnittlich 25 Seemeilen (nur von Terschelling Hafen bis Den Helder 35 Seemeilen). — Da die Seegaten hier tiefer sind, verhindert auflandiger Seegang das Einlaufen weit seltener als bei den Ostfriesischen Inseln. Dafür findet man bei „Starkwind gegen Strömung“ sehr hohen, oft brechenden Seegang.

Tonnen und Tiefenlinien: Die Tonnen des Großschiffahrtsweges rücken bei Terschelling bis auf sechs Seemeilen an die Inselfront heran. Westlich und östlich von Terschelling ist der Abstand größer (Plan). Küstenverkehrszone ist auch hier der Streifen zwischen dem Großschiffsweg und den Inseln. Frachtschiffe sind in diesem Bereich sehr selten.

An den Inseln liegen (von Wracktonnen und Kabeltonnen abgesehen) nur vor den Seegaten Tonnen: oft eine Leuchttonne (Untiefentonne) als „Warntonne“ vor

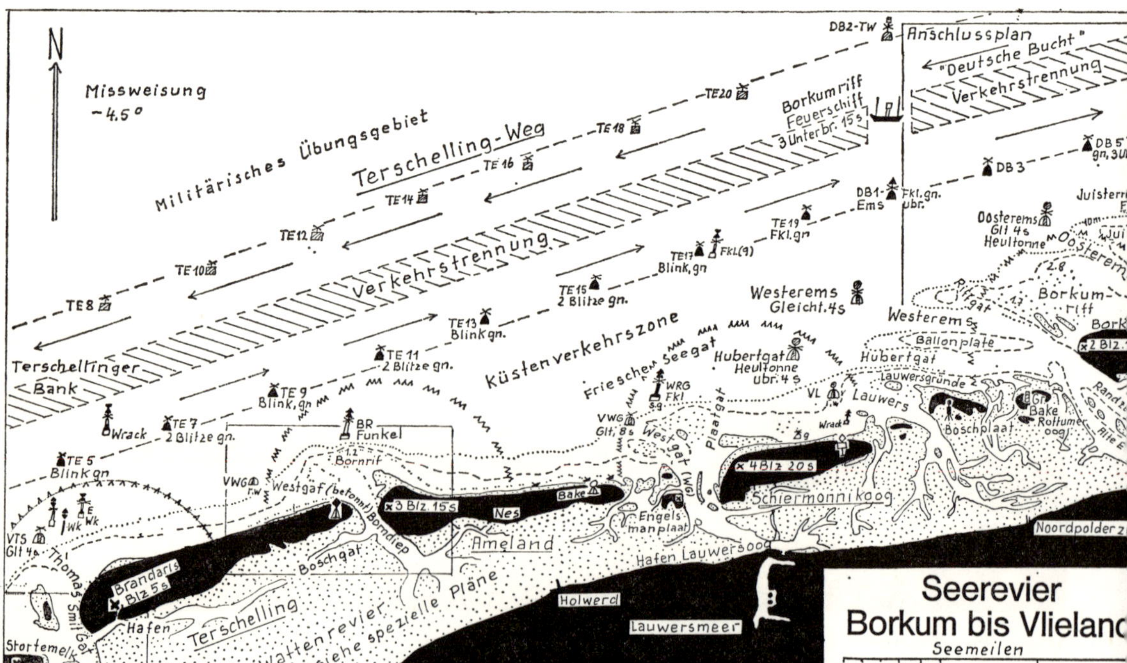

den Riffen des Seegates, ferner meist eine oder zwei Ansteuerungstonnen, an die sich Seitenbetonnung anschließt. — Vor der Inselfront vermißt man Tonnen nicht, denn da ist das Wasser meist bis dicht an die Insel tief. Da bin ich oft unter Kontrolle durch das Lot nach Sicht der Insel gefahren. Die 6-Meter-Linie läuft da meist nur $^1/_2$ bis 1 Seemeile vor der Inselfront und taugt gut zur Kontrolle der Distanz.
Doch vor den Seegaten biegen 6- und 10-Meter-Linie 3 bis 5 Seemeilen über die Inselfront seewärts! Vor den Riffen der Seegaten würde ich hier, außer zum Einlaufen, auf der 10-Meter-Linie fahren! Denn oft steigen die Bänke sehr steil aus der Tiefe. Wegen dieser Lage der Tiefenlinien mache ich auf der Fahrt von See meinen Landfall am liebsten nicht vor den Seegaten, wo ich oft keine Landmarke zu sehen bekomme, ehe flacher Grund beginnt, sondern vor dem Mittelteil der Insel, wo tiefes Wasser bis dicht unter Land reicht.

Ein Leuchtturm steht auf jeder Westfriesischen Insel, und zwar meist so, daß er auch zum Einlaufen nützlich ist. Funkfeuer sind auf Borkum, Feuerschiff „Borkumriff“, Leuchtturm Ameland, Vlieland, Leuchtturm Eierland (Texel) und Feuerschiff „Texel“ (Seite 33 f).

Strömungen auf See: Vor den Westfriesischen Inseln setzt der Tidenstrom bei steigendem Wasser parallel zu den Inseln nach Ostnordost, bei fallendem nach Westsüdwest. Mit 1,5 bis 1,8 Knoten läuft er recht kräftig. Beim Kentern der Strömung kommt kein vollkommener Stillstand zustande, sondern eine Drehung der Stromrichtung im Uhrzeigersinn. Belangvoll wird dies aber erst im Bereich von Texel. — Dagegen muß man die Querversetzung durch die Strömung aus einem Seegat heraus oder herein hier mehr beachten als bei den Ostfriesischen Inseln (Plan Seite 24).

Hochwasser tritt westwärts früher ein. Westfahrend hat man also „kürzere Tiden“. Der Tidenhub wird nach Westen geringer (Tabelle Seite 293), die Strömungsgeschwindigkeit aber nicht.

Wind, Wetter und andere Besonderheiten der niederländischen Gewässer muß man unbedingt zuvor auf Seite 25 f nachgelesen haben.

Seegat Schild zwischen Rottumeroog und Rottumerplaat ist nur in seinen inneren Teilen bezeichnet (Plan Seite 263). Nach See oder von See soll man es als Ortsfremder bestimmt nie befahren.

Seegat einer Westfriesischen Insel: hohe Dünen auf der Westseite der Insel, ein Leuchtturm, einige Hausdächer — und eine Seehundherde auf dem Sande im Vordergrund.

Seegat Lauwers (Plan Seite 302, 264)

Es führt an der Ostseite Schiermonnikoogs in das einsame Wattengebiet von Rottumerplaat und Rottumeroog sowie zum kleinen Sielhafen Noordpolderzijl. Ein gewichtiger Grund, Lauwers bei der Wattfahrt zwischen Ems und Schiermonnikoog zu befahren, ist, daß man durch die Fahrt „außen herum" Niedrigwasserzeit und die Strömungen manchmal besser nusnutzen kann als bei der reinen Wattfahrt.
Lauwers ist jetzt recht gut bezeichnet (Tonnen „L"). Die Fahrt von Land nach See sollte bei handigem Wetter wohl keine Schwierigkeiten machen. Für die Einfahrt von See nach Land wünsche ich mir leidlich ruhiges Meer und vor allem gute Sichtigkeit.
Verlauf und Bezeichnung von Lauwers gibt der Plan auf Seite 264. Die Ansteuerungstonne liegt etwa drei Seemeilen nordwärts der Ostbake von Schiermonnikoog. Es ist eine senkrecht rot-weiß gestreifte Kugeltonne mit Balltoppzeichen und Aufschrift „VL" (= Verkenningstonne Lauwers). Von dort drei (!) Seemeilen über Grund ostwärts bis zur ersten roten Seitentonne „L 2" (Zylindertoppzeichen). Danach folgt dichtere Betonnung. — Komme ich aus der Ems, dann kann ich auch von der Tonne „H 1a" des Hubertgat einlaufen (etwa zwei Seemeilen süd davon liegt die Ansteuerungstonne). — Bei allem hüte ich mich wie vor der Beulenpest vor den veränderlichen Lauwersgründen, auf welche mich einlaufende Tidenströmung straks draufsetzen will! Ich kontrolliere meinen Schiffsort durch Peilung der vielen Baken und Türme. Und ich habe genau vor Augen, daß Lauwers kein Seegat für sorglose Gemüter ist (innere Fahrwasser Seite 264).

Das Friesche Seegat (Plan Seite 302, 268)

Es ist das für Yachten wichtige Seegat zwischen Insel Schiermonnikoog und Ameland, Zugang zum Hafen Lauwersoog und Schiermonnikoog zum Lauwersmeer, Yachthafen und zur Wattfahrt Richtung Harlingen. — Das Friesche Seegat hatte bisher immer zwei bezeichnete Einfahrten: von Osten das Plaatgat, von Westen das Westgat. Das Plaatgat ist zur Zeit nicht bezeichnet. Doch es ist wieder tiefer geworden. Vielleicht wird es bald wieder betonnt. Bei Fahrten von oder nach deutschen Häfen war es der übliche Weg.

Das Westgat, die Zufahrt von Nordnordwest, ist gut betonnt und auch für Nachtfahrt eingerichtet. Die Ansteuerungstonne „VWG" ist eine senkrecht rotweiß gestreifte Kugeltonne mit Gleichtaktfeuer acht Sekunden. Sie liegt 4½ Meilen 327° von der Bake auf Engelsmanplaat. Auf die Ansteuerungstonne folgt dicht liegende Seitenbetonnung „WG". Die Fahrrinne führt nördlich des Sandes Wierumer Gronden etwa ostwärts. Nach zwei Seemeilen, wenn Leuchtbake Engelsmanplaat etwa 170° peilt, biegt sie bei der Leuchttonne „WG 8" (Gleichtakt rot) scharf nach Süden (Plan Seite 268). Auf dem Watt Kuipersplaat an der Ostseite des breiten Westgat läßt Neptun sehr oft imponierende Brandung rollen. — Das Fahrwasser führt an der einen Seemeile langen flachen Sandinsel Engelsmanplaat vorbei. Auf ihr Leuchtbake mit Zufluchtshütte und rechteckigem Toppzeichen. Von dort an ist es bei den Wattfahrwassern beschrieben (Seite 267 f, 277 f).
Eine weitere Einfahrt von See südlich vom Wierumer Gronden ist mit zwei gelben Tonnen „A" und „B" für die Fischer bezeichnet. Mit neuer niederländischer Seekarte an Bord würde ich sie auf dem Wege nach Westen vielleicht befahren.

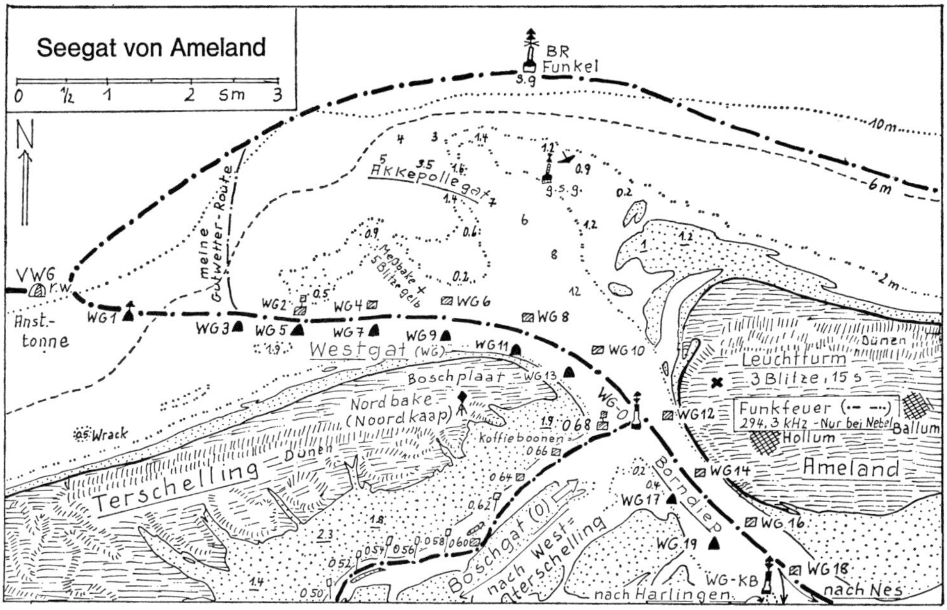

Seegat von Ameland

Das Seegat zwischen Terschelling und Ameland hat eine betonnte Zufahrt von Westen, das Westgat (Tonnen „WG"). Auf der Barre des Westgat sind bei N.W. meist vier Meter Wasser. Die Ansteuerungstonne, mit „VWG" bezeichnet, liegt 2 Seemeilen vor Terschellings Küste. Die trägt hier Dünen. Die Tonne liegt etwa fünf Meilen westnordwestlich der Nordbake („Noordkaap") auf Terschellings Ostseite (Rautentoppzeichen). Es ist eine unbefeuerte Kugeltonne, senkrecht rot-weiß gestreift. Die Seitenbetonnung „WG" beginnt südöstlich der Ansteuerungstonne und führt ostwärts auf den Leuchtturm zu und dann südostwärts ins Borndiep hinein (Innenfahrwasser Pläne Seite 275 und 280). An sich ist die Einfahrt durch das Westgat unbefeuert, wenn man vom Leuchtturm absieht. So stellt die Leuchtbake mit ihrem gelben Feuer eine Hilfe dar. Ungewiß ist, ob sie bestehen bleibt.—

Das Akkepollegat, eine veränderliche Schönwettereinfahrt bei Hochwasserzeit, ist unbezeichnet. — Komme ich von Westen, dann fahre ich durch Westgat ein. Komme ich von Osten, so würde ich bei hohem Tidenstand und ruhigem Meer vielleicht durch das Akkepollegat einlaufen. Wenn durch's Westgat, dann würde ich bei guten Wetterverhältnissen gleich die äußeren Seitentonnen ansteuern. Die Untiefentonne „BR" (mit Nordtoppzeichen, nachts Funkelfeuer), die seewärts der 10-Meter-Linie vor Bornriff liegt, ist bei der Navigation eine große Hilfe. Mit der Untiefentonne mit West-Toppzeichen innerhalb des Riffes darf ich sie absolut nicht verwechseln. — Nachts (und bei Nebel) würde ich mich nach Sicht von Leuchtturm Ameland (bei Nebel dessen Funkfeuer) von Westen her auf der 3-Meter-Linie von Terschelling hereinloten.

Die Strömung: Über die Außengründe von Bornriff setzt sie ost-westwärts quer hinweg. Nur nahe Niedrigwasser und vor allem weiter im Innenteil folgt sie den Rinnen. Im Westgat beginnt einlaufende Strömung von 1 bis 2 Knoten 4 Stunden nach H.W. Helgoland, auslaufende 2¹/₄ vor H.W. Helgoland. — Im Borndiep kentert die Strömung ¹/₂ Stunde später (2 bis 3 Knoten). — Ameland-Leuchtturm hat waagerechte rotbraune Streifen.

Seegat von Terschelling (Plan Seite 294, 302, 296)

Groß sind hier die Dimensionen: Fünf Seemeilen weit reichen hier die Riffe seewärts, Noorder Gronden, Noordwest Gronden und Westergronden. Dazwischen bahnt sich das Wasser verschiedene Wege. Bezeichnet sind z. Z. zwei. Zum Anlaufen von Osten das Thomas Smit Gat, von Westen Zuider Stortemelk.

Thomas Smit Gat fährt man, wenn man von Osten kommt. Die Ansteuerungstonne „VTS", rot-weiße Kugeltonne, Gleichtakt vier Sekunden, liegt fünf Seemeilen nordwestlich vom Brandaris-Leuchtturm. Zwei Wracktonnen liegen dicht NO von ihr. Die direkt anschließende Seitenbetonnung („TS") führt (1979) zuerst ostsüdostwärts ungefähr auf Brandaris-Leuchtturm zu. Bei Leuchttonne „TS" 3 biegt sie langsam auf Südrichtung und mündet nicht weit vom Schuitengat in den breiten Vliestroom (Plan Seite 295). —
Auf der Barre des Thomas Smit Gat sind etwa 3,5 Meter Wasser. Bei schlechter Sichtigkeit oder stürmischem Wetter muß man Thomas Smit Gat meist aufgeben. Bei handigem Wetter werde ich von Osten her nicht bis zur Ansteuerungstonne laufen, sondern, abhängig von Stand der Tide, schon zu den ersten Seitentonnen nach Süden eindrehen. — Doch Vorsicht! Es ist eine veränderliche Region. So hat sich neuerdings an der Westseite eine ein Seemeile lange Sandinsel gebildet, genannt Engelschhoek. Die Strömung erreicht zwei Knoten; die einlaufende beginnt 4³/₄ Stunden nach, die auslaufende 1¹/₂ Stunden vor H.W. Helgoland. — Für nächtliches Einlaufen reichen die Leuchttonnen nur bei günstigsten Bedingungen aus.

Stortemelk, das Hauptfahrwasser, führt an Vlielands Nordostseite von Westen zwischen die Inseln. Da gibt es zwei Rinnen. Manchmal ist die nördliche (Stortemelk; Tonnen „SM") tiefer. Manchmal die südlichere (Zuider Stortemelk; Tonnen „ZS"). Zur Zeit ist nur Zuider Stortemelk betonnt! Es ist tief (6 bis 7 Meter auf der Barre), dicht betonnt und reichlich mit Leuchttonnen bestückt. — Die Ansteuerung beider Fahrwasser ist die gleiche.

Die Ansteuerungstonne „VSM" ist eine rot-weiße Kugeltonne, Gleichtaktfeuer vier Sekunden. Sie liegt 2¹/₂ Seemeilen von Vlielands Küste und fünf Seemeilen westwärts vom Leuchtturm Vuurduin entfernt. Eine Yacht wird sie oft auslassen. —

Seitenbetonnung beginnt 2¹/₂ Seemeilen ostwärts. — Die Seitentonnen („ZS") liegen paarig und sind oft Leuchttonnen. Richtfeuer gibt es nicht mehr. Die Betonnung führt ungefähr ostwärts. Nördlich vom Sande Richel geht sie bei Fahrwasserteilungstonne „ZS-TS" in den Vliestroom über (Plan S. 295). Er gibt Zufahrt zu Terschellings Hafen (S. 291 f) und Harlingen. Nach Vlielands Hafen drehen wir schon vorher bei der Fahrwasserteilungstonne „ZS-VS" nach Süden in den Vliesloot ein. — Bei schlechter Sichtigkeit hilft das Funkfeuer von Leuchtturm Vuurduin auf Vlieland, die Tonnen aufzufinden. Doch sich bei nebligem Wetter ohne Sicht von Tonnen hineinzuloten, ist schwierig bis unmöglich. — D i e S t r ö m u n g läuft 1½ bis 2 Knoten. Die einlaufende beginnt vier Stunden nach, die auslaufende zwei Stunden vor H.W. Helgoland. Der auslaufende Strom setzt anfangs nordwärts, erst später in Richtung der Fahrwasser. Bei hohem auflandigem Seegang macht auslaufend Wasser scheußliche Grundsee. L a n d m a r k e n sind der viereckige Brandaris-Leuchtturm und der runde Vuurduin-Leuchtturm auf Vlieland.

Engelschmangat (Plan Seite 294, 307)

Dies Seegat zwischen Vlieland und Texel ist u n b e z e i c h n e t u n d f ü r d e n O r t s f r e m d e n u n b e f a h r b a r ! Die Riffe Eierlandsche Gronden, fast zwei Seemeilen seewärts reichend, haben eine ungewöhnlich steile Kante zur See (Lot! 10-

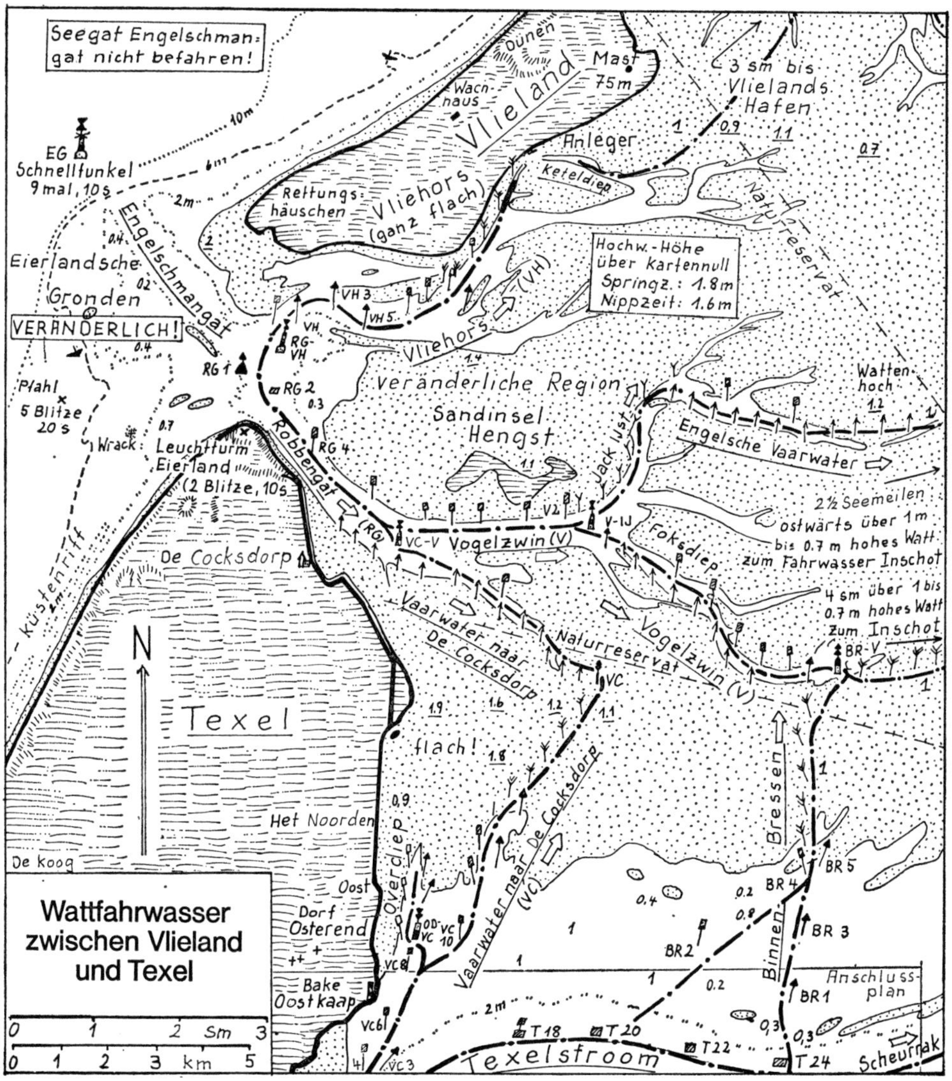

Meter-Linie). Landmarken: In Vlielands Mitte ein 75 Meter hoher Funkmast. Der flache Westteil Vliehors ist kaum zu sehen. Leuchtturm Eierland, ein breiter, runder, 53 Meter hoher roter Steinturm mit Funkfeuer auf Texels Nordspitze, ist beim Seegat die einzige Landmarke (denn auf die Meßbake, die jetzt da steht, ist kein Verlaß). — Die Verhältnisse des Seegates bei der Abfassung dieser Auflage zeigt der Plan auf Seite 307. Doch es ist eine rasch veränderliche Region!

Seegat von Texel (Plan Seite 294, 299, 308)

Tief, wichtig, auch von großen Handelsschiffen befahren, hat drei betonnte Einfahrten: von Norden das Molengat, von Südwesten das Westgat, von Süden das Schulpengat. — Zwischen diesen Einfahrten liegen Riffe und Sände bis 5 Seemeilen weit seewärts! Das lange Riff Noorderhaaks ist sogar ein größtenteils hochwasserfreier Sand, eine richtige „Insel". — So sind wir ganz froh, daß nur die nördliche Zufahrt, das Molengat, noch in den Bereich dieses Buches gehört und daß dort die Navigation sehr einfach ist.

Das Molengat, über 6 Meter tief, betonnt und befeuert, läuft dicht an Texels Südwestküste entlang. Da die 6-Meter-Linie im Mittel- und Südteil Texels nur ½ Seemeile vor

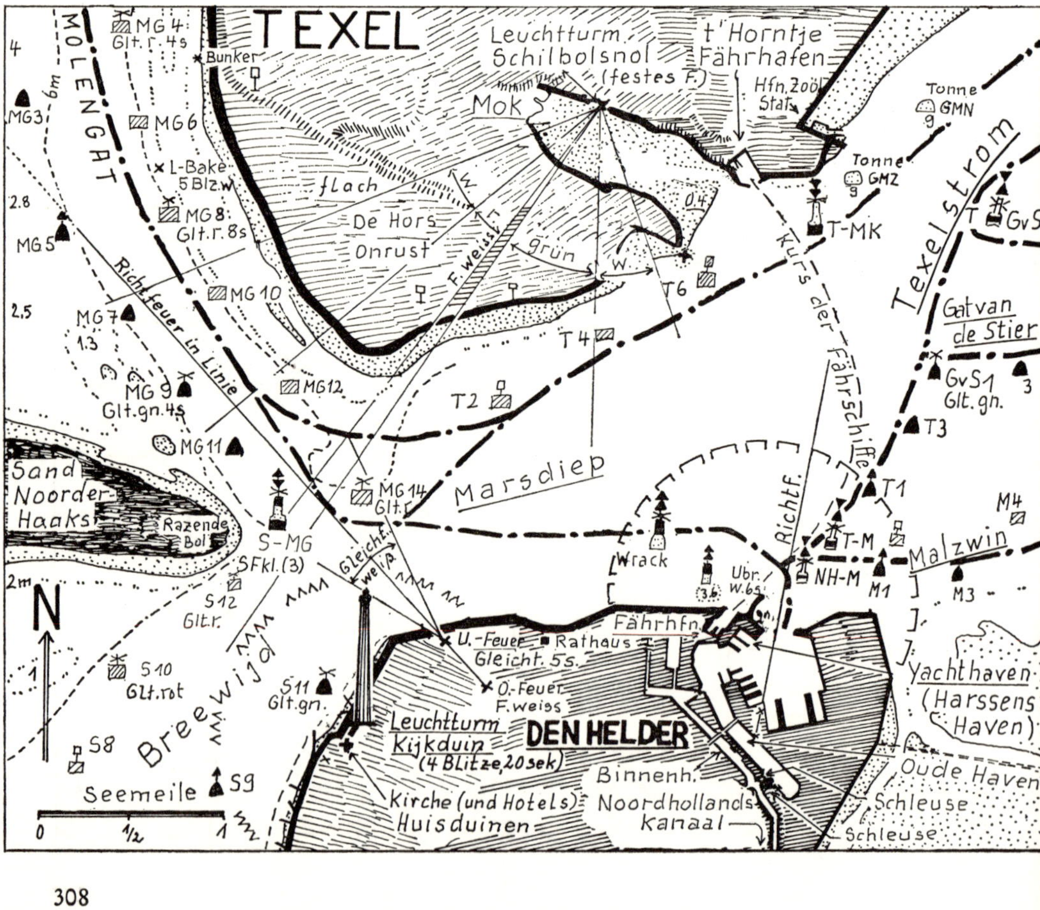

Die Fleute, das typische Handelsschiff des 18. Jahrhunderts, ist in den Niederlanden entwickelt worden. Es war so verbreitet, wie es der „Kümo", das Küstenmotorschiff, heute ist.

dem Inselstrand verläuft, kann man dort gut seinen Landfall machen und längs Küste, auf der 6-Meter-Linie, Leuchtturm Kijkduin und später die Türme Den Helders voraus, in die Tonnenreihe einscheren. Nur bei kräftigem Westwind würde ich den Weg über die Ansteuerungstonne nehmen.

Die Ansteuerungstonne, eine rot-weiße Tonne mit roten Balltoppzeichen und Gleichtaktfeuer acht Sekunden, liegt in der Höhe von Den Burg (zwei Kirchen) zwei Seemeilen vor der Küste. 1½ Seemeilen südostwärts beginnt Seitenbetonnung „MG", beidseits und in dichter Folge ausgelegt. Großschiffe folgen ihr bis zur roten Tonne „MG 14" und biegen dort ostwärts ins Marsdiep ein. Das führt nach Den Helder oder Texels Häfen. Mit einer Yacht würde ich bei handigem Wetter schon ab Tonne „MG 12" Texels Südspitze auf der 4-Meter-Linie runden. — Nachts steuere ich im Außenteil des Molengat nach den Leuchttonnen (Gleichtakt rot an der Ostseite), im inneren Teil nach der Richtfeuerlinie bei Den Helder, danach nach den Tonnen und Feuern des Marsdiep. — Bei Nebel würde ich etwa in der Mitte Texels auf die 6-Meter-Linie gehen und auf der einlaufen. — Tidenstrom läuft im Molengat etwa 2½, im Marsdiep drei bis vier Knoten! Im Molengat beginnt einlaufender Strom 3½ Stunden nach, auslaufender drei Stunden vor H.W. Helgoland. Im Marsdiep kentert die Strömung fast zur gleichen Zeit.

Südwärts von Den Helder liegt 28 Seemeilen entfernt an der Küste Ijmuiden, der Großschiffs-Schleusenhafen von Amsterdam mit seinen endlos ins Meer hinausragenden Molen. Man kann ihn über See anlaufen. Doch sehr viel schöner fand ich es, durchs Ijsselmeer erst nach Amsterdam, dem Venedig des Nordens, zu fahren und von da durch den 14 Meilen langen Seeschiffskanal nach Ijmuiden.

Nach England: Die nächstgelegenen Häfen sind der Fischerhafen Lowestoft und Great Yarmouth, Flußhafen und Seebad. Das sind von Den Helder 115, von

Ijmuiden 110 Meilen. Bei schlechter Sichtigkeit kann der Landfall dort etwas schwierig sein, doch das ist er in Südostengland fast überall.

Lieber bin ich an der niederländischen Küste bis zur Mündung der Schelde gefahren. Da hat mich das sehr reiche Revier der Scheldearme gelockt mit Häfen, die fast so schön sind wie die des Ijsselmeeres. Von Vlissingen aus hatte ich dann nur 90 Meilen Fahrt bis Dover oder dem besseren Hafen von Margate, wo wir die Themsebarge trafen. — Doch dies, meine zwei Reisen rund um die britische Insel, gibt einmal ein ganz anderes Buch.

XII. Das Ijsselmeer

Am 26. Mai 1932 „werd de dijk gesloten“ und die Meeresbucht Zuiderzee zum tidenfreien Ijsselmeer. Das ist zwar durch Einpolderungsarbeiten inzwischen erheblich verkleinert worden, doch in seinem freien nördlichen Teil immer noch rund 25 Meilen lang (an 50 Kilometer!), 10 Meilen breit und meist drei bis fünf Meter tief. Da die Niederländer frühzeitig verstanden haben, daß es im Industriezeitalter wenig nützt, wenn der Mensch alle Schätze der Erde gewinnt, doch Schaden an der Seele erleidet, soll keine weitere Verkleinerung erfolgen. Auch ohne dies wird es an vielen Stellen allmählich flacher. — In früheren Jahrhunderten haben die Konvois aus Indien den Weg durch die Zuiderzee nach Amsterdam genommen. So ist viel vom Geist und Reichtum dieser Zeit in den Hafenstädten hängengeblieben. Das gibt dem Ijsselmeer die Besonderheit, um deretwillen wir es befahren: seine zauberhaften alten Hafenstädte.

Distanzen	von		Kornwerderzand		Den Oever	
	nach	Medemblik	21 sm	(39 km)	11 sm	(19 km)
		Staveren	13 sm	(23 km)	12 sm	(22 km)
		Enkhuizen	23 sm	(43 km)	19 sm	(34 km)
		Lemmer	30 sm	(55 km)	28 sm	(51 km)
		Urk	30 sm	(55 km)	26 sm	(48 km)
		Hoorn	34 sm	(63 km)	30 sm	(55 km)
		Amsterdam	45 sm	(83 km)	41 sm	(76 km)

Navigation: Es gibt keine Gezeiten und keine Strömungen von Belang. Abgesehen von mehreren Bänken, die der Plan zeigt, ist auch für eine Yacht überall tiefes Wasser, oft bis dicht an das Ufer. An vielen Stellen, meist auf den flachen Bänken, sind Fischergebiete. Der Plan zeigt sie an. Da stehen Stangen und Netze.

Ein Betonnungswechsel hat im Ijsselmeer nicht stattgefunden. Es gibt wie bisher schwarze und rote Seitentonnen (die schwarzen meist mit zwei Kegeln als Toppzeichen); Fahrwasserteilungstonnen mit verschiedenartigen Toppzeichen; Ansteuerungstonnen schwarz-weiß, blau-weiß gestreifte Fischertonnen und grüne Wracktonnen! — Mein Freund fand es ganz lustig, daß wir seit der „Harmonisierung“ der Betonnung nun mit drei verschiedenen Methoden leben müssen. Er hatte einen dringenden Antrag zu stellen: Die Mitteleuropäer möchten doch, bitte, einmal für 10 Jahre einhalten, neue Veränderungen einzuführen, von denen man am Ende sieht, daß sie teuer waren und babylonische Verwirrung schufen.

An den meisten Tagen sieht man das Land. Unserem Navigator, der uns — stimuliert von jenem einmalig prickelnden Reiz, der Aufmerksamkeit fordernde Navigation zum schönsten Erlebnis des Lebens macht — von der Elbe hierher geführt hat, kostet das Ijsselmeer ein müdes Lächeln. Er wird sich in seine Koje zurückziehen, die bloße Segelei die Jungens machen lassen, und erst kurz vor der Hafenmündung die Sache wieder in die Hand nehmen, damit wenigstens zünftig unter Segeln eingelaufen und ohne Motorhilfe angelegt wird.

Seefahrt hört also auf (es gibt Wellen und Wind, doch die machen ja noch nicht Seefahrt aus). Doch bietet das Ijsselmeer etwas anderes: den Reiz sehr origineller Häfen voll dichtester Atmosphäre. Massentourismus des Wassers hat dem zwar Schaden getan, doch ihn noch nicht ganz zerstört. Hier kann man also wirklich von Hafen zu Hafen

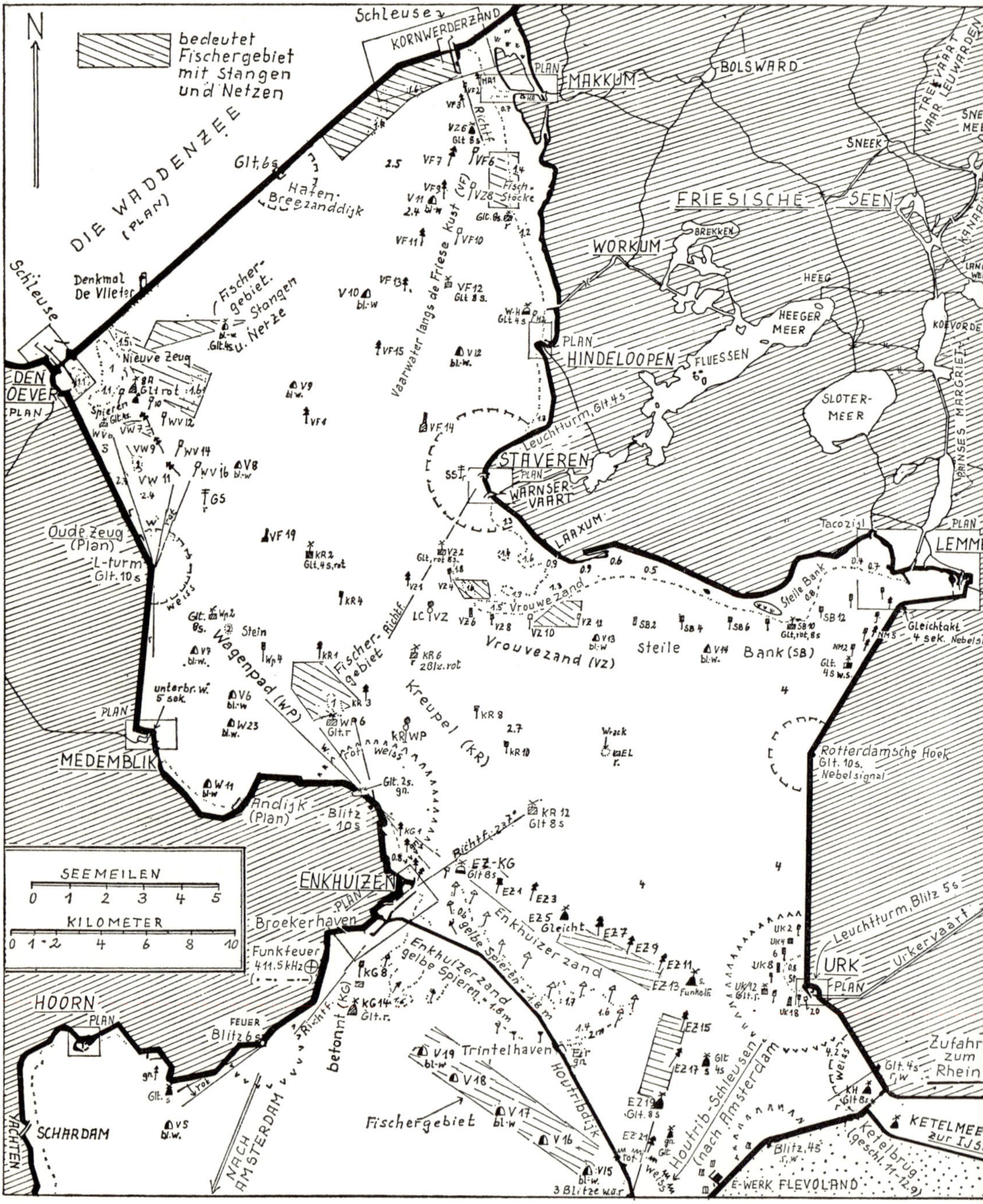

schippern voll Neugier, wie denn nun der nächste sein wird — und wird selten enttäuscht sein. Jeder ist von ganz eigener Art, einige gehören zu den absoluten Höhepunkten in unserem langweilig einheits-modern gewordenen Mitteleuropa.

Die Wellen bei Starkwind oder Sturm sind vergleichbar mit denen auf der Elbe zwischen Brunsbüttel und Cuxhaven (oder auf der Jade) bei „Starkwind gegen Strömungsrichtung". Das heißt, sie sind dann bis etwa 2 Meter hoch und sehr kurz und brechend (das macht der flache Grund). Ungefährlich für eine seefeste Yacht, doch sehr naß! Daß Wasser durch die vordere Windhutze in mein Schiff kam, hat es auf 20 000 Meilen Fahrt nur zweimal gegeben: in der Irischen See und bei Nordweststurm beim Freikreuzen von Staveren. Wer mit nicht seefestem Boot fährt, muß also die Augen sehr offenhalten. —

Nachtfahrt ist nach den vielen Feuern sehr gut möglich und auf diesem navigatorisch langweiligen Gewässer fast die einzige Möglichkeit, der Suppe Salz beizumengen. So bin ich sehr oft mit fallender Dämmerung ausgelaufen und die 10 oder 15 Meilen bis zum nächsten Hafen im Dunkeln gefahren. — Nachtfahrt ist ja immer sehr schön. Und besonders hier! Wie eindrucksvoll ist es doch, bei leichtem Wind um Mitternachtszeit unter Segeln in einen der Häfen hier einzulaufen; mit ganz leiser Stimme die Kommandos zum Aufkreuzen im Hafen zu geben, wo alles in Stille liegt; sich den Platz auszusuchen und den richtigen Moment zum Segelbergen abzuschätzen. Dann hallen das Niederrauschen von Fock und Großsegel durch die schlafenden Straßen. Mit dem Rest seiner Fahrt gleitet das Schiff langsam an seinen Platz. Auf Zehenspitzen belegt einer die Leinen an den Klampen des schlafenden Kollegen. Und während ein anderer die Petroleumlampen der Positionslichter ausbläst, klingt zur Mitternacht das Glockenspiel vom Kirchturm der niederländischen Stadt. Der Mond läßt die starken Masten der Botter und Tjalken im Hafenwasser spiegeln, und schweigend gleitet noch ein anderer Kollege unter Segeln in den Hafen hinein. — Die Niederländer kennen, lieben und beherrschen die wirkliche Seefahrt. Vielleicht liegt es an diesem Korrektiv, daß dies Land zwischen Modeströmungen so sicher seinen eigenen Weg geht.

Nebel ist außer Nachtfahrt ungefähr die einzige Situation, wo der Navigator zwischen Ablegen und Anlaufen den „Moby Dick" (oder was er gerade liest) zur Seite legen und die Sache selbst machen muß. Ich würde segeln (damit man gut hören kann). Man muß selber die richtigen Nebelsignale geben. — Man koppelt sauber den Kurs. Das Lot hilft wenig. Wie vor den Küsten Englands kontrolliert man seinen Schiffsort nach dem Schall der festen Nebelsignale. Nebel ist hier, wo selten eilige Frachtschiffe laufen, kein Grund, die Fahrt zu unterbrechen. Im Gegenteil hat mir hier Nebelnavigation unvergeßliche Fahrten gebracht und mich viel lernen lassen, was ich an anderen Küsten gut brauchen konnte.

Nebelsignale (im Uhrzeigersinne)

Kornwerderzand (Südseite)	Nautofon	4 Töne	alle	30 sek.
Staveren	Nautofon	2 Töne	alle	15 sek.
Lemmer	Nautofon	4 Töne	alle	30 sek.
Deichhuk zwischen Lemmer und Urk	Nautofon	1 Ton	alle	15 sek.
Urk, Westhuk	Nautofon	2 Töne	alle	30 sek.
Urk, Molenspitze	Nautofon	3 Töne	alle	30 sek.
Kraftwerk Flevoland	Nautofon	3 Töne	alle	15 sek.
Hoorn	Sirene	1 Ton	alle	120 sek.
Enkhuizen, Nordmole	Nautofon	1 Ton	alle	15 sek.
Enkhuizen, Südmole	Nautofon	1 Ton	alle	20 sek.
Medemblik	Nautofon	2 Töne	alle	15 sek.

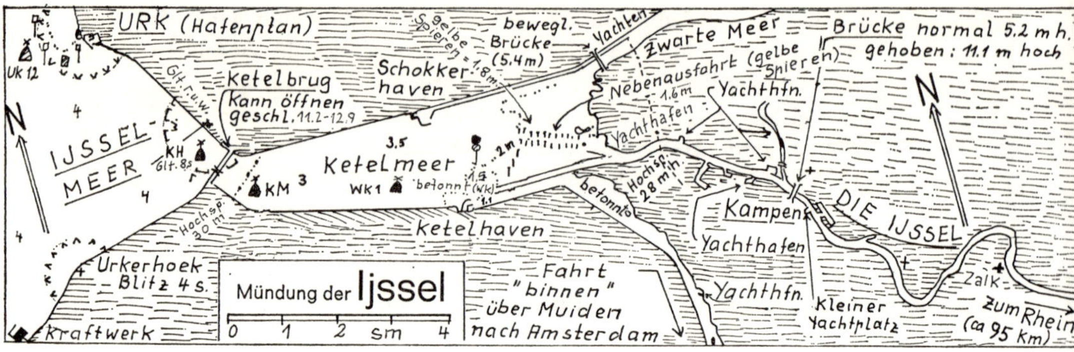

Funkfeuer gibt es vier; doch für die Navigation scheint mir nur das bei Broekerhaven südlich von Enkhuizen brauchbar, wenn man von Amsterdam hochsegelt (411,5 kc, Morse „ENK").

Häfen für Yachten gibt es ungefähr 50! Ich beschreibe nur die im nördlichen Teil des Ijsselmeeres und einige am Wege vom Rhein. Und ein paar besonders sehenswerte darüber hinaus. So ist es mein Ratschlag: laßt doch mal die Ostsee als Urlaubsziel. Das Ijsselmeer lohnt mehr. Es hat genug Platz in seinen Häfen, vernünftige Hafengebühren, und es gibt viel mehr zu sehen.

Zufahrten zum Ijsselmeer

Von der Waddenzee durch die Schleusenhäfen Den Oever und Kornwerderzand. — Von Osten her durch die Kanäle Frieslands. — Von Südwesten von Amsterdam und Ijmuiden an der Nordsee. — Doch vor allem auch vom Rhein. So sind sehr viele deutsche Yachten im Sommer hier. Spaßvögel nennen die Ostseite des Ijsselmeeres „Die Kölner Bucht".

Zufahrt vom Rhein: Bei Lobith biegt man aus dem Niederrhein nach rechts ab in den Pannerdenskanaal. Der ist nur kurz. Von Arnheim biegt man aus ihm wiederum rechts ein in die Geldersche Ijssel.

Die Geldersche Ijssel (Plan Seite 36) ist 110 Kilometer lang und mündet unter dem Namen Ketel ins Ijsselmeer. In zahlreichen Krümmungen führt sie durch freie Landschaft. Die Strömung läuft 3 bis 5 Kilometer pro Stunde. Die Wassertiefe ist normalerweise mindestens drei Meter. Bei extrem niedrigem Wasserstand des Rheines kann sie auf 1,6 Meter abnehmen. Der tiefe Flußlauf ist, wo nötig, mit Baken bezeichnet. Die Berufsschiffahrt ist erheblich. Sie hat die Gewohnheit, auf dem Wege stromab an der Außenseite der Krümmungen zu fahren und stromauf an der Innenseite, gleichgültig, ob das die rechte oder linke Seite ist. Man muß es wissen und Raum geben. Das niederländische Vaarreglement muß man kennen. Aufmerksamkeit ist nötig!

Liegeplätze, wenn auch nicht immer für große Yachten geeignet, sind bei km 883,2; 890,9; 911,8; 935,4; 947; 947,4 (Deventer); 222; 963,9; 973,8; 977,5; 990. Oft sind gute Ankerplätze in abgeschnittenen Krümmungen. Brücken sind nicht beweglich. Die Mindesthöhe wird mit 5,8 Meter bei Zwolle und 10 bei Deventer angegeben (Pegel).

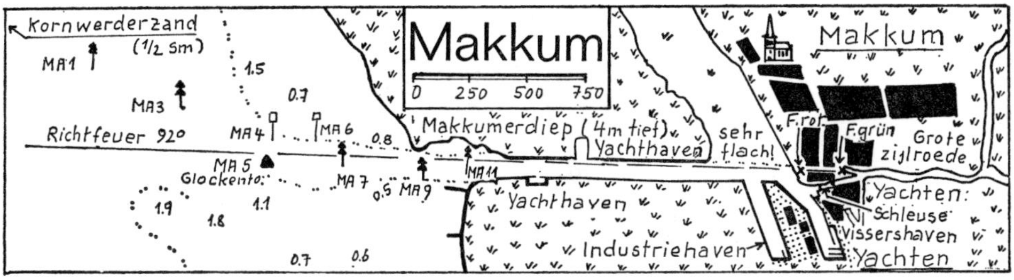

Häfen an der friesischen Seite

Kornwerderzand kennen wir schon (Seite 285).

Makkum nahe bei Kornwerderzand ist gewiß nicht der schönste Hafen des Ijsselmeeres. Um so netter ist der zugehörige kleine Ort. Der ist so typisch „friesisch", daß z. B. die Cafés sonntags nur von 11 bis 18 Uhr offen sind. — Das große hohe Werftgebäude zwischen den beiden Hafenbecken überragt hier alles. Yachten machen im inneren Becken längsseits an der Kaje fest. — Z u f a h r t durch eine bezeichnete gebaggerte Rinne von 4 Meter Tiefe. Doch sobald man die schmale Baggerrinne verläßt, sitzt man auf Grund! (und keine Tide hilft einem hier ab). — Anlegebrücke vor dem Ort (bis 10 Meter 4,— Gulden, bis 15 Meter 7,— Gulden). Yachtwerft, Segelmacher, Treibstoff, Camping; zwei Yachthäfen für Dauerlieger in der Zufahrtsrinne.

Workum ist wichtige Zufahrt zu Frieslands Kanälen. Fährt man, um die Häfen des Ijsselmeeres kennenzulernen, so kann man es auslassen. — Die Zufahrtsrinne, meist über zwei Meter tief, kann nach westlichen Stürmen sehr flach werden. Schwarze Treibspieren „W" sowie Richtfeuer unterbrochen weiß bezeichnen die Zufahrt. Innen zahlreiche Yachtplätze und Werft.

Hindeloopen, mit seinem bizarren, weit sichtbaren, schiefstehenden Kirchturm auf der Deichhuk, verdient einen Besuch. In dem kleinen Stadthafen macht man unter dem so oft photographierten hölzernen Uhrenturm fest. Nur 1000 Einwohner hat dieses alte kleine Städtchen, wo auf dem schmalen Grasstreifen zwischen Stadtwall und See die Kühe grasen und die Jahrhunderte bis vor kurzem (oder gar noch jetzt) stille standen. 1255 ist Hindeloopen gegründet, vor dem 30jährigen Krieg sein Rathaus erbaut

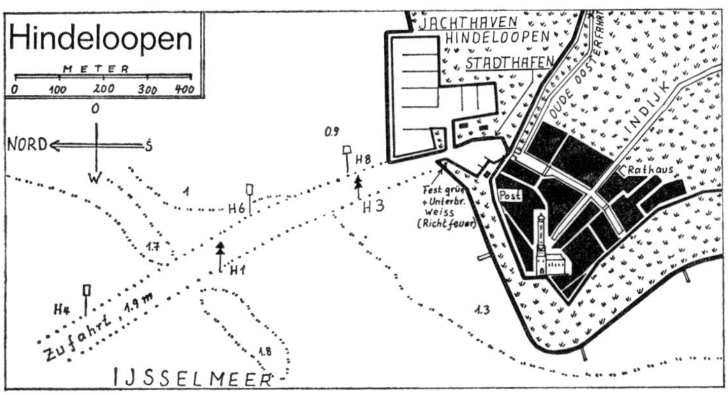

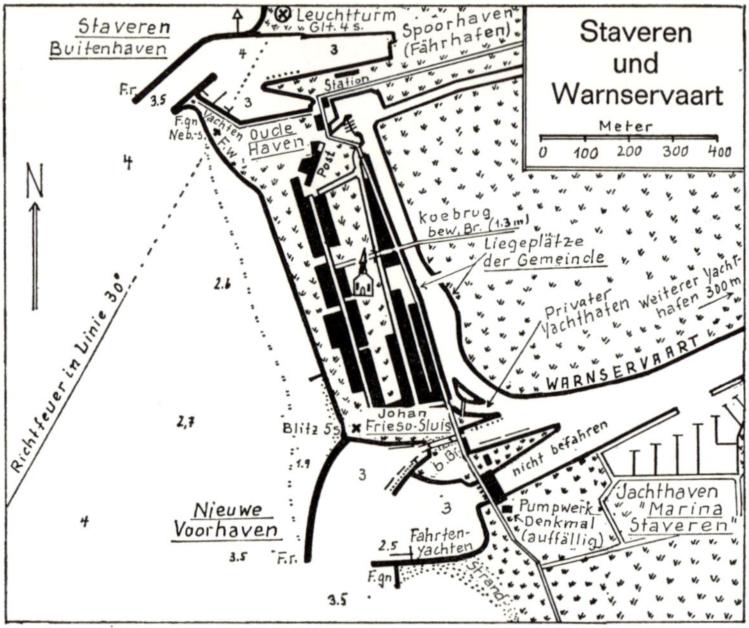

worden. Einfach und bescheiden läuft hier auch heute das Leben. Der bedeutende Yachthafen liegt direkt neben dem Stadthafen (Plan).

A n l a u f e n für Yachten mit Tiefgang durch die 1,9 Meter tiefe Rinne (Plan). Treibbaken „H“ bezeichnen sie, schwarze an Steuerbord. Nachts geht man wohl am besten von der Leuchttonne „W-H“ aus (Gleichtakt vier Sekunden — Übersichtsplan). Dann Richtfeuerlinie: fest grün als Unterfeuer, unterbrochen weiß als Oberfeuer. — Trinkwasser im Stadthafen (2,4 Meter tief; bis 10 Meter Länge 6,— Gulden pro Nacht). — Treibstoff, Dusche, Werft usw. im Yachthafen (1 Gulden pro Meter Länge, Treibstoff, Trinkwasser, Kran usw.).

Staveren mit Warnservaart ist als Ortschaft ganz unbedeutend, doch Sportbootzentrum hohen Ranges. Der frühere Fährhafen Staveren hat heute nur noch im Sommer ein wenig zu tun. Doch was aus diesem Komplex geschaffen wurde, um dem Menschen Zugang zum Wasser zu schaffen, ist mustergültig. Warum gelingt uns derlei in Deutschland nicht?

Der H a f e n S t a v e r e n ist an seinem hohen Leuchtturm kenntlich. — Man soll nicht einlaufen, wenn auf der Ostmole beim grünen Feuer eine rote Flagge oder rotes Licht gezeigt wird. Man soll nicht auslaufen, wenn auf dem Mast der Station blaue Flagge oder blaues Licht gezeigt werden. Dann will das Fährschiff freien Weg. Das ist nicht sehr oft der Fall. — Platz für Yachten ist im O u d e H a v e n. Welch wundersame Gruppe traditioneller niederländischer Yachten mit Seitenschwertern sah ich dort!

W a r n s e r v a a r t liegt 1000 Meter südwärts. Das auffällige Denkmal beim Pumpwerk und die Hafenmolen zeigen den Nieuwe Voorhaven an. Bei frischem Wind liegt man unruhig. Man schleust ein durch die J o h a n - F r i e s o - S l u i s. Sommers bis 21 Uhr, samstags bis 20 Uhr, sonntags 08.30 bis 12.00, 14.00 bis 17.30 und 18.00 bis

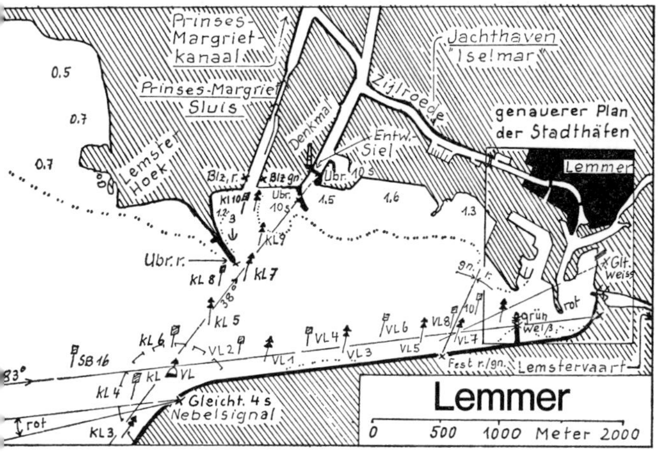

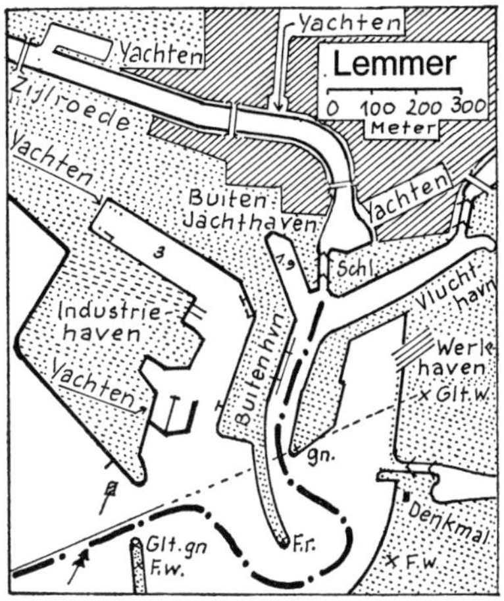

20.00 Uhr (Sommer ist vom 1. Mai bis 1. Oktober). — B i n n e n die große Marina Stavoren (1,— Gulden pro Meter Länge und Tag), die Liegeplätze der Gemeinde (3,— Gulden/Tag) und mehrere weitere. — In der ganz kleinen Ortschaft Schiffbedarf, Segelmacher, Treibstoff, Reparaturen usw. — Zugang zum Kanalnetz von Friesland. — Bei Weiterfahrt nach Süden will die Bank V r o u w e z a n d beachtet sein (Plan Seite 312).

Lemmer, wichtiges Yachtsportgebiet und Zufahrt zu Frieslands Seen und auch nach Groningen und zur Ems, liegt für den Fahrtenschiffer mit üblichen Kursen weit aus dem Weg. — So gebe ich nur den Plan. Werften, Segelmacher, Liegeplatz. Schleuse des Pr. Margriet-Kanaals wochentags bis 21.00, sonntags 08 bis 09, 11.30 bis 13.00 und 17 bis 20 Uhr.

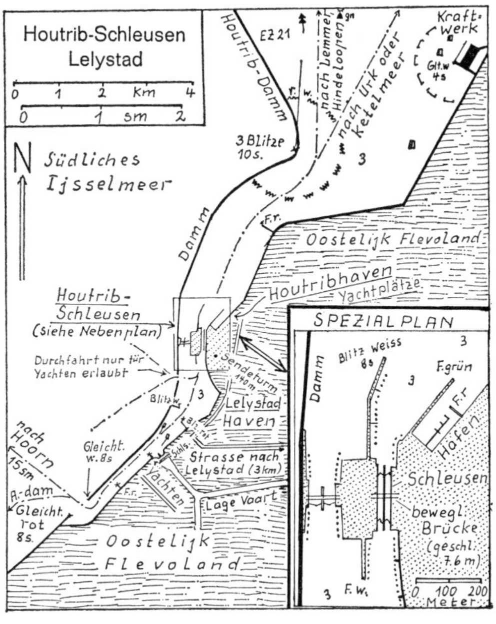

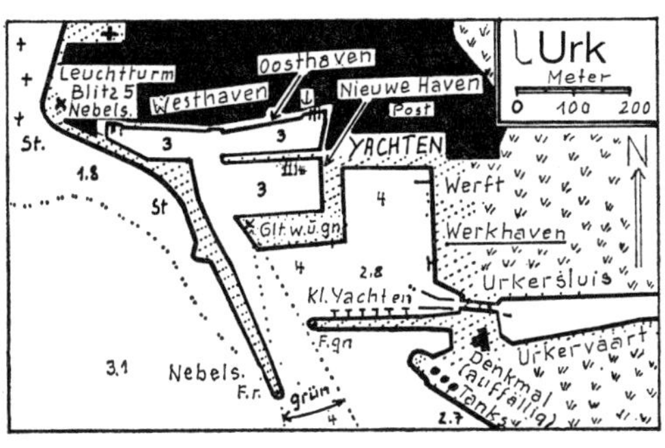

Urk war früher eine Insel der Zuiderzee und hat als solche seine Eigenart noch viel ausgeprägter bewahrt als die anderen Plätze. Es war und ist Seefischerhafen von Rang. Da laufen die Fischer, so modern ihre starken schwarzen Eisenschiffe auch sind, mit Holzschuhen und schwarzen Pumphosen, die Hände bis zum Grund in den Taschen. — In den inneren Becken ist es zu gedrängt voll von Fischerbooten. Doch im NW-Teil des Werkhaven (größere Yachten) oder seiner Südseite (kleinere) kann man meist ganz gut liegen.

Die Zufahrt zum Rhein, Ketelmeer genannt, schließt sich dicht südlich von Urk an das Ijsselmeer an. Aus ihm führt die Geldersche Ijssel in den Rhein (Plan steht vorne). Bei Sturm (Bft. 8 und darüber) öffnet Ketelbrug für Schiffe mit hohem Mast immer.

Zufahrt nach Amsterdam: Der südliche Zipfel des Ijsselmeeres ist durch den Houtrib-Damm abgesperrt. Schleusen sind bei Enkhuizen und an der Südseite des Dammes bei Lelystad. — Die Houtrib-Schleusen arbeiten seit 1975. Die Zufahrt zeigt der Plan. Die Schleusen sind Tag und Nacht in Betrieb. Sie sind 190 Meter lang und vier Meter tief. Weißes Schnellfunkellicht zeigt, in welche der beiden Kammern man einfahren soll. — Eine Klappbrücke hat geschlossen 7,2 Meter Durchfahrtshöhe. —

Der Houtribhaven mit 3,0 Meter Wassertiefe liegt direkt nördlich der Schleuse in dem durch Eindeichung gewonnenen ganz flachen Gebiet des Oostelijk Flevoland. Er hat Anleger für Yachten. Die junge Ortschaft Lelystad liegt vom Hafen drei Kilometer entfernt. Sportbootplätze sind jetzt $2^1/_2$ Kilometer südlich der Schleusen (Plan).

Häfen der holländischen Seite

Den Oever mag uns durch seine Schleuse aus der Waddenzee an die Westseite des Ijsselmeeres eingeschleust haben. Und während wir die Reihe der Häfen bis nach Hoorn abfahren, werden wir bald merken, welch Unterschied zwischen der Provinz Friesland und der Provinz Holland besteht. Viel reicher sind die Hafenorte an geschichtlicher und kultureller Substanz.

Oude Zeug, 5 Seemeilen südlich von Den Oever, zeigt davon allerdings nichts. Es ist ein Fluchthafen; Einfahrt von Süden, das Becken 150 Meter lang, 100 breit, 3,4 Meter tief in der Einfahrt und etwa 3 im Inneren. Eisenspundwand an der Nordwestseite. Keine Versorgung, außer einem einsamen Telefon beim Hafenmeister, der auch die Petro-

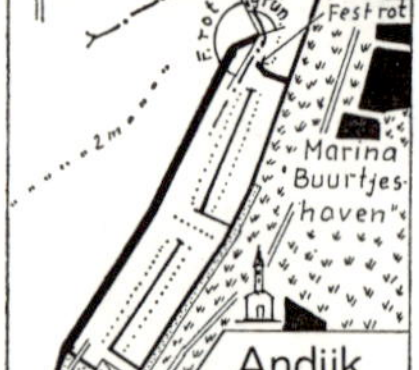

leumlaternen der roten und grünen Hafenfeuer anzündet, wenn es dunkelt. Übrigens, wer weiß, vielleicht gefällt einem der Platz.

Medemblik ist ein um so reichhaltigerer Hafen. Weit sichtbar das weiße Kraftwerk, das Denkmal, die hohen Kirchen (eine mit nachts grün erleuchtetem Kreuz), das Rathaus am Deich und das wehrhafte Schloß. Dahinter liegen drei zusammen 900 Meter lange Becken voller Yachten; keine künstliche Marina, sondern das echte Ding. Voller Yachten stecken die drei Häfen, und zwar voller so charakteristischer seefahrtsmäßiger, wie wir, heut nur noch Einheitskunststoff vor Augen, es uns nicht im Traume vorstellen. Da trifft man echte Liebe zum Wasser. Auch das vorn beschriebene nächtliche Einsegeln gehört hierher. Hafengeld nur im innersten Dauerliegebecken. Trailerrampen, Yachtwerft und eine kleine sehr stimmungsvolle Ortschaft. Ist der Hafen wegen Überfüllung gesperrt, wird tags eine rote Flagge geheißt. Nachts werden dann das rote und grüne Hafenlicht gelöscht!

Andijk, drei Seemeilen südöstlich von Medemblik, hat sich eine Marina „Buurtjeshaven“ geschaffen (Plan). Die Einfahrt ist z. Z. 1,9 Meter tief. Kleine grüne und rote Bojen bezeichnen die Seiten der Einfahrt (der Plan zeigt sie nicht). Heikel kann das Einlaufen bei starkem NO sein. — 0,75 Gulden pro Meter Länge und Nacht. Ausweichmöglichkeit, wenn Medemblik geschlossen ist.

Enkhuizen kann man nicht auslassen. Das macht nicht nur der Polderdamm des neuen (und wohl letzten) Ijsselmeerpolders. Vor allem verdienen es Stadt und Hafen. — Die Stadt ist etwas größer, gerade noch von gut handigem Format, winkelig und anheimelnd. Der massige ovale Festungsturm „Dromedaris“ überragt sie und den Hafen (welche Riesenbalken sind doch im Dach dieses Turmes verbaut!). Groß und instruktiv ist das Zuiderzeemuseum, eine wichtige Sammlung, um die Region zu verstehen. — Der Hafen ist mit bald 3 Kilometer Kaje wahrlich ausgedehnt und dabei fast nur von Fischern und Yachten bevölkert. Der traditionelle Platz für die Yacht auf Wanderfahrt ist wohl im Buitenhaven (bis 10 Meter pro Nacht 5 Gulden). Die NO-Ecke muß freibleiben. — Oder im Jachthaven am Krabbersgat, im Werkhaven (bis

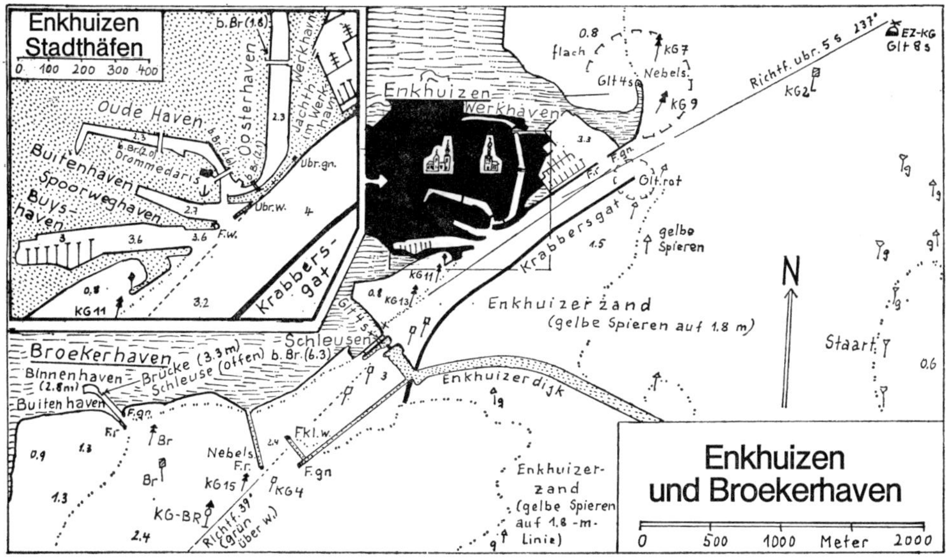

10 Meter pro Nacht 8,50 Gulden). — Billiger sind O u d e H a v e n und O o s t e r h a v e n; für Boote mit mehr als 2,6 bzw. 2,1 Meter Höhe müssen dort Brücken geöffnet werden (bis 17.30, samstags nur 11.00 bis 12.00, sonntags nicht). — Der Yachthafen B u y s h a v e n ist durch niederländische Dauerlieger oft besetzt. — Ein gelbes Funkelfeuer in seiner Hafeneinfahrt sagt, daß ein großes Schiff Vorfahrt beansprucht. D i e S c h l e u s e n zum südlichen Teil des Ijsselmeeres arbeiten bis 23 Uhr und sonntags im Sommer bis 20 Uhr.

Hoorn: Museum der niederländischen Geschichte ist diese uraltertümliche Stadt. Direkt unter dem malerischen Festungsturm, der die schmale Einfahrt zu den Binnenhäfen bewacht, liegen die traditionellen Yachten. — Hoorns Schiffe und Männer haben entscheidend beigetragen, den reichen Indienhandel aus portugiesischen in niederländische Hände zu leiten. Die sehr alten, sehr einfachen, fast arm wirkenden Häuser erzählen davon: und zwar durch Abbildungen der Schiffe, die da den ersten Reichtum Indiens in das vorher arme Land brachten. Das sind Steinplatten in der Vorderfront der Häuser. Wie klein die Schiffe waren, mit denen man damals Weltmeere befuhr; wie altertümlich ihre Takelung! — Auf Schritt und Tritt begegnet einem Geschichte in dieser kleinen Stadt. Spürt man irgendwo, wie geschichtslos Deutschland wieder geworden ist, dann hier. — Und auf die reizenden drei Schiffsjungen der „Bontekoe" muß man achten, die da in Bronze (oder war es Stein) über die Hafenmauer krabbeln. Und Heringsfilets mit Zwiebeln muß man essen! Selbst während ich dies schreibe, läuft mir das Wasser im Munde zusammen. Und erlebt man gar noch ein abendliches Studentenfest in den Straßen mit Gitarrenmusik alter spanischer Meister, dann wird man Hoorn nie vergessen. — L i e g e p l a t z ist genug; am schönsten wohl im Binnenhafen unter den Parkbäumen; denn die Brücke beim Festungsturm hat man — reizende Idee — den traditionellen niederländischen Yachten, Bottern, Bojern, Schokkern, vorbehalten.
Bei Hoorn lassen wir unseren Abstecher ins Ijsselmeer enden. Doch müssen wir wissen, daß die schönen und sehenswerten Häfen noch nicht zu Ende sind. Da liegen noch Volendam und Monnikendam, Insel Marken. Durgerdam und Muiden und andere mehr. Doch Höhepunkt und Krönung ist Amsterdam. Das allein ist eine Reise wert. Doch uns locken ja die salzige See und das hohe Spiel, ein Schiff auch in schwierigeren Gewässern zu führen. Wir kehren zurück ins Meer der Gezeiten, in die Nordsee, die der, der sie einmal zu lieben gelernt hat, nie mehr vergessen kann.

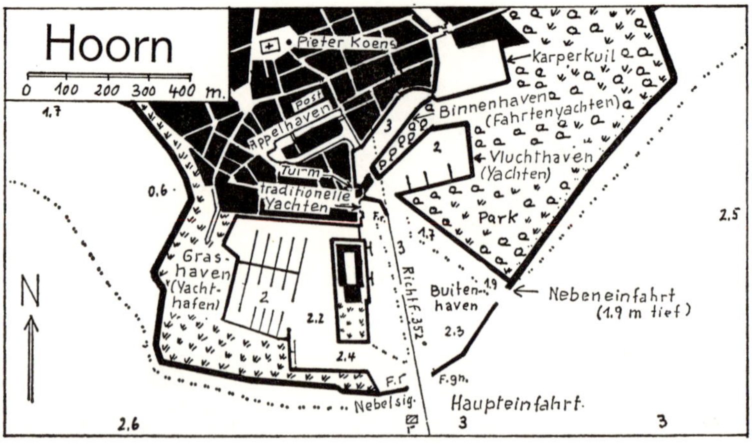

XIII. Sachregister

Beachten Sie bitte folgende Seiten